全—本—全—注—全—译

禮記

〔上〕

〔汉〕戴圣 编
中华文化讲堂 注译

团结出版社

图书在版编目(CIP)数据

礼记/(汉)戴圣编；中华文化讲堂注译. -- 北京：团结出版社，2017.2

（谦德国学文库）

ISBN 978-7-5126-4738-1

Ⅰ.①礼… Ⅱ.①戴… ②中… Ⅲ.①礼仪—中国—古代②《礼记》—注释③《礼记》—译文 Ⅳ.①K892.9

中国版本图书馆CIP数据核字(2016)第311741号

出版：团结出版社

（北京市东城区东皇城根南街84号 邮编：100006）

电话：(010) 65228880　65244790　（传真）

网址：www.tjpress.com

Email：65244790@163.com

经销：全国新华书店

印刷：三河市富华印刷包装有限公司

开本：148×210　1/32

印张：29.25

字数：667千字

版次：2017年6月　第1版

印次：2021年11月　第7次印刷

书号：978-7-5126-4738-1

定价：98.00元（全二册）

《谦德国学文库》出版说明

人类进入二十一世纪以来，经济与科技超速发展，人们在体验经济繁荣和科技成果的同时，欲望的膨胀和内心的焦虑也日益放大。如何在物质繁荣的时代，让我们获得内心的满足和安详，从经典中获取智慧和慰藉，或许是我们不二的选择。

之所以要读经典，根本在于，我们应当更好地认识我们自己从何而来，去往何处。一个人如此，一个民族亦如此。一个爱读经典的人，其内心世界必定是丰富深邃的。而一个被经典浸润的民族，必定是一个思想丰赡、文化深厚的民族。因为，文化是民族之灵魂，一个民族如果不能认识其民族发展的精神源泉，必定就会失去其未来的生机。而一个民族的精神源泉，就保藏在经典之中。

今日，我们提倡复兴中华优秀传统文化，当自提倡重读经典始。然而，读经典之目的，绝不仅在徒增知识而已，应是古人所说的"变化气质"，进一步，是要引领我们进德修业。《易》曰："君子以多识前言往行，以蓄其德。"实乃读经典之要旨所在。

基于此理念，我们决定出版此套《谦德国学文库》，"谦德"，即本《周易》谦卦之精神。正如谦卦初六爻所言："谦谦君子，用涉大川"，我们期冀以谦虚恭敬之心，用今注今译的方式，让古圣先贤的教诲能够普及到每一个人。引导有心的读者，透过扫除古老经典的文字障碍，从而进入经典的智慧之海。

作为一套普及型的国学丛书，我们选择经典，不仅广泛选录以儒家文化为主的经、史、子、集，也将视野开拓到释、道的各种经典。一些大家所熟知的经典，基本全部收录。同时，有一些不太为人熟知，但有当代价值的经典，我们也选择性收录。整个丛书几乎囊括中国历史上哲学、史学、文学、宗教、科学、艺术等各领域的基本经典。

在注译工作方面，版本上我们主要以主流学界公认的权威版本为底本，在此基础上参考古今学者的研究成果，使整套丛书的注译既能博采众长而又独具一格。今文白话不求字字对应，只在保证文意准确的基础上进行了梳理，使译文更加通俗晓畅，更能贴合现代读者的阅读习惯。

古籍的注译，固然是现代读者进入经典的一条方便门径，然而这也仅仅是阅读经典的一个开端。要真正领悟经典的微言大义，我们提倡最好还是研读原本，因为再完美的白话语译，也不可能完全表达出文言经典的原有内涵，而这也正是中国经典的古典魅力所在吧。我们所做的工作，不过是打开阅读经典的一扇门而已。期望藉由此门，让更多读者能够领略经典的风采，走上领悟古人思想之路。进而在生活中体证，方能直趋圣贤之境,真得圣贤典籍之大用。

经典,是一代代的古圣先贤留给我们的恩泽与财富,是前辈先人的智慧精华。今日我们在享用这一份财富与恩泽时,更应对古人心存无尽的崇敬与感恩。我们虽恭敬从事,求备求全,然因学养所限、才力不及,舛误难免,恳请先贤原谅,读者海涵。期望这一套国学经典文库,能够为更多人打开博大精深之中华文化的大门。同时也期望得到各界人士的襄助和博雅君子的指正,让我们的工作能够做得更好!

团结出版社
2017年1月

前 言

汉儒将《诗》《书》《礼》《乐》《易》《春秋》称为"六经",由于秦始皇焚书,《乐经》失传,后世仅存"五经",宋代朱熹编"四书",从此,"四书五经"成为儒家重要经典的代表。其中的"礼",一般指《仪礼》《礼记》和《周礼》。

孔子教授弟子的《诗》《书》《礼》《乐》《易》《春秋》"六经",是中国传统文化中最高哲理的载体,但是文古义奥,不易通读,因而多做解读以辅助理解。六经中的"《礼》",后来称《仪礼》,主要记载周代的冠、婚、丧、祭诸礼的"礼法",受体例限制,几乎不涉及仪式背后的"礼义"。而不了解礼义,仪式就成了毫无价值的虚礼。所以,七十子后学在习礼的过程中,撰写了大量阐发经义的论文,总称之为"记",属于《仪礼》的附庸。秦始皇焚书坑儒后,西汉能见到的用先秦古文撰写的"记"依然不少,《汉书·艺文志》所载就有"百三十一篇"。《隋书·经籍志》说,这批文献是河间献王从民间征集所得,并说刘向考校经籍时,又得到《明堂阴阳记》《孔子三朝记》《王史氏记》《乐记》等数十篇，总数增至二百十四篇。由于《记》的数量太多，加之精粗不一，到了东汉，社会上出现了两种选辑本，一是戴德的八十五篇本，习称《大戴礼记》；二是戴德的侄子戴圣的四十九篇本，习称《小戴礼记》。《大戴礼记》流传不广，北周卢辩曾为之作注，但颓势依旧，到唐代已亡佚大半，仅存三十九篇，《隋书》《唐书》《宋书》等史乘的《经籍志》甚至不予著录。《小戴礼记》则由于郑玄为之作了出色的注，而风光无限，畅行于世，故后人径称之为"《礼记》"。

戴圣，字次君，西汉时人，据《成安县志》为魏郡斥丘（今河北成安北乡义）人。曾任九江太守，平生以学习儒家经典为主，尤重《礼》学研究。与叔父戴德及庆普等人曾师事经学大师后苍，潜心钻研《礼》学。汉宣帝时，戴圣曾被立为博士，参与石渠阁议，评定五经异同。终生以授徒讲学和著述为业，选辑战国至汉初孔子弟子及其再传、三传弟子等人所记的各种有关礼仪等论著，编撰成书，被称为《小戴记》或《小戴礼记》。

作为中国古代一部重要的典章制度选集，《礼记》主要记载了先秦的礼制，体现了先秦儒家的哲学思想（如天道观、宇宙观、人生观）、教育思想（如个人修身、教育制度、教学方法、学校管理）、政治思想（如以教化政、大同社会、礼制与刑律）、美学思想（如物动心感说、礼乐中和说），是研究先秦社会的重要资料，也是一部儒家思想的资料汇编。

《礼记》内容或论哲理，或谈政治制度，或讲述礼乐、器物、人生仪节,范围十分广大,不仅描写规章制度,也是一部关于仁义道德的教科书。其中最有名的篇章,有《大学》《中庸》《礼运》(首段)等。《礼运》首段是孔子与子游的对话,又称为《礼运·大同》篇,"大同"二字常用作理想境界的代名词。东汉郑玄有《礼记注》,唐孔颖达《礼记正义》、宋卫湜《礼记集说》、清朱彬《礼记训纂》、孙希旦《礼记集解》、郑元庆《礼记集说》,都是《礼记》有名的注解。尤其是郑玄独力遍注三礼,后儒尊称为"三礼郑氏学"。

清末翰林学士王文锦说:《礼记》是部儒学杂编。几千年来,对中华民族意识形态影响最大的书是儒家的书,从所起作用的大小来估计,《礼记》仅次于《论语》,比肩于《孟子》,而远远超过《荀子》。

梁启超则认为:《礼记》为儒家者流一大丛书。《礼记》之最大价值,在于能供给以研究战国、秦、汉间儒家者流,尤其是荀子一派学术思想史之极丰富之资料。

总之,《礼记》作为一部儒家经典,不仅有着重要的文献价值,更对今人修身进德有着非常重要的启示,是中华优秀传统文化的珍贵遗产,值得我们好好研习。本着通俗易懂又尊重原典的原则,编者对《礼记》全书四十九篇进行了细致的注释和白话翻译,旨在为广大国学爱好者提供一个普及性的《礼记》全注全译本。由于编者水平所限,其中不免有不当之处,敬请读者批评指正。

目 录

曲礼上第一 …………………………………………… 1

曲礼下第二 …………………………………………… 37

檀弓上第三 …………………………………………… 64

檀弓下第四 …………………………………………… 123

王制第五 ……………………………………………… 147

月令第六 ……………………………………………… 185

曾子问第七 …………………………………………… 229

文王世子第八 ………………………………………… 264

礼运第九 ……………………………………………… 286

礼器第十 ……………………………………………… 308

郊特牲第十一 ………………………………………… 332

内则第十二 …………………………………………… 361

玉藻第十三 …………………………………………… 399

明堂位第十四 ………………………………………… 427

曲礼上第一

【题解】《曲礼》是《礼记》开篇篇名。"曲"是委曲婉转,说明礼就是委曲婉转、自卑而尊人的,所以要一切恭敬。郑玄指出,《曲礼》记载了"五礼":吉礼(即祭礼)、凶礼、宾礼、军礼以及嘉礼,皆须"曲屈行事,"故名《曲礼》。《曲礼》上篇大多是为士大夫的子弟讲说日常起居、处事、待人接物的礼节,相当于"幼仪",也即《礼记·内则》篇所说:"十年出就外傅……朝夕学幼仪。"其中包括了言语、饮食、洒扫应对、进退之法。

《曲礼》曰:毋不敬①,俨②若思,安定辞③。安民哉!敖④不可长,欲不可从⑤,志不可满,乐不可极。

【注释】①敬:尊敬,严肃。②俨:与"严"同,端正、庄重之意。③辞:所说的话。④敖:与"傲"同,骄傲之意。⑤从:与"纵"同,不加约束之意。

【译文】《曲礼》中说:做事须得恭敬而为;态度要端庄持重,就像若有所思的样子;言辞要平稳而准确,只有这样做百姓才对你表示信服！不可以让骄傲的心理有所滋长；对于欲望不可不加以约束；志向不可以自满自得；享乐不能过了头，走向极端。

贤者狎①而敬之，畏②而爱之。爱而知其恶，憎而知其善。积而能散，安安而能迁③。临财毋苟得，临难毋苟免。很④毋求胜，分毋求多。疑事毋质⑤，直而勿有。

【注释】①狎：与人亲近之意。②畏：敬畏而心服。③安安：前一"安"是动词，满足之意；后一"安"是名词，指感到满足的事物。迁：改变之意。④很：通"狠"，争吵、争讼。⑤质：肯定之意。郑玄注曰："成也。"

【译文】对道德高尚、贤能的人，要去亲近和尊重他，对他表示敬畏友爱。自己所喜爱的人要知道他的短处；自己所憎恶的人也要承认他的长处。财富积聚起来就要能散播开来，造福于民；能满足于安定的环境，也要能适应流离的状态。不要违背做人的原则去获取财富，在灾难面前不要只顾苟且求全。不要在争议中求胜，分配东西时不要贪多。自己所怀疑的事情不要主观臆断而妄加否定，表述看法时直接中肯但并不自以为是。

若夫，坐如尸①，立如齐②。礼从宜，使从俗。夫礼者，所以定亲疏，决嫌疑，别同异，明是非也。礼，不妄说③人，不辞费。礼，不逾节，不侵侮，不好狎。修身践言，谓之善行。行修言道，礼之质也。礼，闻取于人，不闻取人；礼，闻来学，不闻往教。

【注释】①尸：祭祀时代表死者受祭的人。②齐：通"斋"。③说：同"悦"。

【译文】如果已经成年，坐的时候就要像祭祀过程中受礼一样端庄，站立的时候要像斋戒一样肃穆，礼仪要得宜适体，拜访和出使的时候要入乡随俗。礼仪的作用在于断定亲疏关系，判别事物的嫌疑，分辨事物的异同，明辨是非的分别。依礼而行，要做到不妄自取悦他人，不发表自己所达不到的言辞之论。依礼而行，要做到凡事不逾礼节，不侵犯和侮慢他人，不喜好于恭维他人。修行自身，践行自己所言，才可以被称为美好的品行。行为和言论一致，并不断践修，这才是礼的本质。礼，只听说向人请教，未曾听说要求别人来请教；礼，只听说别人过来学习，不曾听说过去向人传授。

　　道德仁义，非礼不成；教训正俗，非礼不备；分争辩讼，非礼不决；君臣、上下、父子、兄弟，非礼不定；宦学事师，非礼不亲；班朝治军，莅官行法，非礼威严不行；祷祠祭祀，供给鬼神，非礼不诚不庄。是以君子恭敬撙节①退让以明礼。鹦鹉能言，不离飞鸟；猩猩能言，不离禽兽。今人而无礼，虽能言，不亦禽兽之心乎？夫唯禽兽无礼，故父子聚麀②。是故，圣人作，为礼以教人，使人以有礼，知自别于禽兽。

【注释】①撙(zǔn)节:节制。②聚麀(yōu):麀,牝鹿。聚是共的意思。聚麀本指兽类父子共一牝的行为,后指两代乱伦行为。

【译文】道德仁义这些品行,没有礼的规范就无法体现出来;教导训诫他人,端正清化民俗这样的事情,没有礼的规范就不能完备地推行开来;人与人的争执诉讼,没有礼就不能正确地做出裁决;君主与臣子,上级与下级,父亲与儿子,兄长与昆弟之间的关系,没有礼的规范就不能确定;做官、治学、奉敬师长,没有礼的规范就不能使关系亲近;朝廷职位的分级、军队的治理、官职的任命、法律的实行,没有礼的规范,威严便得不到确立;祈求福报,祭祀天地与先人,供奉鬼神,没有礼就表达不出诚意与庄重。所以君子要待人端庄恭敬,行为节制合宜,态度谦逊退让,使礼仪的意义明确表达。虽然鹦鹉能开口说话,但终究离不开飞鸟的范畴;虽然猩猩也能开口,但仍归为禽兽一类。现今,作为一个人却不守礼,即使能开口说人话,不也是和禽兽的内心是一样的吗?只有禽兽是没有礼仪之说的,所以它们才会做出父子共妻这样的事。正因为这样,圣人兴起,才制定礼仪来教化他人,使得人与人之间有了礼仪,让人知道自己和禽兽是有区别的。

太上①贵德,其次务施报。礼尚往来,往而不来,非礼也;来而不往,亦非礼也。人有礼则安,无礼则危。故曰:礼者不可不学也。夫礼者,自卑而尊人,虽负贩者必有尊也,而况富贵乎?富贵而知好礼,而不骄不淫;贫贱而知好礼，而志不慑②。

【注释】①太上：指上古的三皇五帝之世。②慑：胆怯，困惑。

【译文】古时的人以崇德为难得，次一等的获人恩惠就施以回报。因而礼讲究互相施惠与报答，只施惠没有报答，不是礼的要求；只报答却没有施惠，也不是礼的要求。人与人之间有了礼，关系才安定，没有礼，关系就危险了。所以说，礼仪是不可以不去学习的。礼仪，要人做到自我谦卑但尊敬他人，即使是卑微如肩挑贩卖的人必定也有尊严，更何况富裕或尊贵的人呢！富裕尊贵并且知道崇尚礼仪，就会不骄傲不淫侈；贫困低贱的知道崇尚礼仪，志气就不会低下。

人生十年曰幼，学。二十曰弱，冠①。三十曰壮，有室。四十曰强，而仕。五十曰艾②，服官政。六十曰耆③，指使。七十曰老，而传。八十、九十曰耄，七年曰悼。悼与耄，虽有罪不加刑焉。百年曰期颐。

【注释】①冠：冠礼，举行加冠仪式，表示已经成年。②艾：衰老，指头发苍白如艾草。③耆（qí）：古称六十岁曰耆。亦泛指寿考。

【译文】人出生后一直到十岁的这段时间处于幼小阶段，因此需要学习；二十岁的时候虽然已经成人但仍偏弱小，行冠礼后，就像成人一样被对待了；到了三十岁身体强壮，差不多有了家室；到了四十岁才是强盛时期，可以入仕为官。五十岁的时候头发像艾草一样发白，应该从事治理百姓之政。六十岁的时候已经开始年老，不宜从事体力劳动而应从事指导调派的领导职责。七十岁已到告老退休的年龄，该把工作交付后人只传授经验。八十岁、九十岁视力听力都已经衰竭，体力下降，叫作耄。七岁以下童稚天真，可称为悼。八九十岁的老人和七岁以下小孩，即使犯了罪也不能以刑罚加身。到了一百岁就只待供养了。

大夫七十而致事，若不得谢，则必赐之几杖，行役以妇人；适①四方，乘安车②；自称曰"老夫"，于其国则称名。越国而问焉，必告之以其制。谋于长者，必操几杖以从之。长者问，不辞让而对，非礼也。

【注释】①适：到……去。②安车：可以舒适乘坐的车。

【译文】做到大夫的职位，七十岁时就要从职位上退休，如果君主挽留住他，就一定会赐给他凭几和拐杖，因公务外出时得安排仆妇供他使唤；出巡四处，也一定会乘坐舒适的车辆，自己称自己为"老夫"；在自己国家的话才叫名字。邻国的使者来访问，国君一定要向老人寻问本国的典章制度以告诉对方；和年长的人商议事情的时候，必须携带凭几、拐杖跟随在年长的人身后。年长的人如果发问，不谦让就直接回答，是不符合礼仪的。

凡为人子之礼，冬温而夏清①，昏定而晨省②。在丑夷③不争。夫为人子者，三赐不及车马，故州闾乡党称其孝也，兄弟亲戚称其慈也，僚友称其弟也，执友④称其仁也，交游称其信也。见父之执，不谓之进不敢进，不谓之退不敢退，不问不敢对，此孝子之行也。

【注释】①凊（qìng）：凉。②定：铺床、安放被褥等事。省：问候请安。③丑夷：同辈众人。④执友：好友。

【译文】大凡做人儿女的礼仪，必须让父母处于冬天温暖而夏天清凉的环境中，入夜前整理好床铺，早上要问候请安。同辈之间不要产生争执。做人儿女，即使天子给予三赐之赏，也不能乘坐所赏赐的车马。如此州郡里的同乡亲党才会称赞他孝顺，兄长昆弟外亲内戚也会称赞他慈爱，同僚会称赞他友爱兄长，好友称赞他仁义，有交往的人称赞他守信。见到父亲的好友，不叫上前则不敢上前，不叫告退也不敢告退，不发问则不敢作答，这才是孝子的行径啊。

夫为人子者，出必告，反必面，所游必有常，所习必有业，恒言不称老。年长以倍，则父事之；十年以长，则兄事之；五年以长，则肩随①之。群居五人，则长者必异席。

【注释】①肩随：并行而稍微居后，表示谦逊。

【译文】做儿女的，外出必须要向父母禀告，回家来也必须先面见父母，出游必须要有固定的地方，学习一定要有专业，平时讲话不要以老自称。年纪比自己大一倍的人，要像对待父亲一样看待;比自己大十岁的人,要像兄长一样看待;比自己大五岁的人,才可以视作同辈,落后其一个肩膀的距离跟在后面。有五个人同处一处,年纪最大的必须要另坐一席。

为人子者,居不主奥①,坐不中席,行不中道,立不中门。食飨不为概②,祭祀不为尸。听于无声,视于无形。不登高,不临深,不苟訾,不苟笑。

【注释】①主奥:室中的西南角,古人认为是室内最尊贵的位置。②概:数量。

【译文】作为子女,在家时不应占据西南角尊长的位置,坐的时候不应占据席位中央的位置,出行的时候不要走在道路中央,站立的时候不要站在门框中央。宴席上吃东西时不能擅自要求数量,祭祀的时候不能做受拜的尸位。父母未发言时,或未见到父母的身形时,要先揣摩领会其意。不能去攀登危险的高处,也不要靠近危险的深渊;不随意诋毁他人,也不应随便嬉笑。

孝子不服暗①,不登危,惧辱亲也。父母存,不许友以死,不有私财。

为人子者,父母存,冠衣不纯素②;孤子当室,冠衣不纯采。

【注释】①暗:暗中。②纯素:素色镶边。因白色为丧服之色,父母健在,着丧服之色,非礼也。

【译文】孝顺的子女不做欺瞒父母的事情,不攀登高处。如果父母还活着,不应向朋友许诺为他赴死,不能有个人的私蓄。

作为子女,如果父母还在,戴的帽子、穿的衣服都不要以素色镶边;父母早亡的人,帽子和衣服不可以用彩色镶边。

幼子常视①毋诳。童子不衣裘裳,立必正方,不倾听。长者与之提携,则两手奉长者之手。负剑辟咡②诏之,则掩口而对。

【注释】①视:通"示",示范。②辟咡(èr):转过头来说话。

【译文】年纪小的孩子要经常教导但不要欺骗他;小孩子不能穿皮毛的衣服和裳裙,站立的时候一定要端正且站直,不要斜着耳朵听人说话。年长的人向他伸手来牵着他的手走路的话,要将双手恭敬地放到长者的手中;长辈俯身在耳边说话,就要掩口作答。

从于先生,不越路而与人言。遭先生于道,趋①而进,正立拱手;先生与之言,则对;不与之言,则趋而退。从长者而上丘陵,则必乡②长者所视。登城不指,城上不呼。

【注释】①趋:小步快走。②乡:通"向",面向。

【译文】跟随在先生身后走路,不要走到路旁与人说话。在路上遇到先生,要快步向前走近先生,然后端正站立向先生拱手行礼;先生与自己说话的时候,才作答;不与自己说话,则后跨一大步退到一旁。和年长的人一起登上小丘陵,眼睛要朝向年长的人眼睛所看的地方。登上城墙的时候,不要随手乱指以免误导他人,也不要大声惊呼以免惊吓到他人。

将适舍,求毋固①。将上堂,声必扬。户外有二屦②,言闻则入,言不闻则不入。将入户,视必下。入户奉扃③,视瞻毋回。户开亦开,户阖亦阖,有后入者,阖而勿遂④。毋践屦,毋踖席⑤,抠衣趋隅。必慎唯诺。

【注释】①固:平常的习惯。②屦(jù):鞋子。③奉扃(jiōng):双手犹如捧着门闩的样子。④阖而勿遂:掩上门但不关死,表示不拒绝后来人。⑤踖(jí)席:从座位的前方走过。

【译文】到别人家去拜访,不能够随便。进入正堂的时候,要出声探问。见到门外有两双鞋子,听到别人说话才可以进入,没有听到说话就不要进去。进入室内的时候,视线要放低,不要张望。进入室内时双手要像捧着门闩一样,不要回头张望。如果房门本来是开着的,就继续让它开着;如果是关闭的,就继续让它关闭;如果后面还有人过来,就带上门但不要关紧。进门时不要踩到别人的鞋子,就坐的时候不要跨过席子去,应当提起裙子的下摆走向角落。回答的时候要谨慎地作答,不要轻易做出承诺。

大夫士出入君门，由闑①右，不践阈②。

【注释】①闑（niè）：门橛，大门中竖立的短木。②阈：门槛。

【译文】大夫和士进出君主门户，应当顺着门橛的右边行进，且不能踩踏门槛。

凡与客入者，每门让于客。客至于寝门，则主人请入为席，然后出迎客。客固辞，主人肃客①而入。主人入门而右，客入门而左。主人就东阶，客就西阶，客若降等，则就主人之阶。主人固辞，然后客复就西阶。主人与客让登，主人先登，客从之，拾级②聚足，连步以上。上于东阶则先右足，上于西阶则先左足。

【注释】①肃客：引导客人进入。②拾级：逐级登阶。

【译文】凡是和客人一起进门，每次走到门前都要请客人先进。客人到了卧室门前，主人则要先进入房间布好席位，然后再出来迎接客人。假若客人再三辞让，主人就要肃身站立请求客人进入。主人进门沿右走，客人进门沿左走。主人走向东边的阶位，客人则走向西边的阶位。如果客人的身份比主人低一阶，客人就走向主人的东阶。主人要再三辞让，再之后客人才重新走到西阶。主人要与客人相互谦让登阶的顺序，主人先登阶，客人随其后。每登一阶，就要并足，主客之间差一个足位依次而上。走上东阶的时候先落右脚，走上西阶则是先落左脚。

帷薄之外不趋,堂上不趋,执玉不趋。堂上接武①,堂下布武②。室中不翔,并坐不横肱③。授立不跪,授坐不立。

【注释】①接武:小步行走,左右两脚脚步接续。②布武:迈开步子行走,左右两脚分开。③肱:指胳膊。

【译文】走到带有帘幔的门前时步子不能快,在大堂上走路步子不能快,手执玉器也不能快。在堂上走路时步子要连接起来走,在堂下时步子要迈开来走。在室内不要叉开手臂,并排就坐的时候不要将手肘横开以免妨碍他人。拿东西给站着的人时不要屈膝,拿东西给坐着的人时要躬身。

凡为长者粪①之礼,必加帚于箕上,以袂拘而退;其尘不及长者,以箕自乡而扱②之。奉席如桥衡,请席何乡,请衽③何趾。席:南乡北乡,以西方为上;东乡西乡,以南方为上。

【注释】①粪:扫除,指扫除垃圾污秽。②扱(xī):收取,归拢。③衽:卧席。

【译文】凡是为长者打扫席位,必须把扫帚放在簸箕上以示尊敬,用袖子做遮挡边扫边退。这样扬起的尘土才不会污及长者。扫的时候把簸箕朝向自己归拢杂物。给长者奉上席子的时候,左高右低像拿衡木一样,铺设席位要先询问面向哪边,铺设床铺要问脚放哪头。席子如果是南北朝向的,那么西方的席位就是尊位;如果是东西朝向的,那么南方的席位就是尊位。

若非饮食之客，则布席，席间函①丈。主人跪正席，客跪抚席而辞。客彻重席②，主人固辞。客践席，乃坐。主人不问，客不先举。将即席，容毋怍③。两手抠衣去齐尺。衣毋拨，足毋蹶。

【注释】①函：容，指席间的距离。②重席：为了表示尊敬，主人给客人铺两重坐席。③怍（zuò）：改变脸色。

【译文】如果不是请来吃饭的客人，那么布席的时候，席子之间的间距要超过一丈。主人跪坐为客人整理席位的时候，客人要按住席子以作辞让。客人要求撤走一层席子的时候，主人也要再三辞让。客人坐上席位后，主人才就坐。如果主人不率先发问，客人也不要先提问。将要就坐的时候，不可失态。两手提起裙子下摆离地一尺的距离。不要掀起上衣，也不要将脚撅起。

先生书策琴瑟在前，坐①而迁之，戒勿越。虚坐尽后，食坐尽前。坐必安，执尔颜。长者不及，毋儳言②。正尔容，听必恭。毋剿说③，毋雷同。必则古昔，称先王。侍坐于先生：先生问焉，终则对。请业则起，请益则起。父召无诺，先生召无诺，唯而起。侍坐于所尊敬，毋馀席。见同等不起。烛至起，食至起，上客起。烛不见跋。尊客之前不叱狗。让食不唾。

【注释】①坐：跪坐。②儳（chàn）言：别人说话未完便插话，打乱别人的话题。③剿(chāo)说：抄袭别人的言论为己说。

【译文】当行路前方放有先生的书本或琴瑟等乐器时，应当跪坐下来把他们移开，切忌从上面跨越过去。只是坐着谈话时，就应当尽量靠后，坐下吃饭就应当尽量靠前。就坐的时候要保持平稳安然，保持自己的神色平和。长者没有发问提及事情，就不要打断他们的话语。端正自己的神色，听人说话的时候要态度恭敬。不要把别人的说法窃为己用，也不可人云亦云，说与别人同样的话。说话的时候要依据过去的史实，或者引述以前圣人的言论。侍奉先生就坐的时候，先生向你发问，应当等先生问完之后才对答。向先生请教书本里的事情时，应当站起身来；如果要再问更多的事情，也要站起身来。父亲呼召自己的时候，不要以"诺"来回答，先生呼召自己时也不要以"诺"来回应，要回答"唯"，并站起身来。和尊敬的人陪坐的时候，不要隔着席位。见到同辈之人，不要起身。见到掌烛的人到来要起身，见到端食物的人过来也要起身，见到尊客过来也要起身。蜡烛燃尽之后要主动把残留的扫除。在尊客面前不要呵斥狗。主人劝用食物时，不要吐唾沫。

　　侍坐于君子，君子欠伸，撰杖屦，视日蚤莫①，侍坐者请出矣。侍坐于君子，君子问更端，则起而对。侍坐于君子，若有告者曰："少间，愿有复也。"则左右屏而待。毋侧听，毋噭应，毋淫视，毋怠荒。游毋倨，立毋跛，坐毋箕，寝毋伏。敛发毋髢②，冠毋免，劳毋袒，暑毋褰裳。

【注释】①蚤莫(mù)：通"早"和"暮"。②髢(tì)：本义指假发，这里指披头散发。

【译文】陪伴长者座谈，见到长者打呵欠或者伸懒腰，或者准备拿起拐杖鞋子，或者问时间的早晚，陪坐的人就要请辞起开了。陪伴长者座谈，长者如果问起其他的事情，就要起身之后对答。陪伴长者座谈，如果有人进来说："稍微借点时间，有事情要禀告。"那么旁边的人就要屏退等待，不要侧耳偷听，也不要大喊大叫地应答，不要斜眼偷看，也不要一副无精打采的模样。走路的时候不要显得有所傲慢，站立的时候不要一脚跛足，坐的时候不要叉开双腿，睡觉的时候不要俯身伏在床上。挽头发不要让它披下来，不要不带帽子，劳作的时候不要袒身，天热的时候不要撩起裙裳。

侍坐于长者，屦不上于堂，解屦不敢当阶。就屦，跪而举之，屏于侧。乡长者而屦，跪而迁屦，俯而纳屦。

【译文】在长者身边陪坐，鞋子不要穿着进入堂内，脱鞋的时候不要把鞋子放在台阶正中。穿鞋的时候，要跪坐着拿起鞋子，退开到一侧。如果穿鞋的时候正好面朝长者，就要跪着把鞋子移开，然后低下身子把鞋子穿上。

离坐离立①，毋往参焉；离立者，不出中间。男女不杂坐，不同椸枷②，不同巾栉，不亲授。嫂叔不通问，诸母③不漱裳。外言不入于梱④，内言不出于梱。

【注释】①离坐离立：指两人并坐或并立。②椸（yí）枷：衣架。③诸母：庶母。④梱（kǔn）：门限。

【译文】两人并坐或者并立的时候，不要往中间插身；别人并立的时候，也不要从中间穿身而过。男子女子不要混杂着坐在一起，不用同一个衣架，也不用相同的毛巾和梳子，也不可以亲手传递东西。嫂子和小叔子不能相互问候，叔母继母不能给自己洗内衣。街巷之间的谈话不要传到闺阁之中，闺阁之中的谈话也不要传到闺阁之外。

女子许嫁，缨①；非有大故，不入其门。姑姊妹女子子②，已嫁而反，兄弟弗与同席而坐，弗与同器而食。父子不同席。

【注释】①缨：女子许婚后要系上缨带作为标志。②女子子：女儿。

【译文】女子在订婚之后，头上就要系上彩缨；没有大事情发生，不能进入她们的闺房。姑母的女儿或者自己的姐妹或女儿，嫁人后回娘家，兄长弟弟不能和她们同坐在一个席间，也不能共用一套器具吃饭。父亲和儿子也不能同席而坐。

男女非有行媒，不相知名；非受币①，不交不亲。故日月以告君,齐②戒以告鬼神,为酒食以召乡党僚友,以厚其别也。

【注释】①受币:女子接受男方的聘礼。②齐:通"斋"。
【译文】男子女子之间如果没有媒人串门,不能相互告知对方自己名字;如果没有下聘礼,不能有交往和亲密关系。所以要将结婚的年月日禀告官府,以斋戒来敬告祖先,置办酒席来召集同乡、邻里、同僚、好友,目的是强调男女的分别。

取妻不取同姓;故买妾不知其姓则卜之。寡妇之子,非有见焉,弗与为友。

【译文】娶妻不娶同姓的女子,买妾的时候不知道她的姓就要通过卜卦来决定。寡妇的儿子,如果不是非常有见地才能,就不要和他结朋友。

贺取妻者,曰:"某子使某,闻子有客,使某羞①。"

【注释】①羞:进献。
【译文】上门祝贺娶妻的人,如果请人代去,代去的人就要说:"某某人听说您娶亲了派我过来,并派我向您奉上一些酒食。"

贫者不以货财为礼，老者不以筋力为礼。名子者不以国，不以日月，不以隐疾，不以山川。

【译文】贫困的人，奉礼的时候不能要求用财物来充作礼品，年老的人不耗费体力作礼。给孩子取名的时候不要带用国家的名字，不要带有日月的字眼，不要带有身上的暗疾，也不要带有高山大河的名字。

男女异长。男子二十，冠而字。父前，子名；君前，臣名。女子许嫁，笄而字。

【译文】男孩女孩要有不同的排行。男孩到了二十岁，就要给他及冠并赐给字的别名。父亲面前，可以直接称呼兄长的名字，君王面前也可以直接称呼同僚的名字。女子已经许诺嫁给别人，就要在她头发上加簪子并也赐给一个名字之外的别名。

凡进食之礼，左殽右胾①，食居人之左，羹居人之右。脍炙处外，醢②酱处内，葱渫处末，酒浆处右。以脯修置者，左朐右末。客若降等执食兴辞，主人兴辞于客，然后客坐。主人延客祭：祭食，祭所先进。殽之序，遍祭之。三饭，主人延客食胾，然后辩③殽。主人未辩，客不虚口④。

【注释】①殽：带骨切块的熟肉。胾（zì）：切片的纯肉。②醢

(xī)：醋。③辩：通"遍"。④虚口：漱口。

【译文】凡是陈设便餐的礼节：带骨头的菜肴放置在左边，切碎的纯肉放置在右边；吃的食物要放在靠着人的左手的一方，羹汤放置在靠近右手的一方；碎肉和烤肉类放置得远一些，醋和酱等调味品放置得近一些；葱姜等伴料放置在左旁，酒品、羹汤放置在右侧。若另要陈设干肉脯、干肉条，则形状弯曲的在左，形状挺直的在右。若客人身份低于主人，应当端着饭碗站起身来，推辞说不敢当此席位，主人也应该站立起身说些敬请安坐之类的话，然后客人就坐。主人劝请客人祭食吃饭，应该先拨些饭放置于桌上，这叫作祭。祭食，要按照先后顺序进行。先祭率先进食的东西，然后按照吃食的顺序祭一遍。吃过一些饭后，主人应该延请客人吃纯肉，再吃带骨的熟肉。若主人还没有吃完，客人不能漱口表示自己已吃完。

侍食于长者，主人亲馈，则拜而食；主人不亲馈，则不拜而食。

【译文】陪奉长者吃饭的时候，如果主人亲自夹菜劝食，就要拜谢之后就吃；如果主人没有亲自夹菜劝食，那么没必要拜谢，自行就食就好了。

共食不饱，共饭不泽手①。毋抟饭，毋放饭，毋流歠②，毋咤食，毋啮骨，毋反鱼肉，毋投与狗骨。毋固获，毋扬饭。饭黍毋以箸。毋嚃③羹，毋絮羹④，毋刺齿，毋歠醢⑤。客絮羹，主人辞不能亨。客歠醢，主人辞以窭。濡肉齿决，干肉不齿决。毋嘬炙。

【注释】①泽手：搓手。②流歠（chuò）：一口气喝下去。歠，通"啜"。③嚃（tà）：不嚼而食。④絮羹：调理羹汤味道。⑤醢（hǎi）：肉酱。

【译文】一同吃饭的时候，不能只顾着自己能吃饱；和别人一起吃饭，要讲究卫生，不能两手相互搓。不要用手来搓饭团，不要把吃剩的饭食再放入器皿中，不要嘴边溅溢出汤汁，不要咂嘴出声，不要吮吸骨头作响，不要把吃过的鱼肉之类再放回菜盘，也不要扔骨头给狗。不要只吃一种食物，也不要贪快而扬去饭中的热气。吃蒸得比较散碎的黍米饭不要用筷子。不要汤和菜一道下咽，不要搅拌汤汁，不要当众剔牙齿，不要只吃肉酱而不蘸着东西。如果客人搅拌汤汁的话，主人就要说些抱歉的话；客人只顾着吃肉酱不蘸食物，主人也要道歉说备食不周。湿而软的肉类可以直接用牙齿咬断，干的肉类就不能用牙咬而要先掰断。吃烤熟的肉不要大块吞食。

卒食，客自前跪，彻饭齐以授相者，主人兴辞于客，然后客坐。

【译文】就食完毕，客人应当起身向前跪坐，将饭桌上的食物收拾好给伺候在一旁的人。主人跟着起身,客气说不能烦劳客人,然后客人再就座。

侍饭于长者,酒进则起,拜受于尊所。长者辞,少者反席而饮。长者举未釂①,少者不敢饮。长者赐,少者、贱者不敢辞。赐果于君前,其有核者怀其核。御食于君,君赐余,器之溉者不写②,其余皆写。

【注释】①釂(jiào):喝光爵中的酒。②写:通"泻",倾倒。
【译文】陪奉长者吃饭的时候,看到长者将酒食递送过来,就要起身到长者的身旁拜谢。长者说不用过于客气,少者才回到自己的座位上喝酒;如果长者邀请大家一起喝干杯中酒的话,少者不可以先喝酒。长者赐食的话,长者没有喝完少者和仆从不能推辞。如果国君赐给水果,那些有核的水果吃完就要把果核藏在怀里。伺候国君吃饭的时候,国君赐予剩余的食物,如果食物放到可以洗涤的容器里面,就不必倒入别的容器,则原器取食;如果不能洗涤,就要放到别的容器里取食。

馂余①不祭。父不祭子,夫不祭妻。御同于长者,虽贰不辞,偶坐不辞。羹之有菜者用梜②,其无菜者不用梜。

【注释】①馂(jùn)余:剩下的饭菜。②梜(jiā):筷子。
【译文】吃剩的饭菜不能用来祭食,父亲吃儿子吃剩的食物不必行祭食之礼,丈夫吃妻子吃剩的食物也是如此。和长者一道参与宴会,如果主人像长者一样厚待少者,也不必辞谢,陪长者一起就座,也不必辞谢。汤食里面有菜肴,就要用筷子夹;如果没有的话,就要用汤匙来盛汤。

为天子削瓜者副①之,巾以絺。为国君者华②之,巾以绤。为大夫累③之,士疐④之,庶人龁⑤之。

【注释】①副:剖分。②华:从中剖开,再横切一刀。③累:从中剖开,不横切,不覆盖。④疐(dì):通"蒂",不从当中剖开,只横切一刀,除去瓜蒂。⑤龁(hé):咬嚼,指不用刀切,除去瓜蒂后啃着吃。

【译文】为天子削去瓜果外皮之后要均分切成四瓣,以条状细麻布盖好;为国君削去瓜果外皮之后要横切成两瓣,以粗麻布盖好;为大夫之类的官员削去瓜果外皮,只需要整个放置;为士人切去瓜蒂之后吃瓜果。庶民就着瓜果皮一起吃。

父母有疾,冠者不栉,行不翔,言不惰①,琴瑟不御,食肉不至变味,饮酒不至变貌,笑不至矧②,怒不至詈。疾止复故。

【注释】①惰:指说话戏谑玩笑。②矧(shěn):齿龈。

【译文】父母患病的话,要心有忧思,不能冠盖整齐出门,外出的时候不能讲究穿着,说话的时候不要多说闲话,琴瑟等乐器不能摆弄，吃肉也不能多到口味发生改变，饮酒适量不至于喝到脸红，笑的时候不能大笑咧出齿龈，发怒时不要发火骂人。这种情形要直到父母病愈才恢复至原先的状态。

有忧者侧席而坐，有丧者专席而坐。

【译文】家中长辈患病的人要侧席而坐，家中长者逝世正服丧的人要独席而坐。

水潦降，不献鱼鳖，献鸟者拂其首，畜鸟者则勿拂也。献车马者执策绥，献甲者执胄，献杖者执末。献民虏者操右袂。献粟者执右契，献米者操量鼓。献孰食者操酱齐。献田宅者操书致。

【译文】下雨频繁的季节，不能拿鱼鳖之类敬献他人；给人敬献野生鸟类的时候要扭转鸟喙，如果是家禽则不必如此。敬献车马，要把马鞭和策绳递上；敬献铠甲之类，要递上甲胄；敬献木杖，要手拿末端。敬献抓住的庶民俘虏，要用手抓住他有右手的袖子。敬献粟米，就要呈上兑取的契券；敬献大米，就要用手拿着量米的器具。敬献熟食，就要一并奉上酱汁和小菜。敬献田地宅子，就要奉上田契房契等。

凡遗人弓者：张弓尚筋，弛弓尚角。右手执箫，左手承弣①。尊卑垂帨。若主人拜，则客还辟，辟拜。主人自受，由客之左接下承弣；乡与客并，然后受。进剑者左首。进戈者前其鐏②，后其刃。进矛戟者前其镦③。

【注释】①弣（fǔ）：弓把中部。②鐏：戈柄下端的圆锥形金属套。③镦（duì）：矛戟柄末的平底金属套。

【译文】凡是赠送给别人弓箭：假如是弓弦已经绷紧的弓，就要弓弦朝上，弓弦没有绷紧的弓，则弓背朝上。以右手拿着弓头的一角弯曲的地方，左手托着弓背中间粗壮的部分。受赠与馈赠的人都要鞠躬。如果主人拜谢，则客人要转身避开，避开主人的拜谢。主人亲自接受赠与，那么应当从客人左手接住弓的角附，主客并排站立，朝向一方，然后移交。进献剑器的时候要以剑柄向左；进献长戈要戈柄在前，戈刃在后；进献长矛长戟也要柄在前。

进几杖者拂之。效马效羊者右牵之；效犬者左牵之。执禽者左首。饰羔雁者以缋。受珠玉者以掬。受弓剑者以袂。饮玉爵者弗挥。凡以弓剑、苞苴①、箪笥②问人者，操以受命，如使之容。

【注释】①苞苴（bāo jū）：用草叶包裹的鱼肉。②箪笥（dān sì）：竹或苇制的圆形和方形盛饭器。

【译文】给人进献倚几或手杖，要拂拭干净。牵马和羊送给别人用右手牵住；牵狗则用左手牵住。捉鸟给别人的话，要鸟的头在左侧；给人赠送羊羔或者鸭子的幼崽，要用绶带装饰一下。接别人赠送的珍珠或玉器，要双手捧接；接受弓和剑则要用衣袖隔挡着来接。用玉器做的杯爵来饮酒不要挥扬。凡是家长派遣去赠送给别人弓和剑、用草叶包裹的鱼肉、竹器装着的食物，都要拿着那些东西像接受命令一样，表情庄重得如同出使他国一般。

凡为君使者，已受命，君言不宿于家。君言至，则主人出拜君言之辱；使者归，则必拜送于门外。若使人于君所，则必朝服而命之；使者反，则必下堂而受命。

【译文】凡是当国君的使者的，或者已经接受出使命令的，在国君下令之后就不能留在家里住宿。命令传达到的时候，主人要出门拜谢为国君传达命令的使者；在他回去复命的时候，主人必须拜送到家门外。如果派遣使者到国君之处所，要穿上正式的朝服去传达国君的使命；使者返回复命的时候，必须下堂来接受使者传达的国君的授命。

博闻强识而让，敦善行而不怠，谓之君子。君子不尽人之欢，不竭人之忠，以全交也。

【译文】见识广博，记忆力强但是很谦逊，乐于行善事并且不懈怠的人，可以称他为君子。君子不能要求他人都喜欢自己，也不能要求他人竭力忠诚自己，这样交情才能保全且长久。

《礼》曰:"君子抱孙不抱子。"此言孙可以为王父尸①,子不可以为父尸。为君尸者,大夫士见之,则下之。君知所以为尸者,则自下之,尸必式②。乘必以几。

【注释】①尸:祭祀时代表死者受祭的人。②式:通"轼",指乘车人扶轼行礼。

【译文】《礼经》中说:"君子抱孙不抱子。"就是说,在祭祖的时候,孙儿可以充当祖父的"尸",而儿子不可以充当父亲的"尸"。给君主做"尸"的人,大夫和士见到,必须下车敬礼。如果君主知道此人是充当已故先君的"尸",也要亲自下车行礼,做"尸"的人也必须还礼。做"尸"的人乘车时必须以几来垫在脚下。

齐①者不乐不吊。

【注释】①齐:通"斋"。

【译文】斋戒的人不能听音乐,也不能去凭吊丧者,慰问其家人。

居丧之礼,毁瘠不形,视听不衰。升降不由阼阶①,出入不当门隧。居丧之礼,头有创则沐,身有疡则浴,有疾则饮酒食肉,疾止复初。不胜丧,乃比于不慈不孝。五十不致毁,六十不毁,七十唯衰麻在身,饮酒食肉,处于内。

【注释】①阼(zuò)阶：东阶，主人走的台阶。

【译文】服丧时候的礼节，可以因为哀伤而消瘦，但不能形销骨立，视觉听觉保持正常不衰退。上堂和下堂的时候不能走东边的台阶，因为那曾是先人常走的地方。出门入门的时候也不能走正中的甬道，就仿佛家长仍在的时候。服丧时候的礼节，头上有疮可以来洗，身上发脓也要来洗；身体患病，可以饮酒食肉，病好了就要复归丧礼，不饮酒食肉。如果过于哀痛而病倒，不能承办丧事，这和不慈不孝没有区别。年纪到了五十岁，可以不必哀伤而消瘦；到了六十岁，可以不必消瘦；到了七十岁，服丧只需要披麻戴孝，按照正常的饮食来饮酒食肉，住在内间即可。

生与来日，死与往日。知生者吊，知死者伤。知生而不知死，吊而不伤；知死而不知生，伤而不吊。

【译文】活着的人吊丧是从家长逝世第二日算起，家长逝世的殡期从逝世之日算起。只认识逝者家人，就前去作吊唁；认识逝者，就要前去伤悼。认识逝者家人而不认识逝者，只吊唁而不伤悼；反之，认识逝者但不认识其家人，就只能去伤悼而不吊唁。

吊丧弗能赙①，不问其所费。问疾弗能遗②，不问其所欲。见人弗能馆，不问其所舍。赐人者不曰来取。与人者不问其所欲。

【注释】①赙(fù)：赠送财物。②遗(wèi)：馈赠。

【译文】前去吊丧，如果不能从钱物上有所资助的话，就不要问他们花费了多少钱；探视病人如果不能馈赠一些东西的话，就不要问他需要些什么；接见他人，如果不能为其提供居所，就不要问他住在什么地方；赠送别人东西不要让他上门来取；给别人东西的时候，不要问他需不需要这物什。

适墓不登垄，助葬必执绋①。临丧不笑。揖人必违其位。望柩不歌。入临不翔。当食不叹。邻有丧，舂不相。里有殡，不巷歌。适墓不歌，哭日不歌。送丧不由径，送葬不辟涂潦。临丧则必有哀色，执绋不笑，临乐不叹；介胄，则有不可犯之色。故君子戒慎，不失色于人。

【注释】①绋：牵引棺柩车往墓穴的绳索。

【译文】路过墓葬的时候不要登上坟丘，参加葬礼的时候必须帮忙挽住灵柩。到达丧事之所要不苟言笑。向人作揖的时候必须离开座位。看到灵柩不能唱歌。进入丧家，走路的时候不能张开手脚，大摇大摆。在丧家就食，不要唉声叹气。邻居家里有丧事，即使在舂米也不要唱歌助舂；同村有人家里有丧事，不在巷子里歌唱。别人家丧事出殡之日，也不要歌唱。送丧车的时候不要走小路，送葬车的时候不要躲开路上的小水坑。参加丧礼脸上要带上哀伤的神色，挽送灵柩的时候不能发笑，身在欢乐场合不能叹气。披上甲胄的时候，脸上要肃穆，做出不可侵犯的神色。

所以作为君子就要时刻保持谨慎,不在他人面前有失态。

国君抚式①,大夫下之。大夫抚式,士下之。礼不下庶人,刑不上大夫。刑人不在君侧。兵车不式。武车②绥旌,德车③结旌。

【注释】①式:通"轼"。②武车:即兵车,车上用兵器装饰。③德车:非军用之车,用玉饰、金饰、象牙等装饰。

【译文】看见国君靠着车轼行礼,大夫就要下车致敬行礼;看见大夫靠着车轼行礼,士就要下车致敬行礼。礼仪不必用来约束平民百姓,刑罚也不必用来制裁大夫及以上的人。受过刑罚的人不能侍奉在国君的身侧。在出征的兵车之上,不必靠着车轼行礼;打猎用的车上,旌旗必须是展开的;巡守的车上,旌旗必须是垂下的。

史载笔,士载言。前有水,则载青旌。前有尘埃,则载鸣鸢。前有车骑,则载飞鸿。前有士师,则载虎皮。前有挚兽,则载貔貅。行,前朱鸟而后玄武,左青龙而右白虎。招摇①在上,急缮其怒②。进退有度,左右有局,各司其局。

【注释】①招摇:指北斗星。②急:坚挺。缮:强劲。怒:士气高昂。

【译文】史官必须随身携带文具,作盟约的人必须随身携带盟词。队伍的前路上有水,车上就要挂上画有水鸟的青旗;队伍的前路上有尘土铺面,车上就要挂上画有鸣叫着鸢鸟的旗子;队伍的前路上有车马,车上就要挂上画有飞鸿的旗子。见到有军队,则竖起用虎皮做的旌旗。前路上有猛兽阻拦,就要挂上画着貔貅的旗子。行阵的时候,前锋为朱雀,后卫则是玄武,左侧以青龙,右侧则白虎,中军竖起北斗星旗,整军士气高涨。进攻撤退都法度庄严,左翼右翼都有掌管的人,并且各司其职。

父之仇,弗与共戴天。兄弟之雠不反兵①。交游之雠不同国。

【注释】①不反兵:指随身携带武器,不用返回家去拿武器。反,通"返"。

【译文】对于父亲的仇人,不能和他共存于同一天地间;兄弟的仇人,要随时携带兵器于身上;朋友的仇人,不能与其共生活在一个国家。

四郊多垒①,此卿大夫之辱也。地广大,荒而不治,此亦士之辱也。

【注释】①垒:军事壁垒。
【译文】一国的四境都有防御设施却被人侵占,这是公卿大夫的耻辱;土地广博,却任其荒废不去治理,这也是士人的耻辱。

临祭不惰。祭服敝则焚之，祭器敝则埋之，龟筴①敝则埋之，牲死则埋之。凡祭于公者，必自彻其俎②。

【注释】①筴(cè)：同"策"，占卜用的蓍草。②俎(zǔ)：祭祀或者宴会时盛放牲肉的礼器。

【译文】参与祭祀活动不能怠惰。祭祀用的衣服穿旧了就要烧掉，祭祀用的器物破败了就要埋掉，占卜用的龟甲和策草坏掉了就要埋掉，祭祀用的三牲死了也要埋掉。在参与国家的祭祀时，士以下的官员要亲自撤走俎中的食物。

卒哭乃讳。礼，不讳嫌名①。二名不偏讳。逮事父母，则讳王父母；不逮事父母，则不讳王父母。君所无私讳，大夫之所有公讳。《诗》《书》不讳，临文不讳。庙中不讳。夫人之讳，虽质君之前，臣不讳也；妇讳不出门。大功小功②不讳。入竟而问禁，入国而问俗，入门而问讳。

【注释】①嫌名：指声音相近的名。②大功小功：都是丧服五服之一。

【译文】进行完卒哭之祭以后，就要避讳死者的名字。按照《礼》的规定，可以不必忌讳同音的名字，双字都同音则避讳其一字即可。父母尚在时侍奉父母，就得避讳祖父母的名讳；如果父母已经过世，则不必要避讳祖父母的名讳。在国君之所，不能以一家的忌讳为忌讳，在卿大夫之所，却仍要以一国之讳为忌讳。读《诗》

《书》不必避讳,写文章的时候也不必避讳。在宗庙中祭告,同样不必避讳。国君夫人的名讳,即使在国君面前,做臣子的也不必特别讲究。因为妇人的名讳仅限于家室之内。服大功小功之丧的亲属,同样不用避讳。进入他国的时候,要先打听那个国家有什么禁忌的事情;进入一国要明白当地的风俗,到他人家里则要问他们所忌讳的先人之名。

外事以刚日①,内事以柔日。

【注释】①刚日:奇数日,下文柔日为偶数日。
【译文】国家外或者宗庙之外的事情,适宜于在单数日举行,宗庙之内一国之内的事情则适宜于在双数日进行。

凡卜筮日:旬之外曰远某日,旬之内曰近某日。丧事先远日,吉事①先近日。曰:"为日,假尔泰龟有常,假尔泰②筮有常。"

【注释】①吉事:如祭祀、冠礼、婚礼等。②泰:大。
【译文】凡是用卜筮之法来选择的吉日,本旬之外举行的,称其为"远某日",本旬之内举行的,称其为"近某日"。殓葬、哀悼等丧事,应该先卜算"远某日",祭祀、冠礼等吉事,应该先卜算"近某日"。卜算的时候要说:"算个吉日,凭借大龟来卜算个吉凶,凭借大蓍来卜算个吉凶。"

卜筮不过三，卜筮不相袭①。龟为卜，策为筮，卜筮者，先圣王之所以使民信时日、敬鬼神、畏法令也；所以使民决嫌疑、定犹与②也。故曰："疑而筮之，则弗非也；日而行事，则必践之。"

【注释】①卜筮不相袭：不能反复多次占卜。②犹与：犹豫。

【译文】无论是卜或者筮，卜算都不可超过三次。占问同一件事情，卜与筮不能交替反复使用。使用龟甲来进行的卜算叫作卜，使用蓍草来进行的卜算叫作筮。卜用龟，筮用策，这是古代国君为了让老百姓信服选择的吉时吉日、敬重信仰所祀的鬼神、敬服恪守国君法律条令的方法。所以卜算可以使老百姓在犹豫不决时，借助其结果来下定决心。因此说，因为怀疑进行卜筮，结果出来后，就不能再产生任何的怀疑。定在什么时间举行仪式，就得在当天实行。

君车将驾，则仆执策立于马前。已驾，仆展軨、效驾，奋衣由右上，取贰绥，跪乘，执策分辔，驱之五步而立。君出就车，则仆并辔授绥。左右攘辟，车驱而驺。至于大门，君抚仆之手而顾，命车右就车；门间沟渠，必步。

【译文】在国君的车驾需要套马时，仆人应该拿着马鞭站立在马前。套好马匹以后，仆人要先去检查车轴两端的木栏以及车轮有无问题，并且试车。仆人应先振衣去尘后，方可由右边取过缰绳上车。上车后要以跪立姿势乘坐,而后拿起马鞭,分开缰绳,两只手分别握着,驱赶车往前行进五步以后停下。等到国君外出乘车时,仆人应该一手握着缰绳,一手将登车的绳子递给国君。国君上车以后,让两边的侍从退避向车后,而后驱车向前。驾车行驶到大门口,国君按住仆人的手,而后回过头来命令左右的侍卫登车。如是经过城门、里门和沟渠的时候,两边的侍卫必须下车后步行前进。

凡仆人之礼,必授人绥。若仆者降等,则受;不然,则否。若仆者降等,则抚仆之手;不然,则自下拘之。

【译文】按礼来说,凡是作为驾驶的仆人,一定要递交给乘车者登车绳。如果驾车者比乘车者的身份低,则要接受。如果不是,就不能接受。更加详细具体地说,如果驾车者的身份比乘车者的低,驾车者递缰绳时,乘车者要先按住他的手,然后再接取缰绳。如果两人身份相称,乘车者可直接从对方的手下取过缰绳。

客车不入大门,妇人不立乘。犬马不上于堂。故君子式黄发①,下卿位,入国不驰,入里必式。

【注释】①黄发:高龄老人。

【译文】假如客人驾车,不可以直接驶入主人家的正门,妇女乘车的时候不可以站立。犬马不可以牵到正屋。所以君子乘车若是遇到老人要扶轼敬礼,经过卿的朝位时要致敬并下车步行,进入国城境内时不可以疾速地前进,进入里门时必须扶轼敬礼。

君命召,虽贱人,大夫、士必自御①之。介者不拜,为其拜而蓌拜②。祥车③旷左。乘君之乘车不敢旷左;左必式。

【注释】①御:迎接。②蓌(cuò)拜:行拜礼时失态。③祥车:死者生前所乘之车,葬时用为魂车。

【译文】国君如果命人前来召唤,即便派来的人身份低贱,大夫、士人为表示对国君的尊重,也必须亲自出迎。穿着盔甲的人不能跪拜,因为这样会有损军中形象,动作失调显得失礼。祥车需要空出来左边的尊位,但乘坐国君的车时一定不可以空着左边的尊位,要对着左边的尊位扶轼敬礼,表示对国君的尊重。

仆御、妇人则进左手,后右手;御国君,则讲右手、后左手而俯。国君不乘奇车。车上不广咳,不妄指。立视五巂①,式视马尾,顾不过毂②。国中以策彗③恤勿驱。尘不出轨。

【注释】①巂(guī):规,指一轮转一圈的长度。②毂(gǔ):车轮中心位置。③策彗:以带叶竹帚制作的马鞭。

【译文】为妇人驾车时,要先伸出左手执辔,然后右手后缩后再驾驶;为国君驾车时,则要先用右手执辔,而后左手后缩,面向国君俯身行礼,表示敬意。国君不可以乘坐奇异的车。不可以在车上随意大声咳嗽,在车上不可以胡乱指指点点。站立时,视线要在车轮转动五圈的距离;扶轼敬礼时,视线到马尾处即可;回头望时,视线同样不可超过车毂。进入城都后要改用竹帛制作的马鞭轻轻驱赶马,以此来降低车速,这样灰尘就不会四处飞扬于车辙迹之外。

国君下齐①牛,式宗庙。大夫士下公门,式路马②。乘路马,必朝服载鞭策,不敢授绥③,左必式。步路马,必中道。以足蹙路马刍④,有诛。齿路马,有诛。

【注释】①齐:通"斋"。②路马:国君车的马。③绥:登车时手挽的索。④刍:用来饲养牲畜的草。

【译文】国君乘车经过宗庙的门口要下车步行,遇到祭祀用的祭牛要扶轼敬礼。大夫、士人乘车经过国君的门口时要下车步行,遇到国君专用的马时要扶轼敬礼。大夫、士人乘坐国君的马车时一定要穿上朝服,可以带着马鞭,但是不可以使用,也不可以把登车绳递给别人,并且要站在车子的左边扶轼敬礼。牵着国君的马走在路上时,必须走在大路中央。凡是用脚去践踏路马食料的人,都要受到惩罚;凡是随意议论路马年龄的人,也都要受到惩罚。

曲礼下第二

【题解】下篇所言多为有关成人的礼,着重在对于种种名词和称谓的讲解。

凡奉①者当②心,提者当带③。

【注释】①奉:与"捧"义同。②当(dàng):及,到。③带:古人系在衣外的带子,离地约四尺半。

【译文】凡是手捧着东西,就要捧到胸前;凡是手提着东西,就要提到衣带处。

执天子之器则上衡①,国君则平衡,大夫则绥②之,士则提③之。

【注释】①上衡:上,高于。衡,心脏、胸口处。②绥(suí):低于。③提:古人提物多到衣带处,因此"提"指衣带附近。

【译文】如果拿着天子的器物,就要高于胸口处;如果拿着国君的器物,就要平于胸口处;如果拿着大夫的器物,就要低于胸口处;如果拿着士人的器物,只需提到衣带处就可以了。

凡执主器,执轻如不克①。执主器,操币②圭璧③,则尚④左手,行不举足,车轮曳踵⑤。立则磬折⑥垂佩。主佩倚⑦,则臣佩垂。主佩垂,则臣佩委⑧。执玉,其有藉者则裼;无藉者则袭⑨。

【注释】①克:能够,此指拿得起来。②币:古人行礼时所用的束帛,约有二十丈。③圭璧:古代天子及诸侯在祭祀、朝会等重大活动中所用的玉器,也泛指名贵的玉器。④尚:与"上"义同,表尊崇。⑤曳踵:指拖着脚后跟小步行走,脚不离地。踵,脚后跟。⑥磬折:比喻人弯腰的姿势如磬弯曲一样。⑦倚:贴附。⑧委:垂在地上。⑨有藉(jiè)者则裼(xī),无藉者则袭:古人行聘礼时,用璧、琮、圭、璋之类的玉器。如献璧、琮,则有衬托物,献礼者可解开正服前襟露出裼衣;如献圭、璋,则没有衬托物,献礼者要掩好正服的前襟。藉,衬垫的东西。裼,脱去外衣露出内衣。袭,内衣上面穿上外衣。

【译文】凡是拿着主人的器物,即使很轻也要小心翼翼,如同拿不动一样。凡是拿着主人的器物,或是拿着束帛、圭璧等贵重的物件,应当左手在上,走路时要足不离地,拖着脚后跟,就像车轮滚动不离地面一样。站立的时候,要像弯曲的磬那样卑躬屈膝,让腰带上的佩饰自然下垂。如果主人直立,腰佩紧贴在身,那臣下就要弯腰,使腰佩自然下垂;如果主人弯腰,腰佩自然下垂,那臣下就要更加弯腰,使腰佩垂及地面。当拿着玉器时,如果是有衬垫物的璧、琮，献礼者要解开正服的前襟，露出里面的裼衣；如果是没有衬垫物的圭、璋，献礼者就要掩好正服，不可露出裼衣。

国君不名卿老世妇①，大夫不名世臣侄娣②，士不名家相长妾③。君大夫④之子，不敢自称曰"余小子⑤"；大夫士之子，不敢自称曰"嗣子某⑥"，不敢与世子⑦同名。

【注释】①卿老世妇：卿老，即上卿，周制天子及诸侯皆有卿，分上、中、下三等，最尊贵者谓"上卿"。世妇，随夫人嫁给国君的媵侍，地位低于夫人而高于众妾。②世臣侄娣（dì）：世臣，历代有功勋的旧臣。侄娣，诸侯贵族之女出嫁，多以侄女和妹妹陪嫁为媵。③家相长妾：家相，卿大夫家中的管家。长妾，最先生有儿子的妾。④君大夫：有天子封地的大夫，地位与国君相当。⑤余小子：天子之子服丧时的自称谦词。⑥嗣子某：诸侯之子服丧时的自称谦词。嗣子，帝王或诸侯有继承权的儿子，多为嫡长子。⑦世子：帝王或诸侯的嫡长子，相当于"太子"。

【译文】国君不可对上卿、世妇直呼其名，大夫不可对世臣、侄娣直呼其名。君大夫之子在服丧期间，不可对人自称"余小子"。大夫或士之子在服丧期间，不可对人自称"嗣子某"，也不能和世子同名。

君使士射，不能，则辞以疾①，言曰："某有负薪之忧②。"侍于君子，不顾望而对③，非礼也。

【注释】①疾:疾病。②负薪之忧:指背柴劳累,体力还未恢复。③顾望而对:指环顾四周,看坐席中是否有能力更强的人上前,然后再作回答。

【译文】国君让士子陪同射箭,如果臣子不会射箭,就要推辞自己生病,说:"我背柴劳累过度,体力还未恢复。"侍奉君子时,如果君子发问,侍者不先环顾周围,看有无能力更强的人上前,就贸然回答,这是不合礼法的。

君子行礼,不求变俗。祭祀之礼,居丧之服,哭泣之位,皆如其国之故,谨修其法而审行①之。去国三世②,爵禄有列于朝,出入有诏③于国,若兄弟宗族犹存,则反④告于宗后⑤。去国三世,爵禄无列于朝,出入无诏于国,唯兴⑥之日,从新国之法。

【注释】①审行:审慎地实行。②三世:指祖孙三代。③诏:告知。④反:与"返"义同,返回。⑤宗后:即宗子,宗族中的嫡系继承人,在宗族内部具有至高无上的权力和地位。⑥兴:指在新国担任卿大夫。

【译文】君子即使居住在其他国家,行礼也不要求改变故国的风俗。例如祭祀的礼节、居丧的服制,哭泣的位置等等,都要像在故国一样,小心地遵循故国的礼法,而后审慎地加以实行。如果离开故国已有三代,但家族中仍有在朝为官的,或遇到喜事丧事与故国仍有来往的,以及兄弟宗亲还有留在国内的,在遇到家中大事之时,就要回国告知宗子。如果离开故国已有三代,但家族中没有在朝为官的,或遇到喜事丧事与故国也无来往的,从在新国担任卿大夫之日起,就可遵从新国的礼法。

君子已孤①,不更名。已孤,暴贵②,不为父作谥。居丧,未葬,读丧礼;既葬,读祭礼;丧复常,读乐章③。居丧不言乐,祭事不言凶,公庭④不言妇女。

【注释】①孤:青年以下父亲去世称"孤"。②暴贵:突然显贵。③乐章:配乐的诗词,亦泛指能入乐的诗词。④公庭:国君宗庙的厅堂或朝堂。

【译文】君子在父亲去世以后,就不要再更改名字。父亲去世以后,即使自己突然显贵发达,也不须为父亲定个美谥。(否则会使父亲有昔贱今贵之别,好像不配为贵人之父。)在居丧期间,如果尚未下葬,要研读丧礼;如果已经下葬,要研习祭礼;居丧期满,一切恢复正常,就可读诵诗词乐章了。居丧时不可谈论欢喜之事,祭祀时不可谈论不吉利之事,宗庙朝堂上不可谈论妇女之事。

振书①、端书②于君前,有诛③。倒策侧龟④于君前,有诛。

【注释】①振书:拂去文书上的灰尘。②端书:将文书整理好。③诛:责罚。④倒策侧龟:颠倒弄乱占卜用的龟甲和蓍草。策,蓍草。龟,龟甲。

【译文】在国君面前拂去文书上面的灰尘,或者整理各类公文簿册,都要受到责罚。(因为这表明准备工作没有做好。)在国君面前颠倒弄乱占卜的龟甲和蓍草,也要受到责罚。

龟策、几杖①、席盖②、重素③、袗绤绤④,不入公门。苞屦⑤、扱衽⑥、厌冠⑦,不入公门。书方⑧、衰⑨、凶器⑩,不以告,不入公门。公事不私议。

【注释】①几(jī)杖:坐几和手杖,皆老者所用。②席盖:丧车上的席子和伞盖。③重(zhòng)素:指通身白色的丧服。④袗绤绤(zhěn chī xì):袗,单衣。绤绤,葛布的统称,葛之细者曰绤,粗者曰绤。⑤苞屦(jù):古人居丧所穿的一种草鞋。⑥扱衽(chā rèn):将深衣前襟插入衣带。扱,与"插"义同。衽,衣襟。⑦厌(yā)冠:古代丧礼所戴的冠帽。⑧书方:记录丧礼中所送物件数目的方板。⑨衰(cuī):指孝子穿的丧服。⑩凶器:办丧事所用的器物。

【译文】占卜用的龟卜和蓍草,老人使用的坐几和手杖,丧车上的席子和伞盖,通身白色的丧服,以及葛布制的单衣,这些都不可进入朝廷正门。居丧穿的草鞋,插入衣带的前襟,以及丧礼戴的冠帽,这些都不可进入朝廷正门。记录送死物件数目的方板,孝子所穿的丧服,以及丧事所用的器物,不经过通报得到许可,都不可进入朝廷正门。朝廷的公事不可私下议论。

君子将营宫室:宗庙为先,厩库①为次,居室为后。凡家造:祭器为先,牺赋②为次,养器③为后。

【注释】①厩(jiù)库:马棚和库房。②牺赋:征收供祭祀用的牺牲。③养器:饮食用的器具。

【译文】君子准备营建宫室时,首先要建造宗庙祠堂,然后再建造马棚库房,最后建造自己的居室。大夫准备制造家中器具时,首先要制造祭祀用的器具,然后征收祭祀用的牺牲,最后制造自己饮食的器具。

无田禄①者,不设祭器;有田禄者,先为祭服。君子虽贫,不粥②祭器;虽寒,不衣祭服。为宫室,不斩于丘木③。

【注释】①田禄:先秦时期卿大夫的俸给来自采地或公田,故称。②粥(yù):通"鬻",变卖。③丘木:坟墓旁边的树木。

【译文】没有田产俸禄的人,不可设置祭器;有田产俸禄的人,先要备办祭服。君子即使家境贫困,也不可变卖祭器;即使天气寒冷,也不可穿祭服御寒。营建宫室时,不可砍伐坟茔上的树木。

大夫、士去国,祭器不逾竟①。大夫寓②祭器于大夫,士寓祭器于士。

【注释】①竟:与"境"义同,国界,边境。②寓:寄放。

【译文】大夫或士离开国家时,祭器不可携带过境。大夫的祭器要寄放在本国大夫处,士人的祭器要寄放在本国士人处。

大夫、士去国，逾竟，为坛位①，乡②国而哭。素衣，素裳，素冠，彻缘③，鞮屦④，素幂⑤，乘髦马⑥。不蚤鬋⑦，不祭食⑧，不说人以无罪，妇人不当御⑨。三月而复服⑩。

【注释】①坛位：祭坛和庙位。②乡：通"向"，朝向。③彻缘：彻，去除，取下。缘，镶有纹饰的里衣衣边。④鞮屦(dī jù)：鞋头没有饰物的葛麻鞋，一说皮革制的鞋。⑤素幂：覆盖在车轼上的白狗皮。⑥髦马：鬃毛不加修剪的马。⑦蚤鬋(zhǎo jiǎn)：蚤，通"爪"，修剪指甲。鬋，亦作"揃"，剃治须发。⑧祭食：吃饭时用食物祭奠先人。⑨御：侍寝。⑩复服：恢复原来的礼制。

【译文】大夫或士离开国家，一旦越过边境，就要设立祭坛和庙位，行祭礼时要向着本国的方位哭泣。此时，应当上着白色衣，下着白色裳，头戴白色冠，去掉里衣的镶边，穿着没有饰物的麻葛鞋，在车轼上覆盖白狗皮，乘坐没有修剪髦毛的马匹。本人的指甲不加修剪，须发不加剃治，吃饭时不用食物祭奠先人，不向他人辩解说自己无罪，不让妇女亲近侍寝。三个月之后，才可恢复原有的礼制。

大夫、士见于国君，君若劳①之，则还辟②，再拜稽首③；君若迎拜，则还辟，不敢答拜④。大夫、士相见，虽贵贱不敌，主人敬客，则先拜客；客敬主人，则先拜主人。凡非吊丧、非见国君，无不答拜者。

【注释】①劳：慰劳，慰问。②辟：通"避"，回避。③稽首：叩头至地,是九拜中最恭敬的跪拜礼。④答拜:回拜。

【译文】大夫或士进见国君时,如果国君亲加慰劳,大夫、士要退身避开,再叩首礼拜;如果国君先迎接礼拜,大夫、士也要退身避开,不敢进行回拜。大夫与士人相见,即使身份高低不等,但如果是主人礼敬客人,就先礼拜客人;如果是客人礼敬主人,就先礼拜主人。只要不是吊丧,不是朝见国君,受拜者都应当进行回拜。

大夫见于国君,国君拜其辱①。士见于大夫,大夫拜其辱。同国始相见,主人拜其辱。君于士,不答拜也;非其臣,则答拜之。大夫于其臣,虽贱,必答拜之。男女相答拜也。

【注释】①拜其辱:拜辱,古代宾主相见的一种礼仪,意谓拜谢对方的屈辱来临。

【译文】大夫进见国君,国君要行礼拜谢他的屈驾光临。士进见大夫,大夫也要如此行礼拜谢。同国的人初次相见,不论身份高低,都应由主人先行礼,拜谢客人的光临。国君对本国的士,不用行回拜礼;如果不是本国的士,国君就要行回拜礼。大夫对于自己的家臣,不论其身份多么低微,一定要行回拜礼。男女之间,也需要互相行回拜礼。

国君春田①不围泽②,大夫不掩群③,士不取麛卵④。

【注释】①春田：春季的田猎、捕猎。②围泽：围着湖泽渔猎，一说"泽"指猎场。③掩群：追捕成群的野兽。④麑（ní）卵：鹿的幼子，亦泛指鸟兽的胎卵。

【译文】国君春天打猎时，不包围湖泽水沼；大夫不追捕成群的野兽，士不猎取尚未长成的幼兽和鸟卵。

岁凶，年谷①不登②，君膳不祭肺③，马不食谷，驰道④不除⑤，祭事不县⑥，大夫不食粱⑦，士饮酒不乐⑧。

【注释】①年谷：一年种植的谷物。②登：成熟，完成。③祭肺：古人食前，用牲畜肺脏行祭礼。④驰道：供君王车马行驶的道路，泛指大道。⑤除：清理，修治。⑥县：通"悬"，此指悬挂钟磬等乐器。⑦粱：古指粟的优良品种，亦泛指精细的饭食。⑧乐（yuè）：奏乐，伴乐。

【译文】如果遇到凶灾之年，一年种植的谷物收成不好，国君食前不可用牲肺行祭礼，畜养的马匹不可喂五谷，车马行驶的大道不可修整，祭祀之时不可使用钟磬乐器，大夫不可食用精细的粱米，士不可在宴饮时伴乐助兴。

君无故玉不去身，大夫无故不彻县①，士无故不彻琴瑟。士有献于国君，他日，君问之曰："安②取彼？"再拜稽首而后对。

【注释】①彻县：彻，撤除，撤去。县，通"悬"。②安：何处，哪里。

【译文】没有发生变故或意外,国君的佩玉不可离身;没有发生变故或意外,大夫不可撤去悬挂的钟磬;没有发生变故或意外,士不可撤去琴瑟。士进献礼物给国君,如果以后国君问他:"你的礼物是从哪里得来的?"此时士礼拜后要再次俯身叩拜,然后再作回答。

大夫私行①出疆,必请②;反②,必有献。士私行出疆,必请;反,必告。君劳之,则拜;问其行,拜而后对。

【注释】①私行:因私事出行。②请:申请得到许可。②反:与"返"义同。

【译文】大夫如果因私事越出国境,一定要向国君申请得到许可;返程后,一定要向国君进献礼物。士如果因私事越出国境,也一定要向国君申请得到许可;返程后,一定要向国君报告说明。国君如果慰劳出境的官员,官员应当叩拜国君;国君如果问及出行的状况,官员应当先叩拜然后作答。

国君去其国,止之曰:"奈何去社稷也!"大夫,曰:"奈何去宗庙也!"士,曰:"奈何去坟墓也!"国君死①社稷,大夫死众②,士死制③。

【注释】①死:为……而死。②众:军队,将士。一说民众。③制:君王的命令。一说法令规制。

【译文】国君如果要离开本国,左右臣属应劝阻他说:"为何要抛弃自己的江山社稷呢!"大夫如果要离开本国,左右臣属应劝阻他说:"为何要抛弃自己的宗庙祠堂呢?"士如果要离开本国,左右臣属应劝阻他说:"为何要抛弃自己的先祖坟茔呢?"国君理应为保卫国家社稷而死,大夫理应为率军领兵之事而死,士理应为遵行君王的诏命而死。

君天下,曰"天子"。朝诸侯,分职,授政,任功,曰"予一人"。践阼①,临祭祀,内事②曰"孝王某",外事③曰"嗣王某"。临诸侯,畛④于鬼神,曰有"天王某甫⑤"。崩,曰"天王崩";复⑥,曰"天子复矣"。告丧,曰"天王登假⑦"。措之庙⑧,立之主⑨,曰"帝"。天子未除丧⑩,曰"予小子"。生名之,死亦名之。

【注释】①践阼(zuò):走上阼阶主位。阼,古代寝庙堂前有两阶,东侧为主阶,称"阼"。②内事:指宗庙内祭祀祖先。③外事:郊坛祭祀天地等神灵。④畛(zhěn):致意,祝告。⑤甫:古代男子美称,加在字之后,亦作"父"。⑥复:招魂复魄。⑦登假(xiá):犹言仙去、升天,对君王去世的讳称。假,通"遐"。⑧措之庙:指将牌位安置在宗庙。⑨立之主:指让灵魂依附在上面。⑩除丧:改穿丧服为吉服,或改穿重丧服为轻丧服。

【译文】君临天下的人,称为"天子"。天子下令诸侯朝会,或为百官分派职务、授予政事、委任政务之时,均自称"予一人"。天子走上宗庙阼阶主位,即将进行祭祀,如果是庙内祭拜自己的先祖，祝辞上就要称"孝王某"；如果是郊坛祭祀天地等神灵，祝辞上就要称"嗣王某"。天子巡视诸侯国，向鬼神致敬祝告时，祝辞上应称"天王某甫"。天子驾崩，应称"天王崩"；为天子招魂，应呼"天子回来吧"。为天子报丧，应称"天王登假"。将天子的牌位安置在宗庙，使他的神灵依附其上，此时称之为"帝"。天子还未改换丧服时，要自称"予小子"。天子如果在服丧期间过世，那他生前称"小子王某"，死后仍要如此称呼。

天子有后①，有夫人，有世妇，有嫔②，有妻，有妾。

【注释】①后：王妃，王后。②嫔：原为妇人美称，后专指君王姬妾。

【译文】天子的后宫有王后，有夫人，有世妇，有嫔，有御妻，有妾。

天子建天官①，先六大：曰大宰、大宗、大史、大祝、大士、大卜，典司六典②。天子之五官：曰司徒、司马、司空、司士、司寇，典司五众③。天子之六府：曰司土、司木、司水、司草、司器、司货，典司六职④。天子之六工：曰土工、金工、石工、木工、兽工、草工，典制六材⑤。

【注释】①天官：周代分设六官，以天官太宰居首，统御百官。②大宗：又称大宗伯，春官之长，执掌邦国祭祀、典礼等事。大，"太"的古字，后同。大史：官名，执掌国家史事、天文、历法等事。大祝：官名，执掌祭祀祈祷神灵之事。大士：官名，执掌接引鬼神之事。大卜：官名，执掌占断卜筮之事。典司：主管，主持。③司徒：又称地官大司徒，执掌国家土地和人民教化。司马：又称夏官大司马，执掌国家军事。司空：又称冬官大司空，执掌水土工程之事。司士：夏官之属，执掌群臣名籍及爵禄、升迁之事。司寇：又称秋官大司寇，执掌刑罚、狱讼之事。④司土：官名，执掌土地之事。司木：官名，执掌山林政令之事。司水：官名，执掌川泽禁令之事。司草：官名，执掌治田种稻之事。司器：官名，执掌野兽齿角的征收之事。司货：官名，执掌矿产之事。⑤土工：制作陶器的工匠。金工：加工金属的工匠。石工：雕琢玉和磬的工匠。木工：加工木材的工匠。兽工：制作皮革的工匠。草工：制作竹苇织物的工匠。

【译文】天子设立天官时，先设立奉天时、事鬼神的六大天官，分别为：大宰、大宗、大史、大祝、大士、大卜，这六官分别掌管各自的典制。天子设有五官，分别为：司徒、司马、司空、司士、司寇，这五官分别统辖所属的官员。天子设有六府，分别为：司土、司木、司水、司草、司器、司货，这六府之官分别掌管各自的职事。天子设有六工，分别为：土工、金工、石工、木工、兽工、草工，这六工负责制造各种器物。

五官致贡①，曰"享"。五官之长，曰"伯"，是职方②。其摈③于天子也，曰"天子之吏"。天子同姓，谓之"伯父"；异姓，谓之"伯舅"。自称于诸侯，曰"天子之老"。于外曰"公"，于其国曰"君"。

【注释】①致贡：呈报功绩。②职方：执掌一个方面的大吏。③摈

(bìn)：通"傧"，接待宾客。

【译文】到了年终，五官把各自的政绩上报给天子，称为"享"。五官的总领，称为"伯"，是主管国家一个方面的大吏。他们进见天子时，负责接见通报的官员称为"天子之吏"。他们如果是与天子同姓，天子就称之为"伯父"；他们如果是与天子异姓，天子就称之为"伯舅"。他们对天下的诸侯，自称为"天子之老"。他们在自己的封国以外，称为"公"；在自己的封国之内，称为"君"。

九州①之长，入天子之国，曰"牧"。天子同姓，谓之"叔父"；异姓，谓之"叔舅"。于外曰"侯"，于其国曰"君"。其在东夷、北狄、西戎、南蛮，虽大，曰"子"②。于内自称曰"不谷"③，于外自称曰"王老"。庶方小侯④入天子之国，曰"某人"，于外曰"子"，自称曰"孤"。

【注释】①九州：据《周礼·职方氏》，指扬州、荆州、豫州、青州、兖州、雍州、幽州、冀州、并州。②虽大曰子：指诸侯虽有侯伯之地，但爵位不超过子爵，故称之为"子"。③不谷：不善，自称谦词。④庶方小侯：指夷狄戎蛮地区的小诸侯。

【译文】九州诸侯的首领，进入天子王畿后，应称为"牧"。他们如果与天子同姓，天子就称之为"叔父"；他们如果与天子异姓，天子就称之为"叔舅"。他们在自己的封国以外，称为"侯"；在自己的封国之内，称为"君"。封国位于东夷、北狄、西戎、南蛮之地的诸侯，即使他们有侯伯等级的封地，也只能称"子"。

他们在自己的封国内,自称为"不谷";在自己的封国外,则自称为"王老"。夷狄戎蛮地区的各小诸侯,进入天子王畿后,应称"某人",在自己的封国外应称"子",在自己的封国内自称为"孤"。

天子当依①而立,诸侯北面而见天子,曰"觐"。天子当宁②而立,诸公东面、诸侯西面,曰"朝"。

【注释】①依:又作"扆",绣有黼文的屏风,位于庙堂正中。②宁(zhù):殿门和屏风之间。

【译文】天子背靠绣有黼文的屏风,面南而立,诸侯面向北方拜见天子,称为"觐"。天子在殿门与屏风之间,面南而立,诸公面向东、诸侯面向西而拜见天子,称为"朝"。

诸侯未及期①相见曰"遇",相见于郤②地曰"会"。诸侯使大夫问于诸侯曰"聘",约信③曰"誓",莅牲④曰"盟"。

【注释】①及期:到约定的时间和地点。②郤(xì):假借为"隙",指两国交界之地。③约信:订立须信守的条约。④莅牲:在神前杀生取血,涂于口上,然后宣读盟书。

【译文】诸侯未到约定的时间和地点见面,称为"遇";诸侯在两国交界地见面,称为"会"。诸侯之间派遣使者互访,称为"聘";订立彼此必须信守的条约,称为"誓";在神前杀牲取血宣读盟书,称为"盟"。

诸侯见天子,曰"臣某侯某"①;其与民言,自称曰"寡人"②;其在凶服③,曰"適子孤"④。临祭祀,内事曰"孝子某侯某",外事曰"曾孙⑤某侯某"。死曰"薨"⑥,复曰"某甫复矣"。既葬,见天子,曰"类见"⑦。言谥曰"类"⑧。

【注释】①臣某侯某:前一"某"字指国名,后一"某"字指人名,"侯"指爵位。②寡人:寡德之人,自称谦词。③凶服:丧服。④適(dí)子孤:適,与"嫡"同。孤,原指丧父。⑤曾孙:重孙,泛指三代以后的子孙。此处是对本国始封之祖而言。⑥薨(hōng):诸侯或有封爵的大官死亡称"薨"。⑦类见:指诸侯死后,其世子以非正式诸侯的身份代父礼见天子。⑧言谥曰类:言谥,请求赐予谥号。类,应作"诔",悼辞;一说人具有某种德行。

【译文】诸侯进见天子,自称"臣某侯某";诸侯与本国百姓说话,自称"寡人";诸侯在服丧期间,对吊礼者应称"適子孤"。诸侯参加祭祀时,如果是在宗庙祭列祖列宗,应自称"孝子某侯某";如果是在郊坛祭天地等神灵,应自称"曾孙某侯某"。诸侯死亡称为"薨",死后招魂时应呼"某甫回来吧"。已下葬后,其世子礼见天子,称为"类见"。世子继位,为已过世的诸侯请赐谥号,称为"类"。

诸侯使人使①于诸侯,使者自称曰"寡君之老"。天子穆穆②,诸侯皇皇③,大夫济济④,士跄跄⑤,庶人僬僬⑥。

【注释】①使：出使，访问。②穆穆：威仪盛大貌。③皇皇：庄严肃穆貌。④济济（qí qí）：庄重恭敬貌。济，同"齐"。⑤跄跄（qiāng qiāng）：形容行走有节，合乎礼仪。跄，同"锵"。⑥僬僬（jiāo jiāo）：行走急促貌。

【译文】诸侯派遣使者访问诸侯，使者自称"寡君之老"。天子的仪容威严而盛大，诸侯的仪容庄严而肃穆，大夫的仪容庄重而恭敬，士的行止合礼而有节，平民的行止匆忙而急促。

天子之妃曰后，诸侯曰夫人，大夫曰孺人，士曰妇人，庶人曰妻。公侯有夫人，有世妇，有妻，有妾。夫人自称于天子，曰"老妇"；自称于诸侯，曰"寡小君"；自称于其君，曰"小童"。自世妇以下，自称曰"婢子"。子①于父母，则自名也。

【注释】①子：指子女。

【译文】天子的嫡妻叫后，诸侯的嫡妻叫夫人，大夫的嫡妻叫孺人，士的嫡妻叫夫人，平民的嫡妻叫"妻子"。公侯有夫人，有世妇，有妻，有妾。公侯的夫人在天子面前，自称为"老妇"；在其他诸侯面前，自称为"寡小君"；在本国国君的面前，自称为"小童"。世妇以下等级的内宫妇女，都自称为"婢子"。子女在父母面前，要称呼自己的名。

列国之大夫，入天子之国曰"某士①"；自称曰"陪臣②某"。于外曰"子",于其国曰"寡君之老"。使者自称曰"某"。

【注释】①某士:"某"指国名。②陪臣:具有双重臣子身份的人,比如大夫为诸侯之臣,其家臣对诸侯即为"陪臣"。

【译文】诸侯国的大夫,进入天子王畿后,称为"某士";他对天子,则要自称"陪臣某"。他国之人称此大夫为"子",本国之人称其为"寡君之老"。凡出使他国,使者都自称"某"。

天子不言出①,诸侯不生名②。君子不亲恶③。诸侯失地,名;灭同姓,名。

【注释】①天子不言出:天子以天下为家,言"出"则意指其犯有失去天下之罪过,故不言。②诸侯不生名:诸侯一般只称其爵位,若称其名,则表示犯有罪过。③君子不亲恶:此指君子记录史事时,对于天子、诸侯所犯的罪过不留情面,以"出"和其称呼其名的方式加以批评。

【译文】史书记载天子的活动,不可用"出"字;史书记载诸侯的事迹,不可直称其名。君子在记录史事时,对于天子、诸侯所犯的罪过应不留情面。如果诸侯失去了国土,史书记录时要称呼其名;如果诸侯灭掉同姓之国,史书记录时也要称呼其名。

为人臣之礼,不显谏①。三谏而不听,则逃之。子之事亲也,三谏而不听,则号泣而随之。君有疾,饮药,臣先尝之。亲有疾,饮药,子先尝之。医不三世,不服其药。儗②人必于其伦③。

【注释】①显谏:公开、直接地谏诤。②儗(nǐ):通"拟",比拟,比较。③伦:相同的类别。

【译文】作为人臣的礼节,是在主君犯有过错时,讲究方式、区分场合地进行规劝,避免直接、激进地谏诤。如果多次劝谏后,主君仍不听取,臣子就可以离开。子女事奉父母,在父母犯有过错时,子女应进行劝谏,多次劝谏仍不听取,子女就应呼号哭泣着劝说。主君如果生病,要服药时,臣子要先尝药,以确保无虞。父母如果生病,要服药时,子女要先尝药。如果不是世代相传的医生,不可服用他的药物。拿人相互比较时,要注意只有同类的人才能相比。

问天子之年,对曰:"闻之,始服衣若干尺矣。"问国君之年,长①,曰:"能从②宗庙社稷之事矣。"幼,曰:"未能从宗庙社稷之事也。"问大夫之子,长,曰:"能御③矣。"幼,曰:"未能御也。"问士之子,长,曰:"能典谒④矣。"幼,曰:"未能典谒也。"问庶人之子,长,曰:"能负薪⑤矣。"幼,曰:"未能负薪也。"

【注释】①长:指已经加冠成人。"幼"则与之对应,指尚未加冠成人。②从:从事,主持。③御:驾驭马车。④典谒:负责接待宾客及传达其拜见之事。⑤负薪:背负柴草,指从事采樵之事。

【译文】若有人询问天子的年龄,应该回答说:"听说开始穿多长的衣服了。"若有人询问国君的年龄,如果国君已经成人,就回答说:"已能主持宗庙和社稷的祭祀了。"如果国君尚且年幼,就回答说:"还不能主持宗庙和社稷的祭祀之事。"若有人询问大夫之子的年龄,如果他已经成人,就回答说:"已能驾驭马车了。"如果他尚且年幼,就回答说:"还不能驾驭马车。"若有人询问士之子的年龄,如果他已经成人,就回答说:"已能接待宾客、替人传话了。"如果他尚且年幼,就回答说:"还不能接待客人、替人传话。"若有人询问平民之子的年龄,如果他已经成人,就回答说:"已能担柴干活了。"如果他尚且年幼,就回答说:"还不能担柴干活。"

问国君之富,数①地以对,山泽之所出②。问大夫之富,曰:"有宰食力③,祭器衣服④不假⑤。"问士之富,以车数对。问庶人之富,数畜以对。

【注释】①数:丈量,计量。②出:出产。③有宰食力:宰,城邑的长官,有分封的采地。食力,指依靠其下民众的赋税而生活。④衣服:此指祭服。⑤假:借。

【译文】若人询问国君的财富,可先回答国土的面积,然后再回答山泽的各种出产。若人询问大夫的财富,可以回答:"拥有采地若干,百姓缴纳的赋税可供生活,祭器和祭服不必去借。"若人询问士的财富,可以回答其拥有的马车数量。若人询问平民百姓的财富，可以回答其拥有的牲畜数量。

天子祭天地①，祭四方②，祭山川③，祭五祀④，岁遍⑤。诸侯方祀⑥，祭山川，祭五祀，岁遍。大夫祭五祀，岁遍。士祭其先⑦。

【注释】①祭天地：冬至日在南郊祭天，夏至日在北郊祭地。②祭四方：遥祭四方的五岳四渎（长江、黄河、淮河、济水）。③祭山川：遥祭五岳四渎以外的山川。④祭五祀：指孟春祭户（单扇门），孟夏祭灶，季夏祭中霤（窗），孟秋祭门（双扇门），孟冬祭行（道路）。⑤岁遍：每年都要祭祀一遍。⑥方祀：祭其一方所在的神祇。⑦先：祖先。

【译文】天子祭祀天地之神，祭祀五岳四渎之神，祭祀山川之神，祭祀五祀之神，每年都要祭祀一次。诸侯祭祀一方之神，祭祀山川之神，祭祀五祀之神，每年都要祭祀一次。大夫祭祀五祀之神，每年都要祭祀一次。士只祭祀其祖先。

凡祭，有其废之莫敢举①也，有其举之莫敢废也。非其所祭而祭之，名曰淫祀②。淫祀无福。天子以牺牛③，诸侯以肥牛④，大夫以索牛⑤，士以羊豕⑥。支子⑦不祭，祭必告于宗子⑧。

【注释】①举：指供奉祭祀。②淫祀：滥祭，不合礼制的祭祀。③牺牛：毛色纯一的牛。④肥牛：专门畜养供以祭祀的牛。⑤索牛：挑选出来的好牛。⑥豕：猪。⑦支子：庶子，嫡长子之外的众子。⑧宗子：嫡长子。

【译文】但凡祭祀，如果神灵已被废止，后代就不可再祭祀；如果神灵一直被祭祀，就不可随意废止。对不应当祭祀的神灵进行祭拜，称之为"淫祀"，淫祀是得不到福泽的。祭祀所用的牺牲，天子是毛色纯一的牛，诸侯是专门畜养的牛，大夫是精挑细选的牛，士是羊或猪。凡是庶子，一般不可主持家族祭祀；如遇特殊情况需其主持祭祀，也须先向嫡长子禀告。

凡祭宗庙之礼：牛曰一元大武①，豕曰刚鬣②，豚曰腯肥③，羊曰柔毛，鸡曰翰音④，犬曰羹献，雉曰疏趾，兔曰明视，脯曰尹祭⑤，槁鱼曰商祭⑥，鲜鱼曰脡祭⑦，水曰清涤，酒曰清酌，黍曰芗合⑧，粱曰芗萁⑨，稷曰明粢，稻曰嘉蔬，韭曰丰本，盐曰咸鹾，玉曰嘉玉，币曰量币⑩。

【注释】①一元大武：元，头。武，足迹。牛肥则足迹大。②刚鬣（liè）：猪肥则颈毛刚硬。③腯（tú）肥：形容牲畜肥壮。柔毛：羊肥则毛细柔。④翰音：鸡肥则鸣声长。翰，形容声音悠长。⑤尹祭：切割方正用以祭祀的肉脯。⑥商祭：酌量干鱼的干湿程度，选用合适的用以祭祀。⑦脡祭：鲜鱼做熟后呈笔直状，以之祭祀。脡，直。⑧芗（xiāng）合：芗，五谷芳香之气。合，软糯而粘。⑨萁（qí）：枝茎高大，一说语气助词。⑩量币：又称制币，长度固定（一丈八尺）的币帛。

【译文】凡祭祀宗庙的礼节，祭品都各有美名：牛称为"一元大武"，猪称为"刚鬣"，小猪称为"腯肥"，羊称为"柔毛"，鸡称为"翰音"，狗称为"羹献"，野鸡称为"疏趾"，兔子称为"明视"，肉干称为"尹祭"，鱼干称为"商祭"，鲜鱼称为"脡祭"，水称为"清涤",酒称为"清酌",黍子称为"芗合",良粟称为"芗萁",稷米称为"明粢",水稻称为"嘉蔬",韭菜称为"丰本",盐称为"咸鹾",玉称为"嘉玉",币帛称为"量币"。

天子死曰崩,诸侯曰薨,大夫曰卒,士曰不禄①,庶人曰死。在床曰尸,在棺曰柩。羽鸟曰降②,四足曰渍③。死寇曰兵④。

【注释】①不禄:不能终其俸禄。②降:落地不再飞起。③渍:传染病疫,一说浸渍。④死寇曰兵:死寇,为保卫国家抵御外侮,而被敌寇所杀。兵,兵器仪仗。

【译文】天子之死称为"崩",诸侯之死称为"薨",大夫之死称为"卒",士之死称为"不禄",平民之死称为"死"。死者尚在床上时,称为"尸";已经放入棺椁后,称为"柩"。飞禽之死称为"降",走兽之死称为"渍"。保家卫国死于敌寇之手称为"兵"。

祭王父曰皇祖考①,王母曰皇祖妣②。父曰皇考,母曰皇妣。夫曰皇辟③。生曰父、曰母、曰妻,死曰考、曰妣、曰嫔。

【注释】①皇祖考:皇,大,下同。祖考,祖父。考,去世的父亲。②祖妣(bǐ):祖母。妣,去世的母亲。③辟(bì):君,一说取法。

【译文】祭祀祖父时称之为"皇祖考",祭祀祖母时称之为"皇祖妣"。去世的父亲称为"皇考",去世的母亲称为"皇妣"。去世的丈夫称为"皇辟"。生前称为"父""母""妻"的,死后要改称为"考""妣""嫔"。

寿考①曰卒，短折②曰不禄。

【注释】①寿考：长寿而死。②短折：夭折，早死。
【译文】有德而未出仕的人，若是年高去世，就称为"卒"；若是年少而夭，就称为"不禄"。

天子视不上于袷①，不下于带。国君，绥视②。大夫，衡视③。士，视五步④。凡视，上于面则敖⑤，下于带则忧，倾⑥则奸。

【注释】①袷（jié）：古代交叠于胸前的衣领。②绥（tuǒ）视：下视（面部以下，交领之上）。③衡视：平视，正视面部。④视五步：旁视五步左右的范围。⑤敖：与"傲"同。⑥倾：斜视。
【译文】臣子瞻视天子，视线不能高于交领，低于腰带。臣子瞻视国君，视线应在其面部以下，交领之上。大夫的部下瞻视大夫，可以平视其面部。士的部下瞻视士，允许旁视其左右五步。凡是瞻视尊者，视线高于对方面部，会显得自己傲慢；视线低于对方腰带，会显得自己忧心忡忡；视线倾斜不正，会显得自己心术不正。

君命，大夫与士肄①。在官②言官，在府③言府，在库④言库，在朝⑤言朝。朝言不及犬马。

【注释】①肄（yì）：研习。②官：存放版图文书的地方。③府：存放宝藏财货的地方。④库：存放车马甲兵的地方。⑤朝：君臣议论政事的地方。

【译文】国君下令要做某事，大夫与士要预先研习讨论。若关于版图文书之事，就应在官研议；若关于宝藏财货之事，就应在府研议；若关于车马甲兵之事，就应在库研议；若关于国家政务要事，就应在朝堂研议。在朝堂议政，不应涉及犬马等无关之事。

辍朝①而顾，不有异事，必有异虑。故辍朝而顾，君子谓之固②。在朝言礼，问礼，对以礼。

【注释】①辍朝：罢朝，退朝。②固：不合于礼。

【译文】退朝以后还回头看，表明此人不是有别的事情欲讲，就是对议定之事另有看法。所以退朝以后还回头看，君子称之为粗鄙无礼。在朝廷上发言要合礼，问话要合礼，回答也要合礼。

大飨不问卜①，不饶富。凡挚②，天子鬯③，诸侯圭④，卿羔，大夫雁，士雉，庶人之挚匹⑤。童子委挚⑥而退。野外军中无挚，以缨、拾⑦、矢，可也。妇人之挚，椇榛⑧、脯修⑨、枣栗。

【注释】①大飨（xiǎng）：指祭祀东南西北中五天帝。问卜：祭祀前要占卜时日，对五天帝不一一占卜，只总卜一次。②挚：古人见面时所送的礼物。③鬯（chàng）：祭祀所用的香酒，以郁金香酿黑黍而成。④圭：一种玉制礼器，为公侯伯三等诸侯所用。⑤匹：家鸭。⑥委挚：指将见面礼放到地上，不直接交给对方，是一种尊重的礼节。⑦缨：束在马颈上的皮带。拾：古人射箭时套在胳膊上的皮制护臂。⑧椇（jǔ）榛：椇，枳椇，又名拐枣。榛，榛子。⑨脯修：脯，干肉。修，加入姜桂做成的干肉。

【译文】祭祀五天帝前要占卜时日，不必对五天帝一一占卜，但总卜一次即可。祭品既已准备好，就不应额外增加。凡是见面送的礼品，天子用鬯酒，诸侯用玉圭，卿用羊羔，大夫用雁，士用野鸡，平民用家鸭。童子送给老师的见面礼，不用亲手递交，只要放在地上就可以退下。野外行军难以置办见面礼，就用马缨、射箭护臂或弓箭来代替。妇人的见面礼，用枳枣、榛子、肉干、枣子、栗子。

纳女①于天子，曰"备百姓②"；于国君，曰"备酒浆"；于大夫，曰"备扫洒"。

【注释】①纳女：送女嫁与王公贵族。②备百姓：指充后宫之数，繁衍子孙。

【译文】送女出嫁，如果嫁的是天子，女方使者应谦称"备百姓"；如果嫁的是国君，女方使者应谦称"备酒浆"；如果嫁的是大夫，女方使者应谦称"备扫洒"。

檀弓上第三

【题解】檀弓,是一个善知礼仪的鲁国人,因为本篇首章中记载了檀弓的事,故以"檀弓"命名。本篇的主题是丧葬之礼,各章结构较为零散,大多为讨论丧礼的独立案例,内容涵盖了自天子至庶人、自至亲到远交的各类阶层、各种关系的丧礼须知事项。孙希旦《礼记集解》中说:"篇中多言丧事,可以证《士丧礼》之所未备。"然而其中也有一些传闻失实之语,编者已在注释处稍加说明,望读者能自行甄别。另外,本篇与《曲礼》一样,由于篇幅较长,自郑玄作注时就分为上下两篇。

公仪仲子①之丧,檀弓②免③焉。仲子舍其孙而立其子④,檀弓曰:"何居⑤?我未之前闻也。"趋而就子服伯子⑥于门右,曰:"仲子舍其孙而立其子,何也?"伯子曰:"仲子亦犹行古之道也。昔者文王舍伯邑考⑦而立武王,微子⑧舍其孙腯而立衍⑨也,夫仲子亦犹行古之道也。"子游⑩问诸孔子,孔子曰:"否!立孙。"

【注释】①公仪仲子：鲁国同姓，公仪是氏，仲子是字。②檀弓：鲁国人，姓檀名弓，公仪仲子的朋友。③免(wèn)：一种布制丧冠。④舍其孙而立其子：舍其嫡长孙而立其庶子。周制，嫡长子死，当立嫡长孙为继承人。⑤居(jī)：句末语气词，表疑问。⑥子服伯子：公仪仲子的同宗兄弟。⑦伯邑考：姓姬，名考，周文王嫡长子，周武王之兄。⑧微子：子姓，宋氏，名启，殷商帝乙之长子，帝辛（纣王）之庶兄。⑨舍其孙腯而立衍：腯，微子之孙名。衍，微子之弟名，又称微仲衍。⑩子游：姓言，名偃，字子游，春秋吴国人，孔子的著名弟子。

【译文】公仪仲子的嫡子死了，檀弓故意违反礼制，戴着免冠前去吊丧。因为仲子在嫡子死后，不立嫡孙为继承人，反而立庶子为继承人，檀弓就说道："这是怎么回事呢？我从未听过这样的做法。"他快步走到门右边去问子服伯子，说："仲子舍弃嫡孙而立庶子为继承人，这是什么道理呢？"伯子替仲子辩解说："仲子不过是沿袭古人的成例罢了。从前，周文王舍弃伯邑考而立武王，宋微子舍弃嫡孙腯而立其弟衍，所以说仲子也不过是沿袭古人的成例罢了。"后来，子游就这件事请教孔子，孔子说："公仪仲子的做法是不对的，应该立嫡孙为继承人。"

事亲有隐而无犯①，左右就养无方②，服勤③至死，致丧④三年。事君有犯而无隐，左右就养有方⑤，服勤至死，方丧⑥三年。事师无犯无隐，左右就养无方，服勤至死，心丧⑦三年。

【注释】①隐：不彰明其过失。犯：冒犯其威严而劝谏。②左右就养无方：左右、无方，指或左或右，随时随地，没有固定处所。就养，就近事奉父母。③服勤：从事种种勤苦之事。④致丧：指服丧时极尽哀痛之情。⑤有方：有固定处所，指臣子各尽其职。⑥方丧：以父丧之礼事君之丧。⑦心丧：指虽不着丧服，但心中哀情如丧双亲。

【译文】事奉双亲，对其过失不可彰明，也不可犯颜直谏，要随时随地在其左右侍候，任劳任怨，直到双亲过世，要极其哀痛地守丧三年。侍奉国君，对其过失可犯颜诤谏，可以指明道清，要恪尽职守在其左右事奉，任劳任怨，直到国君去世，要按照父丧之礼守丧三年。侍奉老师，对其过失可以指明，但不可犯颜进谏，要随时随地在其左右侍候，任劳任怨，直到老师去世，虽不披麻戴孝，但也要如怀丧亲之痛一样守丧三年。

季武子①成寝②，杜氏之葬在西阶之下，请合葬焉，许之。入宫③而不敢哭。武子曰："合葬非古也，自周公以来，未之有改也。吾许其大而不许其细④，何居？"命之哭。

【注释】①季武子：鲁国公子季友的曾孙季孙夙，"武"是谥号。②成寝：建造陵寝。③宫：陵寝，墓室。④许其大而不许其细：大，重大、根本的事，指合葬。细，枝末、细小的事，指哭泣。

【译文】季武子建成一座陵寝，此处原有杜家的人葬在西阶之下。杜家有人去世，请求季武子允许合葬，季武子答应了。杜家人进入陵地后，不敢哭泣吊唁。季武子说："合葬本不是古代礼制，从周公以来才有合葬，后代再没改变过。我既然允许杜家人合葬，却不允许杜家人哭泣，这是什么道理呢？"于是季武子允许他们哭泣吊唁。

子上^①之母^②死而不丧。门人问诸子思^③曰:"昔者子之先君子^④丧出母乎?"曰:"然。""子之不使白也丧之,何也?"子思曰:"昔者吾先君子无所失道。道隆则从而隆,道污^⑤则从而污。伋则安能?为伋也妻者,是为白也母;不为伋也妻者,是不为白也母。"故孔氏之不丧出母,自子思始也。

【注释】①子上:名白,字子上,孔子之曾孙。②母:此指"出母",即被父所休之母。③子思:名伋,字子思,孔子之孙,子上之父。④先君子:对亡夫的尊称。⑤污:减省,此指降低规格。

【译文】子上的出母去世,但子上并没有为她服丧。子思的门人感到不解,就问子思说:"从前您的父亲为出母服丧吗?"子思说:"是的。"门人又问:"那您不让孔白为出母服丧,这是什么道理呢?"子思回答说:"从前我父亲的作法并没有违背礼仪。按照礼仪,该提高规格时就要提高,该降低规格时就要降低。我怎么能和先父相比呢?我的原则是:只要是我孔伋的妻子,自然也就是孔白的母亲;只要不是我孔伋的妻子,自然也就不是孔白的母亲了。"所以,孔家的人不为出母服丧,是从子思开始的。

孔子曰:"拜而后稽颡^①,颓^②乎其顺也;稽颡而后拜,颀^③乎其至也。三年之丧,吾从其至者。"

【注释】①稽颡(qǐ sǎng):叩首于地。颡,额头。②颓:恭顺貌。

③顑(kěn)：通"恳"，恻隐貌。

【译文】孔子说："孝子在服丧期间，若是先拜而后叩首，就是恭敬来宾的表现，于礼为顺；若是先叩首而后拜，则是内心极度哀痛的表现，于情为至。对于孝子所守的三年之丧，我赞成后一种'情至'的拜法。"

孔子既得合葬于防①，曰："吾闻之，古也墓而不坟②。今丘也，东西南北人也，不可以弗识③也。"于是封④之，崇⑤四尺。孔子先反⑥，门人后，雨甚，至。孔子问焉，曰："尔来何迟也？"曰："防墓崩。"孔子不应。三⑦，孔子泫然⑧流涕曰："吾闻之，古不修墓。"

【注释】①合葬于防：孔子之父先死，葬于防；其后母死，乃合葬于防。防，鲁国地名。②墓而不坟：埋葬之处无积土曰墓，埋葬之处积土成丘曰坟。③识(zhì)：做标记。④封：聚土为坟。⑤崇：高。⑥反：与"返"同。⑦三：指连说三次。⑧泫(xuàn)然：流泪貌。

【译文】孔子将父母合葬在防地之后，说："我听说，古时墓地上是不积土为坟的。但是我孔丘现在是个四处奔波的人，不可不在墓地上做个标志。"于是孔子就墓上积土为坟，有四尺高。孔子先从墓地返回，弟子们在其后返回，然而一阵大雨过后，弟子们才回来。孔子问他们说："你们怎么回来得这么晚？"弟子们回答说："防地的墓因雨坍塌了，我们在那里修墓。"孔子默不作声。弟子们以为孔子没有听见，就连说了三次。这时，孔子才潸然落泪，说道："我早就听说，古人是不在墓上积土的啊！"

孔子哭子路①于中庭②。有人吊者,而夫子拜之③。既哭,进④使者而问故⑤。使者曰:"醢⑥之矣。"遂命覆⑦醢。

【注释】①子路:名仲由,字子路,孔子著名弟子,后在卫国政变中被杀。②中庭:内室外阶下正中部分。依礼,师哭弟子当在寝门之外,弟子哭师当在寝之中庭。③夫子拜之:依礼,只有丧主才可拜谢前来吊唁的宾客。④进:召见,接见。⑤故:指死时的情况。⑥醢(hǎi):肉酱。⑦覆:倾倒。

【译文】孔子在室外正庭哭子路。有人前来吊唁,孔子就以丧主的身份拜谢。哭过以后,孔子召见从卫国来报丧的使者,问子路死时的情况。使者说:"已经被剁成肉酱了。"孔子听了,叫人把旁边的肉酱倒掉了。

曾子曰:"朋友之墓,有宿草而不哭①焉。"

【注释】①宿草:指隔年之草,草经一年即根陈。依礼,朋友相哭,以一年为期。

【译文】曾子说:"朋友的坟墓,如果已长隔年之草,就不须再哭泣了。"

子思曰:"丧三日而殡①,凡附于身者②,必诚必信③,勿之有悔焉耳矣。三月而葬,凡附于棺者④,必诚必信,勿之有悔焉耳矣。丧三年以为极⑤,亡则弗之忘矣。故君子有终身之忧⑥,而无一朝之患⑦。故忌日不乐。"

【注释】①殡:死者入殓停柩而待葬。②附于身者:指死者的衣衾穿戴等。③必诚必信:诚,严密周全。信,合乎礼制。④附于棺者:指随棺椁入葬的物品。⑤极:最高准则,极限。⑥忱:缅怀,忧思。⑦惠:损害身体,危及生命。

【译文】子思说:"双亲去世三天后要行殡礼,此时凡是要死者穿戴的衣衾等物,一定要考虑得严密周全,使之合乎礼制,以免日后留下遗憾。去世三个月后下葬,此时凡是随棺椁入葬的器物,一定要考虑得严密周全,使之合乎礼制,以免日后留下遗憾。双亲去世,服丧虽以三年为极则,但初丧后也不应忘记双亲。所以,君子要终其一生缅怀追思父母,但也不可因哀伤过度而危及生命。因此,在父母的忌日不可欢娱享乐。"

孔子少孤①,不知其墓殡于五父之衢②。人之见之者,皆以为葬也。其慎也③,盖殡也。问于郰曼父之母④,然后得合葬于防。

【注释】①孤:幼年丧父。②五父之衢(qú):道路名。衢,大道。③其慎也:死者若殡,则可破土迁之;若已葬,则不宜轻动。④郰(zōu)曼父之母:曼父之母与孔子之母为邻,素来交善。郰,古地名,在今山东曲阜一带。

【译文】孔子幼年时父亲就已去世,所以不知道他父亲的坟墓是殡在五父之衢的。询问了一些见过的人,都认为他父亲已葬。孔子对此十分慎重,终于弄清父亲其实是殡。他是在询问了郰地曼父的母亲之后才知道的,然后才将父亲和母亲合葬在防地。

邻有丧，舂不相①；里有殡，不巷歌②。丧冠不緌③。

【注释】①相：喊号助兴。②巷歌：在里巷中歌唱。③緌（ruí）：冠上的装饰物，缨结的下垂部分。

【译文】邻居有丧事，舂米时不可喊号助兴。邻里有停殡待葬的，不可在里巷中唱歌。服丧时戴的丧冠，上面不应有装饰的垂緌。

有虞氏瓦棺①，夏后氏塈周②，殷人棺椁③，周人墙置翣④。周人以殷人之棺椁葬长殇⑤，以夏后氏之塈周葬中殇、下殇⑥，以有虞氏之瓦棺葬无服之殇⑦。

【注释】①有虞氏：即虞舜。瓦棺：陶制的葬具。②夏后氏：指夏朝，又称夏后、夏氏。塈（jí）周：烧土为砖，围于棺四周，类似于椁。③椁（guǒ）：套在棺外的大棺。殷人以木为椁。④墙：包围灵柩的装饰性帷幔。翣（shà）：灵柩上的扇形装饰物，木质布面，有纹理。⑤长殇：据《仪礼》，十六岁至十九岁死亡称长殇。⑥中殇：十二岁至十五岁死亡。下殇：八岁至十一岁死亡。⑦无服之殇：八岁以下死亡。对其只哭悼，不穿丧服，故称"无服"。

【译文】虞舜时丧葬用陶制瓦棺，夏朝时加塈周围于棺外，殷人始用木材做内棺和外椁，周人又加上墙和翣作为灵柩的装饰物。周人用殷代的棺椁来葬十六岁至十九岁夭折的人，用夏代的塈周来葬十二岁至十五岁、八岁至十一岁夭折的人，用虞舜时的陶制瓦棺来葬八岁以下夭折的人。

夏后氏尚黑,大事①敛②用昏,戎事③乘骊④,牲用玄⑤。殷人尚白,大事敛用日中,戎事乘翰⑥,牲用白。周人尚赤,大事敛用日出,戎事乘騵⑦,牲用骍⑧。

【注释】①大事:指丧事。②敛:与"殓"同。③戎事:军事,用兵。④骊(lí):黑马。⑤玄:黑色。⑥翰:白马。⑦騵(yuán):赤身白腹之马。⑧骍(xīng):赤色的牲口。

【译文】夏代崇尚黑色,办丧事入殓都在黄昏,战车驾以黑马,祭祀用黑色的牺牲。殷人崇尚白色,办丧事入殓都在正午,战车驾以白马,祭祀用白色的牺牲。周人崇尚红色,办丧事入殓都在日出之时,战车驾以红身白腹之马,祭祀用红色的牺牲。

穆公①之母卒,使人问于曾子②曰:"如之何?"对曰:"申也闻诸申之父曰:哭泣之哀,齐斩③之情,饘粥④之食,自天子达。布幕⑤,卫也;绡⑥幕,鲁也。"

【注释】①穆公:即鲁穆公,本名姬显,战国初期鲁国国君。②曾子:即曾申,曾参之子。③齐(zī)斩:指齐衰和斩衰两种丧服,分别为母丧和父丧时所穿。④饘(zhān)粥:粥饭,饘较粥为稠,此是孝子饮食。⑤幕:指殡时所用的棺罩。⑥绡(xiāo):缯帛。

【译文】鲁穆公的母亲去世了,穆公派人去请教曾子:"丧事应该怎么去办?"曾子回答说:"我曾听我的父亲说过:通过哭泣来抒发悲哀之心,通过披麻带孝来表达追思之情,通过喝粥度日来表达食不知味之意,这些做法,上自天子帝王下至平民,都是一样的。此外，用布来做殡时的棺罩，这是卫国的习俗；用帛来做殡时的棺罩，这是鲁国的习俗。"

晋献公将杀其世子申生①，公子重耳②谓之曰："子盖③言子之志于公乎？"世子曰："不可，君安骊姬，是我伤公之心也。"曰："然则盖行乎？"世子曰："不可，君谓我欲弑君也，天下岂有无父④之国哉！吾何行如⑤之？"使人辞于狐突⑥曰："申生有罪，不念伯氏⑦之言也，以至于死。申生不敢爱其死。虽然，吾君老矣，子⑧少，国家多难，伯氏不出而图⑨吾君。伯氏苟出而图吾君，申生受赐而死。"再拜稽首，乃卒。是以为"恭世子"也。

【注释】①晋献公句：指晋献公听信宠妾骊姬的谗言，欲杀嫡子申生之事。②重耳：申生异母之弟，即日后的晋文公。③盖（hé）：同"盍"，何不。④无父：指谋逆弑父的行为。⑤如：去，往。⑥狐突：姬姓，狐氏，字伯行，申生之傅，重耳的外祖父。⑦伯氏：即狐突，"伯"指兄弟间排行老大。⑧子：指骊姬之子奚齐。⑨图：谋划国事。

【译文】晋献公将要杀害自己的世子申生。公子重耳对申生说："您为什么不把自己受诬陷的情况告诉父亲呢？"世子说："不可。父亲离不开骊姬，我若讲明此事，骊姬必然获罪，那样我就会伤到父亲的心。"重耳又说："那么为何不逃往他国呢？"太子说："不可。父亲给我的罪名是谋害君父，而天下哪有接纳谋逆弑父之人的国家呢？我能逃到哪里去呢？"申生派人向狐突诀别说："申生有罪，当初没有听从您的劝告，以至于现在陷入死地。

申生并非贪生惜命之辈,不过,想到我国国君已经年老,新世子尚且年幼,国家正当多难之时,您又不肯出山为国君出谋划策。倘若您肯出山为国君出谋划策,申生将怀着对您的感激之心而死。"申生再次稽首叩拜,然后就自杀了。后人谥申生为"恭世子"。

鲁人有朝祥①而莫②歌者,子路笑之③。夫子曰:"由!尔责于人,终无已夫?三年之丧,亦已久矣夫。"子路出,夫子曰:"又多乎哉④!逾月则其善也。"

【注释】①祥:祭祀名,分小祥和大祥。②莫:与"暮"同。③子路笑之:依礼,大祥之后可弹琴,不可歌唱。④又多乎哉:意为离可以唱歌的时间没有多久。依礼,大祥之后一个月举行禫祭,之后一切方可恢复如常。

【译文】鲁国有个人,早上举行了大祥除服之祭,晚上就唱起歌来了。子路见了,便讥笑此人。孔子说:"仲由!你责备他人,就没完没了了吗?三年守丧,时间也很长了啊!"子路出去后,孔子又说:"其实,离可以唱歌之时也没有多久了,如果他能一个月后再唱歌,那就很妥当了。"

鲁庄公及宋人战于乘丘①。县贲父御②,卜国为右③。马惊,败绩,公队④。佐车授绥⑤。公曰:"末⑥之卜也。"县贲父曰:"他日不败绩,而今败绩,是无勇也。"遂死之。圉人⑦浴马,有流矢⑧在白肉。公曰:"非其罪也。"遂诔⑨之。士之有诔,自此始也。

【注释】①乘丘:鲁国地名。②县贲(bēn)父:县为氏,贲父为字。御:驾车。③卜国:卜为氏,国为字。右:车右。车右多为勇士。④队:"坠"的古字。⑤佐车:副车。绥(suí):借以登车的绳索。⑥未:"末"的误字,一说微少。⑦圉人:负责养马的官员。⑧流矢:乱箭。⑨诔(lěi):撰写追思、哀悼的文辞。

【译文】鲁庄公领兵与宋国军队在乘丘交战。鲁庄公所乘的战车上,县贲父负责驾车,卜国在车右负责保卫。驾车的马忽然受惊,溃散狂奔,把庄公从车上摔了下来。副车上的人递来牵引的绳子,把庄公接上了副车。庄公说:"此事是我没有事先占卜一下造成的。"县贲父说:"平常驾车,马未曾溃散狂奔过,今天马却溃散狂奔,这说明我懦弱无勇。"于是他便赴敌而死。后来马夫洗马时,才发现马大腿内侧的肉里中了乱箭。庄公说:"原来并不是县贲父的罪责啊!"于是庄公就写了一篇缅怀死者的诔文。士人死后可有诔文,就是从这里开始的。

曾子寝疾①,病。乐正子春②坐于床下,曾元、曾申③坐于足,童子隅坐而执烛。童子曰:"华而睆④,大夫之箦⑤与?"子春曰:"止!"曾子闻之,瞿然⑥曰:"呼!"曰:"华而睆,大夫之箦与?"曾子曰:"然,斯季孙⑦之赐也,我未之能易也。元,起易箦。"曾元曰:"夫子之病革⑧矣,不可以变。幸而至于旦,请敬易之。"曾子曰:"尔之爱我也不如彼。君子之爱人也以德,细人⑨之爱人也以姑息。吾何求哉?吾得正而毙焉斯已矣。"举扶而易之。反席未安而没⑩。

【注释】①曾子:此指曾参。寝疾:卧病。②乐(yuè)正子春:曾参弟子,乐正为复姓。③曾元、曾申:皆曾参之子。④睆(huàn):光滑,一说美好。⑤箦(zé):竹席。⑥瞿(jù)然:惊视貌。⑦季孙:鲁国大夫。⑧革(jí):通"亟",危急。⑨细人:小人。⑩没:与"殁"同。

【译文】曾子卧病在床,病得很重。乐正子春坐在他的床头,曾元、曾申坐在他的脚边,一个童子手执火烛坐在角落里。童子看到曾子用的竹席说:"多么华丽光洁啊,是大夫用的竹席吗?"子春说:"别说话!"曾子听到了,猛然惊醒过来,发出虚弱的叹息声。童子又说:"多么华丽光洁啊,是大夫用的竹席吗?"曾子说:"是的,这是季孙送给我的,我因为病重未能把它换掉。曾元,起来把竹席换掉!"曾元说:"您的病情如此危急,不可再更换了。希望能等到天亮,再为您把它换掉。"曾子说:"你对我的爱还不如这个童子。君子爱人,是去成就对方的德行;小人爱人,则是使其苟且偷安。此刻我还有什么要求呢?能够合乎正礼地死去,就足够了啊!"于是,大家扶起曾子换去了竹席。换过后再把曾子放回床上,还没有安顿好,曾子就死去了。

始死,充充①如有穷。既殡,瞿瞿②如有求而弗得。既葬,皇皇③如有望而弗至。练④而慨然,祥⑤而廓然。

【注释】①充充：悲戚哀悼貌。②瞿瞿（jù jù）：眼珠转动不定貌。③皇皇：惶恐不安貌。皇，通"惶"。④练：周年之祭，即"小祥"。⑤祥：二十五月后的除服之祭，即"大祥"。

【译文】双亲刚去世的时候，孝子悲痛哀戚，仿佛日子无法再过下去了。出殡以后，孝子眼神不定，像是在寻找什么却又找不到一样。安葬以后，孝子彷徨无依，如同在盼望亲人归来而又不盼不到一样。周年之祭时，孝子感慨时间过得太快；除服之祭后，孝子仍觉心中十分空虚。

邾娄复之以矢①，盖自战于升陉②始也。鲁妇人之髽③而吊也，自败于台鲐④始也。

【注释】①邾（zhū）娄：即邾国，春秋时诸侯国，在今山东邹县。复之以矢：用箭来为战死者招魂。②升陉（xíng）：鲁国地名。升陉之战，邾胜鲁败。③髽（zhuā）：取下束发之帛，袒露发髻。④台鲐（tái）：又作"狐鲐"，春秋时邾国属地，在今山东滕县东南。

【译文】邾娄人用箭来为战死者招魂，这个习俗是从升陉之战以后开始的。鲁国妇人露着发髻吊丧，这个习俗是从狐鲐之战失败后开始的。

南宫绦①之妻之姑②之丧，夫子诲之髽，曰："尔毋从从③尔，尔毋扈扈④尔。盖榛以为笄⑤，长尺，而总⑥八寸。"

【注释】①南宫绦（tāo）：南宫为复姓，绦为名，其人字子容。

②姑：丈夫的母亲。③从从（zǒng zǒng）：高大貌。④扈扈：广大貌。⑤笄（jī）：发簪。⑥总：指束发布条垂下来的部分。

【译文】南宫绦妻子的婆婆去世了，孔子教她梳理丧髻的方法说："你不要把丧髻梳得太高，也不要把丧髻梳得太大。用榛木来做发簪，长度一尺；束发的布条，下垂部分长度八寸。"

孟献子禫①，县而不乐②，比御③而不入。夫子曰："献子加于人一等矣！"

【注释】①孟献子：即鲁国大夫仲孙蔑。禫（dàn）：除服之祭。②县：与"悬"同。乐：奏乐。③比：及，能够。御，妻妾侍寝。

【译文】孟献子行过禫祭之后，家中乐器仍然悬挂而不演奏，可有妇人侍寝也不入妇人之门。孔子说："孟献子能做到这些，他比常人都高一个等级啊！"

孔子既祥，五日弹琴而不成声，十日①而成笙歌。

【注释】①十日：指大祥逾月后的又十日。
【译文】孔子在大祥后五天开始弹琴，但是弹不成声调；在大祥后逾月的又一旬吹笙，声调就正常了。

有子①盖既祥而丝屦组缨②。

【注释】①有子：孔子弟子，即有若。②丝屦：以丝织品装饰的麻鞋。组缨：以丝织品制成的帽缨。依礼，"丝屦组缨"为丧后二十七月禫祭的装扮，此时为二十五月之祥祭，未免为时过早。

【译文】有子大概在祥祭一结束，就穿上有丝织饰品的鞋子，戴上以丝带作缨的帽子。

死而不吊者三：畏①、厌②、溺③。

【注释】①畏：因谗言诬陷而自杀。②厌（yā）：在危险之处遇难。③溺：不走桥、不乘船而溺水。

【译文】人死而不去吊唁的情况有三种：遭人谗言构陷而自杀的，在危险之处遇难身亡的，还有逞能游泳被淹死的。

子路有姊之丧，可以除①之矣，而弗除也，孔子曰："何弗除也？"子路曰："吾寡兄弟而弗忍也。"孔子曰："先王制礼，行道之人皆弗忍也。"子路闻之，遂除之。

【注释】①除：指除去丧服。依礼，子路应为已出嫁的姐姐服大功九月之丧。

【译文】子路为出嫁的姐姐服丧，到了可以除服的日子他还不除，孔子问他："为什么还不除服呢？"子路说："我的兄弟很少，所以不忍心在姐姐去世九个月后就除服啊！"孔子说："先王制定的礼，对于实行仁义之道的君子而言，就是教他适当控制情绪的。"子路听了，就立即除去了丧服。

大公^①封于营丘，比及五世，皆反^②葬于周。君子曰："乐^③，乐其所自生；礼，不忘其本。古之人有言曰：狐死正丘首^④。仁也。"

【注释】①大公：即太公，指姜太公吕尚。②反：与"返"同。③乐：音乐。④正丘首：指头对着狐穴。

【译文】太公封在齐地营丘，因他留朝为太师，死后就葬在周地。此后太公的五代子孙虽都死在齐地，但都随太公返葬在周地。君子说："音乐，还是故国的最好听。礼法，教人不要舍祖忘本。古人有句俗话说：狐狸死了，头也要对着狐穴的方向。这就是仁义之心啊！"

伯鱼之母^①死，期^②而犹哭。夫子闻之曰："谁与哭者？"门人曰："鲤也。"夫子曰："嘻！其甚也。"伯鱼闻之，遂除之。

【注释】①伯鱼之母：伯鱼，即孔子之子孔鲤，其母为孔子所休，即"出母"。②期(jī)：一周年。

【译文】伯鱼的出母死了，过了周年他还在哭。孔子听到了，就问："是谁在哭啊？"他的门人说："是孔鲤在哭。"孔子说："哎呀！这样也太过分了！"伯鱼听到后，就停止了哭泣。

舜葬于苍梧^①之野，盖三妃未之从也。季武子曰："周公盖祔②。"

【注释】①苍梧：即九嶷山，在今湖南宁远。②祔(fù)：合葬。
【译文】舜死后葬在苍梧之野，大概他的三位妃子都没有与他合葬。季武子说："大概周公之时才有夫妇合葬的事。"

曾子之丧，浴于爨室①。

【注释】①浴：烧浴汤。爨(cuàn)室：灶房，厨房。依礼，为死者烧浴汤不应在爨室。
【译文】曾子去世以后，家属在灶房为死者烧浴汤。

大功废业①。或曰："大功，诵可也。"

【注释】①大功：丧服五服之一，为堂兄弟、已出嫁的姑姊等服，服期九个月。业，学业，指吟诵诗书、演奏乐器之类。
【译文】服大功之丧要停止一切学业，包括吟诗作乐之事。但也有人说："服大功之丧，吟诵是可以的，只是不可奏乐。"

子张①病，召申祥②而语之曰："君子曰终，小人曰死。吾今日其庶几乎！"

【注释】①子张：孔子弟子，名师，字子张。②申祥：子张之子，一说子张弟子，姓申名祥。

【译文】子张病重时，召申祥前来，对他说："君子之死叫作终，小人之死叫作死。我现在死了，应该可以称作'终'了吧！"

曾子曰："始死之奠①，其余阁②也与？"

【注释】①奠：人始死至安葬时安放供品之祭。②余阁：即"阁余"。阁，病房中存放食物的架子。余，架子上剩余的食物。

【译文】曾子说："人刚死时所设的祭奠，用的是病房架子上剩余的食物吧？"

曾子曰："小功①不为位也者，是委巷②之礼也。子思③之哭嫂也为位，妇人倡踊④。申祥之哭言思也亦然。"

【注释】①小功：丧服五服之第四等，本节言妯娌之间互服小功。②委巷：陋巷。③子思：孔子弟子原宪，字子思。一说孔子之孙孔伋。④倡踊：祭奠中，先行顿足于地而哭泣。

【译文】曾子说："服小功之丧不按亲疏序列而哭，那是住在陋巷里的庶民的礼仪。子思哭嫂就讲究亲疏序列，在他妻子先顿足哭泣以后，他才跟着哭泣。申祥哭言思，也是一样的礼仪。"

古者冠缩缝①，今也衡②缝。故丧冠之反吉，非古也。

【注释】①缩缝：直缝。②衡：与"横"同。

【译文】古时候的丧冠吉冠都是直缝的，而现在的吉冠是横缝的，凶冠仍然是直缝。所以丧冠和吉冠相反的缝法，不是古代就是这样的。

曾子谓子思曰："伋！吾执亲①之丧也，水浆不入于口者七日。"子思曰："先王之制礼也，过之者，俯而就之；不至焉者，跂②而及之。故君子之执亲之丧也，水浆不入于口者三日，杖而后能起。"

【注释】①亲：此指父亲。②跂（qǐ）：同"企"，踮脚。
【译文】曾子对子思说："孔伋！我为去世的父亲服丧时，不喝水不饮浆有七日之久。"子思说："先王制定的礼法，如果超过了，就应降低要求以合标准；如果还不到，就应提高要求以合标准。所以君子为去世的父母服丧时，不喝水不饮浆三日就可以了，尽管只有三天，孝子也要扶着丧杖才能站起来。"

曾子曰："小功不税①，则是远兄弟终无服也，而可乎？"

【注释】①税（tuì）：丧期已过而追服丧。
【译文】曾子说："依礼，小功之服，若在丧期过后才接到丧信，就不用追服了。如此说来，对于远处去世的兄弟始终都无法穿丧服了，这样做合适吗？"

伯高①之丧，孔氏之使者未至，冉子②摄束帛③乘马④而将之。孔子曰："异哉！徒使我不诚于伯高。"

【注释】①伯高：人名，生平不详。②冉子：冉有，名求，鲁国人，孔子弟子。③束帛：捆成一束的五匹帛。④乘（shèng）马：四匹马。

【译文】伯高死了，孔子派去吊唁送礼的使者还没到，冉有就代为准备了一束帛、四匹马的礼品前去吊唁，并称是奉孔子之命。孔子知道后说："真奇怪啊！这平白让我失去了对伯高的诚信。"

伯高死于卫，赴①于孔子，孔子曰："吾恶②乎哭诸？兄弟，吾哭诸庙；父之友，吾哭诸庙门之外；师，吾哭诸寝；朋友，吾哭诸寝门之外；所知，吾哭诸野。于野，则已疏；于寝，则已重。夫由赐③也见我，吾哭诸赐氏。"遂命子贡为之主，曰："为尔哭也来者，拜之；知伯高而来者，勿拜也。"

【注释】①赴：同"讣"，报丧。②恶（wū）：同"乌"，哪里。③赐：孔子弟子子贡，姓端木，名赐。

【译文】伯高死在卫国，其家属派人来给孔子报丧。孔子说："我应该在哪哭伯高呢？如果是兄弟，我在宗庙里哭他；如果是父亲的朋友，我在庙门外哭他；如果是老师，我在内室里哭他；如果是朋友，我在内室门外哭他；如果只是相识的人，我在野外哭他。对于伯高而言，若在野外哭他，显得我和他交情过浅；若在内室哭他，又显得礼数太重。他是通过子贡与我结交的,我还是去子贡家哭他吧。"于是,孔子就命子贡作为丧主,说:"若是因你的关系前来哭丧的,你要拜谢对方;若是与伯高有交情前来哭丧的,你就不用拜谢。"

曾子曰:"丧有疾,食肉饮酒,必有草木之滋①焉。"以为姜桂②之谓也。

【注释】①滋:滋味。②姜桂:生姜和肉桂。
【译文】曾子说:"如果在居丧期间生病,吃肉喝酒时,一定要加上草木的滋味。"所谓"草木",指的是生姜和肉桂。

子夏①丧其子而丧其明。曾子吊之曰:"吾闻之也,朋友丧明则哭之。"曾子哭,子夏亦哭,曰:"天乎!予之无罪也。"曾子怒曰:"商,女何无罪也?吾与女事夫子于洙泗②之间,退而老于西河③之上,使西河之民疑④女于夫子,尔罪一也;丧尔亲,使民未有闻焉,尔罪二也;丧尔子,丧尔明,尔罪三也。而曰女何无罪与!"子夏投其杖而拜曰:"吾过矣!吾过矣!吾离群而索居⑤,亦已久矣!"

【注释】①子夏:孔子弟子,姓卜,名商,字子夏。②洙泗(zhū sì):鲁国二水名,皆流经曲阜。③西河:魏国地名。④疑:同"拟",比拟。⑤索居:独居。
【译文】子夏因为儿子死去而哭瞎了眼睛。曾子去慰问他说:

"我听说，朋友失明了，就应为他哭一场。"说完曾子就哭了起来，子夏也跟着哭，说道："上天啊！我没有什么罪过，怎么落得如此下场！"曾子听了，很生气地说："卜商，你怎么没有罪过呢？我和你在洙泗一带事奉夫子，后来你年老了就回到西河地区，让西河的人把你和夫子相提并论，这是你的第一条罪。你的双亲去世后，在居丧期间，你并没有让当地人看到你好的表现，这是你的第二条罪。现在你儿子死了，你为此哭瞎了眼睛（说明你把儿子看得比父母还重要），这是你的第三条罪。你怎么会说自己没有罪过呢？"子夏听了扔下手杖，叩拜说道："我错了！我错了！我离开朋友独自居住，时间也太久了！"

夫昼居于内①，问其疾可也；夜居于外②，吊之可也。是故君子非有大故③，不宿于外；非致齐④也，非疾也，不昼夜居于内。

【注释】①内：指正寝。②外：中门以外。③大故：此指居丧。④致齐（zhāi）：祭祀前洁净身心的礼仪。齐，同"斋"。

【译文】如果白天还待在正寝之中，亲友就可以前去探病了。如果夜晚睡在中门之外，亲友就可以前去吊唁了。所以，君子不是居丧，不会睡在中门之外；不是祭前斋戒，不会白天夜晚都待在正寝之中。

高子皋①之执亲之丧也，泣血三年，未尝见②齿。君子以为难。

【注释】①高子皋:孔子弟子,姓高,名柴,字子皋。②见:与"现"同。

【译文】高子皋为父亲守丧时,默默流泪了三年,从来没有露齿笑过。君子认为这是一般人难以做到的。

衰①,与其不当物②也,宁无衰。齐衰不以边坐③,大功不以服勤。

【注释】①衰(cuī):指丧服。②当物:合乎法度。③边坐:偏倚而坐。

【译文】丧服的制作,如果不合礼法,还不如不穿丧服。身穿齐衰,就不可偏倚而坐;身穿大功,就不可出力干活。

孔子之卫,遇旧馆人①之丧,入而哭之哀。出,使子贡说骖而赙之②。子贡曰:"于门人之丧,未有所说骖,说骖于旧馆,无乃已重乎?"夫子曰:"予乡③者入而哭之,遇于一哀而出涕,予恶夫涕之无从④也?小子行之!"

【注释】①旧馆人:指孔子以前到卫国下榻之处的主人。②说:同"脱"。骖(cān):驾车四马中两侧的马。赙(fù),以钱财帮人办丧事。③乡(xiàng):从前,往日。④从:指以实际行动表明。

【译文】孔子到卫国去,正遇上以前所住馆舍的主人去世,就走进去吊丧,哭得很伤心。出来以后,孔子让子贡解下驾车的骖马送给丧家。子贡说:"您的门人去世,你都从未解下骖马赠送,现在却要解下骖马送给以前住过的主人之家,礼数未免太重了吧?"孔子说:"我刚才进去哭丧,恰好悲从中来而流下涕泪,怎能不以实际行动来表达我的悲伤呢?你还是照我说的去办吧!"

孔子在卫,有送葬者,而夫子观之,曰:"善哉为丧乎!足以为法矣,小子识①之。"子贡曰:"夫子何善②尔也?"曰:"其往也如慕③,其反也如疑④。"子贡曰:"岂若速反而虞⑤乎?"子曰:"小子识之,我未之能行也。"

【注释】①识:通"志",记住。②善:称赞。③慕:指婴儿思恋父母而哭泣。④疑:指不知亲人之灵是否跟来而徘徊不定貌。⑤虞:祭名,正午时在殡宫举行。

【译文】孔子在卫国的时候,有人送葬,孔子在旁边观看,说:"这丧事办得真好啊!完全可以作为世人的榜样,你们要好好记住。"子贡说:"夫子为什么称赞他们呢?"孔子回答:"那家孝子在送葬时,就像是婴儿思恋父母一样哭泣不止;下葬后返回,又像是担忧亲人之灵不能跟着回家而彷徨不前。"子贡说:"还不如快点回家准备安神的虞祭吧?"孔子说:"你们要好好记住这个榜样,这些事连我也做不到呢!"

颜渊之丧,馈祥肉①,孔子出受之,入,弹琴而后食之。

【注释】①祥肉：大祥之祭所供的肉。

【译文】颜渊死了，到大祥之祭时，其家送来祭神的肉。孔子出门接受，然后回屋，又弹了一会琴，才吃掉祥肉。

孔子与门人立，拱而尚右①，二三子亦皆尚右。孔子曰："二三子之嗜学也，我则有姊之丧故也。"二三子皆尚左。

【注释】①尚右：右手在上，此为凶礼。尚，通"上"。

【译文】孔子和弟子们一起站立时，行拱手礼的姿势是右手在上，几个弟子也都右手在上行礼。孔子说："你们这几个人真是太喜欢学我了，我之所以右手在外，是因为有姐姐去世要服丧啊！"几个弟子听了，就都改为左手在上。

孔子蚤①作，负手曳杖，消摇②于门，歌曰："泰山其颓乎？梁木其坏乎？哲人其萎乎？"既歌而入，当户而坐。子贡闻之曰："泰山其颓，则吾将安仰？梁木其坏、哲人其萎，则吾将安放③？夫子殆将病也。"遂趋而入。夫子曰："赐！尔来何迟也？夏后氏殡于东阶之上，则犹在阼④也。殷人殡于两楹⑤之间，则与宾主夹之也。周人殡于西阶之上，则犹宾之也。而丘也殷人也。予畴昔⑥之夜，梦坐奠⑦于两楹之间。夫明王不兴，而天下其孰能宗⑧予？予殆将死也。"盖寝疾七日而没。

【注释】①蚤：通"早"。②消摇：同"逍遥"。③放(fǎng)：依靠。④阼：主阶，即东阶。⑤两楹：堂上正中的两根柱子，在东阶和西阶之间。⑥畴昔：从前。⑦坐奠：安坐。⑧宗：尊崇。

【译文】孔子一早起来，背着两手，拖着手杖，悠然自得地在门口踱步，口中唱道："泰山将要崩塌了吧？房梁将要折断了吧？智者将要凋零了吧？"唱完后回到屋里，对着门坐下。子贡听到歌声说："泰山如果崩塌，那我们仰望什么呢？房梁如果折断，智者如果凋零，那我们还能依靠什么呢？听歌的意思，先生大概要生病了吧？"于是快步走进屋里。孔子说："子贡！你怎么这么晚才来呀？夏人死了灵柩停放在东阶之上，那还是把死者当作主人看待的。殷人死了灵柩停放在两楹之间，那是介于宾主之间的位置。周人死了灵柩停放在西阶之上，那是把死者当作宾客看待。我孔丘是殷人的后代。昨天夜里，我在梦中见到自己安坐在两楹之间。现在明王尚未兴起，天下人怎会把我当作立于两楹之间的君王一样尊崇呢？这样看来，我大概快要死了吧。"果然，孔子很快卧病在床，七天后就去世了。

孔子之丧，门人疑所服①。子贡曰："昔者夫子之丧颜渊，若丧子而无服；丧子路亦然。请丧夫子，若丧父而无服。"

【注释】①服：穿丧服。

【译文】孔子去世了，弟子们都不清楚穿丧服的事。子贡说："从前夫子哀悼颜渊，悲痛得就像失去了儿子一样，却没有丧服；

他为子路哀悼时也是这样。既然如此,就让我们悼念夫子,就像悼念父亲一样,但也不穿丧服。"

孔子之丧,公西赤①为志②焉:饰棺,墙置翣③,设披④,周也;设崇⑤,殷也;绸练设旐⑥,夏也。

【注释】①公西赤:孔子弟子,字子华,公西为复姓。②志:负责礼制以彰明志行。③翣(shà):棺木上的扇形装饰。④披(bì):牵挽灵车的长帛带。⑤崇:崇牙,旌旗的齿状边饰。⑥绸练:用素锦缠绕旗竿,绸,通"韬"。旐(zhào):挑在旗竿上的黑布制招魂幡,宽二尺二寸,长八尺。

【译文】孔子的丧事,是由公西赤负责设计的:为了装饰棺木,灵柩四周有帷幔,帷幔外有扇形的翣,灵车上有牵挽的长帛带,这些都是周代的礼制;灵车上有齿状边饰的旌旗,这是殷代的礼制;素锦缠绕旗竿,竿上挑着黑布制的招魂幡,这是夏代的礼制。

子张之丧,公明仪①为志焉:褚幕丹质②,蚁结于四隅,殷士也。

【注释】①公明仪:子张的弟子,亦为曾子的弟子。②褚(zhǔ)幕丹质:覆盖在棺材上的红色幕布。

【译文】子张的丧事,是由公明仪负责设计的:用红色的幕布覆盖棺身,在棺材四角画上类似蚂蚁爬行的纹路。这是殷代的士人的礼制。

子夏问于孔子曰:"居父母之仇如之何?"夫子曰:"寝苫①枕干②,不仕,弗与共天下也。遇诸市朝,不反兵③而斗。"曰:"请问居昆弟之仇如之何?"曰:"仕,弗与共国。衔君命而使,虽遇之不斗。"曰:"请问居从父④昆弟之仇如之何?"曰:"不为魁,主人能,则执兵而陪其后。"

【注释】①苫(shān):草垫子。②干:盾牌。③反兵:回家取武器。④从父:父亲的兄弟。

【译文】子夏问孔子说:"对于有杀父之仇的人,该怎么对待?"孔子说:"睡在草垫子上,枕着盾牌,不出仕为官,誓愿不与仇人并存于世。即使在集市或公门遇到仇人,也要当即拔出武器和他拼命,不必等回家取到武器再动手。"子夏又问:"对于杀害兄弟的仇人,该怎么对待?"孔子说:"不可与仇人在同一国家担任公职。若是奉君之命而出行,即使在路上遇见仇人,也不可与他发生争斗。"子夏又问:"请问对于杀害堂兄弟的仇人,该怎么对待?"孔子说:"报仇时不可自己带头,要让死者的子弟带头,自己拿着武器在后面协助。"

孔子之丧,二三子皆绖①而出。群居则绖,出则否。

【注释】①绖(dié):麻布制成的丧带,缠在头上或腰间。

【译文】孔子去世后,几个弟子们都在头上和腰间缠上孝带一起出去。不过只有他们聚在一起时才会戴孝,单独出去就不戴了。

易①墓，非古也。

【注释】①易：整治。易墓为周制。
【译文】整治墓地的草木，并非古代就这样。

子路曰："吾闻诸夫子：丧礼，与其哀不足而礼①有余也，不若礼不足而哀有余也。祭礼，与其敬不足而礼有余也，不若礼不足而敬有余也。"

【注释】①礼：指置办的器具物品等。
【译文】子路说："我听夫子说过：举行丧礼，与其哀痛之情不足而冥器冥具有余，倒不如冥器冥具不足而哀痛之情多一些；举行祭礼，与其恭敬之心不足而祭祀物品有余，倒不如祭祀物品不足而恭敬之心有余。"

曾子吊于负夏①，主人既祖②，填池③，推柩而反之④，降妇人而后行礼⑤。从者曰："礼与？"曾子曰："夫祖者且也，且，胡为其不可以反宿⑥也？"从者又问诸子游曰："礼与？"子游曰："饭于牖下⑦，小敛⑧于户内，大敛⑨于阼，殡于客位，祖于庭，葬于墓，所以即远也。故丧事有进而无退。"曾子闻之曰："多矣乎，予出祖者。"

【注释】①负夏：卫国地名。②祖：祖奠，灵车出发前的一种祭礼。③填池：填，通"窆"，设置。池，灵柩四周的一种装饰。④推柩句：依礼，祖奠时已将灵车掉头向外，现又掉头向内，于礼不合。⑤降妇人句：依礼，灵车恢复到祖奠前的位置，主家妇女也应恢复到祖奠前的位置，即重新升到堂上。现妇女并未升堂，而停留在堂下两阶之间，于礼不合。⑥反宿：返回原处。⑦饭：即饭含，以珠玉贝米之类含于死者口中。牖下：此指正寝南窗之下。⑧小敛：丧礼之一，给死者沐浴、穿衣、覆衾等。⑨大敛：丧礼之一，将装裹的尸体放入棺材。

【译文】曾子到负夏吊唁，此时主人已经行过祖奠，灵柩也已装饰好，却又把灵车掉头向内，使家中妇女仍在两阶之间行礼拜谢。随行者问曾子说："这样做符合礼法吗？"曾子说："祖奠的'祖'字本就是暂且的意思，既然是暂且，那么灵车返回原处又有何不可呢？"随行者又向子游请教此事，问："这样做符合礼制吗？"子游说："丧礼要先在正寝南窗下让死者饭含，在正寝当门处为死者小敛，在表示主位的东阶上进行大殓，在表示客位的西阶上停放灵柩，在祖庙的堂下举行告别的祖奠仪式，最后才可以葬在外面的墓地。从刚死一直到下葬的整个过程，都是由近及远一步步地完成。所以料理丧事，须循序而进，不可后退。"曾子听了说："子游所说，比我解释的祖奠好多了！"

曾子袭裘①而吊，子游裼裘②而吊。曾子指子游而示人曰："夫夫③也，为习于礼者，如之何其裼裘而吊也？"主人既小敛，袒④，括发⑤。子游趋而出，袭裘带绖⑥而入。曾子曰："我过矣，我过矣，夫夫是也。"

【注释】①袭裘:掩好正服(裘衣)前襟,不使里面的裼衣露出。此为凶服,主人小殓前不宜着之吊丧。②裼裘:敞开正服(裘衣)前襟,使里面的裼衣露出。此为吉服,可在主人未变服前着之吊丧。③夫夫:此人。④袒:袒衣露出左臂。⑤括发:用麻束发。⑥带绖:绖,丧冠上加上麻带。带,腰部加上麻带。

【译文】曾子掩着裘衣上襟,以凶服的装束去吊唁;子游却敞开裘衣上襟,以吉服的装束去吊唁。曾子指着子游对大家说:"这个人啊,也是个修习礼仪之人,怎么穿着吉服就来吊唁了?"主人小殓以后,袒衣露出左臂,去掉发簪,改用麻束发。这时子游快步走出去,掩上裘衣前襟,在丧冠和腰间缠上麻带,以凶服的装束走了进来。曾子才明白过来,说:"我错了!我错了!此人的做法才是正确的。"

子夏既除丧而见,予之琴,和①之不和,弹之而不成声。作而曰:"哀未忘也。先王制礼,而弗敢过也。"子张既除丧而见,予之琴,和之而和,弹之而成声,作而曰:"先王制礼,不敢不至焉。"

【注释】①和:调弦使音调和谐。

【译文】子夏除掉丧服之后去拜见孔子,孔子递给他一张琴,子夏调不好弦,弹奏也不成曲调。他站起来说:"这是因为还有悲哀没有忘记。先王制定的礼法,我也不敢超过啊。"子张除掉丧服之后去拜见孔子,孔子递给他一张琴,子张将弦调好,弹奏的曲调很和谐。他站起来说:"先王制定的礼法,我也不敢不尽力做到。"

司寇惠子①之丧,子游为之麻衰牡麻绖②,文子辞曰:"子辱与弥牟之弟游,又辱为之服,敢辞。"子游曰:"礼也。"文子退,反哭。子游趋而就诸臣③之位,文子又辞曰:"子辱与弥牟之弟游,又辱为之服,又辱临其丧,敢辞。"子游曰:"固以请。"文子退,扶适子④南面而立曰:"子辱与弥牟之弟游,又辱为之服,又辱临其丧,虎也敢不复位?"子游趋而就客位。

【注释】①司寇惠子:卫国将军公孙弥牟惠叔兰,司寇为氏。②麻衰:用细麻布裁制的丧服。牡麻绖:用牡麻(大麻的雄株)制作的头部和腰部的丧带。依礼,为朋友吊丧的礼数,麻衰过轻,而牡麻绖过重。③诸臣:家臣。依礼,子游应在宾位。④适子:即"嫡子"。指惠子之子,名虎。

【译文】司寇惠子死了,子游穿着麻衰之服、系着牡麻丧带前去吊唁。文子辞谢说:"舍弟生前承蒙您与他来往,死了又承蒙您为他着这种丧服,真是不敢当。"子游说:"这是合乎礼法的。"文子不明其意,又退回原位,继续哭泣。子游于是快步走到家臣吊唁的位置,文子仍旧不知,又辞谢说:"舍弟生前承蒙您与他来往,死了又承蒙您为他着这种丧服,还承蒙您驾临他的丧礼,真是不敢当。"子游说:"我还是请求这么做。"文子才明白子游的用意,于是退下,扶着惠子的嫡子虎朝南而立(主人之正位),说道:"舍弟生前承蒙您与他来往,死了又承蒙您为他着这种丧服,还承蒙您驾临他的丧礼,虎怎么敢不回到主人正位上来拜谢呢?"子游见文子已明其意,这才快步走到了宾客吊唁的位置。

将军文子之丧,既除丧,而后越人来吊。主人①深衣练冠②,待于庙,垂涕洟,子游观之曰:"将军文氏之子其庶几乎!亡③于礼者之礼也,其动也中④。"

【注释】①主人:指文子之子简子瑕。②深衣:衣、裳连在一起的一种服装,吉凶均可通用。练冠:小祥之冠,白色生绢制成。③亡:通"无"。④中:符合中道,合于礼法。

【译文】将军文子死了,后人为他守丧期满,除去丧服以后,有越国人过来吊丧。主人穿着深衣、头戴练冠,在祖庙接受吊唁,悄悄地流泪垂涕。子游看到后说:"文子将军的儿子真是厉害!礼法上没有规定的礼节,他都可以做得那么合礼。"

幼名,冠字,五十以"伯""仲",死谥,周道也。绖也者,实也。掘中霤①而浴,毁灶以缀足②;及葬,毁宗躐行③,出于大门,殷道也。学者行之。

【注释】①中霤:亦作"中溜",室的中央。②毁灶以缀足:用拆灶的砖来固定死者之脚。③毁宗躐(liè)行:殷人出殡,毁去庙门西边的墙而出,此处正是行神之位,故云"躐行"。躐,超越。

【译文】幼小时称呼其名,行过冠礼后称呼其字,五十岁以后用伯、仲等排行来称呼,死后称呼其谥号,这是周朝的礼制。头上和腰间缠的丧带,是有实际代表意义的。在正寝中央掘坑为死者沐浴,用拆灶的砖来固定死者的脚;到出殡时,毁掉宗庙的墙而凌越行神之位,直接从大门出去,这些是殷代的礼制。跟随孔子学习的人,主要遵循殷制。

子柳①之母死,子硕请具②。子柳曰:"何以哉?"子硕曰:"请粥③庶弟之母。"子柳曰:"如之何其粥人之母以葬其母也?不可。"既葬,子硕欲以赙布④之余具祭器。子柳曰:"不可。吾闻之也,君子不家⑤于丧。请班⑥诸兄弟之贫者。"

【注释】①子柳:春秋时鲁国贵族,鲁叔仲皮之子,子硕之兄。②具:丧器,葬具。③粥(yù):同"鬻",卖。④赙(fù)布:赠给丧家的钱财。⑤家:利于其家,发家。⑥班:分发。

【译文】子柳的母亲死了,子硕来找他商量置办丧器的事。子柳说:"钱从哪里来呢?"子硕说:"让我们把庶弟的母亲卖了吧。"子柳说:"我们怎么能靠卖别人的母亲来葬自己的母亲呢?这不行。"安葬完后,子硕打算用亲友助丧的钱财来置办丧器。子柳说:"不可以。我听说,君子不靠办丧事以利其家。这些钱财就去分给比较贫困的兄弟们吧。"

君子曰:"谋人之军师①,败则死之;谋人之邦邑②,危则亡③之。"

【注释】①军师:周制,一万二千五百人为军,二千五百人为师,此处泛指军队。②邦邑:封地,一说国都。③亡:放逐,避离。

【译文】君子说:"为国君谋划军事行动,如果行动失败,就要自裁谢罪;为国君谋划治理封地,如果出现危亡,就要自己引咎避离。"

公叔文子①升于瑕丘②,蘧伯玉③从。文子曰:"乐哉斯丘也!死则我欲葬焉。"蘧伯玉曰:"吾子乐之,则瑗请前。"④

【注释】①公叔文子:卫国大夫,卫献公之孙,名拔。②瑕丘:春秋时鲁国邑名。③蘧(qú)伯玉:春秋时卫国大夫,字伯玉,名瑗。④此句旨在讽刺文子占人之地。

【译文】公叔文子登上瑕丘城,蘧伯玉也跟着他。文子说:"瑕丘的风光真招人喜欢!要是我死了,就想葬在这里。"蘧伯玉说:"既然您喜欢这里,那我愿先死,先葬于此地。"

弁①人有其母死而孺子泣者,孔子曰:"哀则哀矣,而难为继②也。夫礼,为可传也,为可继也。故哭踊有节。"

【注释】①弁(biàn):鲁国地名。②继:学习,传承。

【译文】弁邑有个人的母亲死了,他像小孩子一样任情地号哭。孔子说:"这种哭法,悲哀是悲哀,就是别人难以学到。礼法,是可以传承、可以延续的。所以,丧礼中的哭泣顿足,都有一定的礼节。"

叔孙武叔①之母死,既小敛,举者②出户。出户袒③,且投④其冠,括发。子游曰:"知礼⑤。"

【注释】①叔孙武叔:鲁国大夫,叔孙氏第八代宗主,名州仇。②举者:抬尸体的人。③袒:袒衣露出左臂。④投:去掉。⑤知礼:此处为反话正说,因为依礼,袒、括发应在小殓后,非出户后;武叔作为孝子应参加奉尸而未参加。

【译文】叔孙武叔的母亲死了,小敛过后,抬尸的人将尸体抬出正寝的门。叔孙武叔也跟着出了门,袒衣露出左臂,而且去掉发簪,改用麻束发。子游说:"这人可真是懂得礼节啊!"

扶君,卜人师①扶右,射人师②扶左。君薨以是举③。

【注释】①卜人师:周朝官名,太仆之长,掌管国君车辆马匹之事,卜同"仆"。②射人师:周朝官名,射人之长,掌管国君射箭礼仪之事。③举:指迁尸和正尸(把尸体移到北窗下,头朝南)。

【译文】搀扶生病的国君时,太仆之长要扶右侧,射人之长要扶左侧。国君死后迁尸、正尸的工作,也要由他们这样办理。

从母①之夫,舅之妻,二夫人相为服②,君子未之言也。或曰:同爨缌③。

【注释】①从母：母亲的姊妹。②相为服：指外甥为姨夫和舅母穿的丧服，一说姨夫和舅母相互之间穿的丧服。③同爨(cuàn)：同吃一个灶上做的饭。缌(sī)：五服中最轻的丧服，细麻制成。

【译文】姨姨的丈夫和舅舅的妻子死后外甥应该穿什么丧服，君子未曾说过这些。有的人说：外甥若和他们同吃一个灶上的饭，就可以为他们穿缌服。

丧事，欲其纵纵①尔；吉事，欲其折折②尔。故丧事虽遽，不陵节③；吉事虽止④，不怠。故骚骚⑤尔则野，鼎鼎⑥尔则小人。君子盖犹犹⑦尔。

【注释】①纵纵(zǒng)：急遽貌。②折折(tí)：安舒貌。③陵节：超越制度规定的范围。④止：停顿，休止。⑤骚骚：急疾貌。⑥鼎鼎：怠缓貌。⑦犹犹：快慢适宜貌。

【译文】办丧事，要有雷厉风行的样子；办吉事，要有舒缓从容的态度。所以，虽然丧事要急切匆忙地办，却不可凌越礼节；虽然吉事要从容不迫地办，却不可放松懈怠。因此，办事如果操之过急，就会显得粗野；如果太过缓慢，就会像无知小人一样。君子办事要讲究快慢适中。

丧具，君子耻具①。一日二日而可为也者③，君子弗为也。

【注释】①耻具：以备齐为耻（有欲亲速死之嫌）。③一日句：指一段时间内可以赶制出的丧具。

【译文】对于送死的丧具,君子以提前备好为耻。那些一两天就可以赶制好的丧具,君子是不会提前备好的。

丧服,兄弟之子犹子也,盖引而进之①也;嫂叔之无服也,盖推而远之也;姑姊妹之薄②也,盖有受我而厚之者也。

【注释】①引而进之:表示关系亲近而交好。②姑姊妹句:姑、姊妹未嫁,为之服齐衰期(厚);已嫁,为之降服大功(薄)。

【译文】穿丧服的规定,是将兄弟的儿子视为自己的儿子,所以在丧期中要穿丧服,以表示兄弟之间的浓厚亲情;嫂子和小叔之间互不穿丧服,这是为了表示男女有别而有意的疏远;姑、姊妹出嫁以后,为她们改服较薄的大功,这是因为她们出嫁,其丈夫受娘家人的恩惠,会为她们服较厚的齐衰。

食于有丧者之侧,未尝饱也①。

【注释】①一说,此条所言为孔子。
【译文】在服丧的人身边吃饭,从来没有吃饱过。

曾子与客立于门侧,其徒趋而出。曾子曰:"尔将何之?"曰:"吾父死,将出哭于巷①。"曰:"反,哭于尔次②。"曾子北面而吊③焉。

【注释】①出哭于巷：因其人在曾子家学习，闻父之丧，不能立刻回去奔丧，又不敢在曾子处哭，故"出哭于巷"。②次：居室，住处。③北面而吊：此为宾礼。

【译文】曾子和客人在门边站着，有个弟子快步走出门去。曾子问："你要去哪里？"弟子说："我的父亲死了，我要到巷子里去哭泣。"曾子说："回去吧，就在你住的房间里哭。"然后曾子朝北而立，以宾礼为弟子之父致吊。

孔子曰："之死①而致死之②，不仁而不可为也；之死而致生之③，不知④而不可为也。是故，竹不成用⑤，瓦不成味⑥，木不成斫，琴瑟张而不平⑦，竽笙备而不和，有钟磬而无簨虡⑧，其曰明器，神明之也。"

【注释】①之死：用冥器去送葬。②致死之：认定死者无知。③致生之：认定死者有知。④知：同"智"。⑤竹不成用：竹器边缘无縢，不好使用。⑥瓦不成味（huì）：瓦器有裂纹，不好洗脸。味，同"沬"，洗脸。⑦平：指调好音调。⑧簨虡（sǔn jù）：悬挂钟磬鼓的木架。横杆叫簨，直柱叫虡。

【译文】孔子说："孝子用冥器送葬，认定死者是无知的，这是不仁的，不可以这样做；孝子用冥器送葬，认定死者是有知的，这是不理智的，也不可以这样做。因此，送葬的冥器不可不用，但也不可像活人的那样完美。送葬的竹器没有縢边，不好使用；瓦盆有裂缝，不好洗脸；木器没有精心雕饰；琴瑟上了弦，但没有调好音调；竽笙都备齐了，但是吹不成调；钟和磬也都有，但没有悬挂钟磬的木架。这样的器物叫作'明器',表明只有神灵能明白此意。"

有子问于曾子曰:"问丧①于夫子乎?"曰:"闻之矣:丧欲速贫,死欲速朽。"有子曰:"是非君子之言也。"曾子曰:"参也闻诸夫子也。"有子又曰:"是非君子之言也。"曾子曰:"参也与子游闻之。"有子曰:"然,然则夫子有为言之也。"曾子以斯言告于子游。子游曰:"甚哉!有子之言似夫子也。昔者夫子居于宋,见桓司马②自为石椁,三年而不成。夫子曰:'若是其靡也,死不如速朽之愈也。'死之欲速朽,为桓司马言之也。南宫敬叔③反,必载宝而朝。夫子曰:'若是其货④也,丧不如速贫之愈也。'丧之欲速贫,为敬叔言之也。"曾子以子游之言告于有子,有子曰:"然,吾固曰非夫子之言也。"曾子曰:"子何以知之?"有子曰:"夫子制于中都⑤,四寸之棺,五寸之椁,以斯知不欲速朽也。昔者夫子失鲁司寇,将之荆⑥,盖先之以子夏,又申之以冉有,以斯知不欲速贫也。"

【注释】①问丧:问,或为"闻"的误字。丧,失去官职。②桓司马:宋国大夫,尚氏,名魋。③南宫敬叔:鲁国大夫仲孙阅,字子容。④货:指用财货贿赂以求官位。⑤中都:鲁国邑名。⑥荆:楚国别称。

【译文】有子问曾子说:"你之前从夫子那里,听说过丢官以后要怎么办吗?"曾子说:"我听说过:丢掉官职,最好快点变穷；人死了，最好快点腐烂掉。"有子说："这不像是君子应该说的话。"曾子说："这是我亲耳从夫子那里听到的。"有子仍说："这不像是君子应该说的话。"曾子说："这是我和子游从夫子那里听到的。"有子说："那我相信夫子这样说过，但夫子一定是有针对性地说的。"曾子把有子的话告诉了子游，子游说："真了不起啊！有子说的话真像夫子啊！从前夫子住在宋国，看见桓司马自己制造石椁，花了三年的时间还没有做好，夫子就说：'如果像他这样奢侈，死了不如快点腐烂为好。'死了最好快点烂掉，夫子这话是针对桓司马说的。南宫敬叔丢官后返国，每次都要满载珍宝去朝见国君。夫子当时说：'如果像他这样以财货贿赂来求官，丢了官不如快点变穷为好。'丢了官最好快点变穷，夫子这话是针对南宫敬叔说的"。曾子又把子游的话告诉了有子，有子说："就是这样啊，我本来就说那不像夫子的原话。"曾子说："你怎么知道的呢？"有子说："夫子担任中都宰时，就规定内棺四寸厚，椁五寸厚，由此可知夫子并不主张人死了就应快点烂掉。从前夫子丢掉了鲁国司寇的官职，然后要去楚国做官，他先派了子夏安排，后又加派冉有去帮忙，由此可知夫子并不主张丢了官就应快点变穷啊。"

陈庄子①死，赴于鲁。鲁人欲勿哭②，缪公③召县子④而问焉。县子曰："古之大夫，束修之问⑤不出竟⑥，虽欲哭之，安得而哭之？今之大夫，交政于中国⑦，虽欲勿哭，焉得而弗哭？且臣闻之，哭有二道：有爱而哭之，有畏而哭之。"公曰："然。然则如之何而可？"县子曰："请哭诸异姓之庙。"于是与哭诸县氏⑧。

【注释】①陈庄子：齐国大夫，名伯。②鲁人欲勿哭：依礼，国君无须哭邻国大夫。③缪公：即鲁穆公，缪通"穆"。④县子：鲁国大夫，名琐。县，通"悬"。⑤束修之问：指小的走动来往。束修，十条干肉，指代微薄的礼仪。⑥竟：通"境"，国境。⑦交政：大臣擅政，私自盟会结交诸侯。中国，国家，朝廷。⑧县氏：此指县氏的宗庙。

【译文】齐国大夫陈庄子死了，派人去鲁国报丧。鲁君不想为陈庄子哭丧，于是穆公就召来县子，问他该怎么办。县子说："古时候的大夫，根本不会出境与别国有所走动来往，这种情况即使你想为他哭丧，怎么能够做到呢？如今的大夫，在朝中把持国政，私下盟会结交其他诸侯，这种情况即使你不想为他哭丧，又怎么能做到呢？而且我还听说，哭丧有两种哭法：一种是因爱他而哭，一种是因怕他哭。"鲁穆公说："没错。那么该怎么做才行呢？"县子说："请您去异姓的祖庙中哭他。"于是穆公就去县氏的祖庙里哭丧。

仲宪言于曾子曰："夏后氏用明器，示民无知也；殷人用祭器，示民有知也；周人兼用之，示民疑也。"曾子曰："其不然乎！其不然乎！夫明器，鬼器也；祭器，人器也。夫古之人，胡为而死其亲①乎？"

【注释】①死其亲：认为死去的亲人无知觉。

【译文】仲宪对曾子说:"夏代人死了用明器(活人不可用),以表示人死了以后是没有知觉的。殷代人死了用祭器(活人可用),以表示人死了以后是有知觉的。周代人死了兼用明器和祭器,以表示人死了有无知觉还是未知的。"曾子说:"不是这样吧!不是这样吧!明器,是鬼魂用的器物;祭器,是活人用的器物,这两种器物都可以用来表示孝子的心意。上古时期的人,为什么要认定死去的亲人是毫无知觉的呢?"

公叔木①有同母异父之昆弟死,问于子游。子游曰:"其大功乎?"狄仪有同母异父之昆弟死,问于子夏。子夏曰:"我未之前闻也,鲁人则为之齐衰。"狄仪②行齐衰。今之齐衰,狄仪之问也。

【注释】①公叔木:卫公叔文子之子,木为"朱"的误字。②狄仪:或为鲁国人,事迹已不可考。

【译文】公叔朱有个同母异父的兄弟死了,他向子游询问自己如何服丧。子游说:"应该服大功之丧吧?"狄仪有个同母异父的兄弟死了,他向子夏询问自己如何服丧。子夏说:"这种情况我过去也没听过,不过鲁国人的做法是服齐衰。"于是狄仪就服齐衰。现今遇到这种情况都是服齐衰,就是在狄仪这一问以后定下来的。

子思之母死于卫①,柳若谓子思曰:"子,圣人之后也,四方于子乎观礼,子盖慎诸。"子思曰:"吾何慎哉?吾闻之:有其礼,无其财,君子弗行也;有其礼,有其财,无其时②,君子弗行也。吾何慎哉!"

【注释】①子思句:子思即孔伋,孔子之孙,其父死后,母亲改嫁到卫国。②无其时:指其母改嫁异姓,自己不再是丧主。

【译文】子思的母亲在卫国死去,柳若对子思说:"您是圣人的后代,天下的人都要看您为改嫁之母所行的丧礼,您一定要谨慎一点。"子思说:"我有什么好谨慎的呢?我听说,按礼的规定应该做的,如果钱财不足,君子也无法做到;按礼的规定应该做的,钱财也充足,但若没有机会做,君子也是无法做到的。我有什么好谨慎的呢!"

县子琐曰:"吾闻之:古者不降①,上下各以其亲②。滕伯文③为孟虎齐衰,其叔父也;为孟皮齐衰,其叔父也。"

【注释】①古者不降:古,指殷代。不降,指不降低丧服等级。②各以其亲:按照各自的亲缘关系服丧。③滕伯文:殷代滕国之君,伯爵,名文。

【译文】县子琐说:"我听说,古代的人不会降低旁系亲属的丧服等级,长辈和晚辈都按照各自的亲缘关系服丧。比如,滕伯文为孟虎服齐衰,因为孟虎是他的叔父;而滕伯文又为孟皮服齐衰,因为滕伯文又是孟皮的叔父。"

后木①曰:"丧,吾闻诸县子曰:夫丧,不可不深长思也,买棺外内易^②。我死则亦然。"

【注释】①后木:鲁孝公之子惠伯巩的后代。②易:平滑。
【译文】后木说:"关于办丧事,我曾县子说过:办丧事,不可不长远考虑,买的棺木要内外平滑。我死了希望也能这样办。"

曾子曰:"尸未设饰^①,故帷堂。小敛而彻^②帷。"仲梁子^③曰:"夫妇方乱,故帷堂。^④小敛而彻帷。"小敛之奠,子游曰:"于东方。"曾子曰:"于西方,敛斯席矣。"小敛之奠在西方,鲁礼之末失也。

【注释】①设饰:指入殓前为死者沐浴、妆容、换衣等事。②彻:撤除。③仲梁子:鲁国人。④夫妇句:仲梁子说法不对,堂上设帷,是防外人有亵尸体。
【译文】曾子说:"因为死者尚未沐浴、妆容、换衣,所以要在堂上设置帷幕。小敛之后才撤下帷幕。"仲梁子说:"因为人刚死时,丧主夫妇正在手忙脚乱之中,所以要在堂上设置帷幕。小敛之后才撤下帷幕。"关于小敛时的祭奠,子游说:"祭品应放在尸体的东方。"曾子说:"祭品应放在尸体的西方,而且要放在席上。"小敛的祭品放在尸体西方,这是鲁国末世的错误礼节。

县子曰:"绤衰繐裳^①,非古也。"

【注释】①绤(xì):粗葛布。繐(suì):线细而稀疏的麻布。

【译文】县子说:"现今用粗葛布做衰服,用细疏的麻布作下衣,这并不是古制。"

子蒲①卒,哭者呼"灭"。子皋②曰:"若是野哉③!"哭者改之。

【注释】①子蒲:名灭,生平不详。②子皋:一说为孔子弟子高柴。③依礼,人死只有招魂时呼名,其后则讳。

【译文】子蒲死了,有人哭丧时喊着他的名字"灭"。子皋说:"这么粗鲁无礼!"哭的人听到后就改了过来。

杜桥之母之丧,宫中无相①,以为沽②也。

【注释】①相:赞礼者,大约是现在的司仪。②沽:粗略。

【译文】杜桥的母亲死了,殡宫中没有设置赞礼者,论者认为这丧事办得太粗略了。

夫子曰:"始死,羔裘玄冠①者,易之而已。"羔裘玄冠,夫子不以吊。

【注释】①羔裘:紫羔皮制的朝服。玄冠:黑色的礼帽。二者都是吉服。

【译文】夫子说:"人刚死时,穿着羔裘、戴着玄冠的人,要改为穿深衣、戴素冠。"夫子是不会穿着羔裘玄冠去吊唁的。

子游问丧具,夫子曰:"称家之有亡①。"子游曰:"有亡恶乎齐②?"夫子曰:"有,毋过礼。苟亡矣,敛首足形③,还④葬,县棺⑤而封,人岂有非之者哉!"

【注释】①称家句:称,匹配,相称。亡,同"无"。②恶(wū):疑问代词。齐:统一的标准。③敛首足形:指衣衾遮蔽死者的头和脚。④还:同"旋",立刻。⑤县棺:用绳索系在棺上,悬吊以落棺。

【译文】子游向夫子请教丧具数量之事,夫子说:"和家庭财力多寡相称即可。"子游问:"多与寡的标准是什么呢?"夫子说:"即使财力雄厚,丧具也不可超过礼数的规定。如果财力不足,只要死者从头到脚有衣衾遮体,就能很快下葬,用系着的绳索悬吊着落棺,这样尽心尽力地做,又怎么会有人责备他失礼呢?"

司士赍①告于子游曰:"请袭②于床。"子游曰:"诺。"县子闻之曰:"汰哉叔氏③!专以礼许人。"

【注释】①司士赍(bēn):人名,司士为姓,赍为名。②袭:为死者穿衣。③汰:自矜,自大。叔氏:子游之字。

【译文】司士赍对子游说:"我想在床上为死者穿衣。"子游说:"可以。"县子听到后说:"叔氏太自大了!听他的话,礼制好像是他制定的一样。"

宋襄公葬其夫人,醯醢①百瓮。曾子曰:"既曰明器矣,而又实之②。"

【注释】①醯醢(xī hǎi)：用盐醋等制成的肉酱。醯，醋。②既曰句：周礼，明器不装实物，不可使用。

【译文】宋襄公葬他的夫人时，有一百多个瓮装着盐醋调制的肉酱。曾子说："这些既然是明器，为什么又要装上实物呢？"

孟献子①之丧，司徒旅②归四布③。夫子曰："可也。"读赗④，曾子曰："非古也，是再告也⑤。"

【注释】①孟献子：即鲁国大夫仲孙蔑。②旅：三等士中的下士。③四布：各地赠送的助丧财帛中剩余的部分。④读赗：宣读助丧财物的清单。⑤曾子句：曾子认为一开始登记是第一次，灵车启动前的宣读是又一次，故言"再告"。此说不一定正确。

【译文】孟献子的丧事办完后，司徒派下士将剩余的各地赠送的助丧财帛归还原主。孔子说："这样做很好。"灵车启动前宣读助丧财物的清单，曾子说："这种做法不合古制，这是重复的宣读。"

成子高①寝疾，庆遗②入，请曰："子之病革③矣，如至乎大病④，则如之何？"子高曰："吾闻之也：生有益于人，死不害于人。吾纵生无益于人，吾可以死害于人乎哉？我死，则择不食之地而葬我焉。"

【注释】①成子高：齐国大夫，国氏，字子高，谥成，亦称"国子高"。②庆遗(wèi)：齐国大夫庆封的族人。③革(jí)：危急。④大病：

死的婉辞。

【译文】成子高卧病在床，庆遗进来后请示说："您的病情已经很危急了，万一无救，那要怎么办呢？"子高说："我听说，活着就应有益于人，死了不应有害于人。我纵然活着的时候无益于人，难道我死了还要有害于人吗？等我死后，就找一块不长庄稼的土地把我埋了吧。"

子夏问诸夫子曰："居君之母与妻之丧。①""居处、言语、饮食衎②尔。"

【注释】①居君句：此句后或缺"如之何"三字。②衎（kàn）：和适自得貌。

【译文】子夏向夫子请教说："遇到国君母亲或妻子的丧事该怎么办？"夫子说："住处、言谈、饮食等，像平常一样即可。"

宾客至，无所馆①。夫子曰："生于我乎馆，死于我乎殡。"

【注释】①馆：居住。

【译文】宾客到来，没有住处。夫子说："既然是朋友，活着就由我安排住宿，死了就由我负责殡殓。"

国子高曰："葬也者，藏也。藏也者，欲人之弗得见也。

是故，衣足以饰身，棺周于衣，椁周于棺，土周于椁。反壤树①之哉？"

【注释】①壤树：在墓地植树作为标记。

【译文】国子高说："葬，就是藏的意思。之所以说是藏，是不想让人看见死者。因此，人死后，只要衣衾足以遮蔽身体，内棺足以包住衣衾，外棺足以容纳内棺，墓穴足以容纳外棺，就可以了。何必还要在墓地栽种树木作为标志呢？"

孔子之丧，有自燕来观者，舍于子夏氏。子夏曰："圣人之葬人与？人之葬圣人也，子何观焉？昔者夫子言之曰：'吾见封①之若堂②者矣，见若坊③者矣，见若覆夏屋④者矣，见若斧者矣。从若斧者焉。'马鬣封⑤之谓也。今一日而三斩板⑥，而已封，尚行夫子之志乎哉！"

【注释】①封：筑土为坟。②堂：用于祭神祈祷等的方形高台。③坊：通"防"，堤防。④覆：用瓦或茅草做屋檐。夏屋：门廊。⑤马鬣封：斧形坟的俗称，因马长鬃鬣处的肉薄似斧。⑥斩板：指筑土的板，三斩板约高四尺。板，亦作"版"。

【译文】给孔子治丧的时候，有人从燕国过来观礼，住在子夏家里。子夏说："这难道是圣人在葬人吗？只是我们这些人在葬圣人而已，对您来说有什么值得看的呢？从前夫子谈及筑坟时说：'我见过坟筑得有像堂基的，有像堤防的，有像两檐延出的门廊的，还有像斧头的。我赞同筑成斧形的坟。'斧形坟就是俗称的马鬣封。今天我们为夫子筑坟,一天就筑了四尺多高,将坟墓筑成了斧形,也算是落实了夫子生前的志愿吧!"

妇人不葛带[①]。

【注释】①带:指腰绖。依礼,葬后哭丧,丧服须变麻为葛,妇女仅变首绖,而不变腰绖。

【译文】妇人在服丧期满之前,都不能戴上葛布的腰带。

有荐新[①],如朔奠[②]。

【注释】①荐新:祭名。荐,祭献。新,刚成熟的五谷瓜果。②朔奠:每月初一对死者的祭奠。

【译文】对死者举行荐新之祭,仪式规格应与朔奠相仿。

既葬,各以其服除[①]。

【注释】①各以其服除:指五等丧服随时间推移,或转轻,或除去。

【译文】下葬以后,各类亲友都要改换或除去丧服。

池视重霤[①]。

【注释】①池:灵车上的一种装饰。重霤(chóng liù):房檐下承接雨水的承霤。

【译文】灵车上设置的池,要看其生前居室的承霤而定。

君即位而为椑^①,岁一漆之,藏^②焉。

【注释】①椑(bì):紧贴尸身的内棺。②藏:指藏物于棺中。
【译文】国君一即位,就要为他做好贴身的内棺,每年都涂漆一次,且藏物于棺中。

复,楔齿^①,缀足^③,饭,设饰,帷堂,并作。父兄命赴^④者。

【注释】①楔(xiē)齿:古人初死时,用角柶撑齿使不闭合,以便于饭含。③缀足:固定死者的双脚。④赴:同"讣",报丧。
【译文】招魂,楔齿,固足,饭含,装扮尸体,在堂上布置帷幕,这都是人死后要连续进行的事情。报丧的人,大夫以上由父亲和兄长代为派遣。

君复于小寝^①、大寝^②、小祖^③、大祖^④、库门^⑤、四郊^⑥。

【注释】①小寝:国君的寝宫。②大寝:国君理政的处所。③小祖:高祖以下之庙。④大祖:太祖(即始祖)之庙。⑤库门:国君宫室的最外之门。⑥四郊:都城周围的地区,范围百里或数百里。
【译文】为国君招魂的地方,有国君的寝宫、国君治政之处、高祖以下之庙、太祖之庙、国君宫室的外门,以及都城周围的区域。

丧不剥①,奠②也与? 祭肉③也与?

【注释】①剥:裸露。②奠:所有的祭品。③祭肉:供祭祀的牲肉。
【译文】丧礼时,需要用布盖住的,是所有的祭品呢,还是只有祭祀的牲肉?

既殡旬,而布材①与明器。

【注释】①布:置办。材:制作椁的木材。
【译文】出殡十天后,就要置办椁材和明器。

朝奠日出,夕奠逮日①。

【注释】①逮日:赶在日落之前。
【译文】朝奠在日出时举行,夕奠在太阳落山前举行。

父母之丧,哭无时。使必知其反①也。

【注释】①使必知其反:一说让父母之灵循哭声回家。
【译文】父母去世,孝子常常哭泣,没有定时。如果丧期因公出差,回来一定要告禀父母之灵,使其知晓孝子已归。

练①,练衣②黄里,縓缘③;葛要绖④;绳屦,无絇⑤;角瑱⑥;鹿裘,衡长袪⑦,袪裼⑧之可也。

【注释】①练：小祥。②练衣：用煮练过的熟布做的中衣。③纁(quán)缘：浅红色的边。④葛要绖：葛布的腰绖。要，通"腰"。⑤绳屦：麻绳编织的鞋。絇(qú)：鞋头上的装饰。⑥瑱(tiàn)：垂于冠冕两侧的玉、石、贝类饰物。⑦衡长袪：衡，加宽。长，加长。袪，袖子。⑧裼(xī)："緆"的假借字，镶边。

【译文】小祥之后的穿戴，是用煮练过的熟布做中衣，用黄布做衬里，镶浅红色的边；将麻制腰带改为葛制的；把草鞋换成麻鞋，鞋头上不可有饰物；冠冕两侧悬垂的充耳应是角质的；用鹿皮做的衣服，袖子可宽大些，袖口还可以镶边。

有殡，闻远兄弟之丧，虽缌①必往；非兄弟，虽邻不往。所识，其兄弟不同居者皆吊。

【注释】①缌：制作丧服的细麻布，关系疏远的亲戚服缌麻。

【译文】家中有殡殓之事，此时听闻远方兄弟去世，即使彼此关系比较疏远，也一定要赶去吊唁；如果不是兄弟关系，就算相邻而住也不去吊唁。相识的人，如果与他不住一起的兄弟死了，都应前去吊唁。

天子之棺四重：水兕①革棺被之，其厚三寸；杝棺②一；梓棺③二。四者皆周。棺束④缩二衡三。衽⑤每束一。柏椁以端⑥，长六尺。

【注释】①水兕：水牛和犀牛。②杝(yí)棺：用椴木做的棺。③梓

（zǐ）棺：用梓木做的棺。④棺束：古棺无钉，用皮带束住。⑤衽（rèn）：连接棺身与棺木的木楔。⑥柏椁以端：椁用柏树近根的一端作材。

【译文】天子的棺有四层：第一层是用水牛皮和兕牛皮包住的棺，有三寸厚；第二层是用椴木做的棺；第三、四层都是用梓木做的棺。这四层棺，都是上下与四周合围的。棺盖与棺身之间用皮带约束，纵向束两条，横向束三条。每层馆盖和棺身间的接缝处，都用木楔加固。椁用柏树近根的一端作材，每段木料长六尺。

天子之哭诸侯也，爵弁①，绖②，缁衣③。或曰：使有司④哭之。为之不以乐食⑤。

【注释】①爵弁：一种文冠，色赤而微黑，如雀头之色。爵，通"雀"。②绖：或为衍字。③缁衣：黑色的衣服，缁同"缁"。④有司：官吏。⑤乐食：进膳时奏乐。

【译文】天子遥哭死去的诸侯时，头上要戴雀冠，身上要穿缁衣。有人说："天子可找官吏代替自己去哭。"哭丧当天，天子进膳时不可奏乐。

天子之殡也，菆涂龙輴以椁①，加斧②于椁上，毕涂屋③。天子之礼也。

【注释】①菆（cuán）：将木材堆聚在灵柩周围。龙輴：载有天子棺柩的车，其车辕画有龙。以：通"似"。②斧：绣有黑白相间的斧形图案的棺罩。③屋：椁上积木做的屋顶。

【译文】天子的殡礼是：在柩车的车辕上画上龙，再在柩车四周堆上木材，外形如椁一般；在椁上套上绣有黑白相间的斧形图案的棺罩，再在椁上积木为屋顶，最后全部涂绘一遍。这些就是天子殡礼的规定。

唯天子之丧，有别姓①而哭。

【注释】①别姓：对同姓、异姓、庶姓有所区分。
【译文】只有在天子的丧礼上，才会区分同姓、异姓、庶姓的位置而哭丧。

鲁哀公诔孔丘曰："天不遗耆老①，莫相予位焉。呜呼哀哉，尼父②！"

【注释】①耆老：年老德高之人。②尼父：孔子的尊称（字仲尼）。
【译文】鲁哀公写给孔子的悼辞中说："上天不把这样一位年高德劭的人留给我，现在没有人可以辅佐我了。哎呀真悲哀啊，尼父！"

国亡大县邑，公、卿、大夫、士皆厌冠①，哭于大庙三日，君不举②。或曰：君举而哭于后土③。

【注释】①厌冠:小功以下所服的丧冠。②举:奏乐,一说杀牲畜盛食物。③后土:祭祀土神的祭坛。

【译文】如果国家丧失了较大的县邑,公、卿、大夫、士都要头戴丧冠,在太庙里哭三天,期间国君也不可奏乐。又有人说:国君可在奏乐后,在土神的祭坛哭泣。

孔子恶野哭①者。

【注释】①野哭:不依礼节而哭丧。
【译文】孔子厌恶那些不依礼数哭丧的人。

未仕者,不敢税人①;如税人,则以父兄之命。

【注释】①税人:赠送物品给他人。
【译文】为人子弟,如果还未做官,就不敢随意赠送物品给别人;如果要赠物于人,则要说是秉承父兄之命。

士备入而后朝夕踊①。

【注释】①朝夕踊:依礼,国君死,嗣君以下群臣,早晚都要到灵堂顿足哭丧。
【译文】国君死后,每天的朝夕踊,要等到所有士都到齐以后才可进行。

祥而缟①,是月禫,徙月②乐。

【注释】①祥:大祥。缟,白色生绢制的丧冠。②徙月:下一个月。

【译文】大祥之祭后,孝子便可换上缟冠。在这个月内举行谭祭,下一个月就可奏乐了。

君于士,有赐帟①。

【注释】①帟(yì):覆盖在棺上以遮灰承尘的小型幕布,大夫以上由官家提供。

【译文】国君对于士,在特殊情况下可赐予覆棺的幕布。

檀弓下第四

君之适长殇①,车三乘;公之庶长殇,车一乘;大夫之适长殇,车一乘。

【注释】①长殇:古代丧礼,十六岁至十九岁死亡为"长殇"。
【译文】国君的嫡子,在十六岁到十九岁之间夭折,葬礼的时候可以派车三辆。诸侯的庶子,在十六岁到十九岁之间夭折,葬礼时可以派车一辆,大夫的嫡子在十六岁到十九岁之间夭折,只能派车一辆。

公之丧,诸达官之长杖①。

【注释】①杖:指斩衰与丧杖。
【译文】公侯去世,凡是由国君亲自任命的官员,都应该服丧衣,持丧杖。

君于大夫,将葬,吊于宫;及出,命引之①,三步则止。

如是者三,君退;朝亦如之,哀次亦如之。

【注释】①命引之:命人执绋拉柩车。
【译文】国君对于大夫的丧礼,在大夫将要安葬时,应该先到殡宫吊唁。等到灵车从宫室出来,要命人执绋拉柩车。拉三步就停下,重复这样三次,国君才可以离开。在朝奉宗庙时,国君也要如此。在灵车经过大夫居住的地方时,国君也是如此。

五十无车者,不越疆而吊人。

【译文】五十岁以上没有车子的人,不用出边境去吊唁奔丧。

季武子①寝疾,蟜固②不说齐衰而入见,曰:"斯道也,将亡矣;士唯公门说齐衰。"武子曰:"不亦善乎,君子表微。"及其丧也,曾点倚其门而歌。

【注释】①季武子:即季孙宿,春秋时鲁国正卿,季氏,名宿,谥武。②蟜(jiǎo)固:鲁国士人,时有齐衰之丧。
【译文】季武子因病卧床不起,蟜固没有脱掉丧服而去看望他,说:"我现在做的这个礼仪,已经快要快绝迹了,不过要是按照礼制,士人也只是进入宫门的时候才脱掉孝服。"季武子假装认同地说:"这是很好的,君子就是要发扬那些被人遗忘了的好规矩。"等到季武子病重去世,曾点倚靠在他们家门口唱歌,并说自己这样也是按照礼制而做的。

大夫吊，当事而至，则辞焉。吊于人，是日不乐。妇人不越疆而吊人。行吊之日不饮酒食肉焉。吊于葬者必执引，若从柩及圹①，皆执绋②。丧，公吊之，必有拜者，虽朋友州里舍人可也。吊曰："寡君承事。"主人曰："临。"君遇柩于路，必使人吊之。大夫之丧，庶子不受吊。

【注释】①圹（kuàng）：墓穴，亦指坟墓。②绋（fú）：古代出殡时拉棺材用的大绳。

【译文】大夫来吊士，若是主人此时正在忙碌丧礼之事，不能迎接，需派人向大夫说明情况。在吊丧的当天，不能饮酒作乐。妇人不必出境吊唁。吊唁的当天，不能饮酒作乐吃肉食，在出葬时吊丧，一定要帮主人拉灵车；如果随着灵车来到墓穴，要帮忙执绋安葬。在异国过世，当地国的国君前来吊唁，如果身边没有亲友可以主持葬礼，也一定要找人拜谢国君，即使是死者的朋友、乡邻，房东都可。吊唁时随从要说："国君想要帮助做点事情。"代表丧主的人要说："感谢您大驾光临。"国君要是在路上遇到出葬的灵车，一定要要派人过去悼念死者。大夫的丧事，家中庶子不能代表丧主接受别人的吊唁。

妻之昆弟①为父后者死，哭之适室，子为主，袒免哭踊，夫入门右，使人立于门外告来者，狎则入哭；父在，哭于妻之室;非为父后者,哭诸异室。有殡,闻远兄弟之丧,哭于侧室;无侧室,哭于门内之右;同国,则往哭之。

【注释】①妻之昆弟:今言内弟。

【译文】妻子的兄弟中有岳父的嫡子过世,此时就要在正寝哭丧。让儿子为丧主,袒露左臂,戴丧冠,大声的跳跃哭泣。自己则站在门的右边,向前来奔丧的人说明死者是谁。只有亲近的人才可入庭哭丧。若是父亲尚在,就不能在正寝里哭,要去妻子的寝室里面哭丧。如果死的不是岳父的嫡子,去别的房间哭就可以。家里有丧事,停枢待葬,若是知道是异国的远房兄弟去世,要在偏房里去哭丧,家中若是没有偏房,就在寝室里面的门右边哭丧。如果是的死于国内,就要去他家中灵堂哭丧。

子张死,曾子有母之丧;齐衰而往哭之。或曰:"齐衰不以吊。"曾子曰:"我吊也与哉?"

【译文】子张死时,曾子的母亲正好去世在丧期,于是曾子就穿着服丧的丧服去吊唁子张。有人就说:"你正在服丧穿着丧服,不可以去吊唁你的朋友。"曾子说:"我只是去哭朋友,并不是去吊丧啊!"

有若之丧,悼公①吊焉,子游摈,由左。

【注释】①悼公：鲁国国君，名宁，鲁哀公之子。

【译文】有若丧礼时，悼公亲自前去吊唁，子游是丧礼的主持，由左及右至上下。

齐谷王姬之丧，鲁庄公为之大功。或曰："由鲁嫁，故为之服姊妹之服。"或曰："外祖母也，故为之服。"

【译文】齐国王姬去世，向鲁国报丧，鲁庄公为王姬服大功之礼。有人说："因为是在鲁国出嫁的，所以要为她服姊妹的丧服——大功。"又有人说："因为王姬是鲁庄公的外祖母，所以才为她服大功。"

晋献公之丧，秦穆公使人吊公子重耳，且曰："寡人闻之：亡国恒于斯①，得国恒于斯。虽吾子俨然在忧服之中，丧亦不可久也，时亦不可失也。孺子②其图之。"以告舅犯③，舅犯曰："孺子其辞焉；丧人无宝，仁亲以为宝。父死之谓何？又因以为利，而天下其孰能说之？孺子其辞焉。"公子重耳对客曰："君惠吊亡臣重耳，身丧父死，不得与于哭泣之哀，以为君忧。父死之谓何？或敢有他志，以辱君义。"稽颡④而不拜，哭而起，起而不私。子显⑤以致命于穆公。穆公曰："仁夫公子重耳！夫稽颡而不拜，则未为后也，故不成拜；哭而起，则爱父也；起而不私，则远利也。"

【注释】①斯：指旧君死新君未立之际。②孺子：本为幼童，这里指继承人。③舅犯：重耳的舅舅狐偃，字子犯。④稽颡(qǐ sǎng)：古代一种跪拜礼，屈膝下拜，以额触地，表示极度的虔诚。⑤子显：秦穆公的使者子𬙂，字子显。

【译文】晋献公去世之后，秦穆公派人去慰问在外逃难的公子重耳，并且说："我之前听说，在旧君死新君未立之际会失去自己的君位，同样也是在这个时候得到君位。虽然您正在外恭敬忧愁的服丧之中，但服丧的时间不能太久，时机不能失去，还请慎重的考虑！"重耳把这些告诉舅犯。舅犯说："这件事还是拒绝的好。在外逃亡的人没有珍贵的东西，只有对父亲的感情是最珍贵的。父亲去世意味着什么？若因此而牟取私利，而天下人会怎么说？公子还是应拒绝。"公子重耳便对使者说："感谢国君派阁下来慰问在外逃难的臣子，父亲去世，我却在外逃难，不可回国在父亲灵位前守灵哭丧，来表达我内心的悲痛，还要劳烦贵国国君为我担心。父亲去世象征什么？我怎么还敢有私心去牟取私利，这样是玷污国君对我的情谊。"言罢之后只是跪拜叩头表达自己的丧父之痛。叩拜后哭着站起来，起来后也不和使者再说其他的话。使者回国向穆公复命。穆公说："公子重耳真是仁义的人啊！他对使者只是叩头，可见他并没有以继承人的身份自居，所以只是叩拜并不拜谢。哭着站起来，表达自己很爱他的父亲。站起来以后不再和使者说任何话，是他确实没有想趁此为自己谋利。"

帷殡，非古也，自敬姜之哭穆伯始也。

【译文】出殡时掀起帷帐哭丧,并不是古往今来就有的礼制,是从敬姜哭他的丈夫穆伯开始才有的。

丧礼,哀戚之至也。节哀,顺变也,君子念始之者也。复,尽爱之道也,有祷祠①之心焉。望反诸幽,求诸鬼神之道也。北面,求诸幽之义也。拜稽颡,哀戚之至隐也;稽颡,隐之甚也。饭用米贝②,弗忍虚也;不以食道,用美焉尔。铭,明旌也,以死者为不可别已,故以其旗识之。爱之,斯录之矣;敬之,斯尽其道焉耳。重③,主道也,殷主缀重焉;周主重彻焉。奠④以素器,以生者有哀素之心也。唯祭祀之礼,主人自尽焉尔;岂知神之所飨?亦以主人有齐敬之心也。辟踊,哀之至也,有算,为之节文也。袒括发,变也;慍,哀之变也。去饰,去美也;袒括发,去饰之甚也。有所袒、有所袭,哀之节也。弁⑤绖葛而葬,与神交之道也,有敬心焉。周人弁而葬,殷人冔⑥而葬。歠主人、主妇室老,为其病也,君命食之也。反哭升堂,反诸其所作也;主妇入于室,反诸其所养也。反哭之吊也,哀之至也。反而亡焉,失之矣,于是为甚。殷既封⑦而吊,周反哭而吊。孔子曰:"殷已悫,吾从周。"葬于北方北首,三代之达礼也,之幽之故也。既封,主人赠,而祝宿虞尸。既反哭,主人与有司视虞牲,有司以几筵舍奠于墓左⑧,反,日中而虞。葬日虞,弗忍一日离也。是月也,以虞易奠⑨。卒哭曰"成事。"是日也,以吉祭易丧祭。明日,祔于祖父⑩。其变而之吉祭也,比至于祔,必于是日也接,不忍一日末有所归也。殷练而祔,周卒哭而祔。孔子善殷。

【注释】①祷祠:在病人垂危之时,他的家人派人祈祷与五祀,希望得到保佑,能够起死回生。②饭用米贝:饭就是含,在死者的口中放置米、贝之类。③重:重的用处和神主一样,作为死者暂时的一个依托。④奠:指葬前之祭。⑤弁(biàn):古时的一种官帽,通常配礼服用(吉礼之服用冕)。赤黑色布做叫爵弁,是文冠;白鹿皮做的叫皮弁,是武冠。后泛指帽子。⑥冔(xú):意思是中国殷代冠名。⑦封:当为窆,指下棺。⑧有司以几筵舍奠于墓左:这是向地神行礼之祭,因为父母埋与此地,拜托地神多加关照。⑨以虞易奠:葬前无尸,奠置于地。⑩祔于祖父:祔是祭名,卒哭次日举行。这是奉死者神主到祖庙与祖宗和祭。祔祭后,当天仍将新死者神主带回殡宫,即死者生前正寝,到大祥后才迁入神主入庙。

【译文】丧礼期间,孝子悲伤到极点。用礼节来节制他的情绪,使他逐渐适应这种变化,这是因为君子念及父母对我们的恩情。招魂这件事,表现了孝子热爱父母的一种形式,就像是父母病重后人在床前祈祷神灵一样,只盼望父母可以重新回来。盼望父母可以从幽远黑暗的地方回来,这是祈求鬼神的方法。为父母招魂是要面朝北方,意思是向幽远黑暗中祈求父母快点回来。向宾客行拜谢之礼,也是悲伤情绪的一种体现。招魂和行叩拜之礼,其中叩头是最痛苦的。饭含,使用的是生米和贝类,意义在于不想让死者空口离去,这时候不可用活人食用的熟食,要用生米和贝类,代表永不腐烂。铭,是将死者名字写在旌旗上表示死者的身份,表示这是何人的灵柩。因为人死后外貌形象无法识别,所以用旌旗作为标志,纪念死者。因为爱他,所以将死者的名字写在旌旗上,因为敬仰他,所以制作旌旗时要严格要求。重,类似于神明的牌位,殷朝人做了主后,就把重和主放在了一起。而周朝人做了主,就埋掉了重。下葬前的祭礼,要用没有装饰朴实无华的祭器,这表示后人悲伤的心情也是如祭品般清白。死者下葬以后的吉祭,要使用装饰华美的祭器,这表示后人需要对神明有敬畏之心,不用去想神明会不会去用这些祭品,只需要表达自己恭敬虔诚的敬畏之心即可。哭丧时可以顿足,或是嚎啕大哭,这是人之常情,但就算是悲痛,也要遵守一定的礼制,不可毫无节制。露出内衣和左臂,用麻布绑头发,这是后人在丧事期间衣着上面的变化。神情悲切抑郁,这是后人在丧事期间的心情变化。去掉修饰,是为了除掉美丽的外表;露出内衣和左臂,是为了更加彻底的除掉美丽的表现。但做这些的时候有时候也要掩好内衣,露出左臂,这是为了节制悲痛。戴着葛布做成的爵弁参加丧礼,这是为了和神灵更好的交流,对神灵心存敬仰。所以周朝人都是戴着爵弁举行葬礼,殷朝人都是戴着㖗举行葬礼。在亲人刚去世时,主人和妇女老人应该要吃点东西,怕他们因为悲伤过度病倒在床,对于大夫等官职的丧事,国君需要亲自下令命令他们吃东西。死者下葬以后亲友回到宗庙里哭,主要要去死者生前行冠礼、婚礼这些事的地方哭泣,妇人要到正房里面哭,也就是死者生前吃饭休息的地方哭泣。等后人们全部哭泣完毕以后,亲友们都要在后人们最悲痛的时候上前来问候,因为后人们以后再也见不到亲人了。殷朝人是在死者下葬以后安慰后人,周朝人则是在后人们哭泣完毕回来时去安慰。孔子说:"殷朝人的做法太过小心谨慎,我比较赞同周朝人的做法。"葬在北边,头朝北方的做法,这是夏商周三代都有的礼制,因为北方为幽远黑暗的地方。将死者安葬以后,主人需要将祭品放到墓中,以此为赠。做这些之前,要先找好充当虞祭的尸。返哭结束之后,主人和相关人员要去检查虞祭需要用到的牲畜。主人从墓地返回家中后,剩下的人要在墓的左边铺设筵席,祭祀墓地之神。回到家中后,正午时分要举行虞祭,在下葬的当天举行虞祭,是因为后人不愿当天就与亲人分离。在当月,将奠礼改为虞祭之礼,到举行虞祭的当天,主持要向大家说明,丧祭仪式已经结束,从今天开始要用吉祭。同一天,开始用吉祭的礼制来代替丧祭的礼制。吉祭的第二天,在宗庙举行仪式,奉新死者的木主在祖庙与祖父的木主一起祭祀。丧祭变成吉祭,一直到举行宗庙祭祀的这个过程,必须是一天一天的按照顺序来进行,这样做是因为后人不希望自己亲人的灵魂总是飘荡,无所依归。殷朝人是在周年祭以后才举行吉祭,而周朝人是哭丧以后就举行吉祭,所以孔子比较赞同殷朝人的做法。

君临臣丧,以巫祝桃茢①执戈,恶之也,所以异于生也。丧有死之道焉。先王之所难言也。

【注释】①桃茢(liè):桃杖与扫帚,古代用以辟邪除秽。

【译文】国君去臣子丧礼上吊唁时,要先让巫师拿着桃枝,侍卫在一旁拿着戈保卫,这样做是去除恶气。这和对待活人的礼节是不一样的。办丧事,有另外对待死人的礼制,这是先王不便说明的。

丧之朝也,顺死者之孝心也,其哀离其室也,故至于祖考之庙而后行。殷朝而殡于祖,周朝而遂葬。

【译文】办丧礼,要先去祖庙,顺应死者的孝心,死者对离开自己家中感到悲伤,所以应该先到祖考之庙进行拜祭后离开。殷朝人是在宗庙祭祀以后将灵柩放置于祖庙,周朝人是在祖庙祭祀以后直接安葬。

孔子谓为明器者①,知丧道矣,备物而不可用也。哀哉!死者而用生者之器也。不殆于用殉乎哉。其曰明器,神明之也。涂车刍灵,自古有之,明器之道也。孔子谓为刍灵者善,谓为俑②者不仁,殆于用人乎哉!

【注释】①明器:古代陪葬的器物。②俑:古代殡葬用的木制或陶制的偶人

【译文】孔子觉得用明器殉葬的人,是知道如何办理丧事的,所有的祭器都准备妥当,但是只中看不中用。呜呼哀哉!死人用活人的器物,那不是等于用活人来当殉葬品吗?之所以将殉葬的祭品叫作明器,是因为把死人当做神明来对待的。用泥土做成的车和用稻草做成的草人,自古就有,这就是明器的由来。孔子

认为,发明草做成人的人,是个真正善良的人,但是发明用俑的人肯定是个不仁义的人,用假人来当殉葬品,这不就等于用活人来殉葬吗?

穆公问于子思曰:"为旧君反服①,古与?"子思曰:"古之君子,进人以礼,退人以礼,故有旧君反服之礼也。今之君子,进人若将加诸膝,退人若将队②诸渊,毋为戎首③,不亦善乎!又何反服之礼之有?"

【注释】①反服:指对已脱离隶属关系的臣下,为旧君服丧。②队:音义和"坠"一样。③戎首:发动战争的主谋。

【译文】鲁穆公请教子思说:"大夫离开故国,故国的国君去世,大夫需要回故国为旧君主服丧三个月,这是古来就有的礼制吗?"子思说:"古时候的国君,在用人的时候都是以礼相待,用不到这个人的时候也是以礼相待,所以古时候才有大夫离国后仍为旧国主服丧的礼仪。现在的国君,用人的时候对人特别亲切,恨不得抱到怀里去亲热,用不到这人的时候,就想把人家直接推进深渊里,如此这样,臣子没有带着兵马来讨伐就很好了,又从何而来说要为旧国主服丧呢?"

悼公之丧,季昭子①问于孟敬子曰:"为君何食?"敬子曰:"食粥,天下之达礼也。吾三臣者之不能居公室②也,四方莫不闻矣,勉而为瘠则吾能,毋乃使人疑夫不以情居瘠者乎哉？我则食食。"

【注释】①季昭子：季康子之曾孙，名强。②不能居公室：不能以事君之礼与国君相处。

【译文】鲁悼公去世时，季昭子向孟敬子说："为国君服丧期间，我们应该吃什么饭呢？"敬子说："应该喝稀粥的，这是天下人都知道的做法。但是我们仲孙、叔孙、季孙三臣家欺辱国君是众人皆知的，四方人全部都听说过。若是我为国君服丧而且喝粥，使身体变的消瘦憔悴，这也不是不可以。但若是那样做世人岂不是会更加怀疑我的憔悴不是真正发自内心的悲切，这又是何必呢？所以我还是一切照常，衣食不变。"

卫司徒敬子①死，子夏吊焉，主人未小敛，绖而往。子游吊焉，主人既小敛，子游出，绖反哭，子夏曰："闻之也与？"曰："闻诸夫子，主人未改服②，则不绖。"

【注释】①司徒敬子：司徒，以官为氏。②改服：更换衣服。

【译文】卫国的司徒敬子去世了，子夏去往吊丧，去时主人还未举行小敛，他直接戴着绖就进去了。而子游来吊丧，并未戴着绖，穿着常服吊丧。等主人举行过小敛之后，子游出后再回来，戴上绖以后才开始哭丧。子夏说："你这样做是和谁学的吗？"子游说："听夫子说过，主人没有改丧服之前，宾客不可以自行戴绖哭丧。"

曾子曰："晏子可谓知礼也已，恭敬之有焉。"有若曰："晏子一狐裘三十年①，遣车一乘②，及墓而反③。国君七个，遣车七乘；大夫五个，遣车五乘，晏子焉知礼？"曾子曰："国无道，君子耻盈礼焉。国奢，则示之以俭；国俭，则示之以礼。"

【注释】①晏子一狐裘三十年：晏子太过节俭了，这实际上是不懂礼的表现。②遣车一乘：晏子的父亲是大夫，依礼应该派车五乘，而晏子却用了一乘。③及墓而反：殉葬的器物太少了，很快就下葬完了回去了。

【译文】曾子说："晏子算得上是一个懂得礼数的人，礼制的要点就是要恭敬。"有若说："晏子有件狐皮袍子，穿了三十年，家中办理丧事时，他只用了遣车一辆，陪葬的明器更是少之又少，很快下葬后就返回。按礼来说，国君举行丧事时陪葬品七包，遣车七辆；大夫的陪葬品是五包，遣车五辆。晏子家中的丧事完全没有按照礼制来办理，这样怎么能算是一个懂得礼数的人呢？"曾子说："在国家尚未治理好的时候，君子若是完全按照礼制的规定去做是耻辱的。在国人都奢侈成风时，君子更要做个节俭的榜样；在国人节俭成风时，君子就应该按照礼制办事的表率。"

国昭子①之母死，问于子张曰："葬及墓，男子妇人安位？"子张曰："司徒敬子之丧，夫子相，男子西乡，妇人东乡。"曰："噫！毋。"曰："我丧也，斯沾。尔专之。宾为宾焉，主为主焉，妇人从男子皆西乡。"

【注释】①国昭子：齐国大夫。

【译文】国昭子的母亲去世了，请教子张说："出葬到墓地以后，男人和妇人应该分别怎样站立？"子张说："司徒敬子家的丧事，是我老师主持的，这时候男人和妇人应该分别站在墓道的两边，男人面向西站立，妇人面向东站立。"国昭子说："啊！这样不行。"又说："我办丧事之时会有很多人来观礼。你来做主持，但是宾客和宾客要站在一起，主人和主人的人站在一起，主人家的妇人要跟随自己家的主人后面，全部面向西站立。"

穆伯之丧，敬姜①昼哭；文伯之丧，昼夜哭。孔子曰："知礼矣。"文伯之丧，敬姜据其床而不哭，曰："昔者吾有斯子也，吾以将为贤人也，吾未尝以就公室；今及其死也，朋友诸臣未有出涕者，而内人皆行哭失声。斯子也，必多旷于礼矣夫！"季康子②之母死，陈亵衣。敬姜曰："妇人不饰，不敢见舅姑，将有四方之宾来，亵衣何为陈于斯？"命彻之。

【注释】①敬姜：齐侯之女，姜姓，谥曰敬，是鲁国大夫公父文伯的母亲。②季康子：即季孙肥，姬姓，季氏，名肥，谥康，春秋时期鲁国的正卿。

【译文】穆伯死了以后，敬姜身为妻子只是在白天哭泣；文伯死了以后，敬姜身为母亲白天夜里都哭。孔子说："敬姜是个懂礼数的人。"文伯死了以后，母亲敬姜倚着他的床边暂停哭泣，说："以前我有个儿子，看他有点文采，以为他将来可以成为一个贤良的人，所以我从来没去过他办公的地方看过。现在我的儿子死了，他的朋友臣下都没有人为他伤心哭泣的，就会有他的妻子妇人为他痛苦到失声。现在看来，这个儿子，在为人处世方面多半是做的不够，礼仪做的不好。"季康子的母亲死了，在小敛的时候连母亲的内衣都一并拿出来陈列，敬姜看到以后说："内室妇人不梳妆打扮，都不敢见自己的公婆。现在办丧礼，会有很多外面的客人来这里，内衣怎么可以陈列在这里呢？"随即命人将内衣撤去。

有子与子游立，见孺子慕者，有子谓子游曰："予壹不知夫丧之踊也，予欲去之久矣。情在于斯①，其是也夫！"子游曰："礼有微②情者，有以故兴物者；有直情而径行者，戎狄之道也。礼道则不然，人喜则斯陶，陶斯咏，咏斯犹，犹斯舞，舞斯愠，愠斯戚，戚斯叹，叹斯辟，辟斯踊矣。品节斯，斯之谓礼。人死，斯恶之矣，无能也，斯倍之矣。是故制绞衾③、设蒌翣④，为使人勿恶也。始死，脯醢之奠；将行⑤，遣而行之；既葬而食之，未有见其飨之者也。自上世以来，未之有舍也，为使人勿倍也。故子之所刺于礼者，亦非礼之訾⑥也。"

【注释】①斯：指小孩子因为思念双亲大哭。②微：约束节制。③绞衾：尸之饰。④蒌翣：棺之墙饰，《周礼》蒌作柳。⑤将行：将葬。葬有遣奠。⑥訾：病。

【译文】有子和子游站在一块,看见一个小孩子为找父母而大哭。有子对子游说:"我不知道丧礼中为什么要规定顿足的要求,我早就想废除这项规定很久了。丧礼中孝子抒发感情应该和这个小孩一样都是发自内心的,想怎样哭泣就怎样哭泣,为什么还要规定呢!"子游说:"礼制的规定,是用来约束个人感情,有的是用来借助外在的事件来指引个人内心的情感。如果礼制不规定这些,所有的人都按照自己的心情想怎样就怎样,这是蛮夷民族才会做的事情。按照礼制来做,就不会这样。人们遇到喜事就开心,开心了以后就唱歌,唱歌觉得还不够尽兴,然后就一边唱歌一边跳舞,跳舞跳过头了以后就恼怒,恼怒了以后就会感到悲切,悲切心重以后就会感叹,然后感叹的同时又想发泄,于是就用身体来表现,捶胸后顿足。将这些所有的感情和行为方式区分和制约,这就是礼。人死了以后会被活人厌弃,而且以后就没有任何的能力,活着的人可能就会抛弃他。所以丧礼时要制作绞尔来遮盖尸体,装饰萎霎来做棺饰,这样做都是为了让活着的人不至于去厌弃死者。死者刚刚去世的时候,后人要用肉脯作为祭品来祭奠他;快要出葬时,要设置送行的祭奠;安葬以后,还要再设置一系列的祭奠。从开始到现在,虽然并没有人看到神明来食用这些祭品,但是也不能就此放弃祭祀的目的,这一切都是要让活着的人不要抛弃死者。所以,您刚才说礼制这一点有问题,这样一看,就不是礼的问题了。"

吴侵陈,斩祀杀厉,师还出竟,陈大宰嚭使于师。夫差谓行人①仪曰："是夫也多言，盍尝问焉；师必有名，人之称斯师也者，则谓之何？"大宰嚭曰："古之侵伐者，不斩祀、不杀厉、不获二毛②；今斯师也，杀厉与？其不谓之杀厉之师与？"曰："反尔地，归尔子，则谓之何？"曰："君王讨敝邑之罪，又矜而赦之，师与，有无名乎？"

【注释】①行人：官名。②二毛：头发斑白的老人。

【译文】吴国侵略陈国，到了陈国以后砍伐了祭祀用的神坛树木，还杀死了有疫病的百姓。吴国军队离开陈国时，陈国派本国大宰嚭出使到吴国军队。吴军夫差对行人仪说："听说陈国的大宰是个能言善辩的人，我们试着问他一下，凡是出征的军队返程时肯定要师出有名，别人是怎么评价我们这支军队的？"行人仪提出问题后，大宰嚭回答："古时候的军队侵略别的国家，不会去砍伐神坛的树木，也不会去杀害有疾病的百姓，不俘虏已经斑白头发的老人家。现在你们的军队，杀害有疾病的百姓，怎么会不被世人称作滥杀无辜的的军队呢？"行人仪又问："如果我们将掠夺来的土地还给你们，将俘虏的百姓放回去，世人又会怎么说呢？"回答："贵国国君若是因为敝国有罪而替天行道，而后又因为悲天悯人放了我们，如此仁义之师，还用担心没有美名吗？"

颜丁善居丧：始死，皇皇①焉，如有求而弗得；及殡，望望焉如有从而弗及；既葬，慨②焉如不及其反而息。

【注释】①皇皇：六神无主的样子。②慨：神情惆怅。

【译文】颜丁治理丧事期间做得很好：亲人刚去世时，神情惶恐，六神无主，好似盼望亲人可以死而复生；出殡时，感到依依不舍，想跟随亲人而去但又不可以做到；下葬以后，神情悲切，怅然若失，返回的路上一直走走停停，担心亲人的灵魂未跟上一起离开，期待可以再见到亲人。

子张问曰："《书》云：'高宗三年不言，言乃欢。'有诸？"仲尼曰："胡为其不然也？古者天子崩，王世子听于冢宰三年。"

【译文】子张问夫子说："《尚书》里面说，'殷高宗服丧三年期间没有说一句话，重新开口说话让臣下们觉得十分的高兴'这是真的吗？"孔子说："你怎么会觉得没有这种事情呢？按礼来说，古时候天子驾崩，太子需要自己专心的守孝而将朝中事务交给当朝宰相处理三年。"

知悼子①卒，未葬。平公②饮酒，师旷③、李调④侍，鼓钟。杜蒉自外来，闻钟声，曰："安在？"曰："在寝。"杜蒉入寝⑤，历阶而升，酌，曰："旷饮斯。"又酌，曰："调饮斯。"又酌，堂上北面坐饮之⑥。降，趋而出。平公呼而进之曰："蒉，曩者尔心或开予，是以不与尔言；尔饮旷何也？"曰："子卯不乐⑦，知悼子在堂⑧，斯其为子卯也大矣⑨。旷也大师也，不以诏，是以饮之也。""尔饮调何也?"曰:"调也君之亵臣也,为一饮一食,忘君之疾,是以饮之也。""尔饮何也?"曰:"蒉也宰夫也,非刀匕是共,又敢与知防,是以饮之也。"平公曰:"寡人亦有过焉,酌而饮寡人。"杜蒉洗而扬觯。公谓侍者曰:"如我死,则必无废斯爵也。"至于今,既毕献,斯扬觯⑩,谓之杜举。

【注释】①知悼子:即荀盈,字伯夙,知氏第四代家主,春秋时期晋国政治家。②平公:晋平公,姬姓,名彪,晋悼公之子。③师旷:字子野,春秋时著名盲人乐师,道家代表人物。④李调:晋平公近臣。⑤杜蒉(kuì):晋国的宰夫。寝:寝宫,天子的叫燕寝,诸侯的叫路寝。⑥堂上北面坐饮之:古时人君的位置朝南,臣子见君时则面向北。杜蒉北面而坐,以面向国君行臣礼。坐,跪坐。⑦子卯不乐:夏桀以乙卯日死,商纣以甲子日亡,古人把它叫作疾日,所以做国君的不举乐。⑧在堂:指知悼子的灵柩还放在家里没有下葬。⑨斯其为子卯也大矣:古时国君对于卿大夫,人刚死不举乐,人刚下葬不吃肉。悼子是亲近的大臣,死了还没有下葬,人君的哀痛,应当甚于桀纣的疾日,所以说大于子卯。⑩觯(zhì):古时饮酒用的器皿。

【译文】知悼子去世没有安葬。晋平公就开始饮酒作乐,师旷和李调作陪,期间还击鼓。杜蒉从外面回来,听到击鼓的声音,问旁边的人说:"国君在哪里?"回答:"在寝室里面。"杜蒉往寝室走去,跳着台阶走了上去,倒了一杯酒,说:"师旷,把这杯酒喝完!"又倒了一杯,说:"李调,你也把酒喝完。"随后又倒了一杯,自己坐在正堂面向北面喝完,然后出了正寝,很快的走了出去。晋平公叫住他,让他进来说:"杜蒉,刚才我以为你是想告诉我什么事情,所以我没找你说话,现在我问你,你为什么要让师旷喝酒?"回答说:"子时和卯时,不可以饮酒作乐。现知悼子去世还没有下葬,这比国君有忌讳的子时卯时更加的重要,这时候怎么可以饮酒作乐呢?师旷是大师,他没有将这层道理告诉您,所以要罚他喝酒。""那为什么又要让李调喝酒呢?"杜蒉说:"李调是国君的宠臣,他应当劝阻国君,但他自己却贪吃喝,完全不顾国君做了有失礼制的事情,所以理应罚他喝酒。""那为什么你也要罚酒呢?"杜蒉说:"我是国家的宰夫,只负责提供膳食,但是我刚才逾越礼制去指责国君的过失,所以我应该自罚一杯。"晋平公说:"这件事我也有错的地方,你倒杯酒给我,我也要自罚一杯。"杜蒉将酒杯洗干净,重新倒了一杯酒给平公。平公喝完以后对左右的人说:"就算是我死了,也不要扔掉这个酒杯。"从那时候到现在,向所有人都敬过酒后,然后又举起酒杯递给国君,这个事情被叫作"杜举"。

公叔文子卒①,其子成请谥于君②曰:"日月有时,将葬矣。请所以易其名者。"君曰:"昔者卫国凶饥,夫子为粥与国之饿者,是不亦惠乎?昔者卫国有难,夫子以其死卫寡人,不亦贞乎?夫子听卫国之政,修其班制,以与四邻交,卫国之社稷不辱,不亦文乎?故谓夫子'贞惠文子③'。"

【注释】①公叔文子:名拔,或作发,谥"文",故称公叔文子,乃卫献公之孙,又称公孙拔。②君:指卫灵公。③贞惠文子:贞惠文三字是谥号，子是男子的美称。

【译文】公叔文子去世后，他的儿子戍向像国君请求赐予父亲谥号说："卿大夫是三个月下葬，我父亲下葬的日期已经快到了，我想请国君赐父亲一个谥号以便日后祭奠。"国君说："之前卫国遇到凶荒灾害的时候，夫子送粥救济饥民，这正是爱民如子的表现，不正好与'惠'字相合吗？之前卫国遇到战乱，夫子拼尽全力的去保卫我的安全，这不正好与'贞'字相合吗？夫子为卫国的政事尽心尽力，修正卫国的各项制度，与四方各国相交融洽，使卫国的名声没有败坏，这不正好与'文'字相合吗？所以就用'贞惠文子'来作为夫子的谥号吧。"

石骀仲卒[①]，无适子，有庶子六人，卜所以为后者。曰："沐浴、佩玉则兆[②]。"五人者皆沐浴、佩玉；石祁子曰："孰有执亲之丧而沐浴、佩玉者乎？"不沐浴、佩玉。石祁子兆，卫人以龟为有知也。

【注释】①石骀仲，春秋时期卫国政治家，石氏。②兆：古代占验吉凶时灼龟甲所成的裂纹。

【译文】卫国大夫石骀仲去世，家中没有嫡子，只有六个庶子在，家中之人只好用占卜的方法来决定继承人。负责占卜的人说："占卜前要先洗头发洗身体，然后戴上玉器，这样甲骨上才会有吉兆显示。"六子中的五个人都赶紧的去洗发洗澡，戴上玉器，只有石祁子说："父亲新丧，哪里有沐浴佩玉这种说法？"最后石祁子没有沐浴佩玉。占卜后，甲骨却显示石祁子是继承人。从这以后，卫国人都特别相信甲骨占卜出来的结果。

陈子车①死于卫，其妻与其家大夫谋以殉葬，定，而后陈子亢②至，以告曰："夫子疾，莫养于下，请以殉葬。"子亢曰："以殉葬，非礼也；虽然，则彼疾当养者，孰若妻与宰？得已，则吾欲已；不得已，则吾欲以二子者之为之也。"于是弗果用。

【注释】①陈子车：齐国大夫。②陈子亢：子车之弟，孔子的弟子陈亢。

【译文】陈子车在卫国去世，他的妻子和管家谋划活人殉葬，刚确定下人选，这时陈子亢回来，妻子和管家将打算用活人殉葬的想法告诉陈子亢，说："夫子带病去世，在地下没有人可以伺候他，我们就想用活人殉葬去伺候他。"子亢说："按礼来说，用活人殉葬是不可以的。如果说这样你们还想要有人在地下伺候夫子，那其他人都没有他的妻子和管家合适。如果这个计划不用实施，那我同意，如果你们一定要实施，那我觉得就用你们两个人来殉葬吧。"这样，殉葬就计划就没有实施。

子路曰："伤哉贫也！生无以为养，死无以为礼也。"孔子曰："啜菽①饮水尽其欢，斯之谓孝；敛首足形，还葬而无椁，称其财，斯之谓礼。"

【注释】①啜菽(shū)：以豆为食。

【译文】子路说："贫穷真是叫人伤心难过啊！父母在世的时候没有很好的东西供养他们，父母去世以后，同样没有东西可以按照礼制的做法为他们办丧事。"孔子说："父母在世时家中吃的是粗茶淡饭，但只要可以让父母快乐平安健康，这就是孝顺了。父母去世后，虽然没有奢侈的陪葬只可以为父母遮掩尸体，只是收敛以后即刻下葬的那种，但是后人若是根据自己的实际情况尽心的为父母置办丧事，这样就算是合乎礼制的要求了。"

王制第五

【题解】《史记·封禅书》记载:"汉文帝使博士诸生刺六经作王制。"卢植认为就是本篇。而郑玄认为,《王制》是孔子之后的大贤所记的先王之事。汉朝初年,欲以"仁政"代替秦朝的暴政,而提出建国的纲领。《王制》记录了先王班爵、授禄、祭祀、养老的法度。篇首始于"王者之制禄爵",继而分官设职,把一年的政事大体都提到了,至"成岁事制国用"句止,是很完整的一篇施政大纲,是王者的大经大法。

王者之制禄爵,公、侯、伯、子、男,凡五等。诸侯之上大夫卿①、下大夫、上士、中士、下士,凡五等。

【注释】①上大夫卿:诸侯之卿均为上大夫,故上大夫、卿合为一等。

【译文】天子为臣子制定了俸禄和爵位,爵位分为公、侯、伯、子、男,一共五等。诸侯为臣子制定了爵位,分为上大夫卿、下大夫、上士、中士、下士,一共五等。

天子之田①方千里，公侯田方百里，伯七十里，子、男五十里。不能五十里者，不合②于天子，附于诸侯，曰附庸。天子之三公之田视公侯，天子之卿视伯，天子之大夫视子男，天子之元士③视附庸。

【注释】①田：禄田，征敛赋税作为俸禄的土地。②合：朝觐。③元士：上士。

【译文】天子的禄田方圆千里，公侯的禄田方圆百里，伯的禄田方圆七十里，子、男的禄田方圆五十里。禄田不足方圆五十里的，不能朝见天子，而隶属于较大的诸侯，称为附庸。天子三公的禄田面积比照公侯，天子之卿的禄田面积比照伯，天子大夫的禄田面积比照子、男，天子上士的禄田面积比照附庸。

制：农田百亩。百亩之分①：上农夫食②九人，其次食八人，其次食七人，其次食六人，下农夫食五人。庶人在官者，其禄以是为差也。诸侯之下士视上农夫，禄足以代其耕也。中士倍下士，上士倍中士，下大夫倍上士。卿，四大夫禄；君，十卿禄。次国之卿，三大夫禄；君，十卿禄。小国之卿，倍大夫禄；君，十卿禄。

【注释】①分（fèn）：土地按肥力不同所做的划分。②食（sì）：养活。

【译文】分配俸禄的制度是：每个农户分一百亩田。一百亩田按土壤肥力分为五等：第一等田一个农夫可养活九口之家，第二等田可养活八口之家，第三等田可养活七口之家，第四等田可养活六口之家，最末等田可养活五口之家。在官府当差的平民，其俸禄也参照这田地的等级差别而分配。诸侯下士的俸禄参照第一等田的农夫，其俸禄足以代替农夫的耕作所得。诸侯中士的俸禄是下士的两倍，上士的俸禄是中士的两倍，下大夫的俸禄是上士的两倍。大诸侯国，卿的俸禄是大夫的四倍，国君的俸禄是卿的十倍。中等诸侯国，卿的俸禄是大夫的三倍，国君的俸禄是卿的十倍。小诸侯国，卿的俸禄是大夫的两倍，国君的俸禄是卿的十倍。

次国之上卿，位当大国之中，中当其下，下当其上大夫。小国之上卿，位当大国之下卿，中当其上大夫，下当其下大夫。其有中士、下士者，数各居其上之三分①。

【注释】①其有句：一说此句为错简，应在后文"天子，三公九卿"一节末尾。

【译文】中等诸侯国的上卿，爵位与大诸侯国的中卿相当，其中卿与大诸侯国的下卿相当，其下卿与大诸侯国的上大夫相当。小诸侯国的上卿，其爵位与大诸侯国的下卿相当，其中卿与大诸侯国的上大夫相当，其下卿与大诸侯国的下大夫相当。天子、诸侯的中士和下士，人数均为上士的三倍。

凡四海之内九州。州方千里，州建百里之国三十，七十里之国六十，五十里之国百有二十，凡二百一十国。名山大泽不以封，其余以为附庸间田①。八州②，州二百一十国。天子之县内，方百里之国九，七十里之国二十有一，五十里之国六十有三，凡九十三国。名山大泽不以盼③。其余以禄士，以为间田。凡九州，千七百七十三国，天子之元士、诸侯之附庸不与。

【注释】①间田：又作"闲田"，未被封赐的土地。②八州：另有一州在天子畿内。③盼：通"颁"，颁赐。封地可世袭，盼地不可。

【译文】四海之内共有九个州。每个州都方圆千里，各州分封方圆百里的诸侯国三十个，方圆七十里的诸侯国六十个，方圆五十里的诸侯国一百二十个，共二百一十个诸侯国。各州的名山大泽不予分封，剩余的土地作为诸侯附庸或者留待赏赐。天子畿外之八州，每州有二百一十个诸侯国。另外一州在在天子之畿内，其中方圆百里的诸侯国有九个，方圆七十里的诸侯国有二十一个，方圆五十里的诸侯国有六十三个，共九十三个诸侯国。在这些诸侯国中，名山大泽不予颁赐。剩余的土地作为士的禄田或留待赏赐。这九个州，共有一千七百七十三个诸侯国，这还不包括天子上士、诸侯附庸的土地。

天子百里之内以共官①，千里之内以为御②。千里之外设方伯。五国以为属，属有长。十国以为连，连有帅。三十国以为卒，卒有正。二百一十国以为州，州有伯。八州八伯，五十六正，百六十八帅，三百三十六长。八伯各以其属，属于天子之老二人，分天下以为左右，曰二伯。千里之内曰甸③；千里之外曰采④，曰流⑤。

【注释】①共官：缴纳赋税以作文书财用。②御：指天子宫内的各种花费。③甸：缴纳赋税的地区。④采：进贡土特产的地区。⑤流：九州以外的少数民族地区。

【译文】天子之畿方圆百里的地区，缴纳的赋税充做官府的文书财用；天子之畿方圆千里之内的地区，缴纳的赋税充做天子宫中的各种花销。天子之畿千里之外的地区，每州设一长官，称为方伯。五个诸侯国为一属，设有一名属长。十个诸侯国为一连，设有一名连帅。三十个诸侯国为一卒，设有一名正卒。二百一十个诸侯国为一州，设有一名方伯。畿外八州，共有八名方伯，五十六名正卒，一百六十八名连帅，三百三十六名属长。八个方伯都率领各自的从属，服从于天子之下的二人，这二人分管天下的西方和东方，叫作"二伯"。天子之畿方圆千里的地区叫甸，有缴纳赋税的义务。天子之畿千里之外的地区叫采，有进贡土特产的义务；剩下的地区叫流，不一定进贡和缴税。

天子：三公，九卿，二十七大夫，八十一元士。大国：三卿，皆命于天子；下大夫五人，上士二十七人。次国：三卿，二卿命于天子，一卿命于其君；下大夫五人，上士二十七人。小国：二卿，皆命于其君；下大夫五人，上士二十七人。

【译文】天子有三公、九卿、二十七大夫、八十一上士。大诸侯国有三卿，都由天子直接任命，还有下大夫五人、上士二十七人。中诸侯国有三卿，其中两卿由天子直接任命，一卿由诸侯国君任命，还有下大夫五人、上士二十七人。小诸侯国有三卿，其中一卿由天子直接任命，两卿由诸侯国君任命，还有下大夫五人、上士二十七人。

天子使其大夫为三监，监于方伯之国，国三人。天子之县内诸侯，禄①也；外诸侯，嗣②也。制：三公一命卷③，若有加，则赐④也，不过九命。次国之君，不过七命；小国之君，不过五命。大国之卿，不过三命，下卿再命；小国之卿与下大夫一命。

【注释】①禄：指禄田。②嗣：指封地。③三公句：三公本有八命，再加一命，则可穿绘有衮龙的礼服。卷，通"衮"。④赐：恩赐，与册命不同。

【译文】天子任命其大夫为三监，代表天子去监察各州的方伯，各州有三个大夫监察。天子之畿内分配给诸侯的土地，属于禄田，不可世袭；天子之畿外分配给诸侯的土地，属于封地，可以世袭。命服的制度：三公本有八命，再加一命，则可穿衮龙礼服了，而增加的这一命，只能叫恩赐，因为臣子不可超过九命。中等诸侯国的国君，最多可有七命；小诸侯国的国君，最多可有五命。

大诸侯国的卿，最多可有三命，下卿最多可有两命；小诸侯国的卿和下大夫，都最多只有一命。

凡官①民材，必先论②之。论辨然后使之，任事然后爵之，位定然后禄之。爵人于朝，与士共之。刑人于市，与众弃之。是故公家不畜刑人，大夫弗养，士遇之涂弗与言也。屏③之四方，唯其所之，不及以政，亦弗故生也。

【注释】①官：选拔官员。②论：考察品德、才能等。③屏：同"摒"。

【译文】但凡选拔平民做官，一定要考察其品德与才能。考察清楚后就可任用，能胜任工作就可授予爵位，爵位确定后就可领取相应俸禄。在朝廷里评定他人爵位时，要与士共同参加。在闹市中处决刑犯时，要让众人都唾弃他。所以公门不会任用刑犯，大夫也不会收留刑犯，士在路上碰到刑犯也不会和他说话。要把这种刑犯流放到四方的边疆，不管他们去往哪里，国家政教之事都不涉及他们，也就是不想让他们存活于世。

诸侯之于天子也，比年一小聘，三年一大聘①，五年一朝②。

【注释】①大聘：以卿为使节去朝见天子。②朝：诸侯亲自去朝见天子。

【译文】诸侯对于天子,每年要派大夫去朝见一次,每三年要派卿去朝见一次,每五年诸侯要亲自去朝见一次。

天子五年一巡守。岁二月,东巡守至于岱宗,柴而望祀山川①。觐诸侯,问百年者就见之。命大师陈诗以观民风,命市纳贾②以观民之所好恶,志淫好辟③。命典礼考时月,定日,同律,礼乐、制度、衣服,正之。山川神祇,有不举者,为不敬;不敬者,君削以地。宗庙,有不顺④者为不孝;不孝者,君绌⑤以爵。变礼易乐者,为不从;不从者,君流。革制度衣服者,为畔⑥;畔者,君讨。有功德于民者,加地进律⑦。五月,南巡守至于南岳,如东巡守之礼。八月,西巡守至于西岳,如南巡守之礼。十有一月,北巡守至于北岳,如西巡守之礼。归,假⑧于祖祢⑨,用特⑩。

【注释】①柴:烧柴祭天。望祀山川:面向东方,遥祭名山大川。②市:掌管市场的官员。贾:通"价",价格。③辟:通"僻",邪僻。④不顺:宗庙中昭穆排列乱序。⑤绌:通"黜",降级。⑥畔:通"叛"。⑦进律:进爵。⑧假:至。⑨祖祢(mí):祖庙和父庙。⑩特:公牛。

【译文】天子每隔五年到全国各地巡视一次。到了巡视那年的二月,天子首先去东方的泰山巡视,烧柴祭天,又遥祭远方的名山大川。天子接见前来朝觐的各国诸侯,还亲自拜访当地年近百岁的老人。天子命令各国太师演奏民歌民谣,以了解当地的民风民俗,又命令管理市场的官员呈报物价,以了解百姓的喜好和厌恶,如果民心倾向奢靡,他们就会喜好邪僻之事。天子命令负责礼仪的官员,校正当地的时节、月份、日期,并制定当地音律、礼乐、制度、衣服的标准。名山大川的神灵,如果有人不祭拜,是不敬的行为;对于不敬的诸侯,天子要削减其封地。宗庙的祭祀,如果打乱了昭穆的顺序,就是不孝的行为;对于不孝的诸侯,天子要降低其爵位。任意改变礼仪和音乐的人,就是不服从朝廷的行为,对于不服从朝廷的诸侯;就要将其驱逐流放。擅自改变制度和衣服的人,就是背叛天子;对于背叛天子的国君,天子就要进行讨伐。而对老百姓建有功德的国君,天子要对其加封土地、晋升爵位。到了巡视那年的五月,天子去南方的衡山巡视,礼仪同巡视泰山的一样。到了巡视那年的八月,天子去西方的华山巡视,礼仪同巡视衡山的一样。到了巡视那年的十一月,天子去北方的恒山巡视,礼仪同巡视华山的一样。巡视完毕归来后,天子去祖庙和父庙祭告,祭告时要用公牛。

　　天子将出,类乎上帝,宜乎社,造乎祢①;诸侯将出,宜乎社,造乎祢。天子无事②,与诸侯相见曰朝。考礼、正刑、一德,以尊于天子。天子赐诸侯乐,则以柷③将④之,赐伯、子、男乐,则以鼗⑤将之。诸侯,赐弓矢然后征,赐鈇钺⑥然后杀,赐圭瓒⑦然后为鬯⑧。未赐圭瓒,则资鬯于天子。

　　【注释】①天子将出四句:类、宜、造,皆祭名,一说宜为合宜,造为去、至。②事:指征伐之事。③柷(zhù):古代乐器,木制,如方形斗。④将：代表，象征。⑤鼗（táo）：长柄小鼓，如今之拨浪鼓。⑥鈇钺（fū yuè）：皆古代兵器。鈇，斧头。钺，如大斧。⑦圭瓒（zàn）：古代酒器，玉制，形状如勺，以圭为柄。⑧鬯（chàng）：祭祀用的酒，用郁金香和黑黍酿成。

【译文】天子即将外出时，要祭祀上天，祭祀土地，祭祀先父；诸侯即将外出时，要祭祀土地，祭祀先父。天子没有征讨之事时，与诸侯会见，称为"朝"。诸侯朝见天子时，可以校正礼制，确定刑法，统一道德观念，以示尊重天子。天子赏赐乐器给诸侯，就以柷为代表；赏赐乐器给伯、子、男，就以鼗为代表。诸侯被天子赐予弓箭，才有权力代表天子征伐其他诸侯；诸侯被天子赐予鈇钺，才有权力代表天子诛杀有罪诸侯；诸侯被天子赐予圭瓒，才有权力酿造祭祀的鬯酒。如果诸侯未被天子赐予圭瓒，要用到鬯酒时，要到天子那里去领取。

天子命之教，然后为学。小学在公宫南之左，大学在郊。天子曰辟雍①，诸侯曰頖宫②。

【注释】①辟雍：周代天子为世子及贵族子弟设立的学校。辟，通"璧"。②頖（pàn）宫：周代诸侯设立的学宫。

【译文】天子命令诸侯办教育，然后诸侯才可设立学校。小学设于王宫的东南面，大学设于郊外。天子设立的学校叫辟雍，诸侯设立的学校叫頖宫。

天子将出征，类乎上帝，宜乎社，造乎祢，祃①于所征之地。受命于祖,受成于学。出征,执有罪;反,释奠于学,以讯馘②告。

【注释】①祃(mà):古代行军在军队驻扎的地方举行的祭礼。②馘(guó):古代战争时割取敌人左耳以献功。

【译文】天子需要亲自出征时,要先举行祭祀天地、祭祀祖庙的仪式。等到达出征的地方,要举行祃祭的仪式,这样做的目的是鼓舞士兵士气。在进行祖祭仪式中要接受征伐敌人的命令,在学习教育过程中要接受事先拟好的战斗计划。出征,然后将那些有罪之人擒拿处决,最后凯旋,在大学里设举行祭祀圣人祖师的仪式,并告祭他们在出征时一共捉拿处死了多少罪人。

天子、诸侯无事则岁三田:一为干豆①,二为宾客,三为充君之庖。无事而不田,曰不敬;田不以礼,曰暴天物。天子不合围,诸侯不掩群。天子杀则下大绥②,诸侯杀则下小绥,大夫杀则止佐车。佐车止,则百姓田猎。獭祭鱼,然后虞人入泽梁。豺祭兽,然后田猎。鸠化为鹰,然后设罻罗③。草木零落,然后入山林。昆虫未蛰,不以火田,不麑,不卵,不杀胎,不殀④夭,不覆巢。

【注释】①干豆:放在祭器中供祭祀用的干肉。干:干肉。豆:祭器。②大绥:古代天子田猎时所建之旌旗。③罻(wèi)罗:捕鸟的小网。④殀(yāo):残害。

【译文】当没有战争和凶丧的时候，天子和诸侯每年可以出去狩猎三次，其中有三个目的，第一是狩猎回来的食物可以当做祭祀的供品，第二是拿这些狩猎食物来招待来来往往的宾客，第三是充裕天子和诸侯的食物品种。当没有战争和凶丧时不去狩猎或者耕地，这就被认为是不敬。在狩猎的时候不按照规矩狩猎，或者随意捕杀动物，就叫作暴殄天物。狩猎的规矩是有一定规定的：天子在打猎时，不要四面一起包围，诸侯在打猎时，成群的野兽不应该全部杀光。指挥的大旗在天子的命令下放下时就意味着已经射杀到了野兽，这时，诸侯也放下了指挥的小旗。协助驱赶野兽的副车在停止驱赶的时候，就意味着大夫已经射杀了野兽。当大夫的副车停止驱赶的时候，百姓就可以开始狩猎。虞人在进行狩猎活动是有一定的时间限制，每年的正月过后，虞人才可以在鱼塘进行捕鱼活动。在秋冬之交，才可以开始狩猎活动。八月以后，才可以进行捕猎鸟群的活动。到了十月，才可以进入去深林砍伐树木的活动。如果要纵火焚草肥田，就必须要在昆虫已经蛰居地下之后。昆虫尚未蛰居地下之前，是不可以捕捉小动物，不可以取动物的卵仔，不可以杀害怀胎的母兽，不可以杀刚出生的小动物，不可以捣毁鸟窝。

冢宰①制国用，必于岁之杪②，五谷皆入然后制国用。用地小大，视年之丰耗。以三十年之通制国用，量入以为出，祭用数之仂③。丧，三年不祭，唯祭天地社稷为越绋④而行事。丧用三年之仂。丧祭，用不足曰暴，有余曰浩。祭，丰年不奢，凶年不俭。国无九年之蓄曰不足，无六年之蓄曰急，无三年之蓄曰国非其国也。三年耕，必有一年之食；九年耕，必有三年之食。以三十年之通，虽有凶旱水溢，民无菜色，然后天子食，日举以乐。

【注释】①冢宰：职官名。周制，为百官之长，六卿之首。后世称吏部尚书为冢宰。②杪（miǎo）：树枝的细梢，引申为年月或四季的末尾。③仂（lè）：十分之一。④越绋：谓不受私丧的限制，在丧期参加祭天地社稷的典礼。绋（fú）：古代出殡时拉棺材用的大绳。

【译文】冢宰制定了每一年度的国家经费的预算，这项制度必须年终前进行，在五谷入库之后才能编制国家经费的预算。在编制预算的过程中，要充分考虑国土面积的大小，每一年土地的丰收或者亏损，用三十年总收入的平均作为基数来编制预算，根据收入决定开支。一般每年祭祀的费用，会占用每年收入的十分之一。在经历了父母丧事时，需要服丧三年，这三年期间是可以不用祭祀祖庙的，但是还是要正常祭祀天地神灵的，因为天地神灵比父母的身份要尊贵得多。用于丧事的开支费用，是在三年的平均收入中支出用十分之一。如果丧事和祭祀的开支费用，超过了每一年的预算这就叫作"暴"，丧事和祭祀的开支费用没有超过三年的平均收入，有余叫作"浩"。对于祭祀的开销，在收获的一年也不可奢侈浪费，在贫瘠荒芜的一年也不可节约简单。一个国家没有长达九年之久的储备就叫作储备不足，没有六年的储备，那他的储备就面临危机，没有三年的储备，那这个国家就不能成为是一个国家了。耕种了三年，一定要储备一年的粮食。耕种了九年,一定要储备三年的粮食,根据三十年收入总和的平均数来估计预算,就算遭受到干旱洪水,颗粒无收,老百姓也可以利用储备的粮食,不用挨饿。老百姓生活没有变得恶劣,天子的每顿膳食才会丰盛,还可以日夜笙歌。

天子七日而殡,七月而葬。诸侯五日而殡,五月而葬。大夫、士、庶人,三日而殡,三月而葬。三年之丧,自天子达,庶人县封①,葬不为雨止,不封不树,丧不贰事,自天子达于庶人。丧从死者,祭从生者。支子不祭。天子七庙②,三昭三穆,与太祖之庙而七。诸侯五庙③,二昭二穆,与太祖之庙而五。大夫三庙④,一昭一穆,与太祖之庙而三。士一庙。庶人祭于寝。

【注释】①县封:古制庶人死后以绳束棺下穴覆土埋葬,称"县封"。②天子七庙:指的是四亲(高祖、曾祖、祖、父)庙、二祧(高祖的父和祖父)庙和始祖庙。太祖的庙设在当中,二世、四世、六世的庙设在左边,叫作三昭;三世、五世、七世的庙设在右边,叫作三穆。③诸侯五庙:指的是父、祖、曾祖、高祖、始祖之庙。④大夫三庙:一昭,一穆,与太祖之庙而三。

【译文】天子死后要在正寝堂西停棺放七天,死后七个月举行葬礼。诸候死后要在正寝堂西停棺放五天,死后五个月举行葬礼。大夫、士、平民百姓死后要在正寝堂西停放三天,死后三个月举行葬礼。父母死后服丧起码要三年,天子与平民百姓都是一样服丧三年，没有例外。平民百姓下葬，只能用绳子把棺材封住再入土，碰到下雨天也要按时下葬，不可以堆积坟土，也不可以在旁边种树。在服丧期间只能服丧，不可以做其他事情，从天子到平民百姓这一阶级都服从这一规定。依据死者的爵位来决定办丧事的规格，依据主持祭祀者的爵位来决定祭祀的规格。只能是嫡长子主持祭祀，庶子不能主持祭祀。天子一共有七个庙：左边分别是文王、高祖、祖三个昭庙，右边分别是武王、曾祖、父三个穆庙，再加上中间一个太祖庙，所以一共就有七个庙。诸侯一共有五个庙，左边分别是高祖、祖二个昭庙，右边分别是曾祖、父二个穆庙，再加上中间的一个太祖庙，加起来一共有五个庙。大夫一共有三个庙，左边一个昭庙，右边一个穆庙，再加上中间的一个太祖庙，一共有三个庙。而士只有一个庙。平民百姓就没有庙，就在祖宗的坟墓旁祭祀。

天子、诸侯宗庙之祭：春曰礿，夏曰禘，秋曰尝，冬曰烝。天子祭天地，诸侯祭社稷，大夫祭五祀。天子祭天下名山大川：五岳视三公，四渎①视诸侯。诸侯祭名山大川之在其地者。天子诸侯祭因国之在其地而无主后者。天子犆②礿，祫③禘，祫尝，祫烝。诸侯礿则不禘，禘则不尝，尝则不烝，烝则不礿。诸侯礿，犆；禘，一犆一祫；尝，祫；烝，祫。

【注释】①四渎：古代江、淮、河、济诸水的总称。②犆：古同"特"，单一。③祫：古代天子诸侯所举行的集合远近祖先神主于太祖庙的大合祭。

【译文】天子、诸侯举行祭祀宗庙的典礼,在春季举行的典礼叫礿,在夏季举行的典礼叫禘,在秋季举行的典礼叫尝,在冬季举行的典礼叫烝。天子举行祭祀天地的典礼,诸侯举行祭祀江山社稷神灵的典礼,大夫举行祭祀门神、灶神、行神、户神、中雷神的典礼。天子在祭祀天下的名山大川的时候,用祭祀三公的礼乐制度来祭祀天下五岳;用宴请诸侯的礼乐制度来祭祀四渎。在自己封地内的诸侯要祭祀各大名山名川。天子、诸侯,还要祭祀在自己封地内已经被灭绝的国家的祖先。天子在一年四季都要进行祭祀活动,春季祭祀是分别对各种宗庙进行祭祀,夏祭、秋祭、冬祭这三个季节是共同对宗庙进行祭祀活动。诸侯在一年之中只能进行三次祭祀活动,春季祭祀了那么夏季就不祭祀,夏季祭祀了那么秋季就不祭祀,秋季祭祀了那么冬季就不要祭祀,冬季祭祀了那么春季就不要祭祀。诸侯的春祭是分开祭祀的,夏祭则是第一年分祭第二年合祭地轮流进行,秋祭和冬祭都是共同祭祀的。

天子社稷皆大牢①,诸侯社稷皆少牢②。大夫、士宗庙之祭,有田则祭,无田则荐③。庶人春荐韭,夏荐麦,秋荐黍,冬荐稻。韭以卵,麦以鱼,黍以豚,稻以雁。祭天地之牛,角茧栗;宗庙之牛,角握;宾客之牛,角尺。诸侯无故不杀牛,大夫无故不杀羊,士无故不杀犬豕,庶人无故不食珍。庶羞④不逾牲,燕衣不逾祭服,寝不逾庙。

【注释】①大牢：祭祀时并用牛、羊、豕三牲的叫作"大牢"，也称"太牢"。②少牢：祭祀时只用羊、豕二牲，此二牲即称为"少牢"。③荐：荐新，以时鲜的食品祭献。④庶羞：多种美味。

【译文】天子用来祭社神灵都是用牛、羊、猪三牲来祭祀，诸侯用来祭社神灵都是用羊、猪二牲来祭祀。大夫和士进行宗庙祭祀活动的时候，就用受封的田地用来祭礼，如果没有封地就用荐礼进行祭祀。平民百姓祭祀祖先的用品是：春天用韭菜祭祀，夏天用麦子祭祀，秋天用黍子祭祀，冬天用稻子祭祀；韭菜与鸡蛋搭配，麦子与鱼搭配，黍子与小猪搭配，稻子与鹅相搭配。用来祭祀天地的牛较小，牛的牛角不过只有蚕茧、栗子那般样子大小；用来祭祀宗庙所用的牛要大一点，牛的牛角大约四个手指那么长；用来招待宾客所用的牛较大，牛角大概有一尺长。诸侯如果没有特殊事情是不可以杀牛的，大夫如果没有特殊事情是不可以杀羊的，士如果没有特殊事情是不可以杀狗与猪，平民百姓如果没有特殊事情是不可以吃海鲜食品的。平民百姓日常吃的饭菜，水平不能超过祭祀用的牲口；日常穿的衣服水平不能超过祭祀用的礼服；日常居住的房子，不能超过宗庙的水平。

古者：公田，藉①而不税。市，廛②而不税。关，讥③而不征。林麓川泽，以时入而不禁。夫圭田无征。用民之力，岁不过三日。田里不粥④，墓地不请。司空执度度地，居民山川沮泽，时四时。量地远近，兴事任力。凡使民：任老者之事，食壮者之食。凡居民材，必因天地寒暖燥湿，广谷大川异制。民生其间者异俗：刚柔轻重迟速异齐⑤，五味异和，器械异制，衣服异宜。修其教，不易其俗；齐其政，不易其宜。中国戎夷，五方之民，皆有其性也，不可推移。东方曰夷，被发文身，有不火食者矣。南方曰蛮，雕题交趾⑥，有不火食者矣。西方曰戎，被发衣皮，有不粒食者矣。北方曰狄，衣羽毛穴居，有不粒食者矣。中国、夷、蛮、戎、狄，皆有安居、和味、宜服、利用、备器，五方之民，言语不通，嗜欲不同。达其志，通其欲：东方曰寄，南方曰象，西方曰狄鞮，北方曰译。

【注释】①藉：借。②廛：犹今之店铺。③讥：问也，察也。④粥：古同"鬻"，卖。⑤齐：分量。⑥交趾：两足相向。

【译文】在古时候，农户只要帮助官府耕种了田地，那么他们自己耕种的田地就不用缴纳税赋了；在市场有一家自己的店铺，就不再缴纳营业税，只要在审核的时候不要出现问题，就不用缴纳进出关税了；只要在规定的时间期限内进入山林进行狩猎捕鱼砍伐，就不会被禁止。平民百姓耕种卿大夫的封地也不用缴纳税费。叫平民老百姓帮忙从事没有报酬的劳动，一年不能超过三天。天子受封的田地是不能出售的，天子受封墓地也不准额外再要。司空用规定的制度去测量土地，土地用于安置人民，了解大山大川的不同地势地形，了解一年四季不同的气象变化，测量土地距离的远近，才能大兴土木，使用平民力量。凡是让人民干的活不要太累，给老人分配的任务要轻；但伙食又要按照身体健壮的人的标准对待。凡是平民百姓居住的地方,要充分考虑气候温暖、地势适宜的地方居住。相比生在深山谷和长在大河边上的人,一看外表就不一样,因为这两个地方的风俗习惯是不同的:有的脾气暴躁性子急,有的性情温和平易近人,酸甜苦辣,各有各的爱好,他们使用的工具也是不同的,穿着打扮也是根据自己的爱好来规定。官府要对平民百姓的礼仪学习进行教育,可以不改变他们的根本风俗;同时统一政治法令,不可以出现千差万别等现象。五个不同方向方之民分别是由中原民族和四方少数民族构成的,他们的生活习性不同,他们也不可以相互交换交流。夷人是指住在东方的少数民族,他们流行剃光头,往身上刺花纹,有些人是不吃熟食的。蛮人是指住在南方的少数民族,他们统一在额头上刻有花纹,两脚的脚趾都朝着同一个方向,有些人是不吃熟食的。戎人是指住在西方的少数民族,他们的头发凌乱,穿的衣服就是简单的用兽皮披在身上,他们是肉食主义者,是不吃五谷杂粮的。狄人是指住在北方的少数民族,他们的衣服是用禽兽的羽毛制作而成,洞穴是他们的经居住地,他们也是肉食主义者,也是不吃五谷杂粮的。中原、夷人、蛮人、戎人、狄人这五个方向不同的人民,尽管他们有着不同的生活习性,但是他们都有属于自己安适的住所、都有自己偏爱的口味、都有合适自己的衣服、都有方便自己使用的工具、都有属于自己完备的器物。来自五个方向的的不同人民,他们的语言存在差异,各自有不同的爱好,当他们要交流各自的想法,阐述各自的意思的时候,中间就会有一种听得懂双方语言的人来帮忙。这种中间人,放在东方是叫作寄,放在南方是叫作象,放在西方是叫作狄鞮,放在北方是叫作译。

凡居民,量地以制邑,度地以居民。地、邑、民、居,必参相得也。无旷土,无游民,食节事时,民咸安其居,乐事劝功,尊君亲上,然后兴学。

【译文】凡是需要安置居民群众,就要根据土地面积的大小来建筑房屋,根据房屋大小来安排居民群众的人数,要使土地面积大小、房屋大小、被安置居民群众人数这三者相互搭配适宜。这样就不会有闲置的土地,没有游民,饮食节约,各种事物都是按照时间规律进行,百姓们都会安居乐业,积极乐观的做好每一件事情,敬重诸侯国君,对上级领导亲近,然后就可以兴办教育。

司徒修六礼以节民性,明七教以兴民德,齐八政以防淫,一道德以同俗,养耆老以致孝,恤孤独以逮不足,上贤以崇德,简不肖以绌恶。命乡,简不帅教者以告。耆老皆朝于庠,元日,习射上功,习乡上齿,大司徒帅国之俊士与执事焉。不变,命国之右乡,简不帅教者移之左;命国之左乡,简不帅教者移之右,如初礼。不变,移之郊,如初礼。不变,移之遂①,如初礼。不变,屏之远方,终身不齿②。命乡,论秀士,升之司徒,曰选士。司徒论选士之秀者而升之学,曰俊士。升于司徒者，不征于乡；升于学者，不征于司徒，曰造士。乐正崇四术，立四教，顺先王诗书礼乐以造士。春、秋教以礼乐，冬、夏教以诗书。王大子、王子、群后之大子、卿大夫元士之适子、国之俊选，皆造焉。凡入学以齿。将出学③，小胥、大胥、小乐正简不帅教者以告于大乐正。大乐正以告于王。王命三公、九卿、大夫、元士皆入学。不变，王亲视学。不变，王三日不举，屏之远方。西方曰棘，东方曰寄，终身不齿。

【注释】①遂：郊以外曰遂。②齿：犹录。③出学：犹今毕业。

【译文】司徒负责掌管并修正六礼，对人民的性情进行节制，明确规定七教来教化平民百姓的道德修养，统一八政防止出现逾越现象，规范道德标准以便于风俗的统一，赡养老人是为了提高孝顺的风气，救济孤独的人防止这部分人被社会遗忘与放弃，表彰有贤德的人是为了鼓励每个人都向他学习，处置坏人是为了警告人们都要纠正改正自己的作风，改正错误。如果有不听从教诲的人出现，六乡的长官就要报告给司徒，因为这是命令。可以挑选一个吉日，请那些德高望重的老人们进行教学，教学射箭之礼，射中靶心多的人就排在前面，教学饮酒之礼，年纪大的人就排在前面；司徒率领国家有能力的学生一同参加，这样做的目的就是为了能感化那些不听从教诲的人。感化一年后，如果他们还不知悔改，国都右边三乡的长官就会将这些不听教诲者报告给司徒，司徒就会下命令将这些人转移到左边三乡。国都左边三乡的长官就会将这些不听教诲的人报告给司徒,司徒就会下命令将这些人转移到右边三乡。这样做是为了让这些不知悔改的人在新的环境中,再接受一次和第一次同样的感化教育。再过了一年还不知悔改的,就把他们转移到更远地方的郊,跟第一次一样,让他们在新的环境下再次接受感化教育。等再过了一年还不知悔改的,就把他们转移到更远的遂,跟第一次一样,让他们在新的环境下再次接受感化教育。经过这几次的教育仍后,还不知悔改的,说明他们已经不可救药了,就把他们流放到遥远的边远地带,一辈子都不予理睬。德才兼优的学生是由六乡的长官经过重重考察,觉得不错就推荐给司徒,这些被推荐的学生就叫作被选士。出类拔萃的学生经过司徒亲自考察选中,并推荐给大学,这些被推荐的学生就叫作俊士。获得选士荣誉的人就不用承担乡里的徭役赋税,获得俊士荣誉的就不用承担国家的徭役赋税,获得俊士荣誉的人又叫造士。乐正非常重视大学生的必修的四门课程,每门课程都会安排老师进行教学,沿用先王传下来的《诗》《书》《礼》《乐》这四门教材进行教学,培养出大批有用之才。在春季和秋季进行教授《礼》《乐》课程的教学,在夏季和冬季进行教授《诗》、《书》课程的教学。天子的嫡长子和庶子、诸侯国君的嫡长子、卿大夫、元士的嫡长子,每个国家的俊士和选士,都要去大学进行学习教育。入学以后,不管是哪种身份的学生,不论尊卑,都是按照年龄大小排列顺序。在快要毕业的时候,不听教导的大学生将有小胥汇报给大胥,大胥再把这下大学生汇报给小乐正,小乐正再把这些大学生汇报给大乐正,大乐正再把这些大学生汇报给天子。天子就会选择一个黄道吉日,命令三公、九卿、大夫、元士在大学里集合,分别对不听教导的人进行有关礼仪的演习,目的就是为了感化他们。进行感化后还不知悔过的,天子就会亲自到大学里进行视察。亲自视察后还不知悔改的,天子首先会自责,三天不吃肉,吃饭的时候也不会奏乐,然后就把他们流放到遥远的边缘地带,西部边缘地带叫作棘,东部边缘地带叫作寄,一辈子都不予理睬。

大乐正论造士之秀者以告于王,而升诸司马,曰进士。司马辨论官材,论进士之贤者以告于王,而定其论。论定然后官之,任官然后爵之,位定然后禄之。大夫废其事,终身不仕,死以士礼葬之。有发,则命大司徒教士以车甲。凡执技论力,适四方,裸股肱,决射御。凡执技以事上者:祝史、射御、医卜及百工。凡执技以事上者:不贰事,不移官,出乡不与士齿。仕于家者,出乡不与士齿。司寇正刑明辟以听狱讼。必三刺①。有旨无简不听②。附从轻,赦从重。凡制五刑,必即天论,邮罚丽于事③。

【注释】①三刺:古代审讯遇有疑狱,征求众人意见的制度。《周礼·秋官·小司寇》:"以三刺断庶民狱讼之中,一曰讯群臣,二曰讯群吏,三曰讯万民。"②有旨无简不听,郑玄注:"简,诚也。有其意无其诚者,不论以为罪。"孔颖达疏:"既得其所犯之罪虽有旨意,无诚实之状,则不听之,不论以为罪也。"③论:理。邮:过。丽:附。

【译文】大司乐挑选出优秀的国学毕业生，向天子汇报，并向司马推荐他们，被推荐的国学毕业生叫作进士。大司马对每个进士的特长及才能进行考察，评选出贤者汇报给天子，并公示出最后的结论。然后授予官职进入试用期，在能够胜任职务后才能被封以爵位，授予爵位后就可以领取俸禄。不称职的大夫会被免除官职，终身不能再录取，死后只能用士一级的礼下葬。国家发布征召后，大司徒就要对国学生进行军事训练。凡靠技艺谋生的人，不需要考察他的德行，只需要考察他的技艺是否精湛。当他们被派往外地进行农务活动的时候，他们要卷起衣袖跟裤脚，互相之间比拼谁的技艺要高超，从而选出手艺最精湛的艺人。依靠技艺谋生，为官府服务的人，一共有祝、史、射、御、医、卜及其他工匠。这几种人，不能从事其他的职业，就算建了功也不能任职官职，离开本乡后，也不能与士人讨论辈分与年龄。为大夫服务的这些依靠技艺谋生的人，离开本乡后也不能与士人讨论辈分与年龄。修正刑书是由司寇负责，明确法律法规，用于审理各种案件。审理案件的时候，一定要征求群臣、群吏、民众三个方面不同的意见，这样断案的结果才能公正公平。审理时是不受理有犯罪动机而无犯罪事实的案件。度量犯刑的轻重时，可轻可重者要从轻处理；就算是犯了重罪也是可以被赦免。凡是制定五刑法律法规条文一定要合乎天理，按照合乎天理的五刑法律法规进行处决，做到刑罚并重。

凡听五刑之讼，必原父子之亲、立君臣之义以权之。

意论轻重之序、慎测浅深之量以别之。悉其聪明、致其忠爱以尽之。疑狱，泛与众共之；众疑，赦之。必察小大之比以成之。成狱辞，史以狱成告于正，正听之。正以狱成告于大司寇，大司寇听之棘木之下①。大司寇以狱之成告于王，王命三公参听之。三公以狱之成告于王，王三又②，然后制刑。凡作刑罚，轻无赦。刑者侀③也，侀者成也，一成而不可变，故君子尽心焉。析言破律，乱名改作，执左道以乱政，杀。作淫声、异服、奇技、奇器以疑众，杀。行伪而坚，言伪而辩，学非而博，顺非而泽，以疑众，杀。假于鬼神、时日、卜筮以疑众，杀。此四诛者，不以听。凡执禁以齐众，不赦过。有圭璧金璋，不粥④于市；命服命车，不粥于市；宗庙之器，不粥于市；牺牲不粥于市；戎器不粥于市。用器不中度，不粥于市。兵车不中度，不粥于市。布帛精粗不中数、幅广狭不中量，不粥于市。奸色乱正色，不粥于市。锦文珠玉成器，不粥于市。衣服饮食，不粥于市。五谷不时，果实未熟，不粥于市。木不中伐，不粥于市。禽兽鱼鳖不中杀，不粥于市。关执禁以讥⑤，禁异服，识异言。

【注释】①棘木之下，郑玄注："司寇听之朝，王之外朝也。"②又：当作"宥"。③侀（xíng）：原为已定型之物，引申为成事不可改变的意思。④粥：古同"鬻"，卖。下同。⑤讥：稽。

【译文】凡是有五刑诉讼案件的，一定要以父子之亲、君臣之义的角度作为衡量标准；能够分清楚罪行的轻重，刑罚的深浅，每个案子都是不同的；这就要发挥自己的才智，表现出自己的忠恕仁爱之心，把案情彻底审理清楚。如果遇有疑难的案子，必须要与人民群众一同审理。如果民众也无法审理清楚案情，那就宣布这个人无罪释放。处理相似的案件，一定要以过去判重判轻的先例作为审理标准，最后再出判决书。拟好判决书之后，再由太史传递给正。判决书经过正的审理就可以提交给大司寇。在外朝，孤卿大夫等人陪同大司寇再审理一遍判决书，最后把判决书提交给天子。三公共同把判决书审理一遍，三公把审理后的审判书再移交给天子。天子再根据三宥的规定制度再审查一遍案件是否符合，如果不符合，就可以判刑了。既然已经宣布判刑了，就算是再轻的罪也不能够被赦免了。之所以判刑后不能够被赦免，是因为刑就是定型的意思。定型就意味着是已经形成了。判决一但形成就不可被改变，所以君子对审理案件是非常用心的。有断章取义、钻牛角尖、扭曲法律明文规定的，不遵从事物约定俗成的规律的，扰乱政令实行秩序的人，都要被杀死。有穿着奇装异服、卖弄奇异之器而恼乱众心的人，都要被杀死。有顽固不灵、虚伪说谎而又能言善辩、所学极其偏激而又自认为学富五车、言辞荒谬而又振振有词，以此恼乱众心的人，都要被杀死。有装神弄鬼、卜卦算命招摇撞骗等恼乱众心的人，都要被杀死。上述所说的这四种人，不会再受理他们的申诉。所向大家公示的规章禁令，所有人都要一直遵守，就算是自己无意间触犯了禁令，这样也是无法被赦免的。高贵的玉器包括圭、璧、琼、璋等，这四样玉器是不准在市场上贩卖的。命服命车是表明身份用的，也不准在市场上贩卖。用于祭祀宗庙的祭器，是不准在市场上贩卖的。祭祀时用的牲畜，也是不准在市场上贩卖。打仗用的兵器，是不准在市场上贩卖的。在日常中所使用的器皿要是不符合规格，也是不准在市场上贩卖的。打仗用的兵车如果不合规格，是不准在市场上贩卖的。穿着的布帛的疏密如果不合规格，布帛的长宽大小如果不合规格，也是不准在市场上贩卖的。如果染错了布帛的颜色，这种布帛也是不准在市场上贩卖的。布帛如果有纹彩、珠玉等器物如果制作精美，是不准在市场上贩卖。衣服如果华丽奢侈，也是不准在市场上贩卖的。五谷和瓜果没有到成熟期，是不准在市场上贩卖。树木没有成材，也是不准在市场上贩卖的。尚未长大的禽兽鱼鳖，是不准在市场上贩卖。严格把过往关卡的人流，并进行严格的稽查，统一服装，禁止奇装异服，统一语言，识别不同的方言。

大史典礼，执简记，奉讳恶。天子齐戒受谏。司会以岁之成，质于天子，冢宰齐戒受质。大乐正、大司寇、市，三官以其成，从质于天子。大司徒、大司马、大司空齐戒受质；百官各以其成，质于三官。大司徒、大司马、大司空以百官之成，质于天子。百官齐戒受质。然后，休老劳农，成岁事，制国用。

【译文】礼仪是由太史主管，负责执掌各种典籍，先王的名讳、先王的忌日以及各种天灾人祸都记载在这些典籍中，将这些情况奉告给天子是太史的责任。天子在进行斋戒后就要接受太史的劝告。将年终的成绩总结报请天子然后考核是司会的责任，家宰也是要进行斋戒的，并要协同天子进行政绩的考核。将部门的成绩总结附于司会之后报请天子考核是大乐正、大司寇、司市三个官员的责任。大司徒、大司马、大司在经受了空斋戒后并接受考核。将本部门的成绩总结考核于大司徒、大司马、大司空是百官的责任。将百官的成绩总结报请天子进行考核是大司徒、大司马、大司空的责任，然后百官进行斋戒，并等候天子的考核评语。然后，就可以设宴招待老人，设宴慰劳农夫。这样下来，一年的事就做完了，接下来就是制定第二年的经费预算和施政纲领了。

凡养老：有虞氏以燕礼，夏后氏以飨礼，殷人以食礼，周人修而兼用之。五十养于乡，六十养于国，七十养于学，达于诸侯。八十拜君命，一坐再至，瞽亦如之。九十使人受。五十异粻①，六十宿肉，七十贰膳，八十常珍；九十，饮食不离寝，膳饮从于游可也。六十岁制，七十时制，八十月制；九十日修，唯绞、紟、衾、冒，死而后制。五十始衰，六十非肉不饱，七十非帛不暖，八十非人不暖；九十，虽得人不暖矣。五十杖于家，六十杖于乡，七十杖于国，八十杖于朝；九十者，天子欲有问焉，则就其室，以珍从。七十不俟朝，八十月告存，九十日有秩五十不从力政，六十不与服戎，七十不与宾客之事，八十齐丧之事弗及也。五十而爵，六十不亲学，七十致政。唯衰麻为丧。

【注释】①粻（zhāng）：米粮。

【译文】凡是设宴招待老人：有虞氏用燕礼宴请招待老人，夏后氏用飨礼宴请招待老人，殷人用食礼宴请招待老人，周人三礼兼用并加以改善来招待老人。在乡学中举行的敬老宴会只能是满了五十岁的老人参加，在王宫小学中举行的宴会只能是满了六十岁的老人参加，在大学举行的宴会只能是满了七十岁的老人参加。诸侯国也是按照这一标准。等到八十岁，人的精力会慢慢衰竭，叩拜国君时只要跪下去连叩两次头就可以了。盲人由于行动不便，也是只要跪下去连叩两次头就可以了。等到九十岁后，叫他人代替自己叩拜国君就好了。不吃粗粮而吃细粮是要满了五十岁以上的老人才能这样；每餐吃肉是要满了六十岁以上的老人才能这样；每顿多作一份，以备零食是要满了七十岁以上的老人才能这样，因为七十岁的老人饿得快；常吃珍美的食品是要满了八十岁以上的老人才能这样；九十岁以上的老人无论他走到哪儿，随身都有饮食供应。人到了六十岁，做子女的就要为其准备需要一年时间才能做好的丧葬用品；人到了七十岁，子女就要为其准备需要一季时间才能做好的丧葬用品；人到了八十岁，子女就应为其准备需要一月时间才能做好的丧葬用品；人到了九十岁，子女就应为其准备需要一天时间才能做好的丧葬用品；只有绞、紟、衾、冒，死后再做也不迟。等到五十岁，人就就开始慢慢衰老，等到了六十岁后，一餐不吃肉就会吃不饱，等到了七十岁后、穿在身上的衣服要用丝绸做的，要不然会感到身上不暖，等到了八十岁后，自己睡觉是睡不暖和的，等到了九十岁后，虽有人帮忙暖被，这样也是也睡不暖和了。五十岁以后可以挂杖于家，六十岁以后可以挂杖于乡，七十岁以后可以挂杖于国都，八十岁以后可以挂杖上朝，九十岁以后，天子若有事询问，就要派人到他家请教，还要带上好吃的东西。大夫到了七十岁就可以不用上朝朝见天子，到了八十岁后，天子在每个月都要派人来问候身体是否安康，到了九十岁后，天子在每天都要派人送食物过去。平民到了五十岁后就不要服徭役纳税，到了六十岁后就不要服兵役，到了七十岁后就不用参加各种应酬宾客的宴会，到了八十岁后，也不会参加祭祀丧葬等重要活动。等到了五十岁后就可以加功进爵，等到了六十岁后就可以不用亲自去跟别人学习，等到了七十岁后就可以致仕，服丧期间可以免除所有的礼数礼仪，只要穿上丧服就行了。

  有虞氏养国老①于上庠，养庶老②于下庠。夏后氏养国老于东序，养庶老于西序。殷人养国老于右学，养庶老于左学。周人养国老于东胶，养庶老于虞庠，虞庠在国之西郊③。有虞氏皇而祭，深衣而养老。夏后氏收而祭，燕衣④而养老。殷人冔而祭，缟衣而养老。周人冕而祭，玄衣而养老。凡三王养老皆引年。八十者一子不从政，九十者其家不从政，废疾非人不养者一人不从政。父母之丧，三年不从政。齐衰、大功之丧，三月不从政。将徙于诸侯，三月不从政。自诸侯来徙家，期不从政。

【注释】①国老：指大夫以上退休者。②庶老：谓士。③郑玄注："上庠，右学，大学也，在西郊。下庠，左学，小学也，在国中王宫之东。"④燕衣：古天子宴群臣时所著之服。

【译文】有虞氏设宴款待当过官的老人是在上庠，设宴款待平民百姓的老人是在下庠。有夏后氏设宴款待当过官的老人是在东序，设宴款待平民百姓的老人是在西序。有殷人设宴款待当过官的老人是在右学，设宴款待平民百姓的老人是在左学。有周人设宴款待当过官的老人是在东胶，设宴款待平民百姓的老人是在虞庠。虞氏的庠是在王城的西郊。虞氏需要头戴"皇"冠才能进行祭祀活动，穿着深衣代表着已经处于养老中。夏后氏需要头戴"收"冠才能进行祭祀活动，穿着燕衣代表着已经处于养老中。殷人需要头戴"冔"冠才能进行祭祀活动，穿着缟衣代表着已经处于养老中。周人需要头带戴"冕"才能进行祭祀活动，穿着玄衣代表着已经处于养老中。夏、殷、周三代的天子需要根据户籍来核实老人的年龄，符合年龄的老人可以参加天子举办的养老宴会。家里如果有八十岁以上老人的，那么这家就可以免除一人被征为体力劳动者、为国家服兵役的义务。家里如果有九十岁以上老人的，那么这家就可以全部免除被征为体力劳动者、为国家服兵役的义务。家里有残废人、病人，他们生活不能自理，必须有他人侍候的，那么这家就可以免除一人被征为体力劳动者、为国家服兵役的义务。父母去世，在三年服丧期间没有为国家服兵役的义务。当遇到齐衰、大功亲属服丧期间，可以三个月不被征为体力劳动者，为国家服兵役。从大夫采地迁徙到诸侯采地的人，临走之前的三个月都可以不用被征为体力劳动者、为国家服兵役；从诸侯国迁徙安家的人，可以一年不用被征为体力劳动者、为国家服兵役。

少而无父者谓之孤，老而无子者谓之独，老而无妻者谓之矜，老而无夫者谓之寡。此四者，天民之穷而无告者也，皆有常饩。瘖、聋、跛、躃、断者、侏儒、百工，各以其器食之。

【译文】在小的时候就没有父亲的人叫作孤，等老了后没有子孙后代的人叫作独，在老了后没有妻子的人叫作矜，在老了后没有丈夫的人叫作寡。这四种人，是天底下最贫穷而又没有地方去诉述的人，官府对他们提供一定的生活补助。哑吧、聋子、腿脚残疾、腿脚都残废的人、身体残缺的人、身体短小的人和各种手工艺人，这些人都靠着微不足道的钱财来养活自己，或者依靠官府提供的补助生存下来。

道路：男子由右，妇人由左，车从中央。父之齿随行，兄之齿雁行，朋友不相逾。轻任并，重任分，斑白者不提挈。君子耆老不徒行，庶人耆老不徒食。

【译文】在道路上行走，男的在道路右边走，女人在道路左边走，车子就在中间走。在路上遇到跟自己父辈年龄相仿的长辈，要先让他走在前面，自己走在后面；遇到跟自己辈分一样的兄长,可以与他并排一起走,但是自己要稍微往后一点;和朋友走在一起,不可以与之计较。当年轻人跟老年人都挑着轻担子的时候,年轻人应该把老人的轻担放到自己的肩上,不让老人挑担子。当年轻人跟老年人都挑着重担子的时候,年轻人应该把老人的重担分一点过来,不能让老人挑重担子。不能让头发花白的老人提着东西在路上行走。当官阶级的老人,出门的时候要坐车不用走路;平民百姓阶级的老人,每餐一定要有肉吃。

大夫祭器不假。祭器未成,不造燕器。

【译文】有封地的大夫可以自己制作或者购买祭器,这样就不用向他人借用了。在祭器没有制造成功之前,是不能制造其他日常生活用器的。

方一里者为田九百亩。方十里者,为方一里者百,为田九万亩。方百里者,为方十里者百,为田九十亿①亩。方千里者,为方百里者百,为田九万亿亩。

【注释】①亿:古代指十万。
【译文】方圆一里的地方按土地面积计算就有九百亩。方圆十里的地方,就是方圆一里土地面积的百倍,按土地面积计算就有九万亩。方圆百里的土地,就是方圆十里土地面积的百倍,按土地面积计算就有九百万亩。方圆千里的土地,就是方圆百里土地面积的一百倍,按土地面积计算就有九亿亩。

　　自恒山至于南河①,千里而近;自南河至于江②,千里而近。自江至于衡山③,千里而遥;自东河至于东海④,千里而遥。自东河至于西河⑤,千里而近;自西河至于流沙⑥,千里而遥。西不尽流沙,南不尽衡山,东不近东海,北不尽恒山,凡四海之内,断长补短,方三千里,为田八十万亿一万亿亩。方百里者为田九十亿亩:山陵、林麓、川泽、沟渎、城郭、宫室、涂巷,三分去一,其余六十亿亩。

　　【注释】①冀州域。②豫州域。③荆州域。④徐州域。⑤亦属冀州域。⑥雍州域。流沙:沙漠的旧名。

　　【译文】从北岳恒山到南方的黄河,这一段距离不足千里。再从黄河到南方的长江,这一段距离也不足千里。从长江到南岳衡山,这一段距离有千里之多。从东河到东面的东海,相距也有千里之多。从东河到西面的西河,这一段距离不足千里。从西河再到西面的沙漠,这一段距离有千里之多。沙漠不是西面的终点,衡山也不是南方的终点,东海也不是东面的终点,恒山也不是北方的终点。从这个角度看,总个国土面积,四海之内,取长补短,大约就有方圆三千里,按土地面积计算就有八十一亿亩田地。方圆百里的土地,按土地面积计算是九百万亩田地,由于大山大川不计算在田地面积之内,所以除去山脉、森林、河流湖泊、沟渠水道、城郭、宫室、道路所占用的面积,就只剩下可耕种的六百万亩田地了。

古者以周尺八尺为步,今以周尺六尺四寸为步。古者百亩,当今东田百四十六亩三十步。古者百里,当今百二十一里六十步四尺二寸二分。

【译文】在古代,一步是指用周尺测量的八尺,现在的一步是指用周尺测量的六尺四寸。所以在古时候,一百亩的土地相当于现在的一百四十六亩零三十平方步。古时候的一百里等同于现在的一百二十一里零六十步四尺二寸二分。

方千里者,为方百里者百。封方百里者三十国,其余,方百里者七十。又封方七十里者六十,为方百里者二十九,方十里者四十。其余,方百里者四十,方十里者六十;又封方五十里者二十,为方百里者三十;其余,方百里者十,方十里者六十。名山大泽不以封,其余以为附庸间田。诸侯之有功者,取于间田以禄之;其有削地者,归之间田。

【译文】在方圆千里以内的地方,实际上包括了一百个方圆百里的土地面积。可以分封三十个方圆百里的诸侯国,余下七十个方圆百里的土地面积。在剩下的七十个方圆百里的土地面积中再分封出六十个方圆七十里的诸侯国,这样算下来就分封出去了二十九个方圆百里和四十个方圆十里土地面积,就剩下四十个方圆百里和六十个方圆十里的土地面积。在剩下的土地面积中又被分封出去一百二十个方圆五十里的诸侯国,这样算下来就是三十个方圆百里的土地面积,还剩下十个方圆百里和六十个方圆十里的土地面积。大山大川是不可以被分封出去的,余下的土地,可以隶属于大的诸侯国的土地面积之中,也可以限制不用。诸侯如果立了功劳,他所得的封赏就可以从闲置的土地中划割出去;诸侯如果犯有过错,就要削减土地并归入闲田之中。

天子之县内:方千里者为方百里者百。封方百里者九,其余方百里者九十一。又封方七十里者二十一,为方百里者十,方十里者二十九;其余,方百里者八十,方十里者七十一。又封方五十里者六十三,为方百里者十五,方十里者七十五;其余方百里者六十四,方十里者九十六。诸侯之下士禄食九人,中士食十八人,上士食三十六人。下大夫食七十二人,卿食二百八十八人。君食二千八百八十人。次国之卿食二百一十六人,君食二千一百六十人。小国之卿食百四十四人,君食千四百四十人。次国之卿,命于其君者,如小国之卿。天子之大夫为三监,监于诸侯之国者,其禄视诸侯之卿,其爵视次国之君,其禄取之于方伯之地。方伯为朝天子,皆有汤沐之邑①于天子之县内,视元士。诸侯世子世国,大夫不世爵。使以德,爵以功,未赐爵,视天子之元士,以君其国。诸侯之大夫,不世爵禄。

【注释】①汤沐之邑：周代供诸侯朝见天子时住宿并沐浴斋戒的封地。

【译文】天子所在的王畿内，方圆千里就有一百个百里见方。诸侯国分封到的土地如果有九个方百里，那么就只剩下九十一个方圆百里的土地面积。如果诸侯国又被分封到二十一个方圆七十里的土地，这样算下来就有十个方圆百里的土地和二十九个方圆十里的土地面积，天子的领地就只剩下八十个圆百里的面积和七十一个方圆十里的土地面积。如果又把六十三个方圆五十里的土地划分为诸侯国，这样算下来就有十五个方圆百里的土地和七十五个方圆十里的土地，最后天子只剩下六十四个方圆百里的土地面积和九十六个方圆十里的土地面积。诸侯国的下士，他的俸禄可以够九个人生活，诸侯的中士的俸禄可以够十八个人生活，诸侯的上士的俸禄可以够三十六个人生活，诸侯的下大夫的俸禄可以够七十二个人生活，卿的俸禄可以够二百八十八个人生活，国君的俸禄可以够二千八百八十个人生活。中等诸侯国的卿，他的俸禄可以够二百一十六个人生活，国君的俸禄可以够二千一百六十个人生活。小的诸侯国的卿，他的俸禄可以够一百四十四个人生活，国君的俸禄可以够一千四百四十个人生活。在中等诸侯国，诸侯国君任命的卿，他的俸禄等于小的诸侯国的由天子任命的卿。由天子派去各诸侯国做监察的大夫，他的俸禄跟大的诸侯国卿的俸禄一样，他的爵位跟中等诸侯国的国君一样，他的俸禄是从方伯那里拿的。方伯为了能够朝见天子，在天子所在的县城里设置天子专用的用于斋戒沐浴的土地。面积大小跟天子上士所受封的土地面积一般多小。诸侯的嫡长子可以历代世袭国君位置，大夫的嫡长子不能继承爵位。德才兼备才会被任命，有功劳才会被赐爵位。没有赐予爵位的，就被视作天子的上士，并用上士的身份去管理其他诸侯国。诸侯国的大夫，既不能世袭爵位也不能世袭俸禄。

六礼：冠、昏、丧、祭、乡、相见。七教：父子、兄弟、夫妇、君臣、长幼、朋友、宾客。八政：饮食、衣服、事为、异别、度、量、数、制。

【译文】成年冠礼、婚假礼、服丧礼、祭祀礼、乡饮酒礼和乡射礼、相见之礼就是所谓的六礼。父子关系亲密，兄弟手足之情，夫妇相敬如宾，君臣有忠义之情，长幼有序，朋友有信誉，宾客来往有礼，这七种伦理关系就是所谓的七教。饮食有制度，穿衣着装有规定，手工耕种有政策，器具的种类，统一度量衡，重量标准的规定，数学的进位制和布匹的面积大小就是所谓的八政。

月令第六

【题解】《礼记·月令》,是两汉人撰集的一部儒家书,也有人说为战国时作品。《吕氏春秋》《淮南子》均有记载。内容分为"孟春之月""仲春之月""季春之月""孟夏之月""仲夏之月""季夏之月""年中祭祀""孟秋之月""仲秋之月""季秋之月""孟冬之月""仲冬之月""季冬之月"共十三篇。是现存最早、最完整记载有关一年十二个月昏旦中星观测记录的历史文献。

孟春之月,日在营室,昏参中,旦尾①中。其日甲乙。其帝大暤②,其神句芒③。其虫鳞。其音角,律中大蔟④。其数八。其味酸,其臭⑤膻。其祀户,祭先脾。廪

【注释】①营、参、尾:都是二十八星宿的名字。②大暤(hào):即太暤,伏羲氏,又叫木德之帝。③句(gōu)芒:大暤氏的儿子,木官之神。④大蔟:即阳律。古人把乐律与历法相结合,一年十二个月与十二律相配。⑤臭:气味。

【译文】孟春正月:太阳在营室这个星宿的位置上,傍晚的时候参星星宿在南天的正中,早上的时候尾星星宿在南天的正

中。正月里的吉日叫甲乙,属于五行中的木,以太皞为主宰,敬奉的神为木官句芒。而与木相配的动物是有鳞的鱼类。与木相配的是五声中的角声,与这个月相应的是十二律中的太簇。成数八、五味中的酸,五臭中的膻都是与木相配的。本月要祭祀户神,祭品则以五行属木的脾脏最为尊贵。

东风解冻,蛰虫始振,鱼上冰,獭祭鱼,鸿雁来。天子居青阳左个①。乘鸾路②,驾仓龙③,载青旗,衣青衣,服仓玉,食麦与羊,其器疏以达。

【注释】①左个:左边的偏室。②鸾:通"銮"。路:通"辂"。③仓:通"苍"。苍龙:青色的骏马。

【译文】这个时节的东风开始吹拂大地,去除寒冻,冬眠的动物开始苏醒出来活动,鱼开始从解冻的冰面钻出,水獭捕鱼祭祀,大雁归来。天子居住在东向明堂的左侧室内,乘坐装饰着鸾铃的车,驾驶长着青色毛皮的高头大马,车上插着绘有青色龙纹的旗子,穿着青色衣服,佩青色玉佩。食物则是以麦和羊为主,用的器皿都要纹理粗疏。

是月也,以立春。先立春三日,大史谒之天子曰:某日立春,盛德在木。天子乃齐。立春之日,天子亲帅三公、九卿、诸侯、大夫以迎春于东郊。还反①,赏公卿、诸侯、大夫于朝。命相布德和②令,行庆施惠,下及兆民。庆赐遂行,毋有不当。乃命大史守典奉法,司天日月星辰之行,宿离不贷③,毋失经纪,以初④为常。

【注释】①还反:亦作"还返"。返回。②和:通"宣"。③宿:犹止也。离:犹行也。贷:通"忒"。④初:旧。

【译文】这一个月有立春的节气。在立春前三天,太史会对天子说:"哪天就是立春了,天之生育养盛德在于木位。"于是天子就要斋戒,准备迎春了。等到了立春那一天,天子亲自率领三公、九卿、诸侯、大夫到东郊举行迎春之礼。举行完迎春之礼回来后,赏赐公卿、诸侯、大夫。同时命令三公颁布德教和命令,给予襃将并广施恩惠,下到黎民百姓,庆典和恩赐都要落到实务,适当的进行。命令太史,遵守典法,推算日月星辰运行,务使其运行的位置度数没一点差错,务必使一切都不背离法度,和以前一样。

是月也,天子乃以元日①祈谷于上帝。乃择元辰,天子亲载耒耜,措之参保介②之御间,帅三公、九卿、诸侯、大夫,躬耕帝藉。天子三推,三公五推,卿诸侯九推。反,执爵于大寝③,三公、九卿、诸侯、大夫皆御,命曰:劳酒。

【注释】①元日:上辛之日,即正月的第一个辛日,后代帝王多沿袭在正月的第一个辛日举行祭天礼。②参保介:郑玄注:"人君之车必使勇士衣甲居右而参乘,备非常也。保犹衣也;介,甲也。"③大寝:正寝,亦即路寝,在路门内。

【译文】这个月里,天子要在第一个辛日进行祭祀上帝,祈求五谷丰收。就选择在这之后的第一个亥日,天子亲自载着耒耜农具,放在车右和御者之间,率领三公九卿诸侯大夫亲自耕耘藉田。天子推耜三下,三公推耜五下,卿、诸侯推耜九下。回来后,天子在大寝殿举行宴会,三公、九卿、诸侯、大夫都参加,宴会命名为"劳酒"。

是月也,天气下降,地气上腾,天地和同,草木萌动。王命布农事,命田①舍东郊,皆修封疆,审端经术②。善相丘陵阪险原隰土地所宜,五谷所殖,以教道民,必躬亲之。田事既饬,先定准直,农乃不惑。

【注释】①田:谓田畯,主农之官。②经术,郑玄注:"术《周礼》作遂。夫间有遂,遂上有径。遂,小沟也。步道曰径"。

【译文】在这个月里,天气开始往下降,地气开始往上升,天地之气合在一起了,草木在这个月里开始萌芽生长。天子下达春耕之事的命令,田畯搬到东郊去住,方便监督农夫整治疆界,修整田间的小路和水沟。认真地对丘陵、坡地进行考察,根据土壤的特质种上所适宜的作物,谷物适应生长在什么地方,把这些教导给农民。这些事田畯一定要亲自做。田事都整饬好了,因事先做好了所有的准备工作,才使农民没有疑惑。

是月也,命乐正入学习舞。乃修祭典。命祀山林川泽,牺牲毋用牝。禁止伐木。毋覆巢,毋杀孩虫、胎、夭、飞鸟。毋麛,毋卵。毋聚大众,毋置城郭。掩骼埋胔①。

【注释】①掩骼埋胔,郑玄注:"骨枯曰骼,肉腐曰胔。"
【译文】这个月里,命令乐正到太学教习舞蹈,修正祭祀的法典。命令祭祀山林川泽,不许用母畜作祭品。禁止对树木进行砍伐。不可以捣毁鸟巢。不可以对幼虫、已怀胎的母畜、刚出生的小兽、正在学飞的小鸟捕杀,禁止捉小兽和掏取鸟卵。不能聚集民众,不能修建城郭。对枯骨尸骸进行掩埋。

是月也,不可以称兵,称兵必天殃。兵戎不起,不可从我始。毋变天之道,毋绝地之理,毋乱人之纪。

【译文】这个月里,不可以举兵征伐,举兵是会遭到天灾。要解甲休兵,不可主动挑起战争。发令行事,不可改变天道,不可断绝地理,不可扰乱人伦纲纪。

孟春行夏令,则雨水不时,草木蚤落,国时有恐。行秋令则其民大疫,猋①风暴雨总至,藜莠蓬蒿并兴。行冬令则水潦为败,雪霜大挚②,首种不入。

【注释】①猋:古通"飙",暴风;旋风。②挚:伤折。
【译文】如果在孟春时节施行的是夏季的政令,就会导致雨水不及时到来，草木早早地凋零，国都中会常常有惊恐的事发生。假如在孟春时节施行秋季的政令，会导致瘟疫在百姓中流行，暴风暴雨经常发生，羑黎、芳草、蓬蒿等野草都长势茂盛。假如在孟春施行冬季的政令，会让水涝成灾，雪霜大至，种子没法下种到地里。

仲春之月，日在奎，昏弧中，旦建星中。其日甲乙，其帝大皥，其神句芒。其虫鳞。其音角，律中夹钟。其数八。其味酸，其臭膻，其祀户，祭先脾。始雨水，桃始华，仓庚鸣，鹰化为鸠。天子居青阳大庙，乘鸾路，驾仓龙，载青旗，衣青衣，服仓玉，食麦与羊，其器疏以达。

【译文】仲春二月：太阳在奎宿的位置运行；傍晚时候，弧星处于南天正中的位置；天亮时，建星处在南天正中的位置。春季里的吉日是甲乙。尊崇木德王太皥为帝，敬奉木官句芒为神。动物中鳞虫与木相配。五声中角声与木相配，音律中夹钟与月相应。成数八与木相配。五味中的酸，五臭中的膻都与木相配的。这个月要祭祀户神，祭品中以脾脏为尊。这个月会下雨，桃树也在这个月里开始开花，黄鹂鸟儿开始鸣叫，老鹰也变成了布谷鸟。这个月，天子在东向明堂的正室里居住，乘坐着戴有莺铃的车子，车前套着青色的高头大马，车上插着画着青龙的旗子，穿青色衣服，佩戴青色饰玉，吃麦和羊，所使用的器物需要纹理粗疏而又通达。

是月也,安萌芽,养幼少,存诸孤。择元日,命民社。命有司省囹圄①,去桎梏,毋肆掠,止狱讼。是月也,玄鸟至。至之日,以大牢祠于高禖②。天子亲往,后妃帅九嫔御。乃礼天子所御,带以弓韣③,授以弓矢,于高禖之前。

【注释】①囹圄:监牢,监狱。②高禖:古帝王求子所祭之神。其祠在郊,故称"郊禖"。③韣(dú):弓袋。

【译文】这个月里,要做保护好植物萌芽,养育小孩子和少年,抚养孤儿。要选择好日子,让老百姓去祭祀。命令减少监狱囚犯,去掉犯人的脚镣和手铐,不拷打犯人,积极的调解纠纷,尽量不要打官司。这个月,燕子从南方飞回来。燕子回来的那个日子,要用牛羊猪三牲祭祀高禖之神。天子要亲自前去,皇后率领后宫中的所有女眷前往陪同。在高禖神面前,给那些怀孕的嫔妃举行典礼,给她带上弓套,把弓箭授给她,求高禖神保佑她一举生男。

是月也,日夜分。雷乃发声,始电,蛰虫咸动,启户始出。先雷三日,奋木铎以令兆民曰:雷将发声,有不戒其容止者,生子不备,必有凶灾。日夜分,则同度量,钧衡石,角斗甬①,正权概②。

【注释】①甬,郑玄注:"甬,今斛也。"②权概:亦作"权槩"。郑玄注:"称锤曰权;概,平斗斛者。"

【译文】这个月,白天和夜晚的时长逐渐相等,开始了打雷,闪电。蛰伏的动物们都纷纷开始活动,有的钻出洞穴,重新回到地面。打雷前三天,就会摇动木铎通知民众说:那些容貌举止不规范的,行为不检点却不进行整理不知道改正的这些人,生下来的孩子一定会有先天性的残疾,必遭到上天报应的。因为白天夜晚时长相等,所以又要开始统一和校正各种度量衡的器具。

是月也,耕者少舍。乃修阖扇①,寝庙毕备。毋作大事,以妨农之事。

【注释】①阖扇:门扇。
【译文】这个月,农夫们可能有些时间稍作休息,并整修门户。住室的门户等全都要整修好。但不要兴大规模的劳役,为避免对农事有所妨碍。

是月也,毋竭川泽,毋漉①陂池,毋焚山林。天子乃鲜羔开冰,先荐寝庙。上丁,命乐正习舞,释菜②。天子乃帅三公、九卿、诸侯、大夫亲往视之。仲丁,又命乐正入学习舞③。是月也,祀不用牺牲,用圭璧,更皮币。

【注释】①漉:竭。②释菜:古代初入学时,用芹藻之类的植物礼敬先师,称为释菜。③舞:"乐"之误。
【译文】这个月里,不要把山川河泽的水都用完,不要让池塘干涸,不要对山林焚烧。天子用羊羔祭祀司寒神,打开地窖取出冰块，首先敬献给庙里的祖先。在上旬的丁日，给乐正下令教习舞蹈，举行释菜礼。天子亲率三公、九卿、诸侯、大夫，到太学里进行观看。中旬的丁日，又命令乐正到太学里去教习音乐。这个月里，一般都不用牲畜来作祭品，而用圭璧皮帛来进行代替。

仲春行秋令，则其国大水，寒气总至，寇戎来征。行冬令，则阳气不胜，麦乃不熟，民多相掠。行夏令，则国乃大旱，暖气早来，虫螟为害。

【译文】假如在仲春时节施行秋季的政令，就会发大水，寒气也会降临，就会有敌人前来侵犯国家领土。假如这个月施行冬季的政令，就会阳气不足，麦子无半成熟，百姓中就会常常发生劫掠之类的事情。而假如这个月实行的是夏季的政令，就会出现大旱，炎热的天气也随之提前到来，虫螟会危害到庄稼的成长。

季春之月，日在胃①，昏七星中，旦牵牛中。其日甲乙。其帝大皞，其神句芒。其虫鳞。其音角，律中姑洗。其数八。其味酸，其臭膻。其祀户，祭先脾。桐始华，田鼠化为鴽②，虹始见，萍始生。天子居青阳右个，乘鸾路，驾仓龙，载青旗，衣青衣，服仓玉。食麦与羊，其器疏以达。

【注释】①胃：星名，二十八宿之一，白虎七宿的第三宿。②鴽，鹌鹑之类的小鸟。

【译文】三月为季春，太阳在胃宿的位置上运行；傍晚时，星宿处于南天正中的位置；天亮时，牵牛星处在南天正中的位置。春季里吉日是甲乙，五行中属木。尊崇木德王太皞为帝，敬奉木官句芒为神。动物中鳞虫与木相配。五声中角声与木相配，音律中姑洗与月相应。成数八与木相配。五味中的酸，五臭中的膻都与木相配的。这个月要祭祀户神，祭品中以脾脏为尊。梧桐在这月里开始开花，田鼠变为鹌鹑这一类的小鸟，虹开始出现在天空，浮萍也开始在水中生长。天子在东向明堂的右侧室居住，乘坐饰有莺铃的车子，车前套有青色的高头大马，车上插着画有青龙的旗子，穿青色衣服，佩戴青色饰玉，吃麦和羊，所使用的器物纹理粗疏且又通达。

是月也，天子乃荐鞠衣①于先帝。命舟牧覆舟，五覆五反。乃告舟备具于天子焉，天子始乘舟。荐鲔于寝庙，乃为麦祈实。

【注释】①鞠衣：又谓黄桑服，其色如桑叶始生，春时服之。

【译文】这个月，天子要向太皞等先代的帝王进献桑黄色的礼服，用来祈求养蚕会获得丰收。下令管理船只的官员把船翻过来，检查有没有漏洞，这样反复地检查五遍，才对天子说舟船准备好了。天子才开始乘舟，向宗庙进献鲔鱼，用以祈求麦子的颗粒都饱满。

是月也,生气方盛,阳气发泄,句者毕出,萌者尽达。不可以内。天子布德行惠,命有司发仓廪,赐贫穷,振乏绝,开府库,出币帛,周天下。勉诸侯,聘名士,礼贤者。

【译文】这个月,生长之气正是旺盛的时候,阳气得到发散,弯着的芽都已经长出来了,直着长的芽也都破土而出了。在这阳气得以发散的月份中,不能将财货收纳。天子也要施行德惠的政令,命令官吏打开粮仓,给贫困无依靠的人发放粮食,给那些缺钱少吃的人进行救济;打开府库,拿出所收藏的布帛,周济天下。鼓励诸侯聘用名士,对贤人也以礼相待。

是月也,命司空曰:时雨将降,下水上腾,循行国邑,周视原野,修利堤防,道达沟渎,开通道路,毋有障塞。田猎罝罘①、罗网、毕翳②、餧兽之药,毋出九门。

【注释】①罝罘(jū fú):捕捉鸟兽的网子。②毕:古代田猎用的长柄小网。翳:"弋"的假借字,系有丝绳的射鸟短矢。

【译文】这个月,天子下令司空说:那应时的雨水就要开始下了,地下水也都会向上翻涌。要对国都和城邑进行巡视,要视察原野,整修堤防,疏通沟渠,开通道路,不得有障碍阴塞。打猎用来捕兽的网、捕鸟的网、长柄小网、隐蔽自己的工具、为野兽准备的毒药,全部都禁止带出城门。

是月也,命野虞①毋伐桑柘。鸣鸠拂其羽,戴胜②降于桑。具曲植籧筐③。后妃齐戒,亲东乡躬桑。禁妇女毋观,省妇使以劝蚕事。蚕事既登,分茧称丝效功,以共郊庙之服,无有敢惰。

【注释】 ①野虞:古代掌管山林薮泽的官。②戴胜:鸟名。状似雀,头有冠,五色如方胜,故称。③曲:曲簿,养蚕的器具。植:放置曲簿的木架。籧,亦作筥。方曰筐,圆曰筥。

【译文】 这个月,下令管理田野山林的官员禁止人们对桑树柘树进行砍伐。这个月里斑鸠开始振翅高飞,戴胜鸟停落在桑树上,人们已经准备好蚕箔、蚕箔架、圆的方的采桑筐。后妃们开始斋戒,并亲自到东郊去采桑,妇女禁止装饰打扮,其他杂务适当的减少,让她们有更多的时间和精力去养蚕。养蚕结束后,把蚕茧分给她们缫丝,然后称每人缫丝的重量,用来察看每人的收成。蚕丝是制作祭天祭祖的祭服用的,不得有丝毫的偷懒和怠慢。

是月也,命工师①令百工审五库之量:金铁,皮革筋,角齿,羽箭干,脂胶丹漆,毋或不良。百工咸理,监工日号:毋悖于时,毋或作为淫巧以荡上心。

【注释】 ①工师:古官名。上受司空领导,下为百工之长。专掌营建工程和管教百工等事。

【译文】 这个月里,指令工师会下令百工五库物资的储量进行仔细检查:就是铜铁库、皮革牛筋库、兽角象牙库、羽毛箭杆库、油脂粘胶朱砂油漆库,不得有次品。各种工匠都在干活,监工的人每天都要发出警告:"做农事不要违背了时令节气,不要制造生产出特别奇巧夺目的产品,那样会使天子有讲奢侈图享受的念头产生。"

是月之末,择吉日,大合乐,天子乃率三公、九卿、诸侯、大夫亲往视之。

【译文】这个月底,选个好日子,举行大规模的乐器舞蹈方面的表演,天子率领三公、九卿、诸侯、大夫到现场观看。

是月也,乃合累牛腾马①,游牝于牧。牺牲驹犊,举,书其数。命国难②,九门磔攘③,以毕春气。

【注释】①累牛:交配期的公牛。泛指公牛。腾马:公马。②难:通"傩",驱逐疫鬼谓之傩。③磔:斫碎牲体。攘:犹"禳",驱除灾祸。

【译文】这个月,让公牛公马与母牛母马在放牧中进行自由的交配。把选出来祭祀用的牲畜、小马小牛的数量都一一记录在案。命令百姓举行驱逐疫鬼的仪式,在每个城门将牲体砍碎以示消除邪恶,春季也就结束了。

季春行冬令,则寒气时发,草木皆肃,国有大恐。行夏令,则民多疾疫,时雨不降,山林①不收。行秋令,则天多沉阴,淫雨蚤降,兵革并起。

【注释】①山林:"林"当是"陵"之误。

【译文】假如在季春的时候施行冬季的政令,就会出现寒流时时出现,草木枯萎,国家发生大的骚乱的现象。而假如在这个月里施行夏季的政令,百姓就会染疾病,该下雨的时候不下雨,山陵上的庄稼不收。假如在这个月里施行秋季的政令,阴沉的天气会增多,秋雨连绵的现象也会提前来到,战乱四起。

孟夏之月,日在毕,昏翼中,旦婺女①中。其日丙丁。其帝炎帝,其神祝融。其虫羽。其音徵,律中中吕。其数七。其味苦,其臭焦。其祀灶,祭先肺。蝼蝈②鸣,蚯蚓出,王瓜③生,苦菜秀。天子居明堂左个,乘朱路,驾赤骝,载赤旗,衣朱衣,服赤玉。食菽与鸡,其器高以粗。

【注释】①毕、翼中、婺女:二十八宿之一。②蝼蝈:蛙之属。③王瓜:一名土瓜。葫芦科多年生攀援草本。

【译文】孟夏,太阳在毕宿的位置运行;傍晚时,翼星处于南天正中的位置;天亮时,婺星处在南天正中的位置。夏季的吉日是丙丁,五行中属火。尊崇火德王炎帝,敬奉火官祝融神。动物中羽虫与火相配。五声中徵声与火相配,音律中与这个月相应的是中吕。成数七与火相配。五味中的苦与火相配，五臭中的焦与火相配。五祀中祭祀的是灶神，祭品中肺脏为尊。蛙开始鸣叫，蚯蚓也从土里钻出，王瓜开始生长，苦菜开花。天子在南向明堂的左侧室居住，乘坐朱红色的马子，车前驾车用的是赤色的马，车上插着画有赤龙的旗子，穿朱红色衣服，佩戴赤色饰玉，吃豆类和鸡，所使用的器物都是高大型的。

是月也，以立夏。先立夏三日，大史谒之天子曰：某日立夏，盛德在火。天子乃齐。立夏之日，天子亲帅三公、九卿、大夫以迎夏于南郊。还反，行赏，封诸侯。庆赐遂行，无不欣说。乃命乐师，习合礼乐。命太尉，赞桀俊，遂贤良，举长大，行爵出禄，必当其位。

【译文】这个月有立夏这个节气。立夏前三天，太史向天子报告说："某日立夏，火德当令。"于是天子开始斋戒。在立夏这一天，天子亲自率三公、九卿、大夫到南郊去迎夏。回朝后，颁赏群臣，分封诸侯，对应该褒奖的进行褒奖，应该赏赐的进行赏赐，没有人不感到高兴和满意。命令乐师将礼和乐合在一起练习。命令太尉，举荐杰出人才，推荐贤明良人，选拔身体魁伟的人。而天子所分封的爵位，给予的俸禄，都不要高过和低过他们的职位。

是月也，继长增高，毋有坏堕，毋起土功，毋发大众，毋伐大树。是月也，天子始絺。命野虞出行田原，为天子劳农劝民,毋或失时。命司徒巡行县鄙①,命农勉作,毋休于都。

【注释】①县:畿内之县。县,二千五百家也。鄙:五百家也。
【译文】这个月,草木长得更加茁壮而高大,不要让它们遭到毁坏。不大兴土木,不征发百姓,不砍伐大树。这个月,天子会开始穿细葛布做的夏服。命令管理田野山林的官员对田地原野进行视察,并代表天子对农夫进行慰劳,对农民进行鼓励,不要误了农时。命令司对全国各地进行巡视,要求农夫努力耕作,不能还留在城邑里休息。

是月也,驱兽毋害五谷,毋大田猎。农乃登麦,天子乃以彘尝麦,先荐寝庙。

是月也,聚畜百药。靡草死,麦秋①至。断薄刑,决小罪,出轻系。蚕事毕,后妃献茧。乃收茧税,以桑为均,贵贱长幼如一,以给郊庙之服。

是月也,天子饮酎②,用礼乐。

【注释】①秋:成熟。②饮酎(zhòu):喝反复多次酿成的醇酒。
【译文】这个月里,要对野兽进行驱赶使庄稼不受到危害,不在这个月里举行大规模的田猎。农民献上新收的麦子,天子就着猪肉品尝新收的麦子,天子在品尝前先敬献给宗庙。

这个月里,各种草药要采集和收藏。靡草开始枯死,麦子成熟的季节到来了。对犯罪不重的人,要及时进行审理、及时断决,需要释放的要及时释放。蚕桑之类的事结束，后宫中的妃子向天子献上蚕茧，养蚕的人上交茧税。茧税多少，依据分配给养蚕人桑树的多少为准，不分贵贱长幼。用征收来的蚕茧，制作成祭天祭祖的祭服。

这个月，天子向宗庙敬献好酒，敬献时伴有礼乐。

孟夏行秋令，则苦雨数来，五谷不滋，四鄙入保①。行冬令，则草木蚤枯，后乃大水，败其城郭。行春令，则蝗虫为灾，暴风来格，秀草不实②。

【注释】①鄙：界上邑。保：小城。②秀草不实：草不秀实。

【译文】假如在孟夏四月施行秋季的政令，就会导致雨水频繁，五谷不长的不良现象，边境上的居民会因受到外敌入侵而躲进城堡里。假如在这个月里施行冬季的政令，草木就会提前枯萎，洪水也会发生，毁坏城郭。假如在这个月里施行春季的政令，就会蝗虫成灾，遭到暴风雨袭击，草木也会只开花而结不出果实。

仲夏之月，日在东井，昏亢中，旦危①中。其日丙丁。其帝炎帝，其神祝融。其虫羽。其音徵，律中蕤宾。其数七。其味苦，其臭焦。其祀灶，祭先肺。小暑至，螳蜋生。䴗②始鸣，反舌③无声。

天子居明堂太庙，乘朱路，驾赤骝，载赤旗，衣朱衣，服赤玉,食菽与鸡,其器高以粗。养壮佼④。

【注释】①东井、亢、危:皆二十八宿之一。②䴗(jú):伯劳鸟。③反舌:百舌鸟。④佼:通"强"。

【译文】仲夏五月,太阳在东井的位置运行;傍晚时,亢星处于南天正中的位置;天亮时,危星位处在南天正中的位置。夏季的吉日是丙丁,五行中属火。尊崇火德王炎帝,敬奉火官祝融神。动物中羽虫与火相配。五声中微声与火相配,音律中与这个月相应的是蕤宾。成数七与火相配。五味中的苦与火相配,五臭中的焦与火相配。五祀中祭祀的是灶神,祭品中肺脏为尊。小暑会在这个月来到,螳螂生长,百舌鸟开始在这个月里鸣叫,而蛤蟆却停止了鸣叫。

天子在南向明堂的正室居住,乘坐朱红色的车子,车前驾车用的是赤色的马,车上插着画有赤龙的旗子,穿朱红色衣服,佩戴赤色饰玉,吃豆类和鸡,所使用的器物以高大为主。这个月要收养壮健有力的人。

是月也,命乐师修鞉鞞①鼓,均琴瑟管箫,执干戚戈羽,调竽笙篪簧,饬钟磬柷敔②。命有司为民祈祀山川百源,大雩③帝,用盛乐。乃命百县,雩祀百辟卿士有益于民者,以祈谷实。农乃登黍。

【注释】①鞉鞞(táo bǐ):泛指小鼓。②柷敔:乐器名。奏乐开始时击柷,终止时敲敔。一说二者同用以和乐,不分终始。③雩(yú):古代为求雨而举行的一种祭祀。

【译文】在这个月,命令乐师检查维修鼓,调节琴瑟管箫,手持干戚戈羽,调和竽笙篪簧,整理修整钟磬柷敔这类东西,为向上天祈雨做准备。同时命令官员祭祀名山大川和各条河流的源头以为百姓祈雨,举行规模盛大的向天帝求雨祭祀的仪式,所有的乐器和文舞武舞全部一齐登场。并且命令各地方长官也举行求雨祭祀,对那些有功于民的前代国君公卿进行祭祀,求他们保佑让谷粒饱满。农民在这个月里进献黍子。

是月也,天子乃以雏尝黍,羞以含桃,先荐寝庙。令民毋艾①蓝以染,毋烧灰②,毋暴③布。门闾毋闭,关市毋索。挺④重囚,益其食。游牝别群,则絷腾驹,班马政。

【注释】①艾:通"刈"。刈割,斩除。②灰:"炭"字之误。③暴:同"曝"。④挺:犹宽。

【译文】这个月,天子就着雏鸡品尝新敬献的黍,在品尝前也要先敬献给宗庙,同时需要进献的还有樱桃。直令百姓不要割蓝草染布,不要烧灰,不要晒布。都门闾门不要关闭,关卡和市场不要搜索。这个月对重罪囚犯会有所优待,会增加他们的饮食。放牧时,要把牝马分开,把公马系住。会颁布有关养马的政令。

是月也,日长至①,阴阳争,死生分。君子齐戒,处必掩身,毋躁。止声色,毋或进。薄滋味,毋致和。节嗜欲,定心气,百官静事毋刑,以定晏阴②之所成。鹿角解,蝉始鸣。半夏生,木堇荣。是月也,毋用火南方。可以居高明,可以远眺望,可以升山陵,可以处台榭③。

【注释】①日长至:夏至。②晏阴:犹阴阳。③台:方形且高的建筑物。榭:台上有屋。台榭:亭台楼榭。

【译文】这个月里,白天日子最长,虽然阳气盛,但阴气也开始慢慢产生了,阴阳二气开始形成争斗之势,死与生也由此开始产生分界。因此君子要对身心斋戒,就算是呆在家里也不能赤身露体,遇事不可急躁;歌乐要暂停;吃清淡的食物,不要一味的追求五味俱全;嗜欲要有所节制,平心静气;身体的各个器官都处于安静的状态,作事不能求快,静心等待阳阴二气相互斗争的结果。这个月,鹿角开始脱落,知了开始鸣叫,半夏出苗,木谨也开花了。这个月,不能在南方用火。住在地高明亮的地方,从高处向远处眺望,可以登上山陵,也可以住在台榭。

仲夏行冬令,则雹冻伤谷,道路不通,暴兵来至。行春令,则五谷晚熟,百螣①时起,其国乃饥。行秋令,则草木零落,果实早成,民殃于疫。

【注释】①百螣:指各种类似蝗虫的害虫。

【译文】假如在仲夏五月施行的是冬季的政令,就会出现冰雹冻伤庄稼，道路不通，盗贼频出的现象。假如在这个月里施行的是春季的政令，五谷就会晚熟，各种害虫都会一齐而来，国家会遭遇饥荒。假如在这个月里施行秋季的政令，就会草木凋零，植物提前结出果实，百姓也会受到疫疾的祸害。

季夏之月，日在柳，昏火中，旦奎中。其日丙丁。其帝炎帝，其神祝融。其虫羽。其音徵，律中林钟。其数七。其味苦，其臭焦。其祀灶，祭先肺。

温风始至，蟋蟀居壁，鹰乃学习，腐草为萤。天子居明堂右个，乘朱路，驾赤骝，载赤旗，衣朱衣，服赤玉。食菽与鸡，其器高以粗。命渔师伐蛟取鼍，登龟取鼋。命泽人纳材苇。

【译文】季夏六月，太阳在柳宿的位置上运行；傍晚时，火星处于南天正中的位置；天亮时，奎星处于南天正中的位置。夏季的吉日是丙丁，五行中属火。尊崇火德王炎帝，敬奉火官祝融神。动物中羽虫与火相配。五声中徵声与火相配，音律中与这个月相应的是林钟。成数七与火相配。五味中的苦与火相配，五臭中的焦与火相配。五祀中祭祀的是灶神，祭品中肺脏为尊。

这个月，开始吹温风，蟋蟀迁居到墙壁下面，雏鹰开始学习如何飞翔，腐烂的草里面生出萤火虫。天子在南向明堂的右侧室居住，乘坐朱红色的车子，车前驾车用的是赤色的马，车上插着画有赤龙的旗子，穿朱红色衣服，佩戴赤色饰玉，吃豆类和鸡，所使用的器物以高大为主。命令渔师捕取蛟、鼍、龟、鼋进献给天子。

命令泽人进献可以编织器物的苇草。

是月也,命四监大合百县之秩刍,以养牺牲。令民无不咸出其力,以共皇天上帝名山大川四方之神,以祠宗庙社稷之灵,以为民祈福。是月也,命妇官①染采,黼黻文章②,必以法故,无或差贷③。黑黄仓赤,莫不质良,毋敢诈伪,以给郊庙祭祀之服,以为旗章,以别贵贱等给之度。

【注释】①妇官:染人也,掌染丝帛等事。②黼:黑与白。黻:黑与青。文:青与赤。章:赤与白。四者都是古代用颜料染出的各种彩色。也指古代礼服上各色相间的花纹,其中的黼作斧形,刃白身黑;黻作亚形,青黑相间。③差贷:失误。

【译文】这个月,命令管理山林川泽的官员将各地所按规定应交纳喂养牲畜的草集中在一起,用来饲养牺牲。下令所有百姓人人都要出力,用以供给祭祀皇天上帝、名山大川、四方之神,祭祀宗庙和社稷的神灵,为万民求福。

这个月,要求妇官将丝帛染成彩色,染成不同颜色和花纹,不管是黑黄苍赤,还是黼黻文章,都必须要严格地遵循过去的成法,不得有一点差错,染出的成品,要求件件合格,不敢欺骗作假。染好的丝帛,用来制作祭天祭祖的祭服,各种旗子和各种名号的标志,用来区分贵贱等级的不同。

是月也,树木方盛,乃命虞人入山行木,毋有斩伐。不可以兴土功，不可以合诸侯，不可以起兵动众，毋举大事，以摇养气。毋发令而待，以妨神农之事也。水潦盛昌，神农将持功，举大事则有天殃。是月也，土润溽暑①，大雨时行，烧薙②行水，利以杀草，如以热汤。可以粪田畴，可以美土强。

【注释】①溽(rù)暑：指盛夏气候潮湿闷热。②薙：同"剃"，除草。

【译文】这个月，树木正处于旺盛的生长期。于是下令管理山林的官员入山进行巡视林木，严禁砍伐树木。这个月里，不得大兴土工，不得会合诸侯，不得兴师动众。不得有大规模的徭役，不能动摇了生养之气，不得过早地下达徭役的命令以免惊扰民众，从而对农事有所妨碍。这个月里雨水会很充沛，神农将会在这个月里成就农事，假若在这个时候发动大规模徭役的就会遭天灾。

这个月，土地湿润，天气湿热，大雨不断，正好将除下的草晒干烧掉，放到水里浸泡，这就同用滚开水烫过一样，对于消除杂草是十分有利的。这样，田地会肥沃，有利于土质的改善。

季夏行春令，则谷实鲜落，国多风咳，民乃迁徙。行秋令，则丘①隰水潦，禾稼不熟，乃多女灾。行冬令，则风寒不时，鹰隼蚤鸷，四鄙入保。

【注释】①丘：此处指盆地。

【译文】假如在季夏六月施行春季的政令，谷籽就会还没有完全成熟就落了地，人们就会较多地患上伤风咳嗽，百姓会搬家。假如在这个月里施行的是秋天的政令，盆地和低湿地都会出现水灾，庄稼也不会成熟，孕妇会很容易流产。假如在这个月里施行冬季的政令，寒潮就会不按时令来，鹰隼会提前搏击，四境受到敌人侵扰，居民会害怕的躲入城堡。

中央土。其日戊己。其帝黄帝，其神后土。其虫倮，其音宫，律中黄钟之宫。其数五。其味甘，其臭香。其祀中霤①，祭先心。天子居大庙大室，乘大路②，驾黄骝，载黄旗，衣黄衣，服黄玉，食稷与牛，其器圜以闳。

【注释】①中霤：房室的中央。②大路：大辂，殷商时天子乘坐的车。

【译文】四时中间是属土的，中间的吉日是戊己。尊崇土德黄帝，敬奉土官后土神。动物中与土相配的是裸虫。五声与土相配的是宫，这个月里相应的音律是黄钟宫。土的生数是五。五味中的甘与土相配，五臭中香与土相配。五祀中祭祀中霤，祭品中心脏为尊。

天子在明堂中心的太室居住，乘大辂，驾车用的马是黄马，车上插着画有黄龙的旗子，穿黄色衣服，佩黄色饰玉，吃谷子和牛肉，所使用的器物圆且大。

孟秋之月，日在翼，昏建星中，旦毕中。其日庚辛。其帝少皞，其神蓐收。其虫毛。其音商，律中夷则。其数九。其味辛，其臭腥。其祀门，祭先肝。凉风至，白露降，寒蝉鸣。鹰乃祭鸟，用始行戮。天子居总章左个，乘戎路，驾白骆，载白旗，衣白衣，服白玉，食麻与犬，其器廉以深。

【译文】孟秋七月，太阳在翼星的位置运行；傍晚时建星处于南天正中的位置；天亮时，毕星处于南天正中的位置。秋季的吉日是庚辛，五行中属金。尊崇金德王少皞帝，敬奉金官蓐收神。动物中毛虫与金相配。五声中的商声与金相配，音律夷则与这个月相应。成数九与金相配。五味中的辛与金相配，五臭中的腥与金相配。五祀中祭祀的是门神，祭品中以肝脏为尊。从这个月开始，开始吹凉风，开始降露水，寒蝉开始鸣叫，老鹰为祭鸟，对犯人进行杀戮处决。这个月，天子在西向明堂的左侧室居住，乘白色兵车，驾车用的是白马，车上插着画有白龙的旗子，穿纯白色的衣服，佩白色饰玉，吃的是糜子和狗肉，所使用的器物外面都有棱角且里面深邃。

是月也，以立秋。先立秋三日，大史谒之天子曰：某日立秋，盛德在金。天子乃齐。立秋之日，天子亲帅三公、九卿、诸侯、大夫，以迎秋于西郊。还反，赏军帅武人于朝。天子乃命将帅，选士厉兵，简练桀俊，专任有功，以征不义。诘诛暴慢，以明好恶，顺彼远方。

【译文】在这个月里有立秋的节气。立秋前三天,太史拜见天子说:"某日立秋,金德当令。"于是天子进行斋戒,准备迎秋。立秋当天,天子亲率三公、九卿、诸侯、大夫,在西郊设坛祭祀白帝少皞。礼仪完成后回朝,天子在朝堂对将帅和勇士进行赏赐。天子下令将帅挑选士卒磨砺武器,挑选杰出人才进行训练,任用有功的将领,对不义之人进行征讨,将那些欺下瞒上的人问罪诛杀,以示爱憎分明,让身处远方的人知道并产生归顺之心。

是月也,命有司修法制,缮囹圄,具桎梏,禁止奸,慎罪邪,务搏执。命理瞻伤,察创,视折,审断。决狱讼,必端平。戮有罪,严断刑。天地始肃,不可以赢①。

【注释】①赢:宽缓;松懈。
【译文】这个月,下令官员修改法令制度,修缮监狱,准备脚镣手铐,禁止奸恶的事发生,警惕罪犯,对触犯刑律的人一定要逮捕归案。法官亲自察看罪犯的伤、创、折、断情况;判决案件,一定要公正,杀戮有罪,要严肃地量刑。天地之间开始产生了肃杀之气,不可以有所宽纵。

是月也,农乃登谷。天子尝新,先荐寝庙。命百官,始收敛。完堤防,谨壅塞,以备水潦。修宫室,坏①墙垣,补城郭。

是月也,毋以封诸侯、立大官。毋以割地、行大使、出大币。孟秋行冬令,则阴气大胜,介虫败谷,戎兵乃来。行春令,则其国乃旱,阳气复还,五谷无实。行夏令,则国多火灾,寒热不节,民多疟疾。

【注释】①坏:"培"的假借字。

【译文】这个月,农民开始在这个月里收谷。天子品尝新谷先要敬献给宗庙。命令百官施行收敛政策,完善堤防,检查水道有没有堵塞,防患水灾的发生。修缮宫室,加固墙壁,修补城郭。

在这个月,不分封诸侯,不委任大官,不给臣下赐土地,不向外派出高级使者,不馈赠别人厚重的礼品。假如在孟秋七月施行冬天的政令,阴气就会太盛,甲虫会危害到谷物,就有敌兵来侵。假如在这个月里施行春天的政令,就会发生旱灾,阳气重新回归,五谷不结籽。假如在这个月里施行夏天的政令,火灾就会经常发生,冷热无常,百姓多患上疟疾这样的病。

仲秋之月,日在角,昏牵牛中,旦觜巂①中。其日庚辛,其帝少皞,其神蓐收。其虫毛。其音商,律中南吕。其数九。其味辛,其臭腥。其祀门,祭先肝。盲风②至,鸿雁来,玄鸟归,群鸟养羞③。天子居总章大庙,乘戎路,驾白骆,载白旗,衣白衣,服白玉,食麻与犬,其器廉以深。

【注释】①觜巂(zī xī):"觜宿"的早期名称,二十八宿之一。②盲风:疾风。③养羞:蓄食以备冬,如藏珍羞。

【译文】仲秋八月,太阳在角宿的位置上运行;傍晚时,牵牛星处于南天正中的位置;天亮时,觜觿星处于南天正中的位置。秋季的吉日是庚辛,于五行属金。尊崇金德王少皞帝,敬奉金官蓐收神。动物中毛虫与金相配。五声中的商声与金相配,音律南吕与这个月相应。成数九与金相配。五味中的辛与金相配,五臭中的腥与金相配。五祀中祭祀的是门神,祭品中以肝脏为尊。这个月,风开始刮得大了一些,大雁从北而来,燕子飞向南方,鸟儿们开始储藏食物准备过冬。

这个月,天子在西向明堂的正室居住,乘白色兵车,驾车用的马是白马,车上插着画有白龙的旗子,穿白色衣服,佩白色饰玉,吃糜子和狗肉,所使用的器物外部都有棱角而内部深邃。

是月也,养衰老,授几杖,行糜粥饮食。乃命司服,具饬衣裳,文绣有恒,制有小大,度有长短。衣服有量,必循其故,冠带有常。乃命有司,申严百刑,斩杀必当,毋或枉桡。枉桡不当,反受其殃。

【译文】这个月,对衰老的人进行赡养,给他们几杖,赐他们稀粥以食用。下令给司服,开始置备祭服,祭服的图案,该画的要画,该绣的要绣,祭服的大小长短,都有相关的规定;除开祭服以外的其他服饰也有规定,置备时要遵循古法,帽子和带子都有平常的制法。命令官员,对要严肃执行的法律进行重申,或斩或杀,刑必当罪,不得有贪赃枉法,轻重任意而为;假如贪赃枉法，执法的人也终将会受罪，一定是不会有好下场的。

是月也，乃命宰祝，循行牺牲，视全具，案刍豢，瞻肥瘠，察物色。必比类，量小大，视长短，皆中度。五者备当，上帝其飨。天子乃难，以达秋气。以犬尝麻，先荐寝庙。

【译文】在这个月，天子下令太宰、太祝巡视用来祭祀用的牺牲，查看它们是不是完好无损；再检查它吃的草料，肥瘦、毛色等情况，成例和不同种类祭祀的需要全部要符合；它的大小，角的长短，都要符合要求才可以。牺牲的完整、肥瘦、毛色、大小、长短这五方面都符合要求了，上帝才会来飨。于是天子驱除残余的夏阳之气，使金秋之气通畅。就狗肉品尝新收的糜子，在品尝之前，先敬献给宗庙。

是月也，可以筑城郭，建都邑，穿窦窖，修囷仓。乃命有司，趣民收敛，务畜菜，多积聚。乃劝种麦，毋或失时。其有失时，行罪无疑。

是月也，日夜分①，雷始收声。蛰虫坏户，杀气浸盛，阳气日衰，水始涸。日夜分，则同度量，平权衡，正钧石，角斗甬。

【注释】①日夜分：即秋分。

【译文】这个月，可以对城郭进行修缮，建设都邑，挖掘地窖,修理粮仓这些都是可以的。命令官员,催促农民加紧收获,一定要储存好干菜,多积聚些柴米,做好过冬的准备。要农民种麦,不得错过农时;若是错过农时,将会严惩不贷。

在这个月,白天和黑夜时间是一样长,停止了打雷,蛰伏越冬的动物开始在洞口培土,阴气慢慢的开始旺盛,阳气一天天开始衰退,河水开始干涸。在这白天黑夜时长相等的时候,要统一和校正各种度量衡器具。

是月也,易关市,来商旅,纳货贿,以便民事。四方来集,远乡皆至,则财不匮,上无乏用,百事乃遂。凡举大事,毋逆大数,必顺其时,慎因其类。

仲秋行春令,则秋雨不降,草木生荣,国乃有恐。行夏令,则其国乃旱,蛰虫不藏,五谷复生。行冬令,则风灾数起,收雷先行,草木蚤死。

【译文】 在这个月,对关卡和市场的税收要有所减轻,用以招来外地客商,引进各种货物,让百姓有所方便。各国的客商都来了,连那些很远地方的人都来交易,这样,财物就不会有所缺乏,天子用钱不会缺,什么事都能办成。凡是有重大举动,都不能违背了自然规律,顺应阴阳之时,谨慎小心的行事,不能随自己的心有所妄为。

假如在仲秋八月施行春季的政令,就会要下的秋雨不会下,不应该在这个月里开花的草木却重新开花,会发生惊恐的事。假如在这个月里施行夏季的政令，就会发生旱灾，蛰虫不进入洞穴藏身，各种作物全都重新生长。假如在这个月里施行冬季的政令，风灾就会屡次发生，雷声也提前消失，草木会早死。

季秋之月，日在房，昏虚中，旦柳中。其日庚辛。其帝少皞，其神蓐收。其虫毛。其音商，律中无射。其数九。其味辛，其臭腥。其祀门，祭先肝。鸿雁来宾，爵①入大水为蛤。鞠②有黄华，豺乃祭兽戮禽。

天子居总章右个，乘戎路，驾白骆，载白旗，衣白衣，服白玉。食麻与犬，其器廉以深。

【注释】①爵：通"雀"。②鞠：通"菊"。

【译文】季秋的九月，太阳在房宿的位置上运行；傍晚时，虚星处于南天正中的位置；天亮时，柳星处于南天正中的位置。秋季的吉日是庚辛，于五行属金。尊崇金德王少皞帝，敬奉金官蓐收神。动物中毛虫与金相配。五声中的商声与金相配，音律无射与这个月相应。成数九与金相配。五味中的辛与金相配，五臭中的腥与金相配。五祀中祭祀的是门神，祭品中以肝脏为尊。这个月，大雁继续飞回南方，雀到大海变为蛤，菊开黄花，豺将捕杀的野兽四面摆放就像是祭祀。

这个月，天子在西向明堂的正室居住，乘白色兵车，驾车用的马是白马，车上插着画有白龙的旗子，穿白色衣服，佩白色饰玉，吃糜子和狗肉，所使用的器物外部都有棱角而内部深邃。

是月也,申严号令。命百官贵贱无不务内,以会天地之藏,无有宣出。乃命冢宰,农事备收,举五谷之要,藏帝藉之收于神仓,祗敬必饬①。

【注释】①祗:敬。饬:正。

【译文】在这个月,天子严明号令,命令百官不分职位贵贱都要从事收敛工作,以顺应天时地利进入收藏时期,不能有宣泄散出的行为。命令家宰,在所有农作物全都收获以后,将各种谷物的产量登记造册,把藉田里收获的都收藏到神仓之中,收仓必须小心谨慎、用心专一而又努力。

是月也,霜始降,则百工休。乃命有司曰:寒气总至,民力不堪,其皆入室。上丁,命乐正入学习吹。是月也,大飨帝、尝,牺牲告备于天子。合诸侯,制百县,为来岁受朔日,与诸侯所税于民轻重之法,贡职之数,以远近土地所宜为度,以给郊庙之事,无有所私。

【译文】在这个月,开始下霜,工匠都停工开始休息。命令官员说:"寒气要来了,百姓经受不住,让他们都从野外的庐舍中搬回家里去吧。"上旬的丁日,命令乐正到太学教习吹奏管乐。这个月,要遍祭五帝,祭祀宗庙,告诉天子说,祭品已经准备好了。天子召集诸侯和各地长官,给他们规定有关制度,颁授来年的朔日,和诸侯向百姓征收税收的轻重法度。而向天子交纳贡赋的数量。贡赋的数量,是依据每个诸侯国距离京师远近和每个诸侯国土地适应生产什么为准则的。这些贡赋,都是用来祭天、祭祖用的,个人不得私藏。

是月也,天子乃教于田猎,以习五戎①,班马政。命仆及七驺②咸驾,载旌旐,授车以级,整设于屏外。司徒搢扑③,北面誓之。天子乃厉饰④,执弓挟矢以猎,命主祠祭禽于四方。

【注释】①五戎:指弓矢、戈、矛、殳、戟五种兵器。戎:古代兵器的总称。②七驺:同"趣马"、"走马"。主管驾御车马的长官。③搢扑:插扑于带间,示以军法警戒誓众之意。扑:教刑之具。④厉饰:戎装,军服。

【译文】在这个月,天子举行田猎,借此机会教百姓战阵,练习各种兵器的使用,并颁布关于马的政令。田猎时,天子命令田仆和七驺把车驾好,车上分别插旌旐一类的旗了,车辆的分配是按照田猎者的身份等级来分配的,车马和人都整齐地排列在猎场大门口的屏障外,司徒腰里插鞭,面朝北告诫将要田猎的那些人。然后天子穿着戎装,弯弓射箭开始田猎。完了以后,命令祭祀的官员,用猎获而来的鸟兽祭祀四方的神灵。

是月也,草木黄落,乃伐薪为炭。蛰虫咸俯在内①,皆墐②其户。乃趣狱刑,毋留有罪。收禄秩之不当、供养之不宜者。是月也，天子乃以犬尝稻，先荐寝庙。季秋行夏令，则其国大水，冬藏殃败，民多鼽嚏③。行冬令，则国多盗贼，边境不宁，土地分裂。行春令，则暖风来至，民气解惰，师兴不居。

【注释】①内：当为"穴"字之误。②墐（jìn）：用泥涂塞。③鼽嚏（qiú tì）：因伤风而鼻塞、打喷嚏。

【译文】这个月，草开始枯黄，树开始叶落，于是百姓们开始砍伐木柴烧炭。蛰虫们都钻进洞穴，且用泥土封塞好洞口。催促结案和处决囚犯，不再将这些事拖到来第二年。收缴那些不适当的俸禄和供养。这个月，天子就狗肉品尝新稻，在尝新前，先敬献宗庙。

假如在季秋九月施行夏季的政令，就会发生大的水灾，那些用来过冬的粮食蔬菜也会腐败，老百姓会容易伤风感冒。假如在这个月开始施行冬天的政令，就会导致盗贼增多，边境不得安宁，叛变者割据土地。假如在这个月里施行春季的政令，就会有暖风吹来，百姓的精神懈怠懒惰，也会有战争兴起。

孟冬之月，日在尾，昏危中，旦七星中。其日壬癸。其帝颛顼，其神玄冥。其虫介。其音羽，律中应钟。其数六。其味咸，其臭朽。其祀行，祭先肾。水始冰，地始冻。雉入大水为蜃。虹藏不见。天子居玄堂左个，乘玄路，驾铁骊①，载玄旗，衣黑衣，服玄玉，食黍与彘，其器闳以奄。

【注释】①铁骊:黑色的马。

【译文】孟冬十月,太阳在尾宿的位置上运行;傍晚时,危星处于南天正中的位置;天亮时,七星处于南天正中的位置。冬季的吉日是壬癸,五行中属水。尊崇水德王颛顼帝,敬奉水官玄冥神。动物中的介虫与水相配。五声中的羽与水相配,音律中的应钟与这个月相应。水的成数为六。五味中的咸与水相配,五臭中的朽与水相配。五祀中祭祀行神,祭品中以五脏的肾脏为尊。在这个月,水开始结冰,地开始上冻,野鸡潜入淮水变为蛤,天空中不再有虹出现。

在这个月,天子在北向明堂的左侧室居住,乘黑色的车,驾车用黑色的马,车上插着画黑龙的旗子,穿黑色衣服,佩黑色饰玉,吃黍米和猪肉,所使用的器物中间大而开口小。

是月也,以立冬。先立冬三日,太史谒之天子曰:某日立冬,盛德在水。天子乃齐。立冬之日,天子亲帅三公、九卿、大夫以迎冬于北郊,还反,赏死事,恤孤寡。是月也,命大史衅龟筴①,占兆审卦吉凶,是察阿党②,则罪无有掩蔽。

【注释】①衅:通"釁",古代用牲畜的血涂器物的缝隙。筴:同"策",谓蓍草。②阿党:结党徇私。

【译文】在这个月,会有立冬的节气。立冬前三天,太史向天子察告说:"某日立冬,水德当令。"于是天子进行斋戒。在立冬当天,天子亲率三公、九卿、大夫到北郊行迎冬之礼。回朝后,对那些为国捐躯的人进行奖赏，对烈士留下的孤儿寡妇给予抚恤。在这个月，命令太卜用牲血涂抹龟甲蓍草，通过对兆象卦象的审视来判断吉凶，考察是否有拍马，结党营私的人，令他们的罪行难以掩蔽。

是月也，天子始裘。命有司曰：天气上腾，地气下降，天地不通，闭塞而成冬。命百官谨盖藏。命司徒循行积聚，无有不敛。坏城郭，戒门闾，修键闭，慎管籥，固封疆，备边竟，完要塞，谨关梁，塞徯径。饬丧纪，辨衣裳，审棺椁之薄厚，茔丘垄之大小、高卑、厚薄之度，贵贱之等级。

【译文】这个月，天子开始穿毛裘。主管官吏说："天气往上升，地气开始往下降，天地之气相互不通，闭塞而成了冬天。"命令百官谨慎小心储存的各种物。命令司徒巡视露天堆放的禾稼、柴草，将这些东西全部都收藏起来。加固城郭，加强城门戒备，修理门栓，谨慎保管钥匙，加固印封；加强边防，缮修要塞，留心关卡和桥梁，堵塞小路；要更正丧事的规定，装殓死者需要用衣的多少，内棺外撑的厚薄，坟墓的大小、高低、厚薄尺寸，都要合乎身份贵贱的等级才行。

是月也，命工师效功，陈祭器，按度程，毋或作为淫巧以荡上心。必功致为上。物勒工名，以考其诚。功有不当，必行其罪，以穷其情。是月也，大饮烝。天子乃祈来年于天宗,大割祠于公社及门闾。腊先祖五祀,劳农以休息之。天子乃命将帅讲武,习射御角力。

【译文】这个月,工师开始考核百工,摆出工匠制作的祭器,检查是否合乎法度与程式。不能制作得太过奇巧,而使天子产生奢侈图享受的心理。要以坚固精致者为上等。器物上面都要刻上制造者的名字,以便将来考查有没有欺骗行为。如果考察不合适或不合格,就要治他的罪,并追究原因。这个月,要举行大饮烝之礼。天子祭祀天宗用以祈求来年丰收,祷祠于公社门闾和先祖五祀诸神。慰劳农夫且让他们得到休息。天子命令将帅讲习武备,练习射箭和驾车,较量勇气和力量。

是月也,乃命水虞渔师,收水泉池泽之赋。毋或敢侵削众庶兆民,以为天子取怨于下。其有若此者,行罪无赦。

孟冬行春令,则冻闭不密,地气上泄,民多流亡。行夏令,则国多暴风,方冬不寒,蛰虫复出。行秋令,则雪霜不时,小兵时起,土地侵削。

【译文】在这个月,命令水虞和渔师征收有关水泉池泽的税收,官员不得借此机会侵扰盘剥百姓,使百姓归怨于天子。若有这样的情况发生,一定严加惩处。

孟冬十月,假如施行的是春季的政令,冰封地冻就会不严密,地下的阳气泄到地面上来,百姓大多会流离失所。假如在这个月施行的是夏季的政令，就会有暴风，冬季反而不觉得寒冷，蛰虫再次从地下钻出。假如在这个月施行秋天的政令，下霜下雪就会不按时令，小范围战争不断发生，国土也会时常受到侵扰。

仲冬之月，日在斗，昏东壁中，旦轸中。其日壬癸。其帝颛顼，其神玄冥。其虫介。其音羽，律中黄锺。其数六。其味咸，其臭朽。其祀行，祭先肾。冰益壮，地始坼。鹖旦①不鸣，虎始交。天子居玄堂大庙，乘玄路，驾铁骊，载玄旗，衣黑衣，服玄玉。食黍与彘，其器闳以奄。饬死事。命有司曰：土事毋作，慎毋发盖，毋发室屋，及起大众，以固而闭。地气且泄，是谓发天地之房，诸蛰则死，民必疾疫，又随以丧。命之曰畅月②。

【注释】①鹖（hé）旦：亦作"鹖鴠"，一种夜鸣求旦的鸟。②畅月：指农历十一月，民人空闲无事之月。

【译文】仲冬十一月，太阳在斗宿的位置上运行；傍晚时，东壁星处于南天正中的位置；天亮时，轸星处于南天正中的位置。冬季的吉日是壬癸，五行中属水。尊崇水德王颛顼帝，敬奉水官玄冥神。动物中的介虫与水相配。五声中的羽与水相配，音律中的黄钟与这个月相应。水的成数为六。五味中的咸与水相配，五臭中的朽与水相配。五祀中祭祀行神，祭品中以五脏的肾脏为尊。这个月，冰结得更厚了，地也开始冻裂，鹖旦不再鸣叫，老虎开始进行交配。在这个月，天子在北向明堂的左侧室居住，乘黑色的车,驾车用黑色的马,车上插着画黑龙的旗子,穿黑色衣服,佩黑色饰玉,吃黍米和猪肉,所使用的器物中间大而开口小。这个月里杀气旺盛,因此天子下令军士一定要抱有牺牲的决心上战场。命令官员说:"土工活不许再做了,千万不能打开盖子,不能让房屋露顶及不能调集大批的劳力干活,封固阴气加以收藏。"假如打开藏物地方的盖子,调集大批劳力干活,地气就会被泄漏,这就称为开启天地且用来闭藏万物的房舍。这样,所有蛰伏的动物就会死去,百姓会染上流行的疾病而丧命。这个月被称为"畅月"。

是月也,命奄尹,申宫令,审门闾①,谨房室,必重闭。省妇事毋得淫,虽有贵戚近习,毋有不禁。乃命大酋②,秫稻必齐,曲蘖③必时,湛炽④必絜,水泉必香,陶器必良,火齐必得,兼用六物。大酋监之,毋有差贷。天子命有司祈祀四海大川名源渊泽井泉。

【注释】①门闾:当为"门闺"之误。②大酋:古代酒官之长。③曲蘖:同"麹蘖",酒母。④湛炽:亦作"湛饎"。指酿酒时浸渍、蒸煮米曲之事。

【译文】这个月,命令奄尹重申宫中的有关禁令,审视宫内门户,宫内房屋,内外的门都要关闭。减轻妇女的劳动量,禁止妇女制作奇巧的东西,就算是拥有皇亲国戚和天子的宠幸,也不得有例外。命令酿酒的官员:酿酒的秫稻要选择同时成熟的,酿酒用到的酒母要及时,浸泡和炊蒸的过程要干净,用的泉水要香甜,用的陶器要精良，火候要掌握好。根据以上六点，由酿酒的官员进行监督酿造，不得有任何差错。天子下令官员祭祀四海、大川、大河之源、深渊大泽以及井泉的神，祈求上苍的福佑。

是月也，农有不收藏积聚者、马牛畜兽有放佚者，取之不诘。山林薮泽，有能取蔬食、田猎禽兽者，野虞教道之；其有相侵夺者，罪之不赦。

【译文】这个月，假如农民有没来得及收藏积聚的禾稼，或者让马牛等家畜放任在外乱跑的，别人可以将它们牵走，官府不进行追问。在山林蔽泽之中，发现有能让百姓采摘草木果实及猎取鸟兽的地方，野虞都要进行指引和帮助；如发现有侵夺他人劳动果实的，一定严加惩处，决不加以宽恕。

是月也，日短至。阴阳争，诸生荡。君子齐戒，处必掩身。身欲宁，去声色，禁耆欲。安形性，事欲静，以待阴阳之所定。芸始生，荔挺出，蚯蚓结，麋角解，水泉动。日短至，则伐木，取竹箭。

【译文】这个月进入冬至，白天最短，虽然阴气旺盛，但阳气也开始产生了，阴阳二气两者之间形成争斗之势，万物的生命之气也开始有所动作。君子斋戒，居住的地要掩藏得深，身心都要安宁，摒除声色的诱惑，禁止内心欲望的放纵，安定自己的身心，遇事不急躁，静心等待阴阳两者间争斗的结果。这个月，芸草生长，荔挺开始长出新芽，蚯蚓爬出洞穴屈头向下，麋鹿的角已经开始脱落，水泉开始涌动。在白天最短的月份里，适合砍伐树木和割取箭竹。

是月也，可以罢官之无事、去器之无用者。涂阙廷门间，筑囹圄，此所以助天地之闭藏也。

仲冬行夏令，则其国乃旱，氛雾冥冥，雷乃发声。行秋令，则天时雨汁，瓜瓠不成，国有大兵。行春令，则蝗虫为败，水泉咸竭，民多疥疠。

【译文】在这个月，可以把那些闲散没事做的官员免职，没有用处的器物都可以扔掉。给宫庭的门户进行粉刷，修建牢狱。这些都是可以帮助天地闭藏而采取的措施。

仲冬十一月，假如施行夏季的政令，国内就会发生旱灾，雾气朦胧模糊，冬天打雷。假如施行秋季的政令，就会变得雨雪交加，瓠瓜不收，国内也会有大战发生。假如施行春天的政令，就会导致蝗虫为灾，河水井水全都会干竭，百姓也会患病。

季冬之月，日在婺女，昏娄中，旦氐中。其日壬癸。其帝颛顼，其神玄冥。其虫介。其音羽，律中大吕。其数六。其味咸，其臭朽。其祀行，祭先肾。雁北乡，鹊始巢。雉雊，鸡乳。

天子居玄堂右个。乘玄路，驾铁骊，载玄旗，衣黑衣，服玄玉。食黍与彘，其器闳以奄。命有司大难，旁磔，出土牛，以送寒气。征鸟厉疾。乃毕山川之祀，及帝之大臣，天子神祇。

【译文】季冬十二月，太阳在婺女宿的位置运行；黄昏时，娄星处于南天正中的位置；天亮时，氐星处于南天正中的位置。冬季的吉日是壬癸，五行中属水。尊崇水德王颛顼帝，敬奉水官玄冥神。动物中介虫与水相配。五声中的羽与水相配，音律中的大吕与这个月相应。水的成数为六。五味中的咸与水相配，五臭中的朽与水相配。五祀中祭祀行神，祭品中以五脏的肾脏为尊。这个月，大雁往北飞，鸟鹊开始给自己筑巢，野鸡开始鸣叫，鸡开始下蛋。

在这个月，天子在北向明堂的右侧室居住，乘黑色的车，驾车用黑色的马，车上插着画黑龙的旗子，穿黑色衣服，佩黑色饰玉，吃黍米和猪肉，所使用的器物中间大而开口小。在这个月，命令官员举行大规模驱除疫鬼的仪式，在国都所有城门分裂牲体用来消除邪恶；命令官员制作土牛来送走寒气。老鹰凶猛迅捷。对名山大川的祭祀，对先帝的大臣们的祭祀，对上天神灵地祇的祭祀，都要在这个月全部完成。

是月也，命渔师始渔，天子亲往，乃尝鱼，先荐寝庙。冰方盛，水泽腹坚。命取冰，冰以入。令告民，出五种。命农计耦耕事，修耒耜，具田器。命乐师大合吹而罢。乃命四监收秩薪柴，以共郊庙及百祀之薪燎。

【译文】这个月,下令让渔师捕鱼,天子亲自前往观看。于是天子品尝新捕来的鱼,在品尝前,先敬献给宗庙。这个月冰很厚,不管是流动的水还是静止的水,都地结成了厚厚的冰。于是下令凿取冰块,并将冰块存到冰窖。下令农官告示百姓,从仓库中取出五谷的种子,仔细进行挑选;命令农官计划耦耕的事,准备好一切要用的农具。命令乐师组织太学里的学生进行一次吹奏乐大合奏,然后宣布这一学年结束。命令管理山林川泽的官员,将征收薪柴,用来祭天祭祖及其他各种祭祀烧柴及火把的需要。

是月也,日穷于次,月穷于纪,星回于天。数将几终,岁且更始。专而农民,毋有所使。天子乃与公、卿、大夫,共饬国典,论时令,以待来岁之宜。乃命太史次诸侯之列,赋之牺牲,以共皇天、上帝、社稷之飨。乃命同姓之邦,共寝庙之刍豢。命宰历卿大夫至于庶民土田之数,而赋牺牲,以共山林名川之祀。凡在天下九州岛之民者,无不咸献其力,以共皇天、上帝、社稷、寝庙、山林、名川之祀。

【译文】到这个月,日、月、星都绕地球运行了一圈,重新回到了出发的地方。一年三百六十五天,差不多过完了,新的一年又将开始。又要让农民专心务农,不再派他们干其他的活。天子和公卿大夫一进起整顿国家的常典,讨论出适应不同季节所需要的政令,以便来年实行。命令太史把所有的诸侯按国家的大小排列名单,确定好每个诸侯应交纳贡品的数额,用来供祭祀上帝、土神和谷神。又下令那些与天子同姓的诸侯，提供祭祀宗庙所需要的贡品。命令小宰序次卿大夫下到平民他们各自占有土地的数额多少，以此依据向他们征收贡品，他们的供品是给山林名川的祭祀。总之，所有生活在九州之内的百姓，都将贡献他们各自的力量，用来敬献给皇天上帝、社稷宗庙、山林名川的祭祀需要。

季冬行秋令，则白露早降，介虫为妖，四鄙入保。行春令，则胎夭多伤，国多固疾，命之曰逆。行夏令，则水潦败国，时雪不降，冰冻消释。

【译文】假如在季冬十二月施行的是秋季的政令，就会白露早降，甲虫为祸现象，边境上的居民都要跑进城堡里躲避敌人。假如施行的是春天的政令，就会让那些还没有出生和刚刚出生的小动物们有所损伤，百姓容易患上难以治愈的病症，这是一种反常的现象。假如施行的是夏季的政令，就会有水灾为害，下雪时反而不下，冰冻也会融化。

曾子问第七

【题解】《曾子问》以孔子与曾子答问的方式，对丧制和丧服方面，作比较深入的特殊问题的讨论，以补仪礼之不备。

曾子问曰："君薨而世子生，如之何？"孔子曰："卿、大夫、士从摄主①，北面，于西阶南。大祝裨冕②，执束帛，升自西阶尽等，不升堂，命毋哭。祝声三，告曰：'某之子生，敢告。'升，奠币于殡东几上，哭，降。众主人、卿、大夫、士，房中，皆哭不踊。尽一哀，反位。遂朝奠。小宰升举币。三日，众主人、卿、大夫、士，如初位，北面。大宰、大宗、大祝皆裨冕。少师奉子以衰；祝先，子从，宰宗人从。入门，哭者止，子升自西阶。殡前北面。祝立于殡东南隅。祝声三曰：'某之子某，从执事，敢见。'子拜稽颡③哭。祝、宰、宗人、众主人、卿、大夫、士，哭踊三者三④，降东反位，皆袒，子踊，房中亦踊三者三。袭衰，杖，奠出。大宰命祝史，以名遍告于五祀山川。"

【注释】①摄主：代替主持丧事的人。古时丧事一般由死者的嫡长子主持，此处谓以太宰为摄主。②神冕：祭祀所用服、冠。郑玄以为是缔冕，即穿缔衣而戴冕。③稽颡：丧事中所行的重礼。即叩头至地。④哭踊三者三：三哭三踊的动作重复三遍。踊：顿足，表示极度悲哀。

【译文】曾子问："国君驾崩以后灵柩还停在殡宫没有下葬，在这个时候诞生了世子，应当怎样行礼？"孔子说："诞生世子的这天，卿、大夫、士人都要跟着摄主来到殡宫，统一站在西阶的南面，面朝北站立。大祝穿着裨衣，戴着冕，手拿着束帛，从西阶开始走到顶上最高的台阶，但是不能进到正堂里面，吩咐在场的所有人都不要哭泣。然后大祝大声喊三声说：'某氏的夫人生了儿子，特此告知。'说完以后进去正堂，将祭奠的钱币放在东边的案子上，然后众人哭泣，随后下堂。堂下的众主人、卿、大夫、士人、妇女，都开始哭泣但不可以顿足。等所有人都尽情的哭完以后，全部都回到平时吊唁的位置。然后开始举行祭奠，礼毕，小宰将放在东边案子的束帛拿下来。等到第三天，众主人、卿、大夫、士人、来到殡宫，同样站立在刚开始站的位置上，面朝北站立。大宰、大宗、大祝都要穿着裨衣，戴着冕。少师抱着世子拿着孝服，大祝先走，少师抱着世子跟在大祝的后面，大宰、大宗跟在少师的后面，进入殡门后，所有人停止哭泣，世子从西阶开始登上台阶，少师抱着世子面朝北站立。大祝站在灵柩的东南方向，大声喊三声'某氏的夫人生的世子，与执事一起陪同拜见'而后少师抱着世子像灵柩稽颡拜三拜，众人哭泣。大祝、大宰、大宗、众主人、卿、大夫、士人统一哭泣，顿足，顿足的节奏为三次一小节，然后共顿足三次。顿足完众人从西阶走下来，回到原先哭泣的位置，袒露着左臂。此时少师抱着世子哭泣顿足，众妇人跟着一起顿足，同样是三次一小节，然后顿足三次。随即世子穿上孝服，手拿丧杖，举行祭奠。礼毕后众人走出殡宫，大宰吩咐大祝和太史祭祀告诉五祀诸神及山川诸神世子的名字。"

曾子问曰："如已葬而世子生，则如之何？"孔子曰："大宰、大宗从大祝而告于祢①。三月，乃名于祢，以名遍告及社稷宗庙山川。"

【注释】①祢（ní）：原指父庙。这里指已故国君的神主。此时放在殡宫，尚未入庙。

【译文】曾子问："如果世子出生的时候国君已经下葬，这种时候要怎么处理呢？孔子说："这时候大宰、大宗要随太祝前去殡宫向诸神察告。世子三个月后，再去拜见诸神，此时给世子起名字，而后名太史将世子的名字告诉江山社稷、宗庙以及山川诸神。"

孔子曰："诸侯适天子，必告①于祖，奠于祢。冕而出视朝，命祝史告于社稷、宗庙、山川。乃命国家五官②而后行，道而出。告者，五日而遍，过是，非礼也。凡告，用牲币。反，亦如之。诸侯相见，必告于祢，朝服而出视朝。命祝史告于五庙所过山川。亦命国家五官，道③而出。反，必亲告于祖祢。乃命祝史告至于前所告者,而后听朝而入。"

【注释】①告:祭祀的名称,也用祭祀物品。②五官:诸侯国内治理政务的五大夫。诸侯有三卿、五大夫。③道:即祖道,祭祀道路之神,被除不祥,求得旅途平安。

【译文】孔子说:"各地诸侯拜见天子,要先在祖庙中设祭奠告知。而后穿着裨衣,戴着冕处理朝政,命令大祝大史将朝见天子的事情告祭与社稷、宗庙、山川。然后诸侯走时要将国中事务交接给五大夫处理,出发前要举行祭道仪式,保佑出行平安。负责告祭的官员,要在五日内将告祭仪式举行完毕,若是逾期,便是违礼不尊。凡是告祭的仪式,都要用束帛做为贡品,诸侯返回时也应当如此。若是诸侯之间相互来访,也必须举行告祭仪式。诸侯穿着朝服处理朝政,命令大祝大史告祭五庙之神和所经过路途的山川诸神。同样要将国中事务交接给五大夫处理,出发前也要举行祭道仪式,保佑出行平安。返回本国时,诸侯必须亲自去祖庙中告祭,然后吩咐大祝大史向出发之前祭祀过的诸神举行告归祭祀,处理完一切后方可回朝处理政务。"

曾子问曰:"并有丧,如之何?何先何后?"孔子曰:"葬,先轻而后重;其奠也,先重而后轻;礼也。自启①及葬,不奠,行葬不哀次②;反葬奠,而后辞于殡③,逐修葬事。其虞也,先重而后轻,礼也。"

孔子曰:"宗子虽七十,无无主妇;非宗子,虽无主妇可也。"

【注释】①启：启殡。古时死者大殓入棺后，棺柩用柴草泥封，到举行葬礼的前几天，拆除泥封，叫作启殡。②不哀次：指不在大门外举行踊袭受吊的仪式，因为还有恩重者未葬。③殡：当作宾。指宾客。

【译文】曾子问："如果家中同时有两个亲人去世，要如何办理丧事？那个亲人先，那个亲人后？"孔子说："下葬，先葬恩情疏远的，再葬恩情深厚的；祭奠，先祭奠恩情深厚的，再祭奠恩情疏远的，应该按照这样的礼制。从出殡到下葬，要先忙碌恩情疏远人的葬礼，所以对恩情深厚者先不设置祭奠。出葬时，灵柩经过大门外，后人不可以在门前哭泣哀伤。恩情疏远的人下葬完后，返回为恩情深厚的死者设置祭奠，然后将具体的下葬时间告诉所在宾客，而后为恩情深厚的人举行丧礼。葬礼结束后的虞祭，应当先祭奠恩情深厚者，而后再祭奠恩情疏远者，要按照这样的礼制去执行。"

孔子说："即使宗子已经到了七十岁，没有主妇也是不行的。如果不是家中的宗子，没有主妇那也是可行的。"

曾子问曰："将冠子，冠者至，揖让而入，闻齐衰大功之丧，如之何？"孔子曰："内丧①则废，外丧则冠而不醴②，彻馔而埽③，即位而哭。如冠者未至，则废。如将冠子而未及期日，而有齐衰、大功、小功之丧④，则因丧服而冠⑤。""除丧不改冠乎？"孔子曰："天子赐诸侯大夫冕弁服于大庙，归设奠，服赐服，于斯乎有冠醮⑥，无冠醴。父没而冠，则已冠扫地而祭于祢；已祭，而见伯父、叔父，而后飨冠者。"

【注释】①内丧：同族的亲属之丧。②外丧：外族的亲属之丧。醴(lǐ)：冠礼三加之后用醴酒庆贺新加冠的人。③彻：通"撤"。馔：陈设的物品器具。埽：古同"扫"，打扫。④齐衰：丧服五服之一，服期有三年者，父卒为母；有一年者，父在为母，为祖父母、妻、兄弟；有五月者，为曾祖父母；有三月者，为高祖父母。大功：五服之一。服期九月，为堂兄弟等。小功：五服之一。服期五月，为父之叔伯父母等。⑤因丧服而冠：冠礼本应穿吉服，加吉冠，现在既已服丧服，就加丧冠。因为只有成年人服丧时才有丧冠。⑥冠醮：冠礼三加每加之后酌清酒敬新加冠的人。

【译文】曾子问："家中儿子将要举行冠礼，受邀约而来参加的宾客和赞者已经到了，并且都按礼进入到宗庙内，这时候主人家被通知要服齐衰、大功的亲人去世，这时候要怎么办呢？"孔子说："这种情况要看亲人的远近程度来判断。若是同族同姓者，冠礼就要停止；若是异姓冠礼可继续，但是要将敬酒的环节取消；冠礼结束后，将举行冠礼的各种东西撤走，将宗庙内打扫干净，然后按照主人与死者的关系在属于自己的位置哭泣。若是受邀约参加冠礼的宾客还没有到，就要将冠礼取消。若是准备为儿子举行冠礼但是尚未选定日期，此时主人遇到要服齐衰、大功的亲人去世，就要让儿子按照亲疏远近的关系穿上相对应的丧服，而后加上丧冠。"曾子又问："那等丧期过了以后还需要再重新举行冠礼吗？"孔子说："天子在宗庙中赐给尚未行冠礼的诸侯、大夫冕服、弁服，各诸侯回去后设坛祭奠，便可以穿起天子赐予的冠服，这时候只需要向受冠者酌酒，受冠者不需回敬。若是要在父亲去世后举行冠礼，则要在举行冠礼后打扫宗庙，祭祀父亲的神灵。祭祀完毕后，去拜见自己的伯父、叔父，而后设宴感谢受邀前来参加冠礼的宾客。"

曾子问曰："祭如之何则不行旅酬①之事矣？"孔子曰："闻之：小祥②者，主人练祭而不旅，奠酬③于宾，宾弗举，礼也。昔者，鲁昭公练④而举酬行旅，非礼也；孝公大祥⑤，奠酬弗举，亦非礼也。"

【注释】①旅酬：古代宴飨在正献之后，依爵位尊卑和年龄的次序递相劝酒。尊酬卑，长酬幼。②小祥：服丧满一年时的祭祀。③奠酬：主人回敬宾的酒，宾接过杯子便放下来，不把酒喝掉，过一会儿用这杯酒向地位较低的宾劝酒，叫奠酬。④练：这里指练祭，即小祥。因祭时可服练冠练服，故称。⑤大祥：服丧满二年时的祭祀。祭后除丧，所以可以旅酬。

【译文】曾子问："祭祀的时候，那种情况下不需要进行旅酬？"孔子说："我之前听人说，小祥祭奠以后，主人换着练冠和练服，但此时宾客间不进行旅酬。主人去敬宾客酒，宾客接过酒杯但是不可以喝，宾客也不可以举杯与主人喝酒，这样做是合乎礼制的。以前，鲁昭公在小祥过后便于宾客举行旅酬之礼，这样是不符合礼制规定的；鲁孝公在大祥过后还没有举行旅酬，这又有些拖延，也是不符合礼制规定的。"

曾子问曰:"大功之丧,可以与于馈奠①之事乎?"孔子曰:"岂大功耳!自斩衰以下皆可,礼也。"曾子曰:"不以轻服而重相为②乎?"孔子曰:"非此之谓也。天子、诸侯之丧,斩衰者奠;大夫,齐衰者奠;士则朋友奠;不足,则取于大功以下者;不足,则反之③。"曾子问曰:"小功可以与于祭④乎?"孔子曰:"何必小功耳!自斩衰以下与祭,礼也。"曾子曰:"不以轻丧而重祭乎?"孔子曰:"天子、诸侯之丧祭也,不斩衰者不与祭;大夫,齐衰者与祭;士,祭不足,则取于兄弟大功以下者。"曾子问曰:"相识,有丧服可以与于祭乎?"孔子曰:"缌不祭⑤,又何助于人。"曾子问曰:"废丧服,可以与于馈奠之事乎?"孔子曰:"说衰⑥与奠,非礼也;以摈相⑦可也。"

【注释】①馈奠:棺柩在殡宫时的祭奠。②重相为:意思是重视参加别人的丧事,而忽视自家亲属的丧服。③不足:指大祭奠时人数不足。反之:使一人反复做几样事。④祭:指棺柩埋葬之后的祭奠,即虞祭、卒哭之祭和小祥、大祥之祭。⑤缌不祭:有缌麻丧服的人不能参加自家宗庙的祭祀,所以更不能参加别家的祭祀。⑥说:通"脱"。脱衰,指除丧。刚除丧就去参加别人的祭奠,说明忘哀太快。⑦摈相:协助别人祭奠,任赞礼之职。

【译文】曾子问:"自己正在服大功之丧,穿着丧服,可以去参加别人家的馈奠吗?"孔子说:"不止大功可以,从斩衰往下的丧服都是可以的，礼制上是有这样规定的。"曾子说："这样不会让人感觉轻视自家的丧礼而看重别人家的丧事吗？"孔子说："你这样说是不对的。若是天子、诸侯去世，服斩衰的臣子为天子和诸侯置办祭奠；大夫去世，服斩衰的臣下为大夫置办祭奠；士人去世，正在服大功之丧的朋友为士人置办祭奠。如果人手不足的情况下，凡是大功之丧以下的人都要来帮忙；如果这样人手还是不足，则剩下的所有人都要帮忙。"曾子说："那身有小功之丧的人，可以参加葬礼之后的祭奠吗？"孔子说："不止小功可以，从斩衰以下服丧的人都可以参加，礼制也是这样规定的。"曾子说："这样不会让人感觉轻视丧祭而重视祭奠吗？"孔子说："为天子和诸侯举行的丧祭，若是身上没有穿斩衰丧服的人是没有资格去参加的。为大夫举行的丧祭，若是身上没有穿齐衰丧服的人是没有资格去参加的。士人家中没有家臣，所以要让亲友兄弟大功以下的人参加。"曾子问："对于认识的人，穿着丧服的亲友可以去参加他的祭奠吗？"孔子说："如果自己正在服丧期，连自己家的祭奠都不可以参加，怎么还能去参加被人的祭奠呢？"曾子问："如果自己刚刚过了服丧期脱掉丧服，可以参加别人的馈奠吗？"孔子说："刚刚过了丧期脱掉丧服就去参加别人的馈奠，这是不符合礼制规定的。假如是做别人家馈奠时的摈相那是可以的。"

曾子问曰："昏礼既纳币①，有吉日②，女之父母死，则如之何？"孔子曰："婿使人吊。如婿之父母死，则女之家亦使人吊。父丧称父③，母丧称母。父母不在，则称伯父世母。婿，已葬，婿之伯父致命女氏曰：'某之子有父母之丧，不得嗣为兄弟④，使某致命。'女氏许诺，而弗敢嫁，礼也。婿，免丧，女之父母使人请，婿弗取⑤，而后嫁之，礼也。女之父母死，婿亦如之。"

【注释】①纳币：古代的婚礼六礼之一，亦称纳徵，就是送聘礼。②有吉日：已行过请期礼，确定了迎亲的日期。③称父：用父亲的名义去吊丧。④嗣为兄弟：两姓结成婚姻。⑤取：通"娶"。

【译文】曾子问："如果男女双方已经下了聘礼定了亲，迎亲的吉日也都已经敲定，这时女方家的父亲或者母亲过世，这时应该怎么处理？"孔子说："男方应该派人前去吊唁，若果是男方的父亲或者母亲去世，女方也应该派人前去男方家中吊唁。如果是父亲去世，要以父亲的名义吊唁；如果是母亲去世，要以母亲的名义吊唁。若家中父母都不在，则需要以伯父、伯母的名义吊唁。如果是男方家中丧期，下葬以后，男方的伯父要向女方说：'某子因家中父母新丧，居丧期间不可与府上联姻，我特来向您方说明。'女方家人许诺后，便不可将女儿再嫁给其他人，这是符合礼制的。男方女婿居丧期满之后，女方的父母派人去男方家中请求联姻，若这是男方家中不准备迎娶，女方父母就可以把女儿嫁给其他人，这也是符合礼制的。若是女方父母去世，男方也同样如此。"

曾子问曰:"亲迎,女在涂,而婿之父母死,如之何?"孔子曰:"女改服布深衣①,缟总②以趋丧。女在途,而女之父母死,则女反。""如婿亲迎,女未至,而有齐衰大功之丧,则如之何?"孔子曰:"男不入,改服于外次;女入,改服于内次③;然后即位而哭。"

曾子问曰:"除丧则不复昏礼乎?"孔子曰:"祭,过时不祭,礼也;又何反于初?"孔子曰:"嫁女之家,三夜不息烛,思相离也。取妇之家,三日不举乐,思嗣亲也。三月而庙见④,称来妇也。择日而祭于祢,成妇之义也。"

曾子问曰:"女未庙见而死,则如之何?"孔子曰:"不迁于祖⑤,不祔于皇姑⑥,婿不杖、不菲⑦、不次,归葬于女氏之党,示未成妇也。"

曾子问曰:"取女,有吉日而女死,如之何?"孔子曰:"婿齐衰而吊,既葬而除之。夫死亦如之。"

【注释】①深衣:古时新娘的服装:士妻褖衣,大夫妻展衣,卿妻鞠衣。②缟总:用白绢带子束发。③次:用帐篷搭成的临时休息处。外次在大门外,内次在大门内。④庙见:此指男方父母已亡,新娘婚后三月择日到庙里拜见已亡的公婆,这样才算正式成为媳妇。⑤迁于祖:把灵柩从殡宫移到祖庙中朝见祖宗。⑥皇姑:丈夫的祖母。不祔于皇姑:神主不排列在皇姑后面。⑦菲:服孝所穿的草鞋。

【译文】曾子问:"男女双方迎亲的当天,新娘已经出发在路上,这时男方的父亲或者母亲突然去世,要怎么处理?"孔子说:"这时女方应该立马换成深色衣服的上衣,然后用白娟绑起来头发去奔丧。如果女方这时候已经在路上,而女方的父亲或者母亲突然去世,女方应当立马返回娘家奔丧。"曾子问:"如果成亲当天男方去迎亲,女方还没有到,突然男方知道自己家中有齐衰大功的亲人去世,这时候要怎么处理?"孔子说:"男方不可进家中大门,在外面换了以后再进去。女方进了大门以后,在内室里面换好衣服,然后男女双方在规定的位置哭泣。"

曾子问:"若是丧期已过除丧以后还可以再补办婚礼吗?"孔子说:"就拿祭祀来说,祭祀是过时不候的,这样才是礼制的规定。婚礼又为什么要重新补办呢?"孔子说:"嫁了女儿的家中,连着三天晚上家中不可以熄灭烛火,表示骨肉分离后的不舍。迎亲的男方家中,一连三天不可以奏乐,表示顾及父母逐渐衰老的哀伤。新娘进新家三个月,要去宗庙祭祀公公婆婆的神灵,言辞中表明是来家中做媳妇,如此之后,方为男方家真正的媳妇。"

曾子问:"新娘尚未去宗庙祭祀便去世,这要怎么处理?"孔子说:"出殡时灵柩不需要进入宗庙,死者的神灵也不需要附在神主后,丈夫不需要持丧杖,不需要穿孝鞋,也不需要居丧次,下葬在死者娘家的墓地,表示她没有成为男方家中真正的媳妇。"

曾子问:"男女双方已经商定好迎亲的吉时,此时新娘去世,这要怎么处理?"孔子说:"男方应该穿着齐衰孝服前去女方家中吊唁,女方下葬后便可除丧。如果是男方突然去世,女方也按照这样去做。"

曾子问曰:"丧有二孤①,庙有二主②,礼与?"孔子曰:"天无二日,土无二王,尝禘郊社③,尊无二上。未知其为礼也。昔者齐桓公亟④举兵,作伪主以行。及反,藏诸祖庙。庙有二主,自桓公始也。丧之二孤,则昔者卫灵公适鲁,遭季桓子⑤之丧,卫君请吊,哀公辞不得命,公为主,客人吊。康子立于门右,北面;公揖让升自东阶,西乡;客升自西阶吊。公拜,兴,哭;康子拜稽颡于位⑥,有司弗辩也。今之二孤,自季康子之过也。"

【注释】①孤:丧主。②二主:庙中为一个人立两个神主。③尝禘:都是祭祖宗,以太祖为最尊。郊:祭众天神,以上帝为最尊。社:祭众地神,以后土为最尊。④亟(qì):屡次。⑤季桓子:鲁国的大夫,名斯,季康子的父亲。卫灵公吊季桓子之事与史实不合。据《左传》载,卫灵公卒于鲁哀公二年夏,而季桓子卒于三年秋。⑥据《丧服小记》有"诸侯吊于异国之臣,则其君为主"的规定。卫君吊季桓子,应由鲁哀公做丧主。丧礼规定只有丧主才拜宾,这里季康子也稽颡而拜,好像有两个丧主。

【译文】曾子问:"举办丧事有两个主人,宗庙中有两个神主,这样是合乎礼制的吗?"孔子说:"天上没有两个太阳,国家不能同时有两个国君,宗庙天地之间的祭祀,最尊贵的神灵也只能只有一个。从这里来看,你说的是难以符合礼制的。以前齐桓公经常起兵征战,便做了一个假的神主保佑出征,随军同行。待到凯旋而归,便将假的神主藏在宗庙中,话说一个宗庙中可以有两个神主的,就是从齐桓公这里才开始的。一个丧事有两个主人,这是因为以前卫灵公来鲁国访问，正好鲁国的执政大臣季桓子去世办理丧事，卫灵公请求吊唁死者，鲁哀公推辞未果。于是鲁哀公自己作为丧主，卫灵君吊唁时，季桓子的儿子康子便站在正门的右边，面朝北站立。鲁哀公作揖请卫灵公进堂，自己从东边的阶梯进堂中，面朝西站立。卫灵公从西边台阶进到堂中吊唁，鲁哀公附身拜谢卫灵公的吊唁，而后起身，哭泣。此时康子站在丧主的位置也想卫灵公拜谢，叩头。当时的主持并没有说这样做是不对的。所以现在的丧事有两个主人，就是从季康子这里才开始的。"

曾子问曰："古者师行，必以迁庙主①行乎？"孔子曰："天子巡守，以迁庙主行，载于齐②车，言必有尊也。今也取七庙之主以行，则失之矣。当七庙、五庙无虚主；虚主者，唯天子崩，诸侯薨与去其国，与祫祭于祖，为无主耳。吾闻诸老聃曰：'天子崩，国君薨，则祝取群庙之主而藏诸祖庙，礼也。卒哭成事而后，主各反其庙。君去其国，大宰取群庙之主以从，礼也。祫祭于祖，则祝迎四庙之主。主，出庙入庙必跸③；老聃云。"曾子问曰："古者师行，无迁主④，则何主？"孔子曰："主命。"问曰："何谓也？"孔子曰："天子、诸侯将出，必以币帛皮圭告于祖祢，遂奉以出，载于齐车以行。每舍，奠焉而后就舍。反必告，设奠卒，敛币玉，藏诸两阶之间，乃出。盖贵命也。"

【注释】①迁庙主：太祖庙中辈分最高的神主。天子诸侯的庙数有规定，只有高祖以下有庙。高祖以上的祖先原都有庙，后来因世系繁衍而逐渐迁入太祖庙而变成无庙。所谓迁庙就是无庙。许多无庙的神主都在太祖庙。载迁庙主行的，指最近迁入之主。②齐：通"斋"。斋车：载迁主之车。③跸：清除道路，禁止通行。④无迁主：没有迁庙之主。指建国不到五世的诸侯，每个祖先都有庙。

【译文】曾子问："古时候的帝王出兵，一定要带上迁庙主一起走吗？"孔子说："天子出外巡视，带着迁庙主一起同行，要将迁庙主放在斋车上，这表示天子对迁庙主的尊敬。现在的天子若是出外巡视，只是带着七庙的神主一起同行，并未带迁庙主，这是错误的。按礼来说，天子七庙、诸侯五庙不应该空着而没有神主。只有天子驾崩或者诸侯去世的时候庙才可以空着，或者是所有的宗庙在太庙中合祭，才会空庙没有神主。我之前听老子说："天子驾崩，诸侯去世，需要由太祝将所有宗庙的神主统一请到太祖的庙中藏起来，这是合乎礼制的。等到葬礼完成、卒哭之祭完成以后，再重新将所有的神主送回到各自的宗庙中。若是国君出逃离开本国，大宰要将所有庙中的神主请出来，这才是合乎礼制的。各诸侯在太祖庙中合祭所有宗庙的神主，需要让太祝将其他四庙的神主请出来。凡是要请神主的，出庙和入庙都要开路清道，禁止他人通行，这个也是老子说的。"曾子又问："古时候的帝王出兵，若是没有迁庙主可以一起同行，那要什么神主一起呢？"孔子说："要用神主的命令。"曾子问："神主的命令是什么？"孔子说："天子、诸侯将要出行之前，要用币帛皮圭作为贡品向祖庙和父庙祭祀，祭祀完后，要将币帛皮圭恭敬的捧出，将币帛皮圭放在斋车上一起同行。每到一个休息的场所，都要将币帛皮圭拿出来祭奠，而后才可以停下修整。回国后，要在祖庙中举行告归之祭。祭奠过后，将币帛皮圭收藏起来，藏在堂下的两个阶梯中间，然后才能出正堂。这是表示自己敬仰神主的命令。"

子游问曰："丧慈母①如母，礼与？"孔子曰："非礼也。古者，男子外有傅，内有慈母，君命所使教子也，何服之有？昔者，鲁昭公少丧其母②，有慈母良，及其死也，公弗忍也，欲丧之，有司以闻，曰：'古之礼，慈母无服，今也君为之服，是逆古之礼而乱国法也；若终行之，则有司将书之以遗后世。无乃不可乎！'公曰：'古者天子练冠③以燕居。'公弗忍也，遂练冠以丧慈母。丧慈母，自鲁昭公始也。"

【注释】①慈母：据《仪礼·丧服》和本书《丧服小记》所说，指妾子无母，其父命另一无子之妾抚养他，这个儿子称抚养他的父妾为慈母。但据下文"外有傅，内有慈母"和《内则》所说，慈母就是保姆。大概是古今同名而异实。②鲁昭公少丧其母：此与史实不合。昭公生母齐归，死于昭公三十年，其时昭公不能算少。《孔子家语》作鲁孝公。③练冠：按丧服的规定，天子、诸侯的庶子当了天子、诸侯以后，不能为生母服丧。为表示哀痛，就穿戴练冠麻衣。练冠麻衣不算丧服。

【译文】子游问："若是家中慈母去世，孝子对慈母的丧制就像对生母一样，这是符合礼制规定的吗？"孔子说："这是不符合礼制规定的。古时候，家中男子在外有师傅教育，在家中有慈母照顾，他们都是因为奉了国君的命令才去做这些的，所以不必为他们服孝。之前，鲁昭公在年少的时候生母去世，有一个慈母对他很好，慈母去世以后，鲁昭公心有不忍，想要为慈母服丧。由主管这一事件的人向鲁昭公说：'按照古时候的礼制，对慈母是不必服孝的，如果国君要为自己的慈母服孝，这样做是违背古代礼制而后让国家的法制毫无秩序。若是国君您一定要这样去做，那我们只好将这件事情载入史册中并留下来给后人看，这样对您没有什么益处，还是不要这样做的好。'鲁昭公说：'古时候的天子也有在退朝之后，闲居时为生母戴着练冠服孝的'最终鲁昭公还是不忍心不为慈母服孝，于是就头戴冠为自己的慈母服孝。所以为慈母服孝的这个做法，是从鲁昭公才开始的。"

曾子问曰："诸侯旅见①天子，入门，不得终礼，废者几？"孔子曰："四。"请问之。曰："大庙火，日食，后之丧，雨沾服失容，则废。如诸侯皆在而日食，则从天子救日，各以其方色与其兵②。大庙火，则从天子救火，不以方色与兵。"曾子问曰："诸侯相见，揖让入门，不得终礼，废者几？"孔子曰："六。"请问之。曰："天子崩，大庙火，日食，后夫人③之丧，雨沾服失容，则废。"曾子问曰："天子尝禘郊社五祀④之祭，簠簋⑤既陈，天子崩，后之丧，如之何？"孔子曰："废。"曾子问曰："当祭而日食，太庙火，其祭也如之何？"孔子曰："接祭⑥而已矣。如牲至，未杀，则废。天子崩，未殡，五祀之祭不行；既殡而祭，其祭也，尸入，三饭不侑，酳不酢⑦而已矣。自启⑧至于反哭，五祀之祭不行；已葬而祭，祝毕献⑨而已。"

【注释】①旅见：众多诸侯一同朝见天子。②各以其方色：诸侯穿着的衣服用自己的国家所在方位的颜色。东方诸侯衣青，南方诸侯衣赤，西方诸侯衣白，北方诸侯衣黑，中央诸侯衣黄。兵：武器。东方诸侯用戟，南方用矛，西方用弩，北方用楯，中央用鼓。古人以为阳弱阴强会出现日食，所以正五方之色和兵器来助阳。③后：指天子的夫人。夫人：诸侯的夫人。④五祀：指祭祀众小神。天子有七祀，而这里只说五祀，是通指天子、诸侯、大夫而言。⑤簠簋（fǔ guǐ）：古代盛放祭祀谷物之器。方形叫簠，圆形叫簋。这里泛指祭祀用的所有供品。⑥接祭：即捷祭，捷祭比正祭省略好多程序。⑦酳（yìn）：食后用酒漱口。酢：尸把主人献的酒喝完后，用酒回敬主人。⑧启：启殡、反哭、棺柩下葬后，亲属回到庙中哭泣。⑨祝毕献：古代祭祀程序繁多，这里是说祭礼只到献祝为止。

【译文】曾子问："诸侯朝见天子，都已经进了宗庙门，但是最终没有朝见成功，使朝见之礼半途而废的，会有哪几种情况？"孔子说："会有四种情况。"曾子问哪四种？孔子说："祖宗大庙失火，日食，天子的王后去世，因为大雨淋湿衣服衣冠不整者，这四种情况下必须停止行礼。如果诸侯朝见天子的时候发生日食，所有的诸侯都要跟着天子去救日，救日的时候，各地的诸侯穿本国色的衣服，拿着本国的兵器；如果诸侯朝见天子时太庙失火，所有的诸侯都要跟着天子去救火，此时对穿衣和武器不做要求。"曾子又问:"若是诸侯间要互访,主人方已经按照礼制将客人请进家中,但是最终没有完成所有的事情,使会面半途而废的情况,会有几种呢?"孔子说:"会有六种情况。"曾子问是哪六种?孔子说:"天子驾崩,祖宗大庙失火,日食,天子的王后去世,诸侯的夫人去世,因为大雨淋湿衣服衣冠不整,这六种情况下必须停止会面。"曾子又问:"天子举行的宗庙之祭,天子诸神之祭,五祀之祭,所有的准备工作都已经准备完毕,如果这时候天子驾崩,或者天子的王后去世,这种情况要怎么处理?"孔子说:"所有的祭祀停止。"曾子又问:"如果祭祀正在进行的时候发生了日食,或者遇到太庙失火,这时候祭祀还要进行下去吗?"孔子说:"这种情况下祭祀可以继续进行,但是要简化程序。如果这时候准备祭祀用的牺牲已经带过来但是没有杀掉,这时候祭祀应该停止。如果是天子驾崩,在还未出殡的时候,五祀之祭要停止举行,等到灵柩已经放进殡宫,方可举行祭祀。此时的祭祀也应该简化程序,在"尸"入内以后,吃三口饭以后便不可以再吃。主人家为死者以酒漱口,漱口后不得回敬,整个流程到这里算结束。从启殡到下葬后反哭的这段时间,不可以举行五祀之祭。已经下葬以后五祀之祭可以继续进行,但同样要将程序简化,仪式进行到向主人献酒就结束。"

曾子问曰:"诸侯之祭社稷,俎豆①既陈,闻天子崩、后之丧、君薨、夫人之丧,如之何?"孔子曰:"废。自薨比至于殡,自启至于反哭,奉帅天子②。"

曾子问曰："大夫之祭③，鼎俎既陈，笾豆既设，不得成礼，废者几？"孔子曰："九。"请问之。曰："天子崩、后之丧、君薨、夫人之丧、君之大庙火、日食、三年之丧、齐衰、大功④，皆废。外丧自齐衰以下，行也。其齐衰之祭也，尸入，三饭不侑，酳不酢而已矣；大功酢而已矣；小功、缌，室中之事⑤而已矣。士之所以异者，缌不祭⑥，所祭于死者无服则祭。"

【注释】①俎豆：祭祀盛放牲体及有汁菜的器皿。这里泛指祭祀所用供品。②奉帅天子：指遵循天子遇丧时的祭祀礼法。③祭：祭宗庙及三祀，大夫无社稷之祭。④三年之丧：子为父服斩衰三年，父卒为母服齐衰三年。齐衰：指祖父母、伯父母、叔父母死亡。大功：指堂兄弟死亡。以上均指内丧。⑤室中之事：在室中所行的献尸仪式。祭宗庙先室中献酒于尸，后移至堂中殡尸。⑥缌不祭：因士的地位比大夫低，所以即使有缌麻之丧，也要停止祭祀。大夫有九种情况停止祭事，士则再加上小功之丧、缌麻之丧，就有十一种情况停止祭事。

【译文】曾子问："诸侯准备进行社稷之祭，所有的祭品都已经准备完毕，突然听闻天子驾崩、王后去世、国君去世、国君夫人去世的消息，这时候应该怎么办？"孔子说："应该立刻停止祭祀。从去世听闻消息到出殡，从出殡到反哭，这段时间所有的祭祀都要遵照天子在的时候的做法。"

曾子问："大夫要举行宗庙之祭，所有的祭品都已经准备完毕，但是最终没有完成所有的事情，使祭祀半途而废的情况，会有几种呢?"孔子说:"有九种原因。"曾子问哪九种原因?孔子说:"天子驾崩,天子的王后去世,国君去世,国君的夫人去世,国君的家族太庙失火,日食,家中父母去世,祖父母去世,伯父伯母去世,家中堂兄弟去世,这九种情况发生,就要停止一切祭祀。若是外族的亲人又属于齐衰以下的死者,这种情况祭祀可以继续,但祭祀的程序要简化进行。详细而言,去世的若是外族齐衰之下的人,祭祀时,尸体进入到室内,吃三口饭以后便不可以再吃。主人家为死者以酒漱口,漱口后不得回敬,仪式进行到这里就算结束;去世的若是外丧但属于大功之服的亲人,在前面的程序上加上回敬主人酒的流程;去世的若是外丧属于小功之类的亲人,祭祀可以在前面程序的基础上记性到家中主人、主妇向尸献酒结束为止。处理这类事情,士人和大夫是不一样的,士人家中即使有外族之人去世,祭祀都应该停止。若是所祭祀的祖先与死者没有丧服之间的关系,那祭祀便可以正常进行。"

曾子问曰:"三年之丧,吊乎?"孔子曰:"三年之丧,练①,不群立,不旅行②。君子礼以饰情,三年之丧而吊哭,不亦虚乎?"

【注释】①练:即小祥。②旅行:众人一道行走。
【译文】曾子问:"在为父母服三年之丧的丧期间,可以去他人家中吊唁吗?"孔子说:"为父母居丧期间,过了小祥以后,还不可以和众人在一起站立,不可以和众人一起走路。君子是通过遵守礼制来表达自己感情的,而今正是父母丧期,家中还处在巨大的悲痛之中,此时去他人家中吊唁哭泣,不是显得很虚伪的吗?"

曾子问曰:"大夫、士有私丧①,可以除之矣,而有君服②焉,其除之也如之何?"孔子曰:"有君丧服于身,不敢私服,又何除焉?于是乎有过时而弗除也。君之丧,服除而后殷祭③,礼也。"曾子问曰:"父母之丧,弗除可乎?"孔子曰:"先王制礼,过时弗举,礼也;非弗能勿除也,患其过于制也,故君子过时不祭,礼也。"

【注释】①私丧:自己宗族内的丧服,与下文"君服"相对而言。②君服:为国君服丧。③殷祭:盛祭、大祭,这里指小祥和大祥。

【译文】曾子问:"大夫、士人家中有私丧服孝,到了丧期已满除孝的时候,国家的国君突然去世,又要为国君服丧穿孝服,这样的情况下,原先家中的是私丧孝服还要除去吗?"孔子说:"若是国中的国君去世需要穿孝服,就不可以为自己的亲人再穿孝服,明白了国君的孝服比自己亲人的重要,孝服就没有理由再除去了。这种时候就有了一些大夫和士人因为过了丧期还没有除去孝服的情况。等国君的丧期已满,才可以为自己的亲人举行小祥、大祥的祭奠,这样做才是合乎礼制的。"曾子又问:"为父母穿的孝服,可以永远不除去吗?"孔子说:"先王制定的礼仪规定,所有的祭奠过了时间以后就不可以再举行,这是合乎礼制的。先王并非不能要求人们永远不除去丧服,问题是先王要求了人们就可以做到吗?既然已经知道不可能做到,那最好的还是规定一个时间的好。因此君子如果过了祭祀的时间就不要再去补祭,这样才是合乎礼制的。"

曾子问曰:"君薨,既殡,而臣有父母之丧,则如之何?"孔子曰:"归居于家,有殷事①,则之君所,朝夕②否。"曰:"君既启,而臣有父母之丧,则如之何?"孔子曰:"归哭而反送君。"曰:"君未殡,而臣有父母之丧,则如之何?"孔子曰:"归殡,反于君所,有殷事则归,朝夕否。大夫,室老③行事;士,则子孙行事。大夫内子④,有殷事,亦之君所,朝夕否。"

【注释】①殷事:丧期中每月初一、十五的祭奠。②朝夕:丧期中每天早、晚的祭奠。初一、十五的祭奠比朝夕奠盛大,所以叫殷奠。③室老:大夫家中的总管。④内子:大夫的嫡妻。

【译文】曾子问:"国君去世,灵柩已经在殡宫放下,此时臣子的父亲或者母亲突然去世,这种情况要怎么处理?"孔子说:"臣子应该先回家处理父母的丧事,之后每逢每月初一、十五在宫中举行殷祭时,都要去国君的殡宫。朝夕之奠可以不参加。"曾子问:"若是国君的灵柩已经启殡准备出殡,此时臣子的父亲或者母亲突然去世,这种情况要怎么处理?"孔子说:"臣子此时应该穿着为国君哭丧的孝服回家哭泣，哭泣完毕后回宫中为国君送葬。"曾子又问："国君去世，灵柩还没有停到殡宫，此时臣子的父亲或者母亲突然去世，这种情况下要怎么处理？"孔子说："此时臣子可以先行回家料理父母的丧事，一直到父母入殡后，再回到宫中国君的殡宫。之后每逢每月初一、十五在家中举行殷祭时，臣子都要回去家中，朝夕之奠可以不回去。大夫家中的朝夕之奠，由家臣之长代为执行；士人家中的朝夕之奠，由家中长子孙代为执行。大夫的妻子，每逢每月初一、十五宫中的殷祭，都要去国君的殡宫中参加，朝夕之奠可以不用参加。"

贱不诔①贵，幼不诔长，礼也。唯天子，称天以诔之②。诸侯相诔，非礼也。

【注释】①诔（lěi）：叙述死者生前事迹，表示哀悼的一种文体。②称天以诔之：天子最尊，无人敢诔。天子死后，臣要祭告上帝，以上帝的名义撰写诔文。

【译文】身份卑贱者不可以为身份尊贵的人叙述生前事迹，家中晚辈不可以为长辈叙述生前事迹，这是礼制的规定。若是天子去世，要以天地的名义为其叙述生前事迹。诸侯之间相互叙述生前事迹，这样做事不符合礼制规定的。

曾子问曰："君出疆以三年之戒①，以椑②从。君薨，其入如之何？"孔子曰："共殡服③，则子麻，弁绖④，疏衰⑤，菲,杖。入自阙,升自西阶。如小敛⑥,则子免而从柩,入自门,升自阼阶。君大夫士一节也。"

【注释】①三年之戒:为防不测而预备丧事。戒:预备。国君的丧期三年,所以叫三年之戒。②椑(pí):诸侯有三重棺,最内层叫椑。③殡服:移棺入殡宫时众人穿的衣服。④弁:布帽。绖:此指结在头上的麻绳。⑤疏衰:即齐衰。孝子本当为父服斩衰,因父死于外,此时尚未成服,故服疏衰。⑥小敛:指死时离国不远,尸体小敛之后即运回来。因未大敛,用生前的仪式。

【译文】曾子问:"国君准备出行之时要为自己的身后之事做准备,所以会带着棺材与自己一起同行。如果国君出行的时候真的发生意外去世,那棺材要怎么运回来呢?"孔子说:"给随从的执事提供殡服,孝子头戴麻身穿孝服,脚上穿着草鞋,手中拿着丧杖。死者的灵柩要从已经打坏庙墙的入口进入,从西阶开始抬到堂上。若是死者是已经举行小敛以后回来的,孝子就要头戴免身穿孝服跟着灵柩从大门进来,进大门以后,从东阶抬到堂上,剩下的礼数和生前的一样。大夫和士人若是在他国去世,运回国后的礼数和国君是相同的。"

曾子问曰:"君之丧既引①,闻父母之丧,如之何?"孔子曰:"遂②。既封而归,不俟子。"曾子问曰:"父母之丧既引,及涂,闻君薨,如之何?"孔子曰:"遂③。既封,改服而往。"

【注释】①引：葬日把柩车拉往墓地。②遂：完成。这里指把柩车送到墓地。③封：郑玄认为当为"窆"，指把棺柩下到墓圹内。

【译文】曾子问："国君的丧礼已经出殡准备下葬，此时臣子家中父母突然去世，这种情况要怎么处理？"孔子说："臣子应该先把国君的灵柩护送到墓地，等下葬以后再回到自己家中处理丧事，不用等到封土以后再离开。"曾子问："若是家中父母去世灵柩已经出殡，此时突闻国君去世，这种情况要怎么处理？"孔子说"这种情况要先将父母的灵柩护送到墓地，等到下葬以后，回到家中换了衣服以后去宫中为国君奔丧。"

曾子问曰："宗子为士，庶子为大夫，其祭也如之何？"孔子曰："以上牲①祭于宗子之家。祝曰：'孝子某为介子某荐其常事②。'若宗子有罪，居于他国，庶子为大夫，其祭也，祝曰：'孝子某使介子某执其常事。'摄主不厌祭③，不旅④，不假⑤，不绥祭⑥，不配⑦。布奠⑧于宾，宾奠⑨而不举，不归肉⑩。其辞于宾曰：'宗兄、宗弟、宗子在他国，使某辞。'"

【注释】①上牲：即少牢，羊、猪各一。庶子无庙，至宗子家祭奠。②孝子：指宗子。介子：即庶子。常事：平常的祭奠。③厌：通"餍（yàn）"。餍祭：用食品直接供奉祖先，不用尸。④旅：旅酬。⑤假：通"嘏"，尸向主人祝福。⑥绥祭：即堕祭，食祭之礼。堕祭有二：主人以黍稷牢肉祭于豆间；尸则取菹、黍稷和肺祭于豆间。这里指前者，因庶子是代理主人。⑦配：配食。祭祀开始时，祝先请神，祝词中有"以某妃配某氏"。因庶子不是主人，所以祝在请神时不说上面的话。依祭祀的程序，当言不配，不绥祭，不假，不旅，不厌祭。⑧布奠：主人酬宾酒时，把酒放在宾俎北面。⑨宾奠：宾把酒端过来放在俎南面。⑩归：通"馈"。馈肉：祭奠结束，主人把祭肉分送宾客。

【译文】曾子问："嫡长子的官职是士人，而庶子的官职却是大夫，那祭祀的时候要怎么处理？"孔子说："要用大夫的礼制，将祭祀用的牲畜祭品放置在嫡长子的家中，祝辞的时候说：'孝子某人代替嫡长子某人来进行祭祀。'如果嫡长子是因为有罪，逃到了别的国家居住，庶子在本国身为大夫，祭祀的时候祝辞要说：'孝子某人吩咐介子某人来代替祭祀。'代替嫡长子祭祀的庶子主持祭祀，应该简化流程，不可厌祭，不可旅酬，不可祝福，不可绥祭，不可配食。主人向宾客敬酒，宾客只可接过酒杯放下，不可以举杯还敬，祭祀到最后，也不可以向宾客分赠祭肉。庶子应该告诉各位宾客说：'家中宗兄或宗弟或宗子现居住在别的国家，所以命令我代为进行祭祀。'"

曾子问曰："宗子去在他国，庶子无爵而居者，可以祭乎？"孔子曰："祭哉！"请问："其祭如之何？"孔子曰："望墓而为坛①，以时祭。若宗子死，告于墓而后祭于家。宗子死，称名不言孝②，身没而已。子游之徒，有庶子祭者以此若义也③。今之祭者，不首其义④，故诬于祭也。"

【注释】①望墓而为坛：朝着祖先墓地的方向筑祭坛。②称名不言孝：减去上节"孝子某使介子某执其常事"中的"孝"字。③以：用。此若：同义，即此。④首其义：推求本来的意义。

【译文】曾子问："嫡长子离开去了别的国家，在国中的庶子没有爵位在身，可以去宗庙祭祀吗？"孔子说："可以祭祀的。"曾子问："祭祀应该如何去做？"孔子说："庶子祭祀时要先在面向祖先墓地的方向筑祭坛，一年四季按照规定的时间祭祀。若是嫡长子已经去世，庶子需要将此情况去墓地禀告祖先，而后自己才可以在家中祭祀。因为嫡长子已经去世，但是祭祀时不可以自称为孝子，知道自己死去为止。子游门下的学生，便有以庶子身份进行祭祖的，他就是按照这个礼仪去办的。现如今的庶子祭祀，不明白古人做这些事的道理，所以现在的庶子祭祀已经乱来了。"

曾子问曰："祭必有尸乎？若厌祭亦可乎？"孔子曰："祭成丧者必有尸，尸必以孙。孙幼，则使人抱之。无孙，则取于同姓可也。祭殇必厌，盖弗成也。祭成丧而无尸，是殇之也。"孔子曰："有阴厌，有阳厌①。"曾子问曰："殇不祔祭②，何谓阴厌、阳厌？"孔子曰："宗子为殇而死，庶子弗为后③也。其吉祭④，特牲⑤。祭殇不举⑥，无肵俎⑦，无玄酒，不告利成⑧，是谓阴厌。凡殇，与无后者，祭于宗子之家，当室之白⑨，尊⑩于东房，是谓阳厌。"

【注释】①厌:通餍。阴厌:尸未入室之前的祭祀叫阴厌。阳厌:尸已出室之后的祭祀叫阳厌。这里的阴厌,指宗子之殇,祭于祖庙之奥,阴暗之处。阳厌指一般庶子之殇,祭于室之明亮之处。②不祔,郑玄注:"祔,当为备。"不备祭:不完备的祭礼。③弗为后:不做他的后嗣,即不继承宗子的位置。④吉祭:未成年而死的人,葬后卒哭祔庙的祭祀属吉礼,不再算丧礼。⑤特牲:祭祀殇者本当用特豚,因为是宗子,所以升格用特牲(一条牛)。⑥举:举肺脊。尸食之前,必举而授与尸。⑦肵(qí)俎:主人敬献给尸的俎,上有食物。肵,恭敬的意思。⑧告利成:祝向神报告供品已进献完毕。⑨室之白:室内西北角漏光处。古时房屋的西北角有小窗,较明亮。⑩尊:这里作动词,设置酒尊。

【译文】曾子问:"祭祀的时候必要有'尸'吗?要是像厌祭那样不可以吗?"孔子说:"凡是祭祀成年人的丧礼就必须要有'尸','尸'必须要是死者的孙辈。家中嫡孙若是年幼,可以让人抱着充当尸。若是家中没有嫡孙,要在同族本姓孙辈中找一个。祭祀年幼夭折的人,就一定要用厌祭,因为他们尚未成人。祭祀成年人没有尸的情况,这就相当与把死者当做殇来对待。"孔子又说:"厌祭也是分为两种的,一种阴厌,一种阳厌。"曾子问:"祭祀未成年人夭折的厌祭不是很简单吗,阴厌是什么意思?阳厌又是什么意思?"孔子说:"嫡长子尚未成年便去世,家中其他庶子的后代不可作为嫡长子的子嗣。为嫡长子在宗庙举行吉祭时,只用一种牲畜作为祭品,因为他是未成年去世的,所以不举肺脊,没有敬尸之俎,没有玄酒,礼成后也不用向祖辈禀告完成,这就是阴厌之祭。凡是家中非嫡长子的其他庶子未成年而死,死后也没有自己的子嗣,祭祀的祭坛都是设置在嫡长子家中,将需要用到的祭品摆在室内的西北方向,将酒樽设置在东边方向,这就是阳厌之祭。"

曾子问曰:"葬引至于堩①,日有食之,则有变乎?且不乎?"孔子曰:"昔者吾从老聃助葬于巷党②,及堩,日有食之,老聃曰:'丘!止柩,就道右,止哭以听变。'既明反而后行。曰:'礼也。'反葬,而丘问之曰:'夫柩不可以反者也,日有食之,不知其已之迟数③,则岂如行哉?'老聃曰:'诸侯朝天子,见日而行,逮日而舍奠;大夫使,见日而行,逮日而舍奠④。夫柩不早蚤出,不暮宿。见星而行者,唯罪人与奔父母之丧者乎!日有食之,安知其不见星也?且君子行礼,不以人之亲痁⑤患。'吾闻诸老聃云。"

【注释】①堩(gèng):道路。或说,"引"前应补"既"字。②巷党:党名。③数:通"速"。④逮日:天未黑。舍奠:止宿前祭奠行主。⑤痁(shān):王引之读为阽(diàn)。阽:临近。

【译文】曾子问:"丧礼时出葬的灵柩已经在路上,这时候突然遇到日食,有什么需要改变的吗?还是什么都不用变?"孔子说:"以前,我和老子一起在巷党中帮助别人送葬,灵柩已经在路上,突然发生了日食,老子对我说:'孔丘,把灵车停下来,靠在路的右边放下,大家都不要哭,静观其变。'等天空放明以后继续进行。老子说:'这是礼仪规定的。'下葬以后返回家中,我就问老子说:'按礼来说,灵柩车只可以前进,不可以后退,偶遇日食,但是又不知道日食会持续多久,与其就那样等在路边,为何不继续前进呢?'老子说:'诸侯前去朝见天子,出发时要看到日出才可出行,傍晚太阳还未落山的时候就要停止前进,找个地方祭奠一同随行的迁庙主;大夫出使别国,出发时要看到日出才可出行,傍晚太阳还未落山的时候就要休息。灵柩在天没亮的时候不可以出殡,天黑以后也不可以再前进。若是天黑以后披星戴月的前进,这是只有犯了罪的人或者是赶着回家奔丧的人。刚才我们看到的日食,天空已经完全黑暗,我们怎么知道天空会不会出现星星,若是看到星星,不就是披星前进了吗?还有,君子在依礼行事的时候,肯定要先保证别人的亲人不会遭遇祸患啊。'这些话都是我听老子说的。"

曾子问曰:"为君使而卒于舍[1],礼曰:公馆复[2],私馆不复。凡所使之国,有司所授舍,则公馆已[3],何谓私馆不复也?"孔子曰:"善乎问之也!自卿、大夫、士之家,曰私馆;公馆与公所为[4],曰公馆。公馆复,此之谓也。"

【注释】[1]舍:出使在别国所住的旅舍。即下文的公馆、私馆。[2]复:人刚死时的招魂仪式。[3]已:通"矣"。[4]公所为:国君指定的旅舍,即使是卿大夫的家庙,也算公馆。古代使者一般都住在宗庙内。卿出使住在所至国大夫的家庙,大夫住士的家庙，国君住国君的宗庙或卿的家庙。

【译文】曾子问："奉了国君的命令出使别的国家，在出使国家的旅舍不幸去世，礼书上说：死在国家的公办旅舍中可以招魂，若是死在私人的旅舍中便不可以招魂。这样使者所到的国家，本国负责接待的人员为使者安排住处，这样的住处可以看做是公办的旅舍住处。那私人的旅舍中不可以招魂，这是什么意思呢？"孔子说："你这个问题问的很好！若是住在卿、大夫、士人的家中，这就叫私人的旅舍。诸侯建造的公办旅馆，或者国君亲自指定住的地方，这就叫作公办旅馆。礼中说的公办旅馆可以招魂，就是说的这些地方。"

曾子问曰："下殇：土周①葬于园，遂舆机②而往，途迩故也。今墓远，则其葬也如之何？"孔子曰："吾闻诸老聃曰：昔者史佚有子而死，下殇也。墓远，召公谓之曰：'何以不棺敛于宫中③？'史佚曰：'吾敢乎哉？'召公言于周公，周公曰：'岂不可？'史佚行之。下殇用棺衣棺④，自史佚始也。"

【注释】①土周：即《檀弓》所云"垩周"。烧土为砖，围于棺外，不用椁。②舆：用人抬。机：用于抬尸体的工具，状如床而无脚无第，用绳纵横交结而承尸体，下葬时抽去绳，尸体落下。③棺敛于宫中：在家里大敛后入棺。依礼，下殇是把尸体抬到墓地后大敛于棺，故问此。④棺衣棺：在家里大敛入棺。

【译文】曾子问："年龄在八至十一岁间去世的孩子,是在自己后院挖个坑,然后坑的四周用砖头围住,再用器械将尸体抬过去下葬,这是因为路途比较近。那要是墓地离的距离比较远,那要怎么样下葬呢？"孔子说："我之前听老子说过：从前有个人叫史佚,他有个儿子去世,年龄刚好是八至十一岁间的孩子,墓地离的比较远,召公就对史佚说：'你为什么不先在家中把尸体入殓进棺材以后再下葬呢？'史佚说：'这是于礼不合的,我不敢啊！'召公将这件事告诉周公,周公说：'这为什么不可以。'最后史佚听了召公的话去做。埋葬八至十一岁去世孩子在家中入殓进棺材的先例,是从史佚这里开始的。"

曾子问曰："卿、大夫将为尸于公,受宿①矣,而有齐衰内丧,则如之何？"孔子曰："出,舍于公馆②以待事,礼也。"孔子曰："尸弁冕而出,卿、大夫、士皆下之,尸必式③,必有前驱。"

【注释】①宿：邀请的意思。祭祀前三天卜日卜尸,卜吉,则邀请做尸的人到时前往,称为宿尸。②舍于公馆：祭事属吉礼,丧事属凶礼,吉凶不相混,所以要住到公馆里去。③式：通"轼"。此指在车上倚着轼作为答礼。

【译文】曾子问："卿、大夫在国君的祭祀中将作'尸',已经接受了邀请并且已经斋戒,此时突然听闻家中有齐衰要服的亲人去世,这时候要怎么处理？"孔子说："这时候应该从家中出来,出去住在国家的公办旅馆里面,等待祭祀的开始,这才合乎礼制。"孔子又说:"'尸'要出门时,要戴弁或者戴冕,此时要看尸所代表的神主是什么身份;卿、大夫、士人出门遇到'尸',都要下车致敬,负责'尸'者的人也要回敬,'尸'出行后,一定要有人在前面开道。"

子夏问曰:"三年之丧卒哭,金革之事无辟①也者,礼与?初有司②与?"孔子曰:"夏后氏三年之丧,既殡而致事③;殷人既葬而致事④。《记》曰:'君子不夺人之亲,亦不可夺亲也。'此之谓乎?"子夏曰:"金革之事无辟也者,非与?"孔子曰:"吾闻诸老聃曰:昔者鲁公伯禽有为为之⑤也。今以三年之丧,从其利⑥者,吾弗知也!"

【注释】①金革之事:指征战。无辟:有征召就应征,不敢辞避。辟,通"避"。②初有司:以前主管征召的人规定的。③致事:退还职事。犹今之请假。④此句后郑玄注:"周人卒哭而致事",有的版本不作郑注而入正文。今译文补入。⑤伯禽:周公的儿子,封于鲁。有为为之:有特定情况而做某事。伯禽在位时,徐戎作乱,伯禽在卒哭之后,举兵征伐,目的是为了救国。⑥从其利:指为着私利而从事战争。

【译文】子夏问:"尚在三年服丧期,卒哭过后就不能以此为理由拒绝征召,这是礼制规定的?还是统领部门的说辞?"孔子说:"为父母居丧期间,从夏后氏开始在入殡以后就不用再去当职,殷代规定是从下葬以后便可以不用再去当职,《记》中记载说:'身为国君,不可以剥夺臣子对亲人的哀思;身为臣子,也不可以抛弃亲人去世的哀痛。'说的不就是这个事情吗?"子夏又问:"那这样看来,国家的征召不可拒绝这件事的做法是不合礼制的吗?"孔子说:"我之前听老子说过:以前鲁公伯禽在举行完卒哭的仪式后就出兵讨伐,不过这是属于特殊情况。而现在的人在为父母居丧期间,还为了自己的一己之私去出兵征伐,这个我就不知道是因为什么了。"

文王世子第八

【题解】本篇由六节组成。第一节是《文王之为世子》,记周文王、周武王如何当世子,以及周公如何教育成王之事。第二节是《教世子》,记大学教育世子及士之法。第三节是《周公践阼》,记三王教世子之法及孔子论教世子的重要性。第四节记庶子正公族之法,即庶子之官如何管理国王的族人。第五节记天子视学养老之礼。第六节是《世子之记》,与第一节内容大旨相同。由于《文王之为世子》一节在本篇开头,所以就以《文王世子》名篇。周代如何重视对世子及其他贵族子弟的教育,从本篇中可以窥其一斑。

文王之为世子①,朝于王季②,日三。鸡初鸣而衣服,至于寝门外,问内竖之御者③曰:"今日安否何如?"内竖曰:"安。"文王乃喜。及日中,又至,亦如之。及莫④,又至,亦如之。其有不安节⑤,则内竖以告文王,文王色忧,行不能正履。王季腹膳,然后亦复初。食上,必在视寒暖之节⑥,食下,问所膳;命膳宰曰:"末有原⑦!"应曰:"诺。"然后退。武王帅而行之,不敢有加⑧焉。文王有疾,武王不说⑨冠带而养。

文王一饭,亦一饭;文王再饭,亦再饭。旬有二日乃间⑩。

【注释】①文王:姓姬名昌,是周王朝的开国者。世子:天子、诸侯的嫡长子。②王季:周文王姬昌之父。③内竖:宫内小臣,负责内外的传达通报。御者:值日的侍者。④莫:通"暮"。⑤节:这里指平日饮食起居。⑥在:察。节:适度。⑦末:勿。原:再。⑧加:增益。意谓文王对王季的孝养已到了顶点,不能再有所增益。⑨说:通"脱"。⑩间:疾愈,病好。

【译文】文王贵为太子时,每天会去父亲王季那里请安三次。天亮鸡叫第一次的时候便已经穿好衣服,去到父王的寝宫门外请安,问在门外当差的内竖:"父王今天一切都好吗?"内竖说:"一切安好。"文王听到以后很开心。到了中午的时候去请第二次安,傍晚的时候去请第三次安,后面两次请安的程序与第一次相同。如果父亲王季身体不好,则由内竖告诉文王,文王听了以后十分担忧,走起路来都是跟跟跄跄的。等到父亲的饮食恢复正常,文王的神情才能恢复如初。父亲每次吃饭,文王都一定会在,亲自去查看饭菜的冷热程度。等父亲吃完饭,文王会问父亲吃了多少,然后命令负责御膳的人说:"吃过的东西不可以再端回来吃。"对方回答:"是的。"文王才命人退下。轮到武王做太子时,武王的一言一行处处以文王作为榜样,不敢有一点不同之处。文王生病,武王不脱冠不换衣的日夜伺候。文王饭吃的少了,武王就跟着吃的少。文王饭吃得多,武王也跟着吃的多。如此衣不解带的伺候十二天后,文王就康复了。

文王谓武王曰:"女①何梦矣?"武王对曰:"梦帝与我九龄。"文王曰:"女以为何也?"武王曰:"西方有九国焉,君王其终抚②诸?"文王曰:"非也。古者谓年龄,齿亦龄也。我百尔九十,吾与尔三焉。"文王九十七乃终,武王九十三而终。

【注释】①女:通"汝"。②抚:有。

【译文】文王问武王说:"你做的梦是什么?"武王说:"我梦到天帝给了九龄与我。"文王说:"你知道这是暗示什么吗?"武王说:"我国西方尚有九个国家还未收复,这个梦的意思是国君您要将他们征讨了吗?"文王说:"你说的不对。古时候的人把年份叫作龄,齿也叫作龄。我可以活到一百岁,你可以活到九十岁,我把我的寿命给你三年。"最后,文王活到九十七岁去世,武王则是活到九十三岁去世。

成王幼,不能莅阼①,周公相,践阼②而治。抗③世子法于伯禽,欲令成王之知父子、君臣、长幼之道也;成王有过,则挞伯禽,所以示成王世子之道也。文王之为世子也④。

【注释】①莅阼:指天子即位。莅:临。阼:指阼阶,为人主所登之阶。②践阼:指履行天子之事。③抗:举出。④文王之为世子:此篇内小题。按:此篇共由六篇合成,篇中只存一、二、三、六四个小标题,四、五已不可考。

【译文】成王尚且年幼,还不足以担当天子的大任,于是由周公作为丞相辅佐于成王左右,代行天子的职务。周公将用来教育太子的规定用在自己儿子伯禽身上,想让成王明白父子、君臣、长幼之间相处的规矩。成王若是做的不好,周公就将伯禽痛打一顿,让成王看明白作为太子应该去怎么样做。这些都来自于文王为世子时的规矩。

凡学世子及学士[①],必时。春夏学干戈[②],秋冬学羽籥[③],皆于东序[④]。小乐正学干,大胥赞之。籥师学戈,籥师丞[⑤]赞之。胥鼓南。春诵夏弦,大师[⑥]诏之。瞽宗[⑦]秋学礼,执礼者诏之;冬读书,典书者诏之。礼在瞽宗,书在上庠[⑧]。

【注释】①学:教。学士:指贵族子弟和乡里推荐的俊杰。②干戈:此处指以干戈为舞具的武舞。③羽籥:羽指翟羽,即野鸡的羽毛;籥:乐器名,似排箫,此处均指舞具。手执羽籥为文舞。④东序:夏代大学之名,周代用为太学四学之一。⑤小乐正、大胥、籥师、籥师丞:皆乐官及属下的名称。⑥大(tài)师:乐官之长。⑦瞽宗:本为殷代学校名,周作为太学四学之一。⑧上庠:虞时学校名,周作为太学四学之一。

【译文】凡是太子和太学生接受教育,一定要根据时间不同而学的方面不同。春夏两个季节适合学习拿着武器的武舞,秋冬两个季节适合学习拿着羽籥的文舞,学习的地点都是在东序。小乐正负责教学执干舞,大胥负责帮助他。籥师负责教学执戈舞,籥师丞负责帮助他。大胥击鼓为节奏负责教学南夷的音乐。春季教读《诗》,夏季学习谱写歌曲,这两个项目都由太师来教。秋冬两季是在瞽宗里面学习礼仪,由管理礼制的官员来教学。冬季教《书》,由掌《书》官来教学。礼仪是在瞽宗学习,教《书》则是在上庠。

凡祭与养老乞言、合语①之礼,皆小乐正诏之于东序。大乐正学舞干戚②,语说③,命乞言,皆大乐正授数,大司成论说在东序。凡侍坐于大司成④者,远近间三席,可以问。终则负墙,列事未尽,不问。

【注释】①养老乞言:在行养老之礼时,向老人乞求治国的善言。或犹今之演说。合语:指在众人参加乡射、乡饮酒、大射、燕射等礼时,谈说先王之法及研讨义理。②干戚:以干戚为舞具的舞蹈。戚:兵器,形似斧。③语说:语即指合语;说指解释闸明义理。④大司成:官名,司徒的属官,负责教授。

【译文】凡是祭祀、养老乞言、合语的这些礼节,都是要由小乐正在东序中教育。大乐正负责教他们学习干戚的武舞,和他们说:养老乞言、合语的这些礼仪,都要由大乐正负责教给他们,大司成最终总结评说,这些也是在东序完成。凡是坐在大司成旁边的人,与大司成之间的距离要由三席之隔。可以向大司成提问,问完以后站在墙边,如果大司成还没有说完要说的话,不可以提问题。

凡学，春官释奠于其先师①，秋冬亦如之。凡始立学②者，必释奠于先圣③先师；及行事，必以币④。凡释奠者，必有合⑤也，有国故⑥则否。凡大合乐，必遂养老。

【注释】①官：指教授诗书礼乐之官。释奠：较简单的祭礼。先师：已去世的有道德的教授诗书礼乐之人。②始立学：指诸侯国受天子之命建立学校。③先圣：始作礼乐以教后世的人，如周公。④币：祭礼用币帛。⑤合：谓合乐，即汇合音乐舞蹈一起表演。⑥国故：国家有了事故，如国君死、战争、灾荒等凶事。

【译文】每个季度开学，都要向先师行礼，春季的老师先主持释奠礼，而后是夏、秋、冬三季的老师。凡是刚开始建立的学习，老师要先向先圣先师行释奠礼，凡是举行释奠礼，祭品必须要比平时的祭奠祭品贵重。凡是举行释奠礼，必须要有音乐和舞蹈的出现。如果是国家正好处于战争之中，那就只行释奠礼，取消其他。凡是举行了大规模的音乐和舞蹈演出的日子，天子紧接着就要举行养老的礼仪。

凡语于郊①者，必取贤敛才焉。或以德进，或以事举，或以言扬。曲艺皆誓②之，以待又语。三而一有焉，乃进其等，以其序，谓之郊人③，远之。于成均以及取爵于上尊④也。始立学者，既兴⑤器用币，然后释菜⑥不舞不授器，乃退。傧⑦于东序，一献⑧，无介⑨语可也。教世子⑩。

【注释】①语于郊:考查、评议郊学的学士。②曲艺:指小的技能,如医、卜之类。誓:谨。③郊人:指不立即任用,带有候补性质。郊人不得与贤能之士同称俊士。④成均:五帝太学之名,周作为大学四学之一。上尊:堂上之酒尊。乡饮酒之礼,凡宾介可取堂上之尊,酌于爵而酢主人。⑤兴:为"衅"之误;衅,器成后用牲祭祀,并用牲血涂于新成器上。⑥释菜:同上文的"释奠",以苹蘩等作祭品,祭祀先师的一种典礼。⑦傧(bīn):以宾礼招待宾客。⑧一献:敬一次酒。⑨介:辅助傧相行礼的人。⑩从"凡学,世子"至"无介语可也"为一小篇。此"教世子"三字,为原该小篇的篇题。

【译文】凡是在郊学中考验学生,遇到优秀的学生一定要举荐出来。或者是因为他品德优异而举荐,或者是因为他能力出众而举荐,又或者是因为他善于言辞而举荐。对于自身有技能傍身的人,要劝诫他多加努力,争取下次考评获得举荐。若是这些有技能的人可以在三个问题中答对一个,就可以按照顺序升级,将这一类人称为郊人,他们的待遇低于其他人,他们不能进入国家的瞽宗里面学习,也不可以在各种祭祀中担任宾介。国家刚开始建立的学校,对新做的乐器要用牲畜来祭祀,祭祀时要用束帛。随后再举行释菜的仪式,释菜仪式上没有歌舞,也不用去分派舞具。礼仪结束后,宾客们去东序相聚,不用傧相,不用合语,用一献之礼简单结束即可。以上都是来自《教世子》。

凡三王①教世子必以礼乐。乐,所以修内②也;礼,所以修外③也。礼乐交错于中④,发形于外,是故其成也怿⑤,恭敬而温文。立大傅、少傅以养⑥之，欲其知父子、君臣之道也。大傅审父子、君臣之道以示之；少傅奉世子，以观大傅之德行而审喻之。大傅在前，少傅在后；入则有保⑦，出则有师⑧，是以教喻而德成也。师也者，教之以事而喻诸德者也；保也者，慎其身以辅翼之而归诸道者也。《记》曰："虞、夏、商、周，有师保，有疑丞⑨。"设四辅⑩及三公。不必备，唯其人。语使能也。君子曰德，德成而教尊，教尊而官正，官正而国治，君之谓也。

【注释】①三王：指虞、夏、商三代之王。②修内：音乐能使人性情和谐，所以说"修内"。③修外：礼是关于仪态、容貌、动作的规范，所以说"修外"。外，指外表。④中：指心中。⑤怿：愉快。⑥大傅少傅：皆官名，负责对太子的教育，往往以官员中有德行的人充任。养：潜移默化地教育。⑦保：官名，即《周礼》的保氏，《周礼》说，保氏"掌谏王恶"。⑧师：官名，即《周礼》的师氏，负责以善道对王进行正面教育。⑨疑、丞：皆官名。疑：负责为太子辨疑解惑；丞：负责记载太子的起居言行的官。⑩四辅：一说指师、保、疑、丞；一说指前疑、后丞、左辅、右弼。

【译文】凡是古时候三朝国君在教育太子的时候，一定要教育他懂礼乐。乐，可以修身养性；礼，可以修整外在。礼乐之间互相交融，所有的都表现在外在，太子若是学好礼乐，便可以成长为温文尔雅恭顺谦和的人。国君设太傅、少傅的官职来教育太子，让太子明白父子、君臣之间的关系应该如何处理。太傅的主要教育内容是将父子之礼、君臣之道说明并亲自为太子做出表率,少傅的主要任务是将太傅所说的一切为太子详细的分析说明,是太子可以领悟其中的道理。太傅在前面,后面跟着少傅,并有太保、太师随时在左右,他们的主要任务就是将太子培养成有品德的人,教会太子应该懂得礼乐。太师的主要任务是将古人的行事准则讲给太子,教太子行事、晓谕德行,让太子懂得分析其中厉害,择善而从。太保的主要任务是自己谨言慎行,并时候谨慎太子其身、辅弼正道,一次来让太子的一言一行都规范,合乎礼制。《记》中说:"虞夏商周四个朝代,有太师、太保,还有疑承二位辅佐大臣"因此国中设立四辅三公的官职,不一定全部都要有,可以根据当时的情况而设立,可以空缺。这话说的意思是设立官职就必须是能人善任,可以胜任这个职位。君子说:身为太子的品德十分重要,太子的品德若是被人尊重,那负责教育的老师也会一并被人尊重;负责教育的老师被人尊重了,朝中的文武百官则会十分刚正不阿,文武百官刚正不阿,国家就会繁荣昌盛。

仲尼曰:"昔者周公摄政,践阼而治,抗世子法于伯禽,所以善成王也。闻之曰:为人臣者,杀其身有益于君则为之,况于其身以善其君乎?周公优为之!"是故知为人子,然后可以为人父;知为人臣,然后可以为人君;知事人,然后能使人。成王幼,不能莅阼,以为世子,则无为也,是故抗世子法于伯禽,使之与成王居,欲令成王之知父子、君臣、长幼之义也。君之于世子也,亲则父也,尊则君也。有父之亲,有君之尊,然后兼天下而有之。是故,养世子不可不慎也。

【译文】孔子说:"之前成王年幼,周公代替成王处理国家政事,治理天下,将教育太子时的规定拿出来,让自己的儿子伯禽在成王的身边陪伴,一言一行都要按照规定来做,这样才可以让成王养成良好的道德。之前听人说:身为人臣,如果牺牲自己便可以为国家带来益处,那这件事就是值得去做的。如果仅仅改变一下身份就能让国君在这件事中得到益处,周公肯定是愿意这样去做的。"因此可以看出,只有懂得如何做儿子,才能懂得如何做父亲;只有懂得如何做人臣,才能懂得如何做国君;只有懂得了如何去伺候别人,别人才能听你的使唤。成王当时年幼,不可立刻即位,若是将成王作为太子来教育,已经没有任何实际的益处。所以周公只好将教育太子的规定拿出来用在伯禽身上,伯禽本不是太子,让伯禽来遵守这套太子的规定,然后再让伯禽每天和成王在一起,这样是想让成王从伯禽身上懂得父子之道、君臣之道、长幼有序的道理。国君与太子之间的关系,从亲人血脉上来说是父子亲情,从尊卑来分是君臣有别,所以这其中既有父子亲情,又有为君之道,懂得这些,才能真正的明白怎样去统治天下,所以从这里可以看出,对太子的培养不得不慎重的去做。

行一物而三善皆得者,唯世子而已。其齿于学之谓也。故世子齿于学,国人观之曰:"将君我而与我齿让何也?"

曰："有父在则礼然，然而众知父子之道矣。"其二曰："将君我而与我齿让何也？"曰："有君在则礼然，然而众着于君臣之义也。"其三曰："将君我而与我齿让何也？"曰："长长也，然而众知长幼之节矣。"故父在斯为子，君在斯谓之臣，居子与臣之节，所以尊君亲亲也。故学之为父子焉，学之为君臣焉，学之为长幼焉，父子、君臣、长幼之道得，而国治。语曰："乐正司业，父师司成，一有元良，万国以贞。"世子之谓也。周公践阼。

【译文】只做一件事情但是可以得到三个好的结果，这也只有太子可以做到。太子在学堂里面与人为善，不自命不凡，而是和普通人一样按照年龄的大小和学生们叙礼说事。太子在学堂中与学生们没有距离的叙礼说事，国人看到以后说："太子身为未来国君却与我们不分尊卑的叙礼说事，为什么要这样谦让呢？"回答："太子这样是因为懂得父子之道罢了，所以其他人也就懂得了父子之道。"这是第一个好的结果。有人问："太子身为未来国君却与我们不分尊卑的叙礼说事，为什么要这样谦让呢？"回答："太子这样是因为懂得君臣之分罢了，所以其他人也就懂得了君臣之分。"这是第二个好的结果。有人问："太子身为未来国君却与我们不分尊卑的叙礼说事，为什么要这样谦让呢？"回答："太子这样是因为懂得长幼之尊罢了，所以其他人也就懂得了长幼之尊。"所以父亲在的时候太子的身份是儿子；国君在的时候太子的身份是人臣，太子同时既是儿子又是人臣，所以他既要懂得为臣之道，又要热爱自己的父亲。因此才要教育太子学会如何处理好君臣关系，如何处理父子关系，又要如何处理长幼的顺序。父子、君臣、长幼之间的关系若是处理得当，国家才可以得到完美的治理。古人曾经说：乐正是负责太子的学业精通，太师是负责太子的品德培养，一旦国家有了大善至德，大贤之士，国家才会太平昌盛。《周公践阼》说的就是如何成为太子。

庶子[1]之正于公族者，教之以孝弟、睦友、子爱[2]，明父子之义、长幼之序。其朝于公：内朝[3]，则东面北上，臣有贵者以齿；庶子治之[4]。虽有三命[5]，不逾父兄。其在外朝[6]，则以官，司士[7]为之。其在宗庙之中，则如外朝之位。宗人[8]授事，以爵以官。其登馂献受爵[9]，则以上嗣[10]。

【注释】[1]庶子：官名，为司马的属官，管理诸侯卿大夫的子弟。正：通"政"。[2]弟：通"悌"。"子"通"慈"。[3]内朝：指燕朝，在路寝，处理族内之事。[4]"庶子治之"下十二字，本在下文"则以上嗣"下，据孔颖达疏移至此。[5]三命：指官的等第，三命任命为卿。[6]外朝：此指治朝，位于路寝门之外，君主日视朝之处。[7]司士：官名，司马之属官，负责安排官员在朝廷上的朝位。[8]宗人：官名，负责礼仪及宗庙之事。[9]馂（jùn）：本意是吃剩的食物，此指分食祭品。献：祭祀时的一种仪式，嫡子向为尸者献酒。受爵：是尸向嫡子献酒，为祭祀的仪式。[10]上嗣：嫡长子。

【译文】庶子的职务是管教国君家族中的人，要教育他们孝悌、睦友、慈爱的道理，让他们明白父子之间的含义，长幼之间的次序。国君在内朝中会见自己的族人，要面朝东边，以北边为上位。若是朝臣中由地位比较尊贵的人，他的位置顺序也要按照家族中的辈分来排列，这是由庶子负责的。即使有三命的卿，他的位置也不能超过父兄长辈。如果是在外朝会见，则要按照官位的高低来排列，这是由司士负责的。如果是在家族宗庙中朝见，则是要按照在外朝会见的顺序来排列，根据每个人官职的不同来进行排列，这是由宗人负责的。若是祭祀后堂中分食祭品，向"尸"献酒，还有饮莫解，这些事情都是要由国君的嫡长子来完成的。

（庶子治之，虽有三命，不逾父兄。）其公大事①，则以其丧服之精粗②为序。虽于公族之丧亦如之，以次主人。若公与族燕，则异姓为宾，膳宰③为主人，公与父兄齿。族食④，世降一等⑤。

【注释】①公大事：指国君的丧事。②丧服之精粗：服丧与死者的关系越亲，丧服的布越粗；关系疏远，则丧服的布较细。③膳宰：总管膳事者。④族食：与族人燕食。⑤世降一等：随着世系的亲疏降等，如与同父兄弟一年聚饮四次，同祖父的兄弟辈则降为一年燕饮三次。

【译文】若是国君去世，丧事的顺序要按照丧服的轻重顺序排列，国君家族中人的丧事也是按照这样去办理，孝子负责领头，孝子后面按照个人的亲疏关系往下排列。如果是国君与族中人设宴饮酒,要让异姓的人来做宾客,膳宰暂时替代主人,彼此间座位的顺序,要按照国君与所有人的关系来排列,同样是要按照家族辈分。家族之间的聚会,要按照族人与国君的关系来排列座位,每隔一世就要递降一等。

其①在军,则守于公祢②。公若有出疆③之政,庶子以公族之无事者守于公宫,正室④守大庙,诸父守贵宫贵室⑤,诸子诸孙守下宫下室⑥。

五庙之孙,祖庙未毁,虽为庶人,冠,取妻,必告;死,必赴;练祥⑦则告。族之相为也,宜吊不吊⑧,宜免不免⑨,有司罚之。至于赗赙承含⑩,皆有正焉。

【注释】①其:承上文,指庶子官而言。②公祢(nǐ):行主。将宗庙的神主载于车,随军而行。祢:父之主。③出疆:离开本国,如参加朝觐会同等事。④正室:嫡子。⑤贵宫贵室:王引之《经义述闻》以为"贵宫"为衍文。贵室:指路寝。⑥下宫下室:亲庙和燕寝。⑦练祥:丧礼的祭名。父母去世第十三个月服练服之祭称为练,亦称小祥。⑧吊:对同族六世以外的死丧,仅有吊问即可。⑨免(wèn):丧冠,用一寸宽的布从项而前交于额再绕于髻,这是对隔五代族人的丧服。⑩赗赙(fèng fù):赠送物资帮助丧葬;赗:赠车马;赙:赠财帛。含:用于死者口中含的珠玉。承:郑玄以为是"赠"字之误,读为"赠"。

【译文】如果族中有人随军出征,族中的人要时刻守卫在行主的身旁。国君若是有出访活动,庶子则要负责留守国内,派国君家族中没有实际官职的人来守卫宫廷,派国君家族中的嫡长子去守卫太庙,派国君家族中的父辈守护路寝,派家族中的兄弟辈去守护宗庙,派家族中的孙辈去守护燕寝。

家族中为同一个高祖的后人,祖庙中的神主没有单独迁出,那么整个家族中都是五服内的亲戚,若是有人沦为平民百姓,在行弱冠、娶亲的时候同样也要向国君禀告,去世后也要发布讣告,到了要举行小祥、大祥祭祀的时候,也要禀告。族人之间应该相互来往,有丧事应该吊唁的没有去吊唁,应该戴免的没有戴免,这样相关的官员可以对其进行处罚。至于家族中的赗赙承含,也是有一定规矩的。

公族其有死罪,则磬于甸人①。其刑罪,则纤剸②,亦告③于甸人。公族无宫刑④。狱成,有司谳⑤于公。其死罪,则曰"某之罪在大辟";其刑罪,则曰"某之罪在小辟"。公曰:"宥之。"有司又曰:"在辟⑥。"公又曰:"宥之。"有司又曰:"在辟。"及三宥,不对,走出,致刑于于甸人。公又使人追之曰:"虽然,必赦之。"有司对曰:"无及也!"反命于公,公素服不举⑦,为之变,如其伦⑧之丧。无服,亲哭之⑨。

【注释】①磬:指吊死。甸人:主管郊野之官。②纤(jiān):通"歼",刺。剸(tuán):割。歼、剸,指膑、墨、劓、刖等刑。③告:通"造",到。④宫刑:亦称腐刑。⑤谳(yàn):判决书。⑥辟:罪。⑦不举:不举盛馔。不盛馔,则食时亦不举乐。⑧伦:亲疏之序。⑨亲哭之：亲自哭于异姓之庙。

【译文】国君的家族中若是有人犯了死罪，则要将此人交给甸人处死。若是有人犯了刑罪，则要将此人用针扎或者用刀割，同样也是由甸人来执行。国君的族人犯罪不可以用宫刑。罪案审判结束以后，相关的官员就要向国君报告，若是族人所犯的是死罪，官员要说："某某人所犯的罪名属于大辟之罪。"若是族人所犯的是刑罪，就要说："某某人所犯的罪名属于小辟之罪。"国君说："宽恕他吧。"官员回答："他已经犯了罪。"国君又说："宽恕他吧。"官员同样回答："他已经犯了罪。"国君第三次求情，官员就可不必回答，直接走出去，将犯人交给甸人行刑。随后国君派人传令说："虽然他已经犯了罪，但是一定要将他赦免无罪。"相关官员说："来不及了。"行刑之后告诉国君，国君为死者改穿素服，取消盛馔，并按照和死者的亲疏关系改变日常的生活习惯。但因为他是犯人，不可以为他服孝，他的亲人要在异姓的宗庙哭泣。

公族朝于内朝，内亲也。虽有贵者以齿，明父子也。外朝以官，体①异姓也。宗庙之中，以爵为位，崇德也。宗人授事以官，尊贤也。登馂受爵以上嗣，尊祖②之道也。丧纪③以服之轻重为序，不夺人亲也。公与族燕则以齿，而孝弟之道达矣。其族食世降一等，亲亲之杀④也。战则守于公祢，孝爱之深也。正室守大庙，尊宗室，而君臣之道着矣。诸父诸兄守贵室，子弟守下室，而让道达矣。

五庙之孙，祖庙未毁，虽及庶人，冠，取妻必告，死必赴,不忘亲也。亲未绝而列于庶人,贱无能也。敬吊临赙赗,睦友之道也。古者,庶子之官治,而邦国有伦;邦国有伦,而众乡方矣。公族之罪,虽亲不以犯⑤有司,正术⑥也,所以体百姓也。刑于隐⑦者,不与国人虑兄弟也。弗吊,弗为服,哭于异姓之庙,为忝⑧祖远之也。素服居外,不听乐,私丧之也,骨肉之亲无绝也。公族无宫刑,不翦其类也⑨。

【注释】①体:连结为一体。②尊祖:上嗣是祖的正统,尊上嗣亦体现尊祖。③纪:犹事。④杀:等差。⑤犯:干扰。⑥术:法。⑦隐:郊野隐僻之处,即上"磬于甸人"。⑧忝(tiǎn):辱。⑨翦:绝。自"庶子之正于公族者"至此,为一小篇,说庶子正公族之法,篇题已脱。

【译文】国君家族中的族人在内朝朝见,表示家族内部的要结姻亲。家族中纵使有地位高贵的人也要按照族内的辈分行礼,这样是为了表示父子间的亲情大于官职的高低。在外朝朝见要以官位的高低顺序来排列,这样是为了表示对异姓的亲近。宗庙中的祭祀,要按照官位的高低来安排祭祀的位置,这样是为了表示尊重有才有德的人。宗人分派差事按照所有人的官职之分来安排,这样是为了表示尊重有能力的人。祭祀结束后分食祭品的事情要由嫡长子来完成,这样是为了表示对祖辈的尊敬。家中的丧事要按照丧服的轻重为顺序来处理,这样是为了避免亲人之间的亲疏关系混乱。国君和家族中的人一起设宴饮酒,席间的位置排列要按照辈分年龄,这样是为了体现孝道的精神。家族中合族聚餐，每隔一代就要递降一等，这样是为了表示对待亲人也要有远近的区别。参加战争时守护迁主，这样是为了表示对祖先最深切的孝敬。太庙有嫡长子来守护，这样是为了表示对宗室之间的尊重，由此也可以看出来国君的君臣之道。由家族中的父兄长辈来守护路寝，子孙后辈来守护燕寝，这样是为了体现家族中的谦让之道。

家族中为同一个高祖的后人，祖庙中的神主没有单独迁出，那么整个家族中都是五服内的亲戚，若是有人沦为平民百姓，在行弱冠、娶亲的时候同样也要向国君禀告，去世后也要发布讣告，这样是为了表示家族众人不忘亲人。有个别的族人与国君的亲疏关系还没有出五服就沦为了平民百姓，这样表示了此人为地位卑下无能的人。家族中人去世，族人之间的吊唁、赠送财务和车马，这样体现了同族人之间的相互关心和体贴。古时候的人，只要庶子作为官员可以胜任其职，那国家就会治国有理，国家治国有理以后，百姓们就会争先恐后的明白礼仪的重要性。要是国君的同族人犯罪，尽管国君与此人有亲属关系，国君也不可以因为是自己的亲人而扰乱相关部门公正的法令，这样表示就算国君家族众人犯罪，也是与普通人是一样要处罚的。在十分隐蔽的地方处置犯人，这样是为了不让普通百姓觉得这是王族之间的自相残杀。对犯了大辟之罪的族人，不可以去吊唁，也不可以为此人服孝，要在异姓的宗庙中哭泣，这样是表示此人有辱家门风气。但又要为死者改穿素服，不住在内室中，不饮酒作乐，这样是为了表示亲人之间的哀悼，亲人之间的骨肉之情尚且存在。国君家族中的人犯罪，不可以对其使用宫刑。

天子视学，大昕鼓徵①，所以警众也。众至，然后天子至。乃命有司行事。兴秩节②，祭先师先圣焉。有司卒事，反命。始之养也：适东序，释奠于先老，遂设三老五更群老③之席位焉。适馔省醴，养老之珍，具；遂发咏④焉，退修之以孝养也。反⑤，登歌《清庙》⑥，既歌而语，以成之也。言父子、君臣、长幼之道，合德音⑦之致，礼之大者也。

【注释】①大昕：指天刚亮太阳尚未升起之时。徵：召集。②兴：举。秩节：常礼。③三老：三公年老退休者。五更：卿年老退休者。群老：大夫、士年老退休者。④发咏：奏乐迎宾。⑤反：三老等就席。⑥《清庙》：《诗经》篇名，本是乐歌。⑦德音：即指《清庙》，据《诗序》，该诗是祭祀文王的乐歌，赞美文王之德。

【译文】天子去视察教学，天刚亮就要敲响集合的鼓，警示大家赶紧集合。学生集合完毕，天子来到以后，命令相关的官员开始准备常规的祭祀礼仪，先行祭奠先圣先师。相关的官员将所有要准备的事情准备完毕后，天子动身到举行祭奠的东序。天子来到东序，亲自释奠先圣先师，随即设置三老、五更、群老的位置。天子要亲自检查适馔省醴，与老人交流各类东西是否符合要求。所有东西准备妥当以后，奏乐迎接尊贵的宾客。宾客进门后先在正堂的西阶下阶位，天子行过孝养老人之礼后，尊贵的宾客入堂进席,有乐师们载歌载舞,唱完歌后,宾客们就天子养老的礼仪发表言论。宾客的言论,基本上都是说父子、君臣、长幼之道的事情,以此来证明歌曲中的深刻含义,这也是养老礼仪中重要的仪式。

下管《象》①,舞《大武》②。大合众以事,达有神,兴有德也。正君臣之位、贵贱之等焉,而上下之义行矣。有司告以乐阕③,王乃命公侯伯子男及群吏曰:"反!养老幼④于东序。"终之以仁也。

是故圣人之记事也,虑之以大,爱之以敬,行之以礼,修之以孝养,纪之以义,终之以仁。是故古之人一举事而众皆知其德之备也。古之君子,举大事,必慎其终始,而众安得不喻焉?《兑命》⑤曰:"念终始典于学。"

【注释】①管:指笙等管乐器。《象》:舞曲名,内容是歌颂武王伐纣之事。②大武:即《象》。③阕:乐曲终。④幼:此字为衍文,注疏皆不解此字。⑤兑命:即《说命》,《尚书》篇名。"说"通"悦"。自"天子视学"至此,为一小篇,记天子养老之礼,篇题已脱。

【译文】下管乐师演奏《象》,舞蹈队跳着《大武》舞,从学生中挑选出一批人来表演,表示这场演奏是奉了神的旨意,文王和武王是有德之君。明确了君臣之间的地位、人们之间的贵贱之分等等,这样上下级的关系就很容易去处理。等到所有的仪式都表演完毕，天子对在座的所有公侯伯子男及文武百官下令说："你们回去以后也要在东序举行养老之礼。"天子说完这句话就表示结束了这次视学。

所以后世圣人在记录养老之事上，都是从大到小着手，爱老敬老，用礼仪的形式来进行下去。倾尽所有去尽孝道这件事，不仅要记录的合乎情理，还要体现出天子对众人的大恩大德。所以古人每次举行大的祭祀，都可以看出这个人是不是才德兼备。古时候的君子，举行盛大的祭祀，从头到尾都要小心谨慎的进行，这样人们怎么会不明白其中的含义呢？《说命》说："人要自始至终地常常想到学习。"

《世子》之《记》①曰：朝夕至于大寝之门外，问于内竖曰："今日安否何如？"内竖曰："日安。"世子乃有喜色。其有不安节，则内竖以告世子，世子色忧不满容②。内竖言"复初"，然后亦复初。朝夕之食上，世子必在，视寒暖之节。食下，问所膳羞。必知所进，以命膳宰，然后退。若内竖言"疾"，则世子亲齐玄③而养。膳宰之馈，必敬视之；疾之药，必亲尝之。尝馔善，则世子亦能食；尝馔寡，世子亦不能饱；以至于复初，然后亦复初。

【注释】①《世子》之《记》：古《世子礼》篇后之《记》的遗文。②不满容：稍有不安的表情。③齐：通"斋"，斋戒。玄：玄端，冠和衣都是黑色。

【译文】《世子》之《记》上面说,身为太子,应该每天早晚到父王的寝室外面请安,并向内竖询问:"父亲今天的身体好吗?"内竖回:"今天无事。"太子听到内竖回答无事才可以面露喜色。如果父王的身体有所不适,内竖要向太子汇报,太子就要面色担忧,愁眉不展。待到内竖向太子汇报国君的身体已经恢复,太子才会恢复正常。早晚的饭菜端上来的时候,太子一定要亲自查看饭菜的凉热,饭菜端走以后,太子要询问父亲今天吃的怎么样。下次吃饭的食材要向负责膳食的人问清楚,然后才可以离开。若是内竖说国君生病,太子要亲自斋戒并穿着黑色衣冠,精心的侍奉在国君的旁边。厨房送过来的食物,一定要亲自检查;治病喝的药,一定要亲自品尝才可以。如果国君吃的东西比较多,太子就要跟着多吃一点,如果国君吃的东西比较少,太子就要跟着少吃一点。只有得到国君恢复正常时,太子的一切才会同样恢复正常。

礼运第九

【题解】《礼运》篇"运"字有二重意思,一是演变,二是旋转。演变,是就时代生活的沿革来说的;旋转,是就五行四时的更迭而言。四时的更迭,周而复始,礼制依次而行。因此"礼运"所指的是礼制的起源、因缘变革与运行。郑玄说,本篇记载"五帝三王相变易、阴阳旋转之道"。礼的内容即礼之"义",礼的形式即礼之"数",数是演变的,义是旋转的。所以在后起的礼数中,仍可找到原始的礼义。近世学者认为此篇的写作时代应当在西汉时期。

昔者仲尼与于蜡宾①,事毕,出游于观②之上,喟然而叹。仲尼之叹,盖叹鲁也。言偃③在侧曰:"君子何叹?"孔子曰:"大道之行也,与三代之英,丘未之逮也,而有志焉。"大道之行也,天下为公。选贤与④能,讲信修睦,故人不独亲其亲,不独子其子,使老有所终,壮有所用,幼有所长,矜寡孤独废疾者,皆有所养。男有分,女有归。货恶其弃于地也,不必藏于己;力恶其不出于身也,不必为己。是故谋闭而不兴,盗窃乱贼而不作,故外户而不闭,是谓大同。今大道既隐,天下为家,各亲其亲,各子其子,货力为己,大人⑤世及以为礼。城郭沟池以为固,礼义以为纪;以正君臣,以笃父子,以睦兄弟,以和夫妇,以设制度,以立田里,以贤勇知,以功为己。故谋用是作,而兵由此起。禹、汤、文、武、成王、周公,由此其选也。此六君子者,未有不谨于礼者也。以著其义,以考其信,著有过,刑仁讲让,示民有常。如有不由此者,在势者去,众以为殃,是谓小康。

【注释】①蜡(zhà)宾:蜡祭的助祭之宾。②观(guàn):古代宗庙或宫殿前的门楼,上面悬挂有国家典章法律,使民观之,故称"观"。③言偃:孔子弟子,姓言名偃,字子游。④与(jǔ):通"举"。《大戴礼记·王言》."选贤举能。"⑤大人:指诸侯。

【译文】以前孔子作为宾客参加蜡祭,祭祀仪式完毕,孔子出外到宗庙外的阙上散步,长叹一声,听起来像是感叹鲁国目前的境况。子游在旁边问道:"夫子为什么要叹息呢?"孔子说:"大道刚开始实行的时候,是夏商周三代君王在位功绩赫赫的时候,可惜那时候我不在,但我的内心是十分向往的。"大道刚开始实施的时候,天下是属于所有人的,大家可以通过举荐来选拔品德优秀、有才能的人作为领导,所有人之间都坦诚相待,以此来使众人可以和睦相处。所以那时候的人们不仅仅敬重自己的亲人,不仅仅只是疼爱自己的子女,他们让老年人都可以安享晚年,使年轻人都可以有事可做，施展才华，使幼小的人可以无忧无虑地健康长大，让孤寡老人、无儿无女或是身体患有残疾的人，都可以得到社会的庇护，得到应有的福利。所有男人都有自己的事业，女人到了合适的年纪都可以嫁给心仪的人。家中财物，人们不会随意将它扔在地上，但也不是一定非要藏在自己家中；身上的力气，人们恨不得将它完全使出来，但也不是一定要为自己而用。所以所有奸诈的谋虑都无法发生，偷盗抢劫造反害人的事情也不会发生。所以百姓家中的门不必上锁，只需要关门就可以，这样的社会环境就是古人所谓的大同。而现如今的社会，大同的现象已经消失不在，天下成为私家的东西，人们只会敬重自己的亲人父母，只会疼爱自己的孩子，家中财物生怕被人掠夺，不属于自己，出的力气唯恐不是要用在自己身上。天子、诸侯的王位，开始实行代代相传，父亲传给儿子，兄长传给弟弟。将城墙内外都加上护城河，作为战事的防护设施。国家将礼仪作为基本准则，用来要求君臣之间的关系，使父子间的关系更为深厚，使兄弟间的关系更加和睦，使夫妻间的关系更加和谐，使国家的各项制度更加完善，使田地和住宅更加有保障，使有勇有谋的人可以得到奖许，使有功劳的人可以被人铭记。所以一切奸诈的谋虑就以此而生，各种兵戎战事也因此而起。夏禹、商汤、周文王、周武王、周成王、周公等人，都因此成为三代中的佼佼者。这六位圣人，全部都将谨慎小心地对待礼制。他们用礼仪来表彰正义的事，用礼仪来指正有过错的事，将仁爱作为效仿对象，提倡人人礼让，用礼仪来向百姓展示一个需要遵循规则的社会。如有不依照礼仪行事的人，若是在朝为官的就要罢免他的官职，所有的百姓将这个人当做社会的祸害。若是如此，那便是小康社会。

言偃复问曰："如此乎礼之急也？"孔子曰："夫礼，先王以承天之道，以治人之情。故失之者死，得之者生。《诗》曰：'相鼠有体，人而无礼；人而无礼，胡不遄死①？'是故夫礼，必本于天，殽于地，列于鬼神，达于丧、祭、射、御、冠、昏、朝、聘②。故圣人以礼示之，故天下国家可得而正也。"

【注释】①引诗见《诗经·鄘风·相鼠》。②丧、祭、射、御、冠、昏、朝、聘八者都是礼仪的名称。或曰"御"当作"乡"，指"乡饮酒礼"。昏：通"婚"。

【译文】言偃又问："礼仪真的有这么重要吗？"孔子说："礼仪，是先王尊崇上天的意思，用来治理百姓的一种做法。所以不讲礼仪的人就会死去，懂得礼仪的人才能更好地生活下去。《诗经》中说：'身为老鼠都有个样子，做人又怎么可以无礼呢；如果做人没有礼仪，还不如快点死掉好呢！'所以，所谓的礼仪，肯定是源自于上天，然后让人们来尊崇的。礼法参照了鬼神之道，通晓了丧、祭、射、御、冠、昏、朝、聘所有的事情，所以圣人用礼仪来昭告天下，治理国家，只有这样，国家才可以正常运作，才可以走入正轨。"

言偃复问曰:"夫子之极言礼也,可得而闻与?"孔子曰:"我欲观夏道,是故之杞,而不足征也,吾得夏时焉;我欲观殷道,是故之宋,而不足征也,吾得坤乾焉。坤乾之义,夏时之等,吾以是观之。"夫礼之初,始诸饮食,其燔黍捭豚,污尊①而抔饮,蒉桴②而土鼓,犹若可以致其敬于鬼神。及其死也,升屋而号,告曰:"皋!某复。"然后饭腥而苴孰③。故天望而地藏也,体魄则降,知气在上,故死者北首,生者南乡,皆从其初。昔者先王,未有宫室,冬则居营窟,夏则居橧巢。未有火化,食草木之实、鸟兽之肉,饮其血,茹其毛。未有麻丝,衣其羽皮。后圣有作,然后修火之利,范金合土,以为台榭、宫室、牖户,以炮以燔,以亨以炙,以为醴酪;治其麻丝,以为布帛,以养生送死,以事鬼神上帝,皆从其朔。故玄酒在室,醴醆在户,粢醍在堂,澄酒在下。陈其牺牲,备其鼎俎,列其琴瑟管磬钟鼓,修其祝嘏,以降上神与其先祖。以正君臣,以笃父子,以睦兄弟,以齐上下,夫妇有所。是谓承天之祜④。作其祝号,玄酒以祭,荐其血毛,腥其俎,孰其殽,与其越席,疏布以幂⑤,衣其浣帛,醴醆以献,荐其燔炙,君与夫人交献,以嘉魂魄,是谓合莫。然后退而合亨,体其犬豕牛羊,实其簠簋、笾豆、铏羹。祝以孝告,嘏以慈告,是谓大祥。此礼之大成也。

【注释】①尊:通"樽"。②蒉桴(kuì fú):用草和土抟成的鼓槌。

③苴(jū)孰：苴是浮草，孰通"熟"。④祜(hù)：恩惠。⑤幂：覆盖，遮盖。

【译文】子游又问："夫子觉得礼这么的重要，可以讲得再详细些让我听听吗？"孔子说："我曾经想研究夏朝的礼，因此特意去了杞国，但因为时间过了太久，留下的相关资料很少，当时我只得到了一部《夏时》。后来我又想研究殷朝的礼，因此又特意去了宋国，同样时间太久，没有留下什么资料，我只得到了一部《坤乾》，我从《夏时》《坤乾》看到了礼的演化过程和所有的秩序，我就单纯地从这两本书分析下吧。古人的礼，是从饮食习惯开始的。那时的人们将黍米洗干净后放在烧热的石头上烤熟；将猪肉切开，同样放在烧热的石头上烤熟，他们在地上挖个小坑出来当做酒樽，双手从坑里面捧酒喝。他们用土块做成鼓锤，用土做成鼓的样子，他们认为，按照他们的这种生活方式就是表达了对鬼神的敬仰。等到他们去世以后，后人上到屋顶向着北方的天空大喊："喂，某人你快回来啊！"招魂过后，后人将生米含在死者的口中行饭含之礼，在下葬的时候，用叶子包裹着熟食送死者上路。所以招魂的时候是对着天空大喊，而将肉体埋在地下，这代表死者的灵魂已经在天上。因为死者的头都是朝向北边，所以北边是阴，活人都是以南方为尊，所以南方是阳。这些礼仪都是古人流传下来的。上古先王的时候，还没有宫殿房屋的建筑，人们到了冬天就居住在用土块垒成的洞穴中，夏天就住在用树木搭建的巢穴中。那时候的人们不知道如何煮熟食物，他们就生吃草木的果实和鸟兽的肉，然后喝鸟兽的血，有时候连毛也会吃下去。当时的人们不懂得如何用麻丝来做衣服，就都穿上鸟兽的羽毛来当做衣服。后来圣人出现，人们才懂得如何去利用火来烧烤食物，用模具来烧铸金属器具，调和泥土来烧制各类陶制品，并以此来建造宫殿房屋台榭。然后利用火来烧烤烹饪食物，酿造各类酒品糖浆。而后又利用麻丝做成布匹，来供养人们的日常生活，料理丧事，以此来祭祀鬼神和上帝。现在人用的方法，也是按照古时候沿袭下来的。因为现在人比较重视古时候人的做法，所以在祭祀时，都会将玄酒放在地位比较高的室内，醴、醆等物都放在门外，粢醍放在正堂之中，澄酒则是放在堂下。将所有祭祀用的牲畜都排列整齐，备齐需要用的鼎俎，安排好琴、瑟、管、磬、钟、鼓等各类乐器，用心拟定好需要用的祝辞和嘏辞，以此来迎接上天之神和列祖列宗的降临。在各项祭祀中要分辨出君王与臣子的关系，加深父子之间的亲情，增进兄弟之间的和睦，或是表达上层和下层都可以得到应有的恩惠，夫妻之间都在各自应有的位置上，这些各种各样的祭祀就被称之为上天的恩惠。在祝辞中拟定所有祭祀的名称，用玄酒来祭祀鬼神，进献牲畜的皮毛和血，然后将牲畜的肉放在俎进献，同时还要进献半生不熟的牲畜肉。祭祀的时候，主人和主妇要踩在蒲草的席子上，捧着被粗布盖住的酒樽，穿着新做的祭服，献上醴酒醆酒，再献上烤制而成的肉。主人和主妇两人交替向神灵进献，这会让祖先的灵魂感到十分欣慰，这象征着活着的人与先辈的灵魂会见。祭祀结束以后，要将献给神灵的生肉、半生不熟的肉统一放在一起煮熟，然后区分开各类家畜的不同部位，煮好后放在簠簋、笾豆、铏羹里面。祝说的祝辞要表达出主人对神灵的敬仰之意，祝也会将神灵的爱护之意告诉主人，这样就叫作大祥。做完这些以后礼就完成了。

孔子曰："於呼哀哉！我观周道，幽、厉伤之，吾舍鲁何适矣！鲁之郊禘，非礼也，周公其衰矣！杞之郊也，禹也；宋之郊也，契也；是天子之事守也。故天子祭天地，诸侯祭社稷。"

【译文】孔子说："唉，我观察周朝的礼制，经过昏乱之君幽王与厉王的时代以后，礼制已经被破坏得没什么了，现在看来也就鲁国还遵循了一点，同样也是差强人意。鲁国配祭昊天上帝，也不完全合乎礼仪的制定，鲁地是周公的封地，做到这种程度真的证明周礼已经开始衰败了。杞国的国君可以郊天祭奠禹，宋国的国君可以郊天祭奠契，这是因为他们都是天子的后裔，所以才可以郊禘。由此看来只有贵为天子或者天子的后裔才可以祭奠天地，各国的诸侯只可以祭祀本国的土神和谷神。"

祝嘏莫敢易其常古，是谓大假。祝嘏辞说，藏于宗祝巫史，非礼也，是谓幽国。醆斝及尸君，非礼也，是谓僭君。冕弁兵革藏于私家，非礼也，是谓胁君。大夫具官，祭器不假，声乐皆具，非礼也，是谓乱国。故仕于公曰臣，仕于家曰仆。三年之丧，与新有昏者，期不使。以衰裳入朝，与家仆杂居齐齿，非礼也，是谓君与臣同国。故天子有田以处其子孙，诸侯有国以处其子孙，大夫有采以处其子孙，是谓制度。故天子适诸侯，必舍其祖朝，而不以礼籍入，是谓天子坏法乱纪。诸侯非问疾吊丧而入诸臣之家，是谓君臣为谑。是故，礼者君之大柄也，所以别嫌明微，傧①鬼神，考制度，别仁义，所以治政安君也。故政不正，则君位危；君位危，则大臣倍，小臣窃。刑肃而俗敝，则法无常；法无常，而礼无列；礼无列，则士不事也。刑肃而俗敝，则民弗归也，是谓疵国②。故政者君之所以藏身也。是故夫政必本于天，殽以降命③。命降于社之谓殽地，降于祖庙之谓仁义，降于山川之谓兴作，降于五祀④之谓制度。此圣人所以藏身之固也。故圣人参于天地，并于鬼神，以治政也。处其所存，礼之序也；玩其所乐，民之治也。故天生时而地生财，人其父生而师教之：四者，君以正用之，故君者立于无过之地也。故君者，所明⑤也，非明人者也。君者所养也，非养人者也。君者所事也，非事人者也。故君明人则有过，养人则不足，事人则失位。故百姓则君以自治也，养君以自安也，事君以自显也。故礼达而分定，人皆爱其死而患其生。故用人之知去其诈，用人之勇去其怒，用人之仁去其贪。故国有患，君死社稷谓之义⑥，大夫死宗庙谓之变⑦。故圣人耐⑧以天下为一家，以中国为一人者，非意之也，必知其情，辟⑨于其义，明于其利，达于其患，然后能为之。

【注释】①傧(bìn)：迎接，这里指祭祀鬼神。②疵国：有弊病之国。③觳：通"效"，仿效。觳以降命：指人主仿效天道来下达政教命令。④五祀：指祭祀中霤、门、户、灶、行等五种与日常生活相关的群小神。⑤明：尊崇。一说三"明"字皆当作"则"，取法、效法的意思，今从之。⑥义：通"宜"，合宜。⑦变：通"辨"，正当的意思。⑧耐：能。⑨辟：明。知、辟、明、达，同义。

【译文】祭祀中祝辞和嘏辞不可以改变之前的仪式，这叫作大假。祝辞和嘏辞本来应当藏在宗庙之中，若是藏到宗、祝、巫、史的家中，这显然是不合乎礼制的，这样就叫作典礼阴暗的国家。酰罍是天子用来献尸的器具，如今一般的诸侯也可以用来献尸，这显然也是不合乎礼制的，这被叫作越礼之君；冕弁只有国君可以穿，兵革是国家才可以有的装备，若是大夫家私藏这些东西，显然也是不合乎礼制的，这被叫作胁持国君；卿大夫家中不可以有完善的百官制度，家中的祭器完整不用借别人的，所有的乐器也都完备，这显然也是不合乎礼制的，这被叫作扰乱国家；为国君做事的人叫作臣，为卿大夫做事的人叫作仆。家中若是遇到父母的丧事要守丧三年，刚结婚的要给一年的假期。在守丧或者新婚假期中，仍然穿着丧服上朝，或者是和家仆杂居一起没上没下，这显然也是不合乎礼制的，这种君臣不分的现象被叫作君臣共国；所以天子用自己的土地来封赏自己的子孙，诸侯用国家的土地来安置自己的子孙，卿大夫用自己的封地来养活自己的子孙，这就是制度。故天子若是前往去访问诸侯的国家，就必须要住在诸侯家的祖庙中，如果住在诸侯国的时候不按照本国的制度去执行，这就叫作天子违法乱纪；若是诸侯不是因为臣子有病而去臣子家中,这就叫作君臣之间相互戏谑。所以,礼是国君用来治理国家很重要的方法,辨明是非的最好办法就是以礼来区分,察明幽隐、祭祀鬼神、规定制度、建立赏罚、区分尊卑,从这一切可以看出,礼是可以使国家得到更好的治理,使国君更好地维护自己的君权。所以,国家政事若是不以礼为准则,国君的地位就受到威胁,国君的地位一受到威胁,大臣就会心生背叛,小臣子就会以下犯上。这种情况下就算用严酷的刑罚来挽回,朝纲风气也已经败坏。这样就会让法令变化无常,法令变化无常后社会的秩序就会紊乱,社会的秩序紊乱以后士人就无心做事。严酷的刑罚加上朝纲风气的败坏,国家的百姓就会不归顺,这样就成为政教不善的弊病之国。因此,礼是国君用来安身保命的制胜之宝。所以礼的制定一定要依照天理,依照天理来制定法令。也有一部分的法令是来自于地上,依照鬼神祭祀设立的礼叫作仁义,依照山川之神设立的礼叫作兴建,依照祀之祭设立的礼叫作制度,所以圣人是参照上天的旨意,并在地下实施,而后又借助鬼神之祭来制定法令,并以此来安身立命。圣人懂得利用田地之间的法则,处理好天地之前的秩序,这样礼的秩序便由此而生。研习天地鬼神所喜好之处,这样便可以治理普通百姓。所以天有四季,地有物资,身体发肤,受之父母,所需要的只是老师会教,如果国君可以对这四点善加利用,就能保证国君可以一身正直并且不会有过错的地方。所以身为国君是被世人所效仿的榜样,而不是去效仿其他人;国君是被世人所供养的,而不是要去供养其他人;国君是被世人服侍的,而不是要去服侍其他人。如果国君去效仿别人就证明国君本人犯有过错，国君去供养别人就会显得国家整体国力不足，国君去服侍别人就意味着国君快要失去王位。因此，百姓都是通过效仿国君的行为来进行自我管理，供养国君以求内心安定，服侍国君来抬高自己的身份。全国的人民都知道礼的道理，各级的职位得到确定，人们就会安于现状而不会轻易选择去死。国君要善加任用有勇有谋、智勇双全的人，但是要除去人性奸诈的成分，取长避短。对于有智慧的人，要防止他奸诈的本性。对于有勇气的人，要提防他过于意气用事。对于有仁爱之心的人，要时刻提防他贪得无厌。所以国家有外患的时候，国君为国牺牲叫作义，大夫为保卫国家宗庙牺牲叫作变。因此圣人可以把天下当做一个大家，把全天下的人当做自己，这并不是随便臆想出来的，这是凭借圣人懂得人情，通晓人义，明白事物的利弊，才可以做到这个地步的。

何谓人情？喜怒哀惧爱恶欲七者，弗学而能。何谓人义？父慈、子孝、兄良、弟弟①、夫义、妇听、长惠、幼顺、君仁、臣忠十者，谓之人义。讲信修睦，谓之人利。争夺相杀，谓之人患。故圣人所以治人七情，修十义，讲信修睦，尚辞让，去争夺，舍礼何以治之？饮食男女，人之大欲存焉；死亡贫苦，人之大恶存焉。故欲恶者，心之大端也。人藏其心，不可测度也；美恶皆在其心，不见其色也，欲一以穷之，舍礼何以哉？

【注释】①弟弟：弟悌。

【译文】人情是什么？喜、怒、哀、惧、爱、恶、欲，这七种感情就是人情，不用学就懂的感情。人义是什么？做父亲的要慈爱，做儿子的要孝顺，做兄长的要良善，做弟弟的要恭顺，做丈夫的要和顺，做妻子的要三从四德，做长者的要仁爱，做晚辈要谦顺，做国君要仁慈，做臣子要忠诚，人义就是这十种人际关系的综合。讲诚信、维和睦，这是人利。你争我抢，相互仇杀，这是人患。所以圣人以人的七情来维系感情，以十种人际关系来维护社会法则，讲诚信维和睦，崇尚辞让，除去争夺，要做到这些只能依靠礼制，还有别的更好的办法吗？饮食和男女之事，是人生最大欲望的两件事情；死亡、贫困，是人生最厌恶的两件事情，所以欲望和厌恶这两件事，成了人生日思夜想的所有事情。每个人的心思都藏在自己的肚子里，别人不能妄加揣测。喜欢的、厌恶的都藏在自己的内心，外表看不到内在的想法，若想通过一点搞清楚全部，除了礼仪之外还有别的办法吗？

故人者，其天地之德，阴阳之交，鬼神之会，五行之秀气也。故天秉阳，垂日星；地秉阴，窍于山川。播五行于四时，和而后月生也。是以三五而盈，三五而阙。五行之动，迭相竭也，五行、四时、十二月，还相为本也；五声、六律、十二管①，还相为宫②也；五味、六和、十二食③，还相为质也；五色、六章、十二衣④，还相为质也。故人者，天地之心也，五行之端也，食味别声被色而生者也。

【注释】①六律:指六个阳声:黄钟、太簇、姑洗、蕤宾、夷则、无射。十二管:六律加六吕(六个阴声: 大吕、夹钟、中吕、林钟、南吕、应钟),合为十二管。②还相为宫:意谓十二管依次更迭,皆可充当宫声。③五味:酸苦辛咸甘。六和:古人以酸苦辛咸四味配春夏秋冬,又谓四味皆有滑有甘,合为六和。十二食:指六谷(稌、黍、稷、粱、麦、苽)六牲(牛、羊、豕、犬、雁、鱼)。④五色:青、赤、黄、白、黑。六章:五色加天玄,合称六章。十二衣:谓十二个月所着之衣。

【译文】所以说人本就是汇聚了天地之间的德行、结合阴阳二气的交融、与神聚而成形,吸收五行的灵气而诞生的。所以天执掌阳气,垂临日月星辰的灿烂;地执掌阴气,借助贯通山川的孔洞呼吸。五行的分布与四季相结合,四季分明月亮才会正常出现。所以每个月的前十五天,月亮是由月牙逐渐变成满月,每个月的后十五天,月亮是由满月逐渐变成月牙。五行之间的顺序,是相互轮换的,五行、四季、每年的十二个月,他们之间是依次交替为始末。五声、六律、十二管,依次交替最终成为宫声;五味、六和、十二食,依次交替最终成为主味;五色、六章、十二衣,依次交替最终成为主色。所以人本就是天地间一切的中心,阴阳五行起源的端头,辨别食物的味道,辨别五声的节奏,辨别五色的本质,让这所有的一切平衡,人才能更好地生活。

故圣人作则,必以天地为本,以阴阳为端,以四时为柄①,以日星为纪,月以为量,鬼神以为徒,五行以为质,礼义以为器,人情以为田,四灵以为畜。以天地为本,故物可举也;以阴阳为端,故情可睹也;以四时为柄,故事可劝也；以日星为纪，故事可列也；月以为量，故功有艺②也；鬼神以为徒，故事有守也；五行以为质，故事可复也；礼义以为器，故事行有考也；人情以为田，故人以为奥③也；四灵以为畜，故饮食有由也。

【注释】①柄：犹权。②艺：极，即标准、准则。③奥：室之西南角叫作奥，为室中最尊之处，引申为"主"。

【译文】因此圣人制定规则，必定是以天地之法为基础，以阴阳之法为开端，以四时之法为原则，以日月星辰为根本，以月亮的阴晴圆缺加以量化，以鬼神之力为信徒，以五行之法为本质，以礼义廉耻为使用的工具，将人情看做田地，四灵看做家中的家畜。因此以天地之法为基础，所以世间万物都可兴起；以阴阳之法为开端，所以人情世故可提前知晓；以四时之法为原则，所以世人都可努力做事，事半功倍；以日月星辰为根本，因此所有的事情都有迹可循；以月亮的阴晴圆缺为量化，因此每月应做的事情都井然有序；以鬼神之力为信徒，因此所有事情都有做事准则；以五行之法为本质，因此所有事情都有始有终，周而复始；以礼义廉耻作为使用的工具，因此所有事情做的时候都有讲究；将人情看做田地，因此制定规则的人就是田地的主人；将四灵当做家畜，因此日常所有的饮食都有了来历。

何谓四灵？麟凤龟龙，谓之四灵。故龙以为畜，故鱼鲔不淰①；凤以为畜，故鸟不獝②；麟以为畜，故兽不狘③；龟以为畜，故人情不失。故先王秉蓍龟，列祭祀，瘗④缯，宣祝嘏辞说，设制度，故国有礼，官有御，事有职，礼有序。

【注释】①渗(shěn)：惊走。②獝(xú)：惊飞。③狘(xuè)：惊跑。④瘗(yì)：掩埋。

【译文】四灵是什么？麒麟、凤凰、龟、龙，这四种动物被叫作四灵。因此，若是龙沦为家畜，所有的鱼类都不会因为受到惊吓而乱走；若是凤凰沦为家畜，所有的鸟类都不会因为受到惊吓而乱飞；若是麒麟沦为家畜，所有的兽类都不会因为受到惊吓而乱跑；若是龟沦为家畜，则所有的人情都不会有过失，可以用占卜来预测人情。所以古代先王用蓍草和龟卜来占卜，列出祭祀事宜，掩埋缯帛以祭地，宣读各类祝辞，完善各类规章制度。所以国家的人都以礼相待，文武百官各司其职，所有事情都有条不紊，日常行礼都井然有序。

故先王患礼之不达于下也，故祭帝于郊，所以定天位也；祀社于国，所以列地利也；祖庙所以本仁也，山川所以傧鬼神也，五祀所以本事也。故宗祝①在庙，三公②在朝，三老在学。王，前巫而后史，卜筮瞽侑③皆在左右，王中心无为也，以守至正。故礼行于郊，而百神受职焉，礼行于社，而百货可极焉，礼行于祖庙而孝慈服焉，礼行于五祀而正法则焉。故自郊社、祖庙、山川、五祀，义之修而礼之藏也。

【注释】①宗祝：宗伯和太祝，掌管天子宗庙之礼。②三公：太师、太傅、太保。③瞽：乐官。侑：主规谏的辅弼之臣。

【译文】因为先王担心礼制不能普及到所有人，所以在南郊设置祭祀来祭奠帝王，由此来昭示上天在人们心中的地位；而后在国内祭祀土神，由此来昭示大地为人们带来各种各样的物质资产；随后又在祖庙中进行祭祀，由此来昭示所有族人应当团结一心，相亲相爱；而后又祭祀山川大地的鬼神，由此来昭示所有礼制的实施都要时刻敬畏鬼神；又举行五祀祭祀，由此来昭示所有礼制都是有迹可循，源自于此。所以天子在庙宇中，会有宗祝的帮助；天子在朝堂，会有三公的辅佐；天子在太学中，会有三老提供各种意见；在天子的左右，前面有掌管各项神事的巫师，后面有负责记录天子一言一行的史官，左右还有负责占卜、负责礼乐、负责劝规天子行为各项事宜的官员，天子在所有人的中央，只需心无杂念地恪守礼仪至正之道即可。因此，在南郊进行祭祀，上天的众神就会各负其责；在国家进行祭祀，大地的各种物质资源都可善加利用；在祖庙进行祭祀，礼制中的孝道就可以更加好地执行；祭祀的五祀之祭，是希望所有的礼制都会被遵守，并且有迹可循。所以祭祀天地、祭祀先祖、祭祀山川、祭祀五祀，都是为了借助其来彰显礼制的含义。

是故夫礼，必本于大一①，分而为天地，转而为阴阳，变而为四时，列而为鬼神。其降曰命，其官于天也。夫礼必本于天，动而之地，列而之事，变而从时，协于分艺，其居人也曰养②,其行之以货力、辞让、饮食、冠昏、丧祭、射御、朝聘。故礼义也者,人之大端也,所以讲信修睦而固人之肌肤之会、筋骸之束也。所以养生送死事鬼神之大端也。所以达天道顺人情之大窦③也。故唯圣人为知礼之不可以已也,故坏国、丧家、亡人,必先去其礼。

【注释】①大一:即太一,指宇宙万物的本原、本体。②养:郑玄说:"养"当为"义"字之误。③窦(dòu):孔穴,通道。

【译文】所以圣人制定的礼制,必定是源自于太一,太一又分为天地两部分,天地又转化为世间的阴阳,而后又转化为人间的四时,于是有了春夏秋冬,有了鬼神之说。圣人根据礼制来颁布各项政策法令,这种做法是取法于天。礼制一定是源自于太一,礼制出于天,而后在地实施,首先实施于五祀祭祀,而后四时春夏秋冬照此实施,并且必须合乎月份制定的准则。从货力、辞让、饮食、冠婚、丧祭、射御、朝聘各项来说,礼也可以叫作义。因此,就人生大事来说,礼仪算是最重要的。人们用礼仪来约束彼此的诚信,并维持家庭亲友间的和睦,使人与人之间的相处就像肌肤之间的相接、筋骨之间的相连一样。因此人们将礼仪看做为养生送死、敬仰鬼神之间的头等大事,所以礼仪是人们通达天理、遵循人情的重要途径。因此唯有圣人在制定礼制的时候知道礼制是世间不可或缺的一部分,所以凡是导致国破家亡、身败名裂的人,一定是因为他抛开了礼制的一切约束才会如此凄惨。

故礼之于人也,犹酒之有蘖也,君子以厚,小人以薄。故圣王修义之柄、礼之序,以治人情。故人情者,圣王之田也。修礼以耕之,陈义以种之,讲学以耨之,本仁以聚之,播乐以安之。故礼也者,义之实也。协诸义而协,则礼虽先王未之有,可以义起也。义者艺之分、仁之节也,协于艺,讲于仁,得之者强。仁者,义之本也,顺之体也,得之者尊。故治国不以礼,犹无耜而耕也;为礼不本于义,犹耕而弗种也;为义而不讲之以学,犹种而弗耨也;讲之于学而不合之以仁,犹耨而弗获也;合之以仁而不安之以乐,犹获而弗食也;安之以乐而不达于顺,犹食而弗肥也。四体既正,肤革充盈,人之肥也。父子笃,兄弟睦,夫妇和,家之肥也。大臣法,小臣廉,官职相序,君臣相正,国之肥也。天子以德为车、以乐为御,诸侯以礼相与,大夫以法相序,士以信相考,百姓以睦相守,天下之肥也。是谓大顺。大顺者,所以养生送死、事鬼神之常也。故事大积焉而不苑①,并行而不缪,细行②而不失。深而通,茂而有间。连而不相及也,动而不相害也,此顺之至也。故明于顺,然后能守危也。故礼之不同也,不丰也,不杀也,所以持情而合危也。

【注释】①苑:郁结、阻滞。②细行:"行"字衍文。

【译文】所以,礼仪对于人来说,就像是酿酒要用的酒曲,君子看重礼仪,酿出来的酒便很醇厚;小人轻视礼仪,酿出来的酒便寡淡无味。所以先圣王秉持礼、义的原则,用此来培育人情。所以人情若是田地,圣王就是田地的主人,圣王用礼来耕种田地,用义当做种子种地,用教化礼义来当做除去杂草,用最终所有人的仁爱当做收获,用家中置备的美酒音乐犒劳辛勤工作的人们,所以说,礼是因为义而产生的结果,凡是合乎礼义而生的事情,都可以加以协调。若是先王没有制定礼,便可以根据义来制定。义是衡量是非对错的标准,衡量仁心的尺度。可以区分是非对错,准确地衡量仁心,做到这两点的人就非常强大。仁是义的根本,同样是贯彻天道人情的主体表现,可以做到仁的人会被他人尊崇。因此,治理国家不用礼,就像是耕地却没有农具一样;制定礼但是不依据义去完成,就像是耕完地不去播种一样;有了义却不加以讲解研习,就像是播种以后不去下地除草一样;讲解研习义之后却不将义和仁结合,就像是除草完后不去收获果实一样;将义和仁结合以后却不能以此来享受生活,就像是收获了果实以后不让人享用一样;让人享用成果以后却没有达到礼的境界时,就像是享用了成果吃了东西但是身体却没有健康起来。身体四肢强健,肌肉丰满,这是身体健康的标志。父子间感情深厚,兄弟间相处和睦,夫妻间相亲相爱,这是家庭健康的标志。朝中大臣奉公守法,朝下小臣清正廉明,文武百官各司其职井然有序,君臣之间相互扶持,这是一个国家健康的标志。天子将高尚的品德作为车辆,用礼乐作为驾驶者,各诸侯之间以礼相待,卿大夫按照法令制度相互配合工作,士人用诚信考察他人,普通百姓通过邻里和睦来共同生活,这是整个天下健康的标志,所有的合起来就是大顺。大顺,是用来衡量人们生活、养老、丧礼、祭祀鬼神所有事情的社会法则。当社会达到大顺,就算堆积诸多事宜也不会耽误行事,两件事情一起进行也不会感到烦乱,很小的事情也不会被妨碍,尽管这很深奥但也可以理解,尽管这很繁杂但也可以有条理,社会之间相互关联却又互相独立,遵循规则但不相互排斥,这便是大顺的至高境界。因此,了解了大顺的重要性,才可以守住高位而不繁乱。礼是有区别划分的,该减少的时候就不必要去增加,该增加的时候就没必要减少,只有做到这些,社会才能正常地维系人情世故,和合上下而不至于危乱。

故圣王所以顺,山者不使居川,不使渚者居中原,而弗敝也。用水火金木,饮食必时。合男女,颁爵位,必当年德。用民必顺。故无水旱昆虫之灾,民无凶饥妖孽之疾。故天不爱①其道,地不爱其宝,人不爱其情。故天降膏露,地出醴泉,山出器车,河出马图,凤凰麒麟皆在郊椒②,龟龙在宫沼,其余鸟兽之卵胎,皆可俯而窥也。则是无故,先王能修礼以达义,体信以达顺,故此顺之实也。

【注释】①爱:隐藏。②椒(sǒu):通"薮",草木丛生的湖泽。

【译文】所以古圣王遵循天时地利人和来制定礼制,不让习惯住在山里的人居住在水边,不让习惯住在水边海岛的人居住在平原,这样所有的人都可以安居乐业。在使用水、火、金、木,以及饮食方面,都要遵守当时的情况。男婚女嫁、封赏爵位,都要依据当时的德政。任用百姓要遵循当时的季节，不占用百姓的农忙时间，这样才会没有旱灾和虫灾，百姓也不会谷物不收，年成不好，饥荒灾害。所以苍天不吝啬自己的神通，大地不吝啬自己的宝藏，人们不吝啬自己的情感，于是苍天降下美丽的甘露，大地涌出甘甜的泉水，山中就会出产适合制造器皿和车辆的树木，河水中会出现龙马图形。凤凰、麒麟皆栖息在郊外，龟、龙会驯养在宫中的水池，尾随它们而来的鸟兽的卵蛋，四处可见，人们只要低下头就可以看到。这没有特别的原因，都是因为先王可以制定礼制并通过种种条件将礼制更加人性化，又通过诚信来让人们顺应天理，所以天下太平不过就是顺应天理、遵循人情罢了。

礼器第十

【题解】本篇之所以名为《礼器》,取其守礼可使人成器之义。圣王制礼,既有其深刻的内涵,又具备了优美的形式。忠信是礼的本质,完备的仪式和制度是礼的形式。礼的标准是,必须要上合天时、下合地利、幽合鬼神、明合人心,使万物各得其理。礼的重要作用体现在以礼为治身之器,可以使人外表和谐而内心无怨,使万物归于仁、鬼神慕其德。礼和乐是相得益彰的。礼是用来恢复人的本性,乐是用来疏导人的情志。观察一个地方的礼乐,就能了解这个国家的治乱。混乱地区的人民,必定礼节简慢、音乐放纵而无节制。

礼器是故大备。大备,盛德也。礼释回,增美质;措则正,施则行。其在人也,如竹箭之有筠①也,如松柏之有心也。二者居天下之大端矣。故贯四时而不改柯易叶②。故君子有礼,则外谐而内无怨,故物无不怀仁,鬼神飨德。

【注释】①筠(yún):竹子外面的青皮。②改柯易叶:指枝叶凋败,比喻人品蜕变。

【译文】以礼作为治理国家的方法,就会出现"大顺"的局面。而这种局面就是盛德的一种体现方式。礼可以让邪恶消除,增进属于本质的美,用在人身上则会让人变得特别正直,用到做事方面则会让事情变得顺利。对人们而言,礼就像竹箭外面的那一层青皮,又像是松柏内部的实心。普天之下,只有竹箭和松柏这样的气节,所以它们一年四季才从头到尾都是郁郁葱葱的,枝叶繁盛而永不凋落。君子有礼,也是这样,不仅能与其他人和平相处,还能与家人族人们相亲相爱。因此人们都感激于他的仁慈和善良,就连鬼神也乐意去消受他的祭品。

先王之立礼也,有本有文。忠信,礼之本也;义理,礼之文也。无本不正,无文不行。礼也者,合于天时,设①于地财,顺于鬼神,合于人心,理万物者也。是故天时有生也,地理有宜也,人官有能也,物曲②有利也。故天不生,地不养,君子不以为礼,鬼神弗飨也。居山以鱼鳖为礼,居泽以鹿豕为礼,君子谓之不知礼。故必举其定国之数③,以为礼之大经,礼之大伦。以地广狭,礼之薄厚,与年之上下。是故年虽大杀④,众不匡⑤惧。则上之制礼也节矣。

【注释】①设:"合"的意思。②物曲:指万物不同的用途。③定国之数:指国内物产多少之数。④大杀:大减。⑤匡:通"恇",惧怕的意思。

【译文】先王制定相关的礼,既有礼的内涵与实质,又有表面的形式。忠信属于礼的内涵与实质,而得理合宜又属于礼外在的形式。没有内涵实质的礼就不成立;没有外在形式的礼就难以施行。礼应该是与天时地利相合,与鬼神人心相顺,与世上万物相通的一种存在。四季都有各不相同的生物,土地会出产各不相同的产物,五官的功能也各不相同,万物的用途更是各有不同。因此,不在当时节令出生或生长的动植物,不会是当地的土特产。君子是不会拿来作为祭品的,就算是拿来了,鬼神也会拒绝享用。如果住在山里的人将水里产的鱼鳖作为给鬼神的供品;住在水边的人,却拿山里产的鹿豕作为给鬼神的祭品,这样做,在君子看来是不懂礼的。因此,一定要视本国物产的多少,来确定礼所需要的财物。礼品的多少,要根据国土的大小;礼品的厚薄,要看当年年成的好坏。因此就算遇到灾荒的年份,民众也不用担心和感到恐惧,因为君上在制礼时把握好了分寸。

礼,时为大,顺次之,体①次之,宜次之,称次之。尧授舜,舜授禹;汤放桀,武王伐纣,时也。《诗》云:"匪革其犹,聿追来孝②。"天地之祭,宗庙之事,父子之道,君臣之义,伦也。社稷山川之事,鬼神之祭,体也。丧祭之用,宾客之交,义也。羔豚而祭③,百官皆足;大牢而祭④,不必有余,此之谓称也。诸侯以龟为宝,以圭为瑞⑤。家不宝龟,不藏圭,不台门⑥,言有称也。

【注释】①体：指不同的祭祀对象。②引诗见《诗经·大雅·文王有声》，今本《毛诗》作"匪棘其欲，遹追来孝"。革：同"棘"，急迫。犹：通"猷"，谋略。聿：语气词。③羔豚而祭：指大夫、士举行的小规模祭祀。④大牢：以牛、羊、豕三牲为祭品。大牢而祭：指天子、诸侯举行的规模较大的祭祀。⑤圭：指天子颁发给诸侯的玉符。瑞：祥瑞。⑥家：指大夫之家。台门：天子诸侯宫门前起土为台，台上起屋，叫作台门。

【译文】先王制定礼时，首先要考虑的是要与当时所处的环境符合，再次是符合伦理，再其次是因对象而异，再其次是与人情相符合，最后是与身份相称。例如，尧将帝位传给舜，舜再传位给禹，那是因为他们所处的是禅让制的时代；而商汤放逐了夏桀，周武王对殷纣王进行讨伐，那属于动乱的时代。《诗经》上说："周文王兴建丰邑，并不是为了急于达成自己的愿望，而是为了追念自己祖先的功业，表现自己的孝心。"就是说那些都是当时所处的时代造成的。对天神地祇的祭祀，对列祖列宗的祭祀，他们所体现的就是有关父父子子之道和君君臣臣之义。这就是顺的问题。社稷、山川、鬼神之祭，只是因为祭的对象不同，而礼数也跟着有所不同而已。这就是相关个体方面的问题。有人家里有丧祭之事，一笔不小的开销是理所当然的，而作为丧家的亲朋好友对丧家有所馈赠也是应该的，这是有关宜的问题。大夫、士的祭祀，虽然用的只是一只羊羔或一头小猪作供品，但最后，每个助祭的人还是都能得到一份祭肉；而天子、诸侯的祭祀，虽然是以牛、羊、猪三牲作为供品，最后每人分到的也只是一份祭肉而已，也不会再有其他的东西。这就是与身份相称。诸侯可以有龟，并将它当成珍宝；可以有圭，并将它当成祥瑞。而大夫之家就不可以这样，不能将大门建成宫阙形式。这也是讲的身份方面的问题。

礼,有以多为贵者:天子七庙,诸侯五,大夫三,士一。天子之豆二十有六①,诸公十有六,诸侯十有二,上大夫八,下大夫六。诸侯七介七牢②,大夫五介五牢。天子之席五重③,诸侯之席三重,大夫再重。天子崩,七月而葬,五重八翣④;诸侯五月而葬,三重六翣;大夫三月而葬,再重四翣。此以多为贵也。

【注释】①豆:盛放菜肴的食器。这里说的豆数,指天子每月朔食之数,诸侯相聘及食大夫时之数。②介:随同诸侯或大夫朝聘的副员。牢:即大牢。这里的牢数,指主国馈来聘者的饔饩之牢数。③此处的"重"指茵与抗木的层数。茵是用粗布缝袋,内放茅秀和香草制成,用来垫棺材,三条横放,两条直放为一重。抗木是架在棺材之上用来承受泥土的木条,也是三条横放,两条直放为一重。④翣(shà):遮蔽棺椁的装饰物,形如扇,置于棺之两旁。

【译文】礼在有的时候是以多为贵。例如,天子宗庙是七所,诸侯是五所,大夫是三所,士则只有一所。又例如,天子用餐可以有二十六道菜,公爵有十六道,诸侯十二道,上大夫八道,下大夫就只有六道。又例如,诸侯前往他国出访,可以带七个随从,主国馈赠的祭品可以有七牢之多;而诸侯的卿出访他国,随从五个,主国馈赠的祭品只有五牢。又如,天子坐垫有五层,诸侯减为三层,大夫减为两层。又如,天子去世,七个月以后下葬,下葬时,茵和抗木都是五重,翣用八个;而诸侯死后五个月下葬,下葬时,茵和抗木各三重,翣用六个;大夫死后三个月就可以下葬,茵和抗木只用两重,翣用四个。这些都是以多为贵的例子。

有以少为贵者:天子无介;祭天特牲;天子适诸侯,诸侯膳以犊;诸侯相朝,灌用郁鬯,无笾豆①之荐;大夫聘礼以脯醢;天子一食,诸侯再,大夫、士三,食力无数;大路繁缨一就②,次路③繁缨七就;圭璋特④,琥璜爵⑤;鬼神之祭单席。诸侯视朝,大夫特,士旅之。此以少为贵也⑥。

有以大为贵者:宫室之量,器皿之度,棺椁之厚,丘封⑦之大。此以大为贵也。有以小为贵者:宗庙之祭,贵者献以爵,贱者献以散,尊者举觯,卑者举角⑧;五献之尊⑨,门外缶,门内壶,君尊瓦甒⑩。此以小为贵也。

【注释】①笾(biān)豆:笾和豆,古代食器,竹制为笾,木制为豆。古代祭祀时盛祭品的两种器具。②路:通"辂"。大路:指祭天时所用的大车。繁(pán)缨:指马腹部和胸部的装饰物。一就:一圈。③次路:供一般杂事使用的车子。⑤圭璋:两种高贵的玉器。特:犹言"独"。这里指不以他物相配。⑤琥璜:两种次于圭璋的玉器。爵:酒器。此言天子、诸侯酬宾时,以琥璜作为币,于进爵时同时用之。⑥大夫人少,故诸侯一一个别拜,此即以少为贵。士众多,诸侯只向众士一拜。⑦丘封:泛指坟墓,大者曰丘,小者曰封。⑧爵、散、觯(zhì)、角:都是饮酒用的器皿,但大小不同,爵最小(一升)、觯稍大(二升),角更大(四升),散最大(五升)。⑨五献:献数按不同等级有不同规定,五献是子男享礼的献数。

尊:盛酒之器的总名。⑩缶、壶、瓦甒(wǔ):都是盛酒的器具。缶最大,壶次之,甒最小。君尊:指主宾酬酢所用的盛酒器。

【译文】礼在有的时候是以少为贵。例如,天子出巡,没有副手。天子祭天,只有一头牛。天子驾临诸侯,诸侯也是用一头牛犊设宴款待。又如,诸侯相互之间朝聘,只用郁鬯献宾,不再设有大盘小碗的菜肴;大夫来聘,主国招待时,除了酒还要备有菜肴。又如,天子吃东西,吃一口就说饱了,需要有人劝才会继续进食;而诸侯吃东西,吃两口才说饱了;大夫和士进食,吃三口才说饱了;而那些从事体力劳动的就没有这般斯文,真的吃饱才是吃饱了。又如,天子祭天用的大路,只用一圈繁缨作为马饰,而平常做事的次路,有五圈繁缨作为马饰。又如,圭璋是最为贵重的玉,能够作为礼品单独进献;而琥璜是比圭璋稍差一些的玉,就只能在摆酒酬宾时附带进献。鬼神是比人还要尊贵的,可是祭祀时仅只用一层席子。再例如诸侯临朝,大夫少,国君就可以逐个地与他们行礼作揖,士的人数多,国君就对他们一大堆人作一个揖就可以了。这些都是以少为贵的例子。

礼在有的时候是以大为贵。比如宫室建造的规模,器皿的尺寸,棺椁的厚薄,坟头的大小,都是以大为贵的。而在某些时候礼又是以小为贵的。比如宗庙祭祀,身份尊贵的人献尸用较小的爵,身份低卑的献尸用较大的散;尸进入宗庙以后,尸的身份最为尊贵,举起觯解饮;主人身份卑,举起角杯饮。子爵男爵们在宴饮宾客时,把最大的酒器缶放在门外,而将尺寸居中的壶放在门内,瓦甒最小,国君喝酒就用它,它就被放在堂上。这些都是以小为贵的例子。

有以高为贵者：天子之堂九尺，诸侯七尺，大夫五尺，士三尺；天子、诸侯台门。此以高为贵也。有以下为贵者：至敬①不坛，扫地而祭。天子诸侯之尊废禁②，大夫、士棜禁③。此以下为贵也。

【注释】①至敬：这里指祭天的郊祀之礼。②禁：用木头制成的案，用来置盛酒器皿。③棜（yù）：也是用来置盛酒器皿的案，但没有脚，比禁低。大夫、士棜禁：意为大夫用棜，士用禁。

【译文】礼有时是以高为贵。例如，天子堂高九尺，诸侯七尺，大夫五尺，士三尺。又比如，只有天子、诸侯的大门是高高大大的宫阙，而大夫、士则绝对不可以有。这些都是以高为贵的例子。礼有时又是以低为贵。例如，天子祭天，祭礼不是在高坛上举行，而是在坛下扫地而祭。又如，天子、诸侯所用的酒杯不用托盘，大夫的酒杯却要用托盘，士的酒杯用的是高脚托盘。这些都是以低为贵的例子。

礼有以文为贵者：天子龙衮①，诸侯黼，大夫黻，士玄衣纁裳②；天子之冕，朱绿藻十有二旒③，诸侯九，上大夫七，下大夫五，士三。此以文为贵也。

有以素为贵者：至敬无文④，父党无容⑤，大圭不琢，大羹不和，大路素而越席⑥，牺尊疏布幂⑦，樿杓⑧。此以素为贵也。

【注释】①龙衮：天子所穿的画有龙的礼服。②玄：黑色。纁（xūn）：浅红色。③藻：文饰。旒（liú）：冕的装饰物，以五彩丝绳贯五彩玉片制成。④至敬无文：指祭天时袭大裘，不见文采。⑤父党：党，所指父亲之居处。容：指袒裼等礼节。⑥越席：蒲席。⑦牺尊：牛形的酒尊。疏布：粗布。鼏（mì）：覆盖。⑧樿（shàn）：一种白色理文的树木。杓（sháo）：盥洗用具。

【译文】礼有时以文饰图案为贵。例如，天子所穿的龙袍就有九种图案，诸侯的祭服就只可以有七种、五种或三种图案，而大夫只能有一种黑青相间的花纹，士所穿的衣服，则没有任何图案，只能上身玄衣，下身浅绛色的下裳而已。又如，天子头戴的冕，有用朱、绿两种色编织的丝绳穿的玉，垂旒十二条，而诸侯冕的垂旒只有九条，上大夫七条，下大夫五条，士三条。这些都是以文饰图案为贵的例子。

礼有时又是以朴素为贵。例如，祭天时天子穿的大裘不能被露出来，在父亲的面前用不着装模作样，天子所用的大圭上面不加以任何雕琢，上等祭品的肉汁不加以任何调料，祭天用的大路上面只铺一层蒲席，朴素无华。牛形酒尊用粗布盖住，勺子也是用本色的木头来做。这些都是以朴素为贵的例子。

孔子曰："礼，不可不省也。"礼不同，不丰、不杀，此之谓也。盖言称也。礼之以多为贵者，以其外心者也；德发扬,诩万物,大理物博,如此,则得不以多为贵乎?故君子乐其发也。礼之以少为贵者,以其内心者也。德产之致也精微,观天子之物无可以称其德者,如此则得不以少为贵乎?是故君子慎其独也。古之圣人,内之为尊,外之为乐,少之为贵,多之为美。是故先生之制礼也,不可多也,不可寡也,唯其称也。是故,君子大牢而祭,谓之礼;匹士大牢而祭,谓之攘①。管仲镂簋朱纮②,山节藻棁③,君子以为滥矣。晏平仲祀其先人,豚肩不揜豆④;澣衣濯⑤冠以朝,君子以为隘矣。是故君子之行礼也,不可不慎也;众之纪也,纪散而众乱。孔子曰:"我战则克,祭则受福。"盖得其道矣。

【注释】①攘(rǎng):盗窃。②镂簋:雕刻花纹的食器。朱纮(hóng):纮,冠冕上的系带。只有天子才可以用朱色的系带。③山节:在斗拱上雕刻山的图纹。藻棁(zhù):在短柱上雕刻水草的图纹。古代只有天子的寝庙才可以这样做。④豚肩:猪腿。揜(yǎn):通"掩",遮盖。⑤澣、濯:都是洗涤的意思。

【译文】孔子说:"礼,不能不加以审察。"礼有太多的不同,需要减少的不能增加,应该增加的同样不能减少。这就是说,礼需要注意是否相称。礼有多、大、高、文为贵者,就在于它是特意向外界炫耀的。王者发扬道德,普及万物,需要整理的事情千头万绪,内容广泛,怎么可能不以多、大、高、文为贵?因此君子才乐于向外界炫耀。礼之所以有以少、小、下、素为贵的,就在于它是特意以表内在本质的品德的。内涵与本质所具备的细致精微程度，看遍天下所有的物，都没有找出一件与它相匹配的，这样又怎么能不以少、小、下、素为贵呢？因此君子才特别注意内在的品德修养。古代圣人，既对内在品德的修养十分注重，又乐于对外展示和炫耀，有时候以少、小、下、素为贵，有时候又以多、大、高、文为贵。因此先王制礼时，应该少的就不会多，该多的就不会少，所追求的就是为了相称。因此大夫以上贵族所用的太牢作为祭品，与身份相称，这是合礼；士如果也用太牢作为祭品，就与身份不相称，这就算得上盗窃。管仲身为大夫，却使用镂花镶玉的簋，系朱红的帽带，住室斗拱上雕刻山形图案，梁上的短柱刻水草，君子认为这是僭用了天子诸侯才有的礼。齐国晏子也是大夫，他祭祀祖先时所用猪蹄太小，连一碗都不到，穿戴着洗了的旧衣帽就去朝君，君子认为太过小气，也与大夫的身份不合。由此看出，君子行礼，不可不慎重。礼是用来对人们生活加以规范的纲纪，纲纪散乱的话，人们的生活也会跟着乱套。孔子说："一个知礼的人，打仗就一定会取得胜利，参加祭祀也一定会得到神灵的保佑。"因为他已经深刻领会了身份相称的道理。

君子曰："祭祀不祈，不麾蚤①，不乐葆大②，不善嘉事③，牲不及肥大，荐不美多品。"孔子曰："臧文仲④安知礼！夏父弗綦逆祀⑤，而弗止也。燔柴于奥⑥，夫奥者，老妇之祭也，盛于盆，尊于瓶。"

【注释】①麾：快。蚤：早。②葆：通"褒"。褒大：张扬扩大。③嘉事:指婚冠之礼。④臧文仲:春秋时鲁国大夫。当时的人认为他知礼。⑤夏父弗綦:人名,鲁文公时为宗伯,执掌太庙祭祀之礼。逆祀:指文公二年八月鲁国祭于太庙时,夏父弗綦为了讨好文公,就把文公的父亲僖公的神位移到僖公前一任国君闵公之上,颠倒了通常的次序。⑥燔柴:是祭日月星辰的礼节。奥:郑玄注"奥当作爨",这里指灶神。

【译文】君子说:"祭祀是出于对亲人的思念,而不是为了向神灵天地祈福;祭祀都有一定的时间规定,不是提前举行就好;祭祀用的礼器玉帛都有严格的规格,不能单纯地追求高大;举行冠礼、婚礼,祭告祖先是必须的,但用不着再另外举行祭祀;祭祀用的牺牲简单地要求肥大,供品也不仅仅为了追求数量。"孔子说:"怎么能把臧文仲说成是懂礼的人呢?夏父弗綦将宗庙祭祀的顺序颠倒了,他作为四朝的元老却不加以阻止。用燔柴的祭法来祭祀灶神(臧文仲也未能劝阻)。祭灶神是老妇人举行的祭礼,把供品放在盆里、酒放入瓶内就可以了。"

礼也者,犹体也。体不备,君子谓之不成人。设之不当,犹不备也。礼有大有小,有显有微。大者不可损,小者不可益,显者不可掩,微者不可大也。故经礼三百,曲礼三千①,其致一也②。未有入室而不由户者。君子之于礼也,有所竭情尽慎,致其敬而诚若③,有美而文而诚若。君子之于礼也,有直而行也,有曲而杀也,有经而等也,有顺而讨④也,有摭⑤而播也,有推而进也,有放⑥而文也,有放而不致也,有顺而摭⑦也。

【注释】①经礼：指礼的纲要、大节。曲礼：指礼的条目、细节。三百、三千：极言其多，并非确数。②致一：指达到"诚"的境界。③若：助词。④讨：犹"去"，减少。⑤撰（chàn）：芟除。⑥放：通"仿"，仿效。⑦摭（zhí）：拾取，摘取。

【译文】礼，就像人的身体。如果身体有了缺陷，君子就称他为残疾人。礼如果用得不当，就和人的身体患有残疾一样。礼有时以大、以多为贵，有时以小、以少为贵，有时以高、以文为贵，有时以素、以下为贵。以大、以多为贵的就不能随便将它减少，以小、以少为贵的就不能随便增加，以高、以文为贵的就不能随便遮掩，以素、以下为贵的就不能随便加以装饰和加高。虽然礼有三百条纲要，有三千款细则，但礼所要追求的却只有一个诚字。就像一个人要进到屋内，都要先进门是一样的道理。君子对礼的态度，有时是通过贵少、贵小、贵下、贵素而表达自己的诚，有时是通过贵多、贵大、贵高、贵文而表达自己的诚。君子在实际行礼时，有时是放任自己的感情毫不加以掩饰，有时是让自己的情感服从理智，有时是不分身份上的贵贱，有时是按顺序递减，有时是取物于上而普施于下，有时是根据推理而将规格提高，有时是效法天地而文饰到最高境界，有时是效法天地而文饰最底限，有时是卑贱者僭越了高贵者的礼节也不犯忌讳。

三代之礼一也，民共由之。或素或青，夏造殷因。周坐尸①，诏侑武方②；其礼亦然，其道一也；夏立尸而卒祭；殷坐尸。周旅酬六尸③，曾子曰："周礼其犹醵④与！"

【注释】①孙希旦《礼记集解》以为下"夏立尸而卒祭,殷坐尸"二句应在"周坐尸"之上,简错在下。译文从之。②诏侑(yòu):劝告。武:当为"无"。武方:无常,言无规定,可多可少。③旅酬:祭礼完毕后众亲宾一起宴饮,相互敬酒。六尸:指代表太祖庙之外其他六庙祖先的尸。旅酬六尸:使六庙之尸聚集到太祖庙中共相酬敬。④醵(jù):众人凑钱喝酒。

【译文】夏商周三代所用的礼都贯穿在一个诚字上,民众共同遵循。从外在形式上看,有的尚黑,有的尚白,由夏代创立,殷代遵循。例如,在祭祀中,在夏代时"尸"从头到尾都是站着的,到殷代时"尸"从头到尾都是坐着的,周代的"尸"也是从头到尾坐着,而助祭的人都可以告诉"尸"该怎样保持威仪和劝"尸"饮食,没有固定的人,这些都是由殷代流传下来的,它遵循至诚的道理也是相同的。只不过周代有六"尸"按顺序相互之间劝酒的仪式,而到殷代就没有了。曾子才说:"周礼中六'尸'互相劝酒的仪式,就像许多人凑钱在一起喝酒似的。"

君子曰:礼之近人情者,非其至者也。郊血①,大飨②腥,三献爓③,一献④孰。是故君子之于礼也,非作而致其情也,此有由始也。是故七介以相见也,不然则已悫。三辞三让而至,不然则已蹙。故鲁人将有事于上帝,必先有事于頖宫⑤;晋人将有事于河,必先有事于恶池⑥;齐人将有事于泰山,必先有事于配林⑦。三月系,七日戒,三日宿,慎之至也。故礼有摈诏⑧,乐有相步⑨,温之至也。

【注释】①郊血:祭天时用牲血荐天神。②大飨:即袷祭,祭祀宗庙里的先王。③三献:指祭祀社稷和五祀之神,因祭祀时酬献三次而得名。爓(yàn):古同"燖",古代在热汤里煮至半熟用于祭祀的肉。④一献:指祭祀各种小鬼神。⑤頖宫:即泮宫,这里指鲁国的学宫。⑥恶池(hū tuó):即滹沱河。恶:"呼"之误。⑦配林:指泰山附近一个较小的山麓。⑧摈招:即傧相,负责安排主客礼仪。⑨相步:古代乐师多为盲人,故需要有人扶持引路,称之为"相步"。

【译文】古代圣人说:用与现代人接近的东西作为祭品,并不是最高贵的祭品。例如:祭祀至高无上的天是用牲血来作为祭品的,合祭列祖列宗是用生肉作祭品,祭祀社稷用的是半生不熟的肉,祭祀小的神鬼用的是熟肉。而熟肉是与现代人相近的祭品,却并不高贵。最高贵的祭品是牲血。因此君子对礼并不是自己一时冲动才表达自己的敬意,而是效法古人。两国国君相见,宾主双方都会分别安排七个随从传话,否则就会显得太简单;客人要向主人辞让三次,主人要三次请客人先入,然后才会登堂,否则就会显得太急促了。所以鲁国人要祭上帝,就一定会先在宗庙告祭;晋国人要祭河,就一定会先在滹沱河祭祀;齐国人要祭泰山,就一定先去祭配林。祭天祭祖,在祭前三个月就得精心饲养牺牲,祭前十日,头七天就要进行初步斋戒,然后再进行三天严格的斋戒,这才能举行祭祀,真是极度谨慎。在行礼时一定会有司仪作指导,乐师一定会有扶持引路的人,这才显得特别的温文尔雅和从容不迫。

礼也者,反本修①古,不忘其初者也。故凶事不诏,朝事以乐。醴酒之用,玄酒②之尚。割刀之用,鸾刀③之贵。莞簟④之安,而槀鞂⑤之设。是故,先王之制礼也,必有主⑥也,故可述而多学也。君子曰无节于内者,观物弗之察矣。欲察物而不由礼,弗之得矣。故作事不以礼,弗之敬矣。出言不以礼,弗之信矣。故曰:"礼也者,物之致也。"

【注释】①修:通"循",追溯的意思。②玄酒:太古无酒,用水代替酒。后来祭祀仍设,称玄酒,以示不忘本。③鸾刀:刀环上有铃,祭祀时用来割牲。④莞簟(diàn):蒲席与竹席。莞:细蒲。簟:竹席。⑤槀鞂(gǎo jiē):用禾秆编织成的草席,古时祭天所用物。鞂:禾秆。⑥主:指"本"与"古"。

【译文】关于礼的各种规定,有时候所体现的是人的天性,有时候所体现的是人遵守传统,总之,所要表达的就是不忘人的根本。例如,发生了凶丧之事,用不着要谁来进行教导,就会自然而然地内心觉得悲伤,自然会号淘大哭;朝廷宴飨群臣,钟鸣鼎食,参加的人理所当然地感受到了快乐。这些都是回归人的天性的例子。又如,如今的人们会把饮用甜酒作为一种美好的享受,而在祭神时却是以一杯清水为贵;快刀用起来非常称手,而在分割牲体时却偏偏用迟钝的鸾刀;现在人所坐的坐垫,下面是一层蒲席,上面再加一层竹席,这样坐着就会很舒服,可人们在祭天时却仅铺一层庄稼秆就当成席子用了。这些是遵守传统、以原始为贵的例子。所以先王制礼时,都是将人类回归自然的本性和遵循传统这两大因素加以考虑的,因此后人才能进行效法和学习。君子说，内心如果没有体会，就不会将事物观察明白。要想将事物观察明白却不借助于礼，是难以达到其目的的。所以说，不依礼行事的话，就无法赢得人们的尊敬；不依礼说话，就无法取得人们的信任。所以古语上说："礼是所有事物的准则。"

是故昔先王之制礼也，因其财物而致其义焉尔。故作大事，必顺天时，为朝夕①必放于日月，为高必因丘陵，为下必因川泽。是故天时雨泽，君子达亹亹②焉。是故昔先王尚有德、尊有道、任有能；举贤而置之，聚众而誓之。是故因天事天，因地事地，因名山升中于天③，因吉土④以飨帝于郊。升中于天，而凤凰降、龟龙假⑤；飨帝于郊，而风雨节、寒暑时。是故圣人南面而立，而天下大治。

【注释】①朝夕：指天子在春分时节的早晨祀日，秋分时节的傍晚祀月。②达：犹言"皆"。亹亹（wěi）：缓慢流动，无止无休，可以用来形容孜孜不倦。③中：成。中于天：谓升进诸侯成功之事，上告于天，也即天子泰山封禅之事。④吉土：经占卜而选定的土地。⑤假：通"格"，到来。

【译文】因此先王在制礼时，就将事物原有的特性而赋予其特定的意义。举行祭祀一定顺应天时，什么时令就该祭哪一种神，绝不错乱；举行朝日、夕月之祭，一定会仿照太阳在东方升起和月亮在西边升起的自然规则；祭天是至高无上的祭祀，那就一定要凭借本来就高的圆丘；祭地是最为卑微无二之祭，那就一定要凭借地势原来就低的川泽。这样就能风调雨顺，君子都会勤勉不倦地对神的功劳加以报答。所以古代的那些先王都会崇尚有道德的人,尊重有技艺的人,任用有才能的人,将这些贤人选拔到助祭的位置,斋戒之前还要聚众宣誓,以告诫有所不恭。然后才会在圆丘上举行祭天仪式,在川泽中举行祭地仪式,登上泰山燔柴向天通报取得的成功,在南郊选择吉地祭祀天帝。因为燔柴向天通报已经取得的成功,所以凤凰会来,龟龙会到;因为在南郊祭祀天帝,所以国家会风调雨顺,季节冷热按时。所以圣人在临朝时朝南而站就好了,没有什么事好操心的,天下就会太平。

天道至教,圣人至德。庙堂之上,罍尊在阼①,牺尊②在西。庙堂之下,县鼓③在西,应鼓④在东。君在阼,夫人在房⑤。大明生于东,月生于西,此阴阳之分、夫妇之位也。君西酌牺象,夫人东酌罍尊。礼交动乎上,乐交应乎下,和之至也。

【注释】①罍(léi)尊:刻有云雷图纹的酒尊。阼:寝庙的东阶。②牺尊:古代酒器,作牺牛形,背上开孔以盛酒。对照下文,应作"牺象",指牺尊和象尊。象尊:象形的酒尊。③县(xuán)鼓:大鼓。④应鼓:小鼓。⑤房:东房。由阼阶而视东房,则在阼阶之西,故仍以月生于西喻之。

【译文】天帝给人们至高无上的教导,圣人拥有独一无二的道德。在宗庙之中,堂上,罍尊摆放在东阶,牺尊摆放在西阶;堂下,悬鼓摆放在两阶之间的西边,应鼓摆放在东边。国君站在台阶上,而国君夫人则站在西房中。就像太阳在东方升起,而月亮在西方升起。象征着天与地的不同,因此夫妇所站的位置才会如此。国君从东阶走到西阶用牺尊、象尊醉酒,国君夫人从西房走到东阶用罍尊醉酒。堂上的礼仪象征着阴阳互交,堂下的鼓乐会跟着此起彼应,这是一幅多么和谐的画面啊!

礼也者,反其所自生;乐也者,乐其所自成。是故先王之制礼也以节事,修乐以道志。故观其礼乐,而治乱可知也。蘧伯玉曰:"君子之人达,故观其器,而知其工之巧;观其发,而知其人之知。"故曰:"君子慎其所以与人者。"

【译文】礼是追溯事物的本质,乐是大功告成后人们内心快乐的一种表达。因此,先王通过制礼来对前事有所体验,通过作乐对情操进行陶冶。因为礼乐的来历,因此通过观察一个国家的礼乐就可以了解到这个国家的治理和乱象。蘧伯玉说:"君子这类人都是很明达的。他们只要看到了器物,就能由此推知工匠的巧拙;只要看到人们外在的形为表现,就能推知他是聪明还是愚笨。"所以说:"君子对用来与人交往的礼乐是特别小心谨慎的。"

太庙之内敬矣!君亲牵牲,大夫赞币①而从。君亲制祭②,夫人荐盎③。君亲割牲,夫人荐酒。卿、大夫从君,命妇④从夫人。洞洞乎其敬也,属属乎其忠也,勿勿乎其欲其飨之也。纳牲诏于庭,血毛诏于室,羹定⑤诏于堂,三诏皆不同位,盖道求而未之得也。设祭于堂,为祊⑥乎外,故曰:

"于彼乎？于此乎？"一献质，三献文，五献察，七献⑦神。

【注释】①赞：助。币：指祭祀用的币帛。②制祭：指荐血腥时，割取牲肝，在郁鬯中浸过献上。③盎：指盎齐，用来祭祀的五齐之酒中的一种。④命妇：指卿大夫之妻。⑤羹定：熟肉。⑥祊（páng）：正祭的次日在庙门外西旁举行的绎祭。⑦一献：祭群小祀之礼。三献：祭社稷五祀之礼。五献：祭四望山川之礼。七献：祭先公之庙之礼。

【译文】太庙里面举行的祭祀让人看了真是敬由心起。国君要亲自将牺牲牵到太庙里面，后面是卿大夫拿着祭祀神灵的玉帛跟在后面。然后国君亲自制祭，夫人在旁献上装好的白色的酒。然后国君亲自馈赠牺牲，夫人在一旁再次献酒。行礼过程中，卿大夫跟在国君后面协助国君，卿大夫夫人跟在夫人身后协助夫人。所有人的神情，都是无比的虔诚，无比的恭敬，又是一心一意的忠心，他们迫切地想让祖先享用准备好的祭品。准备牺牲祭祀时，要先在庭院内告祭神灵；以血毛进献时，要在室内告祭于神灵；进献烹饪好的熟肉时，要在内堂上告祭于神灵。二次在不同位置的告祭，证明祭祀之人并不知道神灵到底在哪里，现在正堂进行祭祀，而后又在宗庙外面进行祭祀，这样做就好像是在问："神灵在这里吗？在哪里呀？"一献之礼显得不够隆重讲究，三献之礼就是基本的礼仪，五献之礼就显得格外的隆重，最后的七献之礼，就是神乎其神的祭祀了。

大飨①其王事与！三牲鱼腊②，四海九州岛之美味也；

笾豆之荐，四时之和气也。内金③，示和也。束帛加璧④，尊德也。龟为前列，先知也。金次之，见情也。丹漆丝纩竹箭，与众共财也。其余无常货，各以其国之所有，则致远物也。其出也，肆夏⑤而送之，盖重礼也。祀帝于郊，敬之至也。宗庙之祭，仁之至也。丧礼，忠之至也。备服器⑥，仁之至也。宾客之用币，义之至也。故君子欲观仁义之道，礼其本也。

【注释】①大飨：天子祫祭先王之礼。诸侯各贡其方物助祭。②三牲：牛、羊、豕。腊(xī)：干肉。③内：通"纳"。内金：指诸侯贡纳的金。④璧：玉璧。古人以玉比喻君子之德，所以说"尊德也"。⑤肆夏：乐曲名。据《周礼·钟师》注当作"陔夏"，是送宾的乐曲。⑥服器：为死者准备的衣服和随葬的器物。

【译文】大飨祭祀时祭品是特别的丰盛，贡品也非常的多，应该只有天子才有那样大的讲究吧！牛肉、羊肉、猪肉、鱼肉、干肉，天下所有的美味佳肴；笾豆中盛放的祭品，山珍海味，瓜果李枣，都是四季风调雨顺的结果。四方诸侯献上的贡金，以示他们会服从天子的管理；诸侯给天子献上的礼品，是束帛加璧，以示他们对天子美德的尊敬。诸侯贡品排列是，宝龟放在最前列，因为龟可以预知未来。接着是黄金，因为黄金可以照见人情。再接着是丹砂、油漆、蚕丝、棉絮、大竹、小竹这些平常日用品，以示整个天下所有的物产全部都是提供给天子用的。其它的贡品没有规定的品种，一般是诸侯国盛产什么就贡献什么，这为了表示不管是多么遥远的东西天子也可以得到。大飨礼完成后，来宾在走出庙门时，奏送宾的乐曲《肆夏》，以示礼数的隆重。天子前往南郊祭天，这显示出人对天无比的尊敬。宗庙之祭，将死去的看作是还活着时一样，这显示出人们对死者的无比仁爱。丧礼，孝子哭天号地，痛不欲生，全都是发自内心，这显示出人无比的真诚。为死者准备好衣服、明器，虽明明知道没有什么用，但仍然尽力准备，这表达出人内心怀有的莫大爱心。聘问用的礼品，多少都是要合规格的，这是很合理的。如果君子要观察有关于仁义，只观察礼这个根本性的东西就足够了。

君子曰："甘受和，白受采；忠信之人，可以学礼。苟无忠信之人，则礼不虚道。是以得其人之为贵也。"孔子曰："诵《诗》三百，不足以一献①。一献之礼，不足以大飨②。大飨之礼，不足以大旅③。大旅具矣，不足以飨帝。"毋轻议礼！

【注释】①一献：古代祭祀和宴饮时进酒一次为一献。②大飨：合祀先王的祭礼。③大旅：指祭五帝之礼。

【译文】君子说："甘美的东西为五味之根本，最容易调出百味，洁白的东西为五色之根本，最容易绘出百色。忠信是礼的根本，只有忠诚信实的人，才可以学习礼。不忠诚信实的人，和礼就不是同一条道路上的。因此，礼十分重要，但是明白忠诚信实的人更加重要。"孔子说："就算将《诗》的三百篇内容背得滚瓜烂熟，没学过礼的，连最基本的一献也不会。学会了一献之礼后不勤加学习，就不会懂得大飨之礼。懂得大飨之礼之后还是不勤加学习，就不会懂得大旅之礼。等到大旅之礼学会了，那也不一定就懂得祭祀天地的礼仪。"所以说，不要随意地去谈论礼。

子路为季氏①宰。季氏祭，逮闇②而祭，日不足，继之以烛。虽有强力之容、肃敬之心，皆倦怠矣。有司跛倚以临祭，其为不敬大矣。他日祭，子路与，室事交乎户③，堂事交乎阶④，质明而始行事，晏朝而退。孔子闻之曰："谁谓由也而不知礼乎？"

【注释】①子路：孔子弟子，姓仲名由。季氏：指鲁国大夫季桓子。②闇：指天亮之前。③室事：正祭时，尸在室中，所以叫"室事"。交乎户：指室外的人把祭品送到室门，交给室内的人献尸。④堂事：正祭后，傧尸于堂，所以叫"堂事"。交乎阶：指堂下的人把祭品备好，在台阶处交给堂上的人。交乎户，交乎阶，可以节省时间。

【译文】子路在季氏家中做主管。每年季氏在举行祭祀的时候，都是天还没亮就开始准备，一天时间还没有弄好就已经天黑了，然后点起烛光继续准备。因为需要准备的时间太长，即使身强体健、肃敬之心十足的人，也会因为操劳过度而疲惫不堪。所以，部分执事随意倒靠、东倒西歪地来应付事情，这种行为实在是对祖先的大不敬。等到后来的一次祭祀，子路参与了季氏祭祀的安排，室内室外的人分别在门口交接祭品，堂内的事情都在阶前进行交接。天亮了以后开始准备祭祀，到了傍晚就完成所有的事情。孔子知道了以后说："谁说子路不懂得礼呢？"

郊特牲第十一

【题解】《郊特牲》是一篇杂记诸礼和阐发礼义的文字,涉及较多的是祭祀礼。侯官吴曾祺评注:"是篇不尽言祭天之事,以首有郊特牲三字,故以名之。孔疏谓其与《礼器》本一篇,后人分以为二是也。中间冠昏两段,似属冠义昏义,而错出于此。"

郊特牲①,而社稷大牢。天子适诸侯,诸侯膳用犊;诸侯适天子,天子赐之礼大牢;贵诚之义也。故天子牲孕弗食也,祭帝弗用也。大路繁缨一就,先路三就,次路五就。郊血②,大飨腥③,三献爓④,一献熟⑤;至敬不飨味而贵气臭也。

【注释】①郊:祭天礼,在王城之郊进行,故名为郊。特牲:一头牛。②郊血:郊祀祭天时用牲血供奉上帝。③大飨:祭祀宗庙之礼。腥:生肉类。④三献:献、酢、酬重复三次叫作三献之礼,祭祀社稷用三献之礼,此处三献,即指祭祀社稷。爓:半生不熟的肉。⑤一献:这里指祭祀门、灶、司命等神的小祭祀,因祭门、灶、司命等神用一献之礼。

【译文】在南郊祭天用一头牛犊就可以,祭祀社稷就要用到牛、羊、豕三种牲。天子到诸侯国巡守,诸侯用来招待天子膳食也是一头牛犊,而诸侯前去朝见天子,天子赐宴时用的却是牛、羊、豕三牲。牛犊还没有失其童贞,也表明诸侯是以诚实为贵。因此怀孕的牛天子不吃,怀孕的牛祭天不用。天子祭天所用的大路,只用了一圈繁缨为马的装饰,而普通杂事的先路却用了三圈,比这还要再低一等的次路用的是五圈。祭天用牲血作为供品,祭列祖列宗用生肉作为供品,祭社稷则用半生不熟的肉作为供品,祭群小祀却用熟肉作为供品。说明越是高高在上的神灵,越是不接近活人口味的供品,而是以那些可以散发强烈气味的供品为贵。

诸侯为宾,灌用郁鬯①。灌用臭也,大飨,尚腶脩②而已矣。大飨,君三重席③而酢焉。三献之介,君专席④而酢焉。此降尊以就卑也。飨禘⑤有乐,而食⑥尝无乐,阴阳⑦之义也。凡饮,养阳气也;凡食,养阴气也。故春禘而秋尝;春飨孤子,秋食耆老⑧,其义一也。而食尝无乐。饮,养阳气也,故有乐;食,养阴气也,故无声。凡声,阳也。鼎俎奇而笾豆偶,阴阳之义也。笾豆之实,水土之品也。不敢用亵味⑨而贵多品,所以交于旦明⑩之义也。

【注释】①灌:献酒。此指天子使宗伯给诸侯献酒。郁:一种香草。用郁草浸泡过的酒叫郁鬯,香气浓烈。②腶(duàn)脩:用姜桂等佐料与生肉放在一起捶打之后再晒干，叫作腶脩。③三重席：三块席子重叠起来的席位。古时天子五重席，诸侯三重席，大夫二重席。④专席：座位铺一层席。献酬双方需地位相等，诸侯的大夫只能用单席，故主君降尊，也用单席。⑤禘（dì）：《礼记·王制》："天子诸侯宗庙之祭，春曰祢，夏曰禘，秋曰尝，冬曰烝。"或说"禘"为"礿"字之误。下同。⑥食（sì）：食礼，宾主用饭，不饮酒，也无歌乐伴奏。这里指食耆老。⑦阴阳：飨、禘在春夏，属阳；食，尝在秋冬，属阴。⑧春飨孤子，秋食耆老：互文见义，春飨孤子，也飨耆老；秋食耆老，也食孤子。⑨亵味：指加入五味而调制的食物。祭祀时以太古之味为正味，加佐料的食物，虽适合生人的口味，但不以祭神鬼。⑩旦明：郑玄说"旦"当为"神"字。

【译文】诸侯互相拜访，宴席上也只敬以郁鬯香酒，而没有七碗八盘的菜，这也是看重郁鬯的芬芳气味的缘故。天子设宴招待各国诸侯，上的第一道菜是有佐料的干肉，也是重气味而不重口味的缘故。诸侯招待来访的宾客，国君与国君之间相互敬酒，坐在原有的三重席上不用变动就可以了。如果是他国大夫来访，主国国君向大夫一起的随员敬酒，主国国君就把三重席子改为一重席子，与大夫随员座席相等，这称之为"降下自己的尊贵来迁就他人的卑微"。春夏二季祭祖的飨礼，有伴奏的音乐；秋冬二季祭祖的食礼，没有伴奏的音乐。是春夏二季属阳而秋冬二季属阴的缘故。饮酒，目的是为了保养阳气；吃饭，目的是为了保养阴气。因此春夏祭祖用的是飨礼，而秋冬祭祖用的是食礼。春天的飨礼用来招那些为国捐躯将士们的遗孤，秋天用食礼招待为国捐躯将士们的父亲和祖辈，道理都是一样的。而秋冬二季祭祖的食礼没有伴奏的音乐。是因为飨礼是以饮酒为主，目的在于保养阳气，所以有用来伴奏的音乐；食礼则主要为吃饭，目的在于保养阴气，因此没有用来伴奏的音乐。音乐是属于阳这一类的。鼎和俎的数目都是单数，笾和豆的数目都是偶数，因为鼎俎是用来盛放牲体的动物阳类；而笾豆中盛放的多是植物阴类。笾豆中盛放的食品，大多数都是水中生，土中长，属于阴类。祭品不能用人认为的味美可口，也能追求种类的繁多，因为祭品是用来向神灵供奉的。

宾①入大门而奏《肆夏》，示易以敬也。卒爵而乐阕②，孔子屡叹之。奠酬而工升歌③，发德也。歌者在上，匏竹在下，贵人声也。乐由阳来者也，礼由阴作者也，阴阳和而万物得。旅币无方，所以别土地之宜而节远迩之期④也。龟为前列，先知也，以钟⑤次之，以和居参之也。虎豹之皮，示服猛也。束帛加璧⑥，往德也。

【注释】①宾：指宴、飨朝聘之宾客。宴在路寝举行，大门是寝门。飨在庙中举行，大门是庙门。②乐阕（què）：乐曲奏完。此言献、酢仪式的进行与《肆夏》的节奏相应，主宾入门开始奏乐，主人敬酒，宾受而啜酒，拜主人，此时乐曲刚好奏完一节。宾把酒喝完，接着回敬主人，主人拜受时又奏乐，到主人把酒喝完时，乐曲又刚好奏完一节。③奠酬：主人把斟满酒的爵放在面前，准备劝众宾客一起饮酒。升歌：登堂而歌。前面的《肆夏》由钟鼓演奏而无歌者，此升歌则有歌唱者，有伴奏者。④远迩（ěr）之期：根据四方各国距离远近而定朝聘次数。距离近的必须多来，距离远的则可以少来。⑤钟：此指铸造钟鼎的金属。⑥束：古人计算布匹的单位，五匹为一束。帛：丝织品。束帛常连同玉器作为礼物，故曰束帛加璧。璧：

圆形玉器。

【译文】在天子大宴来朝的诸侯,当客人进到宗庙大门的时候,乐队就奏迎宾曲《肆夏》。宾主双方入席而酒过一巡后,乐曲刚刚好终止。礼乐能配合得如此到位,令孔子多次赞叹不已。一献之礼以后,乐工登堂放声高歌,目的是要颂扬宾主的好德行。唱歌的乐工在堂上,伴奏的乐工在堂下,这是以示人的歌声更为珍贵。乐曲是可以听见声音的,属于阳一类;而礼仪是因人内在德行而在外表加以体现的,属于阴一类。乐曲的阳与礼仪的阴能相互协调一致,万物就能各得其所。诸侯给天子的贡品没有提出具体规定,一般是贡献本国的土特产就好,而各诸候国前来朝聘的次数是根据那个国家与天子国都的远近而确定的。在展示诸侯国的贡品时,龟是放在最靠前的位置,因为龟具有先知的本领。其次是金属,因为金性柔和,把它放在龟和其他贡品中间。贡品的虎豹的皮代表的是四方最威猛的东西,就是天子。至于束帛加璧的见面礼,是诸侯向往天子美德的意思。

庭燎①之百,由齐桓公②始也。大夫之奏《肆夏》也,由赵文子③始也。朝觐④,大夫之私觌⑤,非礼也。大夫执圭而使,所以申信也;不敢私觌,所以致敬也;而庭实⑥私觌,何为乎诸侯之庭?为人臣者,无外交,不敢贰君也。大夫而飨君,非礼也。大夫强而君杀之,义也;由三桓始也⑦。天子无客礼,莫敢为主焉。君适其臣,升自阼阶,不敢有其室也。觐礼⑧,天子不下堂而见诸侯。下堂而见诸侯,天子之失礼也，由夷王⑨以下。

【注释】①庭燎：设于门内用以照明的火炬。庭燎之数，根据爵位高低而定：天子一百，诸公五十，诸侯、伯、子、男皆三十。②齐桓公：春秋五霸之一。③赵文子：春秋时晋国的大夫，名武。④朝觐：朝，指诸侯朝见天子及诸侯相朝。觐，专指诸侯朝天子。这里朝觐指诸侯相朝。⑤私觌（dí）：聘问的使者以私人的名义拜见国君。⑥庭实：诸侯见天子，诸侯相朝，以礼品陈于庭中，谓之庭实。大夫私觌不得用庭实。⑦由三桓始也：此句为衍文。⑧觐礼：本专指诸侯觐见天子之礼，比朝聘之礼更高一级。后来天子地位下降，觐礼也降同朝聘礼。⑨夷王：周懿王的太子燮（前894—前877年在位）。

【译文】庭中用一百个火炬来照明，是从齐桓公开始这样做的。《肆夏》最开始是诸侯用的礼数，而从晋国大夫赵武开始，大夫也奏《肆夏》迎宾。诸侯朝见天子，而大夫奉国君之命出使他国，却以私人名义进见他国的国君，这都是不合乎古礼的。大夫出使他国执圭的原因就是要证明自己确实是奉国君之命出使的。不以个人名义晋见他国国君，也是一种对自己国君尊敬的表示。大夫私人备下厚礼作为庭实，又以个人的名义去晋见，那又怎以能显示出诸侯的诚意和必要呢？作为臣子，不能与他国国君有来往，不然就是与自己的国君相抗衡了。大夫宴请国君，与礼数不相合，因为这显得做臣子的处于强势，而做国君的处于弱势。大夫的势力强过了国君，国君就将大夫杀了，这是出于义，是从鲁国三桓中得出的教训。天子没有做客人的礼仪，因为整个天下都是天子的臣，没有人敢当天子的主人。一旦国君去了臣子家里去，臣子就要请国君从台阶升堂，臣子是不敢有这个家我是主人的想法，诸侯朝见天子，天子是不用下堂去亲自迎接的。而下堂来亲自迎接诸侯是天子失礼，从周夷王以后才有这样的事。

诸侯之宫县①，而祭以白牡②，击玉磬③，朱干④设锡，冕而舞《大武》⑤，乘大路，诸侯之僭礼也。台门而旅树⑥，反坫⑦，绣黼、丹朱中衣⑧，大夫之僭礼也。故天子微，诸侯僭；大夫强，诸侯胁。于此相贵以等，相觌以货，相赂以利，而天下之礼乱矣。诸侯不敢祖天子，大夫不敢祖诸侯。而公庙之设于私家，非礼也，由三桓始也。

【注释】①宫县：县即悬。庭中四面悬挂编钟、编磬。如去其一面，称为轩悬。殷礼，天子用宫悬，诸侯用轩悬。②白牡：白色的公牛，天子用以祭天。③玉磬：用玉制成的大磬，单独悬挂，是天子特有的乐器。④干：盾牌。⑤大武：古舞名，也叫万舞。⑥台门：门两边筑高台，台上建屋叫作台门。旅树：门内道上设屏风。⑦反坫：行礼时在寝庙堂上临时设置的小桌，用来搁献酬的酒杯。宾主把酒饮完，把空杯放到坫上叫反爵，此坫就叫反坫。天子、诸侯用反坫，大夫以下不用。⑧绣黼：绣有图案的丝织物。中衣：内衣。大夫的礼服，内衣应是白色麻布作成。

【译文】身为诸侯却用天子的宫悬，祭天用白色公牛，敲击玉磬，红色盾牌后面用黄金作为装饰，戴冕跳舞《大武》，乘大辂，这都是诸侯僭越而用了天子之礼。大夫家的大门建成宫阁形状，大门内设屏风，堂上设置放空酒杯的土台子，中衣用大红色的绸子做且在领缘绣有斧形图案，这是身为大夫而僭越用了诸侯之礼。所以，当天子的势力不够强大，诸侯就会僭越天子；大夫的势力太过强大，诸侯的地位就就会受到威胁。这样，诸侯与大夫都会不听从王命、君命。身份与天子差不多。大夫会用财货私自与他国相通，贿赂公行，唯利是图，天下的礼也就此乱了套了。诸侯是庶子，不能像天子那样立有祖庙；大夫也是庶子，不能像诸侯那样立有祖庙。现在有将诸侯的祖庙设置在大夫家中的，都是与礼不合的，这样事也是从鲁国三桓时开始的。

天子存二代之后，犹尊贤也，尊贤不过二代。诸侯不臣寓公①。故古者寓公不继世。君之南乡，答②阳之义也。臣之北面，答君也。大夫之臣不稽首，非尊家臣，以辟君也。大夫有献弗亲，君有赐不面拜，为君之答己也。

乡人裼③，孔子朝服立于阼，存室神也。孔子曰："射之以乐也，何以听，何以射？"孔子曰："士，使之射，不能，则辞以疾。县弧④之义也。"孔子曰："三日齐，一日用之，犹恐不敬；二日伐鼓，何居⑤？"孔子曰："绎之于库门⑥内，祊⑦之于东方，朝市之于西方⑧，失之矣。"

【注释】①寓公：因失地或被逐而流亡寓居别国的诸侯。②答：面对，引申为臣服。③裼（shāng）：驱逐室内强鬼的祭祀。④县弧："县"通"悬"，古时生孩子，若是男孩，就在门的左边悬挂一张弓，表示这个男孩将来精熟射礼。⑤居：表疑问的语气词。⑥绎：祭名。举行祭祀后的第二天再祭叫绎祭。绎祭应在庙中堂上进行。库门：王宫的第一重门。⑦祊：绎祭时先到庙门外西室请神入座受祭。⑧朝市之于西方：天子、诸侯的都城内，王宫之北有三市，中间称大市，东边称朝市，西边称夕市。

【译文】 天子将前两个朝代的后裔封为诸候国的国君，特别允许他们以天子之礼祭祀他们的先祖，这么做是为了尊重前代贤者的。但这种方式的尊贤也只限于前两个朝代。诸侯不以臣礼对流亡他国的国君，而这样的优待只限于流亡国君本人，流亡国君的子孙不享有任何的优待了。国君宝座朝南，以示国君是对天负责的；臣子朝见国君面朝北而拜，以示他是对国君负责的，大夫家里的臣仆对大夫不行叩头礼，并不是大夫要尊重这些臣仆，只是由因为叩头礼是大夫的拜君之礼，大夫是为了避开自己封自己为国君的嫌疑。如果大夫有东西要进献给国君，不亲自进献，而是派家臣送去给国君；而国君对大夫有所赏赐时，大夫也不用当面拜谢。这样做的目的是为了避免国君的答拜。

乡人举行驱除疫鬼的祭祀，孔子身穿朝服站在自家台阶的上面，目的是为了让自家的神灵也有所依附而不被惊扰。孔子说："在举行射礼时会有伴奏的音乐用来协调射者的仪容举止，所以说听到怎样的音乐，就知道该如何射了。"孔子说："身为士，被乡人邀请参加射礼，自己实在是不会射也不要说自己不会，而是推托说自己身体不适。因为男子在生下来后就在门口悬挂弓矢，表明男子汉天生就有射本分。"孔子说："祭前致斋三天后，再举行祭祀，如此虔诚还担心亵渎了神明，而如今三天之中有两天打鼓，真不知道是什么道理"孔子说："库门内举行绎祭，却到庙门外东边求神，朝市本来是在在东方的却设在了西方一样，把地点都搞错了。"

社祭土而主阴气也。君南乡于北墉①下，答阴之义也。日用甲②，用日之始也。天子大社必受霜露风雨，以达天地之气也。是故丧国之社屋之，不受天阳也。薄社北牖③，使阴明也。社所以神地之道也。地载万物，天垂象。取财于地，取法于天，是以尊天而亲地也，故教民美报焉。家主中霤④而国主社，示本也。唯为社事，单⑤出里。唯为社田，国人毕作。唯社，丘乘共粢盛⑥，所以报本反始也。季春⑦出火，为焚也。然后简其车赋⑧，而历其卒伍，而君亲誓社，以习军旅。左之右之，坐之起之，以观其习变也；而流示之禽，而盐⑨诸利，以观其不犯命也。求服其志，不贪其得，故以战则克，以祭则受福。

【注释】①北墉：社坛北面的低矮土墙。②日用甲：古时用天干地支相配来纪日，每十日中的第一天就是甲日。③薄：当作"亳"字。亳社：殷代的社坛。北牖：北窗。④中霤：宅神。⑤单：通"殚"，全部。⑥里：二十五家为里。丘乘：九夫为一井，四井为一邑，四邑为一丘，四丘为一乘。粢盛：祭祀用的谷物。⑦季春：郑玄注为"仲春"之误。古时春季田猎都在仲春。⑧车赋：战车、战马及武器。⑨盐：读为艳。羡慕的意思。艳诸利，以利益引诱。

【译文】社祭是用来祭土神的，而土又是属阴气的。国君在祭社时南面而站在社坛的北墙外边，是为了对着阴面。社祭总是在甲日举行,也就是在一旬的第一天。天子大社的祭坛,上面没有任何的遮盖,是让它能够全面的接触霜露风雨,这样才能让天地之气融汇贯通。至于那些亡国之社,社坛上面就会用一层东西覆盖住,不让它再接触上天的阳气。亳社只在北面开了个小窗,让它只能接触来自阴面的阳光。举行社祭是为了表示对土神的尊敬。大地孕育出万物,上天垂示法象。各种生活资源都取自大地,各种伦理法则都是效法上天,因此人们对天是出于一种尊敬而对地是出于一种热爱,百姓们尽最大的诚意报答土神。对个人小家而言,主要在中里祭土神;对国家而言,主要在社坛祭土神,只因为土地是一个家一个国赖以生存的根本。所以在举行社祭时,里中家家户户都要有人来帮忙。而只要是在社祭田猎时,国中的人都要全部参加。只有社祭时,各地才会以丘乘为单位贡献祭祀要用的米,而这些全都是为了报答大地的生养之恩。在仲春二月放火,烧去田野的杂草。再点验各地要上交的车赋,检阅军队,国君亲自参加这提供禽兽的田猎活动,并且当众约法,宣布注意事项,然而马上开始操练军队。操练军队向左、向右、跪下、起立等各种动作,检查他们的熟练程度与应变能力。操练结束后,将禽兽赶到阵前就开始打猎,并且明确规定,如果打到大兽是要充公用于祭社的,小兽则归个人所有,为的就是激起大家的积极性,同时观察是否会有人违背命令。这样做一方面是为了鼓舞士兵的斗志,另一方面是为了不让士兵有贪图私利的行为。这样训练出来的士兵,在战场上作战时则会战无不胜,用于祭祀也一定会得到上苍的赐福。

天子适四方，先柴①。郊之祭也，迎长日②之至也，大报天而主日也。兆③于南郊，就阳位也。扫地而祭，于其质也。器用陶匏④，以象天地之性也。于郊，故谓之郊。牲用骍⑤，尚赤也；用犊，贵诚也。

郊之用辛⑥也，周之始郊日以至。卜郊，受命于祖庙，作龟于祢宫⑦，尊祖亲考之义也。卜之日，王立于泽⑧，亲听誓命，受教谏之义也。献命库门之内，戒百官也。大庙之命，戒百姓也。

【注释】①柴：把牲体、玉帛放在柴堆上，焚烧以祭天。②长日：夏至之日。③兆：祭天，先筑土为坛，坛外四周筑土墙为界。界域称作兆。④陶匏：原始的瓦制酒器。无文饰。⑤骍：黄赤色。此指祭祀用的黄赤色的牛。⑥辛：辛日，每十日的第八天。此指冬至后的第一个辛日。⑦祢(nǐ)宫：父庙。⑧泽：泽宫，举行射礼、饮酒礼的场所。

【译文】天子到各地巡守，到了巡守地方的名山时先播柴祭天。在郊外举行祭天仪式，是为了迎接冬至，和回报上天各路神仙而以日为主。郊祭的地方会选在南郊，南方是阳位。不在坛上举行祭礼，只因再高的坛都不会高过天，清扫地面就可以行礼了，这才叫顺其自然的本质。祭祀用的器皿都是陶制的，且不加雕琢，这是对天地的自然之性的效法。祭天在郊外，所以祭天又称之为郊。祭天用的牺牲用赤色的牛犊，只因周代时崇尚赤色。用牛犊作牲，只因牛犊还没有化牡之情，童贞可贵。

郊会选择在辛日举行，因为周代第一次郊礼在冬至，恰巧那天又是辛日,才袭承了下来。占卜郊天的日子,必须先告知始祖庙,才在父庙中进行占卜,以示后辈们对始祖怀有尊敬之情而对父庙是亲近之情。卜人在占卜当天,天子站在泽宫,亲自聆听有司宣布祭祀时所要注意的事项,说明既使尊贵于天子也是要接受教诲和约束的。天子从泽宫回来后,在王宫库门内对要注意的事项再重申一遍,这样做是为了告诫百官;在太庙内再次重申注意事项,是为了告诫亲属。

祭之日,王皮弁①以听祭报,示民严上也。丧者不哭,不敢凶服,氾扫反道②,乡为田烛。弗命而民听上。祭之日,王被衮③以象天,戴冕④,璪十有二旒,则天数也。乘素车,贵其质也。旂十有二旒⑤,龙章而设日月,以象天也。天垂象,圣人则之。郊所以明天道也。

帝牛不吉,以为稷牛⑥。帝牛必在涤⑦三月,稷牛唯具。所以别事天神与人鬼也。万物本乎天,人本乎祖,此所以配上帝也。郊之祭也,大报本反始也。

【注释】①皮弁:君王上朝所穿之服,白鹿皮帽子,白布衣裳,黑色腰带。这是天子在郊祭日早晨所穿的服饰。②反道:把郊祭所经过的道路表土翻过来。③衮:衮衣,即衮龙袍。天子祭天帝和先王所穿的礼服,黑中带红的上衣,浅红色的下装。上衣画有龙、山、华虫、火、宗彝。下装绣有藻、粉米、黼、黻。④冕:礼帽。方板为帽顶。方板前端垂有十二条穿着玉珠的五彩丝带。⑤旂:画有龙的旗帜。旒:此指旗杆顶端的飘带。⑥为:相当于"用"字。稷牛:祭祀后稷的牛。周以后稷为始祖,配食上帝,所以在祭天帝的同时也祭后稷。⑦涤：指打扫得很干净的牛舍。

【译文】郊祭当天早晨，天子身穿皮弁服听取官员汇报郊祭准备的进民，是为了告诉民众对天帝要特别的尊敬。在去南郊的路途中，两旁如果有谁家死了人也不可以哭和披麻带孝的，道路已经打扫过的，路面已经铺上新土，乡民全都在地头点燃火把。这些都不用下命令而全凭百姓自觉行动的。祭天时，天子身穿绘有日、月、星辰图案的大裘用以效法上天，头戴冕，冕前端垂有十二条贯有珠玉的流苏，这是来自于天有十二个月。天子乘坐的车子不加任何装饰，以质朴为贵。车的旗子上有十二根飘带，上面画着龙与日月图案，也是取法上天之义。上天垂示的有关日月星辰的法象，圣人都一一进行效法，郊天之礼就是为了让人们对天道进行效法。

如果祭天用的牛因特殊原因不能使用，就用祭后稷的牛代替。祭天用的牛必须在干净的牛舍里精心的饲养三个月，而祭后稷用的牛只要随便一头就行了，就算是临时拉来的也可以。由此看出祭祀天神与祭祀人鬼的区别的。万物都是由天而生，人也都是一代一代传下来的，这就是为什么在祭天时要用始祖配享的理由。郊天之祭，就是对上天对始祖的一次回报。

天子大蜡①八。伊耆氏②始为蜡，蜡也者，索③也。岁十二月，合聚万物而索飨之也。蜡之祭也：主先啬④，而祭司啬⑤也。祭百种以报啬也。飨农及邮表畷⑥，禽兽，仁之至、义之尽也。古之君子，使之必报之。迎猫，为其食田鼠也;迎虎,为其食田豕也,迎而祭之也。祭坊与水庸⑦,事也。曰:"土反其宅,水归其壑,昆虫毋作,草木归其泽。"皮弁素服而祭。素服,以送终也。葛带榛杖⑧,丧杀⑨也。蜡之祭,仁之至、义之尽也。黄衣黄冠而祭,息田夫也。野夫黄冠;黄冠,草服也。

【注释】①蜡(zhà):年终祭祀诸神。②伊耆(qí)氏:古天子之号。③索:求神而祭。④先啬:神农。⑤司啬:后稷。⑥农:田官之神。邮表畷(chuò):田间庐舍和阡陌之神。⑦坊:水边堤岸。水庸:田间沟渠。⑧葛带:以葛草织成的腰带。榛:一种丛生的荆棘。用它作手杖叫榛杖。⑨杀:减轻。丧杀:减轻丧礼。丧服用粗麻布,杖用竹桐,蜡祭时用葛与榛,所以比丧礼轻。

【译文】天子蜡祭主要祭八种神。伊耆氏时才有蜡祭。蜡,就是索的意思,就是在周历的十二月忙完了农事,对一切和农作物有关的神进行一番祭祀。蜡祭神灵:主要有始创农业的神农,附带有主管农事的后稷。祭祀谷神则是为了报答神农和后稷。还要祭田官之神、祭田间庐舍和阡陌之神,祭包括虎猫在内的禽兽,这也算是对各路神仙都尽心了。古代君子,对那些有利农作物的神灵,都是一定会报答。例如,请猫来加以祭祀,因为猫吃掉了危害农作物的田鼠;请虎来参加祭祀,因为虎吃掉了危害农田的野猪。这才要将它们也请来祭祀。而祭祀堤防和沟渠,也因为它们对农事有处。蜡祭祝祠中有这样的说:"希望堤防牢固,沟渠不要漫溢;病虫害不要发生,荒草野树不要长在良田之中。"天子穿皮弁素服参加蜡祭。穿素服是因为那些对家事有帮助的万物都已经衰老了，相当于是为了给他们送终。而腰系葛带，手执棒杖，和丧礼的等级又低一些。就蜡祭这样的礼数而言，也算是仁至义尽了。身穿黄衣头戴草笠前来参加蜡祭的人，都是一些整年里劳碌难得有闲的农夫。农夫之所以头戴草笠身穿黄衣，是秋季草木黄落，衣服像那样颜色的缘故。

大罗氏①，天子之掌鸟兽者也，诸侯贡属②焉。草笠而至，尊野服③也。罗氏致鹿与女，而诏客告也。以戒诸侯曰："好田好女者亡其国。"天子树瓜华④，不敛藏之种也。八蜡以记四方。四方年不顺成，八蜡不通，以谨民财也。顺成之方，其蜡乃通，以移民⑤也。既蜡而收，民息已。故既蜡，君子不兴功。

【注释】①大罗氏：古官名，负责管理捕捉禽鸟之事。②属：归属。③野服：农夫的打扮。④瓜华：瓜果之类。⑤移民：移，通"侈"。使民欢乐。

【译文】大罗氏，是负责掌管天子鸟兽的官，诸侯进贡的鸟兽全部都由他管。进贡的使者头戴草笠来，是出于对捕捉到鸟兽的人的一种尊重。大罗氏搬出鹿与女子请使者们观看，并且请他们捎话给国君，告诫说："那些喜好声色犬马的人是会亡国的。"天子种的瓜果，种子不收回也不收藏，避免与百姓争利。八蜡能起到探明四方年成的作用。如果一年中四方风不调雨不顺，那年年成不好就不举行八蜡之祭，这样能让百姓少花一些钱。东南西北四方,只有风调雨顺年成好的那一方才举行蜡祭,老百姓也能借此机会好好痛饮一番,让一年来的紧张劳作得以放松。蜡祭后,把谷物收藏,让农民休养生息。因此在蜡祭后,君子就不会大兴土木征召民众了。

恒豆之菹①,水草之和气也;其醢②,陆产之物也。加豆③,陆产也;其醢,水物也。笾豆之荐,水土之品也,不敢用常亵味④而贵多品,所以交于神明之义也,非食味之道也。先王之荐,可食也而不可耆⑤也。卷冕⑥路车,可陈也而不可好也。武⑦壮,而不可乐也。宗庙之威,而不可安也。宗庙之器,可用也而不可便其利也,所以交于神明者,不可以同于所安乐之义也。

【注释】①恒豆:指君王平时食用的豆。菹:把蔬菜切成薄片或小段,加盐腌制,如现在的腌菜。食用时有的加醋调和。②醢:肉酱。③加豆:祭祀九献之后加献的食品。④常亵味:经烹调后的食物味道,适合生人口味,而不能祭神。⑤耆:同"嗜",爱好。⑥卷冕:衮衣冕冠,天子祭祀上帝、宗庙时所穿。⑦武:万舞。

【译文】祭祀时,朝事豆中盛放的腌菜,由生长茂盛的水草加工而成;而豆里的肉酱,全是由陆地上的产物制成。祭末醋尸献的豆,盛放的腌菜是陆地上产的,而盛放的肉酱却是水里产的。笾豆中盛放的祭品,不是水里生的就是土里长的。这些祭品都不以活人的口味来制作,也不去讲究种类的多少,因为这些都是为了献给神明享用的,而不是用来给活人大饱口福的。祭祀先王的供品，可以吃，但味道不好：活人不爱吃。祭祀时穿的衮龙袍，戴的冕，乘的大路，看上去确实够尊贵，摆在那里展览也还可以，但平时穿着并不方便坐。虽然《大武》之舞气势雄壮，但娱乐时不用它。虽然宗庙看上去巍峨壮观，但却不能像平常一样睡住在里面。宗庙祭祀时用的器皿，活人也是可以用的，但却不方便适用。道理就是，和神明打交道的东西讲究的是朴实，与活人所追求的安适欢乐是不相同的。

酒醴之美，玄酒明水①之尚，贵五味之本也。黼黻文绣之美，疏布②之尚，反女功之始也。莞簟③之安，而蒲越④稿鞂之尚，明之也。大羹不和⑤，贵其质也。大圭⑥不琢，美其质也。丹漆雕几⑦之美，素车之乘，尊其朴也，贵其质而已矣。所以交于神明者，不可同于所安亵之甚也。如是而后宜。鼎俎奇而笾豆偶，阴阳之义也。黄目⑧，郁气之上尊也。黄者中也；目者气之清明者也。言酌于中而清明于外也。祭天，扫地而祭焉，于其质而已矣。醯醢之美，而煎盐之尚，贵天产也。割刀之用，而鸾刀之贵，贵其义也。声和而后断也。

【注释】①玄酒：清水。明水：以铜镜放在月下承接的露水。②疏布：稀疏而粗糙的麻布。③莞簟：蒲席叫莞，篾席叫簟。古代的席位是下莞上簟。④蒲越：用蒲草铺设而成，不编成席。⑤大羹：大读太，太古之羹，即不加任何调味品的食物，多指肉类。和：加佐料调和。⑥大圭：天子所用,长三尺,一端为锤形,一端为锥形。⑦几(qí):用漆和丝缠在物体上,形成浮雕状装饰。⑧黄目:酒尊之名,也叫"黄彝",外表用黄金镂为目形。

【译文】酒虽然香甜可口,而祭祀时却以寡味的玄酒明水为上品。以味寡为贵,而味道清淡则是五味根本。虽然绣有黼黻图案的织品很好看,但在祭祀时却用粗布蒙盖酒尊,粗布它是最为原始的纺织品。下面一层蒲席,上面再加竹席,活人的寝卧上面当然舒服;可祭祀时却只用一层蒲席或者铺一层庄稼的秸秆就好,这是神明用的。祭神用的牛肉汤不加任何调料,以原汤原味为贵。天子用的大圭不加任何雕饰,以本身的质朴为贵。车上雕出或凹或凸的图案,漆得红彤彤的,自然非常的好看,可祭天时用的车辆是毫无雕饰的,这是尊重朴质的本色而已。总之,只要用来祭祀神明的东西,不能用活人追求的舒服华丽去衡量。鼎俎数目是单数而笾豆的数目都是偶数,取阴阳相配的意义。黄目是用来盛放郁鬯的上等酒尊。黄色,在五行当中属中央;目,是人五官中用来洞察外界的器官。这就是说,斟酒在其中而能清澈透亮是向外。祭天,只要把地扫干净就好,这也是以质朴为贵罢了。用醋调制的肉酱味道虽然美,祭祀时却将煎盐放在前列,盐是来自于大自然当中,所以可贵。日常用的刀锋利称手,祭祀杀牲却用鸾刀,是因为鸾刀上有铃,铃声和谐才能割断。

冠义:始冠之,缁布之冠①也。大古冠布,齐则缁之。其緌②也,孔子曰:"吾未之闻也。冠而敝之可也。"适子冠于阼，以着代也。醮于客位③，加有成也。三加④弥尊，喻其志也。冠而字之，敬其名也。委貌，周道也。章甫，殷道也。毋追⑤，夏后氏之道也。周弁、殷冔、夏收⑥。三王共皮弁素积⑦。无大夫冠礼，而有其昏礼。古者，五十而后爵，何大夫冠礼之有？诸侯之有冠礼，夏之末造也。天子之元子，士也。天下无生而贵者也。继世以立诸侯，象贤也。以官爵人，德之杀也。死而谥，今也；古者生无爵，死无谥。

礼之所尊，尊其义也。失其义，陈其数，祝史⑧之事也。故其数可陈也，其义难知也。知其义而敬守之，天子之所以治天下也。

【注释】①缁布冠：黑色麻布帽。②緌：帽带下垂部分。③醮：敬酒而不回敬的礼节。客位：堂的西边，此处为宾客之位。④三加：行冠礼时加冠三次：首缁布冠，次皮弁，次爵弁。其中爵弁最尊贵，皮弁次之，缁布冠又次之。⑤委貌、章甫、毋追（móu duī）：都是平常人出门戴的缁布冠，因朝代不同而形状有异。⑥弁、冔（xǔ）、收：祭祀时所戴的礼帽。⑦素积：以白缯为裳，裳上有许多裥。⑧祝史：泛指负责各种礼典的官员。

【译文】冠礼的意义：第一次要加的是细布冠。远古时期的人则以白布为冠，斋戒时再将它染成黑色。关于细布冠上有没有缕，孔子说："我可从来没有听说过细布冠上有缕。细布冠在第一次加冠戴后，就可以丢弃不用了。"给嫡子加冠，是在站在台阶近于主人的位置，以示嫡子是自己以后的继承人。对冠者行醮礼在客位，以示他已经得到了成人的尊重。加冠三次，一次比一次更为尊贵，这是要冠者立志向上。加冠时给冠者取一个字，以后就要以称他的字而避讳他的名，是对父母所取名的敬重。委貌是周代平常时戴的冠，章甫是殷代人平时戴的冠，毋追是夏代人平时戴的冠。斋戒和祭祀戴的冠，周代戴弁，殷代戴冔，夏代戴收。至于皮弁和腰间有皱褶的素裳，三代都相同。上古时没有大夫的冠礼，但有大夫的婚礼。因为以前的人要五十岁以后才能受爵封为大夫，而冠礼则是在二十岁进行的，怎么可能会出现大夫的冠礼呢？诸侯的冠礼在夏代末年才出现的。天子长子的冠礼用的是士礼，这表明天下没有人生下来就尊贵。让诸侯的子孙继承诸侯之位，目的也是为了让他们效法自己祖宗的贤德，不是他们生下来就尊贵。而以官爵授人，也是出于他的功德；功德大的授以大官，功德小的授小官，也不是看他出身尊不尊贵。现在不管什么人死了，都有一个谥号。古代人在活着时没有爵位，死后不会给他追加谥号。

礼之所以值得被尊重，是为了尊重它所包括的含义。不明白它的深刻含义，只会模仿它的形式和作法，只算得上普通意义上的礼。因此说，礼的作法和形式是一学就会的，而它包含的深刻意义领会起来就难了。能对它的深刻含义有所领会且恭敬地去遵守执行，就是治理天下的良方。

天地合而后万物兴焉。夫昏礼，万世之始也。取于异姓，所以附远厚别①也。币必诚，辞无不腆。告之以直信；

信，事人也；信，妇德也。壹与之齐②，终身不改。故夫死不嫁。男子亲迎，男先于女，刚柔之义也。天先乎地，君先乎臣，其义一也。执挚③以相见，敬章别也。男女有别，然后父子亲，父子亲然后义生，义生然后礼作，礼作然后万物安。无别无义，禽兽之道也。婿亲御授绥④，亲之也。亲之也者，亲之也。敬而亲之，先王之所以得天下也。出乎大门而先，男帅女，女从男，夫妇之义由此始也。妇人，从人者也；幼从父兄，嫁从夫，夫死从子。夫也者，夫⑤也；夫也者，以知帅人者也。玄冕斋戒，鬼神阴阳也。将以为社稷主，为先祖后，而可以不致敬乎？共牢⑥而食，同尊卑也。故妇人无爵，从夫之爵，坐以夫之齿。器用陶匏，尚礼然也。三王作牢用陶匏。厥明，妇盥馈⑦。舅姑卒食，妇馂⑧余，私之也。舅姑降自西阶，妇降自阼阶，授之室也。昏礼不用乐，幽阴之义也。乐，阳气也。昏礼不贺，人之序也。

【注释】①附远：与血缘关系疏远的氏族互相联系。厚别：严格区别同姓，因为同姓不婚。②齐：喝交杯酒。③挚：女婿拜见岳父的见面礼。④绥：登车时拉手的绳子。⑤夫：通"傅"。师傅。⑥共牢：指夫妇合用一俎而食。⑦《经典释文》："一本无'妇盥馈'三字。"⑧馂（jùn）：吃剩下的食物。

【译文】天地之气相合而化生万物。婚礼也是传宗接代繁衍子孙，意义重大的事。娶异姓女子为妻，既是为了和血缘关系疏远的人结亲，也是为了与血缘相近的族人进行严格的区别。男方给女方献纳时的礼品要诚信不欺,讲究实用,男方派去的使者在赠送聘礼时也不要说"礼物太薄了"这样的客气话,直言相告,开诚相见就好。以示诚信是做人立身的根本,也是作媳妇该有的本分。与丈夫在同牢仪式上同吃了一碗菜,同饮了一杯酒,那就生死都是夫家的人了,丈夫死后也不再嫁。成亲当天,男子亲自到女家迎娶,从女家出来后,男子先走一走,女的跟随在后,就是阳刚阴柔的意思。就与天先于地,君先于臣的道理相同。迎亲时,男子到了女家,先拜见岳父,再放下礼品,这才对新娘施礼相见,这是为了彰明男女之别。男女有别,才有父子相亲;父子相亲,才有君臣之义;君臣有义,才有了礼;有了礼,万物才能各得其所,天下太平。假如男女无别,没有亲疏之分,那岂不是的禽兽是一样的吗!从女方家中出来,夫婿亲自为新娘赶车,让车子往前走三圈,再亲自将登车的引绳交给新娘,这是对新娘的亲爱。新郎对新娘亲爱,同样的,新娘也会亲爱新郎。把对新娘的敬和爱推而广之,有的先王就是凭这点而得到天下的。女家大门出来后男子就一直走在前面,男子领着女子,女子跟着男子,夫唱妇随就是这样开始的。人们所称的"妇人",意思就是服从别人的人。在家时服从父兄,出嫁后服从丈夫,丈夫死了服从儿子。而人们称的"夫",兼有师傅的意思。师傅自然是以智慧领导别人。迎亲前,新郎身着祭服,斋戒沐浴,察告祖先和天地。新娘子是要当家作主,生男育女,繁衍后代的,如此重大的事,怎么能不虔诚地祭告天地祖宗呢?成亲当晚,在新房里,夫妇同吃一个碗里的菜,是夫妇平等,尊卑相同的意思。因此妇人没有爵位的,丈夫有了爵位,妻子就是命妇,这叫夫贵妇荣;

席间座次的排序，也是以丈夫的辈分和年龄为标准。远古时用的食器都是没有装饰的陶器，当时所崇尚的就是这样的风气。夏商周三代开始有了共牢之礼，食器依然沿用陶器。成亲第二天清早，新娘要先拜见公婆，然后洗手，给公婆进献食物，以示新妇已经开始履行孝养的义务；公公婆婆吃完以后，将剩下的食物赐给新妇，以示对新妇的疼爱。行完礼，公婆先从西阶下堂，新妇再从台阶下堂，以示主持家务的权利将授予新妇了。结婚典礼上不奏乐，理由是婚礼属于幽阴之事，而音乐是属于阳气。举行婚礼，不邀请亲朋好友来祝贺，因为结婚就代着将产生新的下一代，而上一代将面临着衰亡啊。

有虞氏之祭也，尚用气①；血腥爓祭，用气也。殷人尚声，臭味未成，涤荡②其声；乐三阕，然后出迎牲③。声音之号，所以诏告于天地之间也。周人尚臭，灌④用郁鬯，郁合鬯；臭，阴达于渊泉。灌以圭璋⑤，用玉气也。既灌，然后迎牲，致阴气也。萧⑥合黍稷；臭，阳达于墙屋。故既奠，然后焫萧合膻芗⑦。凡祭，慎诸此。魂气归于天，形魄归于地。故祭，求诸阴阳之义也。殷人先求诸阳，周人先求诸阴。

【注释】①气：生腥的气味。②涤荡：犹跌宕，音调抑扬顿挫。③迎牲：主祭人到大门外把祭祀用的牲畜牵进来。④灌：祭祀开始时，酌酒献神，请鬼神受祭。⑤圭璋：行裸礼时用的酌酒器，其柄用圭或璋为之。⑥萧：一种有香气的蒿草，即艾蒿。⑦焫（ruì）：没有火焰的缓慢燃烧。膻芗：郑玄注："膻，当为馨。"馨芗，指艾蒿黍稷燃后之气。《礼记》馨香字均误作膻。

【译文】虞舜时祭祀，崇尚腥气。所以在祭祀时都先是用鲜血，再用生肉，然后再是用半生不熟的肉，他们用这些散发着腥气的祭品来敬神。殷人祭祀，崇尚声音。在没有宰杀牺牲前，先或高或低地奏三章乐以后，才出门迎接牺牲。而他们用这乐曲的声音，召唤天地之间的鬼神们前来受飨。周人祭祀，崇尚芳香的气味，所以在祭祀一开势，他们就用鬯酒浇地，用鬯酒的香气来召唤神灵的到来。泡有郁金香草的鬯酒香味异常浓烈，用它来浇地降神，香气可以透到地的深层。酌酒浇地用的勺子是用圭璋作的柄，目的是利用玉的洁润之气。先用酒浇地降神，才出门迎接牺牲，是为了召致地府阴气。杀牲以后，在香篙上加上黍稷和牲体肠间脂肪，然后再把它燎着，让烟气上升，以召来天曹的阳气。因为这样，周人在荐熟时燎着香篙使产生冲天的烟气。而祭祀的目的都是为了请神降临受飨，那就得多多留意各种不同的降神方式。人死后，灵魂升到了天上，躯壳埋进了地下。所以祭祀降神时，既要到天曹去请也要到地府去请。殷人先到天曹请神，而周人是先到地府请神。

诏祝于室，坐尸于堂，用牲于庭，升首于室。直祭，祝于主；索祭，祝于祊①。不知神之所在，于彼乎？于此乎？或诸远人乎？祭于祊，尚曰求诸远者与？祊之为言倞②也，肵③之为言敬也。富也者，福也④；首也者，直也。相，飨之也。嘏⑤，长也,大也。尸⑥,陈也。毛血,告幽全⑦之物也。告幽全之物者,贵纯之道也。血祭,盛气也。祭肺肝心,贵气主也。祭黍稷加肺,祭齐加明水,报阴也。取膟膋燔燎⑧,升首,报阳也。明水涗齐⑨,贵新也。凡涗,新之也。其谓之明水也,由主人之絜⑩着此水也。

【注释】①祊:庙门旁边。②倞:亮,求请幽阴处的神到亮处来受祭。③肵(qí):指肵俎,放置牲畜心、舌的方木盘。④富也者,福也:郑玄注:"或作'福也者,备也'。"⑤嘏:尸让祝给主人祝福。⑥尸:据郑玄注,尸当训为主,训为陈,非也。尸是代表所祭的对象,所以训主。今从郑说。⑦幽全:血在体内,所以叫"幽",毛遍布全身,所以叫作"全"。⑧膟膋(lǜ liáo):肠上的脂肪。燔燎:把肠上的脂肪裹在艾蒿上焚烧。即前文所说"萧合膻芗"。⑨涗(shuì):加水冲淡。齐(jì):糟和浆汁混和在一起的浊酒。⑩絜:通"洁"。

【译文】宗庙祭祀在还没有杀牲时,先在室中举行告神之祭;杀牲以后,就在堂上设祭绥尸。杀牲时要在庭中举行告祭,献首在室时也举行告祭。正祭时,祝官用祝辞告诉神主;寻求众神之祭在庙门外举行。这些地方设祭:从室内到堂上,从堂上到庭中,从庭中再到门外,就是不知道神究竟在何方的原因。在那边还是在这边,还是在离人更远的地方?庙门外都有设祭,请神也请得够远够周到了吧?之所以把庙门外之祭称为"祊",是祊含有远的意思。称为"肵",是含有敬的意思。万事具备称之为福。"升首于室"是因为首是牲的正体,属于牲体最尊贵的部分。相是劝尸享用供品。嘏,含有长久和广大的意思。因为嘏辞是神灵对自己子孙的祝福，没有哪个祖先是不希望自己的子孙福寿绵长的。尸是神主的意思。祭祀时进献毛血，是向神表明用来祭祀的牺牲是完整无缺的。以示子孙非常重视牺牲的选择，身心健康到挑不出任何的毛病才敢拿来进献。用牲血祭神，还因为血是生气最盛的东西。至于用肺、肝、心来祭神，看重的是充满了生气的器官。用黍稷加肺祭祀，用五齐加明水祭祀，是为报答阴气。把香蒿抹上牲血和肠间脂肪，点燃让他冒烟，及用牲首作祭祀用的供品，是为报答阳气。用收集来的露水冲淡五齐，看重的是清洁透明的本质。加水冲淡的目的都是为了提高酒的清洁透明度。而把露水称之为明水，是表示主人的心就像露水那样的明洁。

君再拜稽首，肉袒亲割，敬之至也。敬之至也，服也。拜，服也；稽首，服之甚也；肉袒，服之尽也。祭称孝孙孝子，以其义称也；称曾孙某，谓国家也。祭祀之相，主人自致其敬，尽其嘉，而无与让也。腥肆爓腍①祭，岂知神之所飨也？主人自尽其敬而已矣。举斝角②，诏妥尸③。古者，尸无事则立，有事而后坐也。尸，神象也。祝，将命也。缩酌④用茅，明酌⑤也。醆酒涚于清⑥，汁献⑦涚于醆酒；犹明清与醆酒于旧泽之酒⑧也。祭有祈焉，有报焉，有由辟⑨焉。齐之玄也，以阴幽思也。故君子三日齐，必见其所祭者。

【注释】①肆：进献肢解后的牲体。腍：煮熟的牲肉。②斝(jiǎ)：玉制的酒杯。角(jué)：铜制的酒杯。③妥尸：请尸安坐。古时祭祀，尸进入室内，举起供置在面前的斝或角的时候，祝就提示主人拜尸。于是主人向尸行再拜稽首礼，请尸安坐。④缩酌：把茅束滤去酒糟。⑤明酌：用清酒冲沇醴，使酒色清明。⑥醆（zhǎn）酒：也叫"盎齐（jì）"，浊而微清的酒。沇（shuì）：掺滤。清：清酒，冬天酿造，第二年夏天酿成。醆酒微清：过滤前加入清酒冲淡，但不用茅过滤。⑦汁献（suō）：郑玄注："献当读为莎。"即郁鬯酒。⑧旧泽之酒：多年的醇酒。泽通"醳（yì）"。⑨由辟：祈请消灾除难的祭祀。

【译文】国君在祭祀时行再拜稽首礼时，要袒露左臂，亲自分解牲体，这是为了表示出对神极端的尊敬。极端尊敬就代表着服从。俯身下拜就是表示出服从；而稽首则是加倍的服从；袒露左臂，是毫无保留的完全服从。祭于祖庙，自称为"孝孙"；祭于父庙，自称为"孝子"。诸侯、卿大夫在祭祀曾祖以上的祖先时，全部自称"曾孙某"。祭祀中助祭的相，只需要劝尸吃好喝好，而不用劝尸谦让，主人的目的就是为了表达他对神的虔敬。祭祀时，或进献生肉，或进献肢解后的牲体，或进献半生不熟的肉，或进献熟肉，具体什么神享用哪一样说不清，而相对于主人而言也算是对祖宗表明了自己的孝敬之心。把尸迎进室内以后，尸入席并举起放在他面前的酒杯时，祝就要在这时提示主人对尸行礼了，请尸安坐。古时候的尸一般都是站着的，在饮酒吃饭时才坐。尸代表的是神。祝是神和人沟通时传话的。五齐中的泛齐、醴齐，因质地混浊，要先用事酒将它冲淡，再用茅草进行过滤，使它们变得透明可用。对于盎齐以下的三齐，因本身就清澈，所以不用进行过滤，用清酒冲淡一下就行了。郁色用盎齐来冲淡。这和现在的事酒、清酒与盎齐都与陈年老窖掺兑是一样的。祭祀有祈福、报恩和消灾三种作用。之所以斋服是黑色的,因为黑色属于阴,能使人静下心来祈求鬼神。因此,如果君子专心致志的致斋三日,祭祀时,就仿佛可以看到自己所要祭的神灵了。

内则第十二

【题解】本篇主要是记载儿子、女儿或媳妇在家中应该如何侍奉自己的父母或者公婆，所以称之为"内则"。也记载了一些其他方面的礼，比如世子出生之礼以及养老之礼、还有关于食物制作和饮食禁忌等方面的一些记载。郑玄说："名曰《内则》者，以其记男女居室事父母舅姑之法。"

后王命冢宰①，降德于众兆民。子事父母，鸡初鸣，咸盥漱，栉縰笄总②，拂髦冠緌缨③，端韠绅，搢笏。左右佩用，左佩纷帨、刀、砺、小觿、金燧④，右佩玦、捍、管、遰、大觿、木燧⑤，偪⑥，屦著綦⑦。

【注释】①冢宰：辅佐天子之官，掌建邦之六典。②縰（xǐ）：同"纚"，裹发之巾，为一幅宽、六尺长的黑缯，用以裹发成髻。笄：簪子。用縰把头发裹好以后，用笄插进去以固定发髻。总：用丝织成的带子，用以束发。③髦：用假发做成的发饰，像幼儿时期留而不剪的头发。成人戴髦，是表示自己虽已成人，但仍旧依恋父母。緌（ruí）：是缨在颔下打结后下垂的部分。缨：冠带。④纷、帨（shuì）：都是佩巾，纷用来擦器，帨用来擦手。觿(xī)：解结的工具，用象骨制成，状如锥。小觿用来解小结，大觿用来解大结。金燧：凹面铜镜，晴天在太阳下取火的工具。⑤决：亦作抉，射箭时套在右手大拇指上的象骨套子，用以保护手指。捍：又名拾，射箭时套在左臂上的皮制护袖。遰(dì)：刀鞘。木燧：钻木取火的工具。⑥偪(bī)：就是《小雅·采菽》"赤芾在股，邪幅在下"的"邪幅"，斜缠在腿上的布，略似于后世的绑腿。⑦綦(qí)：鞋带。

【译文】天子给家宰下达命令，对天下万民百姓颁布教令。儿子侍奉父母，在鸡叫头遍时就洗手漱口、梳头，用黑缯束发为髻，插上发笄，用丝带束住发根而垂到髻后，戴上由假发作成的刘海，戴上帽子，系好帽带，穿上玄端，系上蔽膝、大带，把笏版插入带间。身上佩上左右常用之物。左边佩的是手帕、小刀、磨石、小锥和金燧。右边佩射箭用的决和捍，笔管和刀鞘，大锥和钻子。打好绑腿，穿好鞋子，系好鞋带。

妇事舅姑，如事父母。鸡初鸣，咸盥漱，栉縰，笄总，衣绅。左佩纷帨、刀、砺、小觿、金燧，右佩箴、管、线、纩①，施縏袠②，大觿、木燧、衿缨③，綦屦。

以适父母舅姑之所，及所，下气怡声，问衣燠寒，疾痛苛④痒，而敬抑搔之。出入，则或先或后，而敬扶持之。进盥，少者奉盘，长者奉水，请沃盥，盥卒授巾。问所欲而敬进之，柔色以温之，饘酏、酒醴、芼羹、菽麦、蕡⑤稻、黍梁、秫唯所欲，枣、栗、饴、蜜以甘之，堇、荁、枌、榆免薧⑥滫瀡⑥以滑之，脂膏以膏之，父母舅姑必尝之而后退。

【注释】①纩：丝绵。②繄袠（pán zhì）：皆小囊。③衿（jīn）：结上带子。缨：香囊。④疻：通"疴"，疥疮。⑤饘（zhān）：厚粥。酏（yí）：薄粥。醴：甜酒。芼：菜。羹：肉之有汁者。蕡（fén）：大麻的种子，可食。⑥堇（jǐn）：野菜。荁（huán）：堇菜类。兔（wèn）：新鲜的。薧（kǎo）：干的。滫瀡（xiǔ suǐ）：淘洗使滑。

【译文】媳妇侍奉公婆的，和儿子侍奉父母是一样的规矩。同样是鸡叫头遍的时就起床洗手洗脸漱口、梳头，用黑缯束发作髻，插笄子，用丝带束住头根而垂在髻后，穿玄色绢衣，系好大带。身上所要佩带的东西左边与男子相同，右边则佩带针、笔管、线、丝绵、大锥、木钻六样东西。而针、笔管、线和丝绵全都装在一个小袋子里。发上系条五彩丝绳，系好鞋带。

做儿子、媳妇的这样梳洗干净，穿戴整齐后再到父母或公婆那里请安。等到了父母或公婆的卧室前，柔声细气地对公婆或父母问暖问寒；他们身上如果出现疼痛或疥癣作痒，就恭敬地按摩爬搔患处。在他们出入走动时，有时走在他们前边，有时则要走在他们后边，且恭敬地拉住手或搀住胳膊。请他们洗手时，年龄小的捧着脸盆在下面接水，年龄大些地手拿盥器从上方往他们手上浇水，洗好后再递给他们擦手巾。然后问他们今天想吃什么，恭恭敬敬地递上，和颜悦色的回答。厚粥、稀粥、酒、甜酒、菜肉羹、豆子、麦子、大麻子、稻、黍、谷子、高粱，任他们在这些食物中进行选择。在烹煮时另加上枣子、栗子、糖稀、蜂蜜使味道更加的甜美，用新鲜或干燥的堇、荁、枌、榆浸泡在粉芡汤里使入口更加的软滑，用油脂拌和使更加的香美。而这些一定要等到父母或公婆都品尝过以后才可以告退。

男女未冠笄者，鸡初鸣，咸盥漱，栉縰，拂髦总角，衿缨，皆佩容臭①，昧爽而朝，问何食饮矣。若已食则退，若未食则佐长者视具②。

【注释】①容臭：香物，如茞兰等。②视具：亦称视膳，是饮食时侍奉尊长的一种礼节。具：指酒菜饭食。

【译文】子女还没有成年的，鸡叫头遍时，也要起床洗手漱口，然后梳头，用细帛束发作髻，戴上用假发做的刘海，将头发札成总角样式，身上系个香囊。天色微明时才去向父母请安，问他们早餐都吃了什么。父母已经用过早点，就可以告退了；如果父母还没有用过，那就帮着哥嫂安排。

凡内外，鸡初鸣，咸盥漱，衣服，敛枕簟，洒扫室堂及庭，布席，各从其事。孺子蚤寝晏起，唯所欲，食无时。由命士①以上，父子皆异宫。昧爽而朝②，慈以旨甘，日出而退，各从其事，日入而夕，慈以旨甘③。

父母舅姑将坐，奉席请何乡；将衽④，长者奉席请何趾。少者执床⑤与坐，御者举几，敛席与簟，县衾箧枕，敛簟而襡⑥之。父母舅姑之衣衾簟席枕几不传，杖屦只敬之，勿敢近。敦牟卮匜⑦，非馂⑧莫敢用；与恒食饮，非馂，莫之敢饮食。父母在，朝夕恒食，子妇佐馂，既食恒馂，父没母存，冢子御食，群子妇佐馂如初，旨甘柔⑨滑，孺子馂。

【注释】①命士：指有官职，士以上。②朝：朝见叫作"朝"。下文"日入而夕"的"夕"指夕见。③慈以甘旨：意谓以旨甘之物来表达对双亲的敬爱。④衽：卧席。将衽：谓更换卧处。⑤床：坐榻，不是后世的卧床。⑥襡（dú）：包扎收藏。⑦敦、牟：食器，用来盛黍稷。卮（zhī）：酒器。匜（yí）：盛水浆的器物。⑧馂（jùn）：吃剩余的食物。⑨今本《十三经注疏》脱"柔"字，据阮氏《校勘记》补。

【译文】家中不论男女，都要在鸡叫头遍的时候，起床开始洗手漱口，穿戴整齐，将枕席收好，开始洒水扫地，从室内、堂上、庭中都要进行打扫，铺设坐席，各人做自己分内的事。只有没有上学的小孩子可以早睡晚起，随他高兴，吃饭时间也没有固定的。儿子有士以上爵位的，不能和父亲住在同一个小院里。天刚亮时到父母那里去请早安，献上好吃的东西以示孝敬。太阳出来后才可以向父母告退，然后再各做各的事。太阳下山以后，再到父母那里去请晚安，同样将好吃的东西献上。

起床以后，父母或公婆如果想要坐下休息，儿子媳妇就要请示他们席子朝哪边铺；如果他们想要更换睡觉的地方，子辈当中的年纪最大的就要捧着卧席请示父母脚朝哪头，再由子辈中年少的移动坐榻，由家子家妇侍坐。侍者搬来几案以便父母公婆依凭，然后再为他们整理内务，把大席和贴身的竹席收起来，被子悬挂起来，将枕头收进箱子，将贴身竹席收起来。父母公婆的衣服、被子、簟席、枕头、几案，不便移动地方，避免用时寻找费神；他们的手杖、鞋子，更是不可随意乱动；他们吃饭用的器皿，如果不是吃他们剩下的饭就不敢用；日常饮食物品，只有他们吃剩下的才敢触动。父母健在时，每天的早饭晚饭他们剩下的饭都由儿子和儿媳们帮助吃完。吃就要吃完，不得再有剩余。如果父亲去世母亲健在，日常的早饭晚饭，就由长子在旁照料，母亲吃剩下的则由弟弟和弟媳们来吃，同样吃不得再剩余。美味可口和易于消化的食物，父母吃不完的话，就给小孩子们吃掉。

在父母舅姑之所，有命之，应唯①敬对。进退周旋慎齐②，升降出入揖游③，不敢哕④噫、嚏咳、欠伸、跛倚、睇视，不敢唾洟⑤；寒不敢袭，痒不敢搔；不有敬事，不敢袒裼，不涉不撅，亵衣衾不见里。父母唾洟不见，冠带垢，和灰请漱；衣裳垢，和灰请澣⑥；衣裳绽裂，纫箴请补缀。五日，则燂⑦汤请浴，三日具沐，其间面垢，燂潘请靧⑧；足垢，燂汤请洗。少事长，贱事贵，共帅时⑨。

【注释】①应"唯"：答应时要说"唯"，不要说"诺"。说"唯"恭敬。②慎齐："齐"通"斋"，肃敬。③揖：俯身。游：行。④哕(yuě)：打呃。⑤洟(yí)：鼻涕。⑥漱、澣：用手洗曰"漱"，用足踏洗"澣"。⑦燂(qiān)：烧热。⑧潘：淘米水。靧(huì)：洗脸。⑨帅：率，遵循。时：是。

【译文】如果父母公婆有事召唤，先用"唯"答应，然后再恭敬地回话。父母公婆面前，走路的进退拐弯都要庄重，升降堂阶和出入门户时要俯身而行。在父母公婆面前，不敢打饱嗝、打喷嚏、咳嗽，不能打呵欠、伸懒腰，不能东倒西歪左靠右倚，不能斜视，不能吐唾沫、摸鼻涕。觉得寒冷也不敢去加衣，身上发痒也不敢随意抓挠。如果不是为长者干重活，不敢随便脱衣露臂；不涉水的话，不敢将衣服撩起。看到父母脸上有口水和鼻涕，及时的帮他们擦掉。他们的冠带脏了，用灰汁进行洗涤；父母的衣裳脏了，就用灰汁洗灌；如果衣裳有了裂口，就用针线把它缝好补好。每五天让他们洗一次澡，每三天让他们洗一次头。如果这期间脸脏了，就烧热淘米水让他们洗脸；脚脏了，就烧热水让他们洗脚。年纪轻的侍奉年纪长的，身份卑贱的侍奉身份尊贵的，与照儿子媳妇侍奉父母公婆的礼节是相同的。

男不言内，女不言外①。非祭非丧，不相授器。其相授，则女受以篚，其无篚则皆坐奠之而后取之。外内不共井，不共湢②浴，不通寝席，不通乞假，男女不通衣裳，内言不出，外言不入。男子入内，不啸③不指，夜行以烛，无烛则止。女子出门，必拥蔽其面，夜行以烛，无烛则止。道路：男子由右，女子由左。

【注释】①内：指内庭之事，如酒食丝麻等家务事。外：指家国政事。②湢（bì）：浴室。③啸（chì）：郑玄注："啸，读为叱。"

【译文】男子不谈论女子关心和从事的事，女子不讲应该由男子所关心和从事的事。只有在举行祭祀和办理丧事时，男女之间才能用手传递东西。如果平时一定要传递东西，女方则要用一个竹筐来承接。没有竹筐，就由递东西的人坐下先把东西放在地上，然后接东西的人也坐下再将东西从地上取走。男女不汲同一口井内的水，不同用一间浴室洗澡，互相不通用一床寝席，互相不讨借东西，男女衣裳不能混着穿。闺门内所说的话不能传到外面，同样闺门外讲的也不可以传到闺门以内。男子进到内宅，不能嘘声示意和指指点点，不然会让人感到鬼鬼祟祟。夜晚行路要点燃火把，没有火把不要外出。女子出门，要戴上东西遮脸，夜晚行路也要点燃火把，否则便不要外出。走路，男人靠右走，女人靠左走。

子妇孝者、敬者，父母舅姑之命，勿逆勿怠。若饮食之，虽不耆，必尝而待；加之衣服，虽不欲，必服而待；加之事，人待之，己虽弗欲，姑与之，而姑使之，而后复之。子妇有勤劳之事，虽甚爱之，姑纵之，而宁数休之。子妇未孝未敬，勿庸疾怨，姑教之；若不可教，而后怒之；不可怒，子放妇出，而不表礼焉。

【译文】儿子、媳妇如果想要有个孝敬父母公婆的好名声，就不能对于父母公婆的旨意有违背和懈怠。如果父母公婆叫他们吃东西，做儿子做媳妇的就算不喜欢吃，也少尝一些，等父母公婆察觉后说不爱吃就行了。父母公婆赐给儿子媳妇的衣服，就算不是特别想穿也暂时穿上，等父母公婆说收起来吧，才将它脱下。父母公婆交待儿子媳妇们要去做的事，中途也许会叫别人代替，虽然不想由人代替，也先暂时交给代替者做，如果代替者没有把事情办好时，再心平气和的收拾。儿子媳妇辛勤劳作时，父母公婆就会很心疼，就劝说他们别赶得那么紧，让他们多休息几次。儿子和媳妇如果不孝敬公婆，父母公婆也不用生气埋怨，可以先对他们进行教育。教育了也没有变化，那就对他们进行责罚；责罚还是没有起到效果，就把儿子赶出家门，把媳妇休回娘家。既使这样，儿子媳妇不孝的事也不对外人说，避免家丑外扬。

父母有过，下气怡色，柔声以谏。谏若不入，起敬起孝，说则复谏；不说，与其得罪于乡党州闾①，宁孰谏。父母怒、不说，而挞之流血，不敢疾怨，起敬起孝。

父母有婢子若庶子②、庶孙，甚爱之，虽父母没，没身敬之不衰。子有二妾，父母爱一人焉，子爱一人焉，由衣服饮食，由执事，毋敢视父母所爱，虽父母没不衰。子甚宜其妻，父母不说，出；子不宜其妻，父母曰："是善事我。"子行夫妇之礼焉，没身不衰。

【注释】①乡党州闾：二十五家为闾，五百家为党，二千五百家为州，一万二千五百家为乡。②婢子：奴婢所生的孩子。若：或者。庶子：妾所生子。

【译文】若是父母犯了错，儿子要低声下气、和颜悦色地对他们进行劝谏。如果劝谏没有起到作用，儿子对双亲要更加恭敬更加孝顺，在他们高兴时再进行劝谏。再次劝谏也极有可能会招致父母不高兴，但和让父母得罪于乡党州闾相比则宁可自己犯颜苦谏。如果犯颜苦谏会招致父母大怒，就算父母把自己打得皮破血流，也不能生气埋怨，而是要对他们更加恭敬更加孝顺。

如果父母有特别宠爱的贱妾与庶子、庶孙，既使父母去世，儿子也要终身对他们敬重。如果儿子有两个妾,而父母比较喜欢其中的一个,而儿子则会比较喜欢另一个,那么,不管是在穿戴饮食或是在做事方面,儿子所喜欢的那一个都不能与父母喜欢的那一个进行攀比,父母去世后也是如此。儿子觉得自己的妻子很不错,但父母却看不顺眼,那就将妻子休掉。如果儿子认为自己的妻子很不好,可是父母却说:"这个媳妇把我们侍候得很好。"儿子就要以夫妇之礼相待,终身不可改变。

父母虽没,将为善,思贻父母令名,必果;将为不善,思贻父母羞辱,必不果。

舅没则姑老,冢妇所祭祀、宾客,每事必请于姑,介妇请于冢妇。舅姑使冢妇,毋怠,不友无礼于介妇。舅姑若使介妇,毋敢敌耦于冢妇,不敢并行,不敢并命,不敢并坐。凡妇,不命适私室,不敢退。妇将有事,大小必请于舅姑。子妇无私货,无私畜,无私器,不敢私假,不敢私与。妇或①赐之饮食、衣服、布帛、佩帨、茝兰,则受而献诸舅姑,舅姑受之则喜,如新受赐,若反赐之则辞,不得命,如更受赐,藏以待乏。妇若有私亲兄弟将与之,则必复请其故,赐而后与之。

【注释】①据下文,"妇或"之"或",是指妇娘家的亲戚。

【译文】虽然父母已经去世了,儿子做了好事,还是会给父母带来好名声,就要果敢地去做好事;如果儿子将做坏事,想到这样做会使自己父母的名声有损，那就一定收手不要去做。

公公去世后，婆婆就要把主持家务的事传交给家妇。每到祭祀或招待宾客时，尽管婆婆已经放权，家妇遇事还是要向婆婆请示，不敢独自专断。介妇遇事则要向家妇进行请示，不能直接向婆婆请示。如果公婆差遣家妇，家妇不能懈怠，也不能自恃自己特殊的地位而对其他介妇不友爱和无礼。如果公婆使唤介妇，介妇也不能忘乎所以，不能和家妇进行攀比，不能和家妇并肩而行、并肩而坐，不能像家妇那样发号施令。不管是家妇还是介妇，公婆在没有发话让他们回自己的住室时，她们就一直要在左右侍候，不能告退。媳妇们有什么事想做，不论事情的大小都一定要先向公婆请示才可以。儿子、媳妇没有属于自己的财货、牲畜、器物，他们向外借出东西或私自给人东西都是不可以的。媳妇要是收到了娘家亲友馈赠的饮食、衣服、布帛、佩巾、芷兰等礼物，接受以后也都要献给公婆；如果公婆收下了做媳妇的就感到高兴，就像自己刚收到了亲友的馈赠一样高兴，公婆把东西又转赐给自己，那就先要推辞；实在推辞不下了，就要像是公婆赏赐给自己的那样欢喜的收下，将其收藏好，以备公婆想要时再献。如果媳妇想要给娘家亲友赠送礼品，就要先向公婆禀明原由，公婆拿东西来赏赐自己，然后才可以将东西送人。

適子庶子只事宗子宗妇①，虽贵富，不敢以贵富入宗子之家，虽众车徒舍于外，以寡约入。子弟犹归②器衣服裘衾车马，则必献其上，而后敢服用其次也；若非所献，则不敢以入于宗子之门，不敢以贵富加于父兄宗族。若富，则具二牲，献其贤者于宗子，夫妇皆齐而宗敬焉，终事而后敢私祭。

饭：黍、稷、稻、粱、白黍、黄粱、稰、穛③。

【注释】①適子："適"通"嫡"。指一家之嫡长子，称小宗。宗子：全族中的嫡系长子，称大宗。宗妇：全族宗子之妻。②犹：若。归：通"馈"，这里指得到赏赐。③黍、稷：古来对黍稷众说纷纭，现在一般认为黍与稷为同类而两种的小米。粱：嘉谷、精食。稰：谷物完全成熟时收获的。穛：谷物尚未完全成熟时收获的。

【译文】家里的嫡子、庶子都要对全族的宗子、宗妇敬重。既使嫡子、庶子的地位高贵，而且富有钱财，也不能以此理由到宗子家里去炫耀。既使嫡子、庶子的车马随从很多，也必须将他们安顿在宗子家大门以外，只允许带少量随从进入宗子家。自己的儿子或弟弟如果有被赐的器物、衣服、裘裳、车马，就从中挑选一些上等的献给宗子，自己才能挑选和服用比较次等一些的。如果所献的物品已经超过了宗子爵位的级别，宗子就不得享用，那就不能将这类物品带进宗子家门，不然，就成了将自己的富贵凌驾于宗子之上了。如果自己比较富裕，那就准备两只牺牲，挑选一只好的献给宗子，宗子祭祖时，小宗夫妇都要斋戒助祭在宗子家，一直要到宗子祭祖完毕后，才可以回家给自己的父祖祭祀。

吃饭所用的谷物分六种：黍、稷、稻、粱、白黍、黄粱，每一种都分熟获、生获。

膳：腒、臐、膮、醢、牛炙①；醢、牛胾、醢、牛脍②；羊炙、羊胾、醢、豕炙；醢、豕胾、芥酱、鱼脍；雉、兔、鹑、鷃。

饮：重醴③、稻醴清糟、黍醴清糟、粱醴清糟、或以酏为醴、黍酏、浆、水、醷、滥④。

酒：清、白⑤。

羞：糗饵、粉酏⑥。

【注释】①膳：牲肉总称。腒(xiāng)：牛肉；臐(xūn)：羊肉；膮(xiāo)：猪肉；这三种都是煮肉，汁较少，不用菜相和，可以盛在豆里。第一个"醢"字为衍文，当删。炙：烤肉。②醢：肉酱。胾(zì)：大块的肉。脍：细切的肉。③重(chóng)醴：醴，甜酒。稻、黍、粱三种谷物都可酿成醴酒。经过渗漉的酒为"清"，未经渗漉的酒为"糟"，所以三醴各有清有糟。以清与糟相配重设，所以叫"重醴"。④酏(yí)：薄粥。黍酏即以黍煮成的薄粥。浆：以糟酿制而成的酒类，味酸酢，也称"酢浆"。醷(yì)：梅浆，也就是《周礼·天官·浆人》的"醷"。滥：也就是《周礼·浆人》的"凉"，用炒米煮水。⑤清：清酒，冬酿而夏成，祭祀用的酒。白：白酒。新酿的酒较浊，色白，故名。⑥糗饵、粉酏：据郑玄注："粉"下脱"餈"字，"酏"当为"餈"。糗饵、粉餈都用稻米或黍米制成。合蒸的叫饵，即今之糕，做成饼的叫餈。

【译文】加馔时的膳食都有：牛肉羹、羊肉羹、猪肉羹、烤牛肉，然后排成一排，摆放在最北边。往南一排的是肉酱、大块牛肉、肉酱、切细的牛肉，再往南一排是烤羊肉、大块羊肉、肉酱、大块猪肉，接着往南一排是肉酱、大块猪肉、芥子酱、切细的鱼肉。以上四排，每排为四豆，是用来招待下大夫的礼数。加上野鸡、兔子、鹌鹑、鹁雀这种干肉，就是招待上大夫的礼数了。

饮用的酒水有六种：一是重醴，也就是清糟兼有的一种甜酒。有的是用稻酿制而成的，有的是用黍酿制而成的，有的是用粱酿制而成的。二是稀粥，有时会以稀粥为醴，譬如用黍煮的稀粥。三是浆，四是水，五是梅浆，六是凉粥。

酒分两种：清酒和白酒。

笾中盛的食物为：糗饵、粉餈。

食：蜗醢而菰食，雉羹；麦食，脯羹，鸡羹；析稌①，犬羹，兔羹；和糁②不蓼。濡③豚，包苦实蓼④；濡鸡，醢酱实蓼；濡鱼，卵酱实蓼；濡鳖，醢酱实蓼。腶修、蚳醢⑤，脯羹、兔醢，麋肤⑥，鱼醢，鱼脍，芥酱，麋腥⑦，醢酱，桃诸⑧、梅诸、卵盐。

【注释】①析稌："析"同"淅"，淘米；稌：稻。②糁：米屑。"和糁"谓用米屑加入羹中使成糊状。③濡：即"胹"，烹煮。④实蓼：剖开牲体腹部，把蓼菜填进去，然后再缝合起来煮。⑤腶脩：把肉脯加以捶打，再加姜桂制成的一种食物。蚳醢：用蚂蚁卵制成的酱。⑥肤：切肉。⑦麋腥：生麋肉。⑧桃诸："诸"即"菹"，桃诸即晒干收藏的桃脯。

【译文】国君燕食的菜单是：蚌蛤酱、雕胡米、野鸡羹三种配着吃；麦饭、肉羹、鸡羹这三样配着吃；大米饭、犬羹、兔羹配着吃。上面这些都要加入用佐料和米屑调制而成的汤，不加蓼菜。煮小猪时，用苦菜将它包起来，去腥味，往猪肚子里塞进蓼菜。煮鸡时，加酿酱，也会在鸡肚子里塞入蓼菜。煮鱼时，加鱼子酱，鱼肚子里也塞入蓼菜。煮鳖时，加酿酱，在鳖肚子里塞入蓼菜。吃肉干时，配蚁酱。吃肉羹时，配兔肉酱。吃麋肉切片时，配鱼肉酱。吃鱼切片时，配芥子酱。吃生麋肉时，配酿酱。吃桃干、梅干时，配大盐。

凡食齐视春时①，羹齐视夏时，酱齐视秋时，饮齐视冬时。凡和，春多酸，夏多苦，秋多辛，冬多咸，调以滑甘。牛宜稌，羊宜黍，豕宜稷，犬宜粱，雁宜麦，鱼宜菰②。春宜羔豚膳膏芗③，夏宜腒鱐膳膏臊，秋宜犊麛膳膏腥，冬宜鲜羽膳膏膻。牛修，鹿脯，田豕脯，麋脯，麇脯，麋、鹿、田豕、麇，皆有轩④，雉、兔皆有芼。爵、鷃、蜩、范、芝、栭、菱、椇⑤、枣、栗、榛、柿、瓜、桃、李、梅、杏、楂、梨、姜、桂。

【注释】①齐(jì)：调和食物。视春时：比照春天的气温，指各种食品的温度。②上文说"析稌犬膏兔羹"，是指人君燕食而言；此处说"牛宜稌"、"犬宜粱"，是指尊者正食而言。③膳膏：以油煎之。芗：香。古人认为牛油香，狗油臊，鸡油腥，羊油膻。④此处所列举的食品都是人君燕食所加的美肴。轩：切成大片。⑤芝：如今木耳之类。栭(ér)：古代江淮间称小栗为栭栗。椇(jǔ)：枳类。

【译文】食物种类的调和是根据食物的温热凉寒。饭食一类的就要像春天那样温；羹食一类的就要像夏天那样的热；酱类的就要像秋天那样凉爽；饮品一类的就要像冬天那样的冰。味道的调理方面，春季可以多一些酸味，夏季可以多一些苦味，秋季可以多一些辛味，冬季可以多一些咸味。不论是哪个季节，同时加枣栗饴蜜让味道甜美；为使更为柔滑，可以再加些粉芡汤和蔬菜。主食和肉类之间的搭配也要注意二者气味相成，如：牛肉配稻，羊肉配黍，猪肉配稷，狗肉配粱，雁配麦子，鱼配菰米。春天适合吃小羊小猪，用牛油烹调；夏天适合吃干鱼，用狗油烹调；秋天适合吃小牛小鹿，用猪油烹调；冬天适合吃鱼和雁，用羊油烹调。国君燕食的美味有：牛肉干、鹿脯、野猪脯、麋脯、獐脯，其中麋、鹿、野猪、獐子不仅可以制作成脯，还可以切成薄片生吃。野鸡羹、兔羹搀有蔬菜。还有雀、鷃、蝉、蜂、木耳、菱角、枳实、枣子、栗子、榛子、柿子、瓜类、桃子、李子、梅子、杏子、山楂、梨子、姜、桂等，总共三十一种。

大夫燕食，有脍无脯，有脯无脍。士不贰羹胾①，庶人耆老不徒食②。

脍：春用葱，秋用芥。豚：春用韭，秋用蓼。脂用葱，膏用薤，三牲用藙③，和用醯，兽用梅。鹑羹、鸡羹、鴽④，酿⑤之蓼。鲂鱮烝，雏烧，雉，芗⑥无蓼。

【注释】①胾（zì）：大块的肉。②耆：六十岁。徒：空。"不徒食"谓食必有肉。③藙（yì）：茱萸。④鴽（rú）：鹌鹑一类小鸟。⑤酿：切碎杂在一起煮。⑥芛：紫苏、白苏等香草。

【译文】大夫平时的午饭、晚饭，餐桌上有胾就不能有脯，有脯就不能有胾。士平时的午饭、晚饭，羹与胾两者之中可以有一份，两种不能同时食用。百姓中六十岁以上的老人，他们的午饭、晚饭必须要有肉。

给细切的鱼肉进行调和，春季用葱，秋季用芥子酱。对细切的大肉片调和，春季用韭菜，秋季用蓼菜。凝固的脂肪用葱调味，油用薤调味。牛羊猪三牲搀入菜英，用醋调味，其他动物用梅酱调味。鹑羹、鸡羹、蒸鴽，都会用蓼菜搀和。鲂鱮可以蒸吃，小鸟可以烧着吃，野鸡可以用来或蒸或烧或作羹来吃，以上三种动物的调味品都要用香草调味，不用蓼菜。

不食雏鳖，狼去肠，狗去肾，狸去正脊，兔去尻，狐去首，豚去脑，鱼去乙，鳖去丑。肉曰脱之，鱼曰作之①，枣曰新之，栗曰撰之②，桃曰胆之③，柤梨曰攒之④。

牛夜鸣则庮⑤，羊泠毛而毳⑥、膻，狗赤股而躁、臊，鸟麃色而沙鸣、郁⑦，豕望视而交睫、腥⑧，马黑脊而般臂、漏⑨，雏尾不盈握弗食，舒雁翠⑩，鹄鸮胖，舒凫翠，鸡肝，雁肾，鸨奥，鹿胃。

【注释】①作之：摇动以观察其新鲜或腐败。一说"作"当作"斮"，指刮鳞。②撰之：挑选，把有虫的栗子拣去。③胆之：擦去桃毛使光滑如胆。④攒之："攒"通"钻"，恐有虫，一一钻看虫孔。⑤庮

(yóu)：恶臭。⑥泠毛而毳：毛稀少而又粘连在一起。⑦𪄳色：色变而无润泽。郁：腐臭。⑧腥：猪体内寄生囊虫时，肉中有小息肉如星，今俗称米猪肉。⑨般臂：前胫毛斑。漏：即"蝼"字，谓肉如蝼蛄之恶臭。⑩舒雁：鹅。翠：尾肉。

【译文】不吃幼小的鳖，吃狼肉时不要肠子，吃狗肉时不要狗肾，吃狸时不要狸的正脊，吃兔肉不要兔的屁股，吃狐时扔掉狐头，吃鱼不要肠子，吃鳖不要肛门。这些动物的这些部位对人体是有害的。吃肉时要剔骨去筋，所以称之为"脱"。吃鱼则要去掉鱼鳞，称之为"作"。吃枣子时要擦掉上面的泥，称之为"新"。吃栗子时要挑拣没有生虫子的，称之为"撰"。吃桃子时要拭去毛，称之为"掸"。吃山楂、梨子时要去掉核，称之为"攒"。

在夜里经常鸣叫的牛其肉一定臭；羊身上的毛稀少且有些毛会纠结在一起，它的肉一定膻味重；狗大腿内侧没有毛，而且狗在走动时急躁，那么它的肉一定有臊味；鸟儿的毛暗淡无色而且叫声沙哑，那么它的肉一定有腐朽的臭味；猪的眼睛总是看向远处，且上下睫毛一直相交，它的肉一定腥味重；马的脊背是黑色且前腿毛是杂色，那么它的肉一定特别的臭。尾巴没有一个手掌长的小鸟，不可以吃。鹅尾、天鹅和猫头鹰的胁侧薄肉、鸭尾、鸡肝、鹅肾、鸭的脾脏和小肠、鹿胃，这些部位都不能吃。

肉腥①细者为脍，大者为轩②；或曰麋鹿鱼为菹③，麇为辟鸡，野豕为轩，兔为宛脾④，切葱若薤，实诸醯以柔之。

羹食，自诸侯以下至于庶人无等⑤。大夫无秩膳⑥，大夫七十而有阁⑦，天子之阁。左达⑧五，右达五，公侯伯于房中五，大夫于阁三，士于坫⑨一。

【注释】①肉腥：指用生肉切碎杂煮而后食。②轩：切薄片。③菹（zū）：切得较粗。④辟鸡、宛脾：切得较细。⑤无等：指无论贵贱，日常吃饭均有羹与饭，所以说"无等"。⑥秩膳：指常置于左右以备食的佳肴。⑦阁：用木板制成，供存放食物。⑧达：夹室，指燕寝的夹室。下句"房"也指燕寝的房。夹室在东西堂与东西房之间，有东西夹。⑨坫（diàn）：土台。士不能有阁，只能在房内做土台存放食物。

【译文】只要是把生肉切碎挽菜煮着吃时，不论是哪一类肉，切得较细的就称之为脍，切得较粗的就称之为轩。或者是把切得较粗的麋肉、鹿肉、鱼肉称之为"菹"；把切得较细的麋肉称之为"辟鸡"；切得较粗的野猪肉称之为"轩"；切得较细的兔肉称为"宛脾"。不管是粗切还是细切，都将把葱和薤切碎，与肉拌在一起浸泡到醋里，这样做能使肉变软。

羹与饭是作为主食，上到诸侯下到平民老百姓，这方面没有多大区别。不到一定的年龄，大夫是没有常置左右备食的美味的。到了七十岁，大夫就有存放秩膳的阁架了。这种阁架，天子的左夹室有五个，右夹室有五个，共十个。公、侯、伯的也都有五个阁架，都是摆放在房中的。大夫有三个，也摆放在房中。士的房内只有一个存放食品的土台子，叫坫，没有阁。

凡养老①：有虞氏以燕礼，夏后氏以飨礼，殷人以食礼，周人修②而兼用之。凡五十养于乡，六十养于国，七十养于学,达于诸侯。八十拜君命,一坐再至,瞽亦如之,九十者使人受。五十异粻,六十宿肉,七十二膳,八十常珍,九十饮食不违③寝,膳饮从于游可也。六十岁制,七十时制,八十月制,九十日修,唯绞紟衾冒,死而后制。五十始衰,六十非肉不饱,七十非帛不暖,八十非人不暖,九十虽得人不暖矣。五十杖于家,六十杖于乡,七十杖于国,八十杖于朝,九十者天子欲有问焉,则就其室以珍从。

【注释】①此节文字均见于第五篇《王制》。②修:当作"循"。③违:离。

【译文】招待老人的宴,有虞氏用燕礼,夏后氏用飨礼,殷人用食礼,周人遵循古制将这三种礼加以融合后兼用。年纪五十岁的老人就可以参加在乡学中举办的敬老宴,六十岁的老人则能参加在王宫小学中举行的敬老宴,七十岁的老人就能参加在大学中举行的敬老宴。这样的规定从天子到诸侯都适用。八十岁的人在拜受君命时,跪下去连叩两次头就行了。盲人也可以照这样做。九十岁的老人可以由他人代替自己拜受君命。五十岁以上的老人,可以只吃细粮不吃粗粮;六十岁以上的老人要常常为他准备肉;七十岁以上的老每顿饭要多做一份,饿了时当做零食;八十岁以上的老人,要多吃珍美的食物;九十岁以上的老人,要在住室中存些食品,不论走到哪里,随身都备有着饮食。六十岁时,子女就要为他们准备需要一年时间才能做好的丧葬用品;到了七十岁,子女就要为他们准备需要花费一个季度才能做好的丧葬用品；到了八十岁，子女就要为他们准备需要用一个月时间才能做好的丧葬用品；到了九十岁，子女就要为他们准备好需要花一天时间就能做好的丧葬用品；而绞、紟、衾、冒，这些东西很快就可以做好，等人死后再做也不迟。五十岁时人就开始逐步衰老，六十岁开始没有肉就吃不饱饭，七十岁不穿丝绵身上就会觉得不暖和，八十岁时没有人暖被窝就睡不暖和，九十岁时就算有人帮忙暖被也睡不暖和了。五十岁以后可以在家里拄杖，六十岁以后可以在乡拄杖，七十岁以后在国都都可以拄杖，八十岁以后上朝都可以拄杖了，九十岁以后，如果天子有事相询，就要派人到他家里去请教，去时还得带上吃食类的礼品。

七十不俟朝，八十月告存，九十日有秩。五十不从力政，六十不与服戎，七十不与宾客之事，八十齐丧之事弗及也。五十而爵，六十不亲学，七十致政；凡自七十以上，唯衰麻为丧。凡三王养老皆引年①，八十者一子不从政，九十者其家不从政；瞽亦如之。凡父母在，子虽老不坐。有虞氏养国老于上庠，养庶老于下庠；夏后氏养国老于东序，养庶老于西序；殷人养国老于右学，养庶老于左学；周人养国老于东胶，养庶老于虞庠，虞庠在国之西郊。有虞氏皇而祭，深衣而养老；夏后氏收而祭，燕衣而养老；殷人冔而祭，缟衣而养老；周人冕而祭，玄衣而养老。

【注释】①此节文字见于《王制第五》，唯顺序稍有不同。

【译文】大夫到了七十岁,可以不在朝堂上侍候;八十以后,天子每月都要派人前去问安;九十岁以后,天子每天都要派人送去食品。平民到了五十岁就不用服劳役,六十以后就不用服兵役,七十以后就不用参与应酬宾客的活动,八十以后连祭祀丧葬这类重要的事都不用参与了。五十以后得到封爵,六十以后不亲自向他人请教,七十以后就告老退休了,遇到丧事身上穿孝服就可以了,其他礼数一律全免。夏、商、周三代的敬老宴,都根据户籍来核实参加宴会老人的年龄。家中有八十岁以上老人的,可以免除家中一名成员的劳役;家中有九十岁以上老人的,全家都可以免除劳役。盲人与上面的待遇相同。只要父母还在,不论儿子年龄有多大都只能立侍在旁,不可以坐下。有虞氏款待国老在上庠设宴,款待庶老在下庠设宴。夏后氏款待国老在东序设宴,款待庶老在西序设宴。殷人款待国老在右学设宴,款待庶老在左学设宴。周人宴款待国老在东郊设,款待庶老在虞庠设宴。虞庠则设宴于王城的西郊。有虞氏祭祀时头戴叫作"皇"的冠,养老时穿着深衣。夏代祭祀时头戴叫作"收"的冠,养老时穿的是燕衣。殷人祭祀时头戴叫作"冔"的冠,养老时穿缟衣。周人祭祀时头戴冕,养老时穿玄衣。

曾子曰:"孝子之养老也,乐其心不违其志,乐其耳目,安其寝处,以其饮食忠养之①孝子之身终,终身也者,非终父母之身,终其身也;是故父母之所爱亦爱之,父母之所敬亦敬之,至于犬马尽然,而况于人乎!"凡养老,五帝宪②，三王有乞言③。五帝宪，养气体而不乞言，有善则记之为惇④史。三王亦宪，既养老而后乞言，亦微其礼⑤，皆有惇史⑥。

【注释】①忠养之：孔颖达疏作"中心养之"。②宪：效法。③有：通"又"。乞言：求长者之善言。犹今之训话。④惇：通"敦"。敦厚。⑤微其礼：指养老乞言时不敢坚持，不敢迫切。⑥按：自"凡养老，有虞氏以燕礼"起，至此，均言养老事，与上下文不相联，疑为错简。

【译文】曾子说："孝子给父母养老，首先是使父母内心感到快乐，不违背他们的意图；其次才是言行循礼，用乐使他们高兴和快乐，令他们起居安适，对父母饮食方面尽心周到的侍候，孝子直到死都是这样做。而所谓的'终身'孝敬父母，不是说终其父母的一生，而是终其孝子自己的一生。所以，就算父母去世，但爱他们生前所爱的，敬他们生前所敬的；就连他们生前所喜欢的犬马都是如此对待，何况对他们爱敬的人呢！"但凡是举行养老之礼，五帝时期他们着重于效法，立为榜样；三王时除了有效法以外，还在养老典礼上请他们对后辈进行训话。五帝时着重于对他们效法，是为了颐养身心，只是把他们的优良德行记载下来，而就没有设下"乞言"这个节目。三王养老也对老人们的德行进行效法，但在养老典礼将要结束时请他们训话，给后辈们留下了宝贵的意见，而这也是随老人们的自觉自愿，不加以任何的强迫。三王也把老人们的善言厚德记录下来，成为珍贵史料。

淳熬①：煎醢加于陆稻②上，沃之以膏曰淳熬。淳毋③煎醢，加于黍食上，沃之以膏曰淳毋。

炮④：取豚若将⑤，刲之刳之，实枣于其腹中，编萑以苴之，涂之以谨⑥涂，炮之，涂皆干，擘之，濯手以摩之，去其皽⑦，为稻粉糔溲⑧之以为酏，以付⑨豚煎诸膏，膏必灭之，巨镬汤以小鼎芗脯于其中，使其汤毋灭鼎，三日三夜毋绝火，而后调之以醯醢。

【注释】①淳：浇；熬：煎。淳熬为《周礼》八珍之一。②煎醢：用油炒醢。陆稻：陆地之稻。③淳毋：郑玄注："毋读曰模。"指模仿淳熬而制的食品。淳毋为《周礼》八珍之第二。④炮：将豚或羊涂泥然后放在火上烧烤。炮豚、炮羊为八珍之第三、第四。⑤将：当作"牂（zāng）"，公羊。⑥谨：通"墐"，粘土。⑦皽（zhǎn）：皮肉上的薄膜。⑧糔溲（xiǔ sōu）：用水调粉面。⑨付：傅，敷。

【译文】八珍中淳熬的做法是：用稻米做成饭，把煎过的肉酱摊在饭上，浇上油，就成了淳熬。八珍中淳毋的做法与淳熬差不多，只是用黍米粉做成饼，煎过的肉酱摊在饼上，再浇上油，就成了淳毋。

八珍中炮豚、炮羊中炮的制作过程是，首先将小猪或公羊宰杀后淘净内脏，再把枣子塞到腹腔内，用芦苇编成的箔将它裹起来，外面涂一层搀有草秸的泥巴，放到火上烤，等泥巴烤干后将泥巴剥掉，再把皮肉表面的一层薄膜搓掉。取稻米粉加水拌成稀粥，敷在小猪或羊身上，放在小鼎中用油煎，小鼎里面的油一定要淹掉小猪。然后用大锅将水烧开,将盛有小猪或羊脯的小鼎放到锅里,水面不超过小鼎的高度,连续加热三天三夜不停火,肉取出来时已经非常的烂了,吃时用醋和肉酱调味。

捣珍①:取牛羊麋鹿麕之肉必脄②,每物与牛若一捶,反侧之,去其饵,熟出之,去其饵,柔③其肉。

渍:取牛肉必新杀者,薄切之,必绝其理;湛诸美酒,期朝④而食之以醢若醯醷。

为熬⑤:捶之,去其皽,编萑布牛肉焉,屑桂与姜以洒诸上而盐之,干而食之。施羊亦如之,施麋、施鹿、施麕皆如牛羊。欲濡肉则释而煎之以醢,欲干肉则捶而食之。

糁⑥:取牛羊豕之肉,三如一⑦小切之,与稻米;稻米二肉一,合以为饵煎之。

肝菅⑧:取狗肝一,幪之,以其菅濡炙之,举焦,其菅不蓼;取稻米举糔溲之,小切狼臅膏⑨,以与稻米为酏。

【注释】①捣珍:捣,捶打。捣珍为八珍之五。②脄:夹脊肉。③柔:用汁和。指用醋和醢调和。④期(jī)朝:由今天早晨至明天早晨。⑤熬:用火烤肉。这是八珍之七。⑥糁(sǎn):细切牛羊豕肉和稻米粉做的饼。按:糁食不在"八珍"之内,当系错简。下句"肝菅"一节宜在此句之上。⑦三如一:言三份各一合成。⑧菅(liáo):肠部的脂肪。肝菅,为八珍之第八。⑨狼臅(dú)膏:狼胸部的脂肪。

【译文】捣珍五的做法是:以牛肉、羊肉、麋肉、鹿肉、獐肉为原料,取它们中最为嫩美的里脊,牛肉一份、羊肉、麋肉、鹿肉、獐肉都一样取一份,将它们搅拌在一起,反复捶打,去掉筋腱,煮熟后出锅,去掉肉膜,吃时再用醋或肉酱调味就可以了。

渍是属于八珍之六,做法是:必须用新鲜牛肉为原材料,必须切得薄而且切时一定要把肉的纹理切断,再将切好的肉浸泡到美酒里,泡上十二天就算差不多了,要吃的时候再用醋、肉酱、梅浆来调味。

熬是属于八珍之七,作法是:首先将牛肉捶捣一下,去掉肉膜和筋,把牛肉摊在编好的红芦薄上,先洒桂屑和姜末,再洒上盐,用火烘干烤熟,就能吃了。用羊肉或麋、鹿、獐肉都能制熬,方法与用牛肉是一样的。肝膋是八珍中的最后一种了,做法是:取狗肝一副,用它的肠脂把肝包起来,用肉酱拌和湿润,放在火上烤,等脂肪烤焦后,肝也熟了,吃时也可以不用蓼菜。

掺食的做法是:取牛、羊、猪之肉同样量的各取一份,切碎后,与稻米粉揉拌到一起,米粉与肉的比例为二比一,捏成糕的样子,用油来炸,再取稻米粉与水调和,加入切碎的牛羊猪的胸间脂肪,一起制成厚粥。

礼,始于谨夫妇,为宫室,辨外内①。男子居外,女子居内,深宫固门,阍寺②守之。男不入,女不出。男女不同椸枷,不敢悬于夫之楎椸③,不敢藏于夫之箧笥,不敢共湢浴。夫不在,敛枕箧簟席、襡④器而藏之。少事长,贱事贵,咸如之。夫妇之礼,唯及七十,同藏无间⑤。故妾虽老,年未满五十，必与五日之御⑥。将御者，齐，漱浣，慎衣服，栉縰笄，总角拂髦⑦，衿缨綦屦。虽婢妾，衣服饮食必后长者。妻不在，妾御莫敢当夕。

【注释】①辨外内：燕寝在内，正寝在外。②阍寺：阍人掌守中门之禁，寺人掌管内人的禁令。③椸（yí）、枷、楎（huī）：都是衣架之名，横的叫椸，竖的叫楎。枷：同"架"。④椟（dú）：通"匵"，韬藏。⑤间：别。⑥御：这里指侍夜，亦称"当夕"。⑦角拂髦：妇人无髦，三字疑为衍文。

【译文】小心慎重地处理好夫妇之间的关系是一件很有必要的事。人们建造宫室时，要严格地区别内外。男子住在外院，女子居住在内院。宫殿深邃，宫门重重，门外都有阍人把守，后宫之中也有寺人掌管。男子不入内院，女到外院。男女不共同使用一个衣架。妻子不能将自己的衣服挂在属于丈夫的衣架上，不能将自己的衣服放到丈夫的衣箱里，不和丈夫在同一间浴室洗澡。如果丈夫不在家，妻子就将属于丈夫的枕头、簟席全都收起来，丈夫用的其他物品也都要将其收藏妥当。年少的侍奉年长的，身份卑贱的侍奉身份尊贵者，都是如此。依照夫妇之礼，夫妻俩到了七十岁，两人才能不避嫌地一直同居共寝，没到七十岁就要与妾轮流侍夜。因此即使是妾已经年老，只要还没到五十岁，就每五天要轮流一次侍夜。轮到哪一位妾侍夜，就得像臣子去朝见国君那样，身心洁净，穿戴好合身份的礼服，梳好头发，系上香囊，穿好鞋子，毕恭毕敬地去侍夜。就算是深受主人宠爱的婢妾，她所穿的衣服和饮食也不能超过身份高于她的女人。不管是国君还是卿大夫士,正妻不在家,在轮到正妻侍夜的那一晚,妾也不到夫君的寝室里代替正妻侍夜,以严格区分开妻妾之间的差别。

妻将生子,及月辰,居侧室①,夫使人日再问之,作②而自问之,妻不敢见,使姆③衣服而对,至于子生,夫复使人日再问之,夫齐则不入侧室之门。子生,男子设弧④于门左,女子设帨⑤于门右。三日,始负子,男射女否。

国君世子生,告于君,接以大牢,宰掌具。三日,卜士负之,吉者宿齐朝服寝门外,诗⑥负之,射人以桑弧蓬矢⑦六。射天地四方⑧,保受乃负之,宰醴⑨负子,赐之束帛,卜士之妻、大夫之妾,使食子。

【注释】①侧室:正寝在前,燕寝在后,侧室即燕寝的旁室。不在丈夫的正寝及妻的燕寝生子而要到侧室生子,是因为正寝、燕寝较尊。②作:腹动,指即将临盆。③姆:女师。古人以年五十无子,不再嫁,能以妇道教人的妇女担任女师。④弧:弓。表示将来有事于武。⑤帨(shuì):佩巾。表示将来能事人。⑥诗:通"持",承接的意思。⑦桑弧蓬矢:象征远古时期的武器与射猎工具。⑧射天地四方:象征男子上事天,下事地,旁御四方之难。⑨醴:当作"礼",此处指行一献之礼。主人先敬宾客酒,叫作献;宾客再敬主人酒,叫作酢;主人先自己饮酒,再劝宾客饮酒,叫作酬;献、酢、酬合起来为一献。

【译文】妻子快要生产了,到了马上就要生的月份,就从燕寝搬到侧室待产,这段时间,丈夫应派人一天两次的前去问候。到了马上要生的时候,丈夫要亲自前去问候。这时候妻子会因为衣饰不整,不得露面,就派自己贴身的女师穿戴整齐回复丈夫。孩子生下来以后,丈夫要一天两次地派人前去问候。如果生产时间恰逢丈夫斋戒,丈夫就不去侧室问候。孩子生下来后,如果生的是男孩儿,就挂一张木弓在侧室门左作标志;生的是女孩子,就挂一条佩巾在侧室门右为标志。出生第三天再将新生儿抱出侧室。男孩行射礼;女孩就不用行礼了。

国君的嫡长子出生,要向国君通报,用太牢之礼对嫡长子的诞生进行迎接,膳宰之官负责去安排。第三天,卜选一位士抱新生儿,而被选中的士在前一天进行斋戒,第二天穿上朝服,在路寝门外等候着把新生儿接过来抱着。然后,射人用桑木做的弓射出六支蓬梗之箭,一箭射向天,代表将来会敬事天神;一箭射向地,表示将来会敬事地祇;另外四箭分别射向东西南北四个方向,表示将来会威服四方。保母把新生儿接过来,膳宰便以一献之礼给抱子的士敬酒,并赐他五匹帛作为抱子的酬谢。另外还得从士的妻或大夫的妾里面卜选出一个乳汁多的作为新生儿的奶娘。

凡接子,择日,冢子则大牢,庶人特豚,士特豕,大夫少牢,国君世子大牢,其非冢子,则皆降一等。异为孺子室于宫中,择于诸母与可者①,必求其宽裕慈惠、温良恭敬、慎而寡言者,使为子师,其次为慈母②,其次为保母③,皆居子室,他人无事不往。

【注释】①诸母:指国君的众妾。可者:王引之《经义述闻》以为

"可"读为"阿"。《列女传》引此句作"择诸母及阿者"。阿,指傅姆之类。②慈母:负责了解小孩的嗜欲。③保母:负责使小孩居处安适。

【译文】凡是为新生儿举行迎接他诞生的仪式,三天之内一定要选个吉日。天子的太子使用的是太牢,庶人的长子使用一只小猪,士的长子也是用一只小猪,诸侯的太子使用的也是太牢。不是长子,所使用牢具的规格就要分别降低一等。孩子出生后,在宫中要给他单独打扫一处供他居住的房子。从国君许多的庶母或傅母中,挑选出一位性情宽厚、慈惠、温良、恭敬、谨慎而又不多嘴多舌的,做幼儿的老师,再选一位做幼儿的慈母,再一位就做孩子的保母,奶娘只需要喂奶就好,选的这些人全部都要和新生儿住在一起。其他人没有什么事,不得前往,以免惊动孩子。

三月之末,择日剪发为鬌①,男角女羁②,否则男左女右。是日也,妻以子见于父,贵人③则为衣服,由命士以下,皆漱浣,男女夙兴,沐浴衣服,具视朔食④,夫入门,升自阼阶。立于阼西乡,妻抱子出自房,当楣⑤立东面。

【注释】①鬌(duǒ):留而不剪的头发。②角:囟门两旁靠近额角的地方头发留而不剪。羁:头顶部的头发纵、横各留一狭条相交。③贵人:指卿大夫。④具:馔具。视朔食:言所具之礼与每月初一天子、诸侯、大夫、士所食之礼相同。天子太牢、诸侯少牢、大夫特豕、士特豚。⑤楣:栋下面的一根横木。

【译文】在孩子出生第三个月的月末,选一个好日子给新生儿剪发。胎发不能被全部剪掉,男孩留个"角",女孩留个"羁",

又或者男的留左边，女的留右边。给孩子剪发的这一天，妻子要带着孩子拜见他的父亲。如果孩子出生在父亲是大夫以上身份的家里，夫妇都要重新做一套新衣；而出生在身份是士以下的，虽然用不着再做一套新衣，旧衣服也要洗得干干净净再穿。所有人一大早起来，洗头洗澡，穿上礼服。以每月初一的膳食规格给夫妇准备的膳食。丈夫进正寝的门，从台阶登堂，面朝西站在阼阶上；妻子从侧室到丈夫的正寝，走上北阶、抱着孩子从东房出来，面朝东在西阶上当循而立。

姆先，相曰："母某敢用时日①只见孺子。"夫对曰："钦有帅②。"父执子之右手，咳③而名之。妻对曰："记有成。"遂左还④，授师，子师辩告诸妇诸母⑤名，妻遂适寝。夫告宰⑥名，宰辩告诸男名，书曰："某年某月某日某生。"而藏之，宰告闾史，闾史书为二，其一藏诸闾府，其一献诸州史；州史献诸州伯，州伯命藏诸州府⑦。夫人食如养礼。

世子生，则君沐浴朝服，夫人亦如之，皆立于阼阶西乡，世妇抱子升自西阶，君名之，乃降。适子庶子见于外寝⑧，抚其首咳而名之，礼帅初，无辞。

【注释】①相：帮助。时日：是日，这一天。②钦：敬。帅：循。③咳：颔，下巴。④还：通"旋"。⑤辩：通"遍"。诸妇：指同族地位较低者之妇。诸母：众妾。⑥宰：家臣之长。⑦二十五家为闾，闾的长官为闾胥；二千五百家为州，州的长官为州伯。闾史：闾胥。州史：

州伯的属吏。府：藏物之处。⑧适子：此指国君世子之同母弟，国君后夫人所生。庶子：妾子。外寝：指燕寝。

【译文】当夫妻二人站好后，女师就站在妻子侧稍前，传话说："孩子的母亲某氏，今天恭敬地携带小儿前来拜见其父。"丈夫回答说："你要教导小儿好好恭敬地遵循正道。"父亲拉着儿子的右手，笑着说要给小儿取了个名。妻子回答说："我会将此名的深刻含义铭记在心，使儿子将来能有所成就。"说完，转身向左把孩子递给教师。教师再将孩子的名告诉在场所有的命妇、保母等，命名仪式这就结束了，妻子走回丈夫燕寝。丈夫再把孩子的名告诉宰，宰又将孩子的名转告给族中的父兄子弟，在简策上写下"某年某月某日某生"，将简策收藏起来。宰再将孩子的名与生辰上报给闾史，闾史登记成两份，一份存放于闾府，另一份逐级上报，报告给州史，州史再报告给州长，州长会命人将其存放到州府。孩子命名仪式结束后丈夫也回到燕寝，和妻子一起吃饭，和平时夫妇日常之礼一样。

太子出生，等到了出生三个月月末给孩子命名的日子，国君和夫人都要洗头洗澡，穿上朝服，一起站在阼阶上，面朝西。孩子由世妇抱着走到西阶，面朝东站在西阶之上。等国君给孩子赐名完了以后，世妇才能抱着孩子退下。如果生的是太子的同母弟弟，赐名仪式就是由夫人抱着孩子到正寝拜见国君，国君摸着孩子的头，笑着给他赐名。命名礼节与太子相同，只是少了国君和夫人对答之辞而已。

凡名子,不以日月,不以国,不以隐疾;大夫、士之子,不敢与世子同名。

妾将生子,及月辰,夫使人日一问之。子生三月之末,漱浣夙齐,见于内寝①,礼之如始入室;君②已食,彻焉,使之特馂,遂入御。公③庶子生,就侧室。三月之末,其母沐浴朝服见于君,摈者④以其子见,君所有赐⑤,君名之。众子,则使有司名之。

【注释】①内寝:指嫡妻寝。②君:指丈夫,不是国君。这一节讲的是大夫、士之妾生子之礼。③公:指国君。④摈者:师傅保姆一类的人。国君地位尊贵,即使是妾也不自己抱小孩。⑤君所有赐:谓受到国君偏爱,对她特有恩赐。

【译文】给儿子取名,不要以出生的日子和月份为名,不要以国家的名字为名,不要以身上患有的病名为名。大夫和士的儿子取名,不能和太子同名。

大夫或士的妾要生孩子,等到了临产的月份,丈夫也要每天都派人前去问候一次。孩子生了以后,到了第三个月的末尾,也请人选个好日子,一家人都洗漱整洁,且在前一天就斋戒,妾抱着孩子与丈夫夫在内寝相见,丈夫则用妾初嫁来时的礼节回她。丈夫吃过后,将食物撤下,让妾一人吃剩下的食物,以表对她的赏赐。当夜则由她来侍候丈夫过夜。国君的妾生孩子,同样到侧室去生。等孩子生下满三个月的那天,孩子母亲要洗头洗澡,穿上礼服,由摈者抱着孩子一起去拜见国君。如果这是国君的宠妾,就会亲自为孩子取名；如果并不是国君所宠爱的妾生的孩子，就由相关官员取名了。

庶人无侧室者，及月辰，夫出居群室①，其问之②也，与子见父③之礼，无以异也。凡父在，孙见于祖，祖亦名之，礼如子见父，无辞。

食子者，三年而出，见于公宫则劬④。大夫之子有食母，士之妻自养其子。由命士以上及大夫之子，旬⑤而见。冢子未食而见，必执其右手，适子庶子已食而见，必循其首。⑥

【注释】①群室：指夹室之类。庶人有的没有侧室，夫妻共一个燕寝，所以妻子生小孩时丈夫必须避居群室。②问之：指妻子到了月份时，丈夫派人一天问候两次，以及阵痛之时丈夫亲自去问候妻子之事。③父：指生子者。④劬：辛劳。此处谓因其劬劳而有所赏赐，犹言"慰劳"。⑤旬：郑玄注："旬当为均。"⑥这一节是说冢子未食而见，适子、庶子已食而见。表示见冢子急迫之情。

【译文】老百姓家里一般没有来作产房的侧室，都是夫妻二人同寝，如果到了妻子要分娩的时候，丈夫就要从寝室搬出去另外找个房间住。至于妻子在待产期间丈夫每天派人问候，以及满三个月后抱着孩子拜见父亲，礼数和士大夫都是一样的。只要是孩子的祖父健在的，等到了三月之末，则要举行孩子拜见祖父的礼仪，由祖父来给孩子取名，拜见的礼节就和孩子见父亲相同，只是少了应对之辞而已。

给国君孩子喂奶的士的妻子或大夫的妾,要三年后才能回家。回家前,国君会在公宫亲自接见她们,并且赏赐一些财物以表慰劳。大夫的儿子有专门的乳母喂养,士的妻子就只能自己生的自己喂养了。由命士以上或大夫的儿子,一般在生下来满三个月以后才会父子相见,但也有生下来十天后就父子相见的。出生的孩子如果是冢子,是正统,父子相见的仪式在夫妻没有一起吃饭前举行,仪式上父亲要拉住新生孩子的右手;如果是嫡子或庶子,并不是正统,父子相见的仪式就在夫妻或妾进食以后再举行,见面时父亲只用抚摸孩子的头就可以了。

子能食食,教以右手。能言,男唯女俞①。男鞶②革,女鞶丝。六年教之数与方名。七年男女不同席,不共食。八年出入门户及即席饮食,必后长者,始教之让。九年教之数日。十年出就外傅,居宿于外,学书计,衣不帛襦裤,礼帅初,朝夕学幼仪③,请肄简谅④。十有三年学乐,诵《诗》,舞《勺》⑤,成童舞《象》⑥,学射御。

【注释】①"唯"、"俞"都是应答之声。"唯"声较直,"俞"声较婉,故用为男女之别。②鞶(pán):小囊,用于装佩巾等。③幼仪:幼小时所应奉行的礼节仪法,如出入饮食必后长者之类。④简:指教师所书写的课文。谅:言语信实。这里指应对之辞。⑤舞勺:勺同籥,一种管乐器,可执之以舞。勺舞是一种文舞。⑥成童:十五岁。舞象:武舞,手持竹竿以象干戈而舞。

【译文】孩子会自己吃饭了,就教他用右手。孩子会说话了,就教他如何学习回答问话，男孩用"唯"，女孩用"俞"。男孩身上带的荷包是用皮革制成的，表示长大以后会从事行军打仗之类的事；女孩带的荷包是用丝帛制成的，表示长大以后会绣花之类的事。孩子到了六岁，就教他们识数和辨认东南西北方向；到了七岁，开始教男女之间的区别了，男孩和女孩，不同席而座，不在同一个席面上吃饭；到了八岁，出门进门，到桌上吃饭，开始教他们一定要让长者在前，懂得敬让长者的道理。到了九岁，就教他们知道朔望和能用干支记日。到了十岁，女孩就要留在家里，而男孩则要离家跟着外面的老师学习，在外面的小学里住宿，学习识字和算术。上学后穿的衣裤都不再用帛做，以前所教导的规矩，都要遵循不得懈怠。早上晚上学习洒扫进退的礼节，学习简策，学习以诚待人。到了十三岁，就开始要学习乐器，诵读《诗经》，学习舞《勺》。十五岁，学习《象》舞，学习射箭和驾车。

二十而冠，始学礼①，可以衣裘帛，舞大《夏》②，惇行孝弟，博学不教，内③而不出。三十而有室，始理男事④，博学无方⑤，孙⑥友视志。四十始仕，方物⑦出谋发虑，道合则服从⑧，不可则去。五十命为大夫，服官政⑨。七十致事。凡男拜尚左手。

【注释】①礼：指吉、凶、军、宾、嘉五礼。②大夏：禹乐，一种文舞。③内：通"纳"，指内心蕴蓄美德。④男事：指接受分给的土地、参加政事、服劳役等事。⑤方：常。⑥孙：顺。⑦方：比。物：事物。⑧服从：服某事，从于君。⑨服官政：参与邦国大事。

【译文】二十岁，举行加冠礼，表示已是已经成年，成年了就要学习五礼。成年后就能穿皮衣、帛制的衣服了，舞《大夏》之舞。笃行孝悌，对各种知识进行广泛的学习，但还没有可以寻他人进行教育的资格，努力地积累德行，但还没有能为人师表的资格。到了三十岁，娶妻成家，种田服役，广泛进行讨教，对朋友谦逊，和那些怀有远大志向的人交往。到了四十岁，开始做官，替人出谋划策要再三斟酌，如果与国君能志同道合就任职做事，不然就辞官不做。五十岁，受命为大夫，参与国家大事。到了七十岁，年老体衰了就告老退休。男子行拜礼，左手在上面，右手在下面。

女子十年不出，姆教婉娩听从，执麻枲，治丝茧，织纴组紃①，学女事以共衣服，观于祭祀，纳酒、浆、笾、豆、菹、醢，礼相助奠。十有五年而笄，二十而嫁②；有故③，二十三年而嫁。聘则为妻，奔则为妾。凡女拜尚右手。

【注释】①组紃：丝带。组，薄而阔；紃，似绳。②女子十五岁时，如果许嫁，则行笄礼并取字。③有故：指父母之丧等。

【译文】女孩到了十岁就不能像男孩那样可以外出了，必须在家里由女师教导她们。教导她们说话要柔婉，打扮要贞静，行为举止要顺从，还教她们绩麻缫丝，织布织缯，编织丝带等女红方面的事，为了以后她们自己能制作衣服。让她们观看祭祀活动，传递酒、浆、笾、豆、菹、醢等祭品祭器，按照一定的礼节帮长者安放祭品。十五岁,举行笄礼,表示已经成年。二十岁,就可以出嫁了;如有其他天灾人祸之类的原因,可以推迟到二十三岁再出嫁。是明媒正娶,六礼齐备嫁出去的,那就是与丈夫地位平等的正妻;如果是无媒说之言,私下往来自通,六礼不备的,那就是妾。女子行拜礼,右手在上面,左手在下面。

玉藻第十三

【题解】玉藻是指古代帝王冕冠前后悬垂的贯以玉珠的五彩丝绳。本篇主要记载古代天子诸侯服饰饮食起居方面的一些制度，正文以"天子玉藻"开头，所以因以之名篇。郑玄说："名曰'玉藻'者，以其记天子服冕之事也。"

天子玉藻①，十有二旒②，前后邃延③，龙卷④以祭。玄端而朝日于东门⑤之外，听朔⑥于南门之外，闰月则阖门左扉，立于其中⑦。皮弁以日视朝，遂以食，日中而馂，奏而食。日少牢，朔月大牢；五饮：上水、浆⑧、酒、醴、酏。卒食，玄端而居。动则左史⑨书之，言则右史⑩书之，御瞽几声之上下。年不顺成，则天子素服，乘素车，食无乐。

【注释】①玉藻：玉指古代帝王贵族冕前垂旒上所穿的玉，藻是垂旒上穿玉的五彩丝绳，合称玉藻。②旒：用五彩丝绳穿起来的玉串。按郑玄注，以为冕前后皆有旒。江永《乡党图考》云："按《大戴记》及东方朔《答客难》皆云'冕而前旒，所以蔽明'，则无后旒可知。后旒何所取义乎？"江氏说是，今从之。③邃:深。指延前后皆长出于冕而深邃。延通"綎",冕的上面覆盖的一层木板,外包麻布,上黑色下红色。旒即由延的前部垂下。④龙卷:即龙衮,画龙于衮衣。天子之礼服。⑤玄端:郑玄注:"端当作冕。"玄冕,指玄衣而冕。朝日,服衮冕;听朔,服玄衣、冕。这里用"玄冕"统言之。朝日:春分之日,天子迎日于东方而祭。东门:指国门。下文"南门"亦指国门。⑥听朔:天子每月之听朔,又称视朔。天子于每月的朔日,在明堂以特牲祭神,并以文王、武王配祭,同时颁布一月之政。⑦旧说,每月听朔分别于明堂十二室举行。闰月非常月,于十二室无所当,故于门行听朔之礼。⑧浆:即酢浆,用糟酿成的酒类,味酸醋。⑨左史,亦称大史。⑩右史,亦称内史。

【译文】天子戴的冕,前端悬垂有十二条玉串,冕顶有一块前后突出的延板。在天子祭天地和宗庙时,头上就要戴这种冕,身穿的是衮龙的龙袍。春分当天,天子服衮在国都东门外举行迎日之祭。每月初一,天子都要以同样穿戴,用特牲相告于明堂,而颁布一月的政令在南门外;假若是闰月初一,就要阖上明堂左边的一扇门,只开明堂右边的那一扇,天子则站在门中央听行朔之礼。天子平时上朝,只用穿皮弁之服就好。退朝以后的朝食,也是穿皮弁之服。正午时,就吃点早上的剩饭用以充饥。不管是朝食、夕食还是正午的加餐,都要奏乐。天子平时的用餐只有羊豕二牲;每月的初一,会是牛羊豕三牲。天子喝的东西有五种,水为其中最为上等的,再就是浆、酒、醴、酏。吃完饭后,将朝服换下,换上玄端进入内寝休息。天子的每一个举动,都由左史负责记录;天子说的每一句话,则全部由右史负责记录;天子身边侍候的乐工,则负责察辨天子乐声是否正常。这样做都是为了让天子谨言慎行,及时了解政令上的得失。如果那年收成不好,身为天子也要率先节俭,穿素服,乘素车,吃饭时也不能奏乐。

诸侯玄端①以祭,裨冕②以朝,皮弁以听朔③于大庙,朝服以日视朝于内朝④。朝,辨色始入。君日出而视之,退适路寝,听政,使人视大夫,大夫退,然后适小寝寝,释服。又朝服以食,特牲三俎⑤祭肺,夕深衣,祭牢肉⑥,朔月少牢,五俎四簋,子卯⑦稷食菜羹,夫人与君同庖⑧。

【注释】①玄端,郑玄注:"当作玄冕。"②裨冕:副冕。五等诸侯祭宗庙时都要服上服:公衮冕、侯伯鷩冕、子男毳冕。次于上服的就叫"裨冕",即对公而言,鷩冕以下都为裨冕;对侯伯而言,毳冕以下为裨冕;对子男而言,鷩衣之冕、玄衣之冕为裨冕。诸侯朝见天子时服裨冕是为了表示在天子面前自降一等。③听朔:这是诸侯每月初一听朔于大庙。④朝服:诸侯以玄冠、缁衣、素裳为朝服。内朝:天子、诸侯都有三朝,一为燕朝,在路寝庭;一为治朝,在路门外;一为外朝,在大门之外。此处"内朝"即平日"治朝"之处。⑤特牲:猪;三俎:猪、鱼、腊。腊(xī):干肉。⑥祭牢肉:指特牲猪的剩余部分。⑦子卯:纣死于甲子,桀死于乙卯,故后世君主以子日、卯日为忌日。⑧同庖:指与君共牢,不另外杀牲。

【译文】诸侯祭先君时,要穿戴玄冕之服;诸侯在朝见天子时,要穿戴裨冕之服;在太庙里颁布一月政令时,要穿戴皮弁之服;每天在内朝上朝时,要穿戴朝服。大臣们上在天色刚亮时就得进入雉门准备上朝了;而国君则可以在日出以后才上朝与群臣相见。行完相见礼后,国君就退到路寝听政,各位大夫也各治理各的朝政,各处理各的事物。国君派人去看大夫,如果大夫没有什么要奏议的事,那就退朝。退朝以后国君才能回到内寝休息,脱朝服,换上玄端。而进用早餐时,也要穿上朝服。早餐一般是猪肉、鱼肉、干肉三种;要吃前,先要祭肺。用晚餐时,要穿深衣;在吃前,先将猪肉切为小段祭之。每月的初一,膳食为羊、豕二牲,五个俎,即羊肉、猪肉、鱼肉、干肉和猪肉皮,主食是黍、稷稻粱各一簋。如果遇到是子卯忌日,国君则要降低膳食标准,不得杀牲,只可以稷为饭,以菜为羹而已、国君夫人与国君同牢进餐,不会单独为夫人杀牲。

君无故①不杀牛,大夫无故不杀羊,士无故不杀犬、豕。君子远庖厨,凡有血气之类,弗身践②也。至于八月不雨,君不举③。年不顺成,君衣布搢本④,关梁不租,山泽列⑤而不赋,土功不兴,大夫不得造车马。

卜人定龟⑥,史定墨⑦,君定体⑧。

君羔幦虎犆⑨;大夫齐车,鹿幦豹犆,朝车;士齐车,鹿幦豹犆。

【注释】①故:指祭祀及宾客飨食之礼。②践:郑玄注:"践当作翦。"杀的意思。③举:国君每日吃饭要杀牲,食前举肺脊以祭,叫作"举"。"不举"指不杀牲。④本:指士所用的竹笏,用象牙装饰其下端。国君本应用象笏,穿麻布衣、插竹笏都是表示贬损自责的意思。⑤列:通"迾",遮遏的意思。⑥定龟:占卜选定所用之龟。⑦定墨:占卜时辨灼龟后之兆坼。卜前用墨在龟甲上画线,加以烧灼,如果龟甲顺着墨线开裂,且裂纹较粗,是吉兆。⑧定体：占兆时总断卜之吉凶。⑨幦(mì)：亦作"幭"，覆于车轼上的皮。牺(zhí)：缘饰、镶边。

【译文】如果没有特殊的原因，诸侯不能杀牛，大夫不能杀羊，士不得杀狗和猪。而凡是心存仁爱之心的君子，都离厨房远远的，以免自己会听到或看到禽类被宰杀。而对一切有生命的动物，君子都不会亲自动手去宰杀它们的。如果已经连续八个月不下雨，形成了旱灾，国君的膳食是不得再杀牲。如果遇上收成不好的年景，国君也要降低标准，穿麻布做的衣，插竹制的笏板，关口和过桥的地方不再收租税；不到节令不准到山泽采伐渔猎，而一旦到了节令就允许采伐渔猎，同时也会不征税，不兴土木工程。大夫也不许造新车。

占卜时，卜人察看龟甲上旁出的细小裂纹，太史察看龟甲上显示龟兆的粗大裂纹，而国君则察看这些粗大的裂纹所代表的意思。

国君的斋车是用鹿皮覆盖车轼，大夫的斋车用羔皮覆盖车轼，再用虎皮镶边。大夫的斋车，或用豹皮镶边。大夫的朝车，士的斋车，都是用鹿皮覆轼，用豹皮镶边。

君子之居恒当户，寝恒东首。若有疾风迅雷甚雨，则必变①，虽夜必兴，衣服冠而坐。日五盥，沐稷而靧粱，栉用樿栉，发晞用象栉，进禨进羞②，工乃升歌。浴用二巾，上絺下绤，出杅③，履蒯席，连用汤，履蒲席，衣布晞身，乃屦进饮④。将适公所，宿齐戒，居外寝，沐浴，史进象笏⑤，书思对命；既服,习容观玉声,乃出,揖私朝⑥,辉如⑦也,登车则有光矣。

天子搢珽⑧,方正于天下也,诸侯荼⑨,前诎后直,让于天子也,大夫前诎后诎,无所不让也。

【注释】①变:指整顿仪容、改变姿势之类。②禗:酒。羞:指笾、豆里的食物。古人认为沐后气虚,饮酒进食听音乐可以补气。③杅(yú):浴盆。④进饮,即进禗。同时也应"进羞"、"升歌",承上文而省。⑤史:大夫之史,掌管文史一类事。象笏:大夫用的笏以象牙为本。⑥私朝:大夫自家的朝。⑦辉:光。"辉如"及下句"有光"都指容光焕发的样子。⑧珽:或称大圭,天子所用,长三尺,上终葵首。终葵,方如锥头。⑨荼(shū):诸侯所用,上圆下方。

【译文】君子燕坐的地方都是对着门户,睡觉时都是头朝东方。若遇上大风、电闪雷鸣、暴雨的天气,这就表示上天发怒了,君子就要改变平常的姿态,心中藏有惊惧,哪怕是已经就寝睡了也要起床,穿戴整齐,然后肃然端坐。每天洗五次手。用淘稷的水洗头发,用淘粱的水洗脸。用白理木作的梳子,梳理刚洗过头的湿发,用象牙梳子梳理干了以后容易发涩的头发。洗过头以后,要喝酒,吃东西,命乐工升堂唱歌,这对缓解身体的疲劳有益处。洗澡用两种浴巾擦身:用细葛巾擦上体,用粗葛巾擦下体。洗完后从浴盆中出来,要先站在蒯席上,用热水冲洗双脚,脚再踏上蒲席,穿上布衣和吸干身上水滴后,再穿上鞋子,接着喝酒、吃东西,听听音乐,缓解身体的疲劳。臣子在去朝见国君的前一天要斋戒,沐浴,在外寝休息。史呈上记事用的笏,大夫就将面君时要对国君说的话,如果国君有疑问那么自己又要如何回答,执行君命的情况如何等等都简要地写在上面，以防面君时会有所遗忘。朝服穿戴整齐后，先对自己的仪容举止练习一番，佩玉之声和行步的节拍要相吻合，这才能出发。因为做了充足的准备，所以在私朝和家臣揖别时，就显得神采飞扬；登车时，就显得整个人都容光焕发了。

天子插珽，四角都是方形，这是向天下显示天子内心的方正无私；诸侯插荼，是上端两角呈圆形，下端两角呈方形的形状，这就表示诸侯是降于天子的；大夫插笏，形状是上下四角全都是圆的，这说明大夫既要降于天子，又要降于国君。

侍坐，则必退席；不退，则必引而去君之党①。登席不由前，为躐席。徒坐②不尽席尺，读书、食，则齐，豆去席尺。若赐之食而君客之，则命之祭，然后祭③；先饭辩尝羞④，饮而俟⑤。若有尝羞者⑥，则俟君之食，然后食，饭，饮而俟。君命之羞，羞近者⑦，命之品尝之，然后唯所欲。凡尝远食，必顺近食。君未覆手⑧，不敢飧⑨；君既食，又饭飧，饭飧者，三饭也。君既彻，执饭与酱，乃出，授从者。

【注释】①党：处所。这里指君所坐之处。②徒坐：空坐，指不在饮食或读书时坐在席上。③凡主客共食，都是主人先祭而后客祭。臣侍君食则不祭。但如果国君以客礼待臣，臣就可以祭。④国君进食，都有膳宰先尝食。在国君以客礼待臣时，侍食的臣先遍尝各种食品，是表示代替膳宰做事。⑤饮而俟：表示自己尚未进餐，等国君先食。⑥尝羞者：指膳宰，先尝食。⑦羞近者：食近身的菜肴。⑧覆手：吃饱以后用手抹拭口边。⑨飧(sūn)：用饮料浇盛食器中的饭。古人在饭吃好以后，再用饮料浇饭吃三口，意思是让吃饭的人吃饱。"君未覆手，不敢飧"的意思是臣下不能在国君之前先吃饱。

【译文】臣子陪侍国君坐时，自己的坐席一定要向侧后退一点。如果国君允许说不要后退，那就要向后坐一些，离国君所坐之处一定的距离。登席入坐，要按顺序由下而升，不然就成了跟席。空坐的时候，身子与席的前缘保持一尺距离。读书和吃饭时身子坐得与席缘齐。盛食物的豆离席有一尺远。国君如果赐臣子吃饭，而且用的是以客礼对待臣子，臣子在进食之前就先要祭食，祭食时也要先奉君命再祭。祭过以后，臣子把各种食品先尝一遍，然后慢慢地喝汤，等国君先吃。如果有膳宰尝食，臣子就用不着祭，也用不着尝了，而是等国君吃过以后再吃，在等国君吃饭时，臣子可以先喝汤。国君命令臣子吃菜时，臣子先吃靠近自己身边的菜。国君命令臣子遍尝所有的菜，臣子才可以按自己的喜好吃菜。不管国君是不是以客礼来相待，都是由近处向远处按着顺序来吃菜。臣子陪国君吃饭，在国君没有说吃饱以前，臣子是不敢先饱的。而在国君表示已经吃饱后，臣子还要对国君劝食。劝食的礼数是臣子先用汤浇饭吃，但只能吃三口。国君吃完退席后，侍食的臣子就可以将吃剩的饭与酱携带出门，然后将携带的饭酱交给随从让他带回家，这些都是属于国君的恩赐呀。

凡侑食①，不尽食；食于人不饱。唯水浆不祭，若祭为已偞②卑。

君若赐之爵,则越席再拜稽首受,登席祭之,饮卒爵而俟君卒爵,然后授虚爵③。君子之饮酒也,受一爵而色洒如也,二爵而言言斯,礼已三爵而油油以退,退则坐取屦,隐辟而后屦,坐左纳右,坐右纳左。凡尊必上玄酒,唯君面尊,唯飨野人皆酒,大夫侧尊用棜,士侧尊用禁④。

【注释】①侑食:这里指侍食于尊者。②偞(yè):"僷"的异体字,通"压",降低身份。③授虚爵:饮毕之爵,授予赞者。此节所讲是臣侍君私宴,接受国君赐酒的礼节。④棜(yù)、禁:都是承尊的木制器具。棜是无足的长方形木盘,禁形如方案。

【译文】但凡是要陪侍尊者吃饭,自己都不可尽兴地吃。但凡是去作客吃饭,都不可以吃饱。与地位相等的人吃饭,所有食物除了水和浆以外都应先祭才行,因为水、浆并不是盛馔,祭就显得太降低自己身份了。

如果国君赐臣子饮酒,臣子就该离开坐席,对国君行再拜稽首之礼,然后恭恭敬敬地接过酒杯,回到自己的坐席后,先祭酒,然后再干杯。等国君干杯后,将空杯交给赞者。君子饮第一杯酒时神色要庄重,饮第二杯酒时神色和气而恭敬;臣子侍君饮酒,按礼制一般是三杯为止,喝完第三杯酒后就应高高兴兴恭恭敬敬地退下。退下后要跪着取鞋,再到堂下隐蔽处将鞋穿上。穿右脚时左腿跪下,穿左脚时右腿跪下。所有摆放酒尊,装玄酒的酒尊都摆放在上位,这表示重古。国君宴请臣子,只有国君是正对着酒尊的,意思是此酒是国君赏赐的。在款待乡下人时全部用一般的酒,不用玄酒的礼数。大夫在宴请宾客时,酒尊要设于旁侧,放在棜上,以表示主此酒为主客共饮。士在宴请宾客时,酒尊的位置与大夫相同,不同的是要改棜为禁。

始冠,缁布冠,自诸侯下达,冠而敝之可也。玄冠朱组缨,天子之冠也。缁布冠缋緌,诸侯之冠也。玄冠丹组缨,诸侯之齐冠也。玄冠綦①组缨,士之齐冠也。缟冠玄武②,子姓③之冠也。缟冠素纰,既祥之冠也。垂緌④五寸,惰游之士⑤也,玄冠缟武,不齿之服也。居冠属武,自天子下达,有事然后緌。五十不散送⑥,亲没不髦,大帛不緌。衣冠紫緌,自鲁桓公⑦始也。

【注释】①綦:青白色。②武:亦称冠卷,圈于首。③子姓:即孙。④垂緌五寸:緌的长度,大约吉冠长一尺二寸,祥冠长一尺,惰游之士则又减半以表示一种耻辱。⑤惰游之士:罢民。有罪而尚未犯法者。⑥散送:丧礼,启殡以后送葬人腰间的麻绳散垂,到葬毕才绞起来。五十岁可不行此礼。⑦鲁桓公:春秋时鲁国的国君。

【译文】行冠礼,第一次加的冠是淄布冠,从自诸侯到士,都一样。细布冠在行完冠礼以后就不再戴,任它破掉坏掉。在天子行冠礼时,加的第一次冠是玄冠,是用朱红色的丝带作为帽带;诸侯行冠礼时,加的第一次的冠虽是细布冠,但帽带是彩色的。玄冠是配上红色的丝质帽带,这是诸侯在斋戒时所要戴的冠。玄冠配上青黑色的丝质帽带，是士斋戒时所要戴的冠。用白色生绢做的冠，但冠卷是染为玄色，这是白凶吉参半的冠，是孙子在祖父去世后，而父亲没有除丧服，自己丧服已除时才戴的冠。用白色的生绢做的冠，又用白绫为冠缘镶边，是孝子在大祥之祭以后戴的冠。正在改造之中的惰游之民，与孝子大祥之祭以后所戴的冠相同，不同的是冠緌只许有五寸长。玄冠配白色生绢作好冠卷，这是解除了改造以后惰游者在一段时期内所戴的冠。闲居时戴的冠，冠緌不下垂，要分别给到冠卷两侧。这是自天子以下都通用的，有事时才有垂緌。五十岁的人在送葬时可以不让腰绖散垂；父母去世后，子女不用再戴髦了。用白缯制的素冠不用垂緌作饰，这属于凶冠。玄冠而配紫色的帽带，是从鲁桓公开始这么做的。

朝玄端，夕深衣①。深衣三袪，缝齐②倍要，衽当旁，袂可以回肘。长中继揜尺③。袷二寸，祛尺二寸，缘广寸半。以帛裹布④，非礼也。士不衣织⑤，无君者不贰采。衣正色，裳间色。非列采不入公门，振絺綌⑥不入公门，表裘⑦不入公门，袭裘⑧不入公门。纩为茧，缊为袍，襌为絅，帛为褶。朝服之以缟也，自季康子始也。孔子曰："朝服⑨而朝，卒朔⑩然后服之。"曰："国家未道，则不充其服焉。"

【注释】①深衣：衣裳相连，如长袍。为诸侯、大夫、士燕居之服。②缝：通"丰"，大的意思。齐（zī）：裳的下边。③长、中：长衣、中衣，皆穿于上服之内者,吉服谓之中衣,丧服谓之长衣。继捭尺:"捭"同"掩"。言长衣、中衣之袖较深衣长一尺。④以帛里布:冕服是丝衣,中衣用素;皮弁服、朝服、玄端服是布衣,中衣亦用布。凡中衣应与外服相称。⑤织:指先染丝而后织成的衣料。⑥振:通"袗",夏天穿的无里的单衣。袗絺绤:夏天衣服,露见形体。⑦裘:冬天的亵衣,不敬。⑧袭裘:按礼,裘衣外应罩裼衣,裼衣之外有礼服。袒去礼服之左袖,露出裼衣,谓之裼。不袒去礼服之左袖谓之袭。⑨朝服:朝服应用十五升麻布。⑩卒朔:指视朔结束。诸侯视朔应用皮弁服。

【译文】诸侯的大夫、士,早晨穿玄端,晚上穿深衣。深衣的尺寸是:袖围立尺四寸,腰围则是袖围的三倍;深衣的下摆是一丈四尺四寸,是腰围的一倍。衣襟开在旁边,左襟掩住右襟。袖子宽度二尺二寸左右,不妨碍肘的自由活动。长衣、中衣和深衣的形制都差不多,只是长衣、中衣的袖子比深衣长一尺。曲领宽二寸,袖口宽一尺二寸,衣裳镶边宽一寸半。外边的礼服用的布,中衣如果用帛的话就显得里外不相称,这是不合礼的。士不能用先染丝而后织成的帛做衣料。离开本国的大夫或士,上衣与下裳的颜色要一样。衣的颜色用正色;裳的颜色则要用杂色。穿衣裳同色的衣服的人是不能进公门的,夏天只穿葛布裹衣也是不能进公门的,冬天只穿皮裘这一层裹衣也是不能入公门的,把礼服上襟掩住,不让裼衣的领缘露出,这是一种对国君不够恭敬的打扮,所以不可入公门。用新丝绵套到夹衣里制成的衣称之为茧,用陈旧丝绵套到夹衣里制成的衣称之为袍,有面无里的单衣称为䌷,用帛做面和里但中间任何东西也不套的衣称为褶。朝服原先是用麻布做的,后来改为编来做,是从鲁国季康子开始这么做的。孔子说:"在上朝时所有人都应穿朝服。国君在听朔礼时要穿皮弁服,国君在听完朔礼后再换上朝服。"接着又说:"在国家处于多灾多难时,国君的礼服就不必讲究得那么完备了。"

唯君有黼裘以誓省^①,大裘^②非古也。君衣狐白裘,锦衣^③以裼之。君之右虎裘,厥左狼裘。士不衣狐白。君子狐青裘豹褎^④,玄绡衣以裼之;麛裘青犴^⑤褎,绞^⑥衣以裼之;羔裘豹饰^⑦,缁衣以裼之;狐裘,黄衣以裼之。锦衣狐裘,诸侯之服也。

犬羊之裘^⑧不裼,不文饰也不裼。裘之裼也,见美也。吊则袭^⑨,不尽饰也;君在则裼,尽饰也。服之袭也^⑩,充美也,是故尸袭,执玉龟袭,无事则裼,弗敢充也。

【注释】①黼裘:以黑羊皮与狐白裘相杂制的裘。誓省,郑玄注:"省当作狝。"秋田谓之狝。誓省:谓打猎誓众。②大裘:黑羊裘,天子祭天之服。③锦衣:加于裘上之衣。裼时则露锦衣。④君子:指大夫、士。褎:同"袖"。⑤麛:幼鹿。犴(àn):一种野狗,状如狐狸。⑥绞:苍黄色。⑦饰:犹"袖"。⑧犬羊之裘:庶人之服。⑨袭:在裼衣外面加上衣不裼,掩盖裼衣的文绣。⑩服之袭也:行礼时一般以"裼"为敬。"袭"则有各种不同的原因:吊丧时袭,是因为吊丧以悲哀为主,不应当见美;"尸袭",是因为尸体代表鬼神,地位尊贵。"执玉龟袭"表示内心恭敬严肃,无须见美。

【译文】只有国君才能穿黼裘去参加田猎仪式,而有些人竟穿着天子祭天时才穿的大裘去参加,这与古制不合啊。

国君穿狐白裘时,外面配用锦衣作的罩衣。国君右边的护卫穿虎裘,左边的护卫则穿狼裘。士不可穿狐白裘。如果大夫士里面穿狐青裘,用豹皮给袖口镶边,外面就要配玄绡衣作为罩衣;穿麛裘,用青犴皮给袖口镶边,外面就配上苍黄色的罩衣;穿黑色羔裘,用豹皮给袖口镶边,外面就配黑色的罩衣。穿狐裘,外面就配黄色的罩衣。用锦衣作罩衣来配狐裘,这样的衣服是只有诸侯才能穿的。

是平民穿的是犬羊之裘,不用裼。不需要文饰的场合,也不用裼。裼裘是用来显露内服的美的。吊丧时的表情要悲痛,所以要袭,这样就会显露文饰了。国君面前表情要恭敬,所以要用裼以显露文饰。袭服是为了将内服之美加以掩盖。尸象征的是鬼神,为了显示尊重和庄严,所以用袭;玉和龟甲是宝瑞,因此在手执玉和龟甲时要用袭。但在行礼完成后用裼,不再将内服之美掩盖了。

笏:天子以球①玉;诸侯以象;大夫以鱼须文竹②;士竹本③,象可也。见于天子与射,无说笏④,入大庙说笏,非古也。小功不说笏⑤,当事免则说之⑥。既搢必盥,虽有执于朝,弗有盥矣。凡有指画于君前,用笏造⑦,受命于君前,则书于笏,笏毕⑧用也,因饰焉。笏度二尺有六寸,其中博三寸,其杀六分而去一。

【注释】①球:美玉。②鱼须文竹:"须"当为"颁"之误。"颁"通"班",鱼班。鲛鱼皮有斑纹,用以饰笏。文:饰。大夫之笏以竹为之,而饰以鲛鱼之皮。③本:下部。④说:通"脱"。笏或者拿在手上,或者插在大带中。"说笏"指笏既不在手,又不插带。⑤小功不说笏:但小功在五服中是轻丧，所以不脱。⑥当事免则说之：丧礼开始时去冠以麻结发。这里泛指殡殓。⑦造：进。⑧毕：尽。言指画、记事尽用笏。

【译文】笏，天子是用美玉为材质做成的；诸侯所用的材质则是象牙；大夫所用的材质是竹，但会再用有斑纹的鲛鱼皮来纹饰；士也是竹，但在笏下端可以用象牙。总之，就是大夫、士的贫是不敢和天子、诸侯的笏相比的，所用的材料会有所不同的。诸侯、大夫和士朝见天子、参加射礼，这些吉事都不用脱笏。在太庙中行祭礼时也不用脱笏，现在有的大夫入太庙也将笏脱下，这是与古礼不符的。办丧事时要脱笏，否则在捶胸顿足地大声号哭时就会有些不方便。而小功以下哀痛之心比较浅，可以不脱。殡敛时要捶胸顿足地大声痛哭，就要脱笏。大臣们进宫朝见国君要时将笏插于带中，而且一定要先洗手，这时洗了手，在朝中执笏时就不用再洗手了。只要是需要在国君面前指指画画对问题加以说明时，都要用到笏；凡是到国君面前接受任务时，都要写在笏上。笏主要是当成记事的竹简来用，所以在上面加以纹饰。笏的长度是二尺六寸，中间的一段宽三寸，诸侯的笏上端削减掉六分之一，大夫、士的笏上下两端也都要削减六分之一。

韠①：君朱，大夫素，士爵韦。圜杀直，天子直，公侯前后方，大夫前方后挫角，士前后正。韠下广二尺，上广一尺，长三尺，其颈五寸，肩革带博二寸。一命缊韍幽衡②，再命赤韍幽衡，三命③赤韍葱衡。天子素带朱里终辟，而素带终辟，大夫素带辟垂，士练带率下辟，居士锦带，弟子缟带。并经约，用组、三寸，长齐于带，绅长制，士三尺，有司二尺有五寸。子游曰："参分带下，绅居二焉，绅韠结三齐。"大夫大带四寸。杂带，君朱绿；大夫玄华，士缁辟，二寸，再缭四寸。凡带，有率无箴功，肆束及带勤者，有事则收之，走则拥之。王后袆④衣，夫人揄狄⑤；君命屈狄⑥，再命袆衣⑦，一命襢衣，士褖衣。唯世妇命于奠茧⑧，其它则皆从男子。

【注释】①韠：朝服的蔽膝。一般应和裳的颜色一致，天子、诸侯玄端服朱裳，大夫素裳，这里讲的是着玄端服时所用的韠。如果着皮弁服，则都是素韠。②韍(fú)：绂之异名。与玄冕、爵弁服相配的蔽膝，称"韍"。幽：通"黝"，黑色。衡：即珩，系在佩上的玉。③一命、再命、三命：所据是公、侯、伯之国，卿三命，大夫二命，士一命。④袆：即翚，野鸡。袆衣是以缯刻雉形，加以彩色，缀于衣上。⑤揄狄：摇翟，亦野鸡之名。"揄狄"是在衣服上缀摇翟的刻缯。⑥屈狄：即"阙翟"，在衣服上缀雉的刻缯，不加彩色。君命，君指女君，子、男之妻。⑦再命：国君的爵位是子或男，他的卿则是二命，大夫一命，士不命。这里的"再命"及下文的"一命"、"士"指的是子男之国的卿、大夫、士之妻。袆：郑玄注："袆当作 鞠。"鞠衣黄色。⑧世妇：诸侯的妾，地位相当于大夫之妻。奠茧：献茧。诸侯有公桑蚕室，世妇养蚕，既成则献于君。

【译文】蔽膝的颜色与裳是一致的，国君为朱红色，大夫为素色，士是赤中带黑的色。蔽膝的外形在圆、杀、直三方面的规定是，天子的蔽膝四角全都是直的；诸侯的蔽膝上下是方的；大夫的蔽膝下端方，上端则裁为棱形，成为圆形；士的蔽膝上下都是直的与天子的相同。蔽膝的尺寸是，下杀角端宽尺，上端宽三尺，长三尺；上端有颈宽五寸，肩宽二寸。革带与肩同宽，也是二寸。在祭服上用的蔽膝称为韨。士用的韨为赤黄色，黑色的韨；大夫用的韨为赤色，韨也为黑色；卿用的韨也是赤色，韨为青色。天子用的大带是用生帛做成的，衬里为朱红色，大带的两则都有镶边。诸侯用的大带也用生帛做成的，同样的全部有镶边，与天子的相比诸侯的没有朱红色衬里的。大夫的大带也是用生帛做成的，绅上有镶边。士的大带用熟帛制成的，带两边密绎，只在绅下端镶边。有技艺人大带用锦制成的，学生服用的大带用生绢制成的。所有的大带，在束腰的两端结到一块时，都用三寸宽的丝带，丝带下垂部分的长度与绅相齐。绅的长度是：士三尺，有司二尺五寸。子游说："绅的长度：从带到脚的长度分成三份，绅则占三分之二。"绅、蔽膝、丝带下垂的部分长度都是三尺长，三者的下端相齐。大带宽四寸。有关于大带的镶边，天子和国君都是带侧镶朱，绅侧镶绿；大夫的大带外面用玄色，里面用红色；士的大带里外都用细色。带的上下各镶一寸宽边，合起来是二寸，里外加起来就是四寸。大带都是两边密绎，不露针脚。丝带下垂部分和下垂的绅，遇到需要劳作时就在手里握住，跑步时要抱在怀里。妇人穿衣的规定为，王后穿袆衣，侯、伯夫人穿揄狄，子、男夫人在得到王后的批准以后可以穿屈狄。子、男诸国国卿的妻子穿鞠衣，大夫的妻子穿襢衣，士的妻子穿褖衣。只有诸侯的妾在给国君献茧时，可穿襢衣；其他妇女穿衣都是根据丈夫在朝中地位的高低来决定的。

凡侍于君，绅垂，足如履齐①，颐霤垂拱②，视下而听上，视带以及袷③，听乡任左。凡君召，以三节：二节以走，一节以趋。在官不俟屦，在外不俟车。士于大夫，不敢拜迎而拜送；士于尊者，先拜进面④，答之拜则走。士于君所言，大夫没矣，则称谥若字，名士。与大夫言，名士字大夫。于大夫所，有公讳无私讳⑤。凡祭不讳，庙中不讳⑥，教学临文⑦不讳。

【注释】①齐（zī）：裳的下边。②霤：屋檐。颐霤垂拱：上身前倾时，头微前伸，两颊下垂有似屋檐。③袷：衣领。④先拜进面：言往见尊者，当先在门外拜，然后进门相见。⑤公讳：指已故国君之名。私讳：指已故父母之名。⑥庙中不讳：谓祭有祝福的祷辞，其中有先君之名，不避讳。⑦临文：指简牒以及读法律之类。

【译文】在国君身边站立时，身子都应稍稍往前倾，让绅带不倚身而使前摆委地，就像是给脚踩上一般，头微低，双颊像屋檐一样斜垂，双手重合下垂。视线虽向下，却是全神贯注的看向国君。视线下不低到国君腰带，上不高于国君衣服的交领。用左耳来听国君的讲话会比听得比较仔细。国君派使者召唤臣子时，用的符节有三个。两个符节来召下臣，表示要商议的事情很紧急，臣子听到召唤后要跑着前来。用一个符节来召下臣，表示要商议的事比较缓和，臣子快步前往就行了。凡是国君召唤前往，如果是正在当班，不等穿上鞋子立马就去；如果不当班，就不等备好车子就去。大夫如果前去士的府上拜望，士是不敢出门拜迎的，因为出门拜迎是身份相等才能有的礼节,但在大夫告别时拜送。士去拜访卿大夫时要先在门外拜,进门后卿大夫在门内答拜的话,士要赶紧避开,以示不敢当。士与国君交谈时,若是交谈中涉及到已故的大夫,就要称大夫的谥号或者他的字,不可称名;若是交谈时涉及的是已故的士,就可以称名了。士与大夫交谈时,提到活着的大夫、士,对士可以称名,对大夫则要称字了。士与大夫谈话中只避公讳,不避私讳。而祭祀群神时,士与大夫则不须避讳。庙祭中涉及的祝祷之辞,也不用避先人的讳。老师教学生时不须避讳,书写文告、宣读制度都不须避讳。

古之君子必佩玉①,右徵角,左宫羽。趋以《采齐》,行以《肆夏》②,周还中规,折还中矩,进则揖之,退则扬之,然后玉锵鸣也。故君子在车,则闻鸾和③之声,行则鸣佩玉,是以非辟之心,无自入也。君在不佩玉,左结佩④,右设佩,居则设佩,朝则结佩,齐则綪⑤结佩而爵韠。凡带必有佩玉,唯丧否。佩玉有冲牙;君子无故,玉不去身,君子于玉比德焉。天子佩白玉而玄组绶,公侯佩山玄玉而朱组绶,大夫佩水苍玉⑦而纯组绶⑥,世子佩瑜玉而綦组绶,士佩瓀玟⑧而缊组绶。孔子佩象环⑨五寸,而綦组绶。

【注释】①佩玉:上有玉衡二块,下垂三道丝带,中间丝带的末端悬一块三角形的玉,叫"冲牙";另两条丝带末端各悬一块半璧形的玉叫璜。行走时,冲牙碰击左右的璜,而发出声音。②《采齐》:路门之外的乐节。"齐"当作

"芥"。《肆夏》：登堂时的乐节。③鸾、和：都是铃。鸾在车衡，和在车轼。④结佩：把佩玉用丝带结起来，使其不击而鸣。⑤綪：屈折。⑥绶：穿佩玉的丝带。玄组绶：即以玄色丝带为绶。⑦水苍玉：玉色像水的青色而杂有纹理。"纯"当作"缁"，比"玄"深的黑色。⑧瑀玫：次于玉的一种石。⑨象环：象牙比石贵，比玉贱。

【译文】古代的君子一定是要佩玉的。右边佩玉的铿锵鸣声与五声中的徵角二声相应，左边佩玉的铿锵鸣声与五声中的宫羽二声相应。趋走时所发出的节拍与《采齐》相应，行走时节拍与《肆夏》相应。向后转时，路线应呈圆形行走；右拐弯时，路线呈直角形行走。前进时身体略向前俯，倒退时身体略向后仰。这样走路会让佩玉发出铿锵的鸣声。君子乘车时可以听到鸾和的铃声，走路时又能够听到佩玉发出的鸣声，正因如此，一切邪僻的念头也就没有机会可以进入君子的内心了。在国君面前臣子不佩玉，而人们说的"不佩玉"，是用丝带把左边的佩玉结起来，右边佩玉照常佩戴。臣子在家时，左右都佩玉；上朝面君时，绐起左佩。斋戒时要保持绝对的肃静，左右佩玉都需要屈折向上掖到革带上，以免发出声响，同时服玄端，用赤而微黑的蔽膝。从天子到士，他们的革带上都一定是有佩玉的，在办丧事时例外。佩玉上有一个叫冲牙的部分。没有特殊原因，君子是玉不离身的，因为玉是君子德行的象征。天子佩白玉，用玄色丝带；诸侯佩山玄色的玉，用朱红色丝带；大夫佩水苍色玉，用细色的丝带；太子佩美玉，用苍白色丝带；士佩瑀玫，用赤黄色丝带。孔子在闲居时，所佩的玉是直径五寸的象环，用赤黄色丝带。

童子之节也，缁布衣锦缘，锦绅，并纽锦，束发皆朱锦也。童子不裘不帛，不屦絇①，无缌服②。听事不麻，无事则立主人之北，南面③，见先生从人而入。

侍食于先生异爵者，后祭④先饭。客祭，主人辞曰："不足祭⑤也。"客飧⑥，主人辞以疏。主人自置其酱，则客自彻之。一室之人，非宾客，一人彻。壹⑦食之人，一人彻。凡燕食，妇人不彻。食枣桃李，弗致于核，瓜祭上环⑧，食中弃所操。凡食果实者后君子，火孰者先君子。有庆，非君赐不贺。孔子食于季氏，不辞，不食肉而飧。

【注释】①絇（qú）：鞋头上的装饰，如鼻翘起。②缌服：缌麻之服，五服中最轻的一种丧服，血缘关系疏远的亲属去世后所服。③主人之北，南面：王引之《经义述闻》以为当作"主人之南，北面"。④后祭：一般为先祭后食，"后祭"意谓此饭不是为自己而设；"先饭"，则是表示为长者、贵人尝食。⑤不足祭：客人祭食，则主人应有谦辞。⑥飧（sūn）：用饮料浇饭。在吃饱饭以后，再用汤浇饭吃三口，叫"三飧"。⑦壹：犹聚。⑧上环：把瓜横切为二，切口成环形。有瓜蒂的一半为上环，另一半为下环。

【译文】童子与成人的礼节是有所不同的。童子穿黑布深衣用朱红色的锦镶边，绅带和带纽都用朱红色的锦镶边，束发也是用朱红色的锦。童子不穿裘衣，不穿丝帛，童子的鞋头没有装饰。不服缌麻之丧，到有丧事的人家去帮忙，身上不加麻绖带。没事时站在家长以南，面朝北。拜见先生时要跟着大人一起去。

陪侍先生或地位比自己高的人吃饭，要后祭，先尝食。在客人祭的时候，主人一般都要谦让说："不值得祭。"客人吃完后对主人做的可口饭菜表示出赞美，主人都要谦让地说："粗茶淡饭而已，承蒙过奖。"主人敬客人，会亲自设酱于席，而客人回敬主人，在吃过以后就自己动手撤掉。一起做事的人在一起吃饭，没有宾主之分，吃完以后，由他们中年龄最小的一个将餐具撤下。为了办事而聚在一起吃饭，也是吃完后由年龄最小的一个撤下餐具。平常的朝食、夕食，不用妇人专门来撤除餐具。吃枣子、桃子、李子，核不能随地乱扔。吃瓜的时要先祭，祭时用连着瓜蒂的半个，再吃瓜的中部，手拿的瓜皮部分就抛掉。吃果实让君子先吃，吃熟食则要先为君子尝食，家里有了喜庆的好事，没有国君的赏赐，就不敢轻易接受亲友的道贺。孔子去季氏家里吃饭，季氏作为主人，一句客气也没有对孔子讲，孔子也同样没有以礼相答，还没有吃肉时就吃水泡饭。

君赐车马，乘以拜赐；衣服，服以拜赐；君未有命，弗敢即乘服也。君赐，稽首，据掌致诸地；酒肉之赐，弗再拜①。凡赐，君子与小人不同日。凡献于君，大夫使宰，士亲，皆再拜稽首送之。膳于君，有荤桃茢②，于大夫去茢，于士去荤，皆造于膳宰。大夫不亲拜，为君之答己也。大夫拜赐而退，士待诺而退，又拜，弗答拜。大夫亲赐士，士拜受，又拜于其室。衣服，弗服以拜。敌者③不在，拜于其室。凡于尊者有献，而弗敢以闻。士于大夫不承贺④，下大夫于上大夫承贺。亲在，行礼于人称父，人或赐之，则称父拜之。礼不盛，服不充⑤,故大裘不裼⑥,乘路车不式。

【注释】①再拜：大夫在阼阶下面向南拜送，士则在国君门外拜送。②荤、桃、茢：荤指姜一类有辛味的食品；茢：苕帚。辛味可除去秽气，桃是鬼所畏惧的，苕帚用以扫除不祥。③敌者：爵位相当者。④承贺：接受别人的亲贺。⑤充：掩盖。⑥不裼：是充美于内。盛礼主于内心的恭敬，而不在外表的华美，所以礼盛则服充。不充：就是裼。

【译文】国君赐车马给臣下，臣下除了接受时拜受外，第二天还要坐着国君前一天赐的车马再去拜谢一次；赐给臣下衣服，除了当时拜受外，第二天穿上所赐的衣服还要再去拜谢一次。如果国君赐给臣下的车马或衣物，在臣下行过了再谢之礼后并没有下可以乘、服的命令，臣下不敢乘、服所赏赐的车马或衣服，只能将它们收藏起来。臣下对国君行再拜稽首之礼的行法是：左手按在右手上，手着地，头着地。对于国君所赐的酒肉等较轻的赏赐，当时拜受就行，不用次日登门再拜。国君赐物，在同一天里不能赐君子又赐小人，以致于会搞得贤与不贤都分不出了。向国君进献物品，大夫派自己的总管去送就可以了，士则要亲自送去，送到国君门外，交给国君身边的小臣，行再拜稽首之礼才可以。向国君进献美食，一定要附上荤、桃、茢；向大夫进献美食，只附上荤、桃，没有茢；向士进献美食，只附上桃，去掉荤、茢。凡是进献的美食都由主管膳食的人接收。大夫不亲自去向国君进献物品的原因，是怕劳动国君要亲自答拜自己。大夫拜谢国君的赏赐，在国君门口请国君的小臣入内通报自己的感谢之意行拜谢之礼，就可以退下了；士拜谢国君的赏赐，必须等到小臣向自己回报国君的意思后才能退下，临行前还要对国君进行拜谢，国君则不必答拜。大夫亲自赏东西给士，士当时拜受后，第二天要到大夫家中表示再次拜谢。如果大夫赏赐给士的是衣服，不用像大夫对国君那样穿到身上再去拜谢。身份相等的人来馈赠东西，自己在家就在家拜受；自己不在家，则在次日亲自前往赠者家中拜谢。凡什么东西要进献给尊者的，在"进献"给尊者时要婉转地说是赠给尊者的随从之类的话，不能直接说"进献"。士家中如果有喜庆之事，不敢接受大夫亲自前来祝贺，下大夫家中有喜庆之事，能接受上大夫亲自前来祝贺，都是身份相远相近的原因。父亲还健在，给别人赠送礼品时要以父亲的名义；同理，别人赠送自己东西，也将以父亲的名义拜受。以示父亲是一家之主。不够隆重的典礼，礼服的前襟就不用掩盖，而像祭天这种十分隆重的大礼，天子要穿大裘不裼，天子乘车沿途也不凭轼致敬。

父命呼，唯而不诺，手执业则投之，食在口则吐之，走而不趋。亲老，出不易方，复不过时。亲瘠[①]色容不盛，此孝子之疏节也。父殁而不能读父之书，手泽存焉尔；母殁而杯圈[②]不能饮焉，口泽之气存焉尔。

【注释】①瘠（jí）：病。②杯圈：用木头制成的盛酒浆的器具。

【译文】父亲喊儿子时，儿子回答为"唯"而不能答应"诺"，因为"唯"比"诺"更显得尊敬，手中拿着东西立马将它放下，嘴里含有食物要马上吐出，要跑着上前而不能磨蹭。双亲年纪大了，儿子出门不可随意改变原定的地方，要按时回家，以免双亲挂念。要是双亲病了或面色不佳，都是做儿子的有疏忽之处。父亲去世后，父亲读过的书儿子不忍翻阅，书上存有父亲手汗沾润的痕迹。母亲去世后，母亲用过的杯盘儿子不忍心使用，上面有母亲口液沾润的痕迹。

君入门，介拂闑①，大夫中枨与闑之间，士介拂枨②。宾入不中门，不履阈，公事自闑西，私事自闑东。君与尸行接武，大夫继武③，士中武，徐趋④皆用是。疾趋则欲发而手足毋移，圈豚行⑤不举足，齐如流，席上亦然。端行，颐溜如矢；弁行⑥，剡剡⑦起屦，执龟玉，举前曳踵，蹜蹜⑧如也。

【注释】①闑（niè）：门中央所竖的两根短木。介：助来朝之国君行礼者。上介，卿为之；其次众介，有大夫为之，士为之。②枨（chéng）：门两旁所竖的长木柱。③武：足迹。接武、继武、中武，为三种行步的方式。④徐趋：慢慢走叫"行"，快走叫"趋"，很快地走叫"走"。徐趋就是"行"，也就是下文的"圈豚行"；疾趋则相当于"趋"或"走"；下文"端行"是"趋"，"弁行"是"走"。⑤圈：转；豚：犹"循"。圈豚行是徐趋时足拖地而行，俗称小碎步。⑥弁行：弁，急。弁行，很迅速地走。⑦剡剡：身体竦起的样子。⑧蹜蹜：举步促狭的样子。

【译文】国君与国君相见，来访国君从大门中央进，由卿担任的上介则挨着门闑进，由大夫担任的次介走在门楔与门闑两者之间，由士担任的末介挨着门枨走。来访的若是别国的卿、大夫之类，那就不能由门中央进入，脚也不能踩门槛，以避尊者。在执行国君交给的聘享公事时，从门闑的西边进，这是拜见主人的礼仪；来访的卿、大夫在公事完成后以私人名义再拜见主国国君，属私事，从门闑的东边进入，这是用的臣子求见君的礼仪。在宗庙中尊卑的步法是：天子、诸侯和尸身份最尊，行走步子小，速度慢，后脚脚印压住前脚脚印的一半，这称为"接武"。大夫次尊，步子稍大，后脚脚印紧接着前脚的脚印，这称为"继武"。士身份最卑，步子最大，后脚脚印与前脚脚印之间保持一足的距离，这称为"中武"。任何地方，是徐趋就适用这种步伐。疾趋时则脚跟要迅速离地，但手足千万不能摇摆。小碎步时脚要像未离地一般，衣裳的下摆擦着地面如同流水，在就席或离席时用这样的小碎步。快步走时头略低，双颊如屋檐一样斜垂。跑起来时双脚要频频举起。手执龟甲、玉圭等宝器时，脚尖抬起，脚跟拖地，小心翼翼的样子。

　　凡行容惕惕①，庙中齐齐，朝庭济济翔翔。君子之容舒迟，见所尊者齐遬②。足容重，手容恭，目容端，口容止，声容静，头容直，气容肃，立容德，色容庄，坐如尸，燕居告温温。凡祭，容貌颜色，如见所祭者。丧容纍纍③，色容颠颠，视容瞿瞿梅梅④，言容茧茧⑤，戎容暨暨⑥，言容詻詻⑦，色容厉肃，视容清明。立容辨⑧，卑毋谄，头颈必中，山立时行，盛气颠⑨实，扬休⑩玉色。

【注释】①惕惕(shāng)：直而迅速。②齐遬(zhāi sù)：谦敬之貌。③纍纍：同"累累"，羸乏。④瞿瞿：惊惧。梅梅：看不清。⑤茧茧：轻微。⑥暨暨：果毅的样子。⑦詻(è)：教令严明。⑧辨：通"贬"。⑨颠：通"阗"，填塞。⑩休：美。

【译文】只要是在道路上走路，身体要直，步子要快；在宗庙中走路，神态恭敬诚恳；在朝堂上走，要庄重严肃的样子。君子平常神态娴雅，从容不迫，当见到了自己尊敬的人就显得恭敬而收敛。抬脚稳重，手不乱指画，目不邪视，口不妄动，不乱咳嗽，不乱倾顾，庄重场合要屏气敛息，站立时俨然有德的气象，面色庄重。如尸一般坐的端正。闲居教导别人时，态度温和可亲。所有要参加祭祀者，样子要像真正看到了所祭的鬼神一般。孝子居丧期间，疲惫不堪而满脸愁容，眼神惊愕又茫然，说话也有气无力。身着戎装时神态要果毅，发号施令时表情严厉，虎虎生威，眼神能明察秋毫。在尊者面前，站立时也要有自我贬卑的姿态，但也不近乎谄媚的样子。平常站立时头颈保持正直，像山一要屹立，浑身是劲，内在的美在外表得以显示，脸色也温润如玉。

凡自称：天子曰予一人，伯曰天子之力臣①。诸侯之于天子曰某土之守臣某，其在边邑，曰某屏之臣某。其于敌以下曰寡人，小国之君曰孤，摈②者亦曰孤。上大夫曰下臣，摈者曰寡君之老，下大夫自名，摈者曰寡大夫。世子自名，摈者曰寡君之適，公子曰臣孽。士曰传遽之臣③，于大夫曰外私④。大夫私事使，私人⑤摈则称名，公士⑥摈则曰寡大夫、寡君之老。大夫有所往，必与公士为宾⑦也。

【注释】①伯：一州之长。力臣：效力于四方之臣。②摈：助主人行礼者。宾主行礼，有介传客人的话，有摈传主人的话，都称为"摈"。③传遽之臣：谓传递紧急公事的驿使。士以此作为谦称。④外私：家臣称"私"。⑤私人：家臣。⑥公士：公家之士。⑦宾：即"摈"。以公士为宾即以公士为介。

【译文】凡是称呼自己：天子自称为"予一人"，伯自称为"天子之力臣"。诸侯朝见天子时，自称为"某地之守臣某"；封在边陲的诸侯，则自称为"某方的屏卫之臣某"。诸侯对和自己身份差不多或低于自己的人，自称为"寡人"。小国的国君自称"孤"，摈者为国君传话时也称"孤"。上大夫当着自己的国君自称"下臣"，晋见其他主国之君在传话时称为"寡君之老"。下大夫当着自己的国君面前自称自己的名，出使他国，在传话时称他为"寡大夫"。太子在自己国君面前称自己的名，出使他国，在通报时称之为"寡君之嫡子"。公子在国君面前自称为"臣孽某"。士在自己的国君面前自称为供驱使的"传遽之臣"，士在他国大夫面前自称"外私之臣"。大夫因私事派人出使他国，家臣通报时就称大夫之名；奉国君之命出外，公士通报时自称为'寡大夫'，或者"寡君之老"，如果大夫出聘，一定要以公士为介。

明堂位第十四

【题解】《明堂位》记述周公于明堂朝诸侯之位、周公的功勋及鲁国因周公可用虞夏殷周四代礼乐服器和职官等，多为鲁人自夸之语。吴曾祺评注："此篇当是鲁人所作。首言周公朝诸侯之礼，以下备言既没之后，褒宠备至。祭祀礼乐比于王者，以为如是始足以明周公之功。不知鲁禘非礼，圣人讥之，其衰之叹，所由来也。惟其文极秾挚，为秦汉人得意之笔，读之可以增长气力。"

昔者周公朝诸侯于明堂之位：天子负斧依南乡而立；三公，中阶①之前，北面东上。诸侯之位，阼阶之东，西面北上。诸伯之国，西阶之西，东面北上。诸子之国，门东②，北面东上。诸男之国，门西，北面东上。九夷③之国，东门之外，西面北上。八蛮④之国，南门之外，北面东上。六戎之国，西门之外，东面南上。五狄之国，北门之外，南面东上。九采⑤之国，应门之外，北面东上。四塞⑥，世⑦告至。此周公明堂之位也。明堂也者，明诸侯之尊卑也。

【注释】①中阶：明堂南面有东、西、中三处台阶。②门东：指应门东面。明堂四面有门，南门之内又有应门。③九夷：东方夷族有九种。④八蛮：南方蛮有八种。或言八、九泛指数量多。⑤九采：距离王畿千里以外的地区称为"采"。九采，指位于采地的各诸侯。⑥四塞：四方极远的边塞之国。⑦世：言国君死，新君继位。

【译文】从前，周公在明堂接受诸侯朝见时，位置是：天子背靠着斧依，面朝南而站。三公在中阶之前站成一排，面朝北，靠东边者为尊位；身份为侯爵的诸侯在台阶东面站成一排，面朝西，以靠北边的位分为尊；身份为伯爵的诸侯在西阶的西面站成一排，面朝东，以靠北边位子的为尊；身份为子爵的诸侯在门内东边站成一排，面朝北，以靠东边位置的为尊；身份是男爵的诸侯在门内西边站成一排，面朝北，靠东边位置的为尊。东方夷族其他国君则在东门以外站成一排，面朝西，以靠北边位置的为尊；南方蛮族各国国君在南门外站成一排，面朝北，靠东边位置的为尊；西方戎族各国国君在西门外站成一排，面朝东，靠南边位置的为尊；北方狄族各国国君在北门外站成一排，面朝南，靠东边位置者为尊；九州之牧在应门外站成一排，面朝北，靠东边位置者为尊。其它四塞之国的国君，在新君即位时来朝一次就好了。这就是周公在明堂接受各国诸侯朝见时位置上的安排。从这方面来说，明堂也是用来表明诸侯身份尊卑的。

昔殷纣乱天下，脯鬼侯①以飨诸侯。是以周公相武王以伐纣。武王崩，成王幼弱，周公践天子之位以治天下；六年，朝诸侯于明堂，制礼作乐，颁度量，而天下大服；七年，致政②于成王；成王以周公为有勋劳于天下，是以封周公于曲阜，地方七百里，革车千乘，命鲁公③世世祀周公以天子之礼乐。

【注释】①鬼侯：《史记》作九侯。②致政：归政。③鲁公：此时鲁公为周公之子伯禽。

【译文】从前，殷纣王暴虐无道，把整个天下搅得不安宁，竟然将鬼国的国君杀死后，将其制成肉干，还用此来宴请其他诸侯。周公这才辅佐武王伐纣。武王驾崩后，因为嗣君成王年纪尚幼，于是周公摄政，代行天子职务，治理天下，周公摄政的第六年，天下诸侯都前来明堂朝见，制定出了各种礼仪和乐章，颁布了统一天下度量衡的法典，对此天下诸候没有不心悦诚服的。周公摄政的第七年，就主动将政权归还给成王。成王觉得周公为整个天下立下了功劳，于是封周公于鲁，建都于曲阜，国土七百里见方，兵车千辆，并且命鲁国国君世世代代都用天子礼仪和乐章来祭祀周公。

是以鲁君，孟春乘大路，载弧韣旂十有二旒①，日月之章；祀帝于郊，配以后稷。天子之礼也。季夏六月，以禘②礼祀周公于大庙，牲用白牡③，尊用牺、象、山罍④，郁尊用黄目⑤，灌用玉瓒大圭⑥，荐用玉豆雕篹⑦，爵用玉瓒⑧仍雕。

【注释】①弧：张旗的竹弓。韣（dú）：弧外面的套。旒（liú）：亦写作"旆",旌旗下边悬垂的饰物,旒的多少表示乘车人的身份。天子的旗有十二旒,上公九旒,侯伯七旒,子男五旒。②禘(dì):大祭。鲁祀周公于太庙,而以鲁公配祭。③白牡:白色的公牛,本为殷代祭祀时所用,成王用以祭祀周公,表示尊敬,故鲁祭周公亦用白牡。④牺:指牺尊,形状像牛的酒器。象:指象尊,状如大象的酒器。山罍(léi):盛酒或水之器,上画有山云等图案。⑤郁尊:指盛放郁鬯酒的器皿。黄目:即黄彝,酒器名,镂以目形图案,并饰以黄金。⑥灌:酌郁鬯酒献尸求神。玉瓒(zàn):如勺,以圭为柄,用以酌郁鬯酒。⑦玉豆:豆为盛菹醢等食品之器,饰以玉,故称为玉豆。篹(suǎn):笾一类竹器。⑧璑:即盏,相传为夏后氏所用的酒器。

【译文】因为周公的功劳,鲁国国君就能在孟春之月乘大路车,车插着旌旂,张旂的弧上饰有布套,旂下垂着十二条飘带,飘带上画有日月的图案,到郊外祭祀上帝,则以周的祖先后稷来配享,这些都是周天子才有的礼啊。季夏六月,鲁国国君可以以禘礼到太庙祭祀周公,牺牲用的是白色的公牛,盛酒的尊,有牺尊、象尊和山罍,盛郁鬯酒的尊用黄目,将郁鬯浇地求神时用的勺子是用大圭为柄的玉瓒,献食物用的是用玉雕饰的豆笾,献酒用的是雕有花纹的玉盏。

加以璧散、璧角①,俎用梡、嶡②。升歌《清庙》,下管《象》③;朱干玉戚④,冕而舞《大武》⑤;皮弁素积⑥,裼而舞《大夏》⑦。《昧》,东夷之乐也;《任》,南蛮之乐也。纳夷蛮之乐于大庙,言广鲁于天下也。

【注释】①加：指加爵，向尸行九献之后，诸臣献尸，称加爵。散：酒器名。王国维以为即斝。角（jué）：酒器名。②俎：载牲之器。梡（kuǎn）：有虞氏时的俎名梡，有四足如案。嶡（jué）：夏后氏的俎名为嶡。③《象》：此指《诗经·周颂·武》。④朱干：赤色大盾，用为舞具。玉戚：用玉装饰的斧，用为舞具。⑤《大武》：舞名，表现武王伐纣之事。⑥素积：指白缯而有折叠之裳。⑦裼（xī）：袒去上衣之左袖，露出内衣。大夏：夏代的舞蹈。

【译文】臣子们在额外献酒时用玉散、玉角；盛放牲体的俎用的是梡和嶡；堂上有乐工歌唱《清庙》，堂下乐队奏的是《象》曲，舞队手执红色盾牌和玉斧，戴着冕跳《大武》之舞；还有头戴皮弁，身穿素衣素积，解开正服前襟而跳的《大夏》之舞。还同时有四方少数民族的歌舞：来自东夷的《昧》，来自南蛮《任》。将夷人和蛮人的音乐吸收到太庙中，都是在表明鲁周公的功德广施于天下。

君卷①冕立于阼，夫人副袆②立于房中。君肉袒迎牲于门；夫人荐豆笾。卿、大夫赞君，命妇③赞夫人：各扬④其职。百官废职服大刑⑤，而天下大服。是故，夏礿⑥、秋尝、冬烝，春社、秋省而遂大蜡⑦，天子之祭也。

【注释】①卷（gǔn）：同"衮"，天子三公穿的礼服。②副：妇女头上的饰物，似步摇。袆（huī）：王后的礼服，鲁国国君的夫人可以服用。③命妇：指后宫次于夫人的嫔妃和卿大夫的妻子。④扬：举。⑤大刑：重罪。⑥礿（yuè）：天子诸侯夏祭宗庙为礿。⑦省：郑玄注，读为"狝

(xiǎn)",秋天打猎的名称。孙希旦《礼记集解》以为当作"社",今从孙解。蜡(zhà):周代于年终祭百神的名称。

【译文】鲁国国君祭祀周公时,国君穿着衮冕之服站在台阶上,夫人头带首饰身穿袆衣站立在房中。国君袒露左臂到庙门口亲自去迎接祭祀用的牺牲,夫人进献豆笾。祭祀时,卿大夫协助国君,内外命妇协助于夫人,各履行各的职守。百官之中如有疏待自己职守的则会严厉处分。这样做就是为了使天下人都能服从。因此,鲁国夏天的禘祭,秋天的尝祭,冬天的烝祭,春天祈求土神的社祭,秋天报答土神的社祭,以及年终祭百神的蜡祭,全部都是只有天子才有的祭祀。

大庙,天子明堂。库门,天子皋门。雉门,天子应门。振木铎①于朝,天子之政也。山节藻棁②,复庙重檐③,刮楹达乡④,反坫出尊⑤,崇坫康⑥圭,疏屏⑦;天子之庙饰也。

【注释】①振木铎:木铎,一种木舌的铃。天子将发号令,以木铎警众。②节:梁上的斗拱。棁(zhuō):梁上的短柱。③复庙:重屋,两层屋顶。重檐:于檐下又安板檐,以防风雨。④刮楹:刮摩楹柱。达乡:乡,门两边的窗;达,谓显明敞亮。⑤坫(diàn):设于堂中两楹间的土台,低者供诸侯相会饮酒时置放空杯,高者用以置放来会诸侯所馈赠的玉圭等物。出尊:位于酒尊之南。酒尊放在两楹之间,坫又在尊之南,所以称为出尊。⑥康:郑玄注,当读为"亢",举的意思。⑦疏屏:上刻有云气虫兽等图像的屏风。疏:刻。

【译文】鲁国太庙,它的形式和天子的明堂相似。鲁君公宫的正门是库门,就类似于天子的正门皋门。鲁君公宫的二门雉门,类似于天子的二门应门。鲁国国君在朝廷上宣布政教法令时也一样摇动木铎,这和天子宣布政教的作法相同。庙的斗拱上雕刻有山形图案,梁上短柱上雕刻有水草图案,双层的屋顶、房檐,刮磨光滑的楹柱,敞亮的大窗,两楹之间还有主客饮完用来放空酒杯的土台,土台在酒尊以南;还有一个以安放玉圭的高土台,镂花的屏风。而所有的一切都是天子太庙才有的装饰。

鸾车,有虞氏之路也。钩车①,夏后氏之路也。大路,殷路也。乘路,周路也。有虞氏之旂②,夏后氏之绥③,殷之大白,周之大赤。夏后氏骆④马,黑鬣。殷人白马,黑首。周人黄马,蕃⑤鬣。夏后氏,牲尚黑,殷白牡,周骍刚⑥。

【注释】①钩车:车箱两边栏杆弯曲的车。②有虞氏之旂:郑玄注:"有虞氏当言綏,夏后氏当言旂,此盖错误也。""旂"通"旗"。夏尚黑,用黑旗。③绥:郑玄注:"当为緌(ruí)。"緌,在旗杆头上用旄牛尾作为装饰。④骆:白马黑鬣称为骆。⑤蕃:赤色。⑥刚:公牛。

【译文】鸾车,这是有虞氏祭天时乘坐的车。钩车,是夏代天子祭天时所乘坐的车;大路,是殷代天子祭天时所乘坐的车;乘路,是周代天子祭天时所乘坐的车。有虞氏在旗杆头上饰以旄牛尾当作旗,夏后氏钩车上插的则是黑旗,殷代大路上插的是白旗,周代玉路上插的是赤旗。夏后氏是用白身黑鬣的马来驾车,殷代是用黑头白马来驾车,周代是用赤鬣的黄马来驾车。夏后氏用黑色牺牲祭祀,殷代用白色公牛来祭祀,周代用赤黄色公牛来祭祀。

泰①,有虞氏之尊也。山罍,夏后氏之尊也。著②,殷尊也。牺象,周尊也。爵,夏后氏以琖,殷以斝,周以爵。灌尊,夏后氏以鸡夷③。殷以斝,周以黄目。其勺,夏后氏以龙勺④,殷以疏勺⑤,周以蒲勺⑥。土鼓蒉⑦桴苇龠,伊耆氏之乐也。拊搏玉磬揩击⑧,大琴大瑟⑨,中琴小瑟,四代之乐器也。

【注释】①泰:瓦作的酒器。②著:酒器,其形无足着地。③鸡夷:"夷"同"彝"。鸡夷,彝作鸡形。④龙勺:刻勺为龙头的形状。⑤疏勺:勺上通体刻有花纹。⑥蒲勺:刻勺为凫头形。⑦蒉:郑玄注,"蒉当为凷"。"凷"即"块"字。⑧拊搏:古乐器名,形似小鼓,用皮作成,内填糠。揩击:即柷、敔,都是用来作节拍的。击柷,开始;击敔,停止。⑨大琴:又名离,二十七弦。大瑟:又名洒,长八尺一寸,二十七弦。

【译文】泰是有虞氏用的酒壶,山罍是夏后氏用的酒壶,牺尊、象尊是周代用的酒壶。敬酒用的爵,夏后氏用琖,殷人用斝,周代用爵。灌祭时用的酒尊,夏后氏用鸡彝,殷用斝,周代则用黄目。灌祭时酌郁鬯用的勺,夏后氏用龙勺,殷用疏勺,周代用蒲勺。垒个小土台子就是鼓,把土弄成长条就是鼓捶,截一节苇子就把它当籥来吹,这些都是上古伊耆氏时代用的乐器。而拊搏、玉磬、柷敔、大琴、大瑟、中琴、小瑟,这些都是虞、夏、商、周四代所用的乐器。

鲁公①之庙,文世室②也。武公③之庙,武世室也。米廪,有虞氏之庠也;序,夏后氏之序也;瞽宗,殷学也;泮宫④,周学也。

【注释】①鲁公:指周公之子伯禽。②世室:不毁而永存的庙。③武公:指伯禽的玄孙,名敖。④米廪、序、瞽宗、泮宫:鲁国学校,均延用古学校之名,故鲁有四代之学。

【译文】鲁公的庙,类似于天子的文王庙,百世不毁。武公敖的庙,类似于天子的武王庙。米廪是为有虞氏的学校,序为夏代的学校,瞽宗为殷代的学校,泮宫为周代的学校,这四个朝代的学校,周天子都有,鲁国也都有。

崇鼎,贯鼎,大璜①,封父龟,天子之器也。越棘②,大弓,天子之戎器也。夏后氏之鼓足③。殷,楹鼓④;周,县鼓⑤。垂之和钟⑥,叔之离磬⑦,女娲之笙簧。夏后氏之龙簨虡⑧,殷之崇牙⑨,周之璧翣⑩。

【注释】①大璜:夏代的璜。璜,古玉器名,形状像璧的一半,为朝聘、祭祀、丧葬时的礼器。②越棘:越国的戟。"棘"通"戟"。③鼓足:当作"足鼓",与下"楹鼓"、"悬鼓"构词方式同。鼓有四足。④楹鼓:中心有柱支撑的鼓。⑤县鼓:有架悬挂的鼓。"县"通"悬"。⑥垂:人名,舜时为共工之官。和钟:声音和谐的钟。《世本》说,垂是钟的发明者。⑦叔:人名。《世本》载，无句作磬。皇侃说："无句，叔之别名。"离磬：即编磬。编磬，一组磬。⑧簨虡（sǔn jù）：悬挂钟磬的架子，横杆称簨，直柱称虡。⑨崇牙：悬挂钟磬架子横木上的大版，刻画成齿状。崇牙，又名为"业"。⑩翣（shà）：古代钟鼓架横木簨上的装饰，其制是以画缯为扇，戴小璧于扇上，垂五彩羽于其下，树立于簨之两角。

【译文】崇国、贯国的鼎，夏后氏的大璜，封父国的龟甲，这些是天子才能拥有的重器。越国的戟、大弓，这也是只有天子才能使用的兵器。夏后氏的足鼓，殷人的楹鼓，周人的悬鼓，鲁国也都有。垂发明的和钟，叔发明的编磬，女娲发明的笙簧，鲁国也都有。悬挂钟磬的架子，夏代还只在架子横杆上绘龙，殷代则在横杆上加上崇牙，周代则再在横杆两端用璧翣加以修饰，而所有的这些东西鲁国全部都有。

有虞氏之两敦，夏后氏之四琏，殷之六瑚，周之八簋①。俎，有虞氏以梡，夏后氏以嶡，殷以椇②，周以房俎③。夏后氏以楬豆④，殷玉豆，周献豆⑤。有虞氏服韨⑥，夏后氏山，殷火，周龙章。有虞氏祭⑦首，夏后氏祭心，殷祭肝，周祭肺。夏后氏尚明水，殷尚醴，周尚酒。

【注释】①敦、琏、瑚、簋（guǐ）：都是盛黍稷的器具。簋：圆口，圈足，无耳或有两耳，亦有四耳，下有方座。其他三器，郑玄说"制之异同未闻"。孙希旦《礼记集解》"敦琏瑚簋，四代之名虽异，而其实为一物也。"②椇（jǔ）：俎两足间相连的横木作弯曲形，似枳椇的枝条多曲。③房俎：俎的一种，其形为俎头各有两足，足下各别为跗；足间有横木相连，横木有似堂之壁，横下两趾，似堂东西头各有房。④楬（qià）豆：没有装饰的豆。⑤䟽（suō）：雕刻稀疏的花纹。⑥韍（fú）：蔽膝，用熟皮制成。⑦祭：指饮食之祭。古食必祭先造物者。祭，取少许食物置于豆间。

【译文】虞氏祭祀时盛放黍稷用两敦，夏后氏用四琏，殷代用六瑚，周代用八簋。盛放牲体的俎，有虞氏用梡，夏后氏用嶡，殷人用椇，周人用房俎。盛放祭品的豆，夏后氏用木制的，没有任何的装饰和花纹，殷代用玉加进行装饰，周代则将玉豆进一步进行雕饰。有虞氏祭服上的蔽膝没有图案，夏后氏则在上面加上了一种山的图案，殷代又加上火的图案，到了周代则再加上龙的图案。有虞氏食前之祭最看重的是祭首，夏后氏看重的则是祭心，殷人所看重的就是祭肝，周人所看重的是祭肺。夏后氏祭祀时崇尚使用明水，殷人则崇尚用甜酒，周人崇尚用清酒。

有虞氏官五十，夏后氏官百，殷二百，周三百。有虞氏之绥①，夏后氏之绸练②，殷之崇牙，周之璧翣。

【注释】①绥（suí）：郑玄注，"亦旌旗之緌"。②绸练：以白的熟绢缠绕旗杆，又以练为旗旒。

【译文】参与祭祀的官员人数，有虞氏为五十人，夏后氏为一百人，殷为二百人，周为三百人。有虞氏在丧葬时把旄牛尾系在旗杆顶端作为装饰，夏后氏则用绸练之旗作为装饰，殷人把旗侧边缘为齿形作为装饰，周人则加用扇形的璧翣作为装饰。

凡四代之服、器、官，鲁兼用之。是故，鲁，王礼①也，天下传之久矣。君臣，未尝相弑也；礼乐刑法政俗，未尝相变也，天下以为有道之国。是故，天下资②礼乐焉。

【注释】①王礼：天子之礼。②资：取用。

【译文】总之，凡是虞、夏、商、周祭祀的服饰、器皿、官员，鲁国全部都有。周四代用的礼服、礼器、鲁国使用的礼乐，都是天子才有资格用的礼乐，天下人对此早已经不足以为怪了。鲁国从没有发生过君臣相之间互残杀的事情，礼乐、刑法、政俗始终保持着周天子的正宗，不敢肆意进行改变，普天之下所有的诸侯都认为鲁国是一个遵循正道的国家，当他们想学习正宗的礼乐时，就到鲁国来接受学习。

全本全注全译

禮記
〔下〕

〔汉〕戴圣 编
中华文化讲堂 注译

团结出版社

目 录

丧服小记第十五 …………………… 439

大传第十六 ………………………… 458

少仪第十七 ………………………… 467

学记第十八 ………………………… 484

乐记第十九 ………………………… 495

杂记上第二十 ……………………… 532

杂记下第二十一 …………………… 555

丧大记第二十二 …………………… 581

祭法第二十三 ……………………… 613

祭义第二十四 ……………………… 621

祭统第二十五 ……………………… 648

经解第二十六 ……………………… 669

哀公问第二十七 …………………… 676

仲尼燕居第二十八 ………………… 685

孔子闲居第二十九 …… 694

坊记第三十 …… 700

中庸第三十一 …… 717

表记第三十二 …… 747

缁衣第三十三 …… 769

奔丧第三十四 …… 784

问丧第三十五 …… 795

服问第三十六 …… 802

间传第三十七 …… 808

三年问第三十八 …… 815

深衣第三十九 …… 820

投壶第四十 …… 823

儒行第四十一 …… 831

大学第四十二 …… 842

冠义第四十三 …… 858

昏义第四十四 …… 862

乡饮酒义第四十五 …… 869

射义第四十六 …… 880

燕义第四十七 …… 890

聘义第四十八 …… 896

丧服四制第四十九 …… 904

丧服小记第十五

【题解】《丧服小记》主要讲述杂记丧服制度,偶及宗法制度和庙祭制度。郑玄曰:"《丧服小记》者,以其记丧服之小义也。此于《别录》属《丧服》。"

斩衰,括发以麻①;为母,括发以麻,免②而以布。齐衰,恶笄③以终丧。男子冠而妇人笄,男子免而妇人髽④。其义:为男子则免,为妇人则髽。苴杖⑤,竹也;削杖⑥,桐也。

【注释】①括发以麻:用麻从脑后而前,交于额上,再反绕于发髻。此指父亲刚死,孝子未成服前的头饰。大敛以后成服,则用丧冠。②免(wèn):用一寸宽的麻布束发,其法与括发同。③恶笄:守丧期间以榛木为笄,故称恶笄。依郑玄注:"恶笄"之下脱一"带"字。有的本子"带"字在"恶笄"上。④髽(zhuā):用麻或麻布条挽发。服斩衰用麻,服齐衰用麻布。⑤苴杖:为父亲服丧用的丧棒,用竹制成,其貌粗恶,故名。⑥削杖:为母亲服丧用的丧棒,以桐木削成。

【译文】父亲死后,在小敛后成服前孝子要用麻括发。母亲死在小敛后孝子同样用麻括发,但还没有成服时就改用免束发。女人服齐衰时,孝子头上要戴那种用柞木做的丧笄,腰缠麻带,一直到服丧期满为止。男子的冠与女人的笄作用是相当的;小敛后,男子用戴"免",女子则用"髽"。它们的具体含义是:男子用"免",女子就用"髽",只是进行区分而已,并不代表其他的意思。给父亲服丧用的哭丧棒称之为苴杖,用竹子做成的;给母亲服丧用的哭丧棒称之为削杖,是用桐木做成的。

祖父卒,而后为祖母后①者三年。为父母、长子稽颡②。大夫吊之,虽缌必稽颡。妇人为夫与长子稽颡,其余则否。男主③必使同姓,妇主必使异姓。为父后者为出母④无服。

【注释】①为祖母后:指祖母的长子先祖母而死,她的嫡长孙为承重孙,须为祖母服三年齐衰。②稽颡:叩头时额头触地。丧拜中最重的一种。又有先拜后稽颡与先稽颡后拜之分,前者礼轻,后者礼重。长子为父母则用重礼。③男主,指死者无后嗣,使人代摄主人。④出母:被父亲休弃的生母。

【译文】在祖父死后不久祖母也死了,这时,作为承重的嫡孙就需要为祖母服丧三年。父母的长子死了,或长子没有了父母,宾客前来吊孝时,丧主都行稽颡之礼。如果丧主的身份是士,而有身份是大夫的来吊,虽是服缌麻之丧,为表示尊重孝子也要行稽颡之礼。妇人只在为丈夫和长子服丧时,对宾客行稽颡之礼,其余的都不用。如果遇到丧家绝后无嗣的情况,接待男宾的主人一定要找一个同姓的,而接待女宾的主人则一定是异姓的。如果是父亲的嫡长子,就不需要给出母穿任何孝服了。

亲亲,以三为五①,以五为九。上杀②,下杀,旁杀,而亲毕矣。

王者禘其祖之所自出③,以其祖配④之,而立四庙。庶子王⑤,亦如之。别子⑥为祖,继别为宗,继祢者为小宗。有五世而迁之宗⑦,其继高祖者也。是故,祖迁于上,宗易于下。尊祖故敬宗,敬宗所以尊祖祢也。庶子不祭祖者,明其宗也。庶子不为长子斩,不继祖与祢故也。庶子不祭殇与无后者,殇与无后者从祖祔食。庶子不祭祢者,明其宗也。亲亲尊尊长长,男女之有别,人道之大者也。

【注释】①亲亲:指有血缘关系的亲属。三:三代。指父、己、子。五:五代。指祖父、父、己、子、孙。②杀:减损。③禘其祖之所自出:禘,天子宗庙五年一次的大祭名禘。古人认为始祖是感天而生,所以祭始祖时应祭始祖所自出之帝,而让始祖配食。④配:配食,祔祭。祭祀时附于主神受祭。⑤庶子王:庶子继位。庶子本不能继位,但如果嫡长子早死或有废疾,就从庶子中选一人继位。⑥别子:诸侯庶子不继承君位,而为卿大夫,有采邑。此庶子别于正嫡,故称别子。其后代以此庶子为始祖。别子之世世长子,继别子,百世不迁,谓之大宗。⑦五世而迁之宗:此指小宗。别子之庶子,子孙相继,为小宗。小宗有四种,有同高祖者、同曾祖者、同祖父、同父。小宗只能传五代,第六代就不与同高祖之父的族人为一宗,故谓五世则迁。其他小宗传至五代后,也分出另一宗。

【译文】凡是亲属之间的关系,先是上与父辈亲,下与儿子亲，形成三辈相亲。然后再由父推及到祖辈亲，由儿子到亲近孙辈亲，这就变为五辈相亲了。由五辈相亲往上推，就到了曾祖、高祖；往下推，就推到了曾孙、玄孙，这样就变为九辈之间的相亲。而由父亲往上、儿子往下、旁系亲属中，和自己的血缘关系就越远，亲情也就越薄，丧服也就越轻。这样由上、下、旁逐代减损的亲情关系，最后亲情关系就完结了。

按照礼制规定，只有天子才能举行禘祭，及是祭诞生其始祖的天帝，并且用其始祖配享，立高、曾、祖、父四亲庙。即使继承王位的是庶子，这祭天、立庙的礼法也是一样的。其他儿子为其后裔之始祖，继承其他的嫡长子为大宗，继承别子的庶子为小宗。有五世而迁的为小宗，小宗在第四世就已经亲尽，不可能再继续祭祀高祖之父了。因此，高祖的庙像上面那样发生迁动时，而继承祢的小宗同时也发生了以下变化。因为尊祖才尊敬嫡长子，而尊敬嫡长子也正是尊重祖先的一种表现。庶子之所以不用祭祖，就表明了这件事是由嫡长子做的。如果父亲是庶子，就不能为他的长子服丧三年，道理就是庶子不是祖先的正体。庶子不为没有成年而死的和没有后嗣者的祭祀，因为这两种都是附属在祖庙中受食的，而庶子是没有资格祭祀祖庙。庶子也不祭父庙，因为父庙也是由嫡长子主祭。在亲属关系之中，为父母的丧服最重，为祖、曾祖、高祖的丧服就已经逐代减轻，为旁系亲属的丧服也是逐步递减，男性与为女性的丧服也是有区别的，这就是丧服轻重的由来。

从服①者，所从亡则已。属从②者，所从虽没也服。妾从女君③而出，则不为女君之子服。礼不王不禘④。世子不降妻之父母；其为妻也，与大夫之适子同。父为士，子为天子、诸侯，则祭以天子、诸侯，其尸⑤服以士服。父为天子、诸侯，子为士，祭以士，其尸服以士服。妇当丧⑥而出，则除之。为父母丧，未练⑦而出，则三年⑧；既练而出，则已。未练而反，则期；既练而反，则遂之。

【注释】①从服：自身与死者没有直接的亲属关系，但因自己的亲属与死者有丧服关系而跟从服丧。②属从：从服的人与死者有间接亲属关系。如夫为妻的娘家人，妻为夫家亲属，以及子为母亲的娘家人服丧。③女君：原配嫡妻。④礼不王不禘：或说此句应在"王者禘其祖之所自出"之上。此言诸侯不得行禘礼。⑤尸：代替鬼神受祭的人。⑥当丧：指为公婆服丧。⑦练：服丧满一年后的小祥祭，祭时戴练冠，故称。⑧三年：古代所谓三年之丧是虚三年，实则二十五月或二十七月。

【译文】凡从服的，如果所跟从的人已死，就不需要从服了。而凡是因为亲属关系而跟从成为服丧者的，所从之人就算不在了，还是要为之服丧，因为亲属关系还在。如果妾跟随主妇被丈夫一起休弃，就必为主妇的儿子服丧。虽然天子、诸侯的太子身份高贵，但也不因此降低为岳父岳母服丧的规格。天子、诸侯的太子为他们的妻服丧，规格与大夫嫡子为其妻服丧的规格相同。生前，父亲的爵位是士，而现在儿子贵为天子或诸侯，祭祀其父就可以用天子或诸侯的祭礼规格，但代替亡父受祭的尸仍穿士服。反过来，父亲生前贵为天子或诸侯，而如今儿子却沦落为士，那就以士礼来祭祀父亲，代替亡父受祭的尸也只能穿士服了。媳妇在为公婆服丧期间被休弃，也就用不着再为公婆服丧了。如果是为娘家的父母服丧，在练祭之前被丈夫休弃的，那就和自己娘家兄弟一样服丧三年；在练祭之后被休弃的，就不须要再为父母服丧了；在练祭之前又被丈夫召回，就按常规为父母服丧；在练祭之后被丈夫召回，也是要像未出嫁之前的女子一样为父母服满三年。

再期之丧①，三年也；期之丧②，二年也。九月、七月之丧，三时③也；五月之丧，二时也；三月之丧，一时也。故期而祭，礼也；期而除丧，道也。祭不为除丧也。三年而后葬者必再祭④，其祭之间不同时而除丧。大功者主人之丧，有三年者，则必为之再祭。朋友，虞祔⑤而已。士妾有子，而为之缌，无子则已。

【注释】①再期之丧：丧期为两整年的丧服，指斩衰丧服。古代所谓三年之丧，其实是两整年虚三年，第二十五月举行大祥祭后除丧。②期之丧：丧期为一整年的丧服。齐衰有一年，有三年。③三时：三个季度。九月之丧为三个季度，七月之丧为跨三个季度。④再祭：指小祥祭和大祥祭，此二祭必在葬后举行。⑤虞：丧祭名，安置神主的祭祀。入葬之日中午举行第一次虞祭，以后每隔一天举行一次。士三虞而止，大夫五虞，诸侯七虞，天子九虞。祔：丧祭名，将神主移入庙中的祭祀。在最后一次虞祭的第二天举行。

【译文】服丧两个周年的就算为三年。服丧一周年，算两年。

服丧九个月或七个月的算作三季。服丧五个月算两个季节。服丧三个月就是一个季节。这说明了服丧的长短与季节变化是相应的。在死后一周年举行小祥之祭，两周年举行大祥之祭，这是礼数；举行完相应的祭之后，男子相续除去首绖、腰带，然后再除去丧服，表示活人也要节制悲哀，顺乎天道。祭祀与除服两者同时举行，但所包含的意义却不同，千万不要以为举行二祥之祭就是为了除去丧服。孝子如果没能及时葬亲，在停柩三年后才举行埋葬的，那同样要按礼制举行小祥、大祥之祭，且小祥、大祥之祭不能放在同一个月举行，才能除去丧服。如果与死者是大功之亲而为他主持丧事，而死者还留有遗孀或幼子这些服三年丧的亲属，那就在为死者举行了二祥之祭后再除去丧服。为朋友主持丧事，因为没有血亲关系，可以在虞祭、祔祭以后就除丧服。士，妾为士生有儿子，就为她服缌麻之丧，没有的话就不用为她服丧。

生不及祖父母、诸父、昆弟，而父税丧①，己则否。降而在缌小功者，则税之。为君之父母、妻、长子，君已除丧而后闻丧，则不税②。近臣，君服斯服矣；其余，从而服，不从而税。君虽未知丧③，臣服已。

【注释】①税丧：为已过丧期才获知死讯的死者追服最轻的丧服。②"为君……不税"：郑玄说此句当移至"降而在缌小功者则税之"之下，今依郑注翻译。此句是说臣出使在外而得讣告较晚，故不追服。③君虽未知丧：指国君在外，未得讣告。

【译文】因自己出生在别国他乡,从未与本国的祖父母、伯父和叔父、叔伯兄弟见过面,等收到他们中有谁去世的消息时,已经过了丧期,这时,父亲要追服丧服,而自己就不用了。如果原来是齐衰、大功之亲的,因此降为小功、缌麻丧服者,则要追服丧服。身为臣子,本应为国君的父亲、母亲、嫡妻、长子服丧,但由于出使他国的原因,等得知凶讯时,国君自己都早已除丧了,这时臣子就不用再追服丧服了。如果是国君自己出访他国时间太长,等到回国后才得知上述亲属中的凶讯,国君就要追服丧服,而国君的随从和一起出访的臣子也要跟着追服丧服;其他臣子,过了丧期的就不再跟追服了。君在外而臣在国内,留在国内的臣子则应按常规服丧。

虞,杖不入于室①;祔,杖不升于堂。为君母后者,君母卒,则不为君母之党服。绖杀五分而去一②,杖大如绖③。妾为君之长子与女君同。除丧者,先重者④;易服⑤者,易轻者。无事不辟庙门。哭皆于其次⑥。复与书铭⑦,自天子达于士,其辞一也。男子称名,妇人书姓与伯仲,如不知姓则书氏⑧。

【注释】①杖不入于室:虞祭之后,哀痛逐渐减轻,故不携丧棒至寝室内。虞祭行于寝内,不携丧棒便于行事。②绖:丧服的首绖和腰带。杀:减削。五分而去一:指绖带减削的差率。斩衰的首绖减去粗围的五分之一是腰带的粗围,齐衰首绖的粗围与斩衰腰带相同,减去五分之一为腰带。大功、小功、缌麻以此类推。③绖：指腰带。④重者：男子以首绖为重，妇女以腰带为重。⑤易服：以轻丧的新服更换重丧的旧服。⑥次：守丧的倚庐、垩室。⑦复：为死者招魂。铭：铭旌，写有死者姓名的旗帜或布条，悬于棺首。⑧氏：氏与姓不同，同一始祖的人都同姓，一姓的子孙可以分为若干氏，氏为一族人共有。

【译文】虞祭时，哀杖就不用再带入寝室了；祔祭时，哀杖就不用带到堂上了。如果是庶子被立为嫡母的后嗣，嫡母去世则不再为嫡母的娘家人服丧。五种丧服首绖、腰绖都是以递减五分之一为度进行递减的。斩衰用的直杖，粗细与斩衰腰绖相同；齐衰用的桐杖，粗细与齐衰腰绖相同。妾为丈夫的长子服丧的时间，与嫡妻为长子服丧的时间一样，都是三年。小祥祭除去丧服，原则是先从重的开始除。在以轻丧之服改换重丧之服时，其原则是先改换轻者。大敛以后，除有客人来吊孝等其他事，殡宫之门是不再打开的，因为鬼神喜欢幽暗的地方。白天黑夜不哭时，都在倚庐之中。招魂时所喊的和铭旌上所写的，从天子到士写的内容都是一样的：男的，称呼其名；女的就写上她的姓与排行，不清楚她的姓，就先写上她的氏。

斩衰之葛与齐衰之麻同。齐衰之葛①与大功之麻同。麻同，皆兼服之。报②葬者报虞，三月而后卒哭。父母之丧偕，先葬③者不虞祔，待后事。其葬，服斩衰。

大夫降④其庶子，其孙不降其父。大夫不主士之丧。为慈母⑤之父母无服。夫为人后者，其妻为舅姑大功。士祔于大夫则易牲⑥。继父不同居也者：必尝同居。皆无主后⑦。同财⑧而祭其祖祢为同居；有主后者为异居。

【注释】①葛：葛绖。卒哭之后，以葛绖替换原来的麻绖。②报：提前，即不依丧礼所规定的时日。③先葬：依《礼记·曾子问》："并有丧，其葬先轻而后重，其虞先重而后轻"，当先葬母，后葬父。④降：降服。大夫为庶子降服大功。⑤慈母：妾之子由另一无子之妾抚育，此子称抚育之妾为慈母。本无亲属关系，故不为慈母的父母从服。⑥易牲：士的祔祭本用特牲，改用少牢，不敢以卑牲祭尊也。⑦无主后：无大功以上的亲属为其主持丧事。⑧同财：继父与此子的财产合在一起，为二人共有。祭其祖祢：继父为此子立寝庙，让他自祭其祖庙、父庙。

【译文】斩衰丧服在卒哭经后将麻绖改为葛绖，葛绖的粗细与齐衰丧服在卒哭前的麻绖相同。齐衰丧服在卒哭后所服的葛绖，粗细与大功丧服在卒哭前的麻绖相同。因为相同，连遭两丧的人就要麻绖与葛绖同时兼服。提前下葬的可以提前举行虞祭，但卒哭之祭必须等三个月以后才能举行。父母同时去世的话，就先葬母亲，等到父亲下葬，并为父亲举行了虞、柑之祭以后，才能为母亲进行虞、祔之祭。葬母时父亲还没有下葬，所以服斩衰重服。

大夫为庶子服大功，属于降服；孙子就不用为他的父亲降服了。大夫不为士主持丧事，不为慈母的父母服丧。如果丈夫是过继给别人的后嗣，那么妻子就只能为他的生身父母服大功。士的神主祔于祖庙，如果祖父为大夫，祔祭时的牲就要按大夫之礼改用少牢。所谓继父不同居，那曾经一定是同居而后来不同居的继父。继父与随母改嫁而来的儿子都没有大功亲属，继父用他的货物为过继来的儿子建造庙宇,让他能按时祭祀自己的生身父祖,这才称为同居;继父如果有大功以上的亲属为他主持后事,那就称为异居。

哭朋友者于门外之右,南面。祔葬者不筮宅①。士大夫不得祔于诸侯,祔于诸祖父②之为士大夫者,其妻祔于诸祖姑③,妾祔于妾祖姑;亡则中一以上④而祔。祔必以其昭穆。诸侯不得祔于天子,天子、诸侯、大夫可以祔于士。

【注释】①祔葬:按昭穆顺序葬于祖父墓旁。筮宅:用占筮的方法卜问葬地吉否。不筮宅:因昭穆有一定顺序,不可随意挑选。②诸祖父:叔伯祖父。③诸祖姑:叔伯祖母。④亡则中一以上:指如若没有适于祔葬的祖父、祖姑,必须间隔一代,向上祔于高祖,这样昭穆排列才相同。

【译文】哭吊朋友时,应站在朋友的寝门外西边,面朝南。祔葬到祖墓则不用再占筮墓地的吉凶,因为已经卜筮过了。士、大夫不能葬于身份为诸侯的祖父墓旁,只能祔葬在做过士、大夫等叔伯祖父墓旁;士、大夫的妻子同样的只能祔葬在做过士、大夫的叔伯祖父的妻子的墓旁;士、大夫的妾同样都只能祔葬在做过士、大夫的叔伯祖父的妾的墓旁。没有适于祔葬的祖辈,必须间隔一代,向上祔于高祖那一辈,原因就是因为祔葬一定要按照昭穆顺序。诸侯不能祔葬在当过天子的祖父墓旁,但天子、诸侯、大夫能够祔葬在当过士的祖父旁。

为母之君母^①，母卒则不服。宗子，母在为妻禫^②。为慈母后^③者，为庶母^④可也，为祖庶母^⑤可也。为父母、妻、长子禫。慈母与妾母^⑥，不世祭^⑦也。

丈夫冠而不为殇，妇人笄而不为殇。为殇后者，以其服服之。久而不葬者，唯主丧者不除；其余以麻终月数^⑧者，除丧则已。箭笄^⑨终丧三年。齐衰三月，与大功同者绳屦^⑩。

【注释】①母之君母：指外祖父之正妻。母之嫡母称君母。②禫：守丧至第二十七个月举行的除丧返吉之祭。③为慈母后：妾子无母，其父命另一无子之妾抚育之，此妾为慈母。慈母死后，此子服丧三年，称"为慈母后"，不是立为后嗣。④庶母：有子之妾抚育另一个无母的妾子，则为庶母。⑤祖庶母：有子的妾祖母抚育另一个无母的妾子，则为祖庶母。⑥妾母：即庶母。⑦不世祭：指只有为慈母后者或为庶母后者祭祀慈母或庶母，孙辈不再祭祀。⑧以麻终月数：丧礼至葬后变麻服葛，死者未葬，时间虽久，服丧者亦不得变麻服葛，故服麻至规定的月数后才除丧。此指大功以下丧服。⑨箭笄：用小箭竹为发簪。古代未出嫁的女子为父服丧用此。郑玄注云："箭笄"下脱一"带"字。⑩齐衰为重丧，但三个月的服期较轻；大功虽不及齐衰重，但服期九个月，故二者轻重大致相同。绳屦：用麻绳编织的丧鞋。

【译文】生母是外祖父庶出的女儿，自己则要跟着生母为外祖父的正妻服丧；如果生母已死，那自己就不用为外祖父的正妻服丧了。如果身份是宗子，就算母亲健在，也可为妻服丧三年。《丧服》上说可以为慈母服齐衰三年，依据的道理与上相同，为庶母服齐衰三年,为祖庶母服齐衰三年,为父亲、母亲、妻子、长子,都可以服丧三年。对于慈母和庶母,为她服丧的只限于受慈母或庶母抚育的儿子本人,下一代就不用再为之服丧了。

行过冠礼以后死的男子不称为殇,行过笄礼以后死的女子不称为殇。被立为殇者的后嗣,按照与殇者原来的亲属关系服丧就可以了。因其他原因而停柩不葬者,丧主本人一直穿丧服就好,其余的亲属则服麻,服满应服的时间就可以除丧了。没有出嫁的女子以箭笄插发、麻带缠腰为父服丧三年。齐衰三月的丧服,与大功九月的丧服都要穿麻绳编成的鞋。

练①,筮日筮尸,视濯,皆要绖杖绳屦。有司告具,而后去杖。筮日筮尸,有司告事毕而后杖,拜送宾。大祥②,吉服而筮尸。庶子在父之室,则为其母不禫。庶子不以杖即位。父不主庶子之丧,则孙以杖即位可也。父在,庶子为妻以杖即位可也。

【注释】①练:服丧至十三个月举行的小祥祭,其时穿戴练布衣冠,故称。②大祥:服丧至二十五个月举行的祭祀。服丧至大祥祭结束,故穿吉服行祭祀。

【译文】小祥之祭,主人要先通过占筮选择吉日和作尸的人,祭器的洗涤情况要亲自检察,在做这些事时全都要腰缠葛绖、手执丧杖、脚穿绳鞋。等执事说一切准备就绪了,才丢开丧杖行礼。占筮选择吉日与作尸的人时,如果有来宾参加,等执事说占筮结束后，主人再将丧棒拿起拜送宾客。大祥之祭，主人同样要通过占筮来选择吉日和作尸的人，但此时已经换上吉服了。如果妾生的儿子与父亲住到一起，为生母就不能举行禫祭。庶子不能手执丧杖立于朝夕哭泣的位置上。只有父亲不为庶子主丧，庶子的儿子才可以手执丧杖站到朝夕哭泣的位置上。父在，不为庶子的妻主丧，由庶子自己主丧，庶子可以手执丧杖站到朝夕哭泣的位置上。

诸侯吊于异国之臣①，则其君为主②。诸侯吊，必皮弁锡衰③。所吊虽已葬，主人必免④。主人未丧服⑤，则君于不锡衰。养有疾者不丧服，遂以主其丧。非养者入主人之丧，则不易已之丧服。养尊者必易服，养卑者否。

【注释】①诸侯吊于异国之臣：按古礼，诸侯不到别国去为大臣吊丧，此指诸侯出外朝聘，遇到主国大臣死丧，因而吊之。②其君为主：主国的国君做丧主，为的是使主客双方的地位相等，以便揖让拜送。③皮弁：指皮弁上加环形麻绖。锡衰：十四升细麻布做的衣服。④免（wèn）：用麻束发。未成服时则免。国君来吊，特重其礼。⑤未丧服：即未成服。丧礼，死者既殡，其亲属才穿上丧服，称成服。未丧服指未殡以前。

【译文】诸侯出访他国时恰逢该国大臣去世，在前往该大臣家吊丧时，该国的国君就该代替死者之子而为丧主。诸侯到臣子家里吊丧时，头戴皮弁，身穿锡衰。国君所吊的死者既使是已经下葬，丧主也要用麻布束发。主人还未成服时，国君此时前来吊丧也就不用穿锡衰。侍奉有病的人不能穿丧服,等病人死后,侍奉的人就为他主持丧事。如果主持丧事的是其他人,侍奉的人就不改原来的丧服。侍奉尊长辈、病人时一定要换下丧服,而对卑幼辈病人就不用了。

妾无妾祖姑者,易牲而祔于女君可也。妇之丧、虞、卒哭,其夫若子主之。祔,则舅主之。士不摄①大夫。士摄大夫,唯宗子②。主人未除丧,有兄弟自他国至,则主人不免而为主。

【注释】①摄:做代理丧主。②宗子:大宗之主。

【译文】妾没有可祔的妾祖姑,又没有高祖的妾可祔,就改用特牲祔于嫡祖姑,但祔祭时所用的牺牲就得由原来的特牲改为少牢。媳妇这一辈的丧事,虞祭和卒哭之祭,可以由丈夫或儿子来主持;但在祔祭于祖姑之庙时,则由她的公公来主持。大夫死又没有儿子的,亲属中身份是士的不得代为主丧,只有宗子才能用士的身份代大夫主丧。主人还没有除去丧服时,如果有他的兄弟从他国异乡奔丧回来,主人可以不免而为主。

陈器之道,多陈之而省纳之①可也;省陈之而尽纳之②可也。奔兄弟之丧,先之墓而后之家,为位而哭。所知之丧,则哭于宫③而后之墓。父不为众子次于外。与诸侯为兄弟者服斩。下殇④小功,带,澡麻不绝本⑤,诎而反以报之。

妇祔于祖姑,祖姑有三人⑥,则祔于亲者⑦。其妻为大夫而卒,而后其夫不为大夫,而祔于其妻则不易牲;妻卒而后夫为大夫,而祔于其妻,则以大夫牲。为父后者⑧,为出母无服。无服也者,丧者不祭故也。妇人不为主而杖者:姑在为夫杖,母为长子削杖。女子子在室为父母,其主丧者不杖,则子一人⑨杖。

【注释】①多陈之而省纳之:指宾客馈赠的器物。②省陈之而尽纳之:指丧家自备的器物。③宫:殡宫。死者已出葬,必至殡宫哭者,先见主人。④下殇:八至十一岁间死亡的儿童。⑤澡麻:经过沤制的麻,其色稍白。本:麻之根部。⑥祖姑有三人:指原妻死后,又有两个继室。⑦亲者:指丈夫的嫡亲祖母。⑧为父后者:指父母离婚后留在父方作为后嗣的儿子。⑨子一人:指长女。

【译文】明器陈列的原则是:凡是宾客所馈赠的明器都要全部将其陈列出来,但不用将全部放进墓中;主人自备的明器不用全部进行陈列,却可以将它们全部放入墓中。从他国赶来奔赴的兄弟之丧,可以先到墓地去哭,再到丧家对着丧主哭。奔赴朋友之丧,则要先到殡宫哭后再到墓地去哭。庶子之丧,父亲不用在中门外设丧次。与诸侯是兄弟关系的,虽身处他邦却仍服斩衰。下殇、小功这种丧服,腰带用连根漂白的麻制成,其下垂部分挽起来搭到腰上。

将妻子的灵柩祔葬到祖姑时,祖姑有三位的话,就祔于自己的嫡亲祖姑旁。妻子死的时候丈夫的官位是大夫,后来,丈夫死时被贬为为士,这种情况,丈夫祔葬于妻时祭礼只能用士牲,不改为大夫之牲。妻子死后,丈夫由原来的士升为大夫,这种情况,丈夫祔葬于妻时祭礼就能用大夫之牲,即少牢。身为父亲的后继之人,不为被父亲休弃的母亲穿任何丧服。不为母亲穿任何丧服,是因为被休弃的母亲已是别人家的人了,不再由自己祭祀。妇人不是丧主而要执杖的:婆婆在世而丈夫死,妻子当持杖,但不是丧主;长子死,母亲为儿子持桐杖;女儿在出嫁前父母去世,家中没有兄弟,则由族人代为主丧而由长女持杖。

缌、小功,虞、卒哭则免。既葬而不报虞①,则虽主人皆冠,及虞则皆免。为兄弟既除丧已。及其葬也,反服其服。报虞、卒哭则免。如不报虞则除之。远葬者比反哭者皆冠,及郊而后免,反哭。君吊,虽不当免时也,主人必免,不散麻②。虽异国之君,免③也。亲者皆免。除殇之丧者,其祭也必玄。除成丧者,其祭也朝服缟冠④。

【注释】①报虞:葬日举行虞祭。②不散麻:腰带系结后的多余部分不散开。③免:郑玄注:"免或为吊。"今从改。④朝服缟冠:朝服为吉服,缟冠为丧冠,不用全吉。

【译文】穿缌麻、小功丧服的亲属,虞祭和卒哭之祭时要戴免。下葬以后如果不立即举行虞祭,那么丧主本人也可以和大家一样都戴上帽子,等到了虞祭时再全部脱帽戴免。为兄弟服丧,如果是死者久没下葬,按礼制有的人都已经除去丧服,但到要埋葬时，则还是要穿上原来的丧服；葬后如果接着举行虞祭和卒哭之祭，那就戴免，不然就将丧服脱掉。墓地远在四郊之外的，等到反哭时，先都戴上帽子走上一段路，直到进入城郊后再脱帽著免，返回祖庙再去哭。国君来吊臣下之丧，既使已经可以不用戴免的时候，丧主也要戴免，腰中的麻绖不要有散垂部分；就算是异国之君前来吊唁，但凡是大功以上的亲属也都如此打扮。为没有成年的人服丧，到除服之祭时一定要玄冠、玄衣、玄裳。为成年人服丧，除服之祭时要白冠、缌衣、素裳。

奔父之丧，括发①于堂上，袒降踊②，袭绖③于东方。奔母之丧，不括发，袒于堂上，降踊，袭免于东方。绖即位成踊，出门哭止。三日而五哭三袒④。適妇不为舅后⑤者，则姑为之小功。

【注释】①括发：与免相似，用麻束发。②袒：脱去左臂衣服，裸露左臂。踊：哭泣时跺脚。③袭：穿上左臂衣服。绖：加腰绖、首绖。④三日五哭三袒：初来之日一哭，第二、第三天早晚各一哭，是为五哭。三袒：初至一袒，第二、第三天早晨各一袒。⑤適妇：嫡长子之妻。不为舅后：指嫡长子有废疾或未有子。

【译文】奔父丧的，到家后在堂上应以麻括发，袒露左臂，从台阶下堂，在台阶之东边哭边跺脚，再升堂到东墙下穿好衣服，系好麻绖；奔母亲丧的，不用括发，只在堂上袒露左臂，从台阶下堂，然后在台阶之东边哭边跺脚，再升堂到东墙下穿好衣服，戴免。穿戴整齐以后，不管是奔父之丧还是奔母之丧，就要到孝子之位上，边哭边跺脚，然后走出殡宫之门，停止哭泣。头三天内，一共哭五次，袒露左臂三次。嫡长子的媳妇去世，按礼公婆应为她服大功。如果嫡长子废疾或无子，无法做父亲的继承人，这种情况下，嫡长子的媳妇死了，婆婆为她穿小功丧服就好。

大传第十六

【题解】"大传"即"大记",同一宗族内血缘关系远近的大义,定丧服制度的主要因素是血缘关系的远近,本篇即是从这个角度来阐释丧服的。本篇的内容有祭法、服制和宗法,中心思想是表明先王治天下必从人道始。所谓人道,就是指儒家所说的亲亲之道。吴曾祺评注曰:"王道之大,亲亲为先,故孟子亦云:'亲亲而仁民,仁民而爱物'木本水源之义,圣人恒于此兢兢焉。是篇所记皆尊祖敬宗之事,为人道之大者,故曰大传。"

礼:不王不禘。王者禘其祖之所自出,以其祖配之。诸侯及其大祖①,大夫、士有大事②,省于其君③,干祫④,及其高祖。

【注释】①大祖:即太祖,始受封的国君。②大事:合祭宗庙。③省于其君:大夫三庙,士一庙,合祭时只祭有一庙之主,礼数也比诸侯简省。④干祫:向上追祭。大夫、士不得祭高祖,追祭无庙之主,须另外筑坛,不在庙中。

【译文】按照礼制规定,不是天子就不能举行禘祭。天子举行禘祭，是为了祭祀诞生其始祖天帝的，并且以天子的始祖为配享。诸侯合祭祖先时，可以往上到太祖。而大夫、士合祭祖先时，则比诸侯简省得多，最多可以祭祀到高祖。

牧之野①，武王之大事也。既事而退，柴于上帝，祈于社，设奠于牧室②。遂率天下诸侯，执豆笾③，逡④奔走；追王大王亶父、王季历、文王昌⑤；不以卑临尊也。上治祖祢，尊尊也；下治子孙，亲亲也；旁治昆弟，合族以食，序以昭缪⑥，别之以礼义，人道竭矣。

【注释】①牧之野：周武王打败商纣的地方。②设奠：祭祀随军而行的祖先神主。牧室：牧地的馆舍。古代郊关均设馆舍，以供往来使者歇息。③豆笾：指祭祀所用祭品。④逡：匆忙。⑤亶父、季历：二人都是周武王的祖先。文王昌，即周文王，是周武王的父亲。亶父、季历、文王的辈分高，但没有做王，而武王的辈分低，在战胜纣之后，追封为王。⑥昭缪：即昭穆。

【译文】牧野之战，是武王伐纣时一场至关重要的战役。当这场战役取得了胜利以后，周武王就焚柴祭告上天转达这胜利的喜讯，祭告土神，祭告随军而行的祖先神主、又率领天下诸侯回到周都，在周人的祖庙之中，手捧祭品，忙而不乱的处理好各项事务，追尊古公亶、季历、西伯昌为王，为了避免后辈之中出现爵位高于上述祖先的情况。将上代祖祢的顺序排列好，目的是为了尊重他们后人该尊重的；将下代子孙的顺序排列好，是为了亲近他们应当亲近的;兄弟等旁系亲属的关系排列好,以便集合同族的之人在祖庙中会食,按父昭子穆的次序排列座次,制订彼此相应的礼节。人们要注重的道理,也就这些了。

圣人南面而听天下,所且先者五,民不与焉。一曰治亲,二曰报功,三曰举贤,四曰使能,五曰存爱。五者一得于天下,民无不足、无不赡者。五者,一物纰缪,民莫得其死。圣人南面而治天下,必自人道始矣。立权度量,考文章①,改正朔②,易服色③,殊徽号④,异器械,别衣服,此其所得与民变革者也。其不可得变革者则有矣:亲亲也,尊尊也,长长也,男女有别,此其不可得与民变革者也。

【注释】①文章:各种文献,主要指旧时礼法。②正朔:指历法。每年的第一天为正,每月的第一天为朔。③易服色:上古各个朝代所崇尚的颜色不同,夏尚青,殷尚白,周尚赤。④徽号:徽章、旗号。

【译文】一旦圣人坐上了天子宝座开始治理天下,其中五件事情一定是做为头等大事要做的,而这之中还不包括老百姓的事在内。第一件是将所有亲属的顺序排列好,第二件是对有功之臣进行报答赏赐,第三件是选拔出德行出众的人才,第四件是对有才能的人加以任用,第五件是对有仁爱之心的人加以体恤。这五件事如果都能做到,那人民就没有不满意的,也没有不富足的;而如果这五件事之中有一件做得糟糕,老百姓就要吃大苦了。所以,圣人只要坐上了天子宝座并开始治理天下,一定是从治亲开始着手的。统一钱币度量衡,制礼作乐,改变历法,改变服色,改变徽号,改换器械,改变衣服,以上这些都是可以跟着朝代的更迭改变而能让百姓也跟着改变的。但是,不能随着朝代更迭而随意进行改变的,就是同族相亲,尊祖敬宗,幼而敬长,男女之别,这四条是不可能跟着朝代的变化让百姓也跟着变化的。

同姓①从宗,合族属②;异姓主名③,治际会④。名著,而男女有别。其夫属乎父道者,妻皆母道也;其夫属乎子道者⑤,妻皆妇道也。谓弟之妻"妇"者,是嫂亦可谓之"母"乎?名者,人治之大者也,可无慎乎?

【注释】①同姓:指同一族内的男子。男子同族则同姓。②族属:一个氏族的人都由宗子统管。③异姓:指从外姓嫁过来的女子。名:名分,称呼。④际会:一族的人聚集在一起宴饮。⑤自此句以下,原为《仪礼·丧服传》文,引之以解释"名著而男女有别"。

【译文】只要是同姓的男子,都有一个共同的祖宗,组合而成为一个昭穆分明的族属。从外族嫁过来的女子,以自己丈夫的昭穆为昭穆,而确定自己在家族中的名分称呼,便于参加族内的交际和聚会。明确了名份称呼了,男女之别也就能做到了。对嫁到本族的异姓女子来说,如果丈夫属于父辈,那她就属于母辈;如果丈夫属于儿子一辈,她就属于儿媳一辈。如果把弟弟的妻子称作儿媳,把嫂嫂称为母亲,这就乱套了嘛!因此名分称呼,是人伦中的一件大事,不可以不慎重啊!

四世而缌①,服之穷也;五世祖免②,杀同姓③也。六世,亲属竭矣。其庶姓别于上④,而戚单⑤于下,昏姻可以通乎⑥?系之以姓而弗别,缀之以食而弗殊⑦,虽百世而昏姻不通者,周道然也。

【注释】①四世而缌:同一高祖的子孙的血缘关系相隔四代,互相之间只有缌麻丧服关系,这是丧服中最轻的一种。②五世:同出于高祖之父的子孙,已不在一族之内。袒免:袒露左臂,并用布条束发,以此作为哀悼。不是正式丧服。③杀:减杀。同姓:指仍在一族内的人。④庶姓别于上:郑玄注:"玄孙之子姓别于高祖。"此当指小宗。⑤单:通"殚",尽。⑥此句是设问。或说殷人五世以后的同姓可以通婚,故设此问。⑦缀之以食而弗殊:指同姓的人虽隔五世以上,但在大祭时仍然排列在同一辈分的座位上吃饭。

【译文】同一个高祖的子孙,相互之间只穿缌麻丧服,因为这已经到了五服的最后一服了。同一个高祖父亲的子孙,就算是出了五服,彼此只需要袒露左臂、戴免表示哀悼就好。因为他们虽然同姓,但血缘关系已很远了,他们之间的情谊,只是同一高祖之祖的子孙,同姓而已,已经没有了亲属关系。而这些同姓的人,从高祖以上开始姓氏上就已经有所区别,而玄孙以下已经出五服,那么他们之间可以彼此通婚吗?答案是:他们都是在同一个老祖宗的正姓之下,在这一点上没有分别;在合族聚会时大家还是要按照辈分入席。因此,周代制定的礼法是,只要是同姓的人,就算已经离老祖宗有百代了,也还是不可以彼此通婚。

服术^①有六：一曰亲亲，二曰尊尊，三曰名^②，四曰出入^③，五曰长幼，六曰从服^④。从服有六：有属从，有徒从，有从有服而无服，有从无服而有服，有从重而轻，有从轻而重。自仁率^⑤亲，等而上之，至于祖，名曰轻。自义率祖，顺而下之，至于祢，名曰重。一轻一重，其义然也。君有合^⑥族之道，族人不得以其戚戚君，位也。

【注释】①服术：丧服的原则。②名：名分。如为伯母、叔母服丧就是因为名分关系。③出入：指族中嫁出与未嫁的妇女。④从服：服丧者与死者本无亲属关系，而是跟随家中亲人服丧。⑤率：循，沿着。⑥合：聚集，引申为统领。

【译文】丧服制定的依据有六条：第一条根据血缘关系的远近来制定，第二条根据社会地位的尊卑来制定，第三条根据异姓女子嫁来以后所取得的名分来制定，第四条根据本族女子的出嫁与否来制定，第五条根据死者是否成年来制定，第六条是从服。而从服又分为以下六种：第一是属从，就是因为本来的亲属关系而为死者服丧，例如儿子跟母亲为母亲的娘家人服丧；第二种是徒从，就是原本并不是亲属而却要为之服丧，例如臣子为国君的家属服丧；第三种是本身有从服关系的而变为无服，例如国君的庶子，本来是应从妻为岳父服丧的，但因为不能触犯了国君禁忌，就不服丧了；第四种是本来没有从服关系的而变为有服的，例如国君的庶子不为母亲的娘家人服丧，而庶子的妻子却要为庶子亲的娘家人服丧;第五种是本应跟着服重服而变为服轻服者,如妻为娘家父母服齐衰期,是重服,而丈夫为岳父母仅服缌麻,就是轻服了。第六种是本应跟着服轻服却变为服重服,例如国君的庶子为其生母仅仅头戴练冠,葬后即除,而庶子之妻却要为之服齐衰期。从亲情上讲,依父亲逐代往上推到远祖,那层关系是是愈远愈轻;从道义上讲,从远祖逐代向下推以到父庙,亲情是愈远愈重。这样,远祖在恩情上是轻,在道义上却是重;父亲在恩情上重,道义上却轻。这样有轻有重,从人情道理上讲也不会如此。国君身兼宗子,聚合族人宴饮,敦睦族谊是他的义务,但族人却不能自恃与国君之间的血缘关系而以家人之礼待他,这是由国君所处的地位来决定的。

庶子不祭,明其宗也。庶子不得为长子三年,不继祖也。别子为祖①,继别为宗②,继祢者为小宗③。有百世不迁之宗,有五世则迁之宗。百世不迁者,别子之后也;宗其继别子(之所自出④者,百世不迁者也。宗其继高祖者,五世则迁者也。尊祖故敬宗。敬宗,尊祖之义也。

有小宗而无大宗者,有大宗而无小宗者,有无宗亦莫之宗者,公子⑤是也。公子有宗道:公子之公⑥,为其士大夫之庶者⑦,宗其士大夫之適⑧者,公子之宗道也。绝族无移服,亲者属也。

【注释】①别子为祖:宗法社会,嫡长子世袭君位,庶子分封,庶子的子孙则以分封的庶子为始祖。②继别为宗：别子的嫡长子世袭别子封号，成为大宗。③继祢者为小宗：别子的庶子到第五代之后分出小宗，小宗只能继承父庙。④之所自出：郑玄注中无此四字，疑为衍文。⑤此三句解释诸侯公子的宗法。诸侯的嫡长子为君统，不做宗子，而众公子不可无人主领，因有令庶子为宗子之法。若以嫡长子的同母弟为宗子，就是大宗；以异母弟为宗子，就是小宗。有小宗而无大宗：指嫡长子无同母弟，立一异母弟为宗。有大宗而无小宗：指嫡长子有同母弟，立他为宗，不再立其他异母弟为宗。有无宗亦莫宗之：指只有一个庶子，所以既无他人可宗，亦无他人来宗。⑤公子：诸侯的庶子。⑥公子之公：指继位当诸侯的嫡长子。⑦士大夫之庶者：诸侯的庶子被分封为士或大夫。⑧適：通"嫡"，指诸侯嫡子，而非长子。

【译文】 庶子不祭祖先，这是表明祭祖的事情理应由宗子做。父亲是庶子，就不能为他的长子服丧三年，庶子不是祖祢的继承人。别子为其后裔之始祖，而继承别子的嫡长子是大宗，继承别子的庶子就是小宗。有百世都不迁的宗，就是大宗；也有五世就要迁的宗，就是小宗。百世都不迁的大宗，就是属于别子的嫡长子那一支。继承别子的嫡长子那一支，就是百世都不迁的大宗。而如果只能继承高祖的宗，就是五世就要迁的小宗。因为尊祖，才尊敬嫡长子，而尊敬嫡长子，也就相当于尊祖。诸侯公子的宗法，第一种是只有小宗而没有大宗，第二种是只有大宗而没有小宗，第三种是没有人可以为自己的宗，也没有人要归为自己这一宗，诸侯的公子宗法的情况就是这样。诸侯的公子有这样的宗法，就是由国君立一个同母的弟弟作为其他被封为士大夫的异母弟弟的宗子，这是公子的宗法。出了五服的族人，彼此之间不再挂孝。而五服以内的亲属，都按礼制服丧。

自仁率亲，等而上之，至于祖；自义率祖，顺而下之，至于祢①。是故，人道亲亲也。亲亲故尊祖，尊祖故敬宗，敬宗故收族②，收族故宗庙严，宗庙严故重社稷，重社稷故爱百姓，爱百姓故刑罚中，刑罚中故庶民安，庶民安故财用足，财用足故百志成，百志成故礼俗刑，礼俗刑然后乐。《诗》云："不显不承，无斁于人斯③"，此之谓也。

【注释】①以上四句已见前文。②收：聚集。收族：将族人团结在一起。③所引见《诗经·周颂·清庙》。不：通"丕"，大的意思。无斁：不嫌弃。

【译文】从恩情上来说，从父亲那一辈开始逐代往上推直到远祖，越往上推恩情就越轻；从道义来说，从远祖辈逐代往下推到父庙，那是越来越重。由此来看，爱父母是人的天性。热爱自己的父母就一定会尊敬自己的祖先，尊敬祖先就一定会尊敬宗子，尊敬宗子就一定会团结族人，团结族人就一定会宗庙尊严，宗庙尊严就一定会重视国家社稷，重视国家社稷就一定会爱护百官，爱护百官就一定会做到刑罚公正，做到刑罚公正就一定会使百姓安宁，百姓安宁就一定会财用充足，财用充足就一定会万事顺意，万事顺意就一定会礼俗完好，礼俗完好就会天下太平。《诗经》上说："文王的功德，伟大又令人赞美，人们将永远怀念他。"就是这个意思。

少仪第十七

【题解】本篇主要记述古代士大夫至王侯在日常社会交际的礼仪细节。内容包罗甚广，有相见礼、适葬礼、致赗礼，乃至洒扫、问卜、事君、事长、御车、侍食、饮酒、膳羞等诸礼，与《曲礼》《内则》内容相似。吴曾祺评注："古之教人者，必先以威仪言辞之小节，谓之小学；然后进以明德新民之事，谓之大学。盖未有小之不讲而能进乎其大者，此篇所说皆小学之支流余裔，当与《曲礼》《内则》并读。"

闻始见君子者，辞曰："某固愿闻名于将命者。"不得阶①主。敌②者，曰："某固愿见。"罕见曰："闻名"。亟见曰："朝夕"。瞽曰："闻名"。适有丧者曰："比③"。童子曰："听事"。适公卿之丧，则曰："听役于司徒④"。

君将适他，臣如致金玉货贝于君，则曰："致马资于有司"；敌者，曰："赠从者"。臣致襚⑤于君，则曰："致废衣于贾人⑥"；敌者，曰："襚"。亲者兄弟不以襚进。臣为君丧，纳货贝于君，则曰："纳甸⑦于有司"。赗马⑧入庙门；赙马与其币、大白⑩兵车，不入庙门。赗者既致命，坐委⑩之，摈者举之，主人无亲受也。

【注释】①阶：进。②敌：地位相等者。③适：到。比：一同。④司徒：公卿之丧，由家宰主持丧事，这里的"司徒"就是家宰。⑤襚：送给死者的衣服。⑥废衣：不敢说自己送的衣服一定用于敛尸，而是将废弃不用，故称"废衣"。贾人：懂得货物贵贱的官吏，亦掌管国君衣物。⑦甸：田。臣受田于君，应将田地的出产献给国君。⑧赗（fèng）：送给丧家的送葬之物。送马是为死者驾魂车之用。⑨赙（fù）：以财物助人办丧事曰"赙"。大白：大白之旗，建于兵车。⑩委：置放。

【译文】听说古人第一次前去拜访君子，就说："某某很希望把贱名报传给您。"不可以指名道姓地去求见主人。对方一般会说"好的，非常乐意见到您。"如果去拜访的人与自己地位相等，就说："某某特地前来拜会。"对于平时难得见面的，就说："某某很希望将贱名通传给您。"经常会见面的，就说："某某经常麻烦您通传。"盲人求见，致辞与平时难得见面的人相同。到有丧事的人家去，应说："特地前来与您的传达效劳。"未成年的孩子则说："特地前来听候使唤。"到有丧事的公卿之家去求见，应说："特地前来听候府上总管的差遣。"

国君将要出访他国，如果臣下要向国君赠送金玉、货币等物，应说："这是臣下特地给陛下准备的随从们的养马费用。"如果是给地位相当的人，就说："送点微薄的礼品以供您的从者们使用。"臣下送敛衣给国君，应说："臣某前来给贾人送点废置不用的衣物。"如果是将敛衣送给地位相当的人，就说："某特地前来为死者送敛衣。"给大功以上的亲属赠送敛衣，就用不着客套了，直接把敛衣送去就行。臣下为国君的丧事向国君进献货币，应该说："这是某某部门向先皇进献的一点乡野之物。"给死者送的马可以入庙门。而料理丧事的马和礼品、插有大白旗帜的兵车，这些就不宜进入庙门。给丧主送礼品的人在吊唁后，要跪着将礼品放在地上，然后由帮丧主接待宾客的人从地上拿起来收藏好，丧主自己是不亲自接受的。

受立，授立不坐。性之直①者则有之矣。始入而辞，曰："辞矣"。即席，曰："可矣"。排阖说屦②于户内者，一人而已矣。有尊长在则否。问品味曰："子亟食于某乎？"问道艺③曰："子习于某乎？""子善于某乎？"不疑在躬，不度民械，不愿于大家，不訾重器④。氾⑤扫曰扫，扫席前曰拚⑥；拚席不以鬣⑦。执箕膺擖⑧。不贰问。问卜筮曰："义⑨与？志与？"义则可问，志则否。

【注释】①性：通"生"。直：指个子高。②说屦(jù)："说"通"脱"。凡入室燕坐，均脱屦。尊者脱于户内，一般人脱于户外。③道艺：即文艺，指礼、乐、射、御、书、数六种学问、技能。④訾：说坏。重器：宗庙之宝器。⑤氾(fàn)：同"泛"。氾扫：室内室外都扫。⑥拚(fèn)：扫除。⑦鬣：扫帚。⑧擖(yè)：箕舌。⑨义：指正事。志：指私意。

【译文】接授礼物双方一般采取的都是立姿而不是跪姿，但如果是天生身材高大的人，就要用跪姿受授礼物，以免造成居高临下的姿态。客人刚入门,摈者提醒主人说:"请您先进。"等到双方都到席前时,摈者就说:"请各位落座。"座席如果是铺设在室内,他们中只有地位最尊或年龄最大的一位可以在室内席侧脱鞋,其他人的鞋都脱在室外。室内已经坐有尊长者了,那么后到者则都要在室外脱鞋。如果宾主双方询问口味嗜好,要说:"您经常吃某种食物吗?"如果询问的是道艺,要说:"您经常研究某一方面的学问吗?"或者说:"足下在某一方面有所造诣吧?"不要做让人怀疑自己的事,不要对别人器械多少估量,不要羡慕别人的富贵,不要说别人的贵重的物品不好。室内室外彻底的打扫叫扫,只打扫席前一片地方称为拚。打扫席前不能使用扫帚,拿备箕时把箕舌对向自己胸口。问卜时要专心致志。在占卜前先扪心自问:"我来占卜是为了公家正事还是个人目的?"为国家正事,可以问;为了个人目的就不可以问了。

　　尊长于己逾等①,不敢问其年。燕见不将命②。遇于道,见则面,不请所之。丧俟事③,不犆④吊。侍坐,弗使不执琴瑟,不画地,手无容,不翣⑤也。寝则坐而将命。侍射则约矢⑥,侍投则拥矢⑦。胜则洗而以请⑧,客亦如之。不角,不擢马⑨。

【注释】①逾等:辈分比自己长。②不将命:不使摈者传话。③事:这里指朝夕哭等事。④犆:同"特",单独一个人。⑤翣(shà):扇子。⑥约矢:射箭时二人一组,轮番从插箭的福(bì)上各取四箭。卑者不与尊者轮番取箭,而是在尊长取过箭以后,自己一次就把四枝箭取在手上,称为"约矢"。⑦投:指投壶。拥矢:一般投壶时四矢置于地,一一取以投。卑者以四矢握于手,称"拥矢"。⑧洗而以请:凡射及投壶,不胜者自己取爵而饮。但如尊长不胜,则卑者洗爵斟酒,如行觞之礼。又不胜者饮罚酒一般用角(觥),但尊者胜不用角,而用一般献酬之爵,故下文曰"不角"。⑨擢马:"擢"是撤取的意思,"马"是筹码。投壶时,每一次胜,立一马,先得三马者胜。如果一方得二马,一方得一马,则得二马的一方可以撤取得一马的一方的筹码,以凑足三马,这叫"擢马"。亦称"一马从二马"。

【译文】对爵位或辈分比自己高的尊长,不能问他们的年龄。在闲暇时去拜见尊长,可以不用传达通报。在路上遇到尊长,如果被看到了,就上前问安,没有就算了。问安的话不要问他将要到哪里去。去尊长家里吊丧,一定要等到朝夕哭时才可以,不能随便闯进去吊丧。在陪侍尊长坐谈时,尊长如果没有发话,就不能拿起琴瑟弹奏,不能在地上画来画去,不能玩弄手指,不能摇动扇子。如果尊长躺着,就要跪着为他传话。陪侍尊长射箭时,让尊长先取箭,自己再一次取四箭。陪侍尊长投壶时,把自己要投的四支箭拿在手里,不能放到地上。射箭或投壶时,如果卑幼者获胜,要洗好杯子,斟好酒,恭敬的端到尊长席前请他喝。客人比赛而输了,主人也要以这样的礼数招待客人。请尊长吃罚酒,不能用专门吃罚酒的杯子。也不能按照擢马规则对待尊长者。

执君之乘车则坐。仆者右带剑,负良绥①,申之面,拖诸幦②,以散绥③升,执辔然后步。

请见不请退。朝廷曰退,燕游曰归,师役曰罢。

侍坐于君子，君子欠伸，运④笏，泽⑤剑首，还⑥屦，问日之蚤莫，虽请退可也。事君者量而后入，不入而后量；凡乞假于人，为人从事者亦然。然，故上无怨，而下远罪也。

不窥密，不旁⑦狎，不道旧故，不戏色。为人臣下者，有谏而无讪，有亡而无疾⑧；颂而无谄，谏而无骄；怠则张⑨而相之，废则扫而更之；谓之社稷之役⑩。

【注释】①良绥：君绥。君登车时拉的绳子。②幦（mì）：车轼上覆盖的皮。③散绥：副绥、贰绥，驾车人登车时拉着的绳子。④运：玩弄。⑤泽：摩拭。⑥还：尊者脱屦在席侧，如将起，必将屦转向。⑦旁：犹妄。⑧疾：怨恨。⑨张：使人振奋，即鼓励的意思。⑩役：助。"社稷之役"犹言社稷之臣。

【译文】国君还没有登车时，驾车人要手执马缰，跪在车中央。驾车人将剑佩在身体右侧，将良绥搭在左肩，绕过背后，从右腋下穿出再转回面前，让它的末稍搭在车轼的覆盖物上，准备请国君登车。驾车人拉着散绥登车，执马鞭，分马缰，然后试车。

卑幼者请求进见尊长，但在见了以后须待尊长示意后才可告辞。从朝堂上下来叫称之为"退"，从宴席上或游玩后回家称之为"归"，从军队上或工地上下来称之为"罢"。

陪着君子说话时，如果看到君子打哈欠、伸懒腰、转动笏板、抚摸剑柄、旋转鞋头的朝向或是询问时间的早晚，都表示君子有些困倦了，这种情况下可以主动请退。向国君提建议时要考虑成熟以后再提，不要在提出后才加以考虑。向人借东西或者替人办事，也要有这样的态度。这样才能不招致国君对自己的怪罪，自己也不会得罪他人。

对他人的隐秘不进行窥探，不与人随便套近乎，不揭露他人底细，不做出嬉笑侮慢的样子。身为臣子，对国君犯下的过失可以当面进行劝谏，但不能在背后加以诽谤；如果国君不接受劝谏，臣子可以离他而去，却不能心存怨恨。国君有美德，臣子能给以称颂，却不可流于谄媚。国君如果接受了臣子的劝谏，臣子不可得意忘形。国君怠慢了政事，臣子要提醒他帮助他；如果国政败坏，臣子就要扫除弊政，更创新政；只有做到这样，才算得上社稷之臣。

毋拔来，毋报往①，毋渎神，毋循枉②，毋测未至。士依于德，游于艺；工依于法，游于说③。毋訾衣服成器，毋身质言语。

言语之美，穆穆皇皇；朝廷之美，济济翔翔；祭祀之美，齐齐皇皇④；车马之美，匪匪翼翼⑤；鸾和⑥之美，肃肃雍雍。

问国君之子长幼，长，则曰："能从社稷之事⑦矣"；幼，则曰："能御"，"未能御"。问大夫之子长幼，长，则曰："能从乐人⑧之事矣"；幼，则曰："能正于乐人"、"未能正于乐人"。问士之子长幼，长，则曰："能耕矣"；幼，则曰："能负薪"、"未能负薪"。

执玉执龟筴⑨不趋，堂上不趋，城上不趋。武车不式，介者⑩不拜。

【注释】①报:通"赴"。"拔"、"赴"都是急速之义。"来"、"往",泛指举动作为,并非指行路。②枉:邪曲。③说:指论规矩法式。④齐齐皇皇:"皇"读为"归往"之"往",谓心所系往。⑤匪匪:即"騑騑",马行走不停的样子。翼翼:行列整齐的样子。⑥鸾和:鸾铃与和铃。鸾铃在衡,和铃在轼。⑦社稷之事:指祭祀、军旅等事。⑧乐人:大司乐,教国子音乐者。⑨芙:同"策",指卜筮用的蓍草。⑩介者:身穿甲胄者。

【译文】任何事情不能凭一时冲动,不然就维持三分钟热度。不能对神明有所亵渎,不可重蹈之前的覆辙,不可妄测未来之事。士将以道德为依归,潜心于六艺。工匠则该以规矩为依归,对有关的技艺加以钻研。不对别人制作的衣服或制成的器皿予以诋毁。对于可疑的传闻可姑妄听之而不可妄加证实。

言语上的美,美在人们语气平和,言简意深。朝廷中的美,美在大家都端庄整齐,举止合礼。祭祀典礼上的美,美在人们谨慎诚恳,心系鬼神。车马中的美,美在行进速度整齐。鸾和之美,美在铃声的清脆和谐。

如果有人问及国君儿子的年龄,已经长大成人的,就回答说"可以从事国家政事了";还没有长大的,就回答说"已经能够办理一些小事了";尚未成童的,就回答说"还不能够办理小事"。有人问及大夫儿子的年龄,已经长大了的,就回答说:"已经从大学毕业了";尚未长大的,就回答说"还正在大学求学呢";尚未成童的,就回答说"还没有进大学受教育呢。"有人问士的儿子年龄,已经长大了的,就回答说"会耕地了";尚未长大的,就回答说

"会背柴禾了";尚未成童的,就回答说"还不会背柴禾呢"。

手拿玉器、龟甲蓍草,不快步走。在堂上、城上都不要快步走。在兵车上,不需行凭轼之礼。身穿甲胄的将士不需要行拜礼。

妇人吉事,虽有君赐,肃拜①。为尸坐,则不手拜②,肃拜;为丧主③则不手拜。葛绖而麻带。取俎进俎不坐。执虚如执盈,入虚如有人。凡祭于室中堂上无跣,燕则有之。未尝④不食新。

仆于君子,君子升下则授绥;始乘则式;君子下行,然后还立。乘贰车则式,佐车⑤则否。贰车者,诸侯七乘,上大夫五乘,下大夫三乘。有贰车者之乘马、服车⑥不齿。观君子之衣服,服剑,乘马,弗贾⑦。

【注释】①肃拜:下跪,手不至地,低头而拜。妇人以肃拜为正。或说肃拜不下跪。②手拜:下跪,手至地,头至手而拜。妇女以手拜为丧拜。③为丧主:丈夫与长子之丧。④尝:把新鲜食物荐祭于宗庙,谓之尝。⑤贰车、佐车:皆为副车。朝觐、祭祀之副车叫贰车,行军、田猎之副车叫佐车。⑥服车:王引之《经义述闻》以为此处"服车"二字应在"服剑、乘马"之后。王说是。今译文用王说。⑦贾:评论价格贵贱。

【译文】妇女行吉礼时,就算是对国君赐礼表示拜谢,也只有行肃拜之礼。在当祖姑之尸时,虽然采取的是坐姿,也不用手拜,而用肃拜。是丈夫或长子的丧主,则不手拜。妇人在虞、卒哭以后,头上改戴葛绖,腰间麻带不变。祭祀时,不管是从俎上取肉还是将肉放到俎上,都不用跪。手中拿空器皿,和拿装满东西的器皿一样的小心谨慎。进到空房间时和进入有人的房间一样恭敬。大凡祭祀,在室中或是堂上,都不脱鞋;在燕饮时,升堂之前要脱鞋。当令食物在未献祭宗庙之前,任何人都不能吃。

给尊长驾车,在尊长上车下车时要将登车把绥递给他,让他有所把持的东西。在开始乘车尊长尚未出来,驾车人要俯首凭轼,敬候尊长上车。尊长下车离开后,驾车人再将车转向一旁,站着守候。乘贰车要凭轼行礼,乘佐车则不用了。贰车的数量,诸侯七辆,上大夫五辆,下大夫三辆。而大夫以上他们所乘之车及驾车的马,不要随便对新旧进行评论。对尊长的衣服、佩剑、驾车之马,也不要对它们的价值加以评价。

其以乘壶①酒,束脩,一犬赐人,若献人,则陈酒执脩以将命②,亦曰乘壶酒,束脩,一犬。其以鼎肉,则执以将命。其禽加于一双,则执一双以将命,委其余。犬则执绁③;守犬、田犬。则授摈者,既受,乃问犬名。牛则执纼④,马则执靮⑤,皆右之。臣⑥则左之。

【注释】①乘壶:四马曰乘,故四壶酒亦称乘壶。②陈酒执脩:四壶酒重,故陈列于门外;干肉轻,故执于手。将命:献物时传达的话。③绁:缚犬的绳索。④纼(zhèn):牵牛的绳索。⑤靮(dí):马缰绳。⑥臣:俘虏。

【译文】如果把四壶酒、十条干肉、一条食用狗赐给下属,或者下属将相同的物品献给尊长,都要把酒和狗留到门外,只拿干肉进去通报,通报时却要把所献物品全部表述出来:"送来四壶酒、十条干肉、一条食用狗。"赠送的是切割好了的肉,那就将肉也拿进去通报。赠送的家禽如果数量超过一双,就只拿着一双进去通报,多余的留在门外。赠犬时,要牵着系狗的绳子。赠送的如果是看家犬、田猎犬,就将它交给负责接待宾客的傧者;傧者接受后,要对这些狗的种类加以询问。如果是赠牛,就要牵牛鼻绳;是赠马,就要将马缰绳牵着。牛和马这一类的,都用右手牵绳;所送的如果是俘虏,就用左手牵,空下右手以备俘虏反抗。

车则说绥,执以将命。甲,若有以前之,则执以将命;无以前之①,则袒櫜②奉胄。器则执盖。弓则以左手屈韣执拊③。剑则启椟盖袭之,加夫襓④与剑焉。笏、书、修、苞苴、弓、茵、席、枕、几、颖、杖、琴、瑟、戈有刃者椟、策、籥⑤,其执之皆尚左手。刀却刃授颖⑥。削授拊。凡有刺刃者,以授人则辟⑦刃。

【注释】①前之:古人送礼,常先送一点价值较低的东西,而以价值较高的正式礼品在后。如《左传》中弦高"以乘韦先,牛十二犒师"即是。此云"前之",指在献甲之前,有其他物先执而献,甲则陈于堂下。②櫜(gāo):藏铠甲之具。③韣(dú):弓袋。拊(fǔ):弓中央的把手。"拊"即"弣"。④襓(ráo):剑衣。⑤苞苴:蒲包,用以装鱼肉等物。颖(jiǒng):警枕。或说"颖"字应在"枕"下。籥(yuè):乐器,似笛,三孔。⑥颖:刀环。⑦辟:通"避"。

【译文】赠车,将车上的绥解下来拿进去通报就好了。送盔甲时,如果还有其他较轻的礼物要进献,就拿着那些较轻的礼物进去通报;没有较轻的礼物要进献,那就拿出头盔进去通报。赠送笨重的盒子,只拿它的盖子进去通报就好。赠弓时要先把弓套褪下,左手抓中央把手。赠剑时要先将剑匣的盖打开,将匣盖合在剑匣底部,再把剑套垫在匣内压在剑下。凡是赠送笏、书、干肉、蒲包包着鱼肉、弓、褥子、席、枕、小几、警枕、手杖、琴、瑟、用木盒装着的有刃的戈、蓍草、籥等物,拿的时候都用左手,以示尊敬。送刀时,刀刃向后,将刀环递给对方。递送曲刀时则将刀把递给对方。所有锋刃的东西递给别人时,都不能把锋刃的那一方对着别人。

乘兵车,出先刃,入后刃。军尚左,卒尚右。宾客主恭,祭祀主敬,丧事主哀,会同主诩①。军旅思险,隐情以虞②。

燕侍食于君子,则先饭而后已③;毋放饭,毋流歠④;小饭而亟⑤之;数噍⑥毋为口容。客自彻,辞焉则止。客爵居左⑦,其饮居右⑧;介爵、酢爵、僎爵⑨皆居右。

【注释】①会同:诸侯朝见天子曰会,众诸侯相聚曰同。诩:敏而勇。②虞:臆度、料想。③先饭:表示替君子尝食。后已:表示劝君子加餐。④歠(chuò):饮。流歠,谓大口地喝。⑤亟:快速。⑥数(shuò)噍:多咀嚼,噍同"嚼"。⑦客爵:主人酬宾的爵,宾不饮,置于左。⑧其饮:指主人献宾之爵。古人饮酒之礼:主人敬宾酒叫献,宾回敬主人酒叫酢,主人先自饮然后再劝宾饮酒叫酬。献、酢、酬合起来为一献。献宾之爵及宾回敬主人之爵,将饮,故在右。⑨介:助宾行礼者。介爵,主人献介之爵。"僕"通"遵",指乡人中来观礼的卿大夫。僕爵,主人献给僕的爵。

【译文】在战车上的人,出城时刀刃向前,入城则刀刃向后。将军以居左为上,以表示战无不胜的决心;兵士则以居右为上,以示以死报国的决心。接待宾客强调的是外表恭顺。举行祭祀强调的是内心的敬畏。丧事强调的是内心的悲痛。国家之间的交往强调的是发扬我方国威,摸清敌方意图。行军作战时留心险阻之处,不泄露自己军方的秘密。

陪尊长吃家常便饭时,自己要先吃,但尊长吃饱后才能停下不吃。不将取多的饭放回食器,不能大口大口地喝汤以致汤汁顺着嘴角往外流。吃饭要小口而迅速咽下。咀嚼要快,不要弄得满嘴都是饭和腮帮子都鼓起来的样子。客人若在饭后要自己收拾餐具,主人就要进行劝阻而客人停止。举行乡饮酒礼时,主人酬宾的爵,宾接过以后先不饮,而是将它放在自己席前的左边。主人献给介的爵、宾回敬主人的爵与主人献给僕的爵,都是必饮且都放在各自席前的右边。

羞濡鱼①者进尾;冬右腴②,夏右鳍③;祭膴④。凡齐⑤,执之以右,居之于左。赞币⑥自左,诏辞自右。酌尸之仆,如君之仆。其在车则左执辔右受爵,祭左右轨范⑦乃饮。

【注释】①濡鱼:鲜鱼。②腴:鱼腹。③鳍:鱼脊。④膴(hū):从鱼腹部切下的大块鱼肉。⑤齐(jì):盐、梅等调味之品。⑥赞:助。币:

玉帛等礼品。⑦轨：车毂末端。范：通"軓"，车轼前面掩舆的板。

【译文】平常吃鱼时，如果是烧好浇汁的鱼，则鱼尾朝前。冬天上鱼时鱼腹在右，夏天上鱼则鱼脊在右。祭祀时候用的鱼块。凡使用盐、梅等调味品，就用右手拿着而把要调制的羹饭放在左手上。摈者代表国君授人礼品时，要从国君身后左边出；为国君传达命令时，则从国君右边出。给为尸驾车的人斟酒与给君驾车的人斟酒的礼数相同。驾车人如果在车上，则用左手抓住缰绳，右手接过酒杯，用酒祭车轴两头和车轼前面，然后才自饮。

凡羞有俎者，则于俎内祭。君子不食圂腴①。小子走而不趋，举爵则坐祭②立饮。凡洗必盥。牛羊之肺，离而不提心③。凡羞有湆④者，不以齐。为君子择葱薤，则绝其本末。羞首者，进喙祭耳。尊者以酌者⑤之左为上尊。尊壶者⑥面其鼻。饮酒者、禨者、醮者⑦，有折俎⑧不坐。未步爵⑨，不尝羞。

【注释】①圂（huàn）：同"豢"。指用米谷喂养的猪、犬一类家畜。腴：指肠胃。②坐祭：《十三经注疏》夺"祭"字，据孔颖达疏校补。③离：割。提：割断。心：中央。④湆（qì）：一作"湆"，羹汁。这里指大羹汁。⑤尊者：设酒尊的人。酌者：酌酒者。如酌酒者向北，则以西为左，设上尊。⑥尊壶者：设酒壶的人。凡酒盛于壶、行礼时从壶灌于尊，再由尊斟于爵。⑦禨：洗头后饮酒。醮：敬冠者的酒。⑧折俎：解割牲体盛于俎上。⑨步爵：行爵。古人饮酒之礼，在正献以后，众宾客按长幼依次相酬，叫旅酬；旅酬之后，饮酒不计数，叫无算爵。行爵即指旅酬及无算爵时的饮酒。

【译文】凡是用俎盛的菜，在俎内祭就好。君子不吃猪大肠等内脏。弟子辈参加宴会，只有匆忙奔走而供役使的资格，对他们不能要求合礼的步伐与规矩，如果举杯喝酒，要和尊长一样跪着祭酒，但饮酒时却要起立。洗杯子前，要先洗手。切割牛羊的肺时要将中央的一点相连，吃的时候再用手将其拉断，便于先祭而后食用。有汁的菜肴，就不再加其它调料。为君子择葱、韭之类时，把不能吃的根须和枯叶择掉。上牲头等，要把牲嘴对向尊者；尊者用牲耳来祭。摆放酒尊的人，以斟酒人左方为上尊的位子。摆放酒壶的人，壶嘴朝外向着人。日常向始冠者敬酒，在折俎没有撤下来之前都不能落座。宴会还没有进行到无算爵阶段时，不能吃菜肴。

牛与羊鱼之腥，聂①而切之为脍；麋鹿为菹，野豕为轩，皆聂而不切；麇为辟鸡，兔为宛脾，皆聂而切之。切葱若薤，实之醯以柔之。其有折俎者，取祭肺，反之，不坐②；燔③亦如之。尸则坐。

衣服在躬，而不知其名为罔④。其未有烛而有后至者，则以在者告。道瞽亦然。凡饮酒为献主⑤者，执烛抱燋⑥，客作而辞，然后以授人。执烛不让，不辞，不歌。洗盥执食饮者勿气，有问焉，则辟咡⑦而对。

【注释】①聂（zhé）：切成片。②不坐：指取祭及返还时均不坐，因为俎高，坐着取不方便。③燔：炙肉。④名：指衣服的制度、等级等。

罔:无知。⑤献主:主人。如果主人和宾客的尊卑不相当,主人就使宰夫为献主。⑥燋:引火的火炬,俗称"引火"。⑦辟:通"避"。哯(èr):口旁,口耳之间。

【译文】生牛肉、羊肉、鱼肉,切成薄片后再细切,叫作脍。糜肉、鹿肉切得较粗,叫作菹;野猪肉也切得较粗,称做轩;切成薄片后就不再细切。麋肉切得较细,称辟鸡;兔肉切得较细,称做宛脾;它们是切成薄片以后细切。葱和薤要切碎,与肉拌在一起后泡到醋里,使肉变软和去腥气。如果有折俎,宾客就从折俎中取肺而祭,祭完后再放回俎里面,取祭与放回时、取炙肉祭与放回时都不坐。在做这些事时,尸是可以坐的。

衣服穿在身上而对有关于衣服的学问弄不明白,就是无知。如果天色还不到掌灯时,这时有人参加集会,主人要把在坐的人向后来者进行介绍。给盲人做向导时也是这样。凡主人在饮酒时看到天色已晚,就一手拿着点燃的火把,一手抱着尚没有点的火把。这时客人就站起来对主人表示谢意,主人将已点燃和未点燃的火把交给下人。而晚上的聚会,宾主之礼就用不着过多谦让和更相辞谢了,不用交替唱《诗》。为长者倒水洗脚、洗手和拿取吃喝的东西时,口气不能直对长者和食物。如果长者有所垂问,幼者则侧头回答,以免口气冲及到长者。

为人祭曰致福;为己祭而致膳于君子曰膳;袝练①曰告。凡膳告于君子②,主人展③之,以授使者于阼阶之南,南面再拜稽首送;反命,主人又再拜稽首。其礼:大牢则以牛左肩、臂、臑④、折九个，少牢则以羊左肩七个，特豕则以豕左肩五个。国家靡敝，则车不雕几⑤，甲不组縢⑥，食器不刻镂，君子不履丝屦，马不常秣。

【注释】①祔：新死者附祭于先祖。练：三年之丧第十一个月祭于家庙。②君子：俞樾《群经平议》认为此"子"字衍文，应作"凡膳告于君"。下文授使者及反命，均再拜稽首，以为臣对君之礼。俞说可信。今译文用俞说。③展：省视。④肩、臂、臑（nào）：牲体前肢三部分的名称。臑是靠近蹄的一部分，臂则在肩和臑之间。每个部分斫为三段，共九段。⑤雕几：雕刻凹凸之纹。⑥縢（téng）：缘边。

【译文】代人主持祭祀，完成后将祭肉送人时，要说："把祭祀之福送给您。"主持自家祭祀将肉送人时，要说："送点好吃的请您品尝。"在举行祔、练之祭，祭祀完成送胙肉时要说："我刚举行了祔、练之祭，特来某告。"凡是送给国君的祭肉，主人都要亲自进行检视，在台阶南面交给使者，面朝南再拜稽首礼送使者出发；使者将使命完成归来后，主人又要再一次面朝南再拜稽首，用以表示已经接受到了使者带回的君命。如果是太牢而祭送胙肉，就送牛的左肩、臂、臑三个部位，每个部位折为三段，共九段。少牢而祭，就送羊的左肩，折成七段；用一只猪而祭，那就送猪的左肩并将其折为五段。

学记第十八

【题解】《学记》是中国古代也是世界上最早的一篇专门论述教育、教学的论著。《学记》从教与学这两条线索出发,论述了教学的原则、方法、作为老师的条件、尊师的必要性、学习的方法、教与学的关系以及教学相长的基本规律,今天的人可资借鉴之处很多。吴曾祺评注:"古者建国,兴学为先,自三代圣王,相沿不改。秦火之后,学制破坏尽矣。汉兴四百余年,稍有建立,而其法未备。唐宋以来,间有学官书院之设,殊非古人所以立教之意。此篇详述学制之本末以及有益于人心世道之处至为精切。《王制》《文王世子》间有叙及兴学之事,皆不如此之详尽。"

发虑宪①,求善良,足以謏闻②,不足以动众;就贤体远,足以动众,未足以化民。君子如欲化民成俗,其必由学乎!

玉不琢,不成器;人不学,不知道。是故古之王者建国君民,教学为先。《兑命》曰:"念终始典于学。"其此之谓乎!

【注释】①宪：法。②䜩(xiǎo)闻(wèn)：小有名声。

【译文】（执政者）发布政令，以寻求品德高尚的人来辅佐自己，这样做可以使自己赢得小的声誉，却还没有达到耸动群众听闻的地步；执政者们如果接近贤明之士，和自己疏远的人亲近，就可以达到耸动群众听闻的地步了，却还不足以起到教化百姓的作用。如果君子想要达到教化百姓的目的，社会形成良好的风俗，就一定要对设学施教有所重视才行啊！

玉石不加以雕琢，就不会变成好的器物；人不经过学习，就不会明白道理。因此古代君王建立国家和统治人民以后，首先要做的第一件是办学施教。《尚书·说命》篇中说"始终将以设学施教为主要目的"，说的就是这个道理。

虽有嘉肴，弗食，不知其旨①也；虽有至道，弗学，不知其善也。故学然后知不足，教然后知困。知不足，然后能自反也；知困，然后能自强也，故曰：教学相长也。《兑命》曰："学②学半。"其此之谓乎！

古之教者，家有塾，党有庠，术有序②，国有学。比年③入学，中年考校。一年视离经辨志，三年视敬业乐群，五年视博习亲师，七年视论学取友，谓之小成；九年知类通达，强立而不反，谓之大成。夫然后足以化民易俗，近者说服，而远者怀之，此大学之道也。《记》曰："蛾④子时术之。"其此之谓乎！

【注释】①旨：美味。②学：此处读作xiào，意为"教"。③塾、庠、序、学：都是古代学校名。③比（bì）年：每一年。④蛾（yǐ）：蚂蚁。

【译文】即使面前有美味可口的菜肴，但不吃到嘴里就难以知道它的美味；即使有高深的道理，不进行学习也不会对它的好处有所了解。因此人们只有通过不断的学习才能知道自身的不足，通过教人才会知道自己存在的困惑。知道自己学业上有所不足，才能从自我反省中对自己进行严格要求；只有知道困惑然后才能不知疲倦地加以钻研。所以说，教和学是可以相互促进增长的。《说命》篇说"教别人，自己也能学到一半"，就是这个道理啊！

古代办学施教，每二十五家就设一间学校，称之为"塾"，每一"党"都有自己办的学校称之为"庠"，每一"术"都有自己办的学校称之为"序"，天子或诸侯国都会设立大学。每年都会有学生入学，每隔一年考试一次。一年以后，考试内容是离析经文的章句，用来辨别学生的志向和将来的发展趋势；三年是对学生是否尊重专注于学业、乐于与人群相处这方面进行考察；五年则是对学生是否博学笃行、亲近师长方面进行考察；七年则是对学生在学术上是否有独到的见解，与对朋友的选择方面进行考察，这时候学生就可以称之为小成。九年时考察对知识通达，是否能够触类旁通，遇事不惑而且不违背师训，这时候就是为大成了。有所大成之后才能够教化百姓，移风易俗，然后关系亲密的人都会对自己表示钦佩，而与自己关系较远的人也会归附于自己。这是大学里教育的方法与次第。古书说："蚂蚁时时刻刻学习衔泥，然后才能堆成大垤。"说的就是这个道理。

大学始教，皮弁①祭菜，示敬道也；《宵雅》肄三②，官其始也；入学鼓箧③，孙其业也；夏楚二物，收其威也；未卜禘不视学④，游其志也；时观而弗语，存其心也；幼者听而弗问，学不躐⑤等也。此七者，教之大伦也。《记》曰："凡学官先事，士先志。"其此之谓乎！

大学之教也时，教必有正业，退息必有居学。不学操缦⑥，不能安弦；不学博依⑦，不能安《诗》；不学杂服，不能安礼；不兴其艺，不能乐学。故君子之于学也，藏焉，修焉，息焉，游焉。夫然，故安其学而亲其师，乐其友而信其道。是以虽离师辅而不反也。《兑命》曰："敬孙务时敏，厥修乃来。"其此之谓乎！

【注释】①皮弁：皮弁服，一种礼服名。②《宵雅》肄三：《宵雅》即《小雅》。肄三，学习三篇诗歌。③鼓箧：一种入学仪式。④视学：考评优劣。⑤躐(liè)：超越。⑥操缦：指操弄琴弦。⑦博依：广博的比喻。

【译文】在大学开学时，天子或官吏身穿礼服，备上祭菜来祭祀先师先圣，以表示对师长的尊重，学生吟诵《诗经·小雅》中《鹿鸣》《四牡》《皇皇者华》三篇讲叙君臣和睦内容的诗歌，让他们懂得为官之道；击鼓召集学生，并且令他们开箱取出学习用品，告诉他们用严肃的态度来对待学业；夏楚两件物品（教鞭）是用来警示和鞭策学生的，以收到整肃威仪的效果；在未实施夏天天子祭天大祭以前,天子、诸侯都不到学校去视察,就是让学生对志向发展有足够充裕的时间;教师会常常对学生进行观察,但一般并不会轻易发表看法,适当的时候会再加以指导,使学生全凭自觉。至于年纪幼小的学生,只听讲而不能乱发问,是因为学习要按照由浅入深的顺序进行。以上七项是教学基本原则。古书说:"凡是学习做官,以后要领导百姓的,先要学习对事情的管理,作一个读书人得先学习如何立志。"就是这个意思。

大学的教学是根据时令进行的,教学会有正式课业,也会有休息时间,会有课外作业。课外不对杂乐进行学习,课堂上就不能把琴弹好;课外不对比兴比喻进行学习,课堂上就不能将诗文学好;课外不对洒扫应对的知识进行学习,课堂上就学不好礼仪。因此各种杂艺不学习的话,就不会认真地对待正式课业。因此,君子对于学习之事,时刻怀藏着学习的心愿,不断地研修肄习,休息之时,不忘记学习,游乐之时也不忘记学习。只有这样,才能安心于学习,亲近师长,乐于交朋友,并对所学之道深信不疑,就算没有了师长的辅导,也不会做出违背所学道理的事来。《兑命》篇中说:"只有专心致志谦逊恭敬,时刻都敏捷地求学,学业上就一定会有所成就。"说的就是这个道理啊!

今之教者,呻其佔毕①,多其讯,言及于数,进而不顾其安,使人不由其诚,教人不尽其材;其施之也悖,其求之也佛②。夫然,故隐其学而疾其师,苦其难而不知其益也,虽终其业,其去之必速。教之不刑③,其此之由乎!

大学之法，禁于未发之谓豫，当其可之谓时，不陵节④而施之谓孙，相观而善之谓摩。此四者，教之所由兴也。

发然后禁，则扞格⑤而不胜；时过然后学，则勤苦而难成；杂施而不孙，则坏乱而不修；独学而无友，则孤陋而寡闻；燕朋逆其师；燕辟废其学。此六者，教之所由废也。

君子既知教之所由兴，又知教之所由废，然后可以为人师也。故君子之教喻也，道⑥而弗牵，强而弗抑，开而弗达。道而弗牵则和，强而弗抑则易，开而弗达则思；和易以思，可谓善喻矣。

【注释】①佔(shān)毕：简册，佔通"笘"。②佛：通"拂"，乖戾。③刑：成功。④陵节：超越阶段。⑤扞格：抵触。⑥道(dǎo)：引导。

【译文】现在做教师的，仅仅靠朗诵课文，大量机械地灌输，和一味赶进度，对学生的接受能力置之不顾，使他们无法安下心来求学。不是诚心实意的教导学生，不会因材施教，使学生的才能无法得到充分的表现。教学方法与教学原则相违背，提出的要求与学生的实际情况不相吻合。造成了学生对学业产生厌恶的心理，并且使学生对他的老师产生怨恨，学生会因学业艰难而苦恼，不懂得学习的好处。就算完成了学业，而他所学的知识和道理也会很快被遗忘。从而教学的目的就没有达到，原因也就是如此啊！

大学教育人的方法，在一切邪恶的念头还没有发生之前，就用礼来进行教育与约束禁止，这就起到了预防的作用。在可以对学生进行教诲时才加以教导，称之为合乎时宜。根据学生对知识的掌握程度，不跨越进度，不超出学生的接受能力来教导，这称之为循序渐进。学生之间互相观摩着对他人的长处进行学习，这称之为切磋琢磨。这四种教学方法，是能让教育兴盛的原因。

  错误的现象出现后再进行禁止，就会变得坚固而难以攻破；错过了学习的时机，事后再进行补救，虽然也十分勤苦努力，而成功的机率相对不大了；施教的人不按规律进行，打乱条理，从而变得杂乱无章就难以收拾了；一个人独自苦想而不与友人进行讨论，就会变得学识浅薄，见闻狭隘；与那些行为不正派的人来往，必然会做出违逆老师教导的事情来；与不正经的人交谈，一定会荒废课业。这六点原因就是造成教学失败的原因。

  不仅懂得如何成功地教学，还懂得教学失败的原因，这样才能当好教师。因此教师对人施教，就是对学生进行启发诱导：诱导而不牵强；劝勉却不强制；指导学习的方法，而不直接把答案告诉学生。老师对学生诱导而不牵强，则师生关系融洽；劝勉却不加以强制，学生才不会感受到学习的压力；予以启发却不包办，学生才会自己独立进行钻研思考。能做到师生关系融洽，使学生感受不到学习的压力，并能独立思考，就成功地做到了启发诱导了。

  学者有四失，教者必知之。人之学也，或失则多，或失则寡，或失则易，或失则止。此四者，心之莫同也。知其心，然后能救其失也。教也者，长善而救其失者也。

  善歌者，使人继其声；善教者，使人继其志。其言也约而达，微而臧①，罕譬而喻，可谓继志矣。

君子知至学之难易，而知其美恶，然后能博喻；能博喻然后能为师；能为师然后能为长；能为长然后能为君。故师也者，所以学为君也。是故择师不可不慎也。《记》曰："三王四代唯其师。"此之谓乎！

凡学之道，严②师为难。师严然后道尊，道尊然后民知敬学。是故君之所不臣于其臣者二：当其为尸则弗臣也，当其为师则弗臣也。大学之礼，虽诏于天子，无北面；所以尊师也。

善学者，师逸而功倍，又从而庸③之；不善学者，师勤而功半，又从而怨之。善问者，如攻坚木，先其易者，后其节目，及其久也，相说以解；不善问者反此。善待问者，如撞钟，叩之以小者则小鸣，叩之以大者则大鸣，待其从容，然后尽其声；不善答问者反此。此皆进学之道也。

记问之学，不足以为人师。必也听语乎，力不能问，然后语之；语之而不知，虽舍之可也。

良冶之子，必学为裘；良弓之子，必学为箕；始驾者反之，车在马前。君子察于此三者，可以有志于学矣。

古之学者：比物丑类④。鼓无当于五声⑤，五声弗得不和。水无当于五色⑥，五色弗得不章。学无当于五官⑦。五官弗得不治。师无当于五服⑧，五服弗得不亲。

君子曰：大德不官，大道不器，大信不约，大时不齐。

察于此四者，可以有志于学矣。

三王之祭川也，皆先河而后海；或源也，或委也。此之谓务本。

【注释】①臧（zāng）：善。②严：尊敬。③庸：功劳。④比物类丑：指排比并列各种事物。⑤五声：宫商角徵羽。⑥五色：青赤黄白黑。⑦五官：泛指政府各级官吏。⑧五服：指高祖父、曾祖父、祖父、父亲、自身五代。

【译文】学习上学生常会出现四种过失，这是做老师的一定要清楚的。学习失败大多要么是因为贪多，要么是知识面偏窄，要么是态度轻率，要么是畏难中止。而这四点都是因学生不同的心理和才智所造成的。教师只有懂得学生不同的心理特点，才能帮助学生克服其缺点。教育的目的，就是为了让学生对自身优点进行充分的发挥，并将自身的缺点克服。

善于唱歌的人，使人能感动而不知不觉地跟着唱；善于教育的人，能使人听懂他讲的道理、继承他的志向。言语简约而通达，精微而妙善，少用譬喻而意义明白，能够做到这几点的，就称得上是能使人继承志向的人。

老师要根据学生学习时难易程度的不同，观察出学生资质才华的不同，然后分别对待，再对学生多方面进行启发诱导。只有给学生在多方面启发诱导，才能当好一个称职的教师。只有当好教师才能做官长，能做好的官长才能当人君。因此教师就是教人为君之道的人。所以对于教师的选择不可以不慎重。《记》说："古代君王把选择教师作为首要任务。"就是这个道理啊!

学习过程中,能做到尊敬教师是十分难能可贵的。只有对教师足够尊重才能对他传授的道进行重视。君王能尊师重道,百姓才能专心求学。因此君王不把臣子当作臣子相待的有两种人:一种是正在代表死者受祭祀的人,不以臣子的身份相待;二是教师,不以臣子的身份相待。根据礼制,就算这两种人被天子召见,也可以免去朝见君王的礼节,这就是表示对师道的尊重。

懂得学习的人,会让教师不费多大力气就能收到好的效果,还能对教师表示感激;而不懂得如何学习的人,即使老师很勤苦而也会收效甚少,还会埋怨教师教得不好。会提问的人,如同木工砍木头,懂得先从容易的地方着手,再砍坚硬的节一样,懂得先易后难,这样的话,问题就会容易解决;不会提问题的人恰恰与此相反。会对待提问的人,回答要具有针对性,像撞钟一样,用力小,钟声就小,用力大,钟声就大,响声从容,先让别人把问题说完然后再慢慢一一回答;而那些不会回答问题的人却会恰巧与此相反。以上都是有关于教学的方法。

只靠预先记诵书中的资料来给学生讲授的,不足以成为老师,一定要听了学生发问以后才解答。如果学生有疑问却没有发问的能力,老师才主动为学生解惑;如果为学生讲解了而学生仍然无法理解,先搁置一旁,以后再讲解也是可以的。

高明冶金匠的儿子,一定先要去学缝皮袄;高明弓匠的儿子,一定先要去学编簸箕;学拉车的小马,要先放在车后跟着走。君子懂得先易后难、由浅入深、反复练习、循序渐进的道理,就可以将学生教导好了。

　　古代那些求学的人，善于对同类事物进行比较，懂得举一反三。鼓不等于五声，五声中没有鼓音的调节就不会和谐；水不等于五色，五色中如果没有水的调和，就无法鲜明悦目；学习不等同于五官，但五官如果不经过学习训练就不能将他们的功能发挥；师不等同于五服之亲，但如果没有教师的教导，人们就不懂得五服亲属之间的亲密关系。

　　君子说，德行高的人，不仅仅限于只担任某一种官职；普遍的规律，不仅仅只会适用于某一件事物；诚信的人，用不着一定要他发誓后才信任他；天有四季变化，不用划一，也会守时。懂得这四点，就能领会到做事求学要抓住根本的道理了。古代三王祭祀江河时，都是先祭河而后祭海，因为河是水的本源，而海是水的归宿。这就叫根本。

乐记第十九

【题解】《乐记》是我国最早的音乐理论著作。《乐记》讲述音声之起源，是人心对外在物、境的一种反应，外境有所感，内心才发出音声，因此"音"就是人的心声。古圣先贤以"礼"建立人类社会的秩序，使人心获得真正的安定和乐，安定和乐表现于声音、动作，就是所谓"乐"。故曰"立于礼，成于乐"。而音乐一旦失去了礼的道德内涵，就会走向放纵，使人心浮荡，对社会的安定危害极大。所以古人又说"移风易俗，莫善于乐"。古代圣王治理天下，"礼、乐、刑、政"，将乐排在第二位，仅次于礼，其中深义，不可不察。本篇旧说出于西汉儒者所记，亦有说是先秦公孙尼子所写的。流传至东汉，马融始将其编入《礼记》。本篇的记载，亦见于《史记·乐书》。近世学者认为，大抵是汉世儒者杂剟先秦旧籍，将有关乐论的记述汇编而成。

凡音之起，由人心生也。人心之动，物使之然也。感于物而动，故形于声。声相应，故生变；变成方①，谓之音；比音而乐之，及干戚羽旄②，谓之乐。

【注释】①方：声按照一定的形式排列组合，即成曲调。②干戚羽旄：跳舞时所持的四种舞具。干：盾。戚：斧形器具。羽：雉羽。旄：旄牛尾。武舞执干戚，文舞指羽旄。

【译文】凡是音的产生，都是因为人类内心产生的不同情感变化而来的。人类内心思想情感的变动则是被外界各种不同因素所导致的。受外界因素的影响，人的感情有了变化，从而就会用"声"将这种情感的变化加以表现。声又分各种不同。同声则相应，异声就会有相杂的感觉，于是经过错综复杂的变化后再按照其中一定的规律表现出来，就叫作曲。而人们按这些曲的顺序进行演奏，另外加上武舞和文舞，便成了乐。

乐者，音之所由生也；其本在人心之感于物也。是故其哀心感者，其声噍以杀①；其乐心感者，其声啴②以缓；其喜心感者，其声发③以散；其怒心感者，其声粗以厉；其敬心感者，其声直以廉；其爱心感者，其声和以柔。六者，非性也，感于物而后动。是故先王慎所以感之者。故礼以道其志，乐以和其声，政以一其行，刑以防其奸。礼乐刑政，其极一也；所以同民心而出治道也。

凡音者，生人心者也。情动于中，故形于声。声成文④，谓之音。是故治世之音安以乐，其政和。乱世之音怨以怒，其政乖。亡国之音哀以思，其民困。声音之道，与政通矣。

【注释】①噍（jiāo）：急促。杀（shài）：衰微。②啴（chǎn）：宽

舒。③发：扬。④文：指文采。合成一定的方式，即曲调。

【译文】"乐"，由音演变而来的，而追其根源则是来自于人的内心对外界事物的不同感受。因此，当人的内心觉得悲哀伤心时，所发出的声音就会焦急而又短促；人们的内心感到无比快乐时，所发出来的声音就显得宽裕而舒缓；当人的内心无比喜悦时，所发出的声音就显得开朗而轻快；当人的内心被愤怒所占据时，所发出的声音就显得粗犷而严厉；当人的内心产生了崇敬的情感，所发出的声音就显得正直而又端方；当人的内心产生了爱慕之情，所发出的声音就变得温和而柔顺。而以上这六种声音并不是人们内心本来就有的，而是人们的内心受到外界事物的干扰所造成的。所以古代圣王对那些能够对人内心造成影响的外界事物十分注意。因此用礼来引导人们的意志，用乐对人们的性情加以调和，用政令对人们的行动加以统一，用刑罚对做坏事的人加以防止。用礼、用乐、用政令、用刑罚，这些手段虽然不同，但他们的目的和用意都是一样的，目的都是为了统一民心而实现天下大治。

凡是音，都出自于人的内心。内心感情激动，在声音上就会有所体现。当人们把声组成动听的曲调，就形成了音。所以当人们处于太平盛世中，所产生的曲调就安详而欢乐，是当时国家政治的和谐的表现；如果是处于混乱世道，那么所产生的曲调就会变得怨恨而又愤怒，是当时政治的紊乱的表现。亡国迹象的音，曲调中所透出的哀伤而又深沉的音，表现出当时人民的困苦。从此中可以看来，声音和政治是相通的。

宫为君，商为臣，角为民，征为事，羽为物。五者不乱，则无怗懘①之音矣。宫乱则荒，其君骄；商乱则陂②，其官坏；角乱则忧，其民怨；征乱则哀，其事勤；羽乱则危，其财匮。五者皆乱，迭相陵，谓之慢。如此，则国之灭亡无日矣。郑卫之音③，乱世之音也，比于慢矣。桑间濮上④之音，亡国之音也，其政散，其民流⑤，诬上行私而不可止也。

【注释】①怗懘（zhān chì）：敝败不和。②陂（bì）：倾。③郑卫之音：指春秋时期郑、卫两地的音乐。④桑间濮上：濮水上有桑间，属卫地。⑤流：放纵，不受约束。

【译文】宫声代表的是君，商声代表的是臣，角声代表的是民，征声代表的是事，羽声代表的是物。五声代表的东西都不乱的话，就会是和谐的曲调了。如果代表君的宫声混乱那么音就会显得散漫，象征的是国君的骄纵；代表臣的商声混乱则音就会不正，象征的是官员的腐败；代表民的角声混乱则其音调就显得忧伤，象征的是百姓的不满；代表事的征声混乱则音就会显得悲哀，象征的是百姓徭役太重；代表物的羽声混乱则音就会显得危殆，代表着物资出现匮乏。如果这五者都乱了，那么秩序也就全乱了，那就会奏出慢音。这时的国家离灭亡也就不远了。郑、卫之音，代表的就是乱世之音，接近于慢音了。桑间濮上之音，代表的是亡国之音，表现出的是国家政治极端混乱的现象，百姓流离失所，统治者欺上瞒下，自私自利到不可救药的地步了。

凡音者，生于人心者也。乐者，通伦理者也。是故知声而不知音者，禽兽是也；知音而不知乐者，众庶是也。唯君子为能知乐。是故审声以知音，审音以知乐，审乐以知政，而治道备矣。是故不知声者不可与言音，不知音者不可与言乐。知乐则几于礼矣。礼乐皆得，谓之有德。德者，得也。是故乐之隆，非极音也；食飨之礼①，非致味也。《清庙》之瑟②，朱弦而疏越③，壹倡而三叹，有遗音者矣。大飨④之礼，尚玄酒而俎腥鱼⑤，大羹⑥不和，有遗味者矣。是故先王之制礼乐也，非以极口腹耳目之欲也，将以教民平好恶而反人道之正也。

【注释】①食飨之礼：食礼和飨礼。古代招待宾客及宗庙祭祀的礼仪。②《清庙》：《诗经·周颂》篇名。周人祭祀先祖文王时演奏的乐章。③疏越：疏，通。越：瑟底孔。④大飨：合祭先王的祭礼。⑤玄酒：指水，祭礼中以水代酒。腥鱼：生鱼。⑥大羹：不加盐、菜的肉汁。

【译文】只要是音，都是从人的内心发出的。乐，则与社会伦理相通。因此只懂得声而不懂得音的，那就是禽兽了；只懂得音却不懂得乐的，那属于普通百姓。乐是只有君子才懂得的。因此只有君子才能从声中辨别出音的意味，从音中辨别出乐的所指，从辨别乐而进一步知晓政事，从而才有了一套比较完整的治国之法。所以，和不懂得声的人就无法谈音；而和不懂得音的人就没法谈乐。而懂得乐的人也差不多是懂得礼的。礼乐都能懂得的人，那就是有德。德，也是得到的意思。所以，无论乐有多么隆重,并不仅仅是为了听觉上的享受;无论食飨之礼有多么盛大,并不仅仅是为了味觉上的享受。举例来说,演奏《清庙》用到的瑟,上面是朱色丝弦,疏通下边的调音孔,所演奏出的声音并不显得多么悦耳动听,一个人领头唱,三个人和,形式简朴,但余音袅袅。又如大飨之礼,以水代酒放在前列,盘子里放着生肉生鱼,肉汁任何调料都不加,食物简单却余味无穷。因此,古代先王制礼作乐,并不是为了满足人们口腹耳目的享受,而是为了教导人民节制欲望,平衡好恶,引导人们回到人性的正道上。

人生而静,天之性也;感于物而动,性之欲也。物至知知①,然后好恶形焉。好恶无节于内,知诱于外,不能反躬,天理灭矣。夫物之感人无穷,而人之好恶无节,则是物至而人化物②也。人化物也者,灭天理而穷人欲者也。于是有悖逆诈伪之心,有淫泆作乱之事。是故强者胁弱,众者暴寡,知者诈愚,勇者苦怯,疾病不养,老幼孤独不得其所。此大乱之道也。是故先王之制礼乐,人为之节;衰麻③哭泣,所以节丧纪也;钟鼓干戚,所以和安乐也;昏姻冠笄④,所以别男女也;射乡食飨,所以正交接也。礼节民心,乐和民声,政以行之,刑以防之,礼乐刑政,四达而不悖,则王道备矣。

【注释】①知知:前一个同"智",心智;后一个为感知,知晓。②人化物:人天赋的善性受外物影响而异化。③衰(cuī)麻:用粗麻布制成。④冠笄(jī)：指男女的成年礼，男子二十而冠，女子十五而笄。

【译文】人天生是好静的，没有情欲的躁动，这是人的本性。因受到外界因素的干扰而变得好动，就是本性受到了外界的引诱。人和外界事物相交接而产生喜好或厌恶两种态度。如果喜好或厌恶的态度不能从人自身得到节制，再对外界事物的引诱不能及时地自我反省，不正确对待的话，那么就会丧失人的天性。外物对人的影响是无穷尽的，倘若人的内心好恶没有节制，这样，随着外物的到来，人就渐渐被物化了。人被物化，就会丧失天理，放纵人欲。就会有犯上作乱欺诈虚伪之心产生，就会干出纵欲放荡胡作非为的事情。就会导致强者欺压弱者，人多的欺负人少的，聪明人欺骗老实人，勇猛的人折磨怯懦的，病人无法得到照顾，老幼孤独者得不到关怀。这就是天下大乱的现象。所以，古代圣王就制礼作乐，为人们制定出办法加以节制：丧服、哭泣的规定，是对丧事的节制；钟鼓干戚等乐器舞具，是对安乐的调节；男婚女嫁加冠及笄，是区别男女用的；射乡食飨，是规范人们交往用的。礼用来节制民心，乐用来调和民性，政令则推行国政，刑罚可以防止奸邪。如果礼、乐、刑、政，通达于四方而不悖乱，那么王道政治也就完备了。

乐者为同，礼者为异。同则相亲，异则相敬，乐胜则流①，礼胜则离。合情饰貌②者礼乐之事也。

礼义立，则贵贱等矣；乐文同，则上下和矣；好恶着，则贤不肖别矣。刑禁暴，爵举贤，则政均矣。仁以爱之，义以正之。如此，则民治行矣。乐由中③出，礼自外作。乐由中出故静，礼自外作故文。大乐必易，大礼必简。乐至则无怨，礼至则不争。揖让而治天下者，礼乐之谓也。暴民不作，诸侯宾服，兵革不试，五刑不用，百姓无患，天子不怒，如此，则乐达矣。合父子之亲，明长幼之序，以敬四海之内，天子如此，则礼行矣。

【注释】①胜：过度。流：放任失敬，不讲尊卑。②合情饰貌：调和内在的感情，修饰外在的行为。③中：内心。

【译文】乐在于协调上下关系，礼在于区别人的身份贵贱。上下关系协调好了人们就会互相亲近，人的身份贵贱有了区别就会互相尊重。乐强调过头会使人际关系变得随便，礼强调得过头会使人际关系变得疏远。要使人们内心感情融洽而又外表互相尊重，这就是礼乐要做的了。

礼制建立好了，贵贱等级才会有所区别。乐的文采协调好了，上下关系才能变得和睦。善恶之间的标准有了明确，好人与坏人也就容易区别了。刑罚用来禁止强暴，爵位用来推举贤能，政治公平。仁用来爱护百姓，义用来纠正邪恶。老百姓就变得好治理了。乐是由内心散发的，礼是从外部约束的。因乐由内心散发，所以会真实无伪；礼从外部加以约束，所以人会文质彬彬。乐的最高境界是平缓的，礼的最高规格则是简朴的。乐得到了深入，人与人之间就会消除怨恨；礼得到贯彻，人与人之间就会消除争斗。古代圣王能用谦恭礼让就将整个天下治理得很好，就是礼乐的作用。乱民不闹事,诸侯归服,兵革不用,刑罚不用,百姓没有忧虑,天子没有不满,这样,乐就已经深入民心了。普天之下,父子之间关系密切,长幼之序分明,人人敬爱天子,这样礼算是得到了彻底贯彻了。

大乐与天地同和,大礼与天地同节。和故百物不失,节故祀天祭地,明则有礼乐,幽①则有鬼神。如此,则四海之内,合敬同爱矣。礼者殊事合敬者也;乐者异文合爱者也。礼乐之情同,故明王以相沿也。故事与时并,名与功偕②。

故钟鼓管磬,羽籥干戚,乐之器也。屈伸俯仰,缀兆舒疾,乐之文也。簠簋俎豆,制度文章,礼之器也。升降上下,周还裼袭③,礼之文也。故知礼乐之情者能作,识礼乐之文者能述。作者之谓圣,述者之谓明;明圣者,述作之谓也。

乐者,天地之和也;礼者,天地之序也。和故百物皆化;序故群物皆别。乐由天作,礼以地制。过制则乱,过作则暴。明于天地,然后能兴礼乐也。论伦无患,乐之情也;欣喜欢爱,乐之官④也。中正无邪,礼之质也,庄敬恭顺。礼之制也。若夫礼乐之施于金石,越于声音,用于宗庙社稷,事乎山川鬼神,则此所与民同也。

【注释】①幽:幽冥。②事与时并:行事须因时制宜。事:指礼。名与功偕:乐名都与功业匹配。③周还裼袭:周,环绕。还(xuán),旋转。裼(xī)袭,古代的礼服制度。④官:功能。

【译文】乐的最高境界是如同天地般协和万物，礼的最高规制是如同天地之间那样节制万物。因协和而万物各得其所；因为有所节制，所以用来祭天祀地。世间有礼乐教化，幽冥中有鬼神相助。这样，四海之内人们就能互敬互爱了。礼，是用各种不同的仪式而教人互敬；乐，则是用不同的声律而教人互爱。礼乐对社会所起的作用相同，因此历代圣明的君主在继承礼乐的同时也有所损益。所以礼与所处时代相通，而乐则与天子功业相称。

因此钟鼓管磬，羽籥干戚都是乐器；而屈伸俯仰的动作，开合快慢的变化，是乐的表现形式。簠簋俎豆与制度文章，是行礼所要用的器具；升阶降阶、上堂下堂，环绕转身、坦露外衣掩住外衣，则属于礼的表现形式。因此凡是懂得礼乐在社会中作用的人就能够制作礼乐，而懂得礼乐表现形式的人能够传授礼乐。能够制作礼乐的人称之为圣，传授礼乐的人称之为明。所谓的"明"和"圣"，指的就是传授和制作礼乐的意见。

乐是天地间和谐的体现；礼是天地秩序的体现。因天地和谐，万物才能融洽相处；因天地秩序良好，万物之间才能有所差别。乐是法天而作，礼则是仿地而制。礼制如果定得有错误，就会引起社会秩序的混乱，乐制作的有错误就会导致社会失和。清楚了礼乐与天地之间的关系，才能制礼作乐。辞曲配合得体，才是乐的实情。能让人高兴喜欢，是乐的作用。让人中正无邪，属于礼的本质。让人庄敬恭顺，属于礼的功能。而礼乐借助钟磬等乐器发出的声音，用作祭祀宗庙社稷、山川鬼神。而这方面，天子和百姓都是相同的。

王者功成作乐，治定制礼。其功大者其乐备，其治辩者其礼具。干戚之舞非备乐也，孰亨而祀非达礼也。五帝殊时，不相沿乐；三王异世，不相袭礼。乐极则忧，礼粗则偏矣。及夫敦乐而无忧，礼备而不偏者，其唯大圣乎？

天高地下，万物散殊，而礼制行矣。流而不息，合同而化①，而乐兴焉。春作夏长，仁也；秋敛冬藏，义也。仁近于乐，义近于礼。乐者敦和，率神而从天；礼者别宜，居鬼而从地。故圣人作乐以应天，制礼以配地。礼乐明备，天地官②矣。

【注释】①合同而化：合同阴阳，化育万物。②官：职能。

【译文】君王大功告成以后就制作乐；政治安定以后就制定礼。君主的功劳越大所制定的乐就会越完备；社会秩序越是安定所制的礼就越完善。手执干戚的武舞不能算完备之乐；用熟肉来祭祀不能算最敬的礼。五帝不同时，所以对前代的乐不加以照搬；三王不同代，所以不抄袭前代制定的礼。极度沉迷于乐，则有沉迷而忘返的忧；粗制之礼，或失去中正无邪的本质。既能做到爱好乐又不会沉迷忘返之忧，礼数完善却不失中正无邪的本质的，大概只有圣人才能做到吧！

天在上，地在下，万物散处而又各不相同，给人区分差别的礼就因此产生了。天地万物都处于流动不止的一种状态，相互之间有所联系又会互相影响，于是讲究和同的乐就因此而生了。春生夏长,是仁的精神的体现;秋收冬藏,是义的精神的体现。仁接近于乐,义接近于礼。乐强调和同,循神而法天;礼强调人与人之间身份上的差别,循鬼而效地。圣人制乐用来顺应天,制礼则是为了配地。礼乐做到这般此显明完备,天地的职能就能够发挥了。

天尊地卑,君臣定矣。卑高已陈,贵贱位矣。动静有常,小大①殊矣。方以类聚,物以群分,则性命不同矣。在天成象,在地成形;如此,则礼者天地之别也。地气上齐②,天气下降,阴阳相摩,天地相荡,鼓之以雷霆,奋之以风雨,动之以四时,暖③之以日月,而百化兴焉。如此则乐者天地之和也。化不时则不生,男女无辨则乱升;天地之情也。

及夫礼乐之极乎天而蟠乎地,行乎阴阳而通乎鬼神;穷高极远而测深厚。乐著大始,而礼居成物。著不息者天也,著不动者地也。一动一静者,天地之间也。故圣人曰礼乐云。

【注释】①小大:泛指万物。②齐:通"跻",上升。③暖:照耀。

【译文】天尊在上,地卑在下,君臣之间的关系也是依此而确定的。高山低泽,地位的贵贱依此确立的,天动地静,有它的常规,或大或小也从此区别开了。方以类聚,物以群分,各自的特性不尽相同。天上有日月星辰风雷等不同现象,地上有山川草木鸟兽等不同的物种。圣人根据这些来制定礼制,礼体现在天地之间的差别上。地气上升,气温下降,阴阳之间相互融合,天地互相激荡，雷霆鼓动，风雨滋润，四季交替循环，日月昼夜交替照耀，才孕育万物。圣人根据这些制定了乐，乐于是体现的就是天地之间的和同。乐贵在和同，如果化不依时，物也孕育不出；礼贵在区别，因此，如果没有了男女之别就会出现问题。这是天地本性。

礼乐的功能上达于天，下至于地，可以行乎阴阳和通于鬼神，意义高远而无微不至。乐代表的是形成万物的天，礼代表的是形成万物的地。能不停运转的是天，静止不动的是地。一动一静，就构成了天地间的一切。因此圣人治理天下一定会制定礼乐。

昔者，舜作五弦之琴以歌《南风》，夔①始制乐以赏诸侯。故天子之为乐也，以赏诸侯之有德者也。德盛而教尊，五谷时熟，然后赏之以乐。故其治民劳者，其舞行缀远；其治民逸者，其舞行缀短。故观其舞，知其德；闻其谥②，知其行也。《大章》，章③之也。《咸池》，备矣。《韶》，继也。《夏》，大也。殷周之乐，尽矣。

【注释】①夔：舜时乐官。②谥：谥号，人死后依照其德行功过定的称号。③章：彰明。

【译文】从前，舜制作五弦琴演奏《南风》，夔开始制乐用来对诸侯进行赏赐。以此来看，天子制乐是为了赏赐有德的诸侯的。而身为诸侯，德行隆盛又尊重教化，五谷丰登，才能够被天子赏赐以乐。因此凡是所管辖区域百姓劳困的，所赏赐的舞队就人员就稀少；凡是所管辖区域内人民安乐的，所赏赐的舞队人员就会多。所以，只要看诸侯舞队的多少，就能由此得知他的德行如何了；就像只要听某人谥号，就能知道他生前行事是一样的道理。尧之乐叫《大章》，是昭彰尧的德行的意思。黄帝之乐叫《咸池》，是黄帝之德普施天下的意思。舜之乐叫《韶》，是舜能继承尧的德行的意思。禹之乐叫《夏》，是禹能把大尧舜之德发扬光大的意思。殷周之乐充分反映了当时文治武功的盛况。

天地之道，寒暑不时则疾，风雨不节则饥。教者，民之寒暑也；教不时则伤世。事者民之风雨也；事不节则无功。然则先王之为乐也。以法治也，善则行象德矣。夫豢豕①为酒，非以为祸也，而狱讼益繁，则酒之流②生祸也。是故先王因为酒礼，壹献之礼，宾主百拜③，终日饮酒而不得醉焉；此先王之所以备酒祸也。故酒食者所以合欢也；乐者所以象德也；礼者所以缀④淫也。是故先王有大事，必有礼以哀之；有大福，必有礼以乐之。哀乐之分⑤，皆以礼终。乐也者，圣人之所乐也，而可以善民心，其感人深，其移风易俗，故先王著其教焉。

【注释】①豢（huàn）豕：养猪。②流：放纵无度。③百拜：指跪拜多次。④缀：通"辍"，止也。⑤分：分寸，程度。

【译文】天地运行的规律，如果遇上该热的时候不热，该冷的时候却不冷，那么人就会生病，风雨不顺就会发生饥荒。乐教对百姓来说就像是寒暑之间的交替，如果乐教不及时人心就会遭世道所损害。礼制对百姓就相当于风雨,没有节制的礼办起事来就不会有成效。所以先王制乐,是用来作为管理百姓的一种方法,方法用得对就能使人们的行为合乎道德。就如同养猪酿酒,本意不是为了要制造祸端,可是为此打官司的却一天比一天多,这就是因为酒而造成的现象。所以先王才特地制定了饮酒之礼。宾主之间敬一次酒就要行很多礼,这样就算整天饮酒也不到喝醉的地步。这就是先王为了防范酗酒闹事而制定的礼法。酒食是用来聚会同欢的。乐是表现德行的,礼是制止越轨行为的。所以先王有了死丧之类的大事,一定会用适当的礼表示内心的悲哀;有了喜庆之类的大事,也会用适当的礼表示欢乐。悲哀和欢乐到哪种程度,礼都会规范出标准。圣人喜欢乐,因为它可以改善民心,能移风易俗,因此先王才注重乐的教化。

夫民有血气心知之性,而无哀乐喜怒之常,应感起物而动,然后心术①形焉。是故志微噍杀之音作,而民思忧。啴谐慢易、繁文简节之音作,而民康乐。粗厉猛起、奋末广贲之音作,而民刚毅。廉直、劲正、庄诚之音作,而民肃敬。宽裕肉好②、顺成和动之音作,而民慈爱。流辟邪散、狄成③涤滥之音作,而民淫乱。是故先王本之情性,稽④之度数,制之礼义。合生气之和,道五常之行,使之阳而不散,阴而不密,刚气不怒,柔气不慑⑤,四畅交于中而发作于外,皆安其位而不相夺也;然后立之学等,广其节奏,省其文采,以绳德厚。律小大之称,比终始之序,以象事行。

使亲疏贵贱、长幼男女之理,皆形见⑥于乐,故曰:"乐观其深矣。"

【注释】①心术:思想感情。②肉好(hào):圆润。③狄成:音乐疾速。④稽:考核。⑤慑(shè):畏惧。⑥形见(xiàn):表现。见,同"现"。

【译文】人都有血气和感知外物的天性,而人喜怒哀乐的情绪却不是一成不变的。这取决于外界因素对于人内心的干扰,人的内心会给出相应的感情。就如演奏细微急促的曲调时,人们的内心会感到忧郁;演奏宽和、平缓、含义丰富,节奏简明的曲调时,人们的内心就会感到舒畅而温暖;在演奏粗厉、发声有力而收声昂奋、充满激情的曲调时,人们的内心就会感到振奋激荡;在演奏清明、正直、端庄、诚恳的曲调时,人们的内心就会觉得肃然起敬;在演奏宽舒、圆润、流畅、柔和的曲调时,人们的内心就会产生慈爱之情;在演奏流荡、邪僻、轻佻、放纵的曲调时,人们内心就会滋生出淫乱。因此先王作乐时,是以人的性情为依据,音律的度数作为参考,令乐清浊高下都表现得合适。既与造化的平和相符,又能依循五常的德行,使它的阳气得以发扬而又不至于流散,阴气得以收敛而又不至闭塞,含刚毅之气却不至于令人发怒,有柔顺之气却不让人胆怯,四者交融其中而表现在外,都能安于其位不互相妨害。订立学习进度,增益节奏,审查文采,以量度德的厚薄。与此同时,将音律度数的匀称加以比对,章节起讫的次序进行排列,以使五声各像其代表之物,使亲疏、贵贱、长幼、男女之间的伦理关系都在乐中得以体现。所以古人才说:"通过乐可以深刻的观察社会。"

土敝则草木不长,水烦则鱼鳖不大,气衰则生物不遂,世乱则礼慝①而乐淫。是故其声哀而不庄,乐而不安,慢易以犯节,流湎以忘本。广则容奸,狭则思欲,感条畅之气而灭平和之德。是以君子贱之也。

凡奸声感人,而逆气应之;逆气成象,而淫乐兴焉。正声感人,而顺气应之;顺气成象,而和乐兴焉。倡和有应,回邪曲直,各归其分;而万物之理,各以其类相动也。是故君子反情②以和其志,比类以成其行。奸声乱色,不留聪明③;淫乐慝礼,不接心术。惰慢邪辟之气不设于身体,使耳目鼻口、心知百体皆由顺正以行其义。然后发以声音,而文以琴瑟,动以干戚,饰以羽旄,从以箫管。奋至德之光,动四气之和,以著万物之理。是故清明象天,广大象地,终始象四时,周还象风雨。五色成文而不乱,八风从律而不奸,百度④得数而有常。小大相成,终始相生。倡和清浊,迭相为经。故乐行而伦清,耳目聪明,血气和平,移风易俗,天下皆宁。故曰:乐者,乐也。君子乐得其道,小人乐得其欲。以道制欲,则乐而不乱;以欲忘道,则惑而不乐。

是故君子反情以和其志,广乐以成其教,乐行而民乡方⑤,可以观德矣。德者,性之端也。乐者,德之华也。金石丝竹，乐之器也。诗，言其志也；歌，咏其声也；舞，动其容也。三者本于心，然后乐气从之。是故情深而文明，气盛而化神。和顺积中而英华发外，唯乐不可以为伪。

【注释】①慝：邪恶。②反情：返回人的天性，恢复善性。③聪明：耳与眼。④百度：百刻，古代计时分一昼夜为一百刻。⑤乡（xiàng）：通"向"。方：道。

【译文】地力衰竭连草木都不生长；不按时节频繁地捕捞，鱼鳖就长不大；生气衰弱，万物就无法成熟；世道混乱，礼会废弛而乐却变得放纵无拘。因为乐的放纵无拘，声音听起来就会让人觉得悲哀而不庄重，快乐而不安详，散漫简单而节奏紊乱，流连缠绵而无所归宿，宽缓而含邪恶之意，急促而挑动情欲，感发人们的跌宕情绪，把人们平和的德性消灭。因此君子鄙视这种音乐。

凡是邪恶之声对人的影响，人身上的邪逆之气就会随之增长；邪逆之气一旦成为当时社会的主流，那么淫乐也就随之产生了。而纯正之声也影响于人，人身上的和顺之气也会随之有所增长；一旦和顺之气成为当时社会风尚，那么和乐就随之产生了。一唱一和之间互相呼应。乖违与邪僻，弯曲与直正，各有各的同类，天下万物都贯穿着同样的道理，就是同类相应。于是淫溺之情就被君子所摒弃，对自己的心志进行调和，效法好的榜样以成就自己的德行。对于邪恶的声不听，杂乱的色不看；淫荡之乐和非礼之礼，不与心志相接；不让惰慢歪邪的习气沾染，使耳目、口鼻、心灵和身体的各个部分都沿着和顺中正之气而得到正常的发展，履行它们自己的职能。然后发出声音，用琴瑟为他们伴奏；跳武舞时手执干戚，跳文舞时手执羽旄，箫管来为此伴奏。发扬至高道德的光辉，感应四时之气的和谐，用以昭示万物之理。这样的乐，清澈明朗得像天，无所不载如同地，终而复始如同四时，周回旋转又像是风和雨。五音构成音乐，像五色一样不紊乱；八种乐器和谐成律，像八风一样不侵夺；音乐的节奏变化，像昼夜百刻一样有规律。高音与低音相辅相成，十二律互相配合，或唱或和，或清或浊，交错揉合。这类乐流行就会使人向善，耳聪目明，心气平和，移风易俗，天下安宁。所以说，乐是能给人带来快乐的。君子的快乐是得到了仁义，小人的快乐是满足了自己的个人私欲。用仁义对私欲加以约束，就算得到快乐也不会因此迷乱；只顾个人私欲而忘却了仁义，就会使人陷入迷惑而无法得到真正的快乐。

所以君子回归天赋的本性，以调和自己的心志，推广乐教来完成教化，乐教得以推行，人民就会走上仁义之道，我们就可以通过乐教看到君子德行的高尚了。德是人性的发端。乐是德开放出来的花朵。金石丝竹，是乐器。诗篇用以抒发人的心志，而歌咏可以表达人心志的声音，舞蹈可以展现乐的仪容。诗、歌、舞这三者都是由人的内心散发出来的，再用乐器为它们进行伴奏。乐所表达的情感深厚而文采鲜明，气氛浓烈到使人潜移默化。有和顺的感情蓄积在心中，然后音乐的精神才能展露出来，唯有音乐是不可以作伪的。

乐者，心之动也；声者，乐之象也。文采节奏，声之饰也。君子动其本，乐其象，然后治其饰。是故先鼓以警戒，三步以见方，再始以着往，复乱①以饬归②。奋疾而不拔，极幽而不隐。独乐其志，不厌其道；备举其道，不私其欲。是故情见而义立，乐终而德尊。君子以好善，小人以听过。故曰：生民之道，乐为大焉。

乐也者，施也；礼也者，报也。乐，乐其所自生；而礼，反其所自始。乐章德，礼报情反始也。所谓大辂者，天子之车也。龙旂九旒，天子之旌也。青黑缘者，天子之宝龟也。从之以牛羊之群，则所以赠诸侯也。

【注释】①乱：乐舞之终。②饬归：整饬舞队，表现武王凯旋归来。

【译文】乐是人们内心情感的表达，声是乐外在形式的体现。文采节奏是为了对声加以修饰。君子本从自己的内心出发，用喜爱的形式进行表现，然后再对文采节奏予以讲究。如《大武》之舞，先击鼓让众人准备好，踏三次步提醒舞蹈即将开始；一曲完了后，从头再来，意思是第二次出兵才灭掉了商。最后阶段又整齐地回到原来的舞位。舞者步伐迅疾，却不慌乱；音乐意味深长，而不隐晦。整支舞蹈体现的是武王在欣喜之时心中仍不忘仁义，不为个人私欲而能施行仁义以利天下。人们可以从整支舞中看到武王伐纣这件事的过程，也能看出武王伐纣其中的仁义。《大武》曲终而武王的德尊也昭然显示。君子从中领会而增加其好善之心，小人也会对自己的过错加以反省。所以说：乐是国家最重要的治民之道。

乐是只求施予而不求回报的。礼是讲究有来有往,既讲施予也讲报答的。乐是来源于发自内心的欢乐心情,而礼则是为了追溯其所从来的始祖。乐为的是表明内在之德,礼则要报答恩情饮水思源。大辂本是天子的车;而龙旗九旒,本是天子的旗;青黑色甲缘的本是天子的宝龟;再有成群的牛羊,全部都是天子赠送给即将返回封地的诸侯的。

乐也者,情之不可变者也。礼也者,理之不可易者也。乐统同,礼辨异,礼乐之说,管乎人情矣。穷本知变,乐之情也;著诚去伪,礼之经也。礼乐偩①天地之情,达神明之德,降兴上下之神,而凝是精粗之体,领父子君臣之节。是故大人举礼乐,则天地将为昭焉。天地䜣②合,阴阳相得,煦妪③覆育万物,然后草木茂,区萌达④,羽翼奋,角觡⑤生,蛰虫昭苏,羽者妪伏⑥,毛者孕鬻⑦,胎生者不殰⑧,而卵生者不殈⑨,则乐之道归焉耳。

乐者,非谓黄钟大吕弦歌干扬也,乐之末节也,故童者舞之。铺筵席,陈尊俎,列笾豆,以升降为礼者,礼之末节也,故有司掌之。乐师辨乎声诗,故北面而弦;宗祝辨乎宗庙之礼,故后尸;商祝辨乎丧礼,故后主人。是故德成而上,艺成而下;行成而先,事成而后。是故先王有上有下,有先有后,然后可以有制于天下也。

【注释】①偩：负。②诉：通"熏"，蒸发。③煦妪(yǔ)：抚育长养。④区萌达：区(gōu)：曲。达：犹出。曲出曰区，直出曰萌。区萌：蜷曲的萌芽。⑤角觡(gé)：泛指兽类。角中有内骨的名角；角中无内骨的名觡。⑥妪伏：鸟孵卵。⑦鬻：通"育"，生。⑧殰(dú)：胎儿死在腹中。⑨殈(xù)：破裂。

【译文】乐所表达的是人们情感不可轻易变化的；礼所表达的是道理之不可轻易改变的。乐强调同一，礼强调区别和差异。礼和乐贯通了人情的全部。探索人内心的本源，推知它的变化规律，这是属于乐的本性；将人们真诚的品德予以发扬，除去虚伪是属于礼的原则。礼和乐是顺应天地之间的法则，通达神明的德性，可以使天神降而地神出，可以使大小精粗等各种不同的形体都得成就而端正，可调整君臣父子之间的关系。因此圣人推行礼乐，天地因此而变得光明。天地交合，阴阳感应，天下万物莫不得到覆育。于是地上的草木茂盛，作物开始萌芽，鸟儿们展翅飞翔，兽类也活蹦乱跳，蛰虫从寒冬中慢慢苏醒，鸟儿们孵卵育雏，兽类受孕育子，胎生的不会流产，卵生的蛋壳不会破裂。这一切都来源于乐的功能。

乐并不是简单地指黄钟大吕、弹琴唱歌、举盾跳舞，这些只不过是乐的一小部分而已，所以让孩童们表演一下就行了。礼也并不是简单地指铺设筵席、陈设酒食、陈列礼器，以及登堂下阶、上前退后等等，这些也只是礼的一小部分而已，所以让普通基层人员去办就好。乐师只懂得声律诗句，所以就只会面朝北而操弦；宗祝只懂得宗庙中的礼节，所以就只能跟在尸的后面赞助礼仪；商祝只懂得丧葬之礼，所以就只能跟在孝子身后提醒。因此总结出，凡是那些深明道理的在上，而那些只懂得技艺的则在下；深明道理排在前，只懂得技艺的排在后。先王懂得这上下、先后的道理，才为天下制礼作乐。

魏文侯问于子夏曰："吾端冕而听古乐，则唯恐卧；听郑卫之音，则不知倦。敢问：古乐之如彼何也？新乐之如此何也？"子夏对曰："今夫古乐，进旅①退旅，和正以广。弦匏笙簧，会守拊鼓②，始奏以文，复乱以武③，治乱以相④，讯疾以雅。君子于是语，于是道古，修身及家，平均天下。此古乐之发也。今夫新乐，进俯退俯，奸声以滥，溺而不止；及优侏儒，獶杂子女，不知父子。乐终不可以语，不可以道古。此新乐之发也。今君之所问者乐也，所好者音也！夫乐者，与音相近而不同。"

【注释】①旅：犹俱。②拊：即拊搏，打击乐器。蒸发。③文：谓鼓。武：谓金，即铙。④相：即拊。因拊中填以糠，糠一名相，故拊亦名相。

【译文】魏文侯问子夏："我身穿礼服头戴礼帽神情恭敬地去听古乐，就怕自己听的时候会打瞌睡。如果是去听郑、卫之音，反倒不会有疲倦的情况发生。请问为什么古乐会让我产生那种昏昏欲睡的感觉，而新乐又不会有这样的感觉呢？"子夏回答道："我们先说说古乐：古乐舞蹈时讲究同进同退，整齐划一；曲调平和中正而宽广。各式管弦乐器都等候拊鼓的指挥，开始表演时击鼓，结束表演时击铙。击"相来"对收场之歌曲进行调节，击

"雅"控制快速的节奏。表演完后,君子在哪里解说,在哪里叙述,无不是修身齐家治国平天下的道理。这是古乐演奏的情形。再说新乐,舞蹈动作可以参差不齐,唱的曲调邪恶而放荡,使人沉迷于酒色之中而难以自拔。加上俳优侏儒的逗趣,男女混杂,父子不分。歌舞终了,仍不晓得说的是什么,也无法联系古代的事迹,这是新乐演奏形式。现在您问的是乐,而您喜欢的是音。而乐是与音相近却不相同的。"

文侯曰:"敢问何如?"子夏对曰:"夫古者,天地顺而四时当,民有德而五谷昌,疾疢①不作而无妖祥,此之谓大当。然后圣人作为父子君臣,以为纪纲。纪纲既正,天下大定。天下大定,然后正六律,和五声,弦歌诗颂,此之谓德音;德音之谓乐。《诗》云:'莫其德音,其德克明。克明克类,克长克君,王此大邦;克顺克俾,俾于文王,其德靡悔。既受帝祉,施于孙子②。'此之谓也。今君之所好者,其溺音乎?"

【注释】①疾疢:病害。②引自《诗经·大雅·皇矣》克类:能符合其德性。俾:通"比",相配。帝祉:承天之福佑。

【译文】文侯说:"请问您这话是什么意思?"子夏答道:"古时候天地正常运行,四季交替而且风调雨顺,人民道德高尚而五谷丰登,不生疾病且没有灾祸,这称得上太平盛世了。然后圣人们定下君臣父子的名分,作为纲纪。有了这样的纲纪,才天下大治。天下大治以后才考正乐律，调和五声，演奏乐器来表达，创作诗篇来赞颂，这称之为"德音"。德音才能称得上乐。《诗经》上说：'王季美名传四方，他的德行好能普照天下。既能普照天下，又能施惠于民，才能够为人师表，才能够成为国君，才能够统治一方，才能够顺应民心；才能够择善而从。到文王继位以后，文王的道德高尚到连一点小毛病都挑不出，不但得到上天的赐福，还把福泽传给了自己的子孙。'所说的就是这个意思。您如今所喜好的，大概是被称为溺音的这类吧！"

文侯曰："敢问溺音何从出也？"子夏对曰："郑音好滥淫志，宋音燕女溺志，卫音趋数①烦志，齐音敖辟乔志②；此四者皆淫于色而害于德，是以祭祀弗用也。《诗》云：'肃雍和鸣，先祖是听。'夫肃肃，敬也；雍雍，和也。夫敬以和，何事不行？为人君者，谨其所好恶而已矣。君好之，则臣为之。上行之，则民从之。《诗》云：'诱民孔易'，此之谓也。"然后，圣人作为鞉、鼓、椌、楬、埙、篪，此六者，德音之音也。然后钟磬竽瑟以和之，干戚旄狄③以舞之，此所以祭先王之庙也，所以献酬酳酢也，所以官序贵贱各得其宜也，所以示后世有尊卑长幼之序也。钟声铿，铿以立号，号以立横④，横以立武。君子听钟声则思武臣。石声磬，磬以立辨，辨以致死。君子听磬声则思死封疆之臣。丝声哀，哀以立廉，廉以立志。君子听琴瑟之声则思志义之臣。

竹声滥，滥以立会，会以聚众。君子听竽笙箫管之声，则思畜聚之臣。鼓鼙之声讙⑤，讙以立动，动以进众。君子听鼓鼙之声，则思将帅之臣。君子之听音，非听其铿锵而已也，彼亦有所合之也。

【注释】①趋数：读为"促速"。②敖辟：形容乐音倨放而邪辟。③狄：通"翟"，野鸡尾羽。④横：读"犷"，兴奋。⑤讙：喧闹。

【译文】文侯又问道："请问溺音又是从哪里来的呢？"子夏答道："那些郑国的音大多轻佻流慢，能使人心志淫荡，宋国的音则纤柔妩媚，令人意志消沉；卫国的音节奏急促，让人心情烦乱；齐国的音傲慢邪僻，让人志骄意满。这四国的音，都在侧重情欲，从而对道德有害，所以在祭祀时不能用。《诗经》上说：'肃雍和鸣之音，祖先喜欢听。'肃肃意指的是肃敬的意思；而雍雍代表的是和谐的意思。如果既能做到肃敬又能做到和谐，那么还有什么事是办不成的呢？一国之君，对自己的好恶要采取谨慎态度。因为国君的喜好会直接影响到臣下，而君长的行为，百姓也会进行效仿。《诗经》上说：'对民众的诱导是很容易的事。'就是这个道理。然后圣人才出来，制成鼗、鼓、椌、楬、埙、篪六种乐器，这些都是发出德音的乐器。然后再用钟、磬、竽、瑟伴奏，使文质相杂，再加上手执干、戚、旄、狄生动的舞蹈。这就用来祭祀先王之庙和用来设宴接待宾客的乐，这样的乐就可以用来排列官爵高低、身份贵贱而没有什么不得当的地方了，可以启示后人，让他们懂得尊卑长幼的次序。钟声洪亮，洪亮可以用来发号施令,有了号令就会让人充满勇气,有了勇气人们就会战无不胜。当君子听到钟声,就会联想到武将。磬声坚定有力,坚定有力的声音能让人明辨是非,明辨是非就会有人视死如归。当君子听到磬声,会想到为保卫国家而捐躯的兵士。琴瑟的声音悲哀,悲哀的声音会让人清廉刚正,清廉刚正的人就会守志不阿。因此,当君子听到琴瑟之声,会想到刚正不阿的臣子。管乐器的声音宽广,宽广的声音使人会合聚众。因此,当君子听到管乐器的声音,就会想到那些能将百姓安抚好的臣子。鼓鼙的声音喧闹,喧闹的声音会让人激动,激动就会率众前进。因此,当君子听音乐,不是只听音乐的铿锵而已,而是要从乐声中听出某种内心所要表达的情感来。"

宾牟贾侍坐于孔子,孔子与之言及乐,曰:"夫《武》之备戒①之已久,何也?"对曰:"病①不得众也。""咏叹之,淫液②之,何也?"对曰:"恐不逮事也。""发扬蹈厉之已蚤③,何也?"对曰:"及时事也。""武坐致右宪左④,何也?"对曰:"非武坐也。""声淫及商⑤,何也?"对曰:"非《武》音也。"子曰:"若非《武》音,则何音也?"对曰:"有司失其传也。若非有司失其传,则武王之志荒矣。"子曰:"唯!丘之闻诸苌弘,亦若吾子之言是也。"

【注释】①备戒:武舞将作,先击鼓以警众。②淫液:谓声音连延流液不绝貌。即指动作之舒缓。③蹈:以足顿地。厉:猛烈。蚤:通

"早"。④坐：谓以膝至地，如今之跪。武坐：武舞跪地的舞姿。宪：通"轩"。致右：右膝抵地。宪左：左膝扬起。⑤商：指商声，主杀伐。

【译文】宾牟贾陪坐在孔子身边，孔子和他谈时涉及到了乐，孔子问道："你说，《武》在开始表演前长时间的击鼓警众是要表达什么意思？"宾牟贾答道："应该是武王一开始伐纣时怕得不到众诸侯的支持。"孔子又问："《武》乐的曲调漫长，绵延不绝，又是要表达什么意思呢？"宾牟贾答道："应该是表达武王担心诸侯率兵迟到，不能及时参加战斗。"孔子又问："舞蹈一开始就威武雄壮地举手顿足，这又表达的什么意思呢？"宾牟贾答道："这是要及时抓住战机，速战速决的意思。"孔子又问："《武》舞是右膝着地，左膝抬起，这是什么意思呢？"宾牟贾答道："这不是《武》舞的跪法。"孔子又问："为什么会有人说《武》乐之歌有贪图商朝政权的意思呢？"宾牟贾答道："这根本就不是《武》乐之音。"孔子又问："不是《武》乐之音，那又能是什么音呢？"宾牟贾答道："这应该是乐官传授间出现的差错。如果不是乐官出现差错，那只能是武王一时糊涂了。"孔子说："是的。我从苌弘那儿听的，和您刚才所讲的一模一样。"

宾牟贾起，免席而请曰："夫《武》之备戒之已久，则既闻命矣，敢问：迟之迟而又久，何也？"子曰："居！吾语女。夫乐者，象成者也；总干而山立，武王之事也；发扬蹈厉，大公①之志也。《武》乱皆坐，周、召之治也。且夫《武》，始而北出，再成而灭商。三成而南，四成而南国是疆，五成而分，周公左，召公右，六成复缀，以崇天子。夹振之而驷伐，盛威于中国也。分夹而进，事早济也，久立于缀，以待诸侯之至也。且女独未闻牧野之语乎？武王克殷反商。未及下车而封黄帝之后于蓟，封帝尧之后于祝，封帝舜之后于陈。下车而封夏后氏之后于杞，投殷之后于宋。封王子比干之墓，释箕子之囚，使之行商容而复其位。庶民弛政，庶士倍禄。济河而西，马散之华山之阳，而弗复乘；牛散之桃林之野，而弗复服。车甲衅②而藏之府库，而弗复用。倒载干戈③，包之以虎皮；将帅之士，使为诸侯；名之曰建櫜④。然后知武王之不复用兵也。散军而郊射，左射狸首，右射驺虞，而贯革之射息也。裨冕搢笏，而虎贲之士说⑤剑也。祀乎明堂而民知孝。朝觐然后诸侯知所以臣，耕藉然后诸侯知所以敬。五者，天下之大教也。食三老五更⑥于大学，天子袒而割牲，执酱而馈，执爵而酳，冕而总干，所以教诸侯之弟也。若此则周道四达，礼乐交通。则夫《武》之迟久，不亦宜乎！"

【注释】①大公：太公。②衅：缝隙。③干戈：兵器的统称。④建櫜（gāo）：将兵甲收藏于武库。建，通"键"，锁闭；櫜，用以藏铠甲。⑤说：通"脱"。⑥三老五更：三老，乡官之名。五更，年老致仕而有经验之乡间耆老。

【译文】宾牟贾听到孔子这么说就马上离开席位，恭恭敬敬地向孔子问道："有关于《武》乐开始表演前要长时间击鼓警众等问题，在下已经领教了。而舞者每舞完一节都会亮相好长时间，请问这又是代表什么意思呢？"孔子说："请坐，我先慢慢给你讲。首先你要明白乐是象征已经完成的事。单从《武》的细节方面来看，舞者手持盾牌，稳如山，这代表武王的威重之容。舞者举手顿足，威武雄壮，这代表的是太公必胜的决心。《武》舞最后的表演部分是演员都坐了下来，这意指周公、召公以文治代替了武功。再从《武》乐的表演经过方面来看，第一节象意指武王北出孟津等待与各方诸侯会合，第二节意指武王灭商，第三节意指武王挥师向南，第四节意指南国已经归入版图，第五节时舞者被分为两列，这意指周公和召公一左一右地辅佐天子，第六节时舞者回到最开始表演的位置，这象征着凯旋而归，各诸侯尊崇武王为天子。在整个表演过程中，在舞队的两侧会时不时地有一人摇动铎铃，而舞者则会用戈矛四次击刺，这象征武王军威雄壮；舞者有时向将帅部署士卒，摇动铎铃夹队前进，这表示要早点渡河伐纣。至于舞者久久地站在舞位上不动，这代表武王正在等候各路诸侯前来汇合。你听说过对《武》乐的评论吗？武王战胜了殷纣王，到了殷都后还没来得及下车，就已经将黄帝的后代封到蓟，再将帝尧的后代封到祝，将帝舜的后代封到陈。下车以后又将夏禹的后代封到了杞，把将商汤的后代安置到了宋，将王子比干的墓进行修整，又将箕子从牢中放出来，让他对商代的礼乐之官进行寻访，并且令他官复原位。废除了殷纣对民众的苛捐杂税，给殷士人增加了成倍的俸禄。然后再渡过黄河向西，将用来驾车的马放牧于华山南面，表示从此以后不再用它们拉战车了；

把牛放牧于桃林原野,表示从此以后不再役使它们;把兵车铠甲盖收藏到府库里,表示从此以后不再使用它们。把干戈等武器倒放,用虎皮包裹起来,这被称之为'把干戈束之高阁'。将带兵的将帅赐封为诸侯。这样,普天之下就没有人不知道武王不会再用兵打仗了。将军队解散,在郊外学宫举行射箭比赛。在东郊习射的诸侯,奏《狸首》之曲;天子在西郊习射,奏《驺虞》之曲。那种穿透铠甲在战场上的射箭停止了。人们都穿上礼服,戴上礼帽,腰插笏板,勇士们也不再身带佩剑。天子在明堂对祖先进行祭祀,民众也从中学会了孝道。规定诸侯定期朝见天子,诸侯也就懂得了要如何做好臣下。天子亲自耕种藉田,诸侯就懂得了如何敬事祖先。这是对天下进行教化的五项重大举措。在太学中宴请三老、五更,天子袒开衣襟亲自切割牲肉,捧着酱请他们吃,端起酒杯请他们畅饮,还头戴礼帽,手执盾牌,为他们起舞助兴。这是怎样敬老养老给诸候们的示范。这样周代的教化就普及了四海,礼乐也都得到贯彻,而这些并不是一朝一夕就能成功的,现在想想,那些舞者每舞完一节都会进行长时间的亮相,也就理所当然了。"

君子曰:礼乐不可斯须①去身。致乐以治心,则易直子谅②之心油然生矣。易直子谅之心生则乐,乐则安,安则久,久则天,天则神③。天则不言而信,神则不怒而威,致乐以治心者也。致礼以治躬则庄敬,庄敬则严威。心中斯须不和不乐,而鄙诈之心入之矣。外貌斯须不庄不敬,而易慢之心人之矣。故乐也者,动于内者也;礼也者,动于外者也。乐极和,礼极顺,内和而外顺,则民瞻其颜色而弗与争也;望其容貌,而民不生易慢焉。故德辉动于内,而民莫不承听;理发诸外,而民莫不承顺。故曰:致礼乐之道,举而错之,天下无难矣。

【注释】①斯须:片刻,一会儿。②易直子谅:平易正直,慈爱诚信。③天:自然。神:不见形迹。

【译文】君子说:礼乐是时时刻刻在身的。体会乐中所代表的深刻含意并用它来陶冶自己的身心,那么平易、正直、慈爱、诚信的心态就自然而然形成了。有了这种平易、正直、慈爱、诚信的心态,人自然会感受到快乐,感受到快乐就会心神安宁,心神安宁生命就会长久,能持久则由习惯而成自然,既能自然,又可不见形迹。这就如同天它虽从不开口说话,但四季交替却从来不失信于人;神虽然不发怒,而人人都对它的威严表示敬畏。这就是对乐的作用进行深刻体会而陶冶身心的好结果。对礼的作用进行深刻的体会,并且用来整饬自身的外在,就会给人一种庄重恭敬的感觉,这种庄重恭敬会使人感受到威严。内心如果有片刻的不和不乐,鄙卑诈伪的念头就会乘隙而入;外表如果稍微有一些不庄不敬,轻易怠慢的心思也会紧跟着乘隙而入。因此,乐能影响人的内心;而礼是影响人的外在。乐追求的是和,礼追求的是顺。内心的和悦与外在的恭顺相结合,民众只要看到他们的面色就不会与他们发生争执了,只要看到他们的样子就不敢产生出轻慢的念头了。由此看出,发自内心的面色和善,民众则没有不乐于听从的,动作规矩体现于外,民众则没有不乐于顺从的。所以说:对礼乐之道进行深刻的体会,并用来治理天下,天下就没有什么事情是难以办到的了。

乐也者,动于内者也;礼也者,动于外者也。故礼主其减,乐主其盈。礼减而进,以进为文;乐盈而反,以反为文。礼减而不进则销,乐盈而不反则放;故礼有报而乐有反。礼得其报则乐,乐得其反则安;礼之报,乐之反,其义一也。

夫乐者,乐也,人情之所不能免也。乐必发于声音,形于动静,人之道也。声音动静,性术之变,尽于此矣。故人不耐无乐,乐不耐无形。形而不为道,不耐无乱。先王耻其乱,故制雅、颂之声以道之,使其声足乐而不流,使其文足论而不息,使其曲直繁瘠①、廉肉②节奏足以感动人之善心而已矣。不使放心邪气得接焉,是先王立乐之方也。是故乐在宗庙之中,君臣上下同听之则莫不和敬;在族长乡里之中,长幼同听之则莫不和顺;在闺门之内,父子兄弟同听之则莫不和亲。故乐者审一以定和,比物以饰节;节奏合以成文。所以合和父子君臣,附亲万民也,是先王立乐之方也。故听其雅、颂之声,志意得广焉;执其干戚,习其俯仰诎伸,容貌得庄焉;行其缀兆③,要其节奏,行列得正焉,进退得齐焉。故乐者，天地之命，中和之纪，人情之所不能免也。

夫乐者，先王之所以饰喜也，军旅鈇钺者，先王之所以饰怒也。故先王之喜怒，皆得其侪焉。喜则天下和之，怒则暴乱者畏之。先王之道，礼乐可谓盛矣。

【注释】①繁瘠：指繁多与省约。②廉肉：指乐声的高亢激越与婉转圆润。③缀兆：古代乐舞中舞者的行列位置。

【译文】乐是调理精神的；礼则是调理外貌的。因此礼注重的是克己尊人，乐注重的是发挥性情。不过，克制自己，其事难行，要特别努力。所以百官礼仪都以加强的性质为美；至于发挥性情，易于过分，要特别裁抑。所以，凡乐舞，以不求过分为美。礼讲谦让，再不对自我进行勉励的话，就会导致礼数有所缺失。乐偏重盈满，再不对自我进行抑制的话，就会导致放纵。因此礼仪含有鼓励作用，而乐则须自我裁抑。只有礼在做到了自我勉励时才会感到快乐，而乐只有在做到了讲究自我抑制时才会感到安宁。礼的自我勉励与乐的自我抑制，都是为了找到一种平衡，两者之间的道理是相同的。

音乐和舞蹈是可以给人带来快乐的，这是人之常情。如果人有了快乐的事，一定会通过声音、动作来表达，同样也是人之常情。而人内心变化的方式也无非声音和动作这两点了。人不能没有快乐，如果快乐不能通过声音或动作表达出来，而对于这种无法将快乐进行表达的人不加以引导的话，那么就会乱来。

先王把出乱子当作是一件可耻的事情，才特地制定《雅》、《颂》之声加以引导；令曲调既能让人感到快乐却又不至于放荡，文辞既讲求义理而又不会令人塞窒，声调的曲折与平直、复杂与简单、刚强与柔和、急促与缓慢做到可以感动人的善心就好，不使放荡之心与邪恶之念影响人的内心。先王制乐的原则就是如此。这样的乐在宗庙之中演奏，君臣上下一起来听，就不会不和谐肃敬；在地方上演奏，长幼一起听，就不会不和洽顺从；在家里演奏，父子兄弟一起听，就不会不和睦相亲。所以这是审定了一个基调，以这个基调为中心配上各种乐器的和音，就会将它的节奏表现出来，将节奏合成为乐章，就能使父子、君臣各安其位，和谐相处，使普天之下的百姓亲附。先王制乐的原则就是如此。这样听其《雅》《颂》之声的乐，占据脑海的思想就会纯正；手执盾斧一类的舞具，对舞蹈俯仰屈伸姿态进行练习，外在就会变得庄严。依照固定的舞位舞域行进，和乐曲的节奏保持一致，行列就会规矩，进退就会整齐。因此乐体现了天地对人的教化，是能将世间万物进行中和调理的纲纪，是表达人内心情感不可缺少的。

乐是先王用来表达内心喜悦的；军队、刑罚这一类，是先王用来表示内心愤怒的。因此先王的喜悦和愤怒，都找到了相应的表达方式：先王喜悦，百姓们也会跟着喜悦；先王愤怒，暴乱之徒就会感到害怕。先王的治国之道，礼乐教化是功不可没的。

子赣[①]见师乙[②]而问焉，曰："赐闻声歌各有宜也，如赐者,宜何歌也?"师乙曰:"乙,贱工也,何足以问所宜?请诵其所闻,而吾子自执焉。宽而静、柔而正者,宜歌《颂》;广大而静、疏达而信者,宜歌《大雅》;恭俭而好礼者,宜歌《小雅》。正直而静、廉而谦者,宜歌《风》。肆直而慈爱者宜歌《商》;温良而能断者宜歌《齐》。夫歌者,直己而陈德也。动己而天地应焉,四时和焉,星辰理焉,万物育焉。故《商》者,五帝之遗声也。商人识之,故谓之《商》。《齐》者三代之遗声也,齐人识之,故谓之《齐》③。明乎《商》之音者,临事而屡断,明乎《齐》之音者,见利而让。临事而屡断,勇也;见利而让,义也。有勇有义,非歌孰能保此?故歌者,上如抗,下如队,曲如折,止如槁木,倨中④矩,句⑤中钩,累累乎端如贯珠。故歌之为言也,长言之也。说⑥之,故言之;言之不足,故长言之;长言之不足,故嗟叹之;嗟叹之不足,故不知手之舞之,足之蹈之也。"子贡问乐⑦。

【注释】①子赣:即子贡,端木赐。②师乙:先秦时鲁国乐师。③自"宽而静、柔而正者"至"故谓之《齐》",原简错乱,此段据郑注调整。④倨:直转。中(zhòng):恰合。⑤句:即勾。⑥说:同悦。⑦本篇篇名。

【译文】子贡前去拜访师乙并向他请教说:"听说唱歌是要根据各人不同性格而定的。那么我这种性格的人适合唱什么歌?"师乙答道:"我只是一个卑贱的乐工而已,哪有什么资格能回答您的问题。我只能将我知晓的一二说来给你听听,对与不对,由您自己作出判断。宽厚安静、柔和正直的人,适合唱《颂》;

志意宏大、疏朗通达而诚信的人，适合唱《大雅》；恭慎而好礼的人，适合唱《小雅》；正直而安静、廉约而谦让的人，适合唱《国风》；坦率而慈爱的人，适合唱《商》；温良而果断的人，适合唱《齐》。唱歌就是对自己情绪的直接表达，自己品德的一种展示。唱起来以后，你会有一种天地也在与你相呼应的感觉，阴阳和顺，星辰依照自己的秩序运转，万物各归其位，各得其所。《商》是五帝遗留下来的曲，因为是商代人将它进行了记载所以称之为《商》。《齐》是三王遗留下来的曲，因为是齐国人将它记载了下来，所以称之为《齐》。对《商》曲内在含义真正有所认知的人，遇事会果断。对《齐》曲内在含义真正有所认知的人，会懂得见利而让。在遇事时总能果断，是勇；能够懂得见利而让，是义。而有勇有义的人，歌声不将他表达出来谁又能知道？这是歌者从旋律变化方面分析，或上仰而高亢，或下降而低沉，或拐弯如折断了什么东西那样干脆，或如枯树沉寂般停顿，平直的音合乎曲尺，回环的音合乎圆规，连绵不断的音却又像一串珍珠般。因此人们才说，唱歌是拉长声调的说话而已。心里高兴，就会想说话；而这种高兴是说话没有办法将它进行全部表达的，那就只好将声调拖长了来说；既使拖长了声调也不能完全将这种高兴表达，那就只好加上咏叹吁嗟；咏叹吁嗟还是不能完全地将这种内心的高兴表达，那就只能是情不自禁地手舞足蹈了。"这是子贡问师乙对乐的看法。

杂记上第二十

【题解】此篇泛记诸侯及大夫士丧礼,又兼他事非丧礼者,故以《杂记》为名。郑玄云:"《杂记》者,以其杂记诸侯及士之丧事。"

诸侯行而死于馆,则其复①如于其国。如于道,则升其乘车之左毂,以其绥②复。其輤有裧③,缁布裳帷④,素锦以为屋⑤而行。至于庙门,不毁墙⑥,遂入,适所殡,唯輤为说⑦于庙门外。大夫、士死于道,则升其乘车之左毂,以其绥复。如于馆死,则其复如于家。大夫以布为輤而行,至于家而说輤,载以辁车⑧,入自门,至于阼阶下而说车,举自阼阶,升适所殡。士輤,苇席以为屋,蒲席以为裳帷。

【注释】①复:为死者招魂。②绥:应作"緌",旗帜顶端的飘带,以羽毛或旄牛尾为之。古代旌旗,正幅为縿,縿旁缀斿,縿之上方有緌。③輤:载尸车的篷盖。裧(chān):篷盖四周下垂的缘边。④缁布裳帷:用褐色布围上载尸车的四周。⑤素锦:白锦。屋:设于篷盖下、裳帷内的小帐。⑥毁墙：在庭院外墙上开洞，以便棺柩入内。古代棺柩自外归，则毁墙而入；而死尸自外归，则不毁墙，自门入。⑦说：通"脱"，卸除的意思。⑧輲（chán）车：车轮没有辐条，以整木为轮。

【译文】如果诸侯因出访他国而死在驿馆内，招魂仪式与在本国死一样。死于半道，就上到国君乘坐车辆的左轮轴头，用车旗杆顶端的飘带招魂。其载尸车上方有篷盖，篷盖四周有下垂的缘边，载尸车四周用黑布围成帷幕，棺材全部用素锦覆盖起来。安排停当后才往家赶。到自家庙门，柩车四周的围布不用撤掉就可以进去了，直接把灵柩停放在堂上两楹之间。柩车上的篷盖要在庙门外卸下来。大夫、士人死在路上的，就上到他们自己所乘坐车辆的左轮轴头上，用那个车上旗竿顶端的飘带招魂。死在他国的驿馆里，招魂仪式与死在自己家里相同。大夫死，载尸的车用布拉起篷顶后再上路。到家门口，卸下篷顶，再把尸体移到端车上，从大门进，到东阶下边把尸体从车上搬下，从东阶一直抬到停尸的地方。士人死，载尸车子也有顶篷，覆盖棺木用的则是苇席，柩车的布围用的是蒲席。

凡讣于其君，曰："君之臣某死"；父母、妻、长子，曰："君之臣某之某死"①。君讣于他国之君，曰："寡君不禄②，敢告于执事③。"；夫人，曰："寡小君不禄。"；大子之丧，曰："寡君之適子某死。"大夫讣于同国：适④者，曰："某不禄"；讣于士，亦曰："某不禄"；讣于他国之君，曰："君之外臣⑤寡大夫某死"，讣于适者，曰："吾子之外私⑥

寡大夫某不禄,使某实⑦。"讣于士,亦曰:"吾子之外私寡大夫某不禄,使某实。"士讣于同国大夫,曰:"某死",讣于士,亦曰:"某死";讣于他国之君,曰:"君之外臣某死",讣于大夫,曰:"吾子之外私某死",讣于士,亦曰:"吾子之外私某死"。

【注释】①某之某死:上一个"某"字是臣子的名字,下一个"某"字是死者与臣子的亲属关系。②不禄:死的委婉语。古时诸侯死称薨,大夫死称卒,士死称不禄,庶人死称死。这里诸侯称不禄,是降级表示自谦。③执事:指君主左右的侍从人员,在外交辞令中称执事,表示自谦。④适:通"敌"。指地位相当的人。⑤外臣:臣子对别国君主皆自称外臣,表示不是直接的君臣关系。⑥外私:不在同一诸侯国的私交。⑦实:通"致"。这里是致词、致意的意思。

【译文】向国君报丧,如果死的是臣子,使者报丧的时候就说:"君的臣子某某死了。"如果死的是臣子的父亲、母亲、妻室、长子,报丧的人就要对国君说:"君的臣子某某的什么亲属死了。"国君死了,向其他国家的国君报丧,报丧的人要说:"寡君不禄,敢向您的左右报告。"国君的夫人死,向其他国家的国君报丧,报丧都要说:"寡小君不禄,特来报告左右。"太子死,报丧的人则要说:"寡君之嫡子某某死,特来报告左右。"大夫死了,向本国爵位相等的人报丧,报丧者就要说:"某某不禄。"向士报丧,也同样说:"某某不禄。"如果是向其他国家的国君报丧,报丧者要说:"君之外臣寡大夫某某死了。"向其他国家爵位相等的人报丧,报丧都要说:"您异国的朋友寡大夫某某不禄,特派我前来报告。"向其他国家的士人报丧，与大夫说法相同，也要说："您异国的朋友寡大夫某某不禄，特派我前来察告。"士人死了，报丧给本国的大夫，报丧者就直接说："某某死了。"给本国的士人报丧，也直接说："某某死了。"向其他国家的国君报丧，报丧者要说："君之外臣某某死了。"向其他国的大夫报丧，报丧者要说："您异国的朋友某某死了。"向其他国家的士报丧，报丧者也说："您异国的朋友某某死了。"

大夫次于公馆①以终丧，士练②而归。士次于公馆③，大夫居庐④，士居垩室⑤。

大夫为其父母兄弟之未为大夫者之丧，服如士服⑥。士为其父母兄弟之为大夫者之丧，服如士服。大夫之適⑦子，服大夫之服。大夫之庶子为大夫，则为其父母服大夫服；其位，与未为大夫者齿。士之子为大夫，则其父母弗能主也，使其子主之。无子，则为之置后。

【注释】①公馆：公家的招待所。这里指国君的客馆。②练：服丧满一年时的小祥祭祀。③士次于公馆：这一句不好理解，前人论说各不相同。"士"字恐是衍文。④庐：倚庐，靠墙倚木而成的草棚。⑤垩室：以土坯垒成，不用泥涂抹的房子。⑥士服及下文大夫服，都是指为士、为大夫服丧的服期和丧服种类。⑦適：通"嫡"。

【译文】国君死后，大夫要在公馆中居丧三年方能回家，士人则可以在练祭之后回家。公馆居丧时，大夫住在置办丧事的倚庐中，士人则住在垩室中。

身居大夫之位，为自己的父母兄弟之未为大夫者服丧的，丧服依照士礼来服丧。身份为士人，为自己的父母兄弟之为大夫者服丧的，丧服也依照士来服丧。大夫死，就算他的嫡子不是大夫，也可以依大夫之礼服丧。大夫死，大夫的庶子为大夫，可依大夫之礼为父母服丧；但哭位只能与身份不是大夫的人同列。士人的儿子官职是大夫，儿子死了，他父母身份是士人，就不能为他主持丧事，而是由孙子来主持丧事；如果没有孙子，就要为儿子过继一个儿子。

大夫卜宅①与葬日，有司麻衣、布衰、布带，因丧屦，缁布冠不蕤②。占者皮弁③。如筮，则史④练冠长衣以筮。占者朝服⑤。

大夫之丧，既荐马⑥。荐马者，哭踊，出，乃包奠，而读书⑦。大夫之丧，大宗人相，小宗人⑧命龟，卜人作龟⑨。

【注释】①宅：墓地。②有司：掌理卜事的人，即下节的"大宗人"、"小宗人"，都是大夫的家臣。布衰（cuī）：以粗麻布为衰，长六寸，宽四寸，缀于布衣前胸处。丧屦：丧服所用的绳屦。蕤：即緌字，系帽子的缨带。因卜筮属吉礼，所以有司的服饰以吉服为主，兼有丧服。③皮弁：白鹿皮帽子，属吉服。④史：据郑玄注"史"上脱"筮"字。⑤朝服：玄冠、缁衣、素裳、素韠，君臣上朝所穿，平民当作礼服。⑥荐马：牵马进入庙门。古时入葬之日，灵柩先到祖庙朝祖。朝祖完毕，把马牵进去驾车，将灵柩运往墓地。⑦包奠：把大遣奠所用牲体用芦席包裹起来，随灵柩入葬。书：写有附葬物品的清单。亦称"遣策"。下葬时要读遣策。⑧大宗人、小宗人：指大夫这一族的族长、宗子。⑨作龟：在龟甲上钻孔，用火灼孔，以观兆知凶吉。

【译文】大夫死后，到占卜选择墓地和葬期那天，凡是相关的家臣都要身穿麻衣，胸前系丧布，腰系布带，脚穿由麻绳编成的屦，头戴没有缨饰的细布冠。占者则戴皮弁。如果用筮选择葬地和葬期，筮史就戴白练布帽，穿素色深衣行筮。占者则身穿朝服。

大夫在下葬那天，孝子看到拉柩车的马被牵进祖庙，整个人要一边大哭一边跺脚。马从庙门出来，套到灵车上，于是包裹大遣奠所用的牲体，宣读附葬物品的清单。大夫的丧事，由大宗人辅佐行礼，小宗人报告龟以所向之事，由卜人灼龟来观兆是凶还是吉。

复，诸侯以褒衣冕服①，爵弁服②，夫人税衣揄狄③，狄税素沙④。内子以鞠衣，褒衣素沙。下大夫以襢衣⑤，其余如士。复西上。大夫不揄绞，属于池下⑥。

［编者按：这一节中有错简和脱文，郑玄作注时已如此。陈澔《礼记集说》将"内子以鞠衣……其余如士"移至"狄税素沙"之后，符合文章叙述顺序。脱文已不可考，但与《丧大记》相比较，可知此处当先说诸侯、夫人，其次为大夫、世妇，其次为士、士妻。现依《礼记集说》的顺序翻译。］

【注释】①褒衣：受君王褒奖而被赏赐的衣服。冕服：玄冕、玄衣、纁裳、赤韨组成的一套礼服。各套冕服的衣、裳、韨上的图文不同，又分成六种。②爵弁服：由弁爵、纯衣、纁裳、缁带、韎韐组成的礼服。

③税（tuán）衣：黑色礼服。税也写作褖。揄狄：刻青缯为雉形，加画五彩，缀于礼服为饰。④狄税：即税衣揄狄。素沙：白纱。这里指衣服的白纱裹子。⑤禒衣：没有文采的礼服。禒也写作襢。⑥"大夫不揄绞，属于池下"句也是错简，应在本篇第二节"大夫以布为輤"之后。揄绞：画有翟雉的青黄色缯，系在丧车的顶篷上。池：覆于棺上的方格竹帘，有下垂的折边。

【译文】招魂时用的衣服：诸侯用袞衣、冕服或者爵弁服；诸侯的夫人用税衣、揄狄、鞠衣、展衣、禒衣等五种，这五种衣服的里子全都是用素纱作的；卿的正妻，用鞠衣和袞衣，里子也是由素纱做的；下大夫之妻招魂用禒衣；其他人都和士妻一样，用禒衣。如果招魂的人在两个以上，以站在西边为上位。大夫下葬时运柩车，不能把揄绞系到池下。

大夫附于士，士不附于大夫，附于大夫之昆弟。无昆弟，则从其昭穆。虽王父母在，亦然。妇附于其夫之所附之妃，无妃。则亦从其昭穆之妃。妾附于妾祖姑，无妾祖姑则亦从其昭穆之妾。男子附于王父则配；女子附于王母，则不配。公子附于公子。君薨，大子号称子，待犹君也。

【注释】①附：通"祔"，指神主在庙中所置之位次。祔，附在一处。②从其昭穆：祔于昭穆相同的祖先，如孙祔于祖，也可祔于高祖。③王父母：祖父母。④配：指配享。这里是说男子祔于祖父时要配祭祖母。⑤女子：指未嫁之女，若已嫁，应祔于祖姑。

【译文】大夫的神主可以祔在生前为士的祖父的神主后面，

而士人的神主却不能祔在生前为大夫的祖父的神主后面,而只能祔在生前为士人的叔伯祖父的神主后面;如果没有生前为士人的叔伯祖父,那就按照昭穆顺序祔于高祖神主后面。就算祖父母还健在,这样也是可以的。主妇的神主要祔在祖姑之后;没有祖姑就按照昭穆顺序祔在高祖配偶后面。妾的神主就祔在身份是妾的祖姑后面;没有妾祖姑,就按照昭穆顺序祔于高祖之妾。男子祔祖父时,以祖母做配享;女子祔于祖母时,则不能以祖父来做配享。国君的庶子只能祔于祖辈的庶子。国君去世的第一年,太子只能称为"子",但在与他国交往中礼遇与国君相同。

有三年之练冠①,则以大功之麻易之;唯杖屦不易。有父母之丧,尚功衰②,而附兄弟之殇则练冠。附于殇,称阳童某甫③,不名,神也。

凡异居,始闻兄弟之丧,唯以哭对,可也。其始麻,散带绖④。未服麻而奔丧,及主人之未成绖⑤也:疏者,与主人皆成之;亲者⑥,终其麻带绖之日数⑦。主妾⑧之丧,则自祔⑨至于练祥,皆使其子主之。其殡祭,不于正室。君不抚仆妾⑩。女君死,则妾为女君之党服。摄女君,则不为先女君之党服。

【注释】①练冠:三年之丧至满一年时举行小祥祭时,除去首绖,改用白练布做的帽子。②功衰(cuī):为父母服丧三年,至小祥后去斩衰或齐衰,改用大功布为丧服,叫作功衰。③阳童:郑玄说庶子殇死称阳童,宗子殇死称阴童。某甫:指殇死者的字。殇死者未行冠礼,没有字,但因不能称名,所以为他另取一个字。④始麻:麻指披麻戴孝。散带绖:腰里系的麻绳腰带,系结以外的部分不拧成绳而散垂着。孔颖达说这是指大功之丧,倘是小功之丧则垂而不散。⑤成绖:指成服而绞腰绖。大敛以后,按照礼制服丧,谓之成服。⑥疏者、亲者:以大功为界。大功以上为亲,如亲兄弟、从父兄弟。小功以下为疏,如从祖兄弟、族兄弟。⑦终其麻带绖之日数:丧礼,始死至大敛,亲属都披麻,大敛以后成服。这里指亲者必须补行披麻的程序,然后成服。⑧主妾:主妇死后而被扶为正室的妾。⑨自祔:指丈夫亲自为主妾主持祔祭。⑩抚:小敛、大敛后的抚尸哭泣。仆妾:指没有被扶为继室的妾。

【译文】为父母守孝过了小祥之祭,又有大功亲属去世,这时就把头上的练冠、腰上的葛带都改为大功的麻绖;孝棒和丧屦不作更换。为父母守孝过了小祥之祭,换上功衰,如果遇上还没有成年兄弟的祔祭,礼应将练冠改成大功的麻绖,但因为是殇,因此戴着练冠参加祔祭就好。而在祭殇的祭文中,要称"阳童某甫",不能直呼他的名,因为他已经过世,要把他当作神来对待了。

凡是兄弟分居两地的,在最初听闻兄弟死的讣告时,一言不发的对着报丧者哭泣,也可以的。第二日开始带孝,腰绖束腰后其他部分任其散开下垂。要是没有带孝就赶赴奔丧,又恰巧赶上主人成服,这时,关系比较疏远的亲属就和主人一道成服,而关系亲密的亲属则不可以,要披麻散到规定的天数才能成服。主妾去世,祔祭则由丈夫亲自为她主持;至于小祥、大祥之祭,则全部由她的儿子主持。生前虽然由她代理主妇,但终究不是主妇,她的殡和祭都不能在正室举行。仆妾死后,因他们的身份低贱,主人不用抚摩其尸而哭。主妇已死,主妇的娘家人去世,主妾之外的妾需要为之服丧,但代理主妇的妾则可以不用为主妇娘家人服丧。

闻兄弟之丧,大功以上,见丧者之乡而哭。适兄弟之送葬者弗及,遇主人于道,则遂之于墓。凡主兄弟之丧,虽疏亦虞之。

凡丧服未毕,有吊者,则为位而哭,拜踊。大夫之哭大夫,弁绖;大夫与殡,亦弁绖。大夫有私丧之葛,则于其兄弟之轻丧,则弁绖。

【注释】①见丧者之乡而哭:《奔丧》云:"齐衰望乡而哭,大功望门而哭。"这里未分齐衰、大功,意与《奔丧》同。②虞:入葬后安神的祭祀。③为位:丧事中按亲属关系排定的哭泣位置。④弁绖:在爵弁上加环绖。绖:戴孝时在头上扎的布条。⑤私丧:自己的亲人之丧。葛:服丧至卒哭后改重服为经服,以葛衣代麻衣。私丧之葛:指有妻子之丧。

【译文】收到兄弟的报丧,死者是大功以上的兄弟,前去奔丧时,在看见死者住的村落时就要放声痛哭。如果没有赶上为兄弟送葬,在葬完回家的路上碰见主人,这时自己就独自前往墓地哭送。为兄弟主持丧事,就算是小功以下的亲属,也要在虞祭以后才能回家。

凡是在服丧期内,只要有客人前来吊孝,孝子都要在规定的哭位上哭泣,拜宾、成踊,不可在礼数上有所减免。大夫哭吊大夫时,在爵弁上加环绖,大夫参加入殡仪式时,也在爵弁上加环绖。大夫的妻子过了卒哭,但已换成葛衣之后,如果这时遇到小功以下的兄弟去世,也可以在爵弁上加环绖去吊丧。

为长子杖,则其子不以杖即位。为妻,父母在,不杖,不稽颡。母在,不稽颡。稽颡①者,其赠也拜。违②诸侯之大夫,不反服。违大夫之诸侯,不反服。丧冠条属③,以别吉凶。三年之练冠,亦条属,右缝④。小功以下左。缌冠缲⑤缨。大功以上散带。朝服十五升⑥,去其半而缌⑦;加灰,锡⑧也。

【注释】①稽颡:丧礼中最重的礼节,磕头至地。②违:离别。③条属:用一条绳盘成圆圈作为帽沿,多余部分下垂作缨,称为"条属"。吉冠的帽沿与缨分开制作。④右缝:冠顶的摺缝向右。⑤缲:用漂过的麻织成的布。缨:固定帽子的带子,系在领下。⑥升:八十缕为一升。布幅宽为定数,升数越少布越粗。十五升是比较精细的布。⑦缌:十五升为一千二百缕,去其一半为六百缕,但缕不加粗,故缌麻比朝服稀疏。⑧锡:指锡衰,较缌麻滑润。为大夫吊丧时穿用。

【译文】长子死了,服丧时父亲为长子持丧杖,长子的儿子就不再持丧杖即孝子之位了。为妻服丧,父亲还在世的话,在礼数上就不能持丧杖了,对来宾也不能行稽颡之拜。父亲去世而母亲健在,手可以持丧杖,对宾客仍不用行稽颡之拜。宾客如果赠送了较多的物品,为表示感谢,才可行稽颡之拜。离开诸侯转而到大夫之家做臣,或者离开大夫而去到诸侯那里为臣,旧主人去世,不用再为他服丧。丧冠的帽沿与缨都用一条麻绳来做,从这一点看出它和吉冠的区别。三年之丧在小祥后改戴练冠，这种练冠的帽沿与缨也是用同一条麻布做的，冠梁上的皱褶折向右边缝，小功以下折向左缝。缌麻亲属的丧冠用漂白后的麻布做冠缨。大功以上的亲属，从小敛后到成服前，腰续多余的部分都是蓬松下垂的。朝服的用布，经线十五升再去掉十五升的一半，就成为了缌麻丧服要用的布；加上灰，经过捶洗，就成了做锡衰用的布了。

诸侯相禭，以后路^①与冕服。先路^②与褒衣，不以禭。遣车视牢具^③。疏布輤，四面有章，置于四隅。载粻^④，有子曰："非礼也。丧奠，脯醢而已。"祭称"孝子"、"孝孙"，丧称"哀子"、"哀孙"。端衰^⑤、丧车^⑥，皆无等。大白冠、缁布之冠，皆不蕤^⑦。委武玄缟^⑧而后蕤。大夫冕^⑨而祭于公，弁^⑩而祭于己。士弁而祭于公，冠而祭于己。士弁而亲迎，然则士弁而祭于己可也。

【注释】①后路：即次辂，随从出行的车。②先路：即正辂，此指诸侯乘坐的车。③遣车：送葬时装载包奠的车。牢具：大遣奠时用来放牲体的器具数量，有一牢则用一个包奠，用一乘遣车。④粻（zhāng）：此指遣车所载谷物。⑤端衰：丧服的上衣与吉服的玄端式样相同，只是在胸前缀一块六寸的麻缞，所以丧服可称端衰。⑥丧车：孝子所乘恶车。孝子遭丧，所乘车不漆不饰，叫作恶车。⑦蕤：帽缨的下垂穗子。《郊特性》作緌。⑧委武：帽子四周平展的沿边。玄缟：指黑帽和白帽。⑨冕：礼帽。上有一方板，板下为圆圈，套在头发上。⑩弁：比冕次一等的礼帽。用布折叠为尖顶，顶稍后斜，无帽沿。

【译文】诸侯之间互相赠送敛葬衣物，用随行的副车或者礼服。自己乘坐的车和天子赏赐的衣服，不能赠给死者。遣车多少是根据包奠的数量来决定的。遣车用稀布作篷顶，四面有东西作遮挡。遣车随棺一同下葬，放于外棺四个角。当时有些人家在遣车上载上谷物，有子批评说："这个不合礼制。丧事祭奠用的供品，用些肉干肉酱就好。"吉祭时，自称"孝子"或"孝孙"；丧事的讣告和祭文中则自称"哀子"或"哀孙"。孝子所穿的丧服、乘的丧车，没有因为身份贵贱而不同，都一样。太白冠和细布冠，都是没有缨饰的。玄冠和大祥后戴的编冠才有缨饰。去参加国君的祭祀大夫戴弁，家祭戴爵弁。参加国君的祭祀士戴爵弁，而家祭戴玄冠。结婚当天，士戴着爵弁去迎接新娘的，这样的话，士在家祭时戴爵弁也是合乎礼制的吧。

畅曰以椈①，杵以梧。枇②以桑，长三尺，或曰五尺。毕③用桑，长三尺，刊其柄与末。率带④，诸侯、大夫皆五采⑤，士二采⑥。醴者，稻醴也。瓮甒筲衡⑦，实见间而后折⑧入。重⑨，既虞而埋之。

【注释】①畅：陆德明《经典释文》云："字本作鬯。"鬯曰：捣郁金香草的曰。椈：柏木。②枇：通匕，从锅中捞牲体的大匕。③毕：木叉。捞牲体时与匕配合使用。④率带：率通"縩（lǜ）"。死者穿衣毕用此带束在腰间。如生时所用大带，带子边缘不用针线缉边，所以叫縩带。⑤五采：用五种色彩装饰。⑥二采：用红、绿二种色彩装饰。⑦瓮：盛放酱类食品。甒：盛放酒浆饮料的坛子。筲：竹篓，盛放谷物。衡：通桁，盛放瓮甒的木架。⑧见：棺饰。折：椁盖板。⑨重：人死后，在庭中立一木柱，以作灵魂所依。

【译文】捣舂的臼用柏木做，下杵则用桐木做。捞牲体的大木勺用桑木制作而成，长三尺，也有说长五尺的。捞牲体的木叉也是用桑木制作而成，叉柄、叉尖都要削得小一些。袭尸用的绊带，诸侯、大夫用五种色彩具备，士则只用红、绿两种颜色。随葬用的醛，是用稻米酿制的醛。盛放酱类的瓮，盛放酒浆的坛子、盛放谷物的竹篓、盛放各种容器的木架，这些随葬物品全部都填到棺饰与外椁之间的孔隙之中，然后再把棺椁的盖板放入圹中。而临时作神主用的重木，虞祭后就可以埋掉了。

凡妇人，从其夫之爵位。小敛、大敛、启，皆辩①拜。朝夕哭，不帷。无柩者不帷②。君若载③而后吊之，则主人东面而拜，门右北面而踊。出待④，反而后奠。子羔之袭⑤也：茧衣裳与税衣纁袇⑥为一，素端一，皮弁一，爵弁一，玄冕⑦一。曾子曰："不袭妇服⑧。"

【注释】①启：启殡。辩：通"遍"。②帷：用布幕遮起来。③载：指已把棺柩装在柩车上，准备出葬。④出待：主人送国君时，先到大门外等国君出门，再拜送。⑤袭：尸体沐浴后穿的衣服。⑥茧衣裳：铺有丝棉的棉衣棉裤。纁：绛红色。袇：衣裳边缘。税衣纁袇：黑色衣裳有绛红色滚边，这是妇人的服装。⑦玄冕：玄衣无纹，纁裳刺绣。⑧妇服：指纁袇。

【译文】妇人丧礼的规格一般是参照其丈夫的爵位来操办。

小敛、大敛和启殡，这其中的每件事完成后，主人都要对宾客一一拜谢。朝夕哭时，把遮挡灵柩的帷幕要撩起来，哭过以后再将帷幕放下来，灵柩下葬后，则也用不着帷幕了。如果国君在灵柩已经载到车上以后前来吊问，主人就要退居到宾位向东拜谢，再到门右边朝北哭踊，然后再到门外等着拜送国君。国君送走后再举行祖奠。子羔死时，小敛的衣服有五套：是装有丝绵的上衣下裳的外罩，镶有绛色下缘的裞衣一套，布衣素裳一套，皮弁服一套，爵弁服一套，玄冕服一套。曾子说："用那镶有绛色的下缘不合适，那是妇人用的。"

为君使而死，公馆复，私馆不复。公馆者，公宫与公所为也。私馆者，自卿大夫以下之家也。公七踊，大夫五踊，妇人居间①，士三踊②，妇人皆居间③。公袭：卷衣④一，玄端⑤一，朝服⑥一，素积⑦一，纁裳⑧一，爵弁二，玄冕一，褒衣一。朱绿带，申加大带于上。小敛环绖，公、大夫、士一也。公视大敛⑨，公升，商祝铺席，乃敛。鲁人之赠也：三玄二纁，广尺，长终幅⑩。

【注释】①妇人居间：此四字疑为衍文。②七踊、五踊、三踊：是指始死到入殡之间哭踊的次数，不是每次哭踊次数。诸侯死后五日入殡，踊七次：始死至殡，每日一次，小敛、大敛各一次。大夫死后三日入殡，踊五次：每日一次，小敛、大敛后各一次。士死三日入殡，踊三次：始死一次，小敛、大敛后各一次。③居间：哭踊的顺序是男子先踊，踊毕妇人接踊,然后来宾踊。妇人在男子与来宾之间。④卷衣:即衮衣。⑤玄端:玄衣朱裳,本是斋戒时所用服装。天子用作燕服,士用作祭服,大夫、士都用作私朝之服。⑥朝服:缁衣素裳,诸侯每天视朝穿用。⑦素积:即皮弁服,诸侯视朔时穿用。⑧纁裳:与冕服配套的裳。⑨公视大敛:臣子死,国君若有恩赐,就在大敛时亲自送到灵堂,并在那儿察看大敛。⑩三玄二纁,广尺,长终幅:《仪礼·士丧礼》说应是"制币,玄纁束"。长一丈八尺为制,五匹为束,鲁人用宽一尺,长二尺二寸的玄纁五块为赠,不合古礼。

【译文】奉国君之命出使他国而死,死在公馆的就在公馆招魂,死在私馆的不招魂。公馆,就是别国国君的驿馆或者由国君指定的住所。而私馆,就是卿大夫以下的私宅。从第一天死到成殡那天,为国君要七踊,为大夫五踊,为士三踊。每踊一次,都是先由男子踊,妇人再接着踊,宾客最后踊。国君小敛用的衣服共有九套:衮衣贴身穿一套,依次是玄端一套,朝服一套,皮弁服一套,禅服一套,爵弁服两套,玄冕服一套,褒衣一套;穿好后,用朱绿两种颜色的带子系腰,外面再加一条大带。小敛时主人头戴环绖,这一点,国君、大夫和士规格相同。国君参加臣下的大敛,就算大敛已经开始了,但等到国君升堂以后,商祝才能铺设敛席,重新开始大敛。鲁国人给死者入墓的帛,三块玄色,两块绛色,每块宽一尺,长二尺二寸,这与礼所要求的还有很大差距。

吊者①即位于门西,东面;其介②在其东南,北面西上,西于门。主孤③西面。相者④受命曰:"孤某使某请事。"客曰:"寡君使某,如何不淑⑤!"相者入告,出曰:"孤某须⑥

矣。"吊者入，主人升堂，西面。吊者升自西阶，东面，致命曰："寡君闻君之丧，寡君使某，如何不淑！"子拜稽颡，吊者降，反位⑦。

【注释】①吊者：国君派遣的使者。②介：使者的随行人员，其中有一副使，称"上介"。③主孤：丧主。④相者：协助丧主行礼的人。⑤不淑：哀悼之词，不幸的意思。⑥须：等候的意思。⑦反位：据郑玄注当作"出反位"，脱"出"字。

【译文】如果诸侯去世，别国诸侯派来吊丧的使者在主国大门以西就位，面朝东。使者的随行人员则站在使者东南方向，面朝北，以西为上位。使者与随行人员都站在大门以西，不能将大门挡住。嗣君站在门内的东阶下，面朝西。协助嗣君行礼的人则接受嗣君的委托，对使者说："嗣君某让我前来向您请教，不知有何公干。"使者答道："敝国国君特派我前来表示他个人对此事的沉痛哀悼。"协助嗣君行礼的人则进去报告，然后再出来相请，说："嗣子某某已在里面恭候了。"吊者入门，主人从台阶升堂，面朝西；吊者从西阶升堂，面朝东，并向嗣子表达来意说："敝国国君听闻贵国国君遭大丧，深感悲痛，特派我前来表示他对此不幸的沉痛哀悼。"嗣子磕头表示拜谢。吊者于是从西阶下堂，出门，返回原位。

含者执璧将命①曰："寡君使某含。"相者入告，出曰："孤某须矣。"含者入，升堂，致命。再拜②稽颡。含者坐③

委于殡东南，有苇席；既葬，蒲席④。降，出，反位。宰夫⑤朝服，即丧屦，升自西阶，西面，坐取璧，降自西阶以东。

【注释】①含：放在死者口中的玉。含者：被派遣来赠含玉的人，是副使之一。将命：同上节的"致命"，致词的意思。②再拜："再"字，当如上节作"子"。③坐：跪坐。④因为列国有远近，有些使者到达时，棺柩已葬，就改用蒲席。⑤宰夫的"夫"是衍文。宰是替诸侯总理政务的官。

【译文】随使者前来的随行人员之一，执璧向相者说："敝国国君特地派我前来馈献含玉。"相者进去察告嗣君，出来相请说："嗣子某某已恭候多时了。"此随行人员即跟着进门，从西阶升堂向嗣子转达来意。嗣子听后磕头拜谢。此随行人员跪地，把执璧放在灵柩东南的苇席上；下葬后如果行此礼，灵柩东南铺的苇席已经换成了蒲席。从西阶下来，出门，回原位。诸侯的宰则穿朝服，脚穿麻绳编的丧屦，从西阶升堂，面朝西，跪下拿起他国赠送的璧后，从西阶下堂往东走。

襚者曰："寡君使某襚。"相者入告，出曰："孤某须矣。"襚者执冕服，左执领，右执要，入，升堂致命曰："寡君使某襚。"子拜稽颡。委衣于殡东①。襚者降，受爵弁服而门内霤②，将命，子拜稽颡，如初。受皮弁服于中庭。自西阶受朝服，自堂受玄端，将命，子拜稽颡，皆如初。襚者降，出，反位。宰夫五人，举以东。降自西阶。其举亦西面。

【注释】①委衣于殡东:即放在殡东的苇席上。②受爵弁服:禭者执衣,都是左手持领,右手托衣腰,每次只能拿一件,把冕服放下后,又下堂取衣。堂下有贾人递给他。而:当为"于"字之误。门内霤:大门内屋檐正中处。

【译文】禭者出列对相者说:"敝国国君特地派我前来致禭。"相者入内报告嗣子,然后出来相请说:"嗣子某某已恭候多时。"禭者拿起冕服,左手执领,右手执腰,入门,从西阶升堂,说明来意:"敝国国君特地派我前来致禭。"嗣子听后磕头拜谢。禭者于是将冕服放在殡东的席子上,然后下堂到门内屋檐正下方,从贾人手中接过爵弁服,再一次上堂说明来意,嗣子又磕头拜谢,与第一次禭冕服的礼数相同。然后禭者多次重复地接过禭衣和接过皮弁服,在西阶接过朝服,堂上接过玄端。每一套禭服,禭者上堂的致词和嗣子的磕头拜谢的礼数都和第一次相同。赠完五套禭服,禭者从西阶下堂,出门,返回原位。宰夫五人,每人从席子上拿起一套禭服,下堂往东然后将其存放。从西阶下堂,宰夫取衣时面也是朝西的。

上介赗①,执圭②将命,曰:"寡君使某赗。"相者入告,反命曰:"孤某须矣。"陈乘黄、大路③于中庭,北辀④。执圭将命。客使自下⑤由路西。子拜稽颡,坐委于殡东南隅。宰举以东。凡将命,乡⑥殡将命,子拜稽颡。西面而坐,委之。宰举璧与圭,宰夫举禭,升自西阶,西面坐取之,降自西阶。

【注释】①上介：副使。赗(fèng)：送财物给死者的家属，以助丧事。②执圭：列国所赗用车马，不能拿在手里，所以用圭为代表物。③乘黄：四匹黄马。路：通"辂"。④北辀：大辂的车辕向北。⑤客使：上介所使唤的人，就是陈设车马的人。自下：郑玄注："自，率也。下，谓马也。"⑥乡：通"向"。

【译文】上介负责致赗，手执玉圭对相者说意："敝国国君特地派我前来致赗。"相者入内报告，然后传达主人的交待说："嗣子某某已在此恭候了。"上介命人将四匹黄马和一辆副车摆在院中，车辕朝北。上介执玉圭登堂说明来意，摆放车马的人把马牵到副车西面。嗣子磕头拜谢。上介在灵柩的东南角跪地，把圭放到席上。主国的宰跪下把圭取走并进行存放。凡是需要说明的，都要面向灵柩说明。嗣子听后都要磕头行拜谢之礼。而凡是赠送东西的都面向西跪下，把东西都放在席子上。来宾赠送的圭和璧，都由宰从席上取走；来宾赠送的衣服，则由宰夫从席上取走。宰和宰夫，都由西阶升堂，面向西跪下再取走东西，然后再从西阶下堂。

赗者出，反位于门外。上客临①曰："寡君有宗庙之事②，不得承事，使一介老某相执綍③。"相者反命曰："孤某须矣。"临者入门右④，介者皆从之，立于其左，东上。宗人纳宾⑤，升，受命于君⑥；降曰："孤敢辞吾子之辱⑦，请吾子之复位。"客对曰："寡君命，某毋敢视宾客，敢辞。"宗人反命曰："孤敢固辞吾子之辱,请吾子之复位⑧。"客对曰："寡君命,某毋敢视宾客,敢辞。"宗人反命曰："孤敢固辞吾子之辱,请吾子之复位。"客对曰："寡君命,使臣某毋敢视宾客,是以敢固辞。固辞不获命,敢不敬从。"客立于门西,介立于其左,东上。孤降自阼阶,拜之,升,哭⑨,与客拾踊三⑩。客出,送于门外,拜稽颡。

【注释】①上客:即正使,也就是前面的吊者。临:哀哭。②宗庙之事:指朝政大事。③一介老某:谦词。相:协助。绋(fú):出葬时拉枢车的绳索。相执:协助办理丧事。④门右:门东侧。临哭是私礼,不把自己当作宾客,所以入门右。⑤宗人:诸侯的礼官。宾:众使者。⑥君:嗣君,即主人。⑦辱:指客人不就宾位而屈辱自己。⑧复位:回到门西的宾位。⑨升哭:主人和客都升堂哭泣。⑩拾(jié)踊三:轮流顿足三次,表示哀痛。

【译文】赠者出门,返回门外原位。国君交待办的公事全部完成,接下来就是使者的私人之礼了。使者向相者表示想要入内致哀说:"敝国国君因身缠宗庙之事,不能亲自前来帮忙,特地派我这样听话的老臣前来听候差遣。"相者报告嗣子后,传话说:"嗣子某某已经在此恭候了。"使者于是入门站于门内右侧,他的随行人员也都统一站在他的左边,以东为上位。宗人将这些客人迎进后,升堂,向嗣君请示该如何招待,得到嗣子指示后下堂对客人说:"您的如此盛情嗣子某某实在不敢当,还请您返回门西客位。"客人回答说:"敝国国君特地派我等前来帮忙的,我们怎敢自居于宾客,这实在是使不得啊。"宗人在报告之后再次将嗣君的指示转达,说:"您的如此盛情嗣子某某实在不敢当,还请您返回门西客位吧。"客人又再次回答说:"敝国国君是特地派我等前来帮忙的,我们怎敢自居于宾客呢,实在是使不得啊!"宗人在报告之后第三次转达嗣君的话说:"您的如此盛情嗣子某某实在不敢当,还请您返回门西客位吧。"客人回答说:"敝国国君特地派我前来听候差遣,我们不敢以宾客自居,因此坚决辞谢。既然坚持辞谢不获允许,那就只好从命了。"客人们于是站到门内西侧,众随行人员站在他左边,仍以东为上位。嗣子从东阶下堂对客人拜谢。然后嗣子从东阶升堂,客人从西阶升堂,哭时,嗣子与客人轮流交替踩脚三次。客人出门时,嗣子将客人送到门外,磕头拜谢。

其国有君丧,不敢受吊。外宗①房中南面,小臣铺席,商祝铺绞紟衾②,士盥于盘北,举迁尸于敛上。卒敛,宰告,子冯③之踊。夫人东面坐冯之,兴踊。士丧有与天子同者三:其终夜燎,及乘人④,专道而行⑤。

【注释】①外宗:与死者同宗的妇女。②敛:此处作名词,指铺好的大敛衣。③冯:通"凭",抱住尸体,伏在上面哭。④乘人:柩车至墓地不用马而用人牵引。⑤专道而行:指柩车在道时,行人避让。

国家的国君死了,而臣子又恰有亲人去世,这个臣子是不敢接受他国宾客吊唁的。外宗站在西房,面朝南。小臣在台阶上将敛席铺好,然后由商祝依次铺上大敛绞、单被、夹被、大敛衣,丧祝在盘中洗手后,将抬起尸体挪放到铺好的大敛衣服上。大敛结束,总管向世子报告,世子则要抱着尸体痛哭,跳起跺脚。夫人则在尸体西边,面向东而坐,抱着尸体痛哭,起身跳起跺脚。士的丧礼有三点与天子相同:一是在迁移灵柩到祖庙的当夜,彻夜点燃火炬照明;二是出葬时柩车用人来拉车,而不是马;三是出葬途中任何人都必须要给柩车让道。

杂记下第二十一

有父之丧,如未没丧①而母死,其除父之丧也,服其除服②。卒事,反丧服。虽诸父昆弟③之丧,如当父母之丧,其除诸父昆弟之丧也,皆服其除丧之服。卒事,反丧服。如三年之丧,则既颖④,其练祥皆同。王父⑤死,未练祥而孙又死,犹是附于王父也。有殡,闻外丧⑥,哭之他室。入奠、卒奠⑦出,改服即位,如始即位之礼。

【注释】①没丧:服丧期满。②除服:除丧后的服装,指服丧满两年后举行大祥时,孝子除去麻绖而穿的细麻布衣服。③诸父:伯父、叔父。昆弟:叔伯兄弟。为他们服丧用轻服。④颖:麻一类的植物。虞祭卒哭之后,变麻带为葛带,如无葛,就用颖代替。既颖:虞祭卒哭之后。⑤王父:祖父。⑥外丧:居住在别处的亲属死亡。⑦入奠、卒奠:指棺柩在殡时的朝夕奠。

【译文】正在服父丧期间,母亲不幸去世,为父亲举行大祥之祭时,要改穿除服。祭过后,再将为母服丧的丧服换上。其他诸如此类的也可以借鉴,如在为伯父、叔父、兄弟服丧期间,如果正好碰到父母去世，那么在举行为伯父、叔父、兄弟除服之祭时，可暂时改穿除服；等祭过后，再将为父母穿的重丧服换上。如果三年之中先后遇到两个斩衰的丧事，在后一个丧事卒哭以后，在前一个丧事举行小祥或大祥之祭，可以先将小祥或大祥所受的轻服换上；之后再重穿后丧的重服。祖父先死，在还没到要举行小祥、大祥之祭时孙子又死了，那么孙子的神主是要附在祖父后面的。父亲或母亲停殡在堂时，又接到外地亲属的死讯，哭他要到别的房间。第二日先身着重服到殡宫哭奠父母，然后再换上新死者还没有成服的衣服哭，哭的地方就是听到死讯那天哭泣房间的位置，礼仪与那天相同。

大夫、士将与祭于公，既视濯①，而父母死，则犹是与祭②也，次于异宫③。既祭，释服出公门外，哭而归。其它如奔丧之礼。如未视濯，则使人告，告者反，而后哭。如诸父昆弟姑姊妹之丧，则既宿④，则与祭。卒事，出公门，释服而后归。其它如奔丧之礼。如同宫⑤，则次于异宫。

【注释】①视濯：祭祀前检视祭器的洗涤情况。②犹是与祭：大夫、士参加公家的祭祀，视濯之前已接受主人约请，不敢失敬鬼神，所以虽有父母之丧，仍需要参加祭祀。③次于异宫：不和家人住在一起，因祭祀是吉礼，丧事是凶礼，吉凶不同处。④宿：祭祀之前三日宿宾斋戒。⑤同宫：指参加祭祀的人与死丧的亲属同住一处。

【译文】大夫、士人将要前往国君的祭祀之礼，祭祀到视濯阶段时而自己家中的父母去世，这个时候还是继续完成国君的祭祀，只不过和家人不住一个房间。祭祀结束后，祭服脱掉出公门，哭着回家。其他的礼节与奔丧礼相同。如果是在视灌阶段前收到父母去世的消息，就先派人向国君报告，等前去报告的人回来后再哭。如果在参加国君祭祀期间，遇到伯父、叔父、兄弟、姑、姊妹等人去世的情况，那么，凡是被召去斋戒后，就必须得参加祭祀。等祭祀结束后，走出公门后脱掉祭服回家。其他也都和奔丧礼相同。如果与死者去世前住在一处，祭祀后就要住到另一处。

曾子问曰："卿大夫将为尸于公，受宿①矣，而有齐衰内丧，则如之何？"孔子曰："出舍乎公宫②以待事，礼也。"孔子曰："尸弁冕而出，卿、大夫、士皆下之。尸必式③，必有前驱。"

【注释】①宿：邀请的意思。祭祀前三日卜日卜尸，卜吉，则邀请作尸的人到时前往，称为宿尸。②舍乎公宫：祭祀为吉礼，丧事为凶礼，吉凶不相混，所以要住到国君的客馆中去。③式：通"轼"。此指在车上倚着轼作为答礼。

【译文】曾子问道："卿大夫要在国君祭祀中作尸，接受邀请并已经开始斋戒了，如果这时家中父母亲去世，又该如何是好？"孔子答道："从自家出来，住进公馆等待祭祀，才合理。"孔子又说："尸出门时，戴弁或冕，这要根据尸所代表的祖先是什么样的身份。卿、大夫在路上遇到尸,要下车致敬,而扮尸的人也要行凭轼答礼。尸出行,前面一定要有人开道。"

父母之丧,将祭①,而昆弟死;既殡而祭。如同宫,则虽臣妾,葬而后祭。祭,主人之升降散等②,执事者亦散等。虽虞附亦然。自诸侯达诸士,小祥之祭,主人之酢也啐③之;众宾兄弟皆哜④之。大祥:主人啐之,众宾兄弟皆饮之,可也。凡侍祭丧者⑤,告宾祭荐⑥而不食。

【注释】①祭:指小祥祭或大祥祭。②散等:一步跨一级台阶。古时行祭礼,上下台阶有两种步法。吉祭时第一只脚踏在第一级台阶上,第二只脚也跟着踏在第一级台阶,然后第一只脚再踏上第二级台阶,第二只脚跟着踏上去,双脚都要接触每一级台阶。这叫作"涉阶",又叫"拾阶"。(见《曲礼上》)丧祭时第一只脚踏第一级台阶,第二只脚踏上第二级,第一只脚再踏上第三级,双脚不同级。这叫"历阶",历阶也就是这儿说的"散等"。小祥和大祥属吉祭,本当用"涉阶",因有兄弟的丧事而用"历阶"。③酢:宾客回敬主人的酒。啐(jì):用嘴唇沾一下。④哜:喝一小口。⑤侍祭丧者:协助主人举行祥祭的人,相当于"司仪"。⑥荐:祭祀时的干肉、肉酱等。祭荐:吃菜肴时,先拿少许菜肴放在盛食物的器皿旁边。

【译文】父母亲丧期,在举行小祥或大祥之祭时,又遇到兄弟不幸亡故;遇到在这种情况,先将新死者殡敛后再举行小祥或大祥之祭。新死者是在父母的殡宫内死去,新死者的身份即使贱为臣妾,也要等新死者埋了以后再举行小祥或大祥之祭。在行祭时，主人升堂下堂都用散等的步伐，办事人员也用散等的步伐。这种作法，同样适用于举行虞祭、祔祭的时候。从诸侯到士，举行小祥之祭时，主人回敬于宾长的酒，用嘴唇沾一下就好；对于主人进献给众宾、兄弟的酒，可以喝一小口。大祥之祭时，宾长回敬给主人的酒可以喝一小口，而主人对于众宾、兄弟进献的酒，全部喝光都可以。凡是小祥、大祥之祭时，司仪要宾客进献脯醢时，宾客只献不吃。

子贡问丧，子曰："敬为上，哀次之，瘠为下①。颜色称其情；戚容称其服。"请问兄弟之丧，子曰："兄弟之丧，则存乎书策矣。"君子不夺人之丧，亦不可夺丧②也。孔子曰："少连、大连③善居丧，三日不怠，三月不解，期悲哀，三年忧。东夷之子也。"

【注释】①瘠：形体因哀伤而枯槁憔悴。瘠为下：指哀伤得枯槁憔悴以至病倒而不能守丧，这也是不孝，所以是最不可取的。②夺丧：自己剥夺哀情。指体弱不能依礼守丧。③少连、大连：二人名。

【译文】子贡问父母丧期该如何做，孔子答道："最重要的是心中有敬，其次是哀痛，最差的是变得瘦弱生病了。脸色和哀伤的心情相称，悲伤的样子和孝服相称。"子贡又问兄弟之丧又该怎样呢？孔子答道："如何居兄弟之丧，在书本上是有记载的。"君子不可以强迫他人忘记自己丧失亲人悲痛，也不能将自己丧亲的哀痛忘记。孔子说："少连、大连两人都对父母居丧的礼节知晓得特别清楚。父母去世后的开始三天，各种丧礼都不敢轻慢；三个月内不懈怠的哭泣祭奠；一周年后，还时时落泪；三周年的时候，还满面愁容的样子。能做到这样都是因为他们是东夷人！"

三年之丧，言而不语①，对而不问；庐、垩室之中，不与人坐焉；在垩室之中，非时见乎母也，不入门。疏衰②皆居垩室，不庐。庐，严者也。

妻视叔父母，姑姊妹视③兄弟，长、中、下殇④视成人。亲丧外除⑤，兄弟之丧内除⑥。视君之母与妻，比之兄弟。发诸颜色者，亦不饮食也。免丧之外，行于道路，见似目瞿，闻名心瞿⑦，吊死而问疾，颜色戚容必有以异于人也。如此而后可以服三年之丧。其余则直道而行之，是也。

【注释】①言：指自言丧事。语：指为别人论述。②疏衰：齐衰三年，父卒为母。③视：比照。④长殇：十九至十六岁而死。中殇：十五至十二岁而死。下殇：十一至八岁而死。⑤外除：丧期已尽而哀情不尽。⑥内除：哀情随丧服改变而递减。⑦瞿：通"惧"。

【译文】在三年为父母守丧期间，凡事与自己丧事不相关的话题不谈，只对提出的问题做回答，而不主动提问；住在置办丧事的倚庐或垩室，不与他人坐一起；一周年后，从倚庐搬到垩室，为了能向母亲问安，才进中门。身着齐衰丧服的人住在垩室，倚庐是最哀伤和身份尊贵的住处，那份哀敬不到极致是不能去住的。

妻子的丧期可以参照叔父母，姑、姊妹之丧可以参照兄弟，长、中、下殇丧礼比照成人。为父母守丧，父母丧期满后，虽然脱掉外边的孝服了，内心仍然悲伤。为兄弟守丧，外边的孝服脱掉的同时内心的悲哀也没有了。为国君的母亲或夫人守丧的礼节比照兄弟。守丧期间，凡是对面部哀容有影响的食物都不能吃。除丧后，孝子在路上，遇到与父母长得相似的人，眼神震惊，听到与父母名字相似字心里猛惊；去别人家吊孝或探视病人，面色悲戚之色与常人有不同之处。这样才算是真正的为父母守了三年之丧，才算是真正做到为父母守丧。此外，为其他人守丧就如在平坦的大路上行走一般，简单容易多了。

祥，主人之除也，于夕为期①，朝服。祥因其故服。子游曰："既祥，虽不当缟者必缟②，然后反服。"当袒，大夫至，虽当踊，绝踊而拜之，反改成踊，乃袭。于士，既事成踊，袭而后拜之，不改成踊。上大夫之虞也，少牢。卒哭成事③，附④，皆大牢。下大夫之虞也，犆牲⑤。卒哭成事，附，皆少牢。祝称卜葬虞，子孙⑥曰哀，夫曰乃，兄弟曰某，卜葬其兄弟曰伯子某。

【注释】①于夕为期：大祥祭的前一天傍晚除丧服，换朝服而宣告大祥的日期。②不当缟者必缟：指祥祭以后主人已不穿素缟麻衣，但如果有人来吊时，主人一定要穿素缟麻衣受吊。③成事：成吉事。卒哭之后的祭祀为吉祭。④附：通"祔"。死者之神主附于其祖。⑤犆牲：即特牲。⑥孙：指重孙。

【译文】大祥之祭也是孝子除服之祭。大祥之祭的前一天,孝子穿着朝服,宣布举行大祥之祭的日期。等举行大祥之祭时,孝子就穿前天的朝服。子游说:"大祥之祭已过有人来吊丧,主人虽已不穿素缟麻衣,但也一定要换上素缟麻衣接受吊丧,宾客走后再换回原来的服饰。"小敛、大敛时,孝子正袒露左臂放声大哭和跳起脚,此时大夫前来吊丧,孝子即使正在哭踊,也要先停下对大夫拜谢,再返回原位,从头开始,完成哭踊后再掩好上衣。如果小敛、大敛孝子在哭踊时,前来吊丧的是士,孝子可以先完成哭踊之礼,掩好上衣后,再前去拜谢。拜谢之后,也不用再哭踊了。上大夫的虞祭,用羊、豕二牲;卒哭和祔庙之祭,用牛、羊、豕三牲。下大夫的虞祭,用一只豕;卒哭和祔庙之祭,用羊、豕二牲。卜葬日和虞祭时用的祝词称谓是:儿子自称"哀子某",孙子自称"哀孙某",丈夫自称"乃夫某",兄弟则自称"某"。为兄弟卜葬,是为最长者,祝词就是"弟某卜葬其伯子某"。

古者,贵贱皆杖。叔孙武叔①朝,见轮人以其杖关毂而輠轮②者,于是有爵而后杖也。凿巾以饭③,公羊贾为之也。冒④者何也?所以掩形也。自袭⑤以至小敛,不设冒则形,是以袭而后设冒也。

或问于曾子曰:"夫既遣而包其余⑥,犹既食而裹其余与?君子既食,则裹其余乎?"曾子曰:"吾子不见大飨⑦乎?夫大飨,既飨,卷三牲之俎归⑧于宾馆。父母而宾客之,所以为哀也!子不见大飨乎!"

【注释】①叔孙武叔:鲁国大夫叔孙仇。②关:通"贯"。輠(huì)轮:转动车轮。③凿巾:在布巾上开一个口子。饭:饭含。④冒:套尸体的布袋,分上下两段,上段从头套起,下段从脚套起。⑤袭:为沐浴后的尸体穿上最里面的三层衣服。⑥遣:大遣奠。棺柩即将从祖庙拉往墓地时设的祭奠。包其余:把大遣奠用以祭奠的牲体用苇席包起来,送入墓中。⑦大飨:国君宴请宾客的盛宴。⑧归:通"馈"。

【译文】古代,不论身份高贵或低贱,只要是孝子,都必须要执丧杖。后来叔孙武叔上朝,看到轮人以丧杖穿通车輠转动车轮,将丧杖当成了玩具,这才定下规矩,只有身有爵位的人才有资格执丧杖。尸体蒙面巾上剪个小孔是为了方便饭含,是从公羊贾开始士也与大夫之礼一样。什么是冒?用来包裹尸体的布套就是冒。从袭到小敛,不用冒尸体就会暴露出来,怕人们见了尸体产生恶感,因此为尸体穿衣后就用冒。

有人问曾子说:"遣奠后剩下的供品包裹起来放到墓中,就像别人请客吃饭后,还把没吃完的打包带走,这属于君子的风度作派吗?"曾子答道:"您难道没有见过诸侯大宴宾客的场景吗?诸侯大宴宾客,在宾客们吃饱喝足后,主国国君将剩余的美味佳肴送到驿馆。而孝子在父母将要下葬时对待他们用宾客之礼,也是一种表达悲哀的方式而已。如果您见过诸侯大宴宾客就会明白其中的含义了。"

非为人丧,问与赐与?三年之丧,以其丧拜[①];非三年之丧,以吉拜。三年之丧,如或遗之酒肉,则受之必三辞。主人衰绖而受之。如君命，则不敢辞，受而荐之。丧者不遗人，人遗之，虽酒肉，受也。从父昆弟以下，既卒哭，遗人可也。

县子②曰："三年之丧，如斩。期之丧，如剡③。"三年之丧，虽功衰不吊，自诸侯达诸士。如有服而将往哭之，则服其服而往④。期之丧，十一月而练，十三月而祥，十五月而禫⑤。练则吊。既葬，大功吊，哭而退，不听事焉。期之丧，未丧，吊于乡人。哭而退，不听事焉。功衰吊，待事不执事。小功缌，执事不与于礼。

相趋⑥也，出宫而退。相揖⑦也，哀次而退。相问也，既封⑧而退。相见⑨也，反哭而退。朋友，虞附⑩而退。吊，非从主人也。四十者执紼：乡人五十者从反哭，四十者待盈坎。

【注释】①丧拜：郑玄注："稽颡而后拜曰丧拜，拜而后稽颡曰吉拜。"②县（xuán）子：人名。③剡（yǎn）：割削。④有服而将往哭之：有功衰在身虽不吊丧，但遇有五服以内的亲属死时须去哭泣。⑤"期之丧"至"十五月而禫"原在"三年之丧，虽功衰不吊"句前，学者疑为错简，据郑注改。⑥相趋：与孝子本无交往，听到他遭丧而去吊问，交情较薄。⑦相揖：指已有过初次交往，但只是互相认识而已。⑧相问：指互相问候并赠送过物品的人。封：通"窆"。⑨相见：指自己曾经执见面礼去拜访过的尊者。⑩虞附：王引之《经义述闻》以为"附"衍文。

【译文】三年之丧，身有丧拜，难道是人家有了丧事的缘故，才馈赠和赏赐吗？对穿三年之丧孝服的人来说，对于别人赠送的东西，以丧拜表示感谢；而非穿三年之丧孝服的人，行吉拜以示感谢。别人赠送的是酒肉，要再三推辞后才予以接受，接受时孝子要披麻戴孝。如果赏赐是国君给的，不敢谢绝，必须接受，先供祭父母的亡灵。在居丧期的人是不馈赠东西给别人的，若有人向居丧期的人馈赠东西，酒肉也是可以接受的。为叔伯兄弟等大功以下的亲属居丧，卒哭后，就可以送东西给别人了。

县子说："父母死了，孝子内心如同刀砍一般悲痛不已；兄弟等孝期为一年的亲人死了，内心就如刀刮般悲痛。"所有要服三年之丧的人，就算是过了练祭，也不能去别人家去吊丧，从诸侯到士都是一样的。如果有五服之内的亲属在这期间死了，可以前去哭吊，去哭吊时，丧服要与死者关系相称。服丧期为一年的，在第十一个月举行练祭，第十三个月举行大祥之祭，第十五个月举行禫祭。练祭以后服一年之丧的人就能外出吊丧了。穿大功丧服的亲属入葬后可以出外吊丧，但哭吊后要马上回来，不管主家的事。一年丧服的人，自己亲人未入葬前，可以到同乡人家去吊丧，同样的，在哭吊后马上回来，不管主家事物。如果是在练祭之后去吊丧，可以等对方袭、敛等事完成后离开，但不能帮忙。服小功、缌麻的人出外吊丧，能插手帮忙，但不能干预行礼之事。

如果前来参加葬礼的客人只是慕名而来，生前并不相识，在灵柩抬出庙门后就离开；和死者只是点头之交的情份，在灵柩经过大门外举哀时退出；和死者生前互赠过礼品，就等下棺封土后退出；曾带着礼向死者请教过，就等主人反哭之后再退出；和死者是朋友关系，就等虞祭以后才退出。参加葬礼，不是跟着主人走就好，而是帮主人做事。四十岁以下的人要帮着牵引柩车。乡人参加葬礼,五十岁以上的在孝子回家返哭时能跟着一道回去,而四十岁以下的就要等到填土成坟后才可以回去。

丧食虽恶必充饥,饥而废事,非礼也;饱而忘哀,亦非礼也。视不明,听不聪,行不正,不知哀,君子病①之。故有疾饮酒食肉,五十不致毁,六十不毁,七十饮酒食肉,皆为疑②死。有服,人召之食,不往。大功以下,既葬,适人,人食之,其党也食之,非其党弗食也。功衰食菜果,饮水浆,无盐酪③。不能食食,盐酪可也。孔子曰:"身有疡则浴,首有创则沐,病则饮酒食肉。毁瘠为病,君子弗为也。毁而死,君子谓之无子。"

【注释】①病:犹忧虑。②疑:恐惧。③盐酪:醯酱之类食物。
【译文】居丧者的吃食虽不精致,但也要能充饥。因为饥饿而耽误正事,不合礼的本意;因为饱食而将悲哀忘记,也与礼不合。如果因为过度悲痛令眼睛看不清,耳朵听不明白,路也走不好,神情麻木不知伤心,这是君子所担忧的。于是礼文上规定,如果居丧者身患疾病是允许饮酒吃肉的,五十岁以上的不能太过悲伤,六十岁以上的不能过于哀伤,七十岁以上允许饮酒吃肉。都是怕孝子因悲伤过度而死。身穿孝报,邀请他去吃饭,不能去。为大功以下的亲属穿孝服,下葬后,便能走访亲友了。有人邀请吃饭,是亲属关系的,可以接受;不是亲属关系的就不能接受了。三年之丧,过练祭后,可以开始吃蔬菜水果、喝水浆,但还没有盐和乳酪；实在因为没有盐醋吃不下饭，稍微一点盐醋也可以的。孔子说："孝子身上生了疮就洗澡，头上长了疮就洗头，有了病就能饮酒吃肉。形容憔悴到生了病，君子不是这样的。如果是因为太过伤心而死，君子就会说父母白白养了这么个儿子。"

非从柩与反哭，无免于堩①。凡丧，小功以上，非虞附练祥，无沐浴。疏衰之丧，既葬，人请见之，则见；不请见人。小功，请见人可也。大功不以执挚②。唯父母之丧，不辟③涕泣而见人。三年之丧，祥而从政④；期之丧，卒哭而从政；九月之丧，既葬而从政；小功缌之丧，既殡而从政。曾申问于曾子曰："哭父母有常声乎？"曰："中路婴儿失其母焉，何常声⑤之有？"

卒哭而讳。王父母、兄弟、世父、叔父、姑、姊、妹。子与父同讳。母之讳，宫中讳。妻之讳，不举诸其侧；与从祖昆弟同名则讳。以丧冠者，虽三年之丧，可也。既冠于次，入哭踊三者三⑥，乃出。大功之末⑦，可以冠子，可以嫁子。父小功之末⑧，可以冠子，可以嫁子，可以取妇。己虽小功，既卒哭，可以冠、取妻；下殇之小功⑨，则不可。凡弁绖，其衰侈袂⑩。父有服，宫中子不与于乐。母有服，声闻焉不举乐。妻有服，不举乐于其侧。大功将至，辟琴瑟。小功至，不绝乐。

【注释】①堩(gèng)：道路。②挚：见面时所带的见面礼。也写作"贽"。③辟：通"避"。④从政：服役。⑤常声：指规定的哭法。如《间传》所说的"斩衰之哭，若往而不返；齐衰之哭，若往而返；大功之哭，三曲而偯"。⑥哭踊三者三：哭三次，每哭一次都跺脚三次。⑦末：指即将除丧服。⑧父小功之末：或说"小"当作"大"。⑨下殇之小功：本当服齐衰的亲属，在八至十一岁之间死亡，降为小功丧服。⑩侈袂：袖筒呈圆台形，袖口比连接衣身处大一半。

【译文】如果孝子不在送葬与回家反哭时，就不能戴着免行走在路上。居丧期间，所有小功以上的亲属，除非虞祭、祔祭、练祭、大祥之祭，都不可在其他时间洗头洗澡。居齐衰之丧的，下葬后，有人求见则见，但不能主动上门求见别人。小功以下亲属服丧，下葬后，就可以求见他人了。为大功亲属服丧，求见他人时不能带礼物前往。只有父母之丧，满面泪水去见人没有忌讳。三年丧期的人，大祥后就服徭役。丧期一年的卒哭后就服徭役。丧期是九个月的，下葬后服徭役。为小功、缌麻亲属服丧五个月、三个月的人，移殡后服徭役。曾申向曾子问道："父母去世，孝子的哭声是不是也有规定？"曾子答道："小孩子在半道上找不着亲人时胡乱的哭喊，哭声哪还有什么规定呢？"

卒哭后，对于已故的祖父母、兄弟、伯父、叔父、姑、姊妹不再称其名，父亲与儿子也跟着避讳。母亲娘家已故亲属名字，在自己家中也要避讳。妻子娘家已故亲属的名字，在妻子身边不能提起。如果母亲和妻子娘家已故亲属与自己从祖兄弟同名的，那就任何时间地点都避讳了。丧事期间仍可举行冠礼，对于三年之丧的人同样适用。在倚庐加后，进入灵堂后一共哭三次跳起九次,再走出灵堂。服大功丧服的人,在快要除服时,能为儿子行冠礼和嫁女儿。父亲在快要除大功丧服时,可以为儿子行冠礼和出嫁女儿,也可以为儿子娶媳妇。在小功亲属卒哭祭后,自己才能行冠礼、娶媳妇;如果是下殇的小功亲属,卒哭以后还是不可以。只要是头戴弁绖去吊丧,吊服的袖口都是比较宽大的。父亲正在丧中,家中子弟就禁止观舞听音乐。母亲处于丧中,能听别人奏乐,自己不能亲自动手演奏。妻子处于丧中,丈夫不得在她身旁奏乐。处于大功丧服的人,亲人下葬后来访的,要将乐器收起;是小功丧服的人来访,那就没有必要停止奏乐了。

姑姊妹,其夫死,而夫党无兄弟,使夫之族人主丧①。妻之党,虽亲弗主。夫若无族矣,则前后家、东西家;无有,则里尹②主之。或曰:主之,而附于夫之党。

麻者不绅,执玉不麻。麻不加于采③。国禁哭④则止,朝夕之奠即位,自因也。童子哭不偯⑤,不踊,不杖,不菲⑥,不庐。孔子曰:"伯母、叔母,疏衰,踊不绝地。姑姊妹之大功,踊绝于地⑦。如知此者,由文矣哉!由文矣哉!"

世柳之母死,相者由左。世柳⑧死,其徒由右相。由右相,世柳之徒为之也。

【注释】①这里是指姑、姊妹无子而寡死,必使其夫之同姓主丧。②里尹:里宰、闾胥一类的官长。③采:指玄衣纁裳等吉服。④国禁哭:国家有大祭祀时,禁止国人哭泣。⑤偯:拉长声音哭。⑥菲:绳屦。

⑦踊不绝地：跺足时足尖不离地。⑧世柳：鲁穆公时的贤人。

【译文】姑、姊妹出嫁后没有子嗣又死了丈夫，夫家又没有其他兄弟和堂兄弟这种情况的，她的丧事由夫家的族人前来主丧；姑、姊妹虽然娘家也有亲人，但不能为之主丧。如果夫家连族人都没有了，就请附近的邻居来主丧；连邻居都没有的，就请地方官来主丧。有的人说：请姑、姊妹的娘家人来主丧也不是不可以，但神主还是要附于夫的祖母后面。

穿麻衣丧服的人不用大带，执玉行礼的人不穿麻衣丧服，麻衣丧服不能套在吉服上面。国家举行大祭祀时举国之内禁哭，遭丧的人家要遵令不哭，早晚祭奠站在哭位，都沿袭不变。如果孝子是小孩子，可以不拉长声调的哭，可以不跳起跺脚，可以不执丧杖，可以不穿绳屦，可以不住倚庐。孔子说：“伯母、叔母死，穿的是齐衰孝服，但哭的时候跳脚，脚却不离地；姑、姊妹死，为她们穿的是大功丧服，但哭的时候跳跃脚却离开地面。如果将此中的道理完全的弄明白，那就是把礼文全然通透了，把礼文弄得通透了。”

世柳的母亲去世，举办丧事时，相者站在主人的左边。世柳死时，当相者的是他的学生，却站在主人的右边。站在主人的右边协助主人，从世柳的学生开始有了这种错误的做法。

天子饭，九贝①；诸侯七，大夫五，士三。士三月而葬，是月也卒哭；大夫三月而葬，五月而卒哭；诸侯五月而葬，七月而卒哭。士三虞，大夫五，诸侯七。诸侯使人吊，其次②：含襚赗临，皆同日而毕事者也，其次如此也。卿大夫疾，君问之无算③；士一问之。君于卿大夫，比葬不食肉，比卒哭不举乐；为士，比殡不举乐。升正柩，诸侯执綍五百人，四綍，皆衔枚，司马执铎，左八人，右八人，匠人执羽葆御柩。大夫之丧，其升正柩也，执引者三百人，执铎者左右各四人，御柩以茅。

【注释】①贝：贝壳。郑玄说夏代饭含用贝。周代天子、诸侯用玉，士用贝。②其次：王引之《经义述闻》以为"其次"衍文。"使人"二字直贯下五事。③无算：指次数多。但《丧大记》说"君于大夫疾，三问之"。

【译文】天子饭含用九个贝壳，诸侯饭含用七个贝壳，大夫饭含用五个贝壳，士人饭含用三个贝壳。士死后第三个月下葬，下葬当月举行卒哭之祭；大夫死后也是第三个月下葬，但要在第五个月举行卒哭之祭；诸侯死后第五个月下葬，第七个月举行卒哭之祭。葬后的虞祭，士举行三次，大夫五次，诸侯七次。如果诸侯派遣使者到他国，吊、含、襚、赗、临，这些礼节则在一天内全部完成的；先后次序也是这样。卿大夫生病，国君要前往进行无数次的探问；士人生病，国君只需前往探问一次。卿大夫去世，卿大夫下葬当天国君不能吃肉，卒哭那天国君不听音乐；而士人去世，国君只需在入殡那天不欣赏音乐就可以了。灵柩出殡后朝祖庙，从西阶升堂，放在两楹正中。诸侯出葬，柩车上系四条大绳，拉绳的人有五百人，拉绳的人全部衔枚；司马手执金铎，左右各八人在灵车左右，司马摇动铃铎用以号令众人。一名匠人，手执羽葆走在灵车前面，羽葆用来做指挥灵车前进的信号。大夫在朝祖以后出葬,出葬时柩车上系两条大绳,牵引的人三百人,各有四个手执铃铎的人在灵车左右,旗帜用来作为指挥灵车前进的信号。

孔子曰:"管仲镂簋而朱纮,旅树而反坫,山节而藻棁。贤大夫也,而难为上也。晏平仲祀其先人,豚肩不掩豆。贤大夫也,而难为下也。君子上不僭上,下不偪下。"

妇人非三年之丧,不逾封①而吊。如三年之丧,则君夫人归。夫人其归也以诸侯之吊礼,其待之也若待诸侯然。夫人至,入自闱门②,升自侧阶③,君在阼。其他如奔丧礼然。嫂不抚④叔,叔不抚嫂。

【注释】①逾封:越过国境。②闱门:宫中的小门。③侧阶:边阶。或说侧阶是东房的后阶。④抚:凭尸,即抚尸哀哭。

【译文】孔子说:"管仲身为大夫,却用高出他身份的镂花镶玉的簋,系朱红色帽带,大门内设置屏风,在堂上设置用来放空酒杯的土台子,住室斗拱上还刻着山形图案,梁上的短柱雕着水草。不能说管仲不贤,但他的上述僭上行为令他的国君很是为难啊。晏平仲身为大夫,在祭祖时仅用一只小小的猪蹄膀,连一只豆都盛不满。不能说晏平仲不贤,但他这般克己,做他的下属也是很为难的。君子的行为要与身份相符,不僭上,不逼下。"

如果妇人不因自己的父母去世,是不越境到他国去吊丧的。如果自己的父母去世,就算身份贵为国君夫人也要回国奔丧。夫人归国奔丧的礼节与诸侯亲自出吊的礼节一样。主国接待夫人的礼节与接待诸侯的礼节也是相同的。夫人到主国,由宫旁小门进去,从侧阶登堂,主国国君在东阶等候,不用走下台阶相迎。其他和奔丧礼相同。小叔子死了,嫂子不能抚尸而哭;嫂子死了,小叔子也不能抚尸而哭。

君子有三患:未之闻,患弗得闻也;既闻之,患弗得学也;既学之,患弗能行也。君子有五耻:居其位,无其言①,君子耻之;有其言,无其行,君子耻之;既得之而又失之,君子耻之;地有余而民不足②,君子耻之;众寡均而倍焉③,君子耻之。

孔子曰:"凶年则乘驽马,祀以下牲④。"恤由之丧,哀公使孺悲⑤之孔子学士丧礼,士丧礼于是乎书。子贡观于蜡。孔子曰:"赐⑥也乐乎?"对曰:"一国之人皆若狂,赐未知其乐也!"子曰:"百日之蜡,一日之泽,非尔所知也。张而不弛,文武弗能也;弛而不张,文武弗为也。一张一弛,文武之道也。"

【注释】①言:主意,政见。②地有余而民不足:古代土地、城邑、人民三者相配,如若统治者不能抚育其民,人民逃窜至别国,则土地有余。③众寡均而倍焉:指役用民众之事。④下牲:比平时祭祀用牲规格低一等。如平常用大牢,凶年就用少牢;平时用少牢,凶年就用特牲。⑤恤由、孺悲是二人名。⑥赐:子贡的字。

【译文】君子有三种忧虑:没有听说过的事物,担心着不能够听说；已经听说的事物，又怕学不会；已经学会的，又怕不能够实行。君子有五种令自己感到羞耻的事：居其位而不能谋其政，君子以为耻；能谋其政却不能将其付诸行动，君子以为耻；已经付诸实行了的又不能实行到底，不得不半途而废的，君子以为耻；地广而民众少，君子以为耻；人口虽与别国一样，但却没有别国富有，君子以为耻。

孔子说："凶荒年景，乘车用的马要用驽马，祭祀用的牺牲规格也要比平时低一些。"恤由死时，鲁哀公派孺悲去向孔子学习士人丧礼，于是《士丧礼》才被记载和流传了下来。子贡观看年终的蜡祭，孔子问他："赐啊，蜡祭给人们带来的欢乐你从中看出来了吗？"子贡答道："举国上下都如同发酒疯一般，学生我实在是看不出乐从哪里来啊？"孔子说："辛勤劳作了整整一年，才有这么一天可以放松享受的，这种乐趣不是你能体会得到的。让人一味紧张而没有一天轻松的，即使贤明的文王、武王他们也不能把天下治理好；而让民众一味轻松而没有点紧张，文王、武王也不会这么做。张弛有度，劳逸结合，这才是文王、武王治理天下的办法。"

孟献子曰："正月日至①，可以有事于上帝；七月日至②，可有事于祖。"七月而禘，献子为之也。夫人之不命于天子，自鲁昭公始也③。外宗④为君夫人，犹内宗⑤也。

厩焚，孔子拜乡人为火来者。拜之，士一，大夫再。亦相吊之道也。孔子曰："管仲遇盗，取二人焉，上以为公臣，曰：'其所与游辟也，可人⑥也！'管仲死，桓公使为之服。宦于大夫者之为之服也，自管仲始也，有君命焉尔也。"

过而举君之讳，则起。与君之讳同，则称字⑦。内乱不与焉，外患弗辟⑧也。

【注释】①正月日至：周代以十一月为正月。日至：冬至。②七月日至：农历五月夏至日。③周代同姓不通婚，鲁昭公娶吴孟子，因吴与鲁同姓，于是不向周天子报告，天子也不赐封。④外宗：指外姓嫁到国君族内的命妇。⑤内宗：指国君的已出嫁的姑、姊妹等。⑥辟：邪僻。可人：可被造就为人才。⑦称字：古人自称称名，如果己名与君名同，为避讳则称字。⑧外乱弗辟：指有外部侵略时不躲避，敢以死抵御。

【译文】孟献子说："正月冬至那天，可以祭祀上帝；七月夏至那天，可以祭祀祖先。"禘祭在七月举行，是从孟献子就开始了。国君夫人可以不必经过天子认可，这是从鲁昭公开始的。外宗为国君、夫人服丧，规格与内宗相同。

孔子马棚失火，孔子对前来慰问的乡人表示拜谢。对士人拜谢一次，对大夫拜谢两次，用的也是拜谢吊客时才用的礼数。孔子说："管仲曾经遇到过一伙窃贼，他从中选出两人，将这两人推荐给齐桓公为臣子，并对齐桓公说：'这两人是过的不好才结交匪类，才触犯王法。实际上他们都是可造之才。'管仲去世后，齐桓公命令这两人为管仲服丧。顺因大夫的举荐而被国君任用的人，在大夫死后还为其服丧，这也是从管仲开始的。"这也是有国君命令的缘故。

因疏忽大意不小心称呼了国君的名讳，应马上站起来，表示自己已经知错要改过。如果臣子与国君同名,字就作为臣子对自己的称呼。如果国内发生叛乱,而又无力阻止,那么至少做到自己不参与叛乱。对于外敌的侵犯,则没有躲避的理由了,一定是赴汤蹈火,在所不辞的。

赞①大行②曰:圭,公九寸,侯、伯七寸,子、男五寸。博三寸,厚半寸。剡上,左右各寸半,玉也。藻③三采六等。哀公问子羔曰:"子之食奚当?"对曰:"文公之下执事也。"

成庙则衅之。其礼:祝、宗人、宰夫、雍人④,皆爵弁纯衣⑤。雍人拭羊,宗人视之,宰夫北面于碑⑥南,东上。雍人举羊,升屋自中,中屋南面,刲羊,血流于前,乃降。门、夹室⑦皆用鸡。先门而后夹室。其衈⑧皆于屋下。割鸡,门当门,夹室中室。有司皆乡室而立,门则有司当门北面。既事,宗人告事毕,乃皆退。反命于君曰:"衅某庙事毕。"反命于寝,君南乡于门内,朝服。既反命,乃退。路寝成,则考⑨之而不衅。衅屋者,交神明之道也。凡宗庙之器。其名者⑩成则衅之以豭豚。

【注释】①赞:通"瓒",祭祀时祼酒的勺子,以圭为柄。②大行:大行人,古时的外交官。以下所述与《周礼·大行人》同。③藻:垫圭的布。④宰夫:主持衅礼的人。雍人:相当于现在的厨师。⑤纯衣:丝质的玄衣纁裳。⑥碑:立在庭中的石柱,用来观日影或拴牲畜。⑦夹室:诸侯庙室结构:前半为堂,有东堂、中堂、西堂之分;后半,中为房,两边为东西室。东西堂与东西房的南墙之间分别叫作东夹室和西夹室。⑧衈（ěr）：在屋下割鸡，取血。⑨路寝：国君的正寝。考：摆设盛宴庆祝落成的典礼。⑩名者：指比较大的宗庙祭器。

【译文】《赞大行》上记载：朝见天子时用的圭，上公九寸长，侯、伯七寸长，子、男五寸长；宽度都是用三寸，圭的上端和左右各削去一寸半，圭都是用玉制成的。圭垫上用三种不同颜色横绕着画六圈。鲁哀公问子羔说："你们家祖上是从什么时候开始做官的，俸禄有多少？"子羔答道："祖上是从文公时开始做底下小官的。"

新庙落成后要举行血祭，礼法是：祝、宗人、宰夫、雍人全部头戴爵弁，穿丝质的吉服，雍人将要杀的羊洗拭干净，由宗人进行检视，宰夫再面朝北站在碑南靠东的首位上。雍人将羊扛起从前檐正中登上屋顶，站在屋脊正中，面朝南，杀掉羊，待羊血流到前檐，才从屋脊上下来。衈庙门与夹室杀鸡。顺序是先衈庙门，后衈夹室。衈祭都是在屋下进行。杀鸡血祭时，祭门，就对着门杀鸡；祭夹室的话，就在夹室中央杀鸡。血祭夹室时，宰夫、祝、宗人都面向夹室而站。血祭庙门时，宰夫、祝、宗人都对着门，面朝北。这些事情都做完了后，宗人就向宰夫报告说衈礼结束了，于是参加的人全体退出，再去向国君报告说："某庙的衈礼仪式已经完成。"报告在国君的路寝进行，国君面向南，站在路寝门内，身着朝服。向国君报告后，都才全部退下。如果路寝落成，那就举行一个落成典礼就可以了，不用举行血祭。衈庙的原因是：庙是要和神明打交道的地方。凡是宗庙要用到的器物，重要的在制作完成后，都要用一只小公猪进行血祭。

诸侯出夫人①,夫人比至于其国,以夫人之礼行;至,以夫人入。使者将命曰:"寡君不敏,不能从而事社稷宗庙,使使臣某,敢告于执事。"主人对曰:"寡君固前辞不教②矣,寡君敢不敬须以俟命。"有司官陈器皿③,主人有司亦官受之。妻出,夫使人致之曰:"某不敏,不能从而共粢盛④,使某也敢告于侍者。"主人对曰:"某之子不肖,不敢辟诛⑤,敢不敬须以俟命。"使者退,主人拜送之。如舅在,则称舅;舅没,则称兄;无兄,则称夫。主人之辞曰:"某之子不肖。"如姑姊妹,亦皆称之。

【注释】①出夫人:离婚,诸侯将夫人遣送回娘家。②前辞不教:以前纳彩时曾以她没有受过多少教育而拒绝过这桩婚事。③官陈器皿:按照规定陈设以前的嫁妆。④粢盛:祭祀祖宗用的谷物。共:通供。供粢盛:即祭祀祖宗。⑤辟诛:逃避责罚。

【译文】诸侯要休弃夫人,会派使者把夫人送回夫人母国,路上仍以夫人之礼相待;等到了夫人的母国边境,仍以夫人身份入境。使者通会主国的人传话说:"敝国国君不才,无法与夫人一起祭祀宗庙社稷,现特派使臣某某某将此下情报告您左右。"主国国君也通过傧者回答说:"敝国国君之前就说过,没有把女儿教调好,现在这样,敝国国君敢不恭敬从命吗。"于是送夫人前来的随行使者的办事人员,按规矩将夫人的陪嫁器物一一陈列出来,主国的办事人员按规矩一一进行点收。如果是大夫、士人、庶民要休妻,就派人把妻送回娘家,并说:"某某不才,不能与她一起祭祀祖宗,特派我冒昧前来享告左右。"主人回答说:"是我的女儿不好,不敢逃避责罚,哪敢不恭敬的等候吩咐。"使者离开,主人拜而相送。如果出妻的公公在世就以公公的名义说:"某之子不敏。"如果公公去世,可以用他兄长的名义说:"某之弟不敏。"没有兄长的就用丈夫的名义致词。主人的答词是说:"我的女儿不好。"被休弃的如果是主人的姑或姊妹,答词就做相应的改动。

孔子曰:"吾食于少施氏①而饱,少施氏食我以礼。吾祭,作而辞曰:'疏食不足祭也。'吾飧,作而辞②曰:'疏食也,不敢以伤吾子。'"

纳币③一束:束五两,两五寻④。妇见舅姑,兄弟、姑姊妹,皆立于堂下,西面北上,是见已。见诸父,各就其寝。女虽未许嫁,年二十而笄,礼之,妇人执其礼⑤。燕则鬈首⑥。

韠⑦:长三尺,下广二尺,上广一尺。会⑧去上五寸,纰以爵韦六寸⑨,不至下五寸。纯以素,紃以五采⑩。

【注释】①少施氏:鲁惠公的儿子施父的后代。②作而辞:这是主人站起来说话。③纳币:指定婚用的聘礼。④两:即匹。一匹帛从两端往中间卷称为两。寻:古时八尺为一寻。⑤妇人执其礼:许嫁后行笄礼由主妇主持,女宾为她插上笄。未许嫁而行笄礼,由妇人主持,不必由主妇、女宾。⑥鬈首:将头发分左右卷成小牛角形状,这是未许嫁女子的发式。

⑦韠(bì)：蔽膝，用皮革制成。系在腰前，下广上窄。⑧会：韠会的上方系在腰间的部分。⑨纰：两旁的滚边。六寸：里外各三寸，左右加起来也是六寸。⑩纯：下滚边。素：白绢。紃：嵌在四周滚边缝中的彩色带子。

【译文】孔子说："我在少施氏家作客吃得饱，是因为少施氏依礼对我进行招待。我祭食时，他会起身辞谢说：'粗茶淡饭，不值得祭。'吃完后，我对主人做出的可口饭菜进行赞美时，他又站起身辞谢说：'粗茶淡饭，怕是伤了您的胃口。'"

订婚要用的礼品是：布帛一束，一束五卷，每卷长四丈。新媳妇拜见公婆时，丈夫的兄弟、姑、姊妹等亲属都要站在堂下，面朝西，以北为上位，这也相当于与这些人全见过了。而丈夫的伯父、叔父，因为他们是长辈，所以要到他们的住处登门拜见。女子如果没有许嫁，二十岁时也举行笄礼。行笄礼时，在家找个妇人就行了。行过笄礼后，平常在家仍梳成双角髻，表示还没有许嫁。

蔽膝：长三尺，下端宽二尺，上端宽一尺，五寸领缝以下的蔽膝的两边，用爵韦表里镶边共六寸领缝距上端，下端五寸用素绩镶边；所有镶边的缝中都嵌有五彩丝带。

丧大记第二十二

【题解】吴曾祺评注:"此篇记人君以下始死、小敛、大敛、殡葬之事,皆事之大者,故以《丧大记》名。"刘元云:"记谓之大者,言其委曲、详备、繁多,故云大"。

疾病,外内皆扫。君大夫彻县①,士去琴瑟。寝东首于北牖②下。废床,彻亵衣③,加新衣,体一人。男女改服。属纩④以俟绝气。男子不死于妇人之手,妇人不死于男子之手。君夫人卒于路寝⑤,大夫世妇卒于適寝⑥,内子未命⑦,则死于下室⑧。迁尸于寝,士之妻皆⑨死于寝。

【注释】①彻:通"撤",撤去。县:通"悬",指乐器。古代诸侯堂下三面有乐器,称判悬;大夫一面,称特悬。②牖:窗子。当依郑玄注作墉。古时北面无窗。③亵衣:本指贴身衣,此指原来身上穿的所有衣服。④纩:丝锦。⑤路寝:正寝。⑥世妇:大夫的嫡妻。適寝:適,通"嫡",正寝。⑦内子未命:古代妇随夫爵,卿大夫未在太庙受过爵命,其妻称内子。⑧下室:妻的寝室。⑨皆:统指有爵命及无爵命的士妻。

【译文】在知晓病人病危时，要将居室内外通通打扫干净。病人的身份如果是国君、大夫，就要将乐悬撤去；如果病人的身份是士人，也要将琴瑟收藏起来。病人以头朝东躺在室内的北墙下。不用床，为病人把脏衣脱下，换上新衣，四个人将病人的四肢按住。男女改换服装。在病人口鼻上放些许丝绵，用来观察和等他咽气。临终时，男人不死于女人之手，女人不死于男人之手。国君与国君夫人都应在正寝死去，大夫及其正妻也都在正寝死。如果卿的妻子生前没有被赐为命妇，就要在她自己的住处断气，然后再迁尸于正寝。士人和士人的妻也都在正寝死。

复①，有林麓，则虞人设阶；无林麓，则狄人②设阶。小臣复，复者朝服。君以卷③，夫人以屈狄④；大夫以玄赪⑤，世妇以襢衣⑥；士以爵弁，士妻以税衣⑦。皆升自东荣⑧，中屋履危⑨，北面三号，卷衣投于前，司服受之，降自西北荣。其为宾，则公馆复，私馆不复；其在野，则升其乘车之左毂而复。复衣不以衣尸，不以敛。妇人复，不以袡⑩。凡复，男子称名，妇人称字。唯哭先复，复而后行死事。

【注释】①复：人始死时的招魂仪式。②狄人：地位较低的乐吏。③卷：衮服，上画有龙。④屈狄：即阙狄，妇女礼服之一，刻缯为鸟羽之形，缀于衣上。⑤玄赪：玄衣赤裳，指玄冕衣。⑥襢衣：亦作展衣，白色的妇人礼服。⑦税（tuàn）衣：亦作褖衣，有红色滚边的黑色深衣。⑧荣：屋檐两端向上翘起的角。⑨危：屋脊。⑩袡（rán）：有绛色滚边的上衣,女子出嫁时所穿。

【译文】为国君招魂时,如果境内有山林则由虞人来设梯,如果境内没有山林则由狄人来设梯。由近臣为国君招魂,招魂者需身穿朝服。为国君上公招魂用衮服,为上公夫人招魂用屈狄礼服,为大夫用玄衣赤裳,为大夫之妻招魂用展衣礼服。为士招魂用爵弁服,为士妻招魂用褖衣。所有的招魂者都是从东角处登梯升屋,一直上到屋脊的正中间,面朝北,挥动着招魂所用的衣服,拉长声调地大喊三声:"某,回来吧!"然后再把用来招魂的衣服卷起来从前檐投下去,下面安排司服用竹筐接住,招魂者从西北角下来。如果是在出国外访时死掉,就在入住的驿馆招魂,如果是住在卿大夫的家里,就不招魂。如果死在半路,就到他所坐车辆的左毂上招魂。招魂用的衣服,不再穿到死者身上,也不做敛衣。为妇人招魂,不用她出嫁时穿的礼服。凡是招魂,男子就喊他的名字,妇人就喊她的字。只有哭泣是可以在招魂之前哭的,而其他善后事宜都必须在招魂以后才能进行。

始卒,主人啼,兄弟哭,妇人哭踊。既正尸①,子坐②于东方,卿大夫父兄子姓③立于东方,有司庶士哭于堂下北面;夫人坐于西方,内命妇姑姊妹子姓④立于西方,外命妇率外宗⑤哭于堂上北面。

大夫之丧,主人坐于东方,主妇坐于西方⑥,其有命夫⑦命妇则坐,无则皆立。士之丧,主人父兄子姓皆坐于东方,主妇姑姊妹子姓皆坐于西方。凡哭尸于室者,主人二手承衾而哭。

【注释】①正尸：始死时尸在北墙下，死后移尸至南墙窗下，尸体头朝南。②坐：跪，屁股坐在脚后跟上。③子姓：这里指除嫡长子外的男性子孙。④内命妇：诸侯的世妇。子姓：这里指女性子孙。⑤外命妇：卿大夫之妻。外宗：与诸侯同宗的妇女。⑥大夫之丧，其父兄、子姓的哭位参照诸侯，省文而未言。主人：嫡长子为丧主。⑦命夫：有爵命的士，其妻为命妇。

【译文】国君刚刚断气，主人哀痛呜咽，国君的兄弟也开始放声大哭，妇人们则一边哭一边顿足跺脚。尸体摆放好以后，哭位顺序的安排是：孝子跪在尸体的东边，卿、大夫、死者的父辈和兄弟、男姓子孙都站在孝子的身后。办理丧事的官员和所有的士哭位都在堂下，面朝北而站。夫人跪在尸体的西边，内命妇、国君的姑、姊妹及女姓子孙都站在夫人的身后。外命妇和外宗哭位在堂上室门以外，面朝北而站。

大夫死后，哭位顺序的安排：孝子跪在尸体东边，孝子的正妻跪在尸体西边。亲属中的命夫、命妇可以跪，不是命夫、命妇则站着。士人死后，孝子、死者的父兄和男性子孙都跪在尸体的东边；孝子的妻和他的姑、姊妹和女性子孙都跪在尸体的西边。在室内哭尸时，孝子要用双手抓住覆尸的被子而大哭，表示痛不欲生，像是将要追随死者而去一般。

君之丧，未小敛，为寄公、国宾出①；大夫之丧，未小敛，为君命②出；士之丧，于大夫不当敛则出。凡主人之出也，徒跣扱衽③拊心，降自西阶。君拜寄公国宾于位④；大夫于君命，迎于寝门外，使者升堂致命，主人拜于下；士于大夫亲吊则与之哭；不逆于门外。夫人为寄公夫人出，命妇为夫人之命出，士妻不当敛，则为命妇出。

【注释】①寄公：失去国土而居住在别国的诸侯。国宾：来本国作客的诸侯。出：出房迎接，或至门、或至庭。小敛以后，均需迎接。②君命：指本国国君派来吊丧和送礼的使者。③扱（chā）衽：将衣襟下摆提起塞在腰带里。④位：寄公立于门西，国宾立于门东，丧主在庭中向其位而拜。

【译文】国君死后，还没有小敛时，如果这时有寄公或国宾前来吊唁，孝子要出门迎接；大夫死后，还没有小敛，此时如果有国君派的人前来吊唁或送礼，孝子也要出门迎接；士人死后，如果有大夫前来吊唁，只要不是小敛正在进行时，孝子都要出门迎接。孝子出迎时，都要光脚，然后把衣襟下摆掖在腰带上，再捶着胸口，从西阶下堂。国君在庭中向前来吊唁的寄公或国宾表示拜谢；大夫对于国君派来吊唁的使者，要出寝门之外进行迎接，使者升堂传达国君的旨意，孝子在堂下行拜谢之礼；士对于前来亲自吊唁的大夫，孝子只用在西阶之下就位，与大夫都面朝东而哭就好；不用到门外迎接。如果前来吊唁的是寄公夫人，那么国君夫人就要出迎。国君夫人派使者来大夫之家吊唁时，大夫的妻子就要出迎。士妻只要不是正在忙于小敛，对于前来吊唁的大夫之妻都要亲自出迎。

小敛，主人即位于户内，主妇东面①，乃敛。卒敛，主人冯②之踊，主妇亦如之。主人袒，说髦③，括发④以麻，妇人髽⑤，带麻于房中。彻帷，男女奉尸夷于堂⑥，降拜。君拜寄公国宾，大夫士拜卿大夫于位，于士旁三拜⑦；夫人亦拜寄公夫人于堂上，大夫内子士妻特拜⑧命妇，泛拜⑨众宾于堂上。

【注释】①主人户内，主妇东面：二句互文见义。小殓时尸在室内当门处，主人在门内偏东，主妇在门内偏西，夹尸而立。②冯：即凭。凭之，凭尸，拉着尸身上的衣服哭泣。③袒：脱衣裸左臂。说：通"脱"。髦：古代幼儿下垂至眉的短头发，成人后则垂于两边，表示侍奉双亲有孺子之心。父死则脱左髦，母死则脱右髦。④括发：古代男子平时有髻，父初丧，去髻散发，用麻从脑后前绕交于额上，又反绕至头顶束发。⑤髽（zhuā）：妇人遇齐衰丧服，亦去髻散发，用麻束法，与男子括发同。⑥夷于堂：把尸陈于堂上。⑦旁三拜：指对着士所站的方位拜三拜。⑧特拜：一个一个分别拜。与下泛拜相对。⑨泛拜：向众人笼统地拜，不一一拜谢。

【译文】小敛时，主人在门内东边就位，面朝西；主妇在门内的西边就位，面朝东，这才开始进行小敛。小敛完了后，主人要挨着尸大声号哭和跳跃，跳的次数没有限定。主妇也要像主人那样大声号哭和跳跃。然后，主人袒露左臂，脱去髦，用麻束住发髻。而妇人也要到西房露出发髻，束上麻带。然后撤去障尸的幕帷，主人和主妇等亲属恭敬地将尸体抬起，从室内移到堂上的两楹之间。主人、主妇等人再从西阶下堂，拜谢前来吊唁的客人。国君对来吊的寄公和国宾表示拜谢。大夫、士向前来吊的卿、大夫一一拜谢，对于来吊的士，不管来的人数多少，只需要向他们所站的方位拜上三拜就可以了。国君的夫人，在堂上对前来吊唁的寄公夫人表示拜谢。卿大夫的妻子、士的妻子，对于前来吊唁的命妇，都在堂上进行逐一拜谢；对于前来的普通女宾则一起一拜就好了。

主人即位①，袭②、带、绖、踊。母之丧，即位而免③，乃奠④。吊者袭裘⑤，加武⑥带绖，与主人拾踊⑦。君丧，虞人出木角，狄人出壶，雍人出鼎⑧，司马县之，乃官代哭⑨。大夫官代哭不县壶，士代哭不以官。君堂上二烛⑩、下二烛，大夫堂上一烛、下二烛，士堂上一烛、下一烛。宾出彻帷⑪。

【注释】①即位：小敛后，主人之位在东阶下。②袭：穿上衣服，因移尸前袒露左臂。③母之丧，即位而免：母亲的丧事，也有袭带绖踊。免（wèn）：用宽一寸的布带束发，其形与括发相似。④奠：以食物供祭死者。此为小殓奠。⑤袭裘：古人裘服之上有裼衣，裼衣之上加正服，吉事去正服之左袖，露出裼衣。称裼；凶事则掩裼衣，称袭，亦称袭裘。⑥武：冠圈。加武，加环绖于冠圈。⑦拾踊：哭泣时轮流跺脚。其顺序是主人先踊，次主妇，次吊者。⑧雍人：掌烹煮食品的官。鼎：用以烧水。冬天水易冰，故以沸水加入漏壶。⑨代哭：一个接一个地轮流哭泣。⑩烛：火把。⑪宾出彻帷：郑玄注以为此是君与大夫之礼，宾客出门后撤堂帷。士则小殓后即撤帷。

【译文】拜过吊宾后，主人在台阶下就位，在左臂穿上袖子，腰缠麻带，头戴麻绖，大声号哭和跳跃。如果母亲去世，拜宾以后在台阶下就位时，不用括发，戴免就可以了。然后设小敛之奠。

从此刻起，前来吊唁的人都要袭裘，在吉冠的冠圈上加上麻绖，腰束麻带，跟在主人、主妇的身后交替号哭跳跃。国君的丧事，烧火的木柴和舀水的勺子由虞人提供，壶漏由狄人提供，烧水的鼎雍人提供，司马对壶漏安置进行亲自视察，然后安排官员轮流代哭。办大夫的丧事，安排官员代哭就可以了，不用设置壶漏。士的丧事，由士的亲属代哭，官员不用代哭。国君的丧事，堂上、堂下各点着两支火把。大夫的丧事，堂上点一支火把，堂下点两支火把。士的丧事，堂上、堂下各点一支火把。小敛结束后，主人下堂对来吊之宾拜谢，待宾走了后，再将堂上的帷幕撤掉。

哭尸于堂上，主人在东方，由外来者①在西方，诸妇南乡。妇人迎客送客不下堂，下堂不哭；男子出寝门见人，不哭。其无女主，则男主拜女宾于寝门内；其无男主，则女主拜男宾于阼阶下。子幼，则以衰抱之，人为之拜；为后者②不在，则有爵者辞，无爵者人为之拜。在竟内则俟之，在竟外则殡③葬可也。丧有无后，无无主。

【注释】①由外来者：来吊丧的宾客。②为后者：继承死者的儿子。③殡：暂时浅埋在寝宫。

【译文】堂上哭死者的位置是：主人在尸体东边，面朝西；主妇等妇人在尸体西边，面朝东。如果这时有前来奔丧者，也在尸的西边哭，主妇等人则挪向北，面朝南。妇人迎客送客都不下堂。就算是下堂迎送，也只是磕头而不哭。男子出寝迎宾，不哭。

对于前来吊唁的女宾,如果丧家没有主妇,则由主人在寝门内对女宾进行拜谢;前来吊的男宾,如果丧家没有主人,则由主妇在台阶下向男宾拜谢。如果孝子年龄还小,就用孝服裹抱着他,请别人代替他拜谢吊宾。如果孝子因其他原因没能在家,对于有爵位的吊宾应该说明缘由,对于没有爵位的吊宾则由他人代为拜谢。孝子不在家但在国内的,就等孝子回来后再主持丧事;如果没有在国内而且无法赶回来的,那就只好请他人主持殡葬仪式,可以出殡和下葬。总之,丧家绝嗣的情况也是有的,丧事无人主持这种情况却没有出现过。

君之丧:三日,子、夫人杖,五日既殡,授大夫、世妇杖。子、大夫寝门①之外杖,寝门之内辑②之;夫人、世妇在其次③则杖,即位则使人执之。子有王命则去杖,国君之命则辑杖,听卜有事于尸④则去杖。大夫于君所则辑杖,于大夫所则杖。大夫之丧:三日之朝既殡,主人、主妇、室老⑤皆杖。大夫有君命则去杖,大夫之命则辑杖;内子为夫人之命去杖,为世妇之命授人杖。士之丧:二日而殡⑥,三日而朝,主人杖,妇人皆杖。于君命、夫人之命如大夫,于大夫、世妇之命如大夫。子皆杖,不以即位。大夫士哭殡⑦则杖,哭柩⑧则辑杖。弃杖者,断而弃之于隐者。

【注释】①寝门:即指殡宫之门。②辑:提着杖而不以之拄地。③次:守丧的地方。④有事于尸:葬以前奠而不用尸。葬后虞祭开始用尸。

用尸祭，丧主去杖。⑤室老：年老的家臣。⑥二日而殡：士之丧礼，凡计日，生者从第二天计算。此云二日，则不计死之日。⑦哭殡：棺柩浅埋在殡宫期间，亲属每日早晚哭泣。⑧哭柩：棺柩拉出殡宫，出葬之前的哭泣。

【译文】诸侯国君丧事，在死后三日，世子和诸侯夫人就可以拄丧杖；死后五日，已经入殡，世子授命大夫、世妇可以用丧杖。世子和大夫，在寝门外可用杖拄地，进入寝门后则要辑杖了；夫人和世妇，在他丧次日可以用杖拄地，到堂上哭时拄杖就让别人拿着；世子在迎接天子派来吊丧的使臣时丧杖要暂时丢开，在迎接诸侯派来吊丧的使者时辑杖，在参与占卜葬日和虞祭以后的祭祀时，都要暂时丢开丧杖。大夫在世子居丧的地方要辑杖，在和其他大夫一起在死者寝门外站立时可以以杖拄地。办大夫的丧事，在死后第三天的早晨成殡，然后主人、主妇、年老的家臣都可以拄丧杖。主人在迎接国君派来吊丧的使者时丧杖暂时丢开，迎接其他大夫派来吊丧的使者时辑杖。卿大夫之妻在迎接国君夫人派来吊丧的使者时要将丧杖暂时丢开，在迎接世妇派来吊丧的使者时丧杖要给别人拿住。办理士的丧事，在死后的第二日成殡，在第三日早晨主人、妇人都可以拄丧杖。在迎接国君、夫人等派来吊丧的使者时，礼数和大夫相同；在迎接大夫及其嫡妻派来吊丧的使者时，礼数也和大夫相同。庶子等都可以用丧杖，但在哭位时丧杖要暂时丢开。大夫和士，在哭殡期间可以用杖拄地，在要下葬起灵以后这段时间则要辑杖。下葬以后就扔掉丧杖，为了防止被人亵渎，就把丧杖折断以后扔到非常荒凉偏僻的地方去。

始死，迁尸于床，幠用敛衾，去死衣，小臣楔齿用角柶①，缀足用燕几②，君、大夫、士一也。

管人③汲，不说繘④、屈之，尽阶不升堂，授御者；御者入浴：小臣四人抗衾，御者二人浴，浴水用盆，沃水用枓⑤，浴用絺巾，挋⑥用浴衣，如它日；小臣爪足，浴余水弃于坎。其母之丧，则内御者抗衾而浴。管人汲，授御者，御者差沐⑦于堂上，君沐粱，大夫沐稷，士沐粱。甸人为垼⑧于西墙下，陶人出重鬲，管人受沐，乃煮之，甸人取所彻庙之西北厞薪⑨，用爨之。管人授御者沐，乃沐；沐用瓦盘，挋用巾，如它日。小臣爪手翦须，濡濯弃于坎。君设大盘造冰焉，大夫设夷盘造冰焉，士并瓦盘无冰。设床襢第，有枕。含一床，袭一床，迁尸于堂又一床，皆有枕席，君、大夫、士一也⑩。

【注释】①角柶：角制的匙，两端屈曲如车轭，放在尸口上下牙之间，防止尸体牙关紧闭，不便饮含。②缀：拘束、束缚。燕几：平常用的几。在尸体没有僵硬前用燕几的腿卡住尸脚，使其端正。③管人：掌理馆舍的官。管通"馆"。④说：通"脱"。繘（yù）：井上汲水的绳索。⑤枓（zhǔ）：舀水的杓子。⑥挋（zhèn）：揩拭。⑦差：同搓。搓沐：在水中搓揉谷米，取其泔水洗头。⑧垼（yì）：土灶。⑨庙：指死者之寝，称殡宫，亦称庙。厞（fèi）：隐蔽之外。⑩自"君设大盘造冰焉"至"君、大夫、士一也"原在"始死，迁尸于床"前，经文颠倒为错简，据郑注改。

【译文】人在刚断气后，在室内南窗下设床并将尸移到上面,用敛衾将尸体覆盖,脱去断气时所穿的衣服,由近臣用角柶撑开死者上下牙齿,用燕几把死者的脚进行固定。以上作法,对国君、大夫、士人都适用。

　　管人将水从井里打上来,水桶上的绳子不解开,屈叠起来握在手中把水提上堂,到西阶的最高一个台阶,但不到堂上,然后把水给侍者。侍者进入室内为死者清洗身子。洗时,四个近臣各拉一个被角把盖尸被抬高,再由另外两个侍者为死者擦洗。把盆子放在停尸床下接浴水,用勺子往尸体上浇水。洗用细葛巾,擦尸身用浴衣,和生前洗身子一样。由近臣剪脚趾甲。洗身用过的水倒在堂下的坑里。如果是母亲去世,那么抬高盖尸被和洗身子等事就由女性侍者做了。管人再一次把从井里打来的水递给侍者,侍者用此水在堂上淘洗谷物,并且为死者洗头。国君用淘粱的泔水,大夫用淘稷的泔水,士用淘粱的泔水。甸人在庭院的西墙下垒上土灶,陶人提供烧水的鬲。管人从侍者手里接过泔水,放到灶上烧煮。甸人从正寝西北角隐蔽之处拆下木料为柴,用来烧火。水烧好后,管人将热的洗头水交给侍者,为死者洗头。用瓦盆接洗头,用布巾擦头,就如生前平常洗头是一样的。由近臣为死者修剪手指甲和胡须。洗过头的废水也是倒到堂下的坑里。为防止尸体腐烂,国君停尸的床下放个大盘,里面装着冰;大夫停尸的床下放个夷盘,里面也是装着冰;士停尸的床下并列放两只瓦盘,里边装的是水而不是冰了。停尸床上只有一层竹席,以利于透气。停尸床上有枕。饭含时用同一张床,为死者穿衣时要换另外一张床,把尸体由室内迁到堂上再换一张床,每张床都设有枕头和席子。以上作法，对国君、大夫、士人都适用。

君之丧，子、大夫、公子①、众士皆三日不食。子、大夫、公子食粥②，纳③财，朝一溢④米，莫一溢米，食之无算；士疏食水饮，食之无算；夫人、世妇、诸妻皆疏食水饮，食之无算。大夫之丧，主人、室老、子姓皆食粥；众士疏食水饮；妻妾疏食水饮。士亦如之。既葬，主人疏食水饮，不食菜果；妇人亦如之。君、大夫、士一也。练而食菜果，祥而食肉。食粥于盛不盥，食于篹⑤者盥。食菜以醯酱。始食肉者先食干肉，始饮酒者先饮醴酒。期之丧，三不食⑥，食疏食水饮，不食菜果，三月既葬，食肉饮酒。期，终丧不食肉，不饮酒，父在为母，为妻。九月之丧，食饮犹期之丧也，食肉饮酒，不与人乐之。五月三月之丧，壹不食再不食可也。比葬，食肉饮酒，不与人乐之。叔母、世母⑦、故主、宗子，食肉饮酒。不能食粥，羹之以菜可也；有疾，食肉饮酒可也。五十不成丧，七十唯衰麻在身。既葬，若君食之则食之；大夫、父之友食之则食之矣。不辟粱肉，若有酒醴则辞。

【注释】①公子：庶子。②众士食粥：《唐石经》无"众士"二字，阮元《校勘记》引钱大昕说众士不在食粥之列，订为衍字，今从之。③纳财：郑玄注："谓食谷也。"④溢：容量单位，一又二十四分之一升为溢。⑤篹（suǎn）：竹编的盛饭器。⑥三不食：停食三顿。⑦世母：伯母。

【译文】国君刚死，世子、大夫、庶子以及众士人三天内都不得吃饭。三天后，世子、大夫、庶子只可以进食稀粥，每日进食的谷量，每天早上一溢米，晚上一溢米，饿了就可以吃，不限顿数。众士人可以吃粗米做的饭和喝水，也是饿了就可以吃，不限顿数。国君的夫人、世妇、诸妻也允许吃粗米做的饭和喝水，也是饿了就可以吃，不限顿数。大夫刚死，主人、室老、子孙全都只能喝稀粥，众士人可以吃粗米做的饭和喝水，大夫的妻妾可以吃粗米做的饭和喝水。士人刚死，主人等人的吃法与大夫刚死时相同。下葬后，主人可以吃粗米做的饭和喝水，但不可以吃蔬菜瓜果；妇人也相同。在这一方面，国君、大夫、士人都是一样的。练祭后才允许吃蔬菜瓜果，大祥后才可以吃肉。用杯碗喝稀粥不洗手，从竹筐里抓饭吃就要洗手。吃菜可以用醋酱调味。可以吃肉时，要先吃干肉。可以饮酒时，先饮甜酒。丧期是一年的亲属服丧，头三顿不吃饭。可以吃饭也是吃粗米作的饭和喝水，不能吃蔬菜水果。三个月后下葬，下葬后可以吃肉饮酒。给丧期是一年的亲属服丧，从头至尾都不允许吃肉饮酒，是父亲健在而却为母服丧，或是为妻服丧。为大功亲属服丧吃饭喝水的规定，与为丧期是一年的亲属服丧是相同的。虽然下葬后可以吃肉饮酒了，但仅限于自斟自饮，不可以和他人饮酒作乐。小功、缌麻亲属刚死，头两顿或头一顿不吃就可以了。下葬以前，吃肉饮酒都可以，只是不要和他人饮酒作乐。为叔母、伯母、故主、宗子服丧期间，吃肉饮酒都是可以的。按规定喝粥期间，如果实在是很不习惯，用菜羹泡饭吃也是可以的。如果孝子患病，吃肉喝酒也是允许的。五十岁以上的人居丧，可以不必全都遵循规矩。七十岁以上的人居丧，只要身穿孝服就行，其他方面可以和平常人一样。葬后，如果国君赐予食物，可以吃的。如果大夫或父亲生前友好赐予食品，也是允许吃的。哪怕赐予的食品中有粱肉美味，都可以吃；但如果有酒醴，则必须谢绝。

小敛于户内，大敛于阼。君以簟席，大夫以蒲席，士以苇席。小敛：布绞①，缩②者一，横者三。君锦衾，大夫缟衾，士缁衾，皆一，衣十有九称③。君陈衣于序东④；大夫士陈衣于房中；皆西领北上。绞紟⑤不在列。大敛：布绞，缩者三，横者五，布紟二衾。君、大夫、士一也。君陈衣于庭，百称，北领西上；大夫陈衣于序东，五十称，西领南上；士陈衣于序东，三十称，西领南上。绞紟如朝服，绞一幅为三，不辟⑥。紟五幅、无紞⑦。小敛之衣，祭服不倒。君无襚⑧，大夫士毕主人之祭服；亲戚之衣，受之不以即陈。小敛，君、大夫、士皆用复衣复衾；大敛，君、大夫、士祭服无算，君褶衣褶衾⑨，大夫士犹小敛也。袍必有表，不禅，衣必有裳，谓之一称。凡陈衣者实之箧，取衣者亦以箧，升降者自西阶。凡陈衣、不诎，非列采⑩不入，絺绤纻不入。

【注释】①绞：扎紧尸身衣服的布带，分小殓绞、大殓绞。小殓绞横一幅，纵三幅。大敛绞横五条，纵三条。②缩：纵。③称：套，上衣下裳各一为一称。④序：东堂与中堂的隔墙。序东：即东堂。⑤紟（jīn）：单被。⑥辟：将布端一析为二。小殓绞以整幅布为之，故两端析为二，以便打结。大敛绞以布条为之,故不辟。⑦紞:装饰在被头上的丝带,如今之被头巾。⑧襚:宾客送给死者的衣被。⑨褶衣褶衾:里外双层的衣被。⑩列采:正统的颜色,即青赤白黑黄。

【译文】小敛应当在寝室内进行,大敛应当在堂上当东阶处进行。国君的敛床上铺箪席,大夫的铺蒲席,士人的铺苇席。小敛的程序:先将包敛衣和尸体的布带铺好。布带,是一根竖着铺,横着铺三根;然后被子上铺一条:国君是织锦被面,大夫是素帛被面,士是黑麻被面;然后再铺衣服,总共十九套衣服。国君的小敛用衣陈放于东堂,大夫、士的小敛用衣则陈放于东房,领子朝西,由北往南进行排列,越靠北的衣服越尊贵。包扎敛衣和尸体布带、单层被子不包含在十九套衣服之中。大敛的程序:先将包扎敛衣和尸体的布带铺好,竖三根,横五根;然后一条铺在单被和两条夹被之中。这一方面,国君、大夫、士是相同。国君大敛的用衣陈列在庭中,共一百套,领子朝北,从西往东进行排列,越靠西衣服就越尊贵;大夫大敛的用衣陈列于东堂,共五十套,领子朝西,由南往北进行排列,越靠近南衣服就越尊贵;士大敛的用衣也陈列于东堂,共三十套,也是领子朝西,由南往北的排列,越靠南衣服就越尊贵。包扎敛衣和尸体的布带、单被,其布料和朝服的布料一样。大敛用的包扎布带,是将一幅宽的布撕成三条,这三条布带的两端不撕开。单被是由五幅布拼缝而成,没有被头标志带。小敛所用十九套衣服中,除了祭服尊贵,不可倒放。其他衣服都可以倒放,以做到平展。国君的敛衣,臣下所赠的不用。大夫和士的敛衣,先尽自己准备的祭服用,用完才可以用他人所赠的。大功以上亲属赠的衣,可以接受,但不是用来陈列的。小敛时，国君、大夫、士用的都是有丝絮的衣被。大敛时，国君、大夫、士的祭服不限数量；国君用的是不著丝絮的夹衣夹被，大夫、士用的衣被和小敛时一样。敛衣的袍子外加罩衣，不单用袍子；有上衣就要有下裳，这称之为一套。凡陈列的敛衣，都要装在箱子里；取走陈列的敛衣，也要用箱子。取敛衣的人上堂下堂都走西阶。凡是要陈列的敛衣，都不能折叠。杂色的衣服不可陈列，用细葛布、粗葛布、苎麻布做的贴身衣服都不可陈列。

凡敛者袒，迁尸者袭①。君之丧，大胥②是敛，众胥佐之；大夫之丧，大胥侍③之，众胥是敛；士之丧，胥为侍，士④是敛。小敛大敛，祭服不倒，皆左衽，结绞不纽⑤。敛者既敛必哭。士与其执事则敛，敛焉则为之壹不食。凡敛者六人。君锦冒黼杀⑥，缀旁七⑦；大夫玄冒黼杀，缀旁五；士缁冒赪杀，缀旁二。凡冒，质长与手齐，杀三尺。自小敛以往用夷衾⑧，夷衾质杀之，裁⑨犹冒也。

【注释】①迁尸者袭：指助办丧事者，主人迁尸时袒。②胥：郑玄注："胥，乐官也，不掌丧事。胥当为祝，字之误也。"这一节的胥均当为祝。③侍：本为服侍，引申为监视。④士：此为丧祝之属下。⑤纽：系结方法，犹今之打活结。⑥冒：韬尸的口袋，分上下两截，上截从头往下套，称"质"，也称"冒"；下截从脚往上套，称"杀"。黼：画成的白黑相间的斧文。⑦缀旁七：冒之质、杀只缝合一头和一边。另一条边上缀有带子以对结。诸侯上下共用七对布带，大夫五对，士三对。⑧夷衾：小敛后覆尸及殡后覆棺的被子。其大小与常衾同，但花纹分为上下两截，故下句云

"质杀之裁犹冒也"。⑨裁：规格，指布料及长度、图案、颜色。

【译文】所有参加大小敛的人都要袒露左臂，这样是为了方便做事；所有参与迁移尸体的人都要穿好袖子，以表示恭敬。国君的丧事，由太祝主持小敛、大敛，由众祝作太祝的助手。大夫的丧事，由太祝亲自进行指点，由众祝动手小敛、大敛。士的丧事，由众祝亲自到场指点，由众祝的属下小敛、大敛。小敛、大敛所用的敛衣之中，只要是祭服就不能颠倒了放。所有敛衣衣襟向左开。捆紧敛衣和尸体的布带子要打成死结。在装敛完成之后所有参与的人一定要哭。只有生前与士共过事的人，才能参与士的小大敛，参与了小大敛就会为哀悼死者停食一顿。装敛共需要六个人。国君的韬尸袋，上半截织锦下半截是白黑相间的斧形花纹，旁边打七个结。大夫的韬尸袋，上半截是玄色的帛，下半截也是白黑相间的斧形花纹，旁边打五个结。士的韬尸袋，上半截是黑色的帛，下半截是赤色的帛，旁边打三个结。韬尸袋的上半截，长度与手齐，下半截长三尺。小敛后用夷衾覆尸，夷衾被面的质料和颜色也分为上下两半截，与韬尸袋的上下半截相同。

君将大敛，子弁绖①，即位于序端②，卿大夫即位于堂廉楹西③，北面东上，父兄堂下北面，夫人、命妇④尸西东面，外宗房⑤中南面。小臣铺席，商祝铺绞紟衾衣，士盥于盘上。士举迁尸于敛上。卒敛，宰告，子冯⑥之踊，夫人东面亦如之。大夫之丧，将大敛，既铺绞紟衾衣。君至，主人迎，先入门右⑦，巫止于门外，君释菜⑧，祝先入升堂，君即位于序端，卿大夫即位于堂廉楹西，北面东上；主人房外南面，主妇尸西，东面。迁尸，卒敛，宰告，主人降，北面于堂下。君抚之，主人拜稽颡。君降，升主人冯之，命主妇冯之。士之丧，将大敛，君不在，其余礼犹大夫也。铺绞衿，踊；铺衾，踊；铺衣，踊；迁尸，踊；敛衣，踊；敛衾，踊；敛绞衿，踊。

【注释】①弁绖：皮弁上加环绖。环绖是麻绳圈。大敛时未成服，故用弁绖。②序端：东序南端。③堂廉：中堂南边侧。楹西：东楹之西。楹，堂中的大柱子，东西各一。④命妇：即下文之"内命妇"，指诸侯之世妇。⑤外宗：诸侯宗内妇女。房：指西房。诸侯之寝有东西房。⑥冯：凭尸，抱住尸体，伏在上面哭。⑦门右：门内西边。门东为主位。国君至，主人须让出主位。⑧释菜：祭祀门神。

【译文】国君大敛将举行时，世子头戴弁绖站在东序南端；卿、大夫站在堂的南沿东楹以西，全都面朝北，东边为上位；没有入仕的父辈兄辈族人都在堂下就位，全部都面向北，也是以东边为上位；夫人和内命妇在尸体西边，面朝东；外宗在西房，面朝南。小臣在台阶上将敛席铺好，再由丧祝依次铺上绞、衿、衾、衣，然后丧祝在盘子上洗手，将尸体挪放到铺好的大敛衣服上。总管向世子汇报大敛已经结束，世子听到后就抱着尸体放声痛哭，跳起跺脚。夫人在尸体西边，面朝东，也要像世子那样放声痛哭和跺脚。大夫的丧事，将大敛，绞、衿、衾、衣都铺设好，如果国君在此刻前来吊唁，主人则要马上到大门外进行迎接。主人进门后，站在门西边恭候国君进门。随同国君前来的巫则留在门外，国君祭过门神后，随国君而来的祝先进门，登堂；国君进门后，就位于东序的南端；卿、大夫在堂的南沿东楹以西站立，面都朝北，东边为上位；主人站于东房之外，面朝南；主妇位置不变，仍站在尸体西边，面朝东。这时，才能将尸体挪动到刚才铺好的大敛衣服上面。总管向主人报告，大敛结束，主人下堂，面朝北站立，等国君下堂。国君对尸体抚摸，表示从此以后君臣永别，主人对国君磕头拜谢。国君下堂来，命主人、命主妇升堂凭尸。士的丧事，大敛时，因为士的地位低下，国君是不会亲自前往的；其余的礼数和大夫一样。在大敛过程中，在铺绞、纷时，孝子都要跳起和跺脚；在铺被子、铺敛衣、挪动尸体、用敛衣裹尸时孝子都要跳起和跺脚；用敛被裹尸时、束紧裹尸的布带与单被时，孝子也要跳起顿足跺脚的。

君抚大夫，抚内命妇①；大夫抚室老，抚侄娣②。君大夫冯父母、妻、长子，不冯庶子；士冯父母、妻、长子、庶子；庶子有子，则父母不冯其尸。凡冯尸者，父母先，妻子后。君于臣抚③之，父母于子执之，子于父母冯之，妇于舅姑奉之，舅姑于妇抚之，妻于夫拘之，夫于妻于昆弟执之。冯尸不当君所。凡冯尸，兴必踊。

【注释】①内命妇：诸侯的世妇、妃妾之较贵者。②侄娣：随妻而嫁的媵妾。妻之侄女称侄，妻之妹称娣。③抚：凭尸为抚尸哭泣的总名，所扶之处皆为当尸心之衣,可分为抚、执、凭、奉、拘等几种。抚是以手抚摸,执是抓紧不放,凭是抱住尸体并伏在上面哭泣,奉是双手捧住,拘是牵扯尸衣。

【译文】大敛结束,国君抚摸大夫尸体、内命妇的心口;大夫则抚摸室老、姪娣的心口。国君、大夫都要趴在父、母、妻、长子的尸体上放声痛哭,但庶子的尸体上则不能被趴着放声痛哭;士人可以趴在父、母、妻、长子、庶子的尸体上放声痛哭;庶子有子的话,那么庶子的父母则不能趴在他的尸体上痛哭了。举行凭尸之礼时,先由父母凭,再由妻子凭。凭尸方式因人而异,具体就是:国君对臣下是用手抚臣下尸体心口部位的衣服哭,父母是抓紧儿子尸体心口部位的衣服而哭泣,儿子是伏在父母尸体心口部位而哭,媳妇对于公婆是捧着尸体心口部位的衣服而哭,公婆对于媳妇是抚按尸体心部位的衣服而哭,妻子对于丈夫是扯着尸体心部位的衣服而哭,丈夫对于妻子和他的兄弟,是抓紧心口部位的衣服而哭。凭尸时,要避开国君抚按过的地方。凭尸而哭都是跪着哭,站起身后一定要以跳起跺脚的方式发泄内心哀痛。

父母之丧,居倚庐①、不涂,寝苫枕块,非丧事不言。君为庐宫之②,大夫士襢③之。既葬,柱楣④,涂庐不于显者。君、大夫、士皆宫之。凡非适子者,自未葬,以于隐者为庐。既葬,与人立:君言王事,不言国事;大夫士言公事,不言家事。君既葬,王政入于国,既卒哭而服王事;大夫、士既葬,公政入于家;既卒哭,弁、绖、带⑤,金革之事无辟也。

既练，居垩室⑥，不与人居。君谋国政，大夫、士谋家事。既祥，黝垩⑦。祥而外无哭者；禫⑧而内无哭者，乐作矣故也。禫而从御，吉祭⑨而复寝。

【注释】①倚庐：倚木于殡宫门外东墙上，用茅草覆盖的棚子。②宫之：倚庐之外有布帷，如宫墙。③禫：显露，不用布帷。④柱楣：将倚庐着地的一边用短柱撑高。楣：当屋檐的横木。⑤弁、绖、带：此合大夫、士言之。士丧服以冠，大夫丧服以弁。既葬卒哭以后，麻绖、麻带换成葛绖、葛带。⑥垩室：用土坯垒砌的小屋，不涂泥土，在殡宫门外东檐下。服齐衰者所居。卒哭之后，服齐衰者居寝室，服斩衰者在练祭后迁居于内。⑦黝：黑色。此指平治殡宫地面为黑色。垩：白色土。此指粉饰殡宫墙壁。⑧禫（dàn）：除丧服的祭礼，在死后第二十七个月举行。⑨吉祭：四时之祭，宗庙常祭，故谓吉祭。

【译文】父母丧中，孝子住的置办丧事的倚庐，棚顶是不涂泥的，孝子就睡在倚庐里铺的草苫上，用土块当枕头，与丧事无关的话不说。国君置办丧事的倚庐，一圈帷布在外围绕，就如同宫墙的作用；大夫、士人办丧事的倚庐，外边就没有围的东西了。父母下葬后，就可以用柱子支起来卧地的楣，倚庐内壁也可以涂上泥了，不涂在外面。此时，国君、大夫、士人的倚庐外面都可以用帷帐围绕。凡是庶子，从入殡前也是住在倚庐，但设在比较隐蔽的地方，不能像嫡子的倚庐那样引人注目。葬完后，孝子能与人并立而站，但禁止和很多人扎堆站在一起；如果孝子是国君的话，涉及天子的事可以谈，本国的事不可谈；孝子的身份是大夫、士人的话，涉及国君的事可以谈，涉及家事则不能谈。如果孝子是国君的身份，葬后，天子的政令到达本国；大哭以后，就可以接着为天子的事奔走效劳了。孝子的身份是大夫、士人的，葬后，要照常执行国君的命令；卒哭后，虽然身穿丧服，就算遇到上阵杀敌的事也不得推辞。练祭后，服三年丧的孝子可以迁居垩室，但不得与他人住在一起。此时，身份是国君的可以开始谋划国事，身份是大夫、士人的也可以谋划家事了。大祥后，孝子搬进殡宫居住。殡宫门外大祥后就听不到孝子的哭声了；禫祭后就可以除去孝服了，那么殡宫之内就也听不到孝子的哭声了，这时允许奏乐了。禫祭后孝子可以让妻妾服侍了。吉祭以后孝子才能搬回自己的寝室。

期居庐①，终丧不御于内者，父在为母、为妻。齐衰期②者，大功布衰九月者，皆三月不御于内。妇人不居庐，不寝苫。丧父母，既练而归；期、九月者，既葬而归。公之丧，大夫俟练③，士卒哭而归。大夫、士父母之丧④，既练而归。朔月忌日，则归哭于宗室⑤。诸父、兄弟之丧，既卒哭而归。父不次于子，兄不次于弟。

【注释】①庐：倚庐。②为母：为母本应服齐衰三年，因父亲在世，改为一年，但守丧居倚庐，不居垩室。为妻齐衰期：嫡子为妻、士之庶子为妻服此服，父在、父没以杖与不杖为别。③大夫俟练：此大夫及下句之士，均指与国君异姓者。如同姓而有服，则大夫须终丧，士练而归。④父母之丧：指大夫、士在为国君守丧时又遇父母之丧。⑤宗室：宗子之家，即殡宫。

【译文】服丧期为一年而住在置办丧事的倚庐,在整个服丧期内都不可以让妇人侍寝的,分别是以下情况:父亲健在为母亲守丧、或丈夫为妻子守丧、这种本来守丧期为三年而降为齐衰一年的人。为大功亲属服丧期限为九个月,只有头三个月不能让妇人侍寝。居丧期间,妇人不用住在置办丧事的倚庐,不用睡在草苫子上。遇到妇人自己父母的丧事,在娘家住到练祭后再回到婆家;如果娘家去世的是期亲或大功之亲,在下葬以后就可以回婆家了。为国君服丧,等到练祭后异姓大夫才可回家,等到卒哭以后异姓的士人才可回家。身份是庶子的大夫、士人,在嫡长子的家中为父母守丧,练祭以后庶子就可以回到自己家了;只是每逢初一和忌日时,再到嫡长子家去哭祭就可以了。为伯父、叔父、兄弟守丧,在卒哭后就可以回家了。为父的不在庶子家里搭棚守丧,身为哥哥的不在弟弟家里搭棚守丧。

君于大夫、世妇大敛焉;为之赐则小敛焉。于外命妇,既加盖而君至。于士,既殡而往;为之赐,大敛焉。夫人于世妇,大敛焉;为之赐,小敛焉。于诸妻,为之赐,大敛焉。于大夫、外命妇,既殡而往。大夫、士既殡而君往焉,使人戒之。主人具殷奠之礼,俟于门外。见马首,先入门右,巫止于门外,祝代之先,君释菜于门内。祝先升自阼阶,负墉① 南面。君即位于阼。小臣二人执戈立于前,二人立于后。摈者进,主人拜稽颡。君称言②,视祝而踊,主人踊。大夫则奠可也。士则出俟于门外,命之反奠,乃反奠。卒奠,主人先俟于门外，君退，主人送于门外，拜稽颡。君于大夫疾，三问之，在殡，三往焉；士疾，壹问之，在殡，壹往焉。君吊则复殡服③。夫人吊于大夫、士，主人出迎于门外，见马首，先入门右。夫人入，升堂即位④。主妇降自西阶，拜稽颡于下⑤。夫人视世子⑥而踊。奠如君至之礼。夫人退，主妇送于门内，拜稽颡；主人送于大门之外，不拜⑦。大夫君⑧不迎于门外。入即位于堂下。主人北面，众主人南面；妇人即位于房中。若有君命，命夫命妇之命，四邻宾客，其君后主人而拜⑨。君吊，见尸柩而后踊。大夫、士若君不戒而往，不具殷奠；君退必奠。

【注释】①墉：墙。此指堂北房南之墙。②称言：向丧主说些慰问的话。③复殡服：恢复入殡时未成服的服饰，孔颖达说是苴绖、免、布深衣。④升堂即位：夫人也站在阼阶上。⑤下：指东阶之下。⑥世子：二字有误，依上文"视祝而踊"则当为"女祝"。今译文用"女祝"。⑦不拜：丧无二主，主妇已拜，故主人不拜。⑧大夫君：大夫的家臣称大夫为大夫君。⑨其君后主人而拜：大夫君让主人立于其后，而代主人拜之，主人不拜。

【译文】国君一般只参加大夫、世妇的大敛；如果特别器重的，就参加小敛。对外命妇的吊唁，一般在棺材加上盖子后国君才到场。吊士人之丧，一般在成殡以后国君才去；特别情况，就去参加他的大敛。国君夫人对于世妇，一般参加其大敛；如果遇到特殊的，会参加小敛。夫人对于诸妻，在特别的情况下才会亲自参加大敛。夫人对大夫和外命妇的吊唁，一般在成殡后前往。

大夫、士人已经入殡了，如果国君这个时候前去吊丧，先要派人通报丧家。主人在接到通报后，要备下丰盛的奠礼祭告亡灵，在门外恭候。见到国君乘车的马首，主人先进门，立在门右边。随国君前来的巫留在门外，祝代替巫在前面领路。国君在门内祭祀门神，祝先从东阶上堂，背靠北墙，面朝南站立。国君会在东阶就位，两个近臣持戈站于国君身前，两个近臣持戈站于国君身后，用来避邪气。赞礼者命主人行拜谢之礼，于是主人在堂下朝向北磕头拜谢。国君说些话以表慰问，并根据祝的提示跳起踊脚。主人要跟着哭泣踊脚。如果丧家是大夫，就接着举行殷奠祭告亡的仪式了；如果丧家是士人，主人就要先拜送国君，直到国君命他可以返回举行殷奠，他才可以返回举行殷奠。奠毕，主人到门外等候，国君离去时，主人到门外磕头拜谢。在大夫病重期间，国君要分三次进行探望；在大夫停殡期间，国君要分三次前去吊丧。在士病重期间，国君探望一次就可以；在士人停殡期间，国君前去吊丧一次就可以了。如果国君在殡后去吊丧，主人要将已经脱去的孝服重新改为殡前未成服时的样子。国君夫人到大夫、士人的家里吊丧，主人到门外亲自迎接，见到夫人乘车的马首，先进门站在门右。夫人入门后，升堂就位。主妇从西阶下堂，在堂下面对夫人磕头拜谢。夫人在看到世子跳起踊脚后，也随着跳起踊脚。主妇要跟着哭踊踊脚。设奠的礼仪和国君来吊时相同。夫人要走时，主妇将夫人送到门内，并磕头拜谢；主人要送到大门之外，但不用再磕头拜谢了。大夫到自己的家臣家里去吊丧，家臣不用到门外去迎接。大夫进门后，在台阶下站好，面朝西；主人站在大夫的南面，面朝北；众庶子面朝南；主妇等女辈则在东房就位。大夫前来吊丧时，如果恰巧碰上国君派来的使者、命夫命妇派来的使者，或四邻来吊丧，大夫就让主人站在自己身后，自己先代表主人向吊宾拜谢，然后再由主人拜谢。国君吊丧，要等见到尸体或灵柩以后再哭踊。大夫、士人在国君来吊丧时，如果没有提前得到通知，仓促之中无法举行殷奠，那就等国君离去后，马上设奠，祭告亡灵。

君大棺①八寸，属六寸，椑四寸；上大夫大棺八寸，属六寸；下大夫大棺六寸，属四寸，士棺六寸。君里棺用朱绿②，用杂金鐕③；大夫里棺用玄绿，用牛骨鐕；士不绿。君盖用漆，三衽三束④；大夫盖用漆，二衽二束；士盖不用漆，二衽二束。君、大夫鬊爪⑤，实于绿中；士埋之⑥。

【注释】①大棺：最外层的棺。由外及里，其次为属，其次为椑。②绿：段玉裁说当为"裲"(diào)字，即棺内壁的衬里，用丝质的缣。此节绿字皆当作裲。③鐕（zān）：钉子。杂金钉：旧说为金钉和象牙钉，有人据《尚书·禹贡》"金三品"解为金钉、银钉、铜钉。④衽：连结棺壁与棺盖的榫头，两头大中间小，俗称"小腰"。束：革带，将棺盖与棺身捆紧。⑤鬊（shùn）：梳理下来的乱头发。爪：指甲。⑥埋之：埋在两阶间的小坑中。

【译文】诸侯的棺分为三层：最外边的大棺厚八寸，中间的厚六寸，最里面的厚四寸。上大夫的棺分两层：最外边的大棺厚八寸，里面的厚六寸。下大夫的棺也分为两层：最外边的大棺厚六寸，里面的厚四寸。士棺只有一层，厚为六寸。诸侯里棺内壁用朱色的缣作衬里，用金钉、银钉、铜钉将其钉牢；大夫的里棺用玄色的缣作衬里，用牛骨钉钉牢；士的棺没有衬里。诸侯的棺盖和棺身用漆涂合接缝，且每边有三处接小腰榫头，用三条皮带捆紧。大夫的棺盖与棺身也用漆涂合填缝，每边只有两处接小腰榫头，也只用两条皮带捆紧。士的棺盖与棺身不用漆涂合填缝，但每边还是有两处接小腰榫头，同样用两条皮带捆紧。从国君、大夫遗体上梳下来的乱发和剪下的指甲，都会被盛放在小囊然后塞到衬里；士棺没有衬里，就埋在两阶的坑里。

君殡用辁①，攒②至于上，毕涂屋③；大夫殡以帱④，攒置于西序⑤，涂不暨于棺⑥；士殡见衽⑦，涂上帷之。熬⑧，君四种⑨八筐，大夫三种六筐，士二种四筐，加鱼腊焉。

【注释】①辁(chūn)：运载棺柩的车子，状如床而无脚，前后有长轴作为车轮，亦称轴、轴辁。其上四周有栏杆者称辁；有一辕，辕上刻龙者称龙辁，天子所用。辁与载柩至墓地的柩车不同。②攒(cuán)：积聚，丛集。攒至于上：棺柩四周用木料堆垒到与棺柩等高。上面再堆成两注屋顶的形状。③屋：指殡。④帱：棺衣，棺罩，形如方顶蚊帐。⑤攒置于西序：棺柩靠近中堂西墙，三面用木料堆垒，上部斜倚于西墙。⑥暨：及。涂不暨于棺：只涂殡的上部，棺柩以下不涂。⑦士殡见衽：掘地为坑，深与棺壁齐，小腰榫头在地平面之上。⑧熬：炒熟的谷物。放在棺柩周围，引诱虫蚁，不致侵犯棺柩。⑨四种：黍、稷、稻、粱。下文"三种"则去稻，"二种"则又去粱。

【译文】诸侯的殡是把灵柩放在辒车上，辒车四周堆积很多的木材，最上面堆成屋顶的样子，最后用泥全部进行涂抹。大夫的殡是用棺衣罩在棺上的，棺停放在西序下，一边靠着西序，其他三面堆积木材，但最上面不能堆成屋顶的样子。涂泥时只涂外面堆积木材的部分，棺不涂。士的殡是挖个坑将棺进行浅埋，露出接小腰榫头以上的部分，用泥涂抹露出的部分。无论身份贵贱，在停殡期间都用布围起来。炒熟的谷物分放在殡的两边：国君是黍、稷、稻、粱四种，分装在八个筐里；大夫是黍、稷、粱三种，分装在六个筐里；士是黍、稷两种，分装在四个筐里，每个筐中还要加上干鱼、干肉。

饰棺，君龙帷三池①，振容②。黼荒③，火三列，黼二列。素锦褚④，加伪⑤荒。纁纽六。齐⑥，五采五贝。黼翣二，黻翣二，画翣二，皆戴圭。鱼跃拂池⑦。君纁戴⑧六，纁披⑨六。

【注释】①池：棺柩上方的方格竹帘，蒙以青布，悬于荒下。折边向下形如承溜，叫池。四周均有折边者叫四池，天子棺饰用之。诸侯三池，有前及左右，缺后。②振容：池下悬绞缯为饰，柩车行时则振动，故名。③荒：棺饰顶部的布幕，中央隆起。黼荒：荒的边缘为黑白相间的斧文。④褚：棺罩。⑤伪：当作"帷"。⑥齐：荒中央隆起的顶，其形大概与宝塔顶端的葫芦相似。⑦鱼跃拂池：池上悬挂小铜鱼，车行振动如跳跃。⑧戴：将棺柩捆在柩车上的带子，棺饰的框架也用此固定。⑨披：以整幅布为之，一端系于戴，一端伸出棺饰之外。使人牵持，防止行进时棺柩倾斜。

【译文】出葬时诸侯的的棺饰，棺材周围挂着画龙的帷帐，三面设池，池下悬挂有振容。棺上篷顶的部分，边缘画着斧形花纹，有三行半环形花纹，三行"亞"字形花纹。素锦做的棺罩罩在棺上，在棺罩的四周再加帷帐，棺罩上方加荒。帷和荒用六条绛色纽带连在一起。荒顶的齐，由五个球形物组成，每个都不一样的颜色，挂五串贝壳。画有斧形花纹的翣两面，"亞"形花纹的翣两面，画云气的两面。每面翣的上边两角都将悬圭为饰。池下挂铜鱼，随着柩车的前行而上下跳动。六条绛色帛带把灵柩捆紧到柩车上。设六条绛色披带。

大夫画帷二池①，不振容。画荒，火三列，黻三列。素锦褚。纁纽二，玄纽二。齐，三采三贝。黻翣二，画翣二，皆戴绥②。鱼跃拂池。大夫戴前纁后玄，披亦如之。士布帷布荒③，一池，揄绞④。纁纽二，缁纽二。齐，三采一贝。画翣二，皆戴绥。士戴前纁后缁，二披用纁。

【注释】①二池：方格竹帘前后有折边，或说有左右而无前后。②戴绥：用五彩羽毛做装饰。③布帷布荒：以白布为帷荒，无画饰。④揄绞：用青绞缯蒙在池上，不使振动。孔颖达说上文大夫不振容也用此揄绞。

【译文】大夫的棺材四周挂的是画有云气的帷幔，荒下前后设池，池下不再有振容。荒的边缘画有云气花纹，中央有三行半环形花纹和三行"亞"字形花纹。棺罩是由素锦做的。帷、荒是用两对绛色和两对玄色的纽带进行连接。荒顶的齐，由一串三个球形物体构成，颜色为朱、白、苍三种，挂三串贝壳。画有"亞"字形花纹的翣两面,画有云气的翣两面,每面翣的上边两角都用五彩羽毛作装饰。池下挂铜鱼,随着柩车的前行而上下跳动。大夫用来把灵柩捆紧到柩车上的带子,前边是两条绛色的,后边两条是玄色的。披带数目与颜色也都相同。士棺材挂的就是白布帷,罩的也是白布荒,荒下前方设池,池下设揄绞。帷、荒两者间用两对绛色、两对黑色的纽带进行连接。荒顶的齐,由一串三个球形物组成,颜色分别为朱、白、苍,只挂一串贝壳。画有云气的翣两面,翣的上边两角用五彩羽毛装饰。士用来把灵柩捆紧到柩车上的带子,前边两条是绛色,后边两条黑色。每边两条披带都是绛色。

君葬用辁①,四綍二碑②,御棺用羽葆③。大夫葬用辁,二綍二碑,御棺用茅④。士葬用国车⑤。二綍无碑,比出宫,御棺用功布⑥。凡封⑦,用綍去碑负引。君封以衡⑧,大夫士以咸⑨。君命毋哗,以鼓封;大夫命毋哭;士哭者相止也。

【注释】①辁:没有辐条的车轮,以整块木头做成。②綍:绳索,牵引柩车时称"引",系于柩用以下葬则称"綍"。碑:用来悬棺入圹的大木头,上有孔,树于墓圹前后,绳索从孔中穿过,先将棺柩悬至圹之上方,然后慢慢放入圹内。③御:指挥。羽葆:木棒上端捆扎着羽毛,用来指挥拉柩车的人向左向右。④茅:木棒上端扎有白茅,功用与羽葆同。⑤国车:郑玄说"国"字当作"輲"。因"輲"亦作"团",与"国"字形近而误。⑥功布:木棒上端系有功布。⑦封:通窆(biǎn),下棺入圹。下文二"封"字同此。⑧衡:用大木从棺束下穿过,綍系于大木两端,使棺柩平稳下降。⑨咸:同"缄",就是棺束。

【译文】诸侯出葬用牲车载柩,下棺入圹时用四条绳子和两座碑,用羽葆指挥送葬的队伍。大夫出葬也是用牲车载柩,下棺入圹时用两条绳子和两座碑,用旗帜指挥送葬的队伍。士出葬用辁车载柩,下棺入圹时只用两条绳子,不用碑;起灵后,用木棍挑一块大功孝布用来指挥送葬的队伍。下棺入圹,拉绳子的人全部都要背对碑,对着离开碑的方向牵拉,使棺徐徐下降。诸侯下棺时,用一根大木棍穿在束棺革带下,再将绳子系在木棍两边;大夫、士下棺时,都是直接将绳子系在束棺革带上。诸侯下棺时,命令众人不得喧哗,听鼓慢慢地松绳下棺。大夫下棺时,不用鼓点,指挥的人会命令众人停止哭泣。士下棺时,就没有人指挥了,亲属之间互相劝告停止哭泣。

君松椁①,大夫柏椁,士杂木椁。棺椁之间,君容柷②,大夫容壶,士容甒③。君里椁虞筐,大夫不里椁,士不虞筐。

【注释】①椁:在棺外,棺柩入圹后垒无数木段于四周,不预先制成整体,即所谓"黄肠题凑"。②柷(zhù):木制的乐器,方二尺四寸。③壶、甒:都是盛酒的容器,壶容一石,甒容五斗。

【译文】诸侯用松木作椁,大夫用柏木,士用杂木。棺椁之间的空隙,诸侯的空隙是要容得下柷,大夫的空隙是要容得下壶,士的空隙是要容得下甒。诸侯的椁,内壁有衬里,外壁也是经过精心加工的;大夫的椁,内壁没有衬里;士的椁,连外壁也是没有加工过的。

祭法第二十三

【题解】本篇记述祭祀的礼法，主要记载了虞、夏、商、周四个朝代所举行的禘、郊、祖、宗等祭祀的祭法。需要注意的是，我国古代历史上，世人通称夏、商、周三代，某些古籍却称虞、夏、商、周四代。吴曾祺评注："此篇记祭天神地祇人鬼之定制，故曰《祭法》。"

祭法：有虞氏禘黄帝而郊喾①，祖颛顼而宗尧②。夏后氏亦禘黄帝而郊鲧③，祖颛顼而宗禹。殷人禘喾而郊冥④，祖契而宗汤⑤。周人禘喾而郊稷⑥，祖文王而宗武王。

燔柴于泰坛⑦，祭天也；瘗埋于泰折⑧，祭地也；用骍犊。埋少牢于泰昭，祭时也⑨；相近于坎坛⑩，祭寒暑也。王宫，祭日也；夜明，祭月也；幽宗，祭星也；雩宗，祭水旱也；四坎坛，祭四时也。山林、川谷、丘陵，能出云为风雨，见怪物，皆曰神。有天下者，祭百神。诸侯在其地则祭之，亡其地则不祭。

【注释】①禘：指祭昊天之神于圜丘。郊：指祭上帝于南郊。喾：即高辛氏，传说是黄帝的曾孙。禘黄帝而郊喾：所谓禘者，"禘其祖之所自出"。虞舜的始祖是颛顼，而颛顼出于黄帝。故喾祭时以黄帝配食。郊祭上帝，也是祭天，以始祖配。虞舜的始祖是颛顼，为了不忘舜继尧之位，故以帝喾配天。②祖：宗庙中祭始祖。颛顼：即高阳氏，为虞舜之始祖，所以祖颛顼。宗：宗庙中祭德高之祖。故宗尧。③鲧：传说是颛顼的儿子，禹的父亲。④冥：契的第五代孙。⑤契：传说是商人的始祖。汤：契的十四代孙，殷代第一位王。⑥稷：即后稷，名弃，传说是周人的始祖。⑦燔柴：祭天时，把柴放在坛上，再将牲、玉放在柴上燃烧，使牲、玉之气上升于天，称之为"燔柴"。泰坛：即圜丘，祭天时的土坛。⑧瘗（yì）埋：掩埋祭品。泰折：即方丘，祭地时所筑的土堆。⑨泰昭，以及下文的王宫、夜明、幽宗、雩宗，都是设祭坛的地点。时：指四时之神。⑩相近：郑玄说当为"祖迎"。坎：坑。

【译文】祭祀的法度：古人虞氏禘祭时配享黄帝，郊祭时以帝喾配享，宗庙祭祀时以颛顼为祖，以帝尧为宗。夏后氏禘祭时也是以黄帝配享，郊祭时以鲧配享，宗庙祭祀时以颛顼为祖，以大禹为宗。殷人禘祭时以帝喾配享，郊祭时以冥配享，宗庙祭祀时以契为祖，以汤为宗。周人禘祭时以帝喾配享，郊祭时以后稷配享，宗庙祭祀时以文王为祖，以武王为宗。

在泰坛上架柴将祭品焚烧，这是祭天；在方丘下挖坑将祭品掩埋掉，这是祭地；祭天和地，都用赤色小牛犊作牲品。将少牢埋到泰昭坛上，这是祭四时的礼；在坑里或在坛上禳祈，这是祭司寒司暑众神；日坛是祭太阳的地方；月坛是祭月亮的地方；星坛是祭星星的地方；水旱坛是祭水旱之神的地方。东西南北四方的坑和坛，是祭四方之神的地方。一切山林、川谷、丘陵，只要是能吞云吐雾，刮风下雨，出现异象的神灵，都被统一称之为神。天子可以祭天下所有的名山大川；而诸侯只需祭自己境内的名山大川就可以了，如果国土丧失，那就用不着祭了。

大凡生于天地之间者，皆曰命。其万物死，皆曰折^①；人死，曰鬼^②；此五代^③之所不变也。七代^④之所以更立者：禘、郊、宗、祖，其余不变也。

【注释】①折：损毁。②鬼：有归去的意思。③五代：指唐、虞、夏、殷、周。④七代：是五代再加上五代之前的颛顼、帝喾。

【译文】凡是在天地之间赖以生存的东西都是有生命的。其中，万物的死称做"折"；人死则称做"鬼"。这些都是五代以来都没有改变的。七代以来有改变的就是禘祭、郊祭、宗祭、祖祭的对象有所不同而已，其他方面没有什么改变了。

天下有王，分地建国，置都立邑，设庙祧坛墠^①而祭之，乃为亲疏多少之数。是故：王立七庙，一坛一墠，曰考庙，曰王考庙，曰皇考庙，曰显考庙，曰祖考^②庙；皆月祭之。远庙为祧，有二祧^③，享尝^④乃止。去祧为坛，去坛为墠^⑤。坛墠，有祷焉祭之，无祷乃止。去墠曰鬼。诸侯立五庙，一坛一墠。曰考庙，曰王考庙，曰皇考庙，皆月祭之；显考庙，祖考庙，享尝乃止。去祖为坛，去坛为墠。坛墠，有祷焉祭之，无祷乃止。去墠为鬼。大夫立三庙二坛，曰考庙，曰王考庙，曰皇考庙，享尝乃止。显考祖考无庙，有祷焉，为坛祭之。去坛为鬼。適士⑥二庙一坛，曰考庙，曰王考庙，享尝乃止。皇⑦考无庙，有祷焉，为坛祭之。去坛为鬼。官师⑧一庙，曰考庙。王考无庙而祭之，去王考为鬼。庶士庶人无庙，死曰鬼。

【注释】①祧(tiāo)：远祖的庙。墠(shàn)：扫出的一块平地，用来祭祀。②考：父亲。王考：祖父。皇考：曾祖父。显考：高祖父。祖考：最早的始祖。③远庙：指高祖以上若干辈祖先的庙，又称祧。二祧：即高祖之父及高祖之祖。④享尝：指四时的祭祀。⑤去祧为坛，去坛为墠：从祧庙迁出的远祖在坛上祭祀，更远的则在墠上祭祀。⑥適(dí)士：適，通嫡。即上士，包括天子的上、中、下士和诸侯的上士。⑦"皇"字原作"显"，据他本校改。⑧官师：指诸侯的中士、下士。

【译文】普天之下只设立了一个天子，于是把地分为九州，建立诸侯国，为公卿大夫设都邑，设立庙、祧、坛、墠来祭祀祖先用，并依据关系的远近而制定祭祀的次数和规格。因此天子设立七庙，一坛一墠：分父庙、祖父庙、曾祖庙、高祖庙、始祖庙，以上五庙每月进行一次祭祀；高祖以上的远祖庙称为祧，天子设有两个祧，每个季度祭祀一次；如果祧中的远祖被迁出，则要在坛上进行祭祀；坛上的远祖迁出，则在墠上祭祀；而被迁到坛墠上的远祖神主，只要在有所祈祷时进行祭祀就可以了，没有什么祈祷的就用不着祭祀了；从墠上迁出的远祖称为鬼，除了禘祭之外，平常不用祭了。诸侯则设立五庙和一坛一墠：即父庙、祖父庙、曾祖庙，这三庙每月一次祭祀；其高祖庙、始祖庙，每季度进行一次祭祀；从始祖庙中迁出的神主在坛上进行祭祀；从坛上迁出的远祖神主则在墠上祭祀；对于迁到坛墠上的远祖神主，有要祈祷就祭祀，没有就不祭祀了；从墠上迁出的远祖称做鬼，除非遇上禘祭，通常就不用祭了。大夫设立三庙二坛：即父庙、祖父庙、曾祖庙，这三庙每季度祭祀一次；大夫的高祖、始祖不设庙，如果有事要向他们祈祷，就在坛上进行祭祀。从坛上迁出的远祖称之为鬼。嫡士设立二庙一坛：即父庙、祖父庙，这两个庙每个季度祭祀一次；其曾祖不设庙，如果有事需要向曾祖进行祈祷，那么就去坛上祭告；从坛上迁出的曾祖和以上的远祖被称之为鬼。官师则只立一庙，即父庙；祖父不设庙，如果要祭，在父庙进行祭就可以了；祖父以上的祖先被称做鬼。普通的士和庶人则没有资格立庙，他们的父亲祖父死了就都叫作鬼。

王为群姓立社，曰大社。王自为立社，曰王社。诸侯为百姓立社，曰国社。诸侯自为立社，曰侯社。大夫以下，成群立社曰置社。

王为群姓立七祀：曰司命，曰中霤①，曰国门，曰国行②，曰泰厉③，曰户，曰灶。王自为立七祀。诸侯为国立五祀，曰司命，曰中霤，曰国门，曰国行，曰公厉④。诸侯自为立五祀。大夫立三祀：曰族厉⑤，曰门，曰行。適士立二祀：曰门，曰行。庶士、庶人立一祀，或立户，或立灶。

王下祭殇五：適子、適孙、適曾孙、適玄孙、適来孙。诸侯下祭三，大夫下祭二，適士及庶人，祭子而止。

【注释】①中霤:掌管堂室的神。②国行:掌管国家道路的神。③厉:没有后代的神。泰厉:指没有后代的古代帝王的鬼,主管杀罚。④公厉:没有后代的古代诸侯的鬼。⑤族厉:没有后代的古代大夫的鬼。⑥適:通"嫡"。来孙:玄孙的儿子。

【译文】天子为天下所有百姓立社,称之为大社。天子为自己立的社,称之为王社。诸侯为境内百姓立的社,称之为国社;诸侯为自己立的社,称之为侯社。大夫以下不为自己立社,而与同里乡民共立一社,称之为置社。

天子为天下所有百姓设立七个与日常生活密切相关的神:被称之为司命之神,中霤之神,国门之神、国行之神,泰厉之神,户神,灶神。天子也为自己祭祀上面七神。诸侯为境内百姓祭祀设立五个与日常生活密切相关的神,即司命之神,中霤之神,国门之神,国行之神,公厉之神。诸侯也为自己祭祀以上的五神。大夫祭祀三个与日常生活密切相关的神,即族厉之神,门神,路神。嫡士祭祀门神和路神。普通的士和百姓只祭一个与自己生活密切相关的神,要么祭户神,要么祭灶神。

对于还没能成年就死了的嫡系子孙,天子往下可以祭到五代,即嫡子、嫡孙、嫡曾孙、嫡玄孙、嫡来孙。而诸侯则可以下祭三代,即嫡子、嫡孙、嫡曾孙;大夫可以下祭两代,即嫡子、嫡孙;嫡士和平常百姓,祭到嫡子就没了。

夫圣王之制祭祀也:法施于民则祀之,以死勤事则祀之,以劳定国则祀之,能御大菑^①则祀之,能捍大患则祀之。是故厉山氏^②之有天下也,其子曰农,能殖百谷;夏之衰也,周弃继之,故祀以为稷。共工氏之霸九州也,其子曰后土,能平九州,故祀以为社。帝喾能序星辰以著众;尧能赏均刑法以义终^③;舜勤众事而野死^④。鲧鄣鸿水而殛死^⑤,禹能修鲧之功。黄帝正名百物以明民共财,颛顼能修之。契为司徒而民成;冥^⑥勤其官而水死。汤以宽治民而除其虐;文王以文治,武王以武功,去民之菑。此皆有功烈于民者也。及夫日月星辰,民所瞻仰也;山林川谷丘陵,民所取材用也。非此族也,不在祀典。

【注释】①菑:同"灾"。②厉山氏:《国语》作烈山氏,即炎帝神农氏。③王引之《经义述闻》据《国语·鲁语》:"尧能单均刑法以仪民",认为《祭法》"赏"为"单"之误。"单",通"殚",尽的意思。义通"仪";终通"众"。④野死:指舜征战有苗,死于苍梧之野。⑤鸿水:即洪水。殛死:指鲧治水无功而被尧诛杀于羽山。⑥冥:担任水官,故死于水。

【译文】圣王制定祭祀原则:凡是被树立为百姓榜样的可以祭祀,凡是因公事而殉职的可以祭祀,凡是为安邦定国建立功勋的可以祭祀,凡是能防止大众灾害的可以祭祀,凡是能抵御大祸患的可以祭祀。因此,在厉山氏统治天下时,他有一个叫农的儿子,能够教百姓种植百谷;夏代衰亡后,周人的祖先能够继承农未完成的事业,因此被后人奉为稷神来祭祀。当共工氏称霸九州时,他有一个儿子叫作后土,能够将划九州的风土进行划分,让百姓各得其所，因此也被人当社神来祭祀。帝喾可以根据星辰的运行划定四时，让百姓劳动与休息都有了定时；帝尧能使刑法做到尽量的公正，成为百姓表率；帝舜为操劳国事而客死他乡；鲧治理洪水，大功未成被杀死；夏禹能完成父亲没有完成的事业；黄帝给各种事物取合适的名称，使人民身份贵贱有别，共同获取百物；颛顼能进将黄帝的事业进一步完善；契作为司徒在民众教化方面取得了卓著成绩；冥任水官恪尽职守，死在他的职位上；商汤能宽厚的对待百姓，为百姓除暴安良；文王以其文治，武王以其武功，为百姓将纣这个祸害除掉。上面提到的那些人，都是为人民建功立业的人，所以才被人们当作神来祭祀。此外还有日、月、星辰的神，人民所瞻仰；还有山林、川谷、丘陵之神，人民赖以取得各种生产生活的资源。不属于这些情况的，百姓就不会把他们当作神灵来祭祀了。

祭义第二十四

【题解】本篇名为"祭义","以其记祭祀斋戒荐羞之义也"（郑玄语）。祭祀的礼节不可以太繁琐，太繁琐就会使人倦烦而失去恭敬心；也不可以太疏简，太疏简就会使人怠慢而容易淡忘。所以圣人依据天道人心的自然规律，选择在春秋两季祭祀先祖。因为进入秋季万物凋零，活着的人心有所感，自然就会思念起远去的先人；进入春天万物复苏，人心也自然就会如有所动，似乎在想象着逝去的亲人是否也能随着春天重返人间。祭祀前之所以要沐浴斋戒，是为了收摄身心，心中时刻想念亲人的起居，想念他们的音容笑貌、志趣爱好以及饮食习惯等。这一切都是为了让亲人在自己的心中重活，祭祀时才会如临其境，甚至连亲人的叹息声都能听到！祭祀的宗旨在于落实孝道。孝道不仅体现在祭祀活动中，更重要的是体现在日常生活当中。孝道分小孝、中孝与大孝三种。小孝靠的是体力，中孝靠的是德行，将仁爱之德发挥到极至才是大孝。吴曾祺评注："祭非徒法而已，其中有义存焉。不明其义则所谓法者，亦具文焉耳。若冠昏燕射聘与乡饮酒在此编中者皆谓之义。律之祭义，亦犹是也。《郊特牲》云：'礼之所尊，尊其义也。盖所谓义者，乃礼之精也。'"

祭不欲数，数则烦，烦则不敬。祭不欲疏，疏则怠，怠则忘。是故君子合诸天道：春禘秋尝。霜露既降，君子履之，必有凄怆之心，非其寒之谓也。春，雨露既濡①，君子履之，必有怵惕②之心，如将见之。乐以迎来，哀以送往，故禘有乐而尝无乐。致齐于内，散齐于外③。齐之日：思其居处，思其笑语，思其志意，思其所乐，思其所嗜。

【注释】①濡：沾湿。②怵惕：恐惧警惕。③齐：通"斋"。是调摄身心之事。内、外：指居处。散齐七日，隔绝交际，摄理其身；致齐三日，则摄理精神。

【译文】举行祭祀的次数不能太过频繁，太频繁会让人心生厌烦，有厌烦之心是对神的不敬。举行祭祀的次数也不能太过少，太少就会让人产生怠惰，有怠惰之心将会忘记先祖。因此君子按照自然界的运行规律，春天举行禘祭、秋天举行尝祭。秋天，霜露将大地覆盖，君子脚踏着霜露，面有凄凉之色；这并不是天气寒冷的缘故，是因景生情，想起了故去的亲人；春天，雨露将整个大地滋润，君子踏着雨露，一定会怦然动心，就像春回大地那般可以重见死去的亲人。以一种快乐的心态迎接亲人的归来，以悲哀的心情送别亲人的离去，所以禘祭奏乐而尝祭却不奏乐。致斋三天，在斋宫内进行；散斋七天，可以在斋宫外进行。致斋日子整天都在想：想着故去亲人身前的居所，想着他生前的一颦一笑，思念他生前志向，思念他爱听的音乐，他的喜好嗜好等。

齐三日，乃见其所为齐者。祭之日：入室，僾然①必有见乎其位，周还出户，肃然必有闻乎其容声，出户而听，忾然必有闻乎其叹息之声。是故，先王之孝也，色不忘乎目，声不绝乎耳，心志嗜欲不忘乎心。致爱则存，致悫②则著。著存不忘乎心，夫安得不敬乎？

君子生则敬养，死则敬享，思终身弗辱也。君子有终身之丧，忌日之谓也。忌日不用，非不祥也。言夫③日，志有所至，而不敢尽其私也。唯圣人为能飨帝，孝子为能飨亲。飨者，乡也。乡之，然后能飨焉。是故孝子临尸而不怍④。君牵牲，夫人奠盎⑤。君献尸，夫人荐豆。卿大夫相君，命妇相夫人。齐齐乎其敬也，愉愉乎其忠也，勿勿诸其欲其飨之也⑥。

文王之祭也，事死者如事生，思死者如不欲生，忌日必哀，称讳如见亲。祀之忠也，如见亲之所爱，如欲色然；其文王与？《诗》云："明发不寐，有怀二人。"文王之诗也。祭之明日，明发不寐，飨而致之，又从而思之。祭之日，乐与哀半；飨之必乐，已至必哀。

【注释】①僾然：仿佛，隐约貌。②悫：诚实，虔诚。③夫：指示代词，这，那。④怍：脸色改变，不调和的样子。⑤奠盎：谓设盎齐之奠。盎齐：酒名。⑥齐齐：动作整齐庄重的样子。愉愉：姿态和谐欢爱的样子。勿勿：古音与勉勉相近，殷勤。

【译文】诚心诚意地致斋三天，就像真正见到了亲人的样子一般，等到了祭祀日，进入庙室，就隐隐约约地似乎能看到亲人的容貌；祭祀完转身离开时，肃然静心，又像听到了亲人说话的声音；出门后再静心聆听，又像听到亲人怅然长叹一般。所以先王孝敬亲人，亲人的容貌就会一直在眼前浮现，亲人的声音也会在耳畔回响，亲人的心思、爱好都将铭记在心。既然对亲人思念到这般程度，亲人自然会一直活在心中；对亲人虔诚到了这般地步，亲人的容貌声音自然时刻在头脑中闪现。亲人在子孙心里如此的有地位，怎么会对他们不表示恭敬呢！

　　君子在他们父母活着时会尽心奉养，在他们去世后也虔诚祭祀，一生都牢记不做有辱父母的事。君子会为父母服一辈子的丧，这句话是针对忌日说的。每逢忌日，君子就会什么也不做，不是说这一天做事不好，而是这一天将全部心思都用在想念父母上，根本无法做其他私事。只有圣人才能做到祭飨上帝，只有孝子才能做到祭飨双亲。祭飨的"飨"字指的是"乡向"的意思。只有孝子心诚并思念双亲，双亲才会接受祭飨。所以在尸的面前孝子都是和颜悦色的。诸侯祭祀时，国君亲自把牲牵入太庙，夫人亲自献上醇酿；国君亲自献尸，夫人亲自献肴；卿大夫们则协助国君，卿大夫之妻则协助夫人。场面严肃而又恭敬，和悦却又诚心，被祭的神灵都快迫不及待地想要前来享用祭品了。

　　文王祭祀双亲时，就像他们在世一样敬事亡魂，就像不想再活下去了一般思念死者。每到忌日，一定悲哀。只要提及父母名讳，就像已经见到了死去的双亲。祭祀虔诚到了一见到双亲生前所喜爱的事物，就像已经看到了双亲满意的样子一般。能做到这种程度的，大概只有文王一人了吧。《诗经》上说"直到天亮还没睡着，是因为思念死去的双亲"，这说的就是文王啊。祭祀的第二天，直到天亮还没睡着，备办祭品祭祀双亲，对双亲的思念就更重了。正祭那天，有快乐，也含有哀伤；想到双亲前来接受祭飨就开心；想到双亲接受祭飨以后还要离开，心中又添哀伤。

仲尼尝，奉荐而进，其亲也悫，其行趋趋以数①。已祭，子赣问曰："子之言祭，济济漆漆然；今子之祭，无济济漆漆，何也？"子曰："济济者，容也远也；漆漆者，容也自反也。容以远，若容以自反也，夫何神明之及交？夫何济济漆漆之有乎？反馈，乐成②，荐其荐俎，序其礼乐，备其百官。君子致其济济漆漆，夫何慌惚③之有乎？夫言，岂一端而已？夫各有所当也。"

【注释】①悫、趋趋：皆言少威仪。趋：通"促"。数：即速。②反馈：天子、诸侯之祭，或从荐血腥始，至于反馈；反馈谓进熟的祭品。乐成：谓祭礼乐至合舞而成。③慌惚：即通神之意。

【译文】孔子举行秋祭，亲自奉献祭品，神态是恭敬而诚恳，步伐急促而快速。祭祀礼完了以后，学生子贡问道："老师曾教导我们：在祭祀时，仪表要整齐，神态要敬慎。今天老师您这样的祭祀，既不讲究仪表的整齐，也不讲究神态敬慎，这又该怎样理解呢？"孔子回答说："仪表整齐，是与神疏远的样子；而神态敬慎，是自我矜持的样子。与神疏远的样子加上自我矜持的样子，还怎么谈得上与神明交接呢?自然是不能的。那么为什么我又要求仪表整齐和神态敬慎呢?假如我们参加国君的祭礼,九献之后,音乐奏起,菜肴被一道道端上来,这时大家都按礼乐规矩行事,百官也各就各位,这个时候,君子才要做到仪表整齐、神态矜持的样子,因为这时是不用和神明进行交流和沟通的。所以一句话,该分作两方面讲,这才见得两方面各有其适当的意义。"

孝子将祭,虑事不可以不豫;比时①具物,不可以不备;虚中②以治之。宫室既修,墙屋既设,百物既备,夫妇齐戒沐浴,盛服,奉承而进之,洞洞乎,属属乎③,如弗胜,如将失之,其孝敬之心至也与!荐其荐俎,序其礼乐,备其百官,奉承而进之。于是谕其志意,以其恍惚以与神明交,庶或④飨之。庶或飨之,孝子之志也。孝子之祭也,尽其悫而悫焉,尽其信而信焉,尽其敬而敬焉,尽其礼而不过失焉。进退必敬,如亲听命,则或使之也。孝子之祭,可知也,其立之也敬以诎⑤,其进之也敬以愉,其荐之也敬以欲;退而立,如将受命;已彻而退,敬齐之色不绝于面。孝子之祭也,立而不诎,固⑥也;进而不愉,疏也;荐而不欲,不爱也;退立而不如受命,敖也;已彻而退,无敬齐之色,而⑦忘本也。如是而祭,失之矣。孝子之有深爱者,必有和气;有和气者,必有愉色;有愉色者,必有婉容。孝子如执玉,如奉盈,洞洞属属然,如弗胜,如将失之。严威俨恪,非所以事亲也,成人之道也。

【注释】①比时:当时。②虚中:没有杂念,心神专注。③洞洞:敬貌。属属:忠貌。④庶或:或许,也许。⑤诎:屈。立即曲身。⑥固:粗野。⑦而:衍字。

【译文】孝子将要举行祭祀之礼,有关祭祀的事一定要提前考虑周全;当时需要的物品,都要置办齐备;而在做所有的准备工作时,心中不可怀有杂念。宗庙中的宫室已经装修好了,墙屋也粉刷完毕,各种物品都已齐备,此时,孝子夫妇就要进行斋戒、沐浴、穿上礼服,捧着祭品向神明进献。进献时神情要诚恳而专注,就像手中的祭品拿不动,又像生怕失手将祭品掉落一般,这些都是孝敬之心到了极端的一种表现。献上各种祭品后,依礼奏起音乐,百官都协助主人进献。此刻,孝子的心意通过祝词表达,恍惚之中,自己真的像是在和神明对话,希望他们真的在享用供奉的祭品。希望他们真的在享用供奉的祭品,这些都是孝子的初衷啊!孝子祭祀,就是一种完全表达自己内心对先祖敬意的行为,尽自己虔诚的内心而表达出虔诚的行为,因为相信神明的存在而确信神明一定就存在,对其充满敬意而对神明充满敬意的行为,尽自己的礼节而表现得不违背任何规矩。举手投足之间,都表现得毕恭毕敬,好像真的能听到神明讲话,有事要自己去做一样的。孝子祭祀,可以通过外表观察出他的内心来。他在站立时,像鞠躬一般的;捧着祭品往前走时,和颜悦色;献上祭品时,真心希望神明能尝一尝;返回原位退下时,好像倾听着神明对自己的吩咐；撤下祭品退出时，脸上还依然保持着庄重的样子。相反，孝子祭祀时，假如不是鞠躬式的站立，就会显得很粗野；捧着祭品向前时不表现得和颜悦色，就会显得对神明疏远；进献祭品时如果不是怕神明不来品尝，那对神明就不是真正的敬爱；退回原位站着时不像是倾听神明的吩咐，那就对神明显得傲慢；撤下祭品退出时就没有庄重的神色，那相当于将祖宗忘记了。这样就失去祭祀真正的意义了。如果孝子对父母存有深深的爱戴，心中就也一定充满了和顺之气；心中充满了和顺之气，脸上一定会表现得和颜悦色；神色表现得和颜悦色，就一定会表现得和顺的仪容。孝子在祭祀时，容貌敬慎，就如同拿着贵重的玉，又像端着满满的一杯水，那份虔诚与专注，就像拿不动，又生怕失手打坏。相反，那种威严肃穆一本正经的样子，不是一个孝子用来侍奉父母的态度，而只是成人相交往的态度而已。

先王之所以治天下者五：贵有德，贵贵，贵老，敬长，慈幼。此五者，先王之所以定天下也。贵有德，何为也？为其近于道也。贵贵，为其近于君也。贵老，为其近于亲也。敬长，为其近于兄也。慈幼，为其近于子也。是故至孝近乎王，至弟近乎霸。至孝近乎王，虽天子，必有父；至弟近乎霸，虽诸侯，必有兄。先王之教，因而弗改，所以领天下国家也。

子曰："立爱自亲始，教民睦也。立教自长始[1]，教民顺也。教以慈睦，而民贵有亲；教以敬长，而民贵用命[2]。孝以事亲，顺以听命，错诸天下，无所不行。"

【注释】①教：或作"敬"。②贵用命：以顺从长辈为贵。

【译文】先王治理天下有以下五条：尊重有德望的人、尊重有地位的人，尊重老年人，敬重年长的人，爱护幼小。这五条，就是先王安定天下的原因。为什么尊重有德的人？因为有德的人和天理人情相近。尊重有地位的人，因为他们和国君相近。尊重老年人，因为他们和自己的双亲相近。尊敬年长的人，是因为他们和自己的兄长相近。爱护幼小，是因为他们和自己的子女相近。所以，真正做到了"孝"字就差不多建成王道之业了，完全做到了"悌"字就差不多建成霸主之业了。做到了"孝"字就和建成王道之业差不多了，是因为即使是天子也是有父母的。做到了"悌"字和建成霸主之业相隔不远，是因为即使贵为诸侯也有兄弟。先王的这种教化，如果后世能遵循不改，那么就可以统领整个天下了。

孔子说："国君要想将仁爱传播与天下，就应该先去教育人们爱自己的父母，这样人们才可以亲切友爱地和睦相处。国君要想将敬仰传播与天下，就应该先去教育人们尊敬自己的兄长，这样人们才会懂得顺从年长者。国君教育人们亲切友爱，和睦相处，人们就会以这种态度去侍奉自己的父母。国君教育人们尊敬兄长，人们就会以这种态度去执行命令。用孝心去侍奉父母，用顺从之心来接受命令，要是全天下的人都可以做到这样，那就没有什么事是做不成功的了。"

郊之祭也，丧者不敢哭，凶服者不敢入国门，敬之至也。祭之日，君牵牲，穆①答君，卿大夫序从。既入庙门，丽于碑，卿大夫袒，而毛牛尚耳②，鸾刀以刲③，取膟膋④，乃退。爓祭，祭腥而退，敬之至也。

郊之祭，大报天而主日，配以月。夏后氏祭其闇，殷人祭其阳，周人祭日，以朝及闇。祭日于坛，祭月于坎，以别幽明，以制上下。祭日于东，祭月于西，以别外内，以端其位。日出于东，月生于西。阴阳长短，终始相巡，以致天下之和。

天下之礼，致反始也，致鬼神也，致和用⑤也，致义也，致让也。致反始，以厚其本也；致鬼神，以尊上也；致物用，以立民纪也。致义，则上下不悖逆矣。致让，以去争也。合此五者，以治天下之礼也，虽有奇邪，而不治者则微矣。

【注释】①穆：父居左为"昭"，子居右为"穆"。②毛牛尚耳：取牛毛，以耳朵上的毛为贵。③鸾刀：刀环有铃的刀，古代祭祀时割牲用。刲（kuī）：割取。④膟（lù）膋（liào）：指肠部的脂肪。⑤和用：和下文"物用"互文见意。一说为"利用"之讹。

【译文】天子到南郊祭天，属于吉祭，如果谁家在这期间死了人，也是不可以哭的，披麻戴孝的人不能进入国都城门，这是对天最大的恭敬。举行宗庙之祭时，由国君亲自牵引牲口，嗣子在旁协助，卿大夫按照班序紧随其后。进入庙门后，把牲拴在庭中的石碑上，卿大夫袒露左臂宰牛，先取牛耳上的毛进行献祭，然后用鸾刀将牲体分割，取出血和肠间脂肪献祭，然后退下。接着还要用半生不熟的肉、生肉进行献祭，献祭之后退下，也是做到了最大的恭敬。

南郊祭天，是为了报答上天诸神，而其中以日神为主，以月神为配。夏代的人对黑尊重，祭天的时间就选在黄昏。殷人尊尚白，祭天选择在中午时分进行。周人尚文，则是从早上一直祭到黄昏。在坛上祭日神，在坑内祭月神，用以区别明和暗，划分上下。祭日在东方，祭月在西方，用此区别内外，端正其位。因为旭日在东方升起，新月升起则在西方。日月为阴和阳，昼夜或长或短，终始相连接，循环往复，天下的有条不紊都是由此而生的。

礼，一是让人缅怀初始，二是让人致敬鬼神，三是开发资源以便利用，四是树立道义，五是提倡谦让。缅怀初始，是为了使人饮水思源而不忘其根本。致敬鬼神，是为了使人懂得尊上。开发资源以便利用，是为了使人民的生活得到保障。树立道义，是为了理顺君君、臣臣、父子之间的关系，使上下不悖逆。提倡谦让，是为了消除人与人之间的争讼。这五项作用合起来，就变成了治理天下的无所不能的'礼'字，即使还有邪恶不被清理的，也只是极少数了。

宰我曰："吾闻鬼神之名，而不知其所谓。"子曰："气也者，神之盛也；魄也者，鬼之盛也；合鬼与神，教之至也。众生必死，死必归土：此之谓鬼。骨肉毙于下，阴为野土；其气发扬于上，为昭明，焄蒿，凄怆[①]，此百物之精也，神之著也。因物之精，制为之极，明命鬼神，以为黔首[②]则。百众以畏，万民以服。"圣人以是为未足也，筑为宫室，谓为宗祧③，以别亲疏远迩，教民反古复始，不忘其所由生也。众之服自此，故听且速也。二端既立，报以二礼④。建设朝事，燔燎膻芗⑤，见以萧光⑥，以报气也。此教众反始也。荐黍稷，羞肝肺首心，见间以侠甒⑦，加以郁鬯，以报魄也。教民相爱，上下用情，礼之至也。

【注释】①昭明：指气之可见者。焄（xūn）蒿：指气之可闻者。凄怆：指气之可感者。②黔首：百姓。③宗祧：宗庙，祧庙。疏远的祖先为祧庙。④二端：指"气"与"魄"，尊称为"神"和"鬼"。二礼：一为朝事，献血腥之祭。一为荐黍稷，馈熟食之礼。⑤膻芗：烧煮牛羊肉的气味。亦泛指牛羊肉。读作："馨香"。⑥见：当作"间"。萧：萧蒿。光：气。⑦见：亦当作"间"。侠甒：即双甒。甒：酒壶。

【译文】宰我说："我常常听人们说什么鬼呀神呀的，却不明白其真正的意思。"孔子回答说："气属于神的旺盛；魄是属于鬼的旺盛；既是祭鬼，也是祭神，这便达到了圣人以神道设教的最高境界。所有活着的都必将要死去，死后其体魄也一定归于尘土，这就叫鬼。体魄在地下腐烂，化为泥土；而灵魂和精神却得以发扬，成为看得见的光明，闻得到的气味，感受得到的悲凉，这是一切生物都具有的精灵，也是神存在的显现。圣人就根据这种万物的精灵，取了个至高无上的名字，鬼和神，而作为平民百姓应该遵守的法则。因此黎民百姓都害怕鬼神，服从鬼神。"圣人认为仅仅这样做是不够的，于是又建造宫室，设立宗庙、祧庙，用以区别鬼神之间的亲疏远近，教导人民不但要缅怀远祖，祭祀父母，不要将自己的出处忘记。因此，大众服其教导，而且能快速信从。既然鬼和神这两个不同名称被设立,就相应地衍生出两种不同的祭礼。一是朝事之礼,就是把牲血和肠间脂肪放在萧蒿上进行焚烧,升起的烟,既有芳香之气,还掺杂有萧蒿之气。这是用气味来报神明。这种质朴尚古的祭祀就是为了提醒人们追怀初始。还有就是进献熟食之礼,即献以黍稷,又献以牲的肝、肺、首、心。加上两壶酒,然后再加上香草酒。这是用熟食对魄,即鬼的报答。进献熟食之祭的作用就是可以教民相爱。上有报神之祭,下有报鬼之祭,可以说两头都按照礼节照顾到了。

君子反古复始,不忘其所由生也,是以致其敬,发其情,竭力从事,以报其亲,不敢弗尽也。是故昔者天子为藉千亩,冕而朱纮,躬秉耒①。诸侯为藉百亩,冕而青纮,躬秉耒,以事天地、山川、社稷、先古,以为醴酪②齐盛,于是乎取之,敬之至也。

【注释】①秉耒:执耒。②醴酪:酒浆。

【译文】君子缅怀自己的父母和先祖,不敢将自己是从哪里来的忘记,所以君子对他们内心有多尊敬表现得就有多尊敬,内心有多深厚的感情就表达多深厚感情,竭尽心力办事,以报答父母亲人,不敢有丝毫保留。所以,从前天子也会有藉田千亩,等到了春耕时,戴上系有红色帽带的礼帽,亲执耒耜进行耕作。诸侯也拥有藉田百亩,等到了春耕时,戴上系有青色帽带的礼帽,亲执耒耜进行耕种。藉田的所得,都用来祭祀天地、山川、社稷和先祖,酒浆米饭等等祭品,都是来自藉田的。这种虔诚的态度也是到了极至啊。

古者天子、诸侯必有养兽之官,及岁时,齐戒沐浴而躬朝之。牺牷祭牲①,必于是取之,敬之至也。君召牛,纳而视之,择其毛而卜之,吉,然后养之。君皮弁素积②,朔月,月半,君巡牲,所以致力,孝之至也。古者天子、诸侯必有公桑、蚕室,近川而为之。筑宫仞有三尺,棘墙而外闭之③。及大昕之朝④,君皮弁素积,卜三宫之夫人世妇之吉者,使入蚕于蚕室,奉种浴于川;桑于公桑,风戾以食之。岁既单矣,世妇卒蚕,奉茧以示于君,遂献茧于夫人。夫人曰:"此所以为君服与?"遂副袆⑤而受之,因少牢以礼之。古之献茧者,其率用此与! 及良日,夫人缫,三盆手,遂布于三宫夫人世妇之吉者使缫;遂朱绿之,玄黄之,以为黼黻⑥文章。服既成,君服以祀先王先公,敬之至也。

【注释】①纯色的牛曰:牺,身体完具的牛曰:牷。凡祭祀所用的牛皆曰牲。②素积:腰间有褶裥的素裳,是古代的一种礼服。积:即"襀"。③仞:七尺。棘墙:墙上布棘。外闭:从门外反锁。④大昕之朝:三月初一晨。⑤副:首饰。袆:夫人礼服。⑥黼黻:衣裳绘绣的花纹。

【译文】古时候的天子和诸侯都设有专门的养兽之官,每年到特定的时候,天子和诸侯都需在斋戒沐浴以后前往进行巡视。符合祭礼要求的祭牲要从其中挑选出来,这也是一种对祭祀极其虔敬的体现。在祭祀前的三个月，国君就派人事先把牛牵来，亲自察看，挑选毛色纯一身体无损伤的牛进行占卜，如果显示的是吉兆，就把这头牛敬养起来。每月逢初一、十五，国君还要穿上礼服，亲自去察看被养起来的那头牛。在这上面花费的功夫，也是孝顺到极致的一种体现。古时候的天子和诸侯都设有公用桑园和养蚕的宫室，临河而建，以方便漂洗蚕种。养蚕的宫室有一丈高，在周围种上荆棘当作墙，门被反锁着。等到了季春三月初一的早上，国君身穿礼服，通过占卜选择后宫中显示吉兆的夫人和世妇，让她们到蚕室去养蚕。她们会手捧蚕种到河里漂洗，到桑园里采摘桑叶，等风吹干桑叶上的露水，用来喂蚕。等到春季过后，世妇们养蚕的事也算完成了，于是捧着获得的蚕茧请国君过目，然后再将茧献于夫人。夫人就说："这些是给国君做衣服用的吧？"然后，身着礼服接收，并且为献茧的世妇行少牢之礼加以慰劳。古代献茧的礼节大概是这样的。选一个黄道吉日，夫人开始缫丝。夫人先把手伸入泡蚕茧的盆中三次，每次抽一个丝头了出来，然后将蚕茧分给显示吉兆的夫人和世妇，让她们进行缫丝。此后，将丝分别染成红色、绿色、黑色、黄色，制成绘有图案的礼服。礼服做好后，国君就穿上礼服祭祀先王先公，真是无比的虔敬啊。

君子曰：礼乐不可斯须去身。致乐以治心，则易直子谅之心，油然生矣。易直子谅之心生则乐，乐则安，安则久，久则天，天则神。天则不言而信，神则不怒而威。致乐以治心者也。致礼以治躬则庄敬，庄敬则严威。心中斯须不和不乐，而鄙诈之心入之矣；外貌斯须不庄不敬，而慢易之心入之矣。故乐也者，动于内者也，礼也者，动于外者也。乐极和，礼极顺。内和而外顺，则民瞻其颜色而不与争也；望其容貌，而众不生慢易焉。故德辉动乎内，而民莫不承听；理发乎外，而众莫不承顺。故曰：致礼乐之道，而天下塞焉，举而措之无难矣。乐也者，动于内者也；礼也者，动于外者也。故礼主其减，乐主其盈。礼减而进，以进为文；乐盈而反，以反为文。礼减而不进则销，乐盈而不反则放。故礼有报而乐有反。礼得其报则乐，乐得其反则安。礼之报，乐之反，其义一也。

【译文】君子说：君子时时刻刻都应该遵循礼乐，片刻都不可放松。仔细去了解乐的作用并加以强化自己的内心修养，那关于乐的正直、仁爱、诚信之心就会油然而生。有了正直、仁爱、诚信之心，自身就会感到快乐无比，快乐了以后就会感到安宁，安宁了以后便可以称为习惯，称为习惯了以后便成了自然，自然以后就可以到达神灵的境界。上天虽然不会去说话，但是却足以让人信服；神灵虽然没有发怒，但是却足以让人敬畏。这就是仔细去了解乐的作用并加以强化自己的内心修养。仔细去了解礼的作用并加以强化自己的外在仪容仪表，便会显得庄重肃穆，庄重肃穆以后便会有威严。如果自己的内心有一丝的不和乐，那么卑鄙懒惰就会乘虚而入。如果自己的外表有一丝的不庄重肃穆没有威严，那懒惰懈怠的念头就会进入。

因此，乐是可以影响人的内心情感的，礼是可以影响人的外在仪表。乐可以使人看起来特别的平和，礼则让人看起来特别的恭顺。如此这般，人们瞻视到这样的脸色，便不会与这样的人产生争执，看见这样的容貌就不会轻易地轻佻怠慢他。所以，品德的光芒始于自己的内心，人们就不会不去信服；行为的准则始于外在因素，人们也没有不去顺从。因此：仔细去了解乐和礼真正的意义，使天下充满礼乐，实行举措就不难了。乐的真正意义，是来自于自己的内心；礼的真正意义，是来自于自己平日的一言一行。所以，礼让人收敛暴躁傲慢，乐使人增益美好心灵。礼让人减损收敛，所以需要鼓励；乐使人增益充盈，就需要克制。如果礼只减损而没有鼓励，就会消亡，乐只有充盈而没有克制就会放逸。所以礼得到鼓励就会快乐，乐得到克制就会得到安宁。对礼的鼓励，对乐的克制，义理是一样的。

曾子曰："孝有三：大孝尊亲，其次弗辱，其下能养。"公明仪问于曾子曰："夫子可以为孝乎？"曾子曰："是何言与！是何言与！君子之所为孝者，先意承志，谕父母于道。参直养者也，安能为孝乎？"

【译文】曾子说："孝分为三等。第一等孝是能使父母得到天下人的尊敬，第二等孝是不辱没父母的名声，第三等孝是能够对父母进行赡养。"曾子的学生公明仪向曾子请教道："老师您应该是已经把'孝'这个字做到了吧？"曾子答道："这是什么话！

这是什么话！君子的孝，是不等父母开口说出就把父母想办的办好了，同时又能让父母明白那是做人的正理。我也只是能赡养父母罢了，怎么能说是已经完全做到了'孝'字呢！"

曾子曰："身也者，父母之遗体也。行父母之遗体，敢不敬乎？居处不庄，非孝也；事君不忠，非孝也；莅官①不敬，非孝也；朋友不信，非孝也；战陈②无勇，非孝也；五者不遂，灾及于亲，敢不敬乎？亨孰膻芗，尝而荐之，非孝也，养也。君子之所谓孝也者，国人称愿然曰：'幸哉有子！'如此，所谓孝也已。众之本教曰孝，其行曰养。养，可能也，敬为难；敬，可能也，安为难；安，可能也，卒为难。父母既没，慎行其身，不遗父母恶名，可谓能终矣。仁者，仁此者也；礼者，履此者也；义者，宜此者也；信者，信此者也；强者，强此者也。乐自顺此生，刑自反此作。"

【注释】①莅官：居官。②陈：阵。

【译文】曾子说："自己的身体，都是父母给留下的。用父母的遗体来去做事，哪有不小心翼翼的道理？日常生活中不端重，就是不孝的行为；为君主做事怀有异心，就是不孝；面对公务而不认真对待，就是不孝；对朋友言而无信，就是不孝；战场作战不够勇敢，就是不孝。以上五个方面没有做到，就会使父母亲受到灾殃，怎么敢不小心翼翼呢？仅用嘉肴美味，按时祭祀，这些都不能算作孝，只能看成是供养而已。君子所说的孝子是全国的人都在那里称美地说:'有这样的儿子真是爹娘的好福气呀!'这才是真正的孝啊。孝是各种道德的根本,表现在行动上就称之为养。养一般都可以做到,但做到尊敬就难了;就算可以做到尊敬,但要做到很自然的尊敬就难了;如果连自然的尊敬也可以做到,还能在父母去世后坚持不改就更难了。父母去世后,还依然能够小心翼翼地行事,不使父母声名有损,可说是终身履行孝字了;而所谓的仁,就是把孝作为根本;所谓的礼,就是要践行孝道;所谓的义,就是只有适宜于孝的事才做;所谓的信,就是只有诚信在孝上;所谓的强,就是努力地将孝执行好。欢乐是因为依从孝道做事而产生的,刑罚是因为违背孝道做才导致的。"

曾子曰:"夫孝,置之而塞乎天地,溥①之而横乎四海,施诸后世而无朝夕,推而放诸东海而准,推而放诸西海而准,推而放诸南海而准,推而放诸北海而准。《诗》云:'自西自东,自南自北,无思不服。'此之谓也。"曾子曰:"树木以时伐焉,禽兽以时杀焉。夫子曰:'断一树,杀一兽,不以其时,非孝也。'孝有三:小孝用力,中孝用劳,大孝不匮。思慈爱忘劳,可谓用力矣。尊仁安义,可谓用劳矣。博施备物,可谓不匮矣。父母爱之,嘉而弗忘;父母恶之,惧而无怨;父母有过,谏而不逆;父母既没,必求仁者之粟以祀之。此之谓礼终。"

乐正子春下堂而伤其足,数月不出,犹有忧色。门弟子曰:"夫子之足瘳②矣,数月不出,犹有忧色,何也?"乐正子春曰:"善如尔之问也!善如尔之问也!吾闻诸曾子,曾子闻诸夫子曰:'天之所生,地之所养,无人为大。'父母全而生之,子全而归之,可谓孝矣。不亏其体,不辱其身,可谓全矣。故君子顷步③而弗敢忘孝也。今予忘孝之道,予是以有忧色也。壹举足而不敢忘父母,壹出言而不敢忘父母。壹举足而不敢忘父母,是故道而不径,舟而不游,不敢以先父母之遗体行殆。壹出言而不敢忘父母,是故恶言不出于口,忿言不反于身。不辱其身,不羞其亲,可谓孝矣。"

【注释】①溥:通"敷"。②瘳:痊愈。③顷步:半步。顷,通"跬"。

【译文】曾子说:"孝是一种美德,竖起来顶天立地,横着放覆盖四海,传给后代也被人们永远奉行,推广到东海可以仿效这种准则行事,推广到西海可以仿效这种准则行事,推广到南海可以仿效这种准则行事,推广到北海可以仿效这种准则行事。《诗经》上说:'从西到东,从南往北,没有人不遵从。'说的就是以上情况。"曾子说:"砍伐树木要在适当的时候,捕杀禽兽要在适当的时候。孔子说:'仅仅是砍伐一棵树木,或只是捕杀一只禽兽,只要砍伐、捕杀的时候不对,都视为不孝。'孝有三等:小孝用体力,中孝用心智,大孝则能永久保持孝心。会因感念父母的养育之恩将疲劳忘掉,可以说是已经出了力。躬行仁义,可以说是用劳了。能广施仁德,人们都携带礼品前来参加自家的祭祀,可以说是什么都不缺了。如果父母对自己喜爱,就将这些永记在心。如果父母不喜欢自己，那么就应该戒惧反省，不能为此有一句怨言。如果父母出现过失，要婉言进行规劝，但不能与他们顶撞。父母去世，就算是很贫穷，也要如法来求得仁者的粟米来举行祭祀，不取不义之财，这样才能称之为终身行孝。"

乐正子春下堂时扭伤了脚，好几个月连门都不出，而且面有忧色。他的弟子对此很是不解，就问道："老师您的脚伤都已经好了，还几个月都不出门，而且还面露忧色，这是为什么呢？"乐正子春说："你问的真是太好了！问得真是太好了！我听曾子说过，当然，曾子也是在孔子那儿听说的：'由天生的，地养大的，没有什么比人更高贵的。父母能把自己完整地生下来，做儿子的也要完整地把身体还给父母，这才能叫作孝。不让自己的身体受到损伤，不令名声受到污辱，这才称之为完整。'所以君子的一举手一投足都不敢将孝道忘记。我现在把脚扭伤了，就是将孝道忘记的表现，因此我才面有忧色啊。每一次抬脚不敢将父母忘记，每说一句话不敢将父母忘记。因为每一次抬脚都不敢将父母忘记，因此走路就走大道而不走邪径，过河时要乘船而不游泳，都是因为不敢拿父母留给我们的身体去冒险。因为每讲一句话都不敢将父母忘记，自然不会说出脏话，也不至于招惹别人的诟骂。不让自己受辱也就相当于不让自己的父母受辱，做到这一点，才可以称得上孝了。"

昔者，有虞氏贵德而尚齿，夏后氏贵爵而尚齿，殷人贵富而尚齿，周人贵亲而尚齿。虞夏殷周，天下之盛王也，未有遗年者。年之贵乎天下,久矣;次乎事亲也。是故朝廷同爵则尚齿。七十杖于朝,君问则席。八十不俟朝,君问则就之,而弟达乎朝廷矣。行,肩而不并,不错则随。见老者,则车徒辟①;斑白者不以其任行乎道路,而弟达乎道路矣。居乡以齿,而老穷不遗,强不犯弱,众不暴寡,而弟达乎州巷矣。古之道,五十不为甸徒②,颁禽隆③诸长者,而弟达乎蒐狩矣。军旅什伍,同爵则尚齿,而弟达乎军旅矣。孝弟发诸朝廷,行乎道路,至乎州巷,放乎蒐狩,修乎军旅,众以义死之,而弗敢犯也。

【注释】①车徒:乘车及徒步者。辟:同避,让开。俟:等待。②甸徒:古代六十四井为甸,按甸为军赋、田役征发的徒卒为甸徒。③颁禽:分配猎物。隆:多。

【译文】以前虞舜之时,虽重视人格,却也尊重年长之人;夏代虽然重视官爵,却也不忘对年长之人尊重;殷代虽然重视财富,却也不忘对年长之人表示尊重;周代虽然重视人伦关系,却也不忘对年长之人的尊重。虞、夏、殷、周四代,都是被人们公认的盛世,他们共同之处是都没有忘记对年长者的尊重。由此看出,年龄被人看重是由来以久的了,重要性仅次于孝道。因此,在朝廷上,当两人官爵相同时,就按年龄排位了;七十岁年纪的,允许拄着拐杖去上朝,如果国君有事相询,就得在朝堂上为他铺席落座;等到了八十岁年纪,上朝不仅可拄拐杖,还可以在行过朝见之礼后不用等待退朝就先行回府,如果国君有事进行商讨,就要他亲自上门求教了。这样,悌道就在朝廷通行了。在路上走,不和年长者并肩,如果年长者是兄辈的年龄,就在他身后斜错开;如果年长者是父辈的年龄,在他身后紧随。不管是乘车或是步行遇到年长者,都要为他们让路;看到挑着担子行路头发花白的老人,年轻人就要上前为他代劳。这样一来,悌道就在道路上通行了。在乡村居住,任何事情都讲究长幼顺序,贫穷的老人也不能被遗弃,不可恃强凌弱,以多欺少。这样悌道就在乡里通行了。按照以前的规矩,五十岁以上的就不用充当田猎的走卒了,而分配获得的猎物时年长者还会多分一些。这样悌道就在田猎之时通行。在军队,官爵职位相同的就以年长者居上。这样,悌道就在军旅之中通行了。孝道,悌道,都是从朝廷开始,实行在道路,到达乡里,扩展到田猎中,在军旅中遵循,民众就都能为道义而死,而没有人敢违反道义了。

祀乎明堂,所以教诸侯之孝也;食三老五更于大学,所以教诸侯之弟也。祀先贤于西学①,所以教诸侯之德也;耕藉,所以教诸侯之养也;朝觐,所以教诸侯之臣也。五者,天下之大教也。食三老五更于大学,天子袒而割牲,执酱而馈,执爵而酳②,冕而揔干③,所以教诸侯之弟也。是故,乡里有齿,而老穷不遗,强不犯弱,众不暴寡,此由大学来者也。天子设四学,当入学,而大子齿。

【注释】①西学:周代的小学。②酳(yìn):吃东西后用酒漱口。

③摠(zǒng)：持。

【译文】周代天子在明堂祭祀文王，是为了教导诸侯要守孝道；在太学里宴请三老、五更，是为了教导诸侯懂得悌道；在小学祭祀前代贤人，是为了培养诸候的道德；天子亲自耕种田地，是用自己的实际行动教导诸侯要懂得祭养神明；诸侯定期朝见天子，是为了教导诸侯该怎样恪尽臣职。以上五项，是天下最为重要的教导。在太学中宴请三老、五更，天子袒开衣襟而且亲自切割牲肉，手捧着酱请他们吃，恭敬地端起酒请他们漱口，头戴礼帽，手执盾牌，为他们助兴起舞。这些都是教导诸候该怎样尊老养老而做的示范。于是平常百姓也都能做到尊重老者，就连那些贫穷的老人也不会被遗弃，年轻人不以强凌弱，不以多欺少，这些都是因为天子在太学里尊老养老的好示范而形成的好风气。天子设置四学，到了入学年龄，即使身份贵为太子和同学们也都是按年龄大小论礼。

天子巡守，诸侯待于竟①。天子先见百年者。八十、九十者东行，西行者弗敢过；西行，东行者弗敢过。欲言政者，君就之可也。壹命齿于乡里，再命齿于族，三命不齿；族有七十者，弗敢先。七十者，不有大故不入朝。若有大故而入，君必与之揖让，而后及爵者。

天子有善，让德于天；诸侯有善，归诸天子；卿大夫有善，荐于诸侯；士、庶人有善，本诸父母，存诸长老②。禄爵庆赏，成诸宗庙③，所以示顺也。昔者，圣人建阴阳天地之情，立以为易④。易抱龟南面，天子卷冕⑤北面，虽有明知之心，必进断其志焉，示不敢专，以尊天也。善则称人，过则称己。教不伐⑥以尊贤也。

【注释】①竟：同"境"。②存：当作"荐"。③成：即《王制》"告成"、"受成"之意。④易：官名。《周礼》称"大卜"。⑤卷冕：帝王的礼服和礼帽。⑥不伐：不敢矜夸自大。

【译文】天子外出巡守时，诸侯必要在自己的国境上恭候迎接天子驾到。进入诸侯国内，天子首先会见百岁老人。八十岁、九十岁的老人走路的东边，而在西边行走的人是不可以超过他们的；如果他们走路的西边，那么走在路东边的人也不可以超过他们。他们对政事有建议，国君就要亲自登门听取。受到天子一命封爵的，要和乡亲按年龄大小分先后；得到二命封爵的，只和族人按年龄大小分先后就行了；得到三命封爵的，就用不着与他人进行年龄大小的比较了，直接居上位就好；但如果还有七十岁以上的族人，就不能居位在他上了。七十岁以上的老人，没有重大事情不必入朝；如果有重大事情需要入朝，则国君要先和他施礼，才能和卿大夫施礼。

天子有了功绩，应该将功归于上天；诸侯有了功绩，应该将功劳归于天子；卿大夫有了功绩，就应该将功劳归于诸侯；士人、庶人等有了功绩，应该将功劳归于父母、长辈。遇到加官进爵等喜庆受赏的事情，则应设祭告诉祖宗，是祖宗生前积的德所致，而子孙的功绩只不过是托庇受荫而已。从前，圣人测定日月运行和寒暑的原则,而把握其变化的情形,建立大卜之官。大卜抱着宝龟面朝南而站,天子戴着礼帽穿着礼服面朝北而站,天子虽然有高超的智慧,但还是要通过占卜作出最后的决断,这表示即使贵为天子也不敢独断专行,表示对天意的尊重。有了功绩要归功给他人,有过失则应归咎给自己,这都是教人不敢矜伐自大而尊重贤人。

孝子将祭祀,必有齐庄①之心以虑事,以具服物,以修宫室,以治百事。及祭之日,颜色②必温,行必恐,如惧不及爱然③。其奠之也,容貌必温,身必诎,如语焉而未之然。宿者④皆出,其立卑静以正,如将弗见然。及祭之后,陶陶遂遂⑤,如将复入然。是故,悫善不违身,耳目不违心,思虑不违亲。结诸心,形诸色,而术省⑥之;孝子之志也。建国之神位:右社稷,而左宗庙。

【注释】①齐庄:严肃诚敬。②颜色:脸色。③如惧不及爱然:担心见不到亲爱的人。④宿者:特别请来助祭的人们。⑤陶陶遂遂:相随行的样子。⑥术省:当为述省,回忆反省。

【译文】孝子准备举行祭祀之礼时,一定要怀着严肃诚敬的心情来考虑祭事,准备祭服祭品,修整宫室,处理各项事务。等到祭祀当天,孝子必须脸色温和,走路要像害怕看不到自己的亲人的样子。孝子在献上祭品时,需要和颜悦色,身体前屈,就像想要说话却还没有说出口的样子。助祭的宾客陆续退出时,孝子还要默默地躬身站在那里,好像即将看不到亲人的样子。等到祭祀结束后，孝子依然沉浸在对亲人的思念之中，神情恍惚，就像亲人待会儿还要进来的样子。所以，诚心诚意的态度一直在孝子身上有所体现，所见所闻的一直保留在心上，心中无时无刻不在思念着亲人。内心思念亲人的情绪，在外表上也会有所流露，反复地回忆亲人和自我反省，都是孝子的心态啊。建立国都中祭祀的神位：将社神稷神的庙建在王宫路门外的右边，列祖列宗的庙建在王宫路门外的左边。

祭统第二十五

【题解】郑玄说:"名曰《祭统》者,以其记祭祀之本也。统,犹本也。""本"即是一片孝心。"祭统"的意思就是说祭祀最根本的在于内心的敬畏和虔诚。祭祀先祖,这并不是迷信鬼神,而是出于饮水思源的孝心。就是祭祀过程中的种种仪节,也无不贯穿着孝心。吴曾祺评注:"前二篇一言其法,一言其义。所以论祭者备矣。然而圣人且病其繁也。乃复举大意言之。谓之祭统。统者指其要之谓也。犹挈领提纲之意。明乎此则至繁之中。有其至简者存焉。故以继二篇之后。"

凡治人之道,莫急于礼。礼有五经①,莫重于祭。夫祭者,非物自外至者也,自中出生于心也。心怵②而奉之以礼。是故,唯贤者能尽祭之义。

贤者之祭也,必受其福。非世所谓福也。福者,备也③;备者,百顺之名也。无所不顺者,谓之备。言:内尽于己,而外顺于道也。忠臣以事其君,孝子以事其亲,其本一也④。上则顺于鬼神,外则顺于君长,内则以孝于亲。如此之谓备。唯贤者能备，能备然后能祭。是故，贤者之祭也：致其诚信与其忠敬，奉之以物，道之以礼，安之以乐，参之以时，明荐⑤之而已矣，不求其为⑥。此孝子之心也。祭者，所以追养继孝也。孝者，畜也。顺于道不逆于伦，是之谓畜⑦。是故，孝子之事亲也，有三道焉：生则养，没⑧则丧，丧毕则祭。养则观其顺也，丧则观其哀也，祭则观其敬而时也。尽此三道者，孝子之行也。

【注释】①礼有五经：指吉礼、凶礼、宾礼、军礼、嘉礼。祭祀属于吉礼，为五者之首。②心怵：心中有所触动，即上篇所说："君子履之必有怵惕之心。"③"福"与"备"古音相近，故以"备"训"福"。④其本一也：谓"忠"与"孝"都是从"顺"而来。⑤明：洁。明荐：清洁干净的荐献。⑥不求其为：只是出自内心的孝顺，不祈求鬼神降福。⑦畜：聚积。此指孝敬的情感蓄积于心中，不会忘记。⑧没：通"殁"，死亡。

【译文】在众多管理百姓的方法之中，没有什么能比礼更为重要的了。礼分为吉、凶、宾、军、嘉五种，而这五种中最重要的便属于祭礼。祭礼，并不是因为外界因素强迫你不得不这么做，而是发自人的内心深处的一种自觉行动。随着春夏秋冬时间的推移，人们会有感而发，触景生情，不由自主地就会想起死去的亲人，情感的表达就是以祭礼形式去表现。而这些都只有贤者才能完全明白祭礼的真实意义。

贤者的祭祀，一定会得到鬼神的赐福，但这个福，不是世俗中所指的福。贤者的福，是指备的意思。而备就是指一切事情都顺着理去办。无所不顺,这就称之为备。就是说,对内,按自己的良知行事;对外,按着道理行事。忠臣事奉国君,孝子事奉双亲,忠和孝都来源于一个顺字。对上则顺应鬼神,对外则顺应君长,对内则顺应双亲,这样做了才叫作备。备,只有贤者才做得到,做到了备然后才能去做必然得到鬼神赐福的祭。所以贤者的祭祀,就是用自己最大的诚信与忠敬,奉献祭品,行其典礼,和之音乐,稽之以季节,纯粹地荐献而已,并不要以神保佑赐福为目的的。孝子举行祭祀时有这样的心情才对。孝子祭祀,是对父母生前应尽而未尽的供养和孝道的一种表达。孝就是这种供养和孝道的积蓄。顺字贯穿于父母的生前和死后,顺应道义,不违逆伦常这称之为孝的积蓄。所以孝子事奉父母总共分为三件事:第一件是父母在世时好好的供养,第二件是死后依照礼制服丧,第三件是在服丧期满后也要按时祭祀。在供养父母期间可以看出孩子是否孝顺,在服丧期间可以看出他是否哀伤,在祭祀这件事上可以看出他是否虔敬和按时。只有把这三件事都做好了,才称得上孝子的孝行。

既内自尽,又外求助,昏①礼是也。故国君取②夫人之辞曰:"请君之玉女与寡人共有敝邑,事宗庙社稷。"此求助之本也。夫祭也者,必夫妇亲之,所以备外内之官也;官备则具备。水草之菹,陆产之醢③,小物备矣;三牲之俎,八簋之实,美物备矣;昆虫之异,草木之实,阴阳之物备矣。凡天之所生,地之所长,苟可荐者,莫不咸在,示尽物也。外则尽物,内则尽志,此祭之心也。是故,天子亲耕于南郊，以共齐盛④；王后蚕于北郊，以共纯服⑤。诸侯耕于东郊，亦以共齐盛；夫人蚕于北郊，以共冕服。天子诸侯非莫耕也，王后夫人非莫蚕也，身致其诚信，诚信之谓尽，尽之谓敬，敬尽然后可以事神明，此祭之道也。

【注释】①昏：通"婚"。②取：通"娶"。③此二句："水"、"陆"、"菹"、"醢"互文见义，泛指用水中和陆上所产的各类植物、动物制成的菹、醢类供品。菹是菜类，醢是酱类。④共：同"供"。齐盛：即粢盛，盛放在器皿中以供祭祀的谷物。⑤纯服：与下文"冕服"都是指祭祀时所穿的礼服。

【译文】祭祀不仅仅是自己要尽心尽力，还会涉及到向外求助，这就牵扯到姻婚了。因此国君在娶夫人时求婚辞是这样说的："请把您贤淑的女儿嫁给我，与寡人一道治理国家，祭祀宗庙社稷。"这就是求助的根本目的。祭祀是必须由夫妇亲自一起参加，以便里里外外大大小小的事情都有人安排。事情安排好了，用的祭品就必须要齐备。水里产的、陆地长的菹菜、肉酱都有了，祭祀用的小吃类就算备齐了。牛羊猪三牲齐全，黍稷稻粱分装八碗，美味就算备齐了。还有各种不同的昆虫、瓜果，这些阴阳所生的食物都备有了，也就算该有的都有了。总之，只要是天下生长的，地上长的，凡是可以用来进献的，都不缺其一，就表示用尽所有物品。外在祭品极其丰盛，内在表现的就是孝子对祖先的极其虔诚，这才是祭祀的目的。因此，天子才会要到南郊亲耕籍田，用来当作给祖先的祭品；王后要在北郊亲自养蚕，用来作祭服。诸侯在东郊亲自耕籍田，同样是用来当祭品；夫人在北郊亲自养蚕，同样是用来做祭服。天子和诸侯都不是非要自己亲自耕田才会有祭品，王后和夫人也不是非得自己养蚕才有祭服，之所以会那样做，都是为了表达自己对先祖的虔诚，有了这份虔诚才算对先祖尽心，尽了心才称得上虔敬。虔敬了，尽心了，以后才可以侍奉神明，这便是祭祀的目的。

及时将祭，君子乃齐①。齐之为言齐也。齐不齐以致齐者也。是以君子非有大事也，非有恭敬也，则不齐。不齐则于物无防也，嗜欲无止也。及其将齐也，防其邪物，讫其嗜欲，耳不听乐。故记曰："齐者不乐"，言不敢散其志也。心不苟虑，必依于道；手足不苟动，必依于礼。是故君子之齐也，专致其精明之德也。故散齐七日以定之，致齐三日以齐之。定之之谓齐。齐者，精明之至也，然后可以交于神明也。是故，先期旬有一日，宫宰宿②夫人，夫人亦散齐七日，致齐三日。君致齐于外，夫人致齐于内，然后会于大庙。君纯冕③立于阼，夫人副袆④立于东房。君执圭瓒祼尸⑤，大宗执璋瓒亚祼⑥。及迎牲，君执纼⑦，卿大夫从，士执刍⑧。宗妇执盎从夫人荐涗水⑨。君执鸾刀羞哜⑩，夫人荐豆，此之谓夫妇亲之。

【注释】①齐：读作"斋"。斋戒。②宿：通"肃"，告诫。③纯冕：黑色的礼服和礼帽。④副：妇人的首饰。袆（huī）：夫人的祭服。⑤圭瓒：祭祀时用来舀郁鬯酒的勺。祼（guàn）尸：向尸献郁鬯酒。⑥大宗：即大宗伯。璋瓒：也是舀酒的勺。亚祼：第二次向尸献郁鬯酒。⑦纼（zhèn）：牵牲的绳索。⑧刍：指杀牲时用来垫在地上的草。⑨涗（shuì）水：用水稀释过的盎齐。郑玄注："涗，盎齐也。盎齐，涗酌也。凡尊有明水，因兼云水尔。"⑩羞：荐。嚌：以齿尝之而不食。此所嚌的是牲的肝肺。

【译文】将举行祭祀的时候，君子需要先进行斋戒。斋戒就是整齐的意思，就是把整个身心中不整齐的东西进行整理，然后以求达到整齐。所以君子不从事于祭祀，在不需要恭敬的场合，就不进行斋戒。不斋戒做事也就没有禁忌，嗜欲也不会进行限制。可一旦到了要斋戒的时候，所有的禁忌之事就不允许做了，嗜欲也会加以限制，耳不听音乐。所以古书上说："斋戒的人不举乐。"就是为了在斋戒的时候不使人分散心思。心无杂念，所思所想才能合乎正道；手脚不乱动，一举手、一抬足都一定是合乎规矩的。所以君子的斋戒就在于专注于精诚的德行。为此，所以头七天散斋先收敛一下心志，然后致斋三天再加以整齐。收敛住了心志就叫作斋戒。斋戒是身心高度的精诚，这之后才有资格和神明打交道。所以，在祭祀前十一天，宫宰会郑重告诫夫人，于是夫人也开始斋戒，先散斋七天，再致斋三天。国君在国君的正寝致齐，夫人在夫人的正寝致斋，直到祭祀当天才在太庙会合。国君身着礼服头戴礼帽站在台阶上，夫人头戴首饰身穿礼服站在东房。国君手执圭瓒到尸前行祼礼，大宗伯手执璋瓒在尸前行再祼礼。迎牲入庙时，国君亲自牵着牛鼻绳，大夫则紧跟于牲后，士抱着禾秆。宗妇捧着盎齐跟随在夫人身后，献上涗水。国君亲执鸾刀切取牲肺献给尸品尝，夫人则献上馈食之豆。这就称之为夫妇一起亲自主持祭祀之礼。

及入舞,君执干戚①就舞位,君为东上,冕而揔②干,率其群臣,以乐皇尸。是故天子之祭也,与天下乐之;诸侯之祭也,与竟③内乐之。冕而揔干,率其群臣,以乐皇尸,此与竟内乐之之义也。

夫祭有三重焉:献之属莫重于祼,声莫重于升歌④,舞莫重于《武宿夜》⑤,此周道也。凡三道者,所以假于外而以增君子之志也,故与志进退;志轻则亦轻,志重则亦重。轻其志而求外之重也,虽圣人弗能得也。是故君子之祭也,必身自尽也,所以明重也。道之以礼,以奉三重,而荐诸皇尸,此圣人之道也。

【注释】①干戚:指用作舞蹈道具的盾牌和斧。②东上:是接近主位的地方。揔:握持。③竟:通"境"。④升歌:行礼奏乐的第二项,在金奏之后。天子行礼,升堂时演唱《周颂·清庙》之诗,叫作"升歌清庙"。⑤《武宿夜》:《大武舞》共有六成,即六节。《武宿夜》是第一节舞的名称。

【译文】祭祀中将要进行到乐舞时,国君手执干戚站到舞位上,国君站在东边上位,头戴礼帽,手执盾牌,率领众臣一起起舞,以此博得皇尸的欢心。因此,天子的祭祀,实际上是天子与天下臣民同乐;诸侯的祭祀,是诸侯与境内臣民同乐。诸侯头戴礼帽,手执盾牌,率领众臣起舞,以此博得皇尸的欢心,便是诸侯与境内臣民同乐的一种表现。

在祭祀的整个过程中有三个最重要的步骤:在奉献祭品时,

最为重要的就是行祼礼；在歌唱演奏时中，登堂歌唱《清庙》就最为重要的了；在舞蹈时，《武宿夜》这支舞是最为重要的了，这些都属于周代的祭礼。这三个最重要的步骤，都是借助外部的力量以增强君子内心的虔诚。所以二者是密切相关的，内心轻忽则会导致动作没有劲道，内心端重的话外部动作也跟着端重。内心轻忽却又希望达到外部动作端重，就算身为圣人也做不到。所以君子祭祀，自己一定要竭尽诚心，这样才能做到让外部动作端重起来。遵循礼的要求，做好这三个最重要的步骤，从而博得皇尸的欢心，才是圣人的祭祀之道。

夫祭有馂，馂者，祭之末①也，不可不知也。是故古之人有言曰："善终者如始。"馂其是已。是故古之君子曰："尸亦馂鬼神之余也，惠术②也，可以观政矣。"是故尸谡③，君与卿四人馂。君起，大夫六人馂，臣馂君之余也。大夫起，士八人馂，贱馂贵之余也。士起，各执其具以出，陈于堂下，百官进④，彻之，下馂上之余也。凡馂之道，每变以众，所以别贵贱之等，而兴施惠之象也。是故以四簋黍见其脩⑤于庙中也。庙中者，竟内之象也。祭者泽之大者也。是故上有大泽则惠必及下，顾上先下后耳。非上积重而下有冻馁之民也。是故上有大泽，则民夫人⑥待于下流，知惠之必将至也，由馂见之矣。故曰："可以观政矣。"

【注释】①馂（jùn）：凡食人之余谓之馂。这里指祭祀结束后，大家分食鬼神享用过的供品。末：结尾。②惠术：施惠的方法。意谓鬼神剩下一点食物与人共享，是鬼神施恩惠给人。③谡（sù）：起身。④百官：指帮助举行祭祀的众执事。进：当作"馂"，因声近而误。⑤脩：当作"遍"，意谓恩惠遍施于庙中。⑥夫人：犹言人人。

【译文】祭礼中还有馂这件事。馂虽然属于祭祀后面的事，但也不能不了解它的用义。所以古人曾经这样说过："好的结束就如同好的开始。"馂大概说的就是这个意思。因此古代的君子说："虽然尸很尊贵，但他同样也吃鬼神吃剩的东西。馂同样是一种施惠之道，还可以从中观察出政治意义。"所以尸吃完以后起身离席，然后再轮到国君和卿四人吃尸剩下的祭品；国君用完后起身离席，大夫六人再吃国君吃剩的祭品，这称之为臣吃君剩余下来的；大夫吃后起身离席，接下来就轮到士八人吃剩下的，这称之为贱者吃贵者剩下的；士吃完起身离席，再将盛有剩余祭品的食具拿出来，陈列到堂下，给各种当差的吃剩下的，吃完后撤掉，这称之为底下人吃在上位者剩余的。综观馂的整个过程，是每变一次而馂的人数也会随之增多，这就是说人存有贵贱之分，而施惠的对象也会越来越多。所以用四盘祭品就表示出将所有恩惠遍施于庙中。而整个庙中，就是整个国家的一个缩影。祭礼中的馂，属于一种大的恩泽。所以上有大的恩泽，就一定要惠及下面，只不过是要先上后下，并不是把上面的都快要撑死而下面的都快要饿死。因此上面有大的恩泽，百姓就会个个在下面等待，因为他们相信恩泽一定会落到他们头上。这一切都是可以从馂这件事上得到体现，所以人们才说："可以从祭祀中看出政治意义来。"

夫祭之为物①大矣，其兴物②备矣。顺以备者也，其教之本与！是故，君子之教也，外则教之以尊其君长，内则教之以孝于其亲。是故，明君在上，则诸臣服从；崇事宗庙社稷，则子孙顺孝。尽其道，端其义，而教生焉。是故君子之事君也，必身行之。所不安于上，则不以使下；所恶于下，则不以事上。非诸人，行诸己，非教之道也。是故君子之教也，必由其本，顺之至也，祭其是与！故曰：祭者，教之本也已。

【注释】①为物：犹言"为事"。②兴物：指荐献百品。

【译文】祭祀可以说是一件大事，祭祀时荐献的供品也必须准备得够完备。孝顺的心意加上完备的祭品，这才是教化的根本所在吧！因此君子施行教化，在社会活动中就教导人们要尊敬君长，在家庭里就教导人们要孝顺双亲。所以圣明的君主在上，大小臣子都会服从他；尊敬地祭祀宗庙社稷，子孙则会孝顺。尽心的行道，端正义理，教化由此而产生。因此君子事奉君王，首先一定要身体力行。当已经感到上面有地方做得不对了，就不要让下面的再这样去做了；自己对下面的某些做法感到厌恶，就不要用这种做法应付上面。不允许别人去做，自己却对此明知故犯，这样的教育方法是不对的。所以君子施行教化，一定要从根本上抓起，才会最顺意，这样大概也只有从祭祀上开始施行了！这就是人们所说的：祭祀是教化的根本。

夫祭有十伦焉；见事鬼神之道焉，见君臣之义焉，见父子之伦焉，见贵贱之等焉，见亲疏之杀①焉，见爵赏之施焉，见夫妇之别焉，见政事之均焉，见长幼之序焉，见上下之际焉。此之谓十伦。

（祭有十伦）铺筵设同几②，为依神也；诏祝于室，而出于祊③。此交神明之道也。君迎牲而不迎尸，别嫌也。尸在庙门外，则疑④于臣，在庙中则全于君；君在庙门外则疑于君，入庙门则全于臣、全于子。是故，不出者，明君臣之义也。夫祭之道，孙为王父⑤尸，所使为尸者，于祭者子行也。父北面而事之，所以明子事父之道也。此父子之伦也。尸饮五，君洗玉爵献卿；尸饮七，以瑶爵献大夫；尸饮九，以散爵⑥献士及群有司。皆以齿⑦，明尊卑之等也。

【注释】①杀(shài)：降等。②同几：祭祀时为其配偶神共设一张几案。此与生人不同。③祊：指正祭的次日在庙门外旁举行绎祭的地方。古人以为死则不知神之所在，故既祭于室，又祭于门，这就是所谓交神明之道。④疑：充当。言尸在庙门外仍充当臣子，在庙中才充当祖先。所以君主不出门迎尸。⑤王父：祖父。⑥散爵：大的饮酒器。⑦皆以齿：王引之《经义述闻》以为"皆以齿"，涉下文"凡群有司皆以齿"而衍。下文云"明尊卑之等"，又云"皆以齿"，文义刺谬。王说是。

【译文】祭祀主要有十种意义：第一体现在侍奉鬼神之道上，第二体现的是君臣之义，第三体现的是父子之间的关系，第四体现的是身份地位贵贱差别，第五体现的是亲属之间亲疏有别，第六体现的是爵赏的施行，第七体现夫妇之间的区别，第八体现政事上的公平,第九体现的是长幼顺序,第十体现君民上下之间的关系。这就是祭祀所包含的十种意义。

下面将对这十种意义进行分开说明。铺席设几,就是为了供神凭依;因为人们根本不知道神到底在哪里,所以头一天在室内行祭,待第二天再到门外行祭。这就是和神明打交道应有的做法。祭祀时,国君到庙外迎牲,但不能走到庙门外迎尸,目的就是为了避开嫌疑。因为在庙门外尸的身份仍然是臣子,只有在进到庙内以后才完全变成君父的身份。在庙门外国君的身份仍然是国君,只有在进入庙门以后才完全变成臣子的身份。所以国君不出门迎尸,就是为了不乱了君臣之间的名分。祭祀中规定,由孙子辈的人来充当祖父的尸,当尸的人,对于祭祀者来讲属于儿子辈,而作为父辈的祭者却要面朝北面去事奉尸,这就是为了让人明白做儿子该如何去侍奉父亲。这说的就是父子之间的关系。上公之祭九献,尸饮酒五献后,国君就洗净工爵给卿献酒;尸饮酒七献过后,国君才用瑶爵向大夫献酒;尸饮酒九献过后,国君才用散爵向士和各级官员献酒,都是按照年龄的大小顺序。这体现的就是身份地位上的尊卑之别。

夫祭有昭穆^①,昭穆者,所以别父子、远近、长幼、亲疏之序而无乱也。是故,有事于大庙,则群昭群穆咸在而不失其伦。此之谓亲疏之杀也。古者,明君爵有德而禄有功,必赐爵禄于大庙,示不敢专也。故祭之日,一献^②,君降立于阼阶之南,南乡,所命北面,史由君右执策命之。再拜稽首。受书以归，而舍奠③于其庙。此爵赏之施也。

君卷冕立于阼，夫人副袆立于东房。夫人荐豆执校④，执醴授之执镫⑤。尸酢夫人执柄，夫人受尸执足⑥。夫妇相授受，不相袭处，酢必易爵。明夫妇之别也。凡为俎者，以骨为主。骨有贵贱；殷人贵髀，周人贵肩⑦，凡前贵于后。俎者，所以明祭之必有惠也。是故，贵者取贵骨，贱者取贱骨。贵者不重，贱者不虚，示均也。惠均则政行，政行则事成，事成则功立。功之所以立者，不可不知也。俎者，所以明惠之必均也。善为政者如此，故曰：见政事之均焉。

【注释】①昭穆：这里指祭于太庙时，众尸的排列次序为：太祖尸居中，以下按辈分先后分列两边，左边为昭，右边为穆。同时参加祭祀的宗族中不同辈份的人，亦须按昭穆次序排列。②一献：即指上文"尸饮五，君洗玉爵献卿"之时。③舍奠：亦即"释奠"，指临时在宗庙里举行的一种简短祭奠仪式，无尸，不是正式的庙祭。④校：豆的中部细而直的部分。⑤执醴：负责传递醴酒等物的助祭者。镫：豆下部的底盘。⑥酢：回敬。柄、足：指酒爵的柄和脚。"夫人授尸"的"授"，应为"受"之误。⑦肩：前腿的上部。

【译文】祭祀时，所有参加祭祀的子孙都是按父昭子穆的辈分进行排列。昭穆就是用来区别父子、远近、长幼、亲疏顺序的，使之不紊乱。所以当在太庙中举行祭祀时，尽管全体族人中所有昭辈穆辈人都在，但仍各就各位，有条不紊。这就体现出了亲疏之间的区别。古时候圣明的君主给有德的人进爵，给有功的人加禄，进爵加禄的仪式一定会在太庙中举行，这就表示国君个人是不敢独断专行的。所以在祭祀当天，在第一次向尸献酹酒以后，国君从堂上下来，立于台阶之南面，面朝南，将要受册封的人面朝北，负责册命的史官在国君右边捧着册封文书进行宣读，被册封者在行过再拜稽首大礼后才接过册命，回家后，受封者在自己的家庙中设奠察告祖宗。这就是爵赏施行的体现。

祭祀时，国君身穿礼服头戴礼帽站在台阶上，夫人头戴首饰身穿礼服站在东房。夫人进献豆时，手握豆柄；而执醴者将豆交给夫人时，手只能握豆的底座。尸向夫人回敬酒时，手执酒爵的柄；夫人在接受回敬酒时，手执的是酒爵的足。夫妇之间授受祭器，不能握祭器的同一部位。夫妇之间互相回敬酒，一定要更换杯子。这就是夫妇有别的体现。凡分配俎肉，都以带骨的肉为主。牲体的骨，同样也是有贵贱之分的。殷人以后腿上部的骨为贵，周人却以前腿上部的肩为贵。因为周人认为，牲体前面的骨是比牲后面的骨尊贵的。分配俎肉，举行祭祀一定是对大家都有好处的一种体现。因此在分配时，身份高贵的人取得贵骨，身份卑贱的人取得贱骨。身份高贵的人不会去拿双份，身份卑贱的人也不会空手而归，这就是公平的体现了。只有让每个人都能得到恩惠，政令也就变得容易推行了；只有政令得到了推行，事情就会容易办成；只要事情都办成，也就能建功立业。为什么能够建功立业，其中的原因不可不知。分配俎肉，就是恩惠必定会人人有份的一种体现。善于治理国家的圣明君主，也会像分配俎肉那样做，所以说：祭祀体现出了政事的公平。

凡赐爵，昭为一，穆为一。昭与昭齿，穆与穆齿。凡群有司皆以齿，此之谓长幼有序。夫祭有畀煇胞翟阍①者，惠下之道也。唯有德之君为能行此，明足以见之，仁足以与之。畀之为言与也，能以其余畀其下者也。煇者，甲吏之贱者也；胞者，肉吏之贱者也；翟者，乐吏之贱者也；阍者，守门之贱者也。古者不使刑人守门②。此四守者，吏之至贱者也。尸又至尊；以至尊既祭之末，而不忘至贱，而以其余畀之。是故明君在上，则竟内之民无冻馁者矣。此之谓上下之际③。

【注释】①畀（bì）：给予。指祭祀结束时将剩余祭品赐给下等差役。煇（yùn）、胞、翟、阍：四者都是参加祭祀的下等差役。②当时常常用受过刑的人担任阍，但受过刑的人是不可参加祭祀的，所以这里特别说明古代行此礼时还没有用受刑之人为阍。③上下之际：上与下之间的联接。

【译文】旅酬时向前来助祭的各位兄弟、子孙敬酒，这些人按昭辈排一列，穆辈排一列；同为昭辈者再根据年龄大小排列，同是穆辈者同样依照年龄大小进行排列。其他的来宾以及各种当差，也同样依年龄大小进行排列。这就称为长幼有序。祭祀末尾的赐馂之礼，就是把神吃剩下的祭品分别给皮匠、厨子、舞狮和守门人，这也是向下人施惠的一种体现。这一点只有有道之君才能做到，他们自身的聪明足以让他认识到这么做的重要性，他自身的仁慈足以让他采取实际行动。所谓畀，也就是赐与，能把多余的东西赐与下人。煇，他属于制造铠甲这类小官中的身份低贱者；胞，属于职掌屠宰这类小官中身份低贱者；翟，是属于教习乐舞这类小官中身份低贱者；阍人，是掌管守门这类小官中身份低贱者，在古代守门人不能用受过刑罚的。做这四种事的人，身份都是小官中身份最为低贱的，而尸在庙中的身份是最为尊贵的，身份最尊贵的人在祭祀的末尾都不会忘记那些身份最低贱的人，还能把神吃剩下的东西赐与他们享用。所以说，一个国家如果由圣明的君主进行领导，全国的老百姓就不会再有受冻挨饿的。这就是上下关系的表现方式。

凡祭有四时：春祭曰礿，夏祭曰禘，秋祭曰尝，冬祭曰烝①。礿、禘，阳义也；尝、烝，阴义也。禘者，阳之盛也，尝者，阴之盛也。故曰：莫重于禘、尝。古者于禘也，发爵赐服②，顺阳义也；于尝也，出田邑，发秋政③，顺阴义也。故记曰："尝之日④，发公室，示赏也；草艾则墨⑤。未发秋政，则民弗敢草也⑥。"故曰：禘、尝之义大矣，治国之本也，不可不知也。明其义者君也，能其事者臣也。不明其义，君人不全；不能其事，为臣不全。夫义者，所以济志也，诸德之发也。是故其德盛者，其志厚；其志厚者，其义章；其义章者，其祭也敬。祭敬则竟内之子孙莫敢不敬矣。是故君子之祭也，必身亲莅之；有故，则使人可也。虽使人也，君不失其义者，君明其义故也。其德薄者，其志轻，疑于其义，而求祭；使之必敬也，弗可得已。祭而不敬，何以为民父母矣？

【注释】①礿(yuè)、禘(dì)、尝、烝(zhēng)：宗庙四时祭祀的名称。②发爵赐服：颁发爵位，赐给车服。③出田邑：指出外田猎习武。秋收：指修法制，平百刑。④尝之日：当作"禘尝之日"。⑤艾(yì)：割。草艾：指到了草可以割的季节。墨：墨刑，五刑中最轻的一种，这里代指一般刑罚。⑥王引之《经义述闻》以为"弗敢"下脱"艾"字。

【译文】祭祀也分为四季：春祭叫礿，夏祭叫禘，秋祭叫尝，冬祭叫烝。礿和禘，在阳气由起到盛的时候举行，体现阳的意义；尝和烝，在阴气由起到盛的时候举行，体现阴的意义。禘是阳气最盛的祭，尝是阴气最盛的祭。所以说：没有什么是比禘、尝更重要的祭了。在古代，在举行禘祭时会颁发爵位、赏赐车服等，这也是在顺着阳气行事；在举行尝祭时会教民田猎，并且可以动用刑罚，这就是顺着阴气行事。所以古书上记载说："举行尝祭时，拿出公家的东西，因为将要有赏赐了。等到了割草打柴的时候，就可以开始启用轻刑了。在没有开始启用刑罚时，老百姓是不敢割草打柴的。"因此禘、尝这两个祭的意义非常重大，涉及到治国的根本，不可以不知晓。明白禘尝祭祀的真正用义是君主应该知道的事，而办好禘尝祭祀是臣子应该做的事。不明白禘尝的真正意义，作为一国之君就有所欠缺；办不好禘尝之祭，身为臣子就有所欠缺。这里所说的"义"指的是实现自己的志向，是各种德行的一种体现。所以德行盛大的人他的志向就很深厚；志向深厚的人，他的道义就得到彰显；道义得到彰显的人，他的祭祀就会恭敬。如果国君对祭祀恭敬，那么黎民百姓又有谁敢不恭敬呢！因此祭祀，君子是一定要亲自参加的。只有在情况特殊时才让别人代替。虽然是让人代替，但是国君也没有失去道义，那是因为国君深明祭祀之义。道德浅薄的人，他的志向就很浅薄，对祭祀的意义也会半信半疑，让他在这种情况下还去向神求祭，要求他做到毕恭毕敬那是不可能办到的。祭祀祖先都做不到态度恭敬，又哪里有资格去做百姓父母呢！

夫鼎有铭，铭者，自名也。自名以称扬其先祖之美，而明著之后世者也。为先祖者，莫不有美焉，莫不有恶焉。铭之义，称美而不称恶，此孝子孝孙之心也。唯贤者能之。铭者，论撰①其先祖之有德善、功烈、勋劳、庆赏、声名列于天下，而酌之祭器②；自成其名焉，以祀其先祖者也。显扬先祖，所以崇孝也。身比焉③，顺也。明示后世，教也。夫铭者，壹称而上下④皆得焉耳矣。是故君子之观于铭也，既美其所称，又美其所为。为之者，明足以见之，仁足以与之，知足以利之，可谓贤矣。贤而勿伐，可谓恭矣。

【注释】①论撰：论述、记录。②酌之祭器：斟酌先祖的美德，铭刻在祭器上。③身比焉：自己的名字也排列在上面。④上：指祖先。下：指后辈。

【译文】作为祭器用的鼎，上面一般都铸有铭文。所谓铭文，就是为自己树立名声。为自己树立名声，来称颂自己先祖的美德懿行，而宣扬流传给后世的人。那些被称为先祖，没有一个是没有美德的，也没有一个是没有缺点的。而铭文就是只赞美美德而掩盖缺点。这种孝子孝孙的良苦用心，也只有贤能者才可以做到。铭文,就是要对自己先祖的美德、功业、勋劳、受到的褒奖和荣誉加以歌颂,并将他们公布于天下,而将要点加以斟酌后刻到祭器之上,同时将自己的名字附上,用来祭祀先祖。赞扬先祖,是为了表示出自己的孝敬;附上自己的名,也是表示自己要像他们学习;以此晓喻后世,也是一种对子孙后代的教育。由此看来,制作铭文是一件一举三得的好事。因此君子在观看铭文时,既赞美铭文中提道的祖先美德,又对铭文制作这件事加以赞美。制作铭文的人,能明察秋毫的看到祖宗的美德,其仁爱足以令他果断地将此事进行决断,制作铭文的人智慧足以使他和他的子孙从这件事上得到益处,算得上一种贤德了。再贤德也不自夸,真是谦恭啊!

故卫孔悝①之鼎铭曰:六月丁亥,公假于大庙②。公曰:"叔舅③!乃祖庄叔,左右成公。成公乃命庄叔随难于汉阳,即宫于宗周,奔走无射④。启右献公⑤。献公乃命成叔纂⑥乃祖服。乃考文叔⑦,兴旧耆欲,作率庆士⑧,躬恤卫国,其勤公家,夙夜不解,民咸曰:'休哉!'"公曰:"叔舅!予女铭:若纂乃考服。"悝拜稽首曰:"对扬以辟⑨之,勤大命施于烝彝鼎。"此卫孔悝之鼎铭也。古之君子论撰其先祖之美,而明著之后世者也。以比其身,以重其国家如此。子孙之守宗庙社稷者,其先祖无美而称之,是诬也;有善而弗知,不明也;知而弗传,不仁也。此三者,君子之所耻也。

昔者,周公旦有勋劳于天下。周公既没,成王、康王追念周公之所以勋劳者,而欲尊鲁;故赐之以重祭。外祭,则郊社是也；内祭，则大尝禘是也。夫大尝禘，升歌《清庙》，下而管《象》；朱干玉戚，以舞《大武》；八佾，以舞《大夏》；此天子之乐也。康⑩周公，故以赐鲁也。子孙纂之，至于今不废，所以明周公之德而又以重其国也。

【注释】①孔悝(kuī)：卫国执政大夫。公元前480年，卫国太子蒯聩劫持孔悝，迫使孔悝立他为卫庄公。事在《左传·哀公十五年》。这篇鼎铭，即蒯聩即位后赠给孔悝的。②公：即卫庄公蒯聩。假：通"格"，是来到的意思。大庙：卫国的祖庙。③叔舅：诸侯称异姓大夫为舅，年长的称伯舅，年幼的称叔舅。这里指孔悝。④无射(yì)：犹言"无厌"。⑤右：通"佑"。献公：卫国国君，名衎，前576—前558年在位。他是成公的曾孙。⑥成叔：是庄公的孙子。纂：继承。⑦文叔：指孔悝的父亲孔圉。⑧耆欲："耆"通"嗜"。耆欲，指志向。庆士：即卿士。⑨对扬：古代常用语，多用于臣子受到国君赏赐时，以示谢恩。辟：阐明。⑩康：褒扬。

【译文】卫国大夫孔悝的鼎上刻有下述铭文：六月丁亥，卫庄公到太庙行祭。庄公说："叔舅！你的远祖庄叔曾经辅佐我的远祖成公。成公还曾命令庄叔和他一起逃难到楚国，他们还曾经被一起居住在宗周，庄叔为此四处奔走，毫不懈怠。庄叔的忠心流传到后世，成叔又辅佐我祖献公返回国内即位。献公于是便命令成叔继承其先祖庄叔的事业，忠君爱国。你的父亲文叔，又继承了你祖先的遗志，成为百官的表率，时刻想着如何把卫国治理好。他为国操劳，昼夜不敢有丝豪懈怠，老百姓都对他赞赏有加。"庄公又说："叔舅，我现在把这篇铭文给你，就是要你继承你父亲的职位。"于是孔悝下拜叩头说："我将听从君命以将我先祖之美德发扬光大，将不负您的厚望。这些，我都将把它刻在烝祭的彝鼎之上。"这就是卫国孔悝彝鼎上刻的铭文。它将古代君子论述其先祖之美德并使之昭著于后世的这种情况加以反映。通过铭文，不仅可以附自己的名于下，还能将在国家事务中自己祖先所建功业的重要意义进行颂扬。孔悝的铭文只不过是一个例子。身负守卫宗庙社稷责任的子孙，如果其先祖没有美德却又乱吹一通，那是欺骗；如果有善行却不知道，那是愚蠢；如果知道其先祖的美德而不能使流芳后世，那是麻木不仁。这其中的任何一条，都足以使君子感到耻辱的。

  曾经周公为巩固周代天下，建立了不朽的功勋。周公去世后，周成王、周康王为了追念周公的不朽功勋，在诸侯之中对鲁国格外尊重，还特别允许鲁国可以提高祭祀规格。具体体现就是可以在郊外祭天，可以在太庙里以禘礼祭周公。以禘礼祭周公时，乐工登堂所唱的《清庙》，在堂下演奏的《象》，舞者手执红色盾牌和玉做的斧所跳的《大武》之舞，且由八列舞队所跳的《大夏》之舞，这些全部都是只有天子才能使用的乐舞。为了对周公进行褒奖，把这一套天子使用的乐舞赐给了鲁国。周公的子孙将这一套全部继承下来，至今还在使用，也是为了颂扬周公之德，同时也使鲁国在诸侯中的地位得以提高。

经解第二十六

【题解】郑玄解释本篇篇名云:"名曰经解,以其记六艺政教之得失也。"六艺,即六经,分别为《诗》《书》《礼》《乐》《易》《春秋》。孔颖达云:"六经,其教虽异,总以礼为本。"本篇由总述六经宗旨及其得失,而后归于礼,极言礼之关系于社会生活的重要性。礼的体现是和、仁、信、义,这是圣明君主成就王道霸业的工具。如果只有治国的理想,而没有治国的工具,那是不会成功的。礼的教化作用是微妙的,它能够在邪恶还没有发生的时候就加以导正,使人在不知不觉中趋向善良、远离罪恶,从源头上杜绝祸乱发生的根由,如堤防之于水患。因此,倘若认为古老的堤防没有什么用处而毁弃了它,必定会遭受水灾的毁灭;倘若认为古老的礼教没有什么用处而废弃了它,必定会产生混乱与祸患。因此,对于一个社会来说,礼是不可或缺的,是治国之急务,可使君主安宁,百姓安居乐业。绝不可因一时看不见其明显的作用而废弃之。废弃必有祸乱。废弃礼仪,则伦常大道难以推转,必然导致社会乱象迭生。礼的教化是作用于无形、防患于未然的。

孔子曰:"入其国,其教可知也。其为人也,温柔敦厚,

《诗》教也；疏通知远，《书》教也；广博易良，《乐》教也；絜静精微①，《易》教也；恭俭庄敬，《礼》教也；属辞比事②，《春秋》教也。故《诗》之失③，愚；《书》之失，诬④；《乐》之失，奢；《易》之失，贼；《礼》之失，烦；《春秋》之失，乱。其为人也：温柔敦厚而不愚，则深于《诗》者也；疏通知远而不诬，则深于《书》者也；广博易良而不奢，则深于《乐》者也；絜静精微而不贼，则深于《易》者也；恭俭庄敬而不烦，则深于《礼》者也；属辞比事而不乱，则深于《春秋》者也。"

【注释】①絜静精微：易之道，得正则吉，得邪则获凶。可以戒慎己身不为淫滥之事。因此絜静；内涵上能穷理尽性，所以精微。絜同"洁"。②属（zhǔ）：连缀。比（bì）：排比。③失：过度强调某一方面而不能节制平衡各种教化功能，便会有所缺失。④诬：言辞过当，反失其实。

【译文】孔子说："当进入到一个国家，你只要看到当地的风俗习惯，就能从中知道这个国家的教化怎样。如果那里的人是温和柔顺、朴实忠厚，那就是《诗经》教导的结果；如果当地人能通晓远古之事，那就是《书》教导出的结果；如果当地人心胸广阔坦荡、平易善良，那就是《乐》教导的结果；如果当地人清洁沉静、洞察细微，那就是《易》教导的结果；如果当地人端庄恭敬，那就是《礼》教导的结果；如果当地人善于辞令和铺叙，那就是《春秋》教导的结果。如果学《诗》学过了头，人就会变得愚蠢；如果学《书》学过了头，人就会变得言过其实；如果学《乐》学过了头,人就会变得奢侈;如果学《易》学过了头,人就会变得迷信;如果学《礼》学过了头,人就会无比烦琐;如果学《春秋》学过了头,人就会不安于现状犯上作乱。作为普通百姓,如果既能温和柔顺、朴实忠厚而又不愚蠢,那就是已经把《诗》学好了;如果通既能晓远古之事而又不言之过当,那就是已经把《书》学好了;如果心胸广阔坦荡而又不奢侈,那是已经把《乐》真正学好了;如果清洁沉静、洞察细微而又不迷信,那是已经把《易》真正学好了;如果端庄恭敬而又不烦琐,那是已经把《礼》真正学好了;如果既善于辞令和铺叙而又能安于现状,不犯上作乱,那是已经把《春秋》真正的学好了。"

天子者,与天地参^①。故德配天地,兼利万物,与日月并明,明照四海而不遗微小。其在朝廷,则道仁圣礼义之序;燕处^②,则听雅、颂之音;行步,则有环佩之声;升车,则有鸾和^③之音。居处有礼,进退有度,百官得其宜,万事得其序。《诗》云:"淑人君子,其仪不忒。其仪不忒,正是四国。"此之谓也。发号出令而民说^④,谓之和;上下相亲,谓之仁;民不求其所欲而得之,谓之信;除去天地之害,谓之义。义与信,和与仁,霸王之器也。有治民之意而无其器,则不成。

【注释】①参:比照。②燕处:退朝而居。③鸾和:鸾与和,都是马车上装饰性的铃铛。④说:同"悦"。

【译文】所谓的天子，就是与天地并列而为三。所以天子的道德要与天地匹配，天子的恩德能普及万物，他如同日月般明亮，将天下普照而不遗漏任何一个角落。在朝堂之上，开言一定讲仁圣礼义之类的事；退朝以后，听的一定是中正和平的音乐；走路时，身上的佩玉会发出有节奏的声响；登车时，车上的鸾和也会发出悦耳的声响。平时仪容举止都按礼行事；进退都讲究一定的规矩；百官各司其职，任何事都井然有序。《诗经》上说："我们的国君是个仁善真君子，他的言行从过失。他的言行从来过失，便成为四方各国的好榜样。"讲的就是以上这种情况。天子发号施令而百姓衷心拥护，这称之为"和"；君民上下相亲相爱，这称之为"仁"；百姓想要的事物没有开口请求就能得到，这称之为"信"；为百姓消除天灾人祸，这称之为"义"。义与信，和与仁，这些都是称霸称王的必备工具。有称霸称王的志向，而没有称霸称王的条件，就无法达到目的。

礼之于正国也，犹衡之于轻重也，绳墨之于曲直也，规矩之于方圜①也。故衡诚县②，不可欺以轻重；绳墨诚陈，不可欺以曲直；规矩诚设，不可欺以方圆；君子审礼，不可诬③以奸诈。是故，隆礼④由礼，谓之有方之士；不隆礼、不由礼，谓之无方之民。敬让之道也。故以奉宗庙则敬，以入朝廷则贵贱有位，以处室家则父子亲、兄弟和，以处乡里则长幼有序。孔子曰："安上治民，莫善于礼。"此之谓也。

【注释】①方圜:同"方圆"。②县:同"悬"。③诬:欺骗。④隆礼:尊崇礼法。

【译文】用礼治国,就像是用秤来称轻重,用绳墨画曲线和直线,用规矩画方圆一样。因此,如果认真地把秤悬挂起来,是轻是重就骗不到人了;如果把绳墨认真地陈设在那里,是曲线还是直线就一目了然了;把规矩认真地放在那里,是方形还是圆形就一清二楚了;君子如果深明于礼,那么任何的奸诈伎俩也蒙骗不了人。所以,重视礼、遵循礼的人,称之为有道的人;不重视礼、不遵循礼的人,就会被称之为无道的人。运用礼是以敬让为贵。礼用到宗庙之内,就会人人恭敬;礼用到朝堂之上,就会有身份地位的贵贱之别,各安其分;把礼用到家庭之内,就会父子相亲、兄弟爱,家庭和睦;礼用到乡里,就会形成尊老爱幼的好风气。孔子说:"使君主安于上位,使百姓得到治理,没有比礼教更好的了。"说的大概就是这个意思。

故朝觐之礼,所以明君臣之义也。聘问①之礼,所以使诸侯相尊敬也。丧祭之礼,所以明臣子之恩也。乡饮酒之礼,所以明长幼之序也。昏姻之礼,所以明男女之别也。夫礼,禁乱之所由生,犹坊②止水之所自来也。故以旧坊为无所用而坏之者,必有水败;以旧礼为无所用而去之者,必有乱患。故昏姻之礼废,则夫妇之道苦,而淫辟之罪多矣。乡饮酒之礼废,则长幼之序失,而争斗之狱繁矣。丧祭之礼废,则臣子之恩薄,而倍③死忘生者众矣。聘觐之礼废,则君臣之位失,诸侯之行恶,而倍畔侵陵之败起矣。

故礼之教化也微,其止邪也于未形,使人日徙善远罪而不自知也。是以先王隆之也。《易》曰:"君子慎始,差若毫厘,缪以千里。"此之谓也。

【注释】①聘问:国与国或各个方面之间遣使访问。②坊:堤防。③倍:通"背",背弃。

【译文】之所以制定朝觐之礼,就是为了表明君臣之间的身份。制定聘问之礼,是为了让诸侯之间互相尊敬。制定丧祭之礼,是为了表明臣子不该忘记君亲之恩。制定乡饮酒礼,是为了表明尊老敬长的道理。制定男婚女嫁之礼,是为了表明男女之间的区别。礼,可以用来消除祸乱的根源,就如同堤防可以防止河水泛滥。因此,如果认为以前的堤防没有用处而就加以破坏,那么一定会酿成水灾;如果认为老辈人的礼没有用处而将它废弃不用,那么就一定会导致天下大乱。因此,如果废弃男婚女嫁之礼,就会破坏夫妻之间的和睦,而会发生越来越多的淫乱苟合伤风败俗的坏事。废弃乡饮酒之礼,人们之间就会变得没大没小,互相争斗的官司就会越来越多。废弃丧祭之礼,就会使臣子将君亲之恩忘记,而背叛死者、忘记祖先的人就会越来越多了。废弃朝觐、聘问之礼,就会丧失君臣之间的名分,使诸侯的行为恶劣,就会发生背叛君主、互相侵陵的祸乱。

所以,礼的教化作用是在看不见的地方,它把邪恶禁止在萌芽状态,它让人们在不知不觉之中慢慢地弃恶扬善。所以先王对礼非常重视。《易》上说："君子在事情的开始就会重视。因为尽管开始的时候只是一点不起眼的小差错，但却会因为开始的小差错导致极大的祸害。"就是这个道理。

哀公问第二十七

【题解】本篇记载的是孔子与鲁哀公之间的对话。郑玄说："名曰《哀公问》者,善其问礼,著谥显之也,此于《别录》属《通论》。"孔颖达说："但此篇哀公所问,凡有二事,一者问礼,二者问政。问礼在前,问政在后。"吴曾祺评注："此篇上半问礼,下半问政。大戴分作《问礼》《大昏》二篇,《家语》《小戴》以俱哀公所问故合之。按《史记》卫君辄欲得孔子为政,而冉求为季氏将,与齐战有功,康子乃召孔子,而孔子归鲁。及哀公之十一年丁巳,孔子年六十八矣。朱子云:'有对哀公及康子语,然则此篇与《中庸》哀公问政章,正其所对语也。'"

哀公问于孔子曰:"大礼何如?君子之言礼,何其尊也?"孔子曰:"丘也小人,不足以知礼。"君曰:"否!吾子言之也。"孔子曰:"丘闻之,民之所由生,礼为大。非礼无以节事天地之神也,非礼无以辨君臣、上下、长幼之位也,非礼无以别男女、父子、兄弟之亲,昏姻、疏数①之交也;君子以此之为尊敬然。然后以其所能教百姓,不废其会节。

其丧算,备其鼎俎②,设其豕腊③,修其宗庙,岁时以敬祭祀,以序宗族。即安其居,节丑④其衣服,卑其宫室,车不雕几,器不刻镂,食不贰味,以与民同利。昔之君子之行礼者如此。"

【注释】①疏数:指亲疏。②鼎俎:鼎和俎。古代祭祀、燕飨时陈置牲体或其他食物的礼器。③豕腊:干猪肉。④节:疑为"即"之误。丑:类,正。

【译文】鲁哀公向孔子请教说:"大礼究竟是什么意思?为什么君子在谈到礼的时候态度是那样地恭敬?"孔子十分谦逊地回答说:"我孔丘也只是一个普通老百姓而已,哪里有资格来谈论礼。"哀公说:"不,还请先生您谈一谈吧。"孔子说:"据我听说的,在人的生活中,礼是最为重要的。没有礼,就不能仪式庄重地事奉天地神明;没有礼,就没办法辨明君臣、上下、长幼的尊卑地位;没有礼,就不能区别男女、父子、兄弟之间的亲情,以及在姻亲、远近亲疏之间关系了;因此,君子对礼的态度都十分恭敬。然后才依据自己的了解尽其所能地教导百姓,使他们不失时节地按礼行事。等到有了成效后,再研究宫室雕刻、族旗、礼服,用此来区别尊卑上下等级的不同。百姓顺应后,向他们说明居丧的时间,令他们准备祭器、祭品,修建宗庙,按时节举行严肃的祭祀,并借此机会排好族人的辈分。此后,就开始教导百姓在合适的地方安居,穿适合自己身份的衣服,住的房子不要太高大,乘的车子不能雕饰图案,用的器物不能雕饰花纹,吃饭也不能太过讲究，不但对百姓的教导是这样，君子自身也不能奢侈，做到和百姓共享利益。从前有见识的君子就是这样行礼的。"

公曰："今之君子胡莫行之也？"孔子曰："今之君子，好实无厌，淫德不倦，荒怠傲慢，固民是尽，午①其众以伐有道；求得当欲，不以其所。昔之用民者由前，今之用民者由后。今之君子莫为礼也。"

孔子侍坐于哀公，哀公曰："敢问人道谁为大？"孔子愀然作色而对曰："君之及此言也，百姓之德也！固臣敢无辞而对？人道，政为大。"

【注释】①午：通"忤"，违背。

【译文】哀公问道："现在的君子为什么不行这样的礼了呢？"孔子说："现在的君子，实在是贪得无厌，品行恶劣而不知自律，荒淫怠惰傲慢，搜刮民财而不懂得节制，违背民意而对有道之国进行征伐，为满足自己的欲望而不择手段；从前的君子是按照前一段话去对百姓的，而现在的君子却是按照后一段话去做。因此，现在的君子没有肯讲究礼的呀！"'

孔子陪坐在哀公身边。哀公问道："请问，做人的道理中哪一条是最为重要的？"孔子听了后肃然起敬地回答道："您能问出这句话，真是百姓的福气啊。虽然我对这一点也知之甚少，也不敢不加谦让地回答：在做人的道理中，'政'是最为重要的。"

公曰："敢问何谓为政？"孔子对曰："政者，正也。君为正，则百姓从政矣。君之所为，百姓之所从也。君所不为，百姓何从？"

公曰："敢问为政如之何？"孔子对曰："夫妇别，父子亲，君臣严。三者正，则庶物从之矣。"公曰："寡人虽无似也，愿闻所以行三言之道，可得闻乎？"孔子对曰："古之为政，爱人为大；所以治爱人，礼为大；所以治礼，敬为大；敬之至矣，大昏为大。大昏至矣！大昏既至，冕而亲迎，亲之也。亲之也者，亲之也。是故，君子兴敬为亲；舍敬，是遗亲也。弗爱不亲，弗敬不正。爱与敬，其政之本与！"

【译文】哀公问道："那么请问什么叫作'政'呢？"孔子回答说："'政'就是'正'的意思。国君自身做得正，那么老百姓就跟着正。国君的行为表现，就是老百姓的榜样。国君不去做的事，老百姓从哪里学呢？"哀公义问："那么请问应该如何去为政呢？"孔子回答道："夫妇有分界，父子相亲爱，君臣相敬重，把这三件事做好了，其他所有的事情也都跟着做好了。"哀公说："尽管寡人不是一个贤明的人，但还是很愿意听你说说如何能做好这三件事，可以听到吗？"孔子回答说："古代为政的人，最重要的就是爱护他人；而要做到爱他人，礼又是其中最为重要的；而要做到礼，敬又是最为重要的；要做到真正的敬，婚姻又是最为重要的。大婚是最最重要的！大婚的日子，要戴着礼帽穿着礼服亲自前往女方家去迎娶，这是表示对女方的爱。所谓的爱女方,首先就是要尊敬她。所以君子以尊敬为亲,对自己的配偶要以敬慕之心与她相亲相爱;如果抛开尊敬也就是抛开了亲爱。没有爱也就没有亲,没有敬也就不可能行正道。爱与敬,可以说是为政的基础吧!"

公曰:"寡人愿有言然。冕而亲迎,不已重乎?"孔子愀然①作色而对曰:"合二姓之好,以继先圣之后,以为天地宗庙社稷之主,君何谓已重乎?"公曰:"寡人固!不固,焉得闻此言也?寡人欲问,不得其辞,请少进!"孔子曰:"天地不合,万物不生。大昏,万世之嗣也,君何谓已重焉!"孔子遂言曰:"内以治宗庙之礼,足以配天地之神明;出以治直言②之礼,足以立上下之敬。物耻足以振之,国耻③足以兴之。为政先礼。礼,其政之本与!"孔子遂言曰:"昔三代明王之政,必敬其妻子也,有道。妻也者,亲之主也,敢不敬与?子也者,亲之后也,敢不敬与?君子无不敬也,敬身为大。身也者,亲之枝也,敢不敬与?不能敬其身,是伤其亲;伤其亲,是伤其本;伤其本,枝从而亡。三者,百姓之象也。身以及身,子以及子,妃④以及妃,君行此三者,则忾⑤乎天下矣,大王之道也。如此,则国家顺矣。"

【注释】①愀然:悚动之貌。②直言:直犹"正",正言谓出政教。③物耻、国耻:郑注云,前者指臣下失职,后者指君主失职。④妃:读为"配"。⑤忾(xì):充满。

【译文】哀公说:"寡人还想请教。如你所说,戴着礼帽穿着礼服去亲自迎娶一个女子,是不是显得太过隆重了?"孔子郑重地回答说:"婚姻之事是结合不同的血统,关系到为前代圣主传宗接代,继承先圣的事业,产生天地、宗庙、社稷的主人,您怎么能说这么做会太隆重了呢?"哀公说:"看来是寡人太过浅薄了。如果不是太过浅薄,也就听不到先生您的这一番高论了。我还想问,却又不知该如何表达了,还请您继续往下讲吧。"孔子便接着说:"天地阴阳不互相交合,万物就不能出生。王侯婚姻是要传宗接代,以继承万世之业,您怎么能说这样做太隆重了呢?"孔子又说:"大婚以后,在家庭,宗庙祭祀之礼由夫妇共同主持,足以陪衬天地神明;在朝廷上,夫妇共同发布政令,彼此能够做上下相敬的楷模,用来纠正臣子的失职;任何事情或国家受了耻辱,却能够振兴起来,所以为政要把礼放在首要位置,大概礼就是为政的根本吧!"孔子又接着说:"从前夏商周三代贤明君主,他们执政治国,必定对自己的妻子十分尊敬,这是很有道理的。所谓妻,乃是供养父母侍奉宗祀的主体,怎么能不尊敬呢?所谓子,乃是父母的后代,怎么能不尊敬呢?所以,君子没有不尊敬的人,但最重要的是尊敬自己。因为自己就是父母生出来的后代枝叶,岂敢不尊敬吗?不能尊敬自身,就是伤害自己的父母。伤害自己的父母,也就是伤害自己的根本。伤害自己的根本,枝叶也就跟着死掉。自身、妻、子,这三者象征着百姓。由尊敬自身推广到尊敬百姓的自身,由尊敬自己的子推广到到尊敬百姓的子,由尊敬自己的妻推广到尊敬百姓的妻。君主如果能施行这三点,礼教就可以遍及天下。从前周的祖先太王就是这样做的。如果能这样做,国家就好治理了。"

公曰:"敢问何谓敬身?"孔子对曰:"君子过言①,则民作辞;过动,则民作则。君子言不过辞,动不过则,百姓不命而敬恭。如是,则能敬其身;能敬其身,则能成其亲矣。"

公曰:"敢问何谓成亲?"孔子对曰:"君子也者,人之成名也。百姓归之名,谓之君子之子,是使其亲为君子也,是为成其亲之名也已。"孔子遂言曰:"古之为政,爱人为大。不能爱人,不能有其身;不能有其身,不能安土②;不能安土,不能乐天;不能乐天,不能成其身。"

【注释】①过言:过分夸大、过于激切的言论。②安土:安居本土。

【译文】哀公问道:"请问什么才叫尊敬自身呢?"孔子回答说:"君子说的话,既使是错的,老百姓也会以为是正确的,当作法则般奉行;君子既使把事情做错了,老百姓也会将那当成对的进行效仿。如果君子能够做到不说错话,不作错事,老百姓就会不用发号施令而自觉做到恭敬。如此做了,也就是尊敬自身了;尊敬了自身,也算是成就了父母的美名。"

哀公问道:"什么叫作成就了父母的美名呢?"孔子回答说:"所谓'君子',就是人的一种美名。百姓之所以送他这样一个称呼,将他称之为'君子之子',那么也就是把他的父母当成君子了,这就是成就他父母那一辈人的美名了。"孔子又接着说道:"古代人的为政,把爱他人看得最重要。不能爱他人,人将害己,这样就不能对自身进行保护了;不能保护自身,也就无法安居乐业地生活,不能安居乐业,就不能乐于顺应天命。不能乐于顺应天命,就无法成就自身了。"

公曰:"敢问何谓成身?"孔子对曰:"不过乎物。"公曰:"敢问君子何贵①乎天道也?"孔子对曰:"贵其'不已'。如日月东西相从而不已也,是天道也;不闭其久,是天道也;无为而物成,是天道也;已成而明,是天道也。"公曰:"寡人蠢愚冥烦,子志之心也。"孔子蹴然②辟席而对曰:"仁人不过乎物,孝子不过乎物。是故,仁人之事亲也如事天,事天如事亲,是故孝子成身。"公曰:"寡人既闻此言也,无如后罪何?"孔子对曰:"君之及此言也,是臣之福也。"

【注释】①贵:看重。②蹴然:指吃惊不安的样子。
【译文】哀公问道:"请问什么叫作成就自身呢?"孔子回答说:"任何事情都不做错,就叫成就自身。"哀公又问道:"请问为什么君子会那样地看重天道呢?"孔子回答说:"君子看重的就是它的永不止息,就像日月东升西落般永不止息,这就是天道;看重它畅通无阻,保持永恒,这就是天道;看重它既能无所作为却万物皆成,这就是天道;看重它的万物皆成却又能明明白白,这就是天道。"

哀公说:"寡人实在是愚钝不开窍,这也是您心里清楚的,还请您多加指教。"孔子恭敬地离开坐席而回答说:"懂仁的人做任何事不犯错,孝子任何事不犯错误。所以仁人孝敬父母就像孝敬上天一般;敬爱上天也像敬爱父母一般,因此孝子才能够成就自身。"哀公说:"寡人今天听了这一番话获益良多,却又担心日后犯了错误该如何?"孔子回答说:"您能虑及到将来,真是作臣子的福气啊!"

仲尼燕居第二十八

【题解】本篇记载孔子与子张、子贡、言游三弟子讨论礼乐之事,名曰"仲尼燕居",是夸赞孔子诲人不倦之意:夫子燕居而能与弟子谈论礼,涉及郊、社、禘、尝、食、飨诸礼,尤其是"大飨之礼",惟本篇有较详细的论述。本篇所述礼以"制中"和《中庸》相通;所述郊社之义、尝禘之礼和《论语》《中庸》相承,说明了政治道德之精髓所在。吴曾祺评注:"此篇记仲尼燕居,与子张子贡言游三子论礼乐之旨谓之燕居,在退朝之时也。"

仲尼燕居①,子张、子贡、言游侍,纵言至于礼。子曰:"居!女②三人者,吾语女礼,使女以礼周流,无不遍③也。"子贡越席而对曰:"敢问何如?"子曰:"敬而不中礼,谓之野;恭而不中礼,谓之给④;勇而不中礼,谓之逆。"子曰:"给夺慈仁。"子曰:"师,尔过;而商也不及。子产犹众人之母也,能食之不能教也。"子贡越席而对曰:"敢问将何以为此中者也?"子曰:"礼乎礼!夫礼所以制中也。"

【注释】①燕居:闲居无事。②女:通"汝"。③以礼周流无不遍:谓随欲而施,无不中节。④给:讨好逢迎貌。

【译文】孔子在家闲坐,子张、子贡、子游三人随侍一旁,在随便谈论时就谈到礼这方面的事。孔子说:"你们三个人都坐下,好好听我给你们讲一讲有关礼这方面要注意的事,以便你们以后在生活中能够好好地加以运用,没有地方不遍及的。"于是子贡马上从座位上站起来走上前去问:"请问老师您要讲的是怎样的礼呢?"孔子回答说:"虽然一个人外表表现得敬畏而不合乎礼的要求,那称之为粗野;虽然外表表现得恭顺却也不合乎礼的要求,那称之为花言巧语;虽然表现得勇敢却也不合乎礼的要求,那样会被称为乱来。"孔子又补充说道:"花言巧语只是给人仁慈的一种假象而已。"孔子又说:"子张,你做事往往会过火;而子夏又往往做得不够。子产就像是百姓的一位慈母,他虽然能让百姓吃饱,却又不知道该如何对他们进行教导。"子贡又马上离开自己的座位上前问道:"请问老师,我们要如何做才做到恰到好处呢?"孔子说:"礼呀!礼就是用来教导人如何掌握做到恰到好处的。"

子贡退,言游进曰:"敢问礼也者,领恶①而全好者与?"子曰:"然。""然则何如?"子曰:"郊社之义,所以仁②鬼神也;尝禘之礼,所以仁昭穆也;馈奠之礼,所以仁死丧也;射乡之礼,所以仁乡党也;食飨之礼,所以仁宾客也。"子曰:"明乎郊社之义、尝禘之礼,治国其如指诸掌而已乎！是故，以之居处有礼，故长幼辨也；以之闺门之内有礼，故三族和也；以之朝廷有礼，故官爵序也；以之田猎有礼，故戎事闲也；以之军旅有礼，故武功成也。是故，宫室得其度，量鼎得其象，味得其时，乐得其节，车得其式，鬼神得其飨，丧纪得其哀，辨说得其党，官得其体，政事得其施；加于身而错于前，凡众之动得其宜。"

【注释】①领恶：去除恶行恶事。领：治，去除，与"从善远罪"又近。②仁：保存，一说：爱厚。

【译文】子贡退下，子游又上前向孔子提问："请问老师，礼的作用是不是就在于惩处丑恶的而保护善良的好的？"孔子说："是的。"子游接着问："那么我们到底要如何惩治丑恶而保护善良美好呢？"孔子回答说："郊法祭天地之礼，是加厚爱于鬼神的；秋尝夏禘之礼，是加厚爱于祖先的；馈食祭奠之礼，是加厚爱于死者的；乡射、乡饮酒之礼，是加厚爱于乡党的；招待宾客的食飨之礼，是加厚爱于宾客的。"孔子接着说："如果明白了效天祭地、秋尝夏禘之礼的真正用义，那么对于该如何治理国家就心中有数，就像是用自己的手指头在手掌心上指指画画一般简单了。因为有了在日常生活中的礼，长辈与晚辈就有分别了；因为有了家门之内的礼，祖孙三代就能和睦了；因为有了朝廷中的礼，官职爵位就能有条不紊了；因为有了田猎之时的礼，军事训练就娴熟了；因为有了军队之中的礼，打仗就能取得战功。因为有了礼，建造的宫室就能合乎制度，制造的量鼎就会有它的分寸，五味就能按时间所食,乐曲的演奏就与身份、场合相吻合,建造的车辆就合乎规定,有关鬼神的祭飨就能合乎要求,办丧事就会恰如其分的哀伤,论述讲说就会得到领悟,百官的职能就会互不混淆,各项政令也就能得到有效施行;如果有人能够把礼身体力行尽力做到最好,而且还能时时不忘,那么无论他做任何事都做到恰到好处。"

子曰:"礼者何也?即事之治①也。君子有其事,必有其治。治国而无礼,譬犹瞽之无相②与,伥伥③其何之?譬如终夜有求于幽室之中,非烛何见?若无礼则手足无所错,耳目无所加,进退揖让无所制。是故,以之居处,长幼失其别;闺门,三族失其和;朝廷,官爵失其序;田猎,戎事失其策;军旅,武功失其制;宫室,失其度;量鼎,失其象;味,失其时;乐,失其节;车,失其式;鬼神,失其飨;丧纪,失其哀;辩说,失其党;官,失其体;政事,失其施;加于身而错于前,凡众之动,失其宜。如此,则无以祖洽④于众也。"

【注释】①治:办法。②相:扶助的人。③伥伥(chāng):无所适从。④祖:始。洽:合,倡导融洽。

【译文】孔子说:"到底什么是礼呢?礼就是做事的方法。君子一定会有他必须要做的事,那么就必定要有做事的方法。治理国家如果没有礼,那就如同一个瞎子走在路上而没有人前去帮助指路,迷迷糊糊也不知道要往哪里走一样;又如漆黑的夜里在暗室中找东西而没有火把，什么也看不见；如果没有礼，手脚都不知道该往哪儿放，不知道耳朵该听什么，眼睛该看什么，人们在社交场合是该进该退该揖该让这些都会全部乱套。这样的话，日常生活中也没有了长辈、晚辈的区分；家庭内部三代相处也不能和睦了；朝廷上的官爵职位也混乱了；田猎和军事训练会没有任何计划与章法；作战打仗也不会有规矩；建造宫殿就会不合制度；制造的量鼎就不会有它的分寸；五味和四时乱配，乐曲不分场合地乱吹一通；制造的车辆也不合规定；祭祀鬼神时规矩错乱；丧事没有表达哀伤；解释问题也会没有领悟；各部官员的职守混乱不清；政令无法得到推行实施，在这样的情况还去身体力行、时时不忘，就会连抬手动脚都能出问题。如果这样，就再也没有办法将百姓教导和团结好了。"

子曰："慎听之！女三人者，吾语女：礼，犹有九焉，大飨有四焉。苟知此矣，虽在畎亩①之中事之，圣人已。两君相见，揖让而入门，入门而县兴②；揖让而升堂，升堂而乐阕。下管《象》《武》③，《夏》《籥》④序兴。陈其荐俎，序其礼乐，备其百官。如此，而后君子知仁焉。行中规，还中矩，和鸾中《采齐》⑤，客出以《雍》，彻以《振羽》⑥。是故，君子无物而不在礼矣。入门而金作，示情也。升歌《清庙》，示德也。下而管《象》，示事也。是故古之君子，不必亲相与言也，以礼乐相示而已。"

【注释】①畎亩:田间,田地。②县兴:县,通"悬",悬挂。兴,奏乐。③《象》《武》:皆武舞。④《夏》《籥》:皆文舞。⑤《采齐》:乐章名。⑥《雍》《振羽》:《诗经·周颂》篇名。

【译文】孔子说:"你们三个给我仔细听好了!我跟你们说,除了以上我讲的礼,礼还有另外九个部分,其中大飨之礼就占了四个。如果这些都能知道的话,即使身份是一个种地的农夫,只要依礼而行,他也可以做圣人了。两个国家的国君见面,宾主之间先互相揖让,然后再先后走进大门。进大门后,马上钟鼓齐鸣。宾主之间互相行揖让礼以后再升堂,升堂后,一献礼完了后,钟鼓之声会停止。堂下的管乐奏乐曲,而舞《象》舞,《大武》舞,《大夏》之舞、《籥》之舞也一个接着一个地的跳起来。于是陈列各类美味供品,安排应有的礼仪和乐曲,执事人等一个都不缺。做了这些,客人就会看出主人对客人的深情厚意。此外,走路要笔直,合乎曲尺的要求;旋转的弧度,合乎圆规的要求;车上的铃声,能合着《采齐》这支乐曲的节奏;客人出门时,奏《雍》这支曲子送别;撤席时,奏《振羽》这支曲子。所以,君子做的事没有一件是不合礼的要求的。客人刚刚一进门就钟鼓齐鸣,这是表达对客人的热烈欢迎。歌工升堂合唱《清庙》这支曲子,这是为了表现对文王崇高德行的尊敬;管乐队在堂下奏曲跳《象》舞,是为了表现对武王伟大功业的敬意。所以古代君子之间互相沟通感情,都不用说话,只要通过行礼奏乐就可以表达心意。"

子曰:"礼也者,理也;乐也者,节也。君子无理不动,无节不作。不能《诗》,于礼缪;不能乐,于礼素;薄于德,于礼虚。"子曰:"制度在礼,文为在礼,行之,其在人乎!"子贡越席而对曰:"敢问:夔其穷与?"子曰:"古之人与?古之人也。达于礼而不达于乐,谓之素;达于乐而不达于礼,谓之偏。夫夔,达于乐而不达于礼,是以传此名也,古之人也。"

【译文】孔子说:"所谓礼,就是道理;而乐,就是指节制。君子不做没有道理、没有节制的事。如果不能赋《诗》言志,在礼节上就会有所疏漏或差错;能行礼而不能用乐进行配合,礼就显得呆板而单调。如果一个人道德浅薄,即使行礼也只是一个表面文章而已。"孔子又说:"各种制度是由礼来进行规定的,各种文饰、行为也是由礼来进行规范的,但执行,还是要人去执行啊!"子贡又站起来问道:"请问老师,夔这个人是不是只懂得乐,对礼却一窍不通呢?"孔子回答说:"你指的是古时候的那个夔吗?你要知道古代人是把精通礼而不精通乐的人称之为素;把精通乐而不精通礼的人称之为偏。夔只不过是在乐的造诣方面比在礼的造诣方面成就要高一些罢了,所以只留传下一个精通音乐的名声,你要知道,那只是根据古人的标准去说而已。"

子张问政,子曰:"师乎!前,吾语女乎!君子明于礼乐,举而错①之而已。"子张复问。子曰:"师,尔以为必铺几筵,升降酌献酬酢②,然后谓之礼乎?尔以为必行缀兆③,

兴羽籥④，作钟鼓，然后谓之乐乎？言而履之，礼也。行而乐之，乐也。君子力此二者以南面而立，夫是以天下太平也。诸侯朝，万物服体，而百官莫敢不承事矣。礼之所兴，众之所治也；礼之所废，众之所乱也。目巧之室，则有奥阼，席则有上下，车则有左右，行则有随，立则有序，古之义也。室而无奥阼，则乱于堂室也。席而无上下，则乱于席上也。车而无左右，则乱于车也。行而无随，则乱于涂也。立而无序，则乱于位也。昔圣帝明王诸侯，辨贵贱、长幼、远近、男女、外内，莫敢相踰越，皆由此涂⑤出也。"三子者，既得闻此言也于夫子，昭然若发矇矣。

【注释】①错：通"措"，筹划办理。②酬酢：宾主互相敬酒。③缀兆：古代乐舞中舞者的行列位置。④羽籥：舞蹈道具。⑤涂：同"途"，方法，路径。

【译文】子张问孔子要如何从政，孔子说："子张啊，你站到前边来，听我给你好好说说！君子从政，自己首先得精通礼乐，然后再付诸实际行动罢了。"子张似有些不太明白，又重新问了孔子一遍。孔子继续说道："子张，你是不是以为只要铺设几筵，升堂下堂，献酒进撰，举杯酬酢，把这些都做到了就算是礼了吗？你是不是以为只有在缀兆扭来扭去，挥动羽籥，敲钟击鼓，把这些都做到了就算是乐了吗？其实，只要说到做到，就是礼。做的时候能让人觉得快乐，就是乐。君子只要向这两方面多多努力，并不要费太大力气，只需面朝南站立在天子之位，就会天下太平。四方诸侯都会前来朝拜,万物各得其所,百官都将恪尽职守。只有礼受到君王的绝对重视,百姓们才能得到了治理;礼被扔弃置一旁,百姓们就会作乱。凭目测的技巧而建造的房屋有室奥和台阶之分,坐席有上下之分,乘车有左右之分,行路有先后之分,站立也讲究各就各位。从古至今,都是这样。屋室如果没有室奥和台阶之分,堂与室就混乱了。假如席位没有上下之分,座位也就混乱了。假如乘车没有左右之分,车上的位置就颠倒混乱了。假如行路没有先后之分,道路也就跟着混乱了。假如站立没有设定顺序,那么站的位置在哪里也就混乱了。以前那些圣明的帝王和诸侯,分贵贱、长幼、远近、男女、内外的界限,就是让他们不敢互相逾越,都是用的这个方法啊!"三位学生听了老师的一番高论,心中豁然开朗,就如同盲者重见光明一般明亮。

孔子闲居第二十九

【题解】郑玄云:"《孔子闲居》者,善其倦而不亵,犹使一子侍,为之说《诗》。著其氏,言可法也。"吴曾祺评注:"此篇与上篇皆孔子平居与弟子论学之语,子夏精于诗者也,故论诗居多。程子疑三无五至之说,非孔门问答之词,以其文体不类。窃意孔门原有此说,而汉人演之以为文耳,字句间亦时见西京气味。"

孔子闲居,子夏侍。子夏曰:"敢问《诗》云:'凯弟①君子,民之父母',何如斯可谓民之父母矣?"孔子曰:"夫民之父母乎,必达于礼乐之原,以致五至,而行三无,以横于天下。四方有败,必先知之。此之谓民之父母矣。"

【注释】①凯弟:即"恺悌",和乐貌。引自《诗经·大雅·酌》。
【译文】孔子在自己家中休息,子夏在身边侍奉老师。子夏向孔子问道:"请问老师《诗经》上所说的'和乐平易的君王,就如百姓的父母一般',怎么样才可以被称为百姓的父母呢?"孔子回答说:"能配得上百姓父母这样称呼的人,他必须通晓礼乐的根源,达到'五至',做到'三无',并且将这些普及天下子民。不管四方各地哪里出现什么灾祸,他都能最早知道。只有做到这些,才可以被称之为百姓的父母这样的称谓啊!"

子夏曰:"民之父母,既得而闻之矣;敢问何谓'五至'?"孔子曰:"志之所至,诗亦至焉。诗之所至,礼亦至焉。礼之所至,乐亦至焉。乐之所至,哀亦至焉。哀乐相生。是故,正明目而视之,不可得而见也;倾耳而听之,不可得而闻也;志气塞乎天地。此之谓五至。"

【译文】子夏说:"关于什么是'百姓的父母'学生已经明白了。那么我还想请教什么叫作'五至'?"孔子回答说:"既然对百姓存有爱民之心,就会有爱民的诗歌在百姓中传诵。既有爱民的诗歌传诵就会制定出爱民的礼法。既有制定出爱民的礼法,就会有爱民音乐在百姓中传唱。既有爱民的乐在百姓中传唱,就会有哀民不幸之心。哀与乐是相辅相成的。因此,你瞪大眼睛去观察,你看不到;支起耳朵去听,你也听不到;但君王的这种爱民之心就充塞于天地之间。这就叫'五至'。"

子夏曰:"五至既得而闻之矣,敢问何谓三无?"孔子曰:"无声之乐,无体之礼,无服之丧,此之谓三无。"子夏曰:"三无既得略而闻之矣,敢问何诗近之?"孔子曰:"'夙夜其命宥密①',无声之乐也。'威仪逮逮,不可选也'②，无体之礼也。'凡民有丧，匍匐救之'③，无服之丧也。"

【注释】①夙夜其命宥密：引自《诗经·周颂·昊天有成命》。其，通"基"，基命，谓承受天命。宥密：深密。②引自《诗经·邶风·柏舟》。逮逮：毛诗作"棣棣"。安和的样子。③引自《诗经·邶风·谷风》。匍匐：亦作"扶服"。伏地以手足并行，形容哀恸惶急的样子。

【译文】子夏说："关于'五至'，学生已经明白了，那么学生还想请问什么叫作'三无'？"孔子回答说："不发出声音的音乐，没有形式的礼，没有丧服的服丧，这就叫作'三无'。"子夏说："什么是'三无'已经大体明白了，那么再请问什么诗最为接近于'三无''里面的含义呢？"孔子回答说："'日夜谋政，志在安邦'，这一句诗是最接近没有声音的音乐这一个意思；'仪态安详，无从挑剔'，这句诗最接近没有形式的礼仪这个意思；'只要看到他人身处灾难之中，就会千方百计前去援救'，这句诗最接近没有丧服的服丧这一句的意思。"

子夏曰："言则大矣，美矣，盛矣！言尽于此而已乎？"孔子曰："何为其然也！君子之服之也，犹有五起①焉。"子夏曰："何如？"孔子曰："无声之乐，气志不违；无体之礼，威仪迟迟②；无服之丧，内恕孔悲。无声之乐，气志既得；无体之礼，威仪翼翼；无服之丧，施及四国。无声之乐，气志既从；无体之礼，上下和同；无服之丧，以畜③万邦。无声之乐,日闻四方;无体之礼,日就月将;无服之丧,纯德孔明。无声之乐,气志既起;无体之礼,施及四海;无服之丧,施于孙子。"

【注释】①五起:犹言五端。②迟迟:从容不迫。③畜:通"蓄"。收容抚养。

【译文】子夏说:"您这番话说得太好了,真是又伟大,又美妙,又富有哲理!是不是这些话就已经是最完好的解释了呢?"孔子说:"怎么可能呢?君子实行'三无',还有'五起''呢。"子夏问:"这又是什么意思?"孔子说:"第一,不发出声音的音乐,百姓不违背国君的意愿;没有形式的礼仪,国君的态度要表现得从容不迫;没有丧服的服丧,为他人设身处地着想,同样的悲伤。第二,不发出声音的音乐,内心会得到满足;没有形式的礼仪,态度恭敬而又谦卑;没有丧服的服丧,爱心遍及四方各国。第三,不发出声音的音乐,百姓和君王的心愿交融;没有形式的礼仪,全国上下一心;没有丧服的服丧,使各国百姓争相孝养。第四,不发出声音的音乐,各方听到的越来越多;没有形式的礼仪,一天比一天好,一月比一月强;没有丧服的服丧,使道德越来越纯粹光明。第五,不发出声音的音乐,响应号召之心纷纷而起;没有形式的礼仪,普及四海;没有丧服的服丧,传给后世子孙。"

子夏曰:"三王之德,参于天地,敢问:何如斯可谓参于天地矣?"孔子曰:"奉三无私以劳天下①。"子夏曰:"敢问何谓三无私?"孔子曰:"天无私覆,地无私载,日月无私照。奉斯三者以劳天下,此之谓三无私。其在《诗》曰:'帝命不违,至于汤齐。汤降不迟,圣敬日齐。昭假迟迟,上帝是祗。帝命式于九围②。'是汤之德也。天有四时,春秋冬夏,风雨霜露,无非教也。地载神气,神气风霆,风霆流形,庶物露生,无非教也。清明在躬,气志如神,嗜欲③将至,有开必先。天降时雨,山川出云。其在《诗》曰:'嵩高惟岳,峻极于天。惟岳降神,生甫及申。惟申及甫,惟周之翰。四国于蕃,四方于宣。'④此文武之德也。三代之王也,必先令闻。《诗》云:'明明天子,令闻不已。'⑤三代之德也。'弛其文德,协此四国。'⑥大王之德也。"子夏蹶然⑦而起,负墙而立曰:"弟子敢不承乎!"

【注释】①劳:安抚。奉:遵循,遵守。②引自《诗经·周颂·长发》。汤齐:齐通"跻",升。假(gé):至。试:用。九围:九州。③嗜欲:原指嗜好与欲望,这里指称王。④引自《诗经·大雅·嵩高》。嵩:高貌。岳:四岳。甫,通"吕"。吕,甫国名,姜姓。皆国之功臣。翰:干。⑤引自《诗经·大雅·江汉》。明明:通"勉勉"。谓在公尽力。⑥引自《诗经·大雅·江汉》。⑦蹶然:喜跃貌。

【译文】子夏问道:"夏禹、商汤、文王的好品德,与天地并列为三,请问如何才可以称作是与天地并列而为三呢?"孔子答道:"遵奉'三无私'精神,并将此精神安抚天下百姓。"子夏接着问道:"什么叫'三无私'呢?"孔子答道:"就如天那样无私地将万物覆盖,如地那样无私地将万物承载,如日月那样无私地将万物照耀。依照这三点向天下百姓发出安抚,就称之为'三无私'。这个在《诗经》中也是有所反映体现的:'天命没有差错,以至于成汤登上君位。政教下降不迟疑,聪明谨慎日日向上。明德长久照耀百姓,恭恭敬敬按上帝旨意做事,上天赐予九州之大国。'这就是商汤的德行。天分四季,春生夏长,秋收冬藏,会遇上刮风下雨,也会遇上下露降霜。这些都是天显示的教化,君王该奉行以为政教。大地承载着神灵之气,风雷鼓荡,万物萌芽生长。这全都是地显示的教化,君王也应当将他奉行为政教。圣人自身具备的德行相当清明,他的气志如同神一般微妙。当他将要向天下宣告称王的时候,神灵是能有所预知。就如同天将要降雨时,山川之上飘出的祥云。有《诗经》为证:'高大的山是四岳,巍巍高耸入云。四岳降下神灵,生下甫侯和申伯。甫侯和申伯他们成了周朝的股肱大臣。诸侯依靠他们,盛德宣扬遍四方。'这就是文王、武王的德行。夏、商、周三代圣王,好名声在他们称王前就有了。《诗》上说:'勤勉不倦的天子,好名声传千千万万年。'这就是他们三代圣王的德行。《诗》上又说:"大王向臣民施展文德,团结四方诸侯。这是太王的德行。"子夏听到此处,一跃而起,倚墙而立,恭敬地说:"弟子不敢不接受老师的这番教诲!"

坊记第三十

【题解】郑玄说:"名《坊记》者,以其记《六艺》之义,所以防人之失者也。"本篇所记载的是防备人们做种种错事、种种坏事的道理,而这些道理,有不少就蕴含在《六经》里面。通篇文字都托之于孔子之口。本篇与后面的《表记》两篇文章互相呼应。《坊记》的重点在于防他人,《表记》的重点在于自勉励。

子言之:"君子之道,辟则坊与,坊民之所不足者也。大为之坊,民犹逾之。故君子礼以坊德,刑以坊淫,命以坊欲。"

子云:"小人贫斯约①,富斯骄;约斯盗,骄斯乱。礼者,因人之情而为之节文②,以为民坊者也。故圣人之制富贵也,使民富不足以骄,贫不至于约,贵不慊③于上,故乱益亡④。"

【注释】①约:拘束,窘迫。②节文:制定礼仪,使行之有度。③慊:不满足。④亡:通"无"。

【译文】孔子说:"君子治理百姓的方法,就好像是为了防止河水漫溢的堤防一样,为了防止百姓出现过失。虽然在各个方面都进行了周密地规范,百姓中还是会有人犯规。所以君子用礼来防止百姓在道德上出现过失,用刑罚防止百姓中的邪恶行为,用教令防止人们贪婪的欲望。"

孔子说:"小人贫穷的时候便窘迫而自甘堕落,富有了又会变得骄奢而傲慢;自甘堕落则会作奸犯科,骄奢傲慢就会犯上作乱。所谓礼,就是根据人的这些情况,而制定的行为规范,以用来作防止百姓出现过失的堤防。所以,圣人制定出了一套关于富贵贫贱的标准,让富有的百姓不会变得骄横,贫困的百姓不至于去偷窃,有一定官职的人不会对上级心生怨恨,因此犯上作乱的事就会日益减少。"

子云:"贫而好乐,富而好礼,众而以宁者,天下其几矣。《诗》云:'民之贪乱,宁为荼毒①。'故制:国不过千乘,都城不过百雉②,家富不过百乘。以此坊民,诸侯犹有畔者。"

子云:"夫礼者,所以章疑别微,以为民坊者也。故贵贱有等,衣服有别,朝廷有位,则民有所让。"

【注释】①荼毒:比喻毒害,残害。②雉:古代计算城墙面积的单位,长三丈高一丈为一雉。

【译文】孔子说:"虽然身处贫穷却能乐天知命,虽然富贵却能表现得彬彬有礼,一个家族子孙兴盛,却能安分守己,能做到这样的人整个天下也没有几个。《诗经》上就说:'有些百姓因为贪心作乱,就心安理得地去残害他人。'"为此才做出规定,诸侯禁止拥有超过千乘的兵车,国都的城墙禁止超过百雉,卿大夫之家的兵车禁止超过百乘。用这种规制来防备百姓,诸侯仍有叛乱的。

孔子说:"礼,之所以用它来去除疑惑、辨别隐微,从而以防百姓不守规制,发生祸乱。"所以人的身份贵贱有等级划分,衣服的色彩、图案有差别,朝廷设有固定的官职和班位,这样老百姓就知道有所礼让。

子云:"天无二日,土无二王,家无二主,尊无二上,示民有君臣之别也。《春秋》不称楚越之王丧。礼,君不称天,大夫不称君,恐民之惑也。《诗》云:'相彼盍旦①,尚犹患之。'"

子云:"君不与同姓同车,与异姓同车不同服,示民不嫌也。以此坊民,民犹得同姓以弑其君。"

【注释】①盍旦:鸟名。

【译文】孔子说:"天上没有两个太阳,一个国家没有两个君王,一个家庭没有两个家长,不会有两个最尊贵的地位,这是告诉百姓君臣有别的道理。楚国、越国的国君自己封王,当他们的国君死后,《春秋》的记载上就加以贬低,对他们的葬礼等都不予记载。按照礼制上的规定,诸侯不得自称天子,大夫不得像诸侯那样自称为君,这就是为了不让百姓对上下级关系产生迷惑。《诗经》上说:'你看那盍旦鸟儿鸣叫,人们都会去讨厌它!'更何况还是对那些僭越犯上、不守礼法的人呢!"

孔子说:"国君不与同姓的人向乘坐同一辆车,与异姓的就可以乘坐同一辆车了,但不可以穿相同式样的服装,这就是让百姓避嫌。用这种方法防范,尚且还有臣民中同姓弑杀自己的君主。"

子云:"君子辞贵不辞贱,辞富不辞贫,则乱益亡。"故君子与其使食浮①于人也,宁使人浮于食。子云:"觞酒豆肉让而受恶,民犹犯齿;衽席之上让而坐下,民犹犯贵;朝廷之位让而就贱,民犹犯君。《诗》云:'民之无良,相怨一方;受爵不让,至于己斯亡。'"

【注释】①食:禄。浮:过,超过。
【译文】孔子说:"君子会去远离那些地位尊贵的人,而不会远离地位低下的人,君子远离富有的人,而不远离贫穷的人,这样就不会有祸事惹上身。"因此,古时候的君子宁可让自己的能力超过自己的俸禄,也不愿意让自己的俸禄超过了自己的能力。

孔子说:"一杯酒,一豆肉,相互谦让,君子都会选择把不好的那一份留给自己,这样都还有人僭越长者;筵席之上,相互谦让,君子也选择坐在下首,既便这样还是有人僭越尊者;朝廷的班位,互相谦让,君子才站于贱位,即使这样还有人僭越君上。"《诗经》上说:"如今的人没有善良的德性,遇事只知抱怨对方；接受官爵都不谦让，最后只会使国家倾覆败亡。"

子云："君子贵人而贱己，先人而后己，则民作让。故称人之君曰君，自称其君曰寡君。"

子云："利禄，先死者而后生者，则民不偝①；先亡者而后存者，则民可以托。《诗》云：'先君之思，以畜寡人。'②以此坊民，民犹偝死而号无告③。"

子云："有国家者，贵人而贱禄，则民兴让；尚技而贱车，则民兴艺。故君子约言，小人先言。"

【注释】①偝：同"背"。②引自《诗经·邶风·燕燕》。畜，同勖，勉励。③号：呼号，无告：无所投诉。

【译文】孔子说："君子会尊重别人而轻视自己，懂得先人而后己，百姓中也会兴起这种谦让之风。所以他们会称呼别人国家的国君叫国君，称呼自己国家的国君叫寡君。"

孔子说："我们应该把利益和荣誉先给过世的人，再给在世的，这样的话，百姓就不会对过世者背弃；把利益和荣誉先给在他国为国事奔走的人，后给留在国内的人，这样老百姓就对自己的国君无比信任。《诗经》上说：'你应该常常思念故去的先君，以勉励我这寡德之人。'用这种方法对百姓进行防范，百姓还会去背弃死者，而死者的家属哭告无门了。"

孔子说："如果那些拥有国家的诸侯大夫，知道重视人才又不吝惜颁赏爵禄，那么百姓中就会兴起谦让之风；如果他们重视工匠技艺而又不吝惜颁赏车马,百姓也会乐意学习技艺。因此君子说得少而付诸行动多,而小人则刚好相反,总是大说空话而少干实事。"

子云:"上酌①民言,则下天上施②;上不酌民言,则犯也;下不天上施,则乱也。"故君子信让以莅百姓,则民之报礼重。《诗》云:'先民有言,询于刍荛③。'"

子云:"善则称人,过则称己,则民不争;善则称人,过则称己,则怨益亡。《诗》云:'尔卜尔筮,履无咎言④。'"

子云:"善则称人,过则称己,则民让善。"《诗》云:'考卜惟王,度是镐京;惟龟正之,武王成之⑤。'"

子云:"善则称君,过则称己,则民作忠。《君陈》曰:'尔有嘉谋嘉猷⑥,入告尔君于内,女乃顺之于外,曰:此谋此猷,惟我君之德。于乎!是惟良显哉。'"

子云:"善则称亲,过则称己,则民作孝。"《大誓》曰'予克纣,非予武,惟朕文考无罪;纣克予,非朕文考有罪,惟予小子无良。'"

【注释】①酌:择取。②下:指一般的民众。天上施:谓如天之施恩。③引自《诗经·大雅·板》,刍荛:樵夫。④引自《诗经·卫风·氓》。⑤引自《诗经·大雅·文王有声》。⑥嘉:善。猷:方法。

【译文】孔子说:"身居上位的人如果能够虚心听取百姓提出的意见,那么百姓就会把上边实行的政令当成是上天的施惠;如果身居上位的人不能虚心听取百姓的意见，百姓就会以下犯上；百姓不把上边实行的政令当作上天的施惠，那么就会作乱。所以，君子以诚信谦让来对待百姓，百姓也会跟着以重礼相报。《诗经》上这样说过：'古代圣贤有句话，要多向割草打柴的人请教。'"

孔子说："把功绩归功给他人，把错误归给自己，如果这样做，百姓之间也就不会你争我夺；将功劳归功给他人，将错误推给自己，如果这样，百姓之间的积怨就会慢慢消除。《诗经》上说：'卜筮兆卦的体，本来就没有不好的话，那是因为卜筮的人自责，才有了好的话。'"

孔子说："将功绩归功他人，将错误则归咎自己，老百姓之间就会谦让功绩。《诗经》上说：'武王占卜问神灵，能否将都城建在镐京。龟兆上显示大吉，武王于是把它建成。'"

孔子说："将功绩归功于君王，错误归咎于自己，百姓之间就会兴起忠君之风。"《尚书·君陈》上说："如果你有好建议，好办法，先进去禀告君王。当君王认为可行应允以后，你再到百姓之中将它推行，并且对外说，这个好想法，好方法，都是我们伟大圣明的君王想出来的。呜呼！只有圣明君王才会这般的光明伟大。"

孔子说："将功绩归功于双亲，错误则归咎于自己，百姓之中就会兴起孝顺父母之风。《尚书·大誓》上说：'假如我将殷纣打败，那也不是因为我武功高强，而是因为我的父亲本身就没有错；假如是殷纣打败了我，那也不是我父亲有错，而是因为我这个做儿子的太无能。'"

子云:"君子弛①其亲之过,而敬其美。"《论语》曰:"三年无改于父之道,可谓孝矣。"高宗云:"三年其惟不言,言乃讙②。"

子云:"从命不忿,微谏不倦,劳而不怨,可谓孝矣。"《诗》云:"孝子不匮③。"

子云:"睦于父母之党,可谓孝矣。故君子因睦以合族④。"《诗》云:"此令兄弟,绰绰有裕;不令兄弟,交相为愈⑤。"

子云:"于父之执⑥,可以乘其车,不可以衣其衣。君子以广孝⑦也。"

子云:"小人皆能养其亲,君子不敬,何以辨?"

【注释】①弛:忘记。②讙:同"欢",《古文尚书》作"雍"。引文出自《尚书·无逸》。③引自《诗经·大雅·既醉》④合族:合于祭燕。⑤引自《诗经·小雅·角弓》。⑥执:谓与父志同者。⑦广孝:推广孝道。

【译文】孔子说:"君子不把父母所犯的过错记恨在心,而是将父母身上的美德和做的好事牢记在心。"《论语》上说:"在父亲死后,三年不改变父亲定下的规矩,就可以说称之为孝了。"《尚书》上说:"高宗守丧三年期间,一句话都不讲,等到守丧期满再开口讲话,这种做法便会受到人们的拥戴。"

孔子说:"听从父母的教导而没有忿恨,含蓄而又不知疲倦地对父母进行规劝,事奉父母很辛劳也毫无怨言,这样才可以称得上孝顺。《诗经》上说:"一个孝顺的人对父母的孝心是没有穷尽的。"

孔子说："能与父母的族人也能相处融洽，才称作为孝。所以君子经常会招待自己族人聚集以增强感情。"《诗经》上说："兄弟之间关系好，关系亲密又无间；兄弟之间关系恶劣，只会互相指责。"

孔子说："对于与父亲辈分相同的尊长，他们的车子可以乘坐，他的衣服却不可以去穿。这样做，就是把父亲的同辈当做自己的父亲一样孝敬。"

孔子说："连小人都能够将他的双亲养活，而君子，如果也只是限于能养活却不知好好孝敬，那君子与小人又有什么区别呢？"

子云："父子不同位，以厚敬也。"《书》云：'厥辟不辟，忝厥祖①。'"

子云："父母在，不称老，言孝不言慈；闺门之内，戏而不叹。"君子以此坊民，民犹有薄于孝而厚于慈。子云："长民②者，朝廷敬老，则民作孝。"

子云："祭祀之有尸也，宗庙之主也，示民有事也。修宗庙，敬祀事，教民追孝也。以此坊民，民犹忘其亲。"

【注释】①辟：君。忝：辱。引自《尚书·太甲》②长民：为民之长；官长。古指天子、诸侯，后泛指地方官吏。

【译文】孔子说："父亲与儿子，不能同处在尊卑相同的位置上，也是用来显示出儿子对父亲的敬重。"《尚书》上说："如果做国君的人没有做国君该有的风范，那就是对他先祖的辱没。"

孔子说："父母在世，做子女的不能自称自己老了，平时要多讲如何去孝顺父母，而不谈论如何慈爱孩子；在家，只可说一些开心的事让父母高兴，不要在父母面前哀声叹气。"君子用这些礼节对百姓进行规范，百姓仍然有对父母孝顺少而对孩子厚爱的关心多的。孔子说："身处天子、诸侯之位，如果还能够在朝廷上做到尊敬长者、老者，那么百姓自然会兴起孝顺之风。"

孔子说："祭祀的时候有尸，宗庙中设立神主，这是告诉人们应该尊奉的对象。为他们修建宗庙，恭恭敬敬地进行祭祀，这是告诫百姓不要遗忘那些逝去的亲人。"用这种方法对百姓进行教导，百姓中仍然还存在遗忘亲人的事呢。

子云："敬则用祭器。故君子不以菲废礼，不以美没礼①。"故食礼：主人亲馈，则客祭；主人不亲馈，则客不祭。故君子苟无礼，虽美不食焉。《易》曰："东邻杀牛，不如西邻之禴祭，实受其福②。"《诗》云："既醉以酒，既饱以德③。"以此示民，民犹争利而忘义。

子云："七日戒，三日齐，承一人焉以为尸，过之者趋走，以教敬也。"醴酒在室，醍酒在堂，澄酒在下，示民不淫也。尸饮三，众宾饮一，示民有上下也。因其酒肉，聚其宗族，以教民睦也。故堂上观乎室，堂下观乎上。《诗》云："礼仪卒度，笑语卒获④。"

【注释】①菲：微，薄。没：无。②《易经·既济卦》九五爻辞。比喻奢而慢不如俭而敬。③引自《诗经·大雅·既醉》。④卒：尽。获：相得。

【译文】孔子说："主人为表示出对宾客的尊敬，会用祭器款待宾客。因此，君子不会因家中贫穷就废除礼，也不因家中殷实而越礼。"所以食礼规定：主人给客人亲自布菜，客人就祭食；不亲自给客人布菜，客人就不祭。所以，如果君子遇到主人无礼的接待，即使佳肴再美味也不会去吃。《易经》上说："殷纣国举行的杀牛之祭，还不如文王国中举行的杀猪之祭，得到神灵保佑的多。"《诗经》上说："设宴待客，不仅要让客人把酒喝好，还要充分展示主人身上具备的美德。"用这种方法来对百姓进行教导，百姓之中都还存在争利而忘义的。

孔子说："国君在祭祀前十天内，头七天散斋，后三天致斋；又奉事一人为尸，大夫和士遇到他都要小步快行，这是为了告诉人们对神要持恭敬的态度。"醴酒摆放在室内，醍酒摆放在堂上，澄酒则放在堂下，味道淡的放在上面，味道浓厚的摆放在下面，这是为了告诉人不要去贪味。对尸敬三次酒，向宾敬一次酒，这是为了告诉人们知道自己位份的尊卑。祭祀剩下的酒肉，会聚集整个家族的人一起聚餐，这是为了告诉人们要和睦相处。所以堂上的人以室内的人为楷模，堂下的人又以堂上的人为楷模。《诗经》上说："礼仪合乎法度，谈笑懂得分寸。"

子云："宾礼每进以让，丧礼每加以远。浴于中霤①，饭于牖^②下,小敛于户内,大敛于阼,殡于客位,祖于庭,葬于墓,所以示远也。殷人吊于圹,周人吊于家,示民不偝也。"

子云:"死,民之卒事也,吾从周。以此坊民,诸侯犹有薨而不葬者。"

子云:"升自客阶,受吊于宾位,教民追孝也。未没丧不称君,示民不争也。故鲁《春秋》记晋丧曰:'杀其君之子奚齐,及其君卓。'以此坊民,子犹有弑其父者。"

【注释】①中霤:室的中央。②牖:窗户。

【译文】孔子说:"行宾礼时,每次进门、升堂相互间都要进行谦让;而行丧礼时,每完成一个仪式,都意味着逝者离家越来越远。"人死后,先在室中浴尸,接着在南窗之下饭含,然后在门内举行小敛仪式,在台阶举行大敛仪式,在西阶停殡,迁柩到家庙中举行祖奠仪式后再葬进墓穴之中,以表示死者离生者越来越远了。殷人在墓地上对死者家属加以吊慰,周人是在死者家属从墓地返回家中后才进行吊慰,这是告诉人们不要将逝者忘记。

孔子说:"死是人一生中的最后一件大事了,周人送死之礼比较完善,所以我遵从周人的丧礼。用这种方法对人们加以规范,还有诸候在死了以后不能如期下葬的。"

孔子说:"葬完回家以后,孝子还要从西阶升堂,在宾位受吊。这是为了教导人们不要马上就将自己逝去的亲人忘记。所以,鲁国的《春秋》中对晋国的丧事是这样记载的:'晋国大臣里克杀死了晋国国君的儿子奚齐,和国君卓子。'用这种方法对百姓进行教导，都还有儿子杀死他父亲的。"

子云："孝以事君，弟以事长。示民不贰①也，故君子有君不谋仕②，唯卜之日称二君。丧父三年，丧君三年，示民不疑也。父母在，不敢有其身，不敢私其财，示民有上下也。故天子四海之内无客礼，莫敢为主焉。故君适其臣，升自阼阶③，即位于堂，示民不敢有其室也。父母在，馈献不及车马，示民不敢专也。以此坊民，民犹忘其亲而贰其君。"

子云："礼之先币帛也，欲民之先事而后禄也。先财而后礼，则民利；无辞而行情④，则民争。故君子于有馈者，弗能见则不视其馈。《易》曰：'不耕获，不菑畲⑤，凶。'以此坊民，民犹贵禄而贱行。"

子云："君子不尽利以遗民。《诗》云：'彼有遗秉，此有不敛穧，伊寡妇之利。'⑥故君子仕则不稼，田则不渔；食时不力珍，大夫不坐羊，士不坐犬。《诗》云：'采葑采菲，无以下体，德音莫违，及尔同死⑦。'以此坊民，民犹忘义而争利，以亡其身。"

【注释】①贰：有异心。②谋仕：谋取官位。③阼阶：东阶，主人在此接待宾客。④辞：宾主相接的言辞。⑤菑（zī）：耕种一年的田。畲（yú）：耕种了三年的熟田。⑥引自《诗经·大雅·大田》。秉：禾把。穧（jì）：割下来没有捆的农作物。⑦引自《诗经·邶风·谷风》。下体，指根。德音：美好的话语。

【译文】孔子说:"像孝顺父母般来侍奉国君,用悌道来侍奉尊长。这是告诫人们对君上不要心存二心,所以,国君的儿子在国君在世时不谋求任何官职,只有在替国君占卜时才自称自己是"国君的副手"。父亲死了丧期为三年,国君死后丧期也是三年,这就是说国君与自己的父亲一样尊贵,这一点毋庸置疑。父母活着时,儿子不敢认为自己的身体是属于自己的,也不敢私自藏有财产,这都是为了让人们知道什么是上下尊卑。所以,天子四海之内不以客人居,那是因为普天之下没有谁敢当他的主人。所以国君去到臣下家里,升自主阶,即位于堂,这就是告诉人们自己的家也是天子的家。父母活着时,向别人赠送礼品,只可以赠送一些小件的,像车马之类的大件物品是不可以送的,这是告诉百姓不要自作主张。用这种方法来对百姓进行教导,他们中还有忘掉父母和对国君心存二心的。"

孔子说:"相见之礼,是在宾主双方行过相见之礼以后,宾客才奉上见面的礼物。"这样做,是教育百姓要先把事情做好而后才能接受俸禄。如果先奉上见面的礼物然后再行礼,就会导致百姓产生贪财之心。不加以辞让,见礼就收,会让百姓发生争执。所以,君子对于馈送礼物的人,如果自己不能进行接见,就不接受对方馈赠的礼物。《易经》上说:'不耕种而获,不开荒而得到良田,是凶。'用这种方法来对百姓进行教导,百姓中还有看重利禄而轻视做事的行为的。"

孔子说:"君子不会把全部利益占为己有,而是给百姓留下一部分。《诗经》上说:'那里有遗漏下来的禾把,地上还有漏掉的禾穗，这是留给寡妇们随意拣拾的。'所以君子当官就不种地，种地就不打渔，不求山珍海味，大夫不杀羊，士不杀狗。《诗经》上说：'采葑又采菲，叶子已摘走，不要连根也挖了。我们不可违背美好的教训，而生死相与。'用这种方法对百姓进行教导了，但百姓中还是有因忘义争利而丧身的现象发生。"

　　子云："夫礼，坊民所淫，章民之别，使民无嫌，以为民纪者也。故男女无媒不交，无币不相见，恐男女之无别也。以此坊民，民犹有自献其身。《诗》云：'伐柯如之何？匪斧不克；取妻如之何？匪媒不得；蓺麻如之何？横从其亩；取妻如之何？必告父母①。'"

　　【注释】①前四句引自《诗经·豳风·伐柯》，后四句引自《诗经·齐风·南山》。蓺(yì)：同"艺"，种植。
　　【译文】孔子说："礼是用来防止人们贪淫好色，突显出男女之别，而要人们避免嫌疑的，并成为人们遵守的一项法度。"所以，没有媒妁之言男女就不得交往，没有下聘礼男女之间不得见面，就是害怕男女无别才做出这样的规定。用这种办法对人们进行教育，人们还是有私下相结合的。《诗经》上说："砍柴用什么工具？没有斧头就做不到；娶妻要怎么办？没有媒妁之言就得不到；种麻要怎么弄？必须整理好田地；娶妻要怎么办？一定要先告知双方的父母。"

子云:"取妻不取同姓,以厚别也。故买妾不知其姓,则卜之。以此坊民,鲁《春秋》犹去夫人之姓曰吴,其死曰孟子卒。"

子云:"礼,非祭,男女不交爵。以此坊民,阳侯犹杀缪侯而窃其夫人。故大飨废夫人之礼。"

子云:"寡妇之子,不有见焉,则弗友也,君子以辟远也。故朋友之交,主人不在,不有大故,则不入其门。以此坊民,民犹以色厚于德。"

子云:"好德如好色。诸侯不下渔①色。故君子远色以为民纪。故男女授受不亲。御②妇人则进左手。姑姊妹女子已嫁而反,男子不与同席而坐。寡妇不夜哭。妇人疾,问之不问其疾。以此坊民,民犹淫泆而乱于族。"

子云:"婚礼,婿亲迎,见于舅姑,舅姑承子以授婿,恐事之违也。以此坊民,妇犹有不至者。"

【注释】①渔:内娶于国中。②御:驾车。

【译文】孔子说:"不娶同姓的女子为妻,是为了强调同姓之间不通婚。所以古人买妾的时候,如果不知道对方的姓氏,就先请人占卜一下,是否宜室宜家。用这种方法对人们进行教育,而鲁昭公还是娶了与鲁同姓的吴国女子做自己的夫人,以至于鲁国《春秋》在记载昭公娶夫人这件事时,不得不隐去夫人的姓,而只是记述她来自吴国;等她死后,又不得不隐去她的姓,只说是'孟子卒'。"

孔子说:"依照礼的规定,不到祭祀时,男女之间不能互相敬酒。用这种方法对人们进行教育,阳侯却还杀掉缪侯并且将他的夫人给霸占了。自此以后,两君相见的大飨礼上,就有不允许女人参加的礼节。"

孔子说:"如果对方是寡妇的儿子,如果看不到他的才华与能力,就不和他结交,君子为远避嫌疑。所以朋友之间互相往来,如果男主人不在家,也没有出现死人、生病等重大事情,就不得到他家里去。用这种礼制对人们进行教导,人们还是贪好女色而超过了爱好道德。"

孔子说:"人们偏好道德之心,如果像有对女色那样偏好就好了。诸侯不在本国臣民中挑选美女作自己的妻妾。所以君子不贪女色,而为百姓树立楷模。所以男女之间不能亲手递受东西。为妇人驾车,应该从左手方向上前。姑、姊妹、女儿出嫁以后再重回娘家,她们不得与家中父兄同席而坐。寡妇不能在夜间哭泣。妇人有病,可以问她病得重不重,但不可以问她得的是什么病。用这种礼制对百姓进行治理,百姓中还有因男女关系混乱而败坏伦常的事情发生。"

孔子说:"按婚礼规定,新婿是要到女方家亲自迎亲,拜见岳父岳母的,岳父岳母会亲手把女儿交给新婿,并且担心女儿到婆家以后不能孝顺公婆,听夫家的话。用这种礼制对人们进行教导,还是有不孝顺的事情发生。"

中庸第三十一

【题解】郑玄《目录》曰:"名曰'中庸'者,以其记中和之为用也。庸,用也。孔子之孙子思作之,以昭明圣祖之德。此于《别录》属通论。"《中庸》被宋代学人提到了突出地位上来,北宋程颢、程颐极力尊崇《中庸》,南宋朱熹把《中庸》和《大学》、《论语》、《孟子》并列称为"四书"。宋、元以后,《中庸》成为学校官定的教科书和科举考试的必读书,对古代教育产生了极大的影响。

天命之谓性①,率②性之谓道,修道之谓教③。道也者,不可须臾离也;可离,非道也。是故君子戒慎乎其所不睹,恐惧乎其所不闻。莫见④乎隐,莫显乎微,故君子慎其独⑤也。喜怒哀乐之未发,谓之中⑥;发而皆中节⑦,谓之和⑧。中也者,天下之大本也;和也者,天下之达道也。致中和,天地位焉⑨,万物育焉。

【注释】①天命:指天对人的赋予。性:指人的本性。②率:循,顺着。③教:教化。④见:通"现"。⑤独:指个人独处的时候,亦指别人不知而自己独知的心思。⑥中：指含而未发的状态。⑦中(zhòng)：适合，符合。节：标准，规矩。⑧和：调和、平衡。⑨位：处在正确的位置上。

【译文】天所赋予人的叫作"性"，顺着性发展叫作"道"，依照道去修养，叫作"教"。道是不可以一刻离开的，如果可以离开，那就不是道了。所以君子在人所不见之处，特别警惕小心；对人所不闻之事，惶恐畏惧。没有什么比隐蔽的东西更能说明问题，没有什么比细微的小事更能显露本相。所以君子对自己独处时的行为和思想特别谨慎。喜怒哀乐没有表现出来时，叫作"中"；表现出来如果符合中道，恰到好处，就叫作"和"。中是天下最大的本源，和是天下通行的道理。努力达到中和的境界，天地就各安其所，万物就发育生长了。

仲尼曰①："君子中庸，小人反中庸。君子之中庸也，君子而时中②；小人之中庸也③，小人而无忌惮也。"子曰："中庸其至矣乎！民鲜能久矣④。"子曰："道之不行也⑤，我知之矣：知者过之，愚者不及也。道之不明也，我知之矣：贤者过之，不肖者不及也。人莫不饮食也，鲜能知味也。"子曰："道其不行矣夫！"

【注释】①仲尼：孔子，名丘，字仲尼。②时中：时时处处符合中道。③据《经典释文》云："王肃本作'小人之反中庸也'。"今从王肃本译。④鲜(xiǎn)：少。⑤道：指中庸之道。

【译文】孔子说："君子的言行符合中道，而小人却违反中道。君子符合中道,是因为君子的言行时时处在适中的位置上。小人违反中道,是因为小人的言论没有什么顾忌和害怕。"孔子说:"常守中道的德行大概是至高无上的了,民众很久以来很少有人能做到了。"孔子说:"道不能实行的原因,我知道了:聪明人做得太过分,愚蠢的人却又达不到。道不能被世人所明了的原因,我也知道了:贤人的理解过了头,不肖的人又理解不了。人没有不吃不喝的,但却很少有人品尝出真滋味来。"孔子说:"守中的道理大概是难以推行了吧。"

子曰:"舜其大知也与①!舜好问而好察迩言②,隐恶而扬善,执其两端③,用其中于民,其斯以为舜乎!"子曰:"人皆曰'予知',驱而纳诸罟擭陷阱之中④,而莫之知辟也⑤。人皆曰'予知',择乎中庸,而不能期月守也⑥。"

【注释】①舜:上古圣王。知:同"智"。②迩:近。迩言:浅近的言论。③两端:极端对立的意见。④罟(gǔ):网。擭(huò):带有机关的木笼,用来捕兽。⑤辟:通"避"。⑥期月:满一个月。

【译文】孔子说:"舜大概真是大智的人啊!舜乐于向人求教,善于审察浅近的言论,把别人言论中的错误隐匿起来,而把其中好的言论宣扬出来;掌握不同的对立的观点,把其中正确的适宜的意见运用到民众中去。这就是舜之所以为舜的缘故吧!"孔子说:"人们都说自己聪明,可是被驱赶到网罗陷阱中,他们还不知道怎样躲避。人们都说自己聪明,可是选择了常守中道,却不能坚持实行一个月。"

子曰："回之为人也①，择乎中庸。得一善则拳拳服膺②，而弗失之矣。"子曰："天下国家可均也③，爵禄可辞也，白刃可蹈也④，中庸不可能也。"

【注释】①回：颜回，字子渊，孔子最得意的弟子。②拳拳：双手捧持的样子。膺（yīng）：胸。服膺：放在心上。③均：与别人平分，共享。④白刃：闪光的利刃。

【译文】孔子说："颜回的为人，选定了常守中道，得到一点正确的思想，就持握在胸中而不让它丢失。"孔子说："天下、国家可以和别人平分共治，爵位俸禄可以辞让掉，闪光的刀刃也敢于踏上去，而要做到常守中道却不那么容易。"

子路问强①。子曰："南方之强与？北方之强与？抑而②强与？宽柔以教，不报无道，南方之强也，君子居之。衽金革③，死而不厌④，北方之强也，而强者居之。故君子和而不流，强哉矫⑤！中立而不倚⑥，强哉矫！国有道，不变塞⑦焉，强哉矫！国无道，至死不变，强哉矫！"

【注释】①子路：孔子弟子，姓仲，名由，字子路，又字季路。②抑：或者是。而：尔，你。③衽（rèn）：卧席。金革：指兵器和甲胄。衽金革：枕卧在兵甲上睡觉。④厌：怨恨。⑤矫：强壮的样子。⑥倚：偏邪。⑦塞：充也。不变塞：谓处清平之世，不以安荣易其充实之德。

【译文】子路问什么叫强。孔子说："是南方人的强呢，还是北方人的强呢，或者还是你自己所谓的强呢？宽容温柔地教诲别人，不对无道的人进行报复，这是南方人的强，君子守着这样一种强。日夜与武器铠甲相伴，战死也不怨恨，这是北方人的强，尚武好斗的人守着这种强。君子与人和睦相处，但不迁就流俗，这才是真正的强啊！坚守中道而不偏倚，这才是真正的强啊！国家太平，走在正确道路上时，他不以安处荣禄来改变自己充实的德行，这才是真正的强啊！国家混乱，离开正道时，他宁愿死去也不改变自己的操守，这才是真正的强啊！"

子曰："素隐行怪①，后世有述焉，吾弗为之矣。君子遵道而行，半途而废，吾弗能已矣。君子依乎中庸，遁世不见知而不悔②，惟圣者能之。"君子之道，费而隐③。夫妇之愚④，可以与知焉；及其至也，虽圣人亦有所不知焉。夫妇之不肖，可以能行焉；及其至也，虽圣人亦有所不能焉。天地之大，人犹有所憾。故君子语大，天下莫能载焉；语小，天下莫能破焉。《诗》云："鸢飞戾天，鱼跃于渊⑤"，言其上下察⑥也。君子之道，造端乎夫妇；及其至也，察乎天地。

【注释】①素：当作"索"，求。索隐行怪：追求隐僻的生活，行动诡怪。②遁世：避世。③费：运用广泛。隐：微妙难察。④夫妇：指平常男女。⑤见《诗·大雅·旱麓》。鸢（yuān）：一种鹰。戾：至，到达。

⑥察：通"际"，至。

【译文】孔子说："故意追求隐僻的生活，行动怪异，这种人后代可能会被人称述，但我不这样做。君子沿着正道前进，半途而废的事，我是不干的。君子依照中庸之道，遁世隐居而不被人知道，也永不后悔，只有圣人才能做到这一点。"君子所说的道理广大而又精微。平常男女虽然愚蠢，但也能略知一二。但到了极其精微之处，即使圣人也有所不知。平常的男女虽然不肖，也能实行道，但到了极其高妙之处，即使是圣人也有所不能。天地那么大，人们对它也还感到有所缺憾。所以君子的道说到大处，天下没有什么东西能容纳它；说到小处，天下没有什么东西能剖析它。《诗经》上说："鹞子飞上九天，鱼儿潜入深渊。"就是说的上至于天，下至于地。君子的道，从平常男女那里开始，到了极点，也可以上至于天，下至于地，无所不至。

子曰："道不远人。人之为道而远人，不可以为道。《诗》云：'伐柯伐柯，其则不远①。'执柯以伐柯，睨而视之②，犹以为远。故君子以人治人，改而止。忠恕违道不远③，施诸己而不愿，亦勿施于人。君子之道四，丘未能一焉：所求乎子，以事父，未能也；所求乎臣，以事君，未能也；所求乎弟，以事兄，未能也；所求乎朋友，先施之，未能也。庸德之行，庸言之谨④，有所不足，不敢不勉，有余不敢尽。言顾行，行顾言，君子胡不慥慥尔⑤！

【注释】①见《诗·豳风·伐柯》。②睨(nì)：斜看。③忠恕：尽己之心为忠，推己及人为恕。④庸：平常。庸德：平常的品德。庸言：日常的言论。⑤胡：何。慥(zào)慥：勉不敢缓之意，犹言汲汲。

【译文】孔子说："道本来不是远离于人的。有人想要实行道，却远离了人，那样就不可以实行道了。《诗经》上说：'砍斧柄呀砍斧柄，样式就在你眼前。'手执斧头来砍削一个斧柄，眼睛一斜就可以看到样子，还能算是远吗？所以君子是用人身上本来就有的道理来治理人，直到他改正为止。忠恕的品德与中庸之道是相差不远的。施加到自己身上而自己不愿意的东西，就不要施加到别人身上去。君子的道有四个方面，我孔丘尚未做到其中之一：要求儿子对我做到的，我先要能对父亲做到，这我还不能；要求属下对我做到的，我先要能对君上做到，这我还不能；要求弟弟对我做到的，我先要能对哥哥做到，这我还不能；要求朋友对我做到的，我先要能对朋友做到，这我还不能。在平常品德的实行、日常言论的谨慎方面，如果有不足之处，不敢不努力上进；如果做的比说的更好，也不敢把话说尽。说话要顾及自己的行为，行为要顾及自己平时的言论。君子什么事不努力自勉呢！"

"君子素其位而行①，不愿乎其外②。素富贵，行乎富贵；素贫贱，行乎贫贱；素夷狄，行乎夷狄；素患难，行乎患难；君子无入而不自得焉。在上位，不陵下③；在下位，不援上④。正己而不求于人，则无怨，上不怨天，下不尤人。故君子居易以俟命⑤，小人行险以徼幸⑥"。

【注释】①素：现任。朱注："素，犹见在也。"素位：现在所处的地位。②愿：羡慕。③陵：通"凌"，欺凌，凌驾。④援：攀援，巴结。⑤易：平易。俟：等待。⑥徼幸：寻求偶然的幸运。

【译文】"君子根据自己现在所处的地位而行动，不羡慕自己本分以外的东西。现在处在富贵的地位，就做富贵者该做的事；现在处在贫贱的地位，就做贫贱者该做的事；现在处在夷狄的地位，就做夷狄该做的事；现在处在患难中，就做患难中该做的事。君子无论到了什么地方，都能自得其乐。身居高位，不会欺凌下面的人；身居下位，也不必巴结上级。端正自己的行为而不有求于别人，这样就无所怨恨。对上不怨恨天，对下不责怪人。君子居处平易以等待机遇，而小人却冒险以寻求幸运。"

子曰："射有似乎君子，失诸正鹄①，反求诸其身。君子之道，辟如行远，必自迩；辟如登高，必自卑。《诗》曰：'妻子好合，如鼓瑟琴。兄弟既翕，和乐且耽。宜尔室家，乐而妻帑②。'"子曰："父母其顺矣乎！"

【注释】①正鹄(gǔ)：射箭的靶子。②见《诗·小雅·棠棣》。翕(xī)：合。耽：深沉。朱注："耽，亦乐也。"帑(nú)：通"孥"。妻帑：妻子儿女。

【译文】孔子说："射箭的方法跟君子的修养很相似，没有射中靶子，就回头在自己身上找原因。君子的修养方法，又好比长途跋涉,必须从近处开始;好比攀登高峰,必须从低处开始。《诗经》上说:'夫妻和好,如琴瑟和谐;兄弟融洽,和气又欢乐;家庭处处好,儿女乐淘淘。'"孔子说:"像这样,父母也就顺心如意了。"

子曰:"鬼神之为德,其盛矣乎!视之而弗见,听之而弗闻,体物而不可遗。使天下之人,齐明盛服①,以承祭祀,洋洋②乎如在其上,如在其左右。《诗》曰:'神之格思,不可度思,矧可射思③。'夫微之显,诚④之不可掩如此夫。"

【注释】①齐:通"斋"。齐明:斋戒沐浴。盛服:穿戴隆重的礼服礼冠。②洋洋:流动充满的样子。③见《诗·大雅·抑》。格:至,到来。度:揣度、预料。思,语气词。矧(shěn):何况。射(yì):厌怠。④诚:真诚无妄。

【译文】孔子说:"鬼神的功德,真是盛大无比啊!虽然看是看不见,听也听不到,但却体现在一切事物上没有遗漏。使天下的人都斋戒沐浴,穿戴整齐来恭敬地祭祀,好像到处都充满、流动着鬼神的灵气,仿佛就在人们的头上,就在人们的左右。《诗经》上说:'神的来到,不可预料,又岂能怠慢不敬!'神是既隐蔽微妙,又显赫明著,真实而不可遮掩,它就是像这样啊!"

子曰:"舜其大孝也与!德为圣人,尊为天子,富有四海之内,宗庙飨之,子孙保之。故大德必得其位,必得其禄,必得其名，必得其寿。故天之生物，必因其材而笃①焉。故栽者培之，倾者覆之。《诗》曰：'嘉乐君子，宪宪令德。宜民宜人，受禄于天。保佑命之，自天申之②。'故大德者必受命。"

【注释】①笃：厚重、加强。②见《诗·大雅·假乐》。嘉乐：《毛诗》作"假乐"，善良快乐。宪宪：《毛诗》作"显显"，兴盛的样子。令德：美德。申：加重。

【译文】孔子说："舜真是大孝啊！他的品德堪称圣人，他的地位尊为天子，他的财富包括四海之内的一切。宗庙里供奉他，子子孙孙永远祭祀他。所以有大德的人一定会得到相应的地位，得到相应的厚禄，得到相应的名声，必能获得长寿。可见天生育万物，也一定是根据万物不同的材质而分别加以培养的。可以栽培的就培植它，颓败倾倒的就埋没它。《诗经》上说：'善良快乐的君子，美好品德多么辉煌，庶民百官都适宜，接受天赐的福禄，老天保佑他成功，加重他的福禄。'所以有大德的人必授天命。"

子曰："无忧者，其惟文王乎①！以王季为父②，以武王为子③，父作之，子述之④。武王缵大王、王季、文王之绪⑤，壹戎衣而有天下⑥，身不失天下之显名。尊为天子，富有四海之内。宗庙飨之，子孙保之。武王末受命⑦，周公成文、武之德⑧，追王大王⑨、王季，上祀先公以天子之礼。斯礼也，达乎诸侯大夫，及士庶人。父为大夫，子为士，葬以大夫，祭以士。父为士，子为大夫，葬以士，祭以大夫。期之丧达乎大夫⑩，三年之丧达乎天子，父母之丧，无贵贱，一也。"

【注释】①文王：姬昌，武王之父。②王季：季历，文王之父。③武王：姬发，文王之子。灭商，建立周朝。④作：创始。述：继承。⑤缵：继承。绪：事业。⑥壹：通"殪"（yì），歼灭。戎衣：当作"戎殷"，指殷商王朝。⑦末：老年，晚期。⑧周公：姬旦，文王之子，辅佐武王灭商，封于鲁。武王死，成王年幼，周公摄政。⑨大（tài）王：即古公亶父，周文王的祖父。⑩期之丧：此指旁系亲属服丧期一年者。言大夫尚有一年之丧服，诸侯天子已不服一年之丧服。

【译文】孔子说："无忧无患的大概只有文王了。他有王季做父亲，有武王做儿子。父亲创业，儿子继承。武王继承了大王、王季、文王的功业，消灭了殷纣取得了天下，自己得到了显赫于天下的名声。地位尊为天子，财富拥有四海之内的一切。宗庙供奉他，子孙祭祀他。武王晚年接受天命，周公最后完成文王、武王的功业，追封太王、王季为王，以天子之礼祭祀列祖列宗。这种礼仪，一直推广到诸侯、大夫以及士、庶人。凡父亲是大夫、儿子是士，父亲死了，就用大夫之礼来安葬，用士之礼来祭祀。凡父亲是士、儿子是大夫，父亲死了，就用士之礼来安葬，用大夫之礼来祭祀。一年的丧期，实行到大夫为止；三年的丧期，实行到天子；对父母的丧服，则无论贵贱，都是一样。"

子曰："武王、周公其达孝矣乎！夫孝者，善继人之志，善述人之事者也。春秋，修其祖庙，陈其宗器①，设其裳衣②，荐其时食③。宗庙之礼，所以序昭穆④也；序爵⑤，所以辨贵贱也；序事⑥，所以辨贤也；旅酬下为上，所以逮贱也⑦；燕毛，所以序齿⑧也。

【注释】①宗器：祖先保存下来的祭器。②裳衣：指祖先遗留下来的衣服。③时食：祭祀用的时令食品。④昭穆：宗庙排列次序。始祖居中，以下按父子辈分一左一右分别排列，左为昭，右为穆。⑤序爵：按爵位高低排列次序。⑥序事：安排祭祀礼仪上的各项职事。⑦旅酬：众人依次酬饮。尊者酬卑者，故曰"下为上"。逮：及。言卑者亦得酬饮，故曰"逮贱"。⑧燕毛：燕指祭祀后宴饮。毛：毛发。序齿：指按照年龄排座次。

【译文】孔子说："武王、周公可以说是达到孝的极点了吧！所谓孝，就是善于继承先人的遗志，善于完成先人的事业。春秋季节修缮祖庙，陈列先人的祭器，摆设先人的衣裳，供奉时令食品。宗庙的礼节，就是要用来排列昭穆的次序。按照爵位排列次序，是用以区分贵贱等级；安排各项职事，用来辨别才能的高下。旅酬时，尊者酬卑者，是为了使地位卑贱的人也能参加宴饮。宴饮时按年龄排座次，是为了区分长幼的次序。

"践其位，行其礼，奏其乐；敬其所尊，爱其所亲；事死如事生，事亡如事存，孝之至也。郊社之礼①，所以事上帝也；宗庙之礼，所以祀乎其先也。明乎郊社之礼，禘尝之义②，治国其如示诸掌乎③！"

【注释】①郊:冬至时在南郊祭天的礼仪。社:夏至时在北郊祭地的礼仪。②禘:夏季举行的宗庙祭祀。尝:秋季举行的宗庙祭祀。③示:通"置"。

【译文】"踏上各自的位置,施行一定的礼节,演奏一定的音乐,对尊者表示敬意,对亲人表示爱戴;事奉死者如同事奉活人一样,祭祀亡灵仿佛它就在眼前一样,真是孝到极点了啊!郊社的礼仪,是用来事奉上帝的;宗庙的礼仪,是用来祭祀先祖的。明白了郊社的礼仪和禘尝的意义,那末,治理国家如同放在自己手掌之上,就容易做到了。"

哀公问政①。子曰:"文武之政,布在方策②,其人存则其政举;其人亡则其政息。人道敏③政,地道敏树。夫政也者,蒲卢④也。故为政在人,取人以身,修身以道,修道以仁。仁者,人也,亲亲为大。义者,宜也,尊贤为大。亲亲之杀⑤,尊贤之等,礼所生也。"

【注释】①哀公:春秋时鲁国国君,名蒋。②布:记载。方策:简策,指古代典籍。③敏:迅速。④蒲卢:蒲苇。蒲苇为易生之物,故以此为喻。⑤杀(shài):减少,降等。

【译文】哀公问起为政的道理。孔子说:"文王、武王的政策都明白记载在典籍中。如果今天有像文王、武王这样的人,他们的政策就能实行;没有这样的人,他们的政策也就消亡了。有了这样的人,推行政策就很迅速;就像有了肥沃的土地,栽种的树木就会迅速生长一样。政策，就好像种蒲苇一样，很快生长。所以为政的关键在于获得人才，选取人才要看他自身的品德，修养自身的品德就要遵道，遵道首先要从仁做起。所谓'仁'就是指人性，尊敬亲人是其中最重要的内容；所谓'义'，就是指合宜，尊重贤人是其中最重要的内容。尊重亲人有亲疏的等级，尊重贤人也有上下的级别，礼就是从这里产生的。

"在下位不获乎上，民不可得而治矣①。故君子不可以不修身；思修身，不可以不事亲；思事亲，不可以不知人；思知人，不可以不知天。天下之达道五，所以行之者三。曰：君臣也，父子也，夫妇也，昆弟也，朋友之交也。五者，天下之达道也。知、仁、勇三者，天下之达德也，所以行之者一也②。或生而知之，或学而知之，或困而知之。及其知之，一也。或安而行之，或利而行之，或勉强而行之，及其成功，一也。"

【注释】①此句与下文重复，疑为错简。②一：据王引之《经义述闻》，"一"为衍文。

【译文】"处在下级的位置上，如果得不到上级的信任，就治理不好民众。所以君子不可不自我修养，想要自我修养，不可以不事奉双亲；想事奉双亲，不可以不懂得人性；想懂得人性，不可不懂得天道。天下通行的伦常道理有五条，用来实践这些伦常道理的品德有三点。君臣关系、父子关系、夫妻关系、兄弟关系、朋友交往，这五条是天下通行的伦常道理。智、仁、勇，这三点是天下通行的品德，是用来推行五种伦常之道的。有的人是生来就知道这些道理，有的人则需经过学习才知道，还有的人是在遇到困惑之后去学习才知道。但等到他们真的知道了，那都是一样的了。有的人是安然自得地去实践这些道理，有的人看到有利才去实践，还有的人是勉强自己去实践。但等到他们获得了成功，那都是一样的了。"

子曰："好学近乎知，力行近乎仁，知耻近乎勇。知斯三者，则知所以修身；知所以修身，则知所以治人；知所以治人，则知所以治天下国家矣。凡为天下国家有九经①：曰：修身也，尊贤也，亲亲也，敬大臣也，体②群臣也，子庶民也，来百工③也，柔远人④也，怀⑤诸侯也。修身，则道立；尊贤，则不惑；亲亲，则诸父昆弟不怨；敬大臣，则不眩⑥；体群臣，则士之报礼重；子庶民，则百姓劝；来百工，则财用足；柔远人，则四方归之；怀诸侯，则天下畏之。

【注释】①经：通行的准则。②体：体察。③来：招来。后多作"徕"。百工：各种工匠。④柔：怀柔，招抚。远人：远方之人，指四方外族。⑤怀：安抚。⑥眩：眼花，引申为迷惑。

【译文】孔子说："好学的品格近似于智，努力实践的品格近似于仁，知道羞耻的品格近似于勇。知道这三点，就知道怎样修养自身了；知道怎样修养自身，就知道怎样治理别人了；知道怎样治理别人，就知道怎样治理天下国家了。治理天下国家有九项通常的纲领：修养自身、尊重贤人、爱戴亲人、尊敬大臣、体察群臣、爱护百姓、招来百工、怀柔四夷、安抚诸侯。修养自身，道德就确定了；尊重贤人，就不会昏聩；爱戴亲人，父辈和兄弟就不会产生怨恨；尊敬大臣，就不会被人迷惑；体察群臣，士人就会以礼相报；爱护百姓，百姓就会更加努力工作；招来百工，财物用品就会丰富；怀柔四夷，四方的人就会归顺；安抚诸侯，天下的人就会敬畏。

"齐明盛服，非礼不动，所以修身也。去谗远色，贱货而贵德，所以劝贤也。尊其位、重其禄，同其好恶，所以劝亲亲也。官盛任使①，所以劝大臣也。忠信重禄，所以劝士也。时使薄敛②，所以劝百姓也。日省③月试，既廪④称事，所以劝百工也。送往迎来，嘉善而矜⑤不能，所以柔远人也。继绝世，举废国⑥，治乱持危，朝聘以时，厚往而薄来，所以怀诸侯也。凡为天下国家有九经，所以行之者一也。

【注释】①官盛：指手下官属众多。任使：各事可使人担任。②时使：使用适时。敛：征收赋税。③省：同"审"，考察。④既廪(xì lǐn)：既，通"饩"。饩廪，指官方供给百工的粮食。⑤矜(jīn)：同情。⑥绝世：指失去世袭爵禄的贵族。废国：废灭了的诸侯国。

【译文】"斋戒沐浴，正其衣冠，不做不符合礼的事，这是用来修身的方法。远离谗佞小人和美色，鄙视财货，看重品德，这是用来鼓励贤人的方法。提高他们的地位，增加他们的俸禄，表示出与他们相同的喜好和厌恶,这是用来勉励人们爱戴亲人的方法。给大臣安排众多的属官,供他使用,这是用来勉励大臣的方法。给予信任,加重俸禄,这是用来勉励士人的方法。适时使用,减少征税,这是用来勉励百姓的方法。每日每月进行检查考核,按照事功大小发放口粮,这是用来勉励各种工匠的方法。来时迎接,去时欢送,表彰有善行的人,同情能力低的人,这是用来怀柔四夷之人的方法。延续断绝了的世系,恢复灭亡了的小国;整治动乱,扶持危亡,适时举行朝见聘问,加重赏赐,减少贡纳,这是用来安抚诸侯的方法。治理天下国家有九条纲领,而能使它得到推行的只有一个东西,就是'诚'。

"凡事豫则立,不豫①则废。言前定,则不跲②;事前定,则不困;行前定,则不疚③;道前定,则不穷。在下位不获乎上④,民不可得而治矣;获乎上有道,不信乎朋友,不获乎上矣;信乎朋友有道,不顺乎亲,不信乎朋友矣;顺乎亲有道,反诸身不诚,不顺乎亲矣;诚身有道,不明乎善,不诚乎身矣。

【注释】①豫:同"预",事前有准备。②跲(jiá):踬,绊倒。③疚:忧虑。④获乎上:得到上级的信任。

【译文】"一切事情,预先有准备才能成功;预先没有准备就要失败。说话之前打定主意,就不会栽跟头;做事之前先打定主意,就不会遇到困难;行动之前先打定主意,就不会产生忧虑；道路预先确定，就不会行不通。处在下级的位置上，如果得不到上级的信任，就治理不好民众。想要得到上级的信任是有方法的：如果不取信于朋友，就不能得到上级的信任。想取信于朋友也是有方法的：如果不能孝顺父母，就不可能取信于朋友。想孝顺父母也是有方法的：如果反躬自问，内心不诚，就不能孝顺父母。想使内心真诚也是有方法的：如果不明白什么是善，就不会使内心真诚了。

"诚者，天之道也；诚之者①，人之道也。诚者，不勉而中，不思而得，从容中道②，圣人也。诚之者，择善而固执③之者也。博学之，审问之，慎思之，明辨之，笃行之。有弗学，学之弗能，弗措④也；有弗问，问之弗知，弗措也；有弗思，思之弗得，弗措也；有弗辨，辨之弗明，弗措也；有弗行，行之弗笃，弗措也。人一能之，己百之；人十能之，己千之。果能此道矣，虽愚必明，虽柔必强。

【注释】①诚之：使之诚，达到诚。②从容：自然、不勉强。中道：符合道的要求。③固执：坚持不放。④措：放弃。

【译文】"诚，是天所固有的道；想达到诚，则是人所遵循的道。天生的诚，是不必勉强就很适宜，不必思虑就来到心中，自然而然地合于道的要求。这只有圣人才能做到。通过实践达到诚，就是要选择了善道并且坚持不放。广泛地学习，详细地询问，慎重地思考，明确地辨析，坚定地实行。要么不学，一旦去学，不学会就不放弃。要么不问,一旦去问,弄不懂就不放弃。要么不思考,一旦思考,不想个明白就不放弃。要么不辨析,一旦辨析,不辨个清楚就不放弃。要么不实行,一旦实行,实行得不坚实就不放弃。别人一次就能达到的,我用一百次;别人十次能达到的,我用一千次。如果真能照这方法去做,即使是愚蠢的人也会变得聪明,即使是柔弱的人也会变得坚强。

"自诚明①,谓之性;自明诚,谓之教。诚则明矣,明则诚唯天下至诚,为能尽其性②;能尽其性,则能尽人之性;能尽人之性,则能尽物之性;能尽物之性,则可以赞③天地之化育;可以赞天地之化育,则可以与天地参矣④。其次致曲⑤,曲能有诚,诚则形,形则著⑥,著则明,明则动,动则变,变则化。唯天下至诚为能化。

【注释】①明:指明察事理。②尽其性:充分实现天赋的本性。③赞:帮助。④参:并立。与天地参:与天地并列为三。⑤致:推究。曲:指事物的某一个方面,大道的某一个细节。⑥著:显现。

【译文】"由内心真诚而达到明白事理,这就是先天的本性;由明察事理而进入诚的境界,则是后天的教化。真诚就一定会使人明白事理,明白事理也一定会使人真诚。只有具备了天下最高之诚的人,才能充分实现天赋的本性;能充分实现自己的本性,才能充分发挥别人的本性;能充分发挥人的本性,才能充分发挥万物的本性;能充分发挥万物的本性,就可以帮助天地化育万物,与天地并立为三了。次一等的人,则应该从推究事理的某一方面做起,这样也能达到诚。有了诚就会表现于外,表现于外就会变得显著,显著起来就会彰明,彰明就会感动外物,感动外物就会引起变化,引起变化就会化恶为善。只有天下真诚的人才能化恶为善。

"至诚之道,可以前知。国家将兴,必有祯祥①;国家将亡,必有妖孽②。见乎蓍龟③,动乎四体④。祸福将至:善,必先知之;不善,必先知之。故至诚如神。

【注释】①祯祥:指吉祥的征兆。②妖孽:指灾祸的萌芽。③蓍龟:蓍草和龟甲,古代占卜用品。④四体:四肢。动乎四体:指表现在人的仪表、动作上。

【译文】"最高的诚道,可以用来预测未来。国家将要兴盛,一定会出现吉祥的征兆。国家将要灭亡,必定会出现灾祸的萌芽。这些都会在占卜中显示出来,在人们的举止行动中体现出来。祸福将要到来时,是好事,预先就能知道;是坏事,预先也能知道。所以说最真诚的人就如同神明一样。

"诚者,自成也;而道,自道也。诚者,物之终始①,不诚无物。是故君子诚之为贵。诚者,非自成己而已也,所以成物也。成己,仁也;成物,知也;性之德也,合内外之道也,故时措②之宜也。

【注释】①终始：根本。②时措：适时运用。

【译文】"诚是人的自我完善，而道是人自己所遵循。诚贯穿于一切事物的终始，没有诚就没有万物。所以君子以达到诚为贵。诚又并非只是自我完善而已，同时还要成就事物。自我完善，就叫作"仁"；成就事物，就叫作"智"。仁、智两者是天性的道德体现，也是内外之道的结合。像这样随时施行都能处处适宜。

"故至诚无息，不息则久，久则徵①，徵则悠远，悠远则博厚，博厚则高明。博厚，所以载物也；高明，所以覆物也；悠久，所以成物也。博厚配地，高明配天，悠久无疆。如此者，不见而章②，不动而变，无为而成。天地之道，可一言而尽也：其为物不贰③，则其生物不测。天地之道，博也，厚也，高也，明也，悠也，久也。

【注释】①徵：效验。一说"彻"之误，达也。②章：明显。③不贰：真诚专一，没有二心。

【译文】"最真诚的德性是永不止息的，不止息就能长久，长久就会产生效验，有了效验就能悠久无穷，悠久无穷就会变得广博厚重，广博厚重就会变得高大光明。广博厚重就可以承受万物，高大光明就可以覆盖万物。悠久无穷，就可以完成万物的生长。广博厚重可以与地相配，高大光明可以与天相配，悠久无穷就像天地一样万世长存。如果这样，那么不用自我展现就已经很明显，不必有所动作，就能变化万物；无所作为，就能获得成功。天地之道用一个字就可以全部概括：这就是"诚"。天地真诚不二，生长万物，神奇莫测。天地之道，真是广博、厚重、高大、光明、悠久、无穷啊！

"今夫天，斯昭昭①之多，及其无穷也，日月星辰系焉，万物覆焉。今夫地，一撮土之多，及其广厚，载华岳而不重，振河海而不泄②，万物载焉。今夫山，一卷石之多③，及其广大，草木生之，禽兽居之，宝藏兴焉。今夫水，一勺之多，及其不测，鼋鼍④蛟龙鱼鳖生焉，货财殖焉。《诗》云：'维天之命，於穆不已⑤。'盖曰天之所以为天也。'於乎不显，文王之德之纯⑥'，盖曰文王之所以为文也，纯亦不已。

【注释】①昭昭：一点光明。②振：收。泄：漏。③卷：通"拳"。之多：就那么一点。④鼋：大鳖。鼍(tuó)：一种鳄鱼。⑤见《诗·周颂·维天之命》。於(wū)：感叹词。穆：美好。不已：不休止。⑥此句亦见《诗·周颂·维天之命》。不：通"丕"，宏大。显：光明。

【译文】"且说这个天，看上去只不过这么一点点光亮，但它那无穷无尽的整体，却悬挂着日月星辰，覆盖着天下万物。且说这个地，只不过是一撮一撮的土组成的，但它那厚重的整体，承受着华山却不嫌重，收容了河海却不漏掉一滴水，负载着万物。再说这山，只不过是一块块小石头组成，但在它那广大的整体上，草本生长，禽兽居住，发掘出丰富的宝藏。再说这水，只不过是一瓢一瓢的水组成的,但在它那浩瀚莫测的总体里,却生长着鼋鼍蛟龙鱼鳖,出产了无尽的财富。《诗经》上说:'只有天命,美好无比,永不止息。'这大概就是说的天之所以成为天的道理。'宏大光明,文王之德,多么纯粹',这大概就是说明文王之所以被谥为'文',是因为他的品德真诚纯粹,也像天地一样永不止息。

"大哉圣人之道!洋洋①乎发育万物,峻极于天。优优②大哉!礼仪三百,威仪三千③,待其人而后行。故曰:苟不至德,至道不凝④焉。故君子尊德性而道问学,致广大而尽精微,极高明而道中庸;温故而知新,敦厚以崇礼。是故居上不骄,为下不倍⑤。国有道,其言足以兴;国无道,其默足以容⑥。《诗》曰:'既明且哲,以保其身⑦',其此之谓与!"

【注释】①洋洋:充沛广大的样子。②优优:充足有余的样子。③礼仪:指礼的纲要。威仪:指礼的具体细节。三百、三千:极言其多,并非确数。④凝:犹成,聚集、形成。⑤倍:通"背"。⑥默:沉默不语。容:指自容其身,免于祸害。⑦见《诗·大雅·烝民》。

【译文】"多么伟大啊,圣人的道!它广博无边,化育着万物;它高大无比,与天并齐。多么充足宽裕啊!礼的纲要有三百,礼的细则有三千,等待着真正的贤人来实行。所以说,如果不具备最高的德行,最高的道是不会完成的。所以君子既尊重先天的道德本性,又加强后天的学习求教;既遍游广大宽宏的领域,又深入到精妙细微之处;既达到极其高尚光明的境界,又遵循着中庸的常道。温习旧学问,以便进一步探求新知识;加强道德修养,使道德更加深厚,用以崇尚礼仪。所以身居高位不骄横傲慢,身为臣下也不悖乱无礼。国家有道,他说出话来足以使国家兴旺;国家无道,他的沉默足以使自己容身于乱世。《诗经》上说:'高明而又智慧,可以保全自身。'大概就是说的就是这种处世态度吧。"

子曰:"愚而好自用,贱而好自专,生乎今之世,反①古之道;如此者,灾及其身者也。"非天子,不议礼,不制度,不考文②。今天下车同轨,书同文,行同伦③。虽有其位,苟无其德,不敢作礼乐焉;虽有其德,苟无其位,亦不敢作礼乐焉。子曰:"吾说夏礼,杞④不足征也;吾学殷礼,有宋⑤存焉。吾学周礼,今用之,吾从周。

【注释】①反:通"返",恢复。②制度:制定法度。考文:考订文字。③有人认为"今天下车同轨、书同文、行同伦"句,为后人所加。④杞(qǐ):周代的诸侯国,武王伐纣后,封夏人的后裔于杞。⑤宋:周代诸侯国,武王伐纣后,封殷纣王的庶兄微子启于宋。

【译文】孔子说:"愚蠢的人却喜欢刚愎自用,卑贱的人却喜欢自作主张,生活在当今的时代,却要恢复古代的做法,像这样的人,灾难将会落到他们身上的。"不是天子,就不得讨论礼,不制订法度,不考订文字。如今天下车轨标准相同,书写文字相同,行为准则相同。即使有天子的地位,如果没有圣人的道德,也不敢随意制礼作乐。同样,即使有圣人的道德,如果没有天子的地位,也不敢随便制礼作乐。孔子说:"我要讲解夏代的礼,但现在杞国的情况已经不足以考证出夏礼的原貌了。我要学习殷代的礼,现在仅有宋国保存着一些殷礼的情况。我学习周代的礼,那正是当今实行着的,所以我遵从周礼。

"王天下有三重①焉,其寡过矣乎!上焉者②,虽善无徵,无徵不信,不信民弗从。下焉者③,虽善不尊,不尊不信,不信民弗从。故君子之道,本诸身,徵诸庶民,考诸三王而不缪④,建诸天地而不悖,质⑤诸鬼神而无疑,百世以俟圣人而不惑。

【注释】①三重:郑玄注:"三重,三王之礼。"三王指夏、商、周。或说指上文"议礼"、"制度"、"考文"三件事。②上焉者:指前代的礼仪,如夏礼、殷礼。③下焉者:指圣人在下位,如孔子,虽然精通礼仪,但没有天子的地位。④缪(miù):通"谬",错误。⑤质:对证。

【译文】"治理天下有三件重要的事,做好这三件事大概就很少会有过错了。前代的礼虽然好,但现在已无法验证;无法验证,就不能使人相信;不能使人相信,民众就不会遵从。不在位的贤人所提倡的礼虽然好,但他没有尊贵的地位,所以他订的礼也没有权威,没有权威民众也不会遵从。所以君子的道,是以自身的德性为根本,同时要在民众中得到验证,对照三王的礼法也没有差错,树立于天地之间不会产生违背或不合之处,对证于鬼神也无可质疑,等到千百年以后的圣人来检验也没有疑惑。

"质诸鬼神而无疑,知天也;百世以俟圣人而不惑,知人也。是故君子动而世为天下道,行而世为天下法,言而世为天下则。远之则有望,近之则不厌。《诗》曰:'在彼无恶,在此无射①。庶几夙夜②,以永终誉③。'君子未有不如此,而蚤④有誉于天下者也。"

【注释】①射(yì):通"厌"。②庶几:几乎。夙夜:日夜。③见《诗·周颂·振鹭》。④蚤:通"早"。

【译文】"对证于鬼神无可质疑,这是知天;让千百年以后的圣人检验没有疑惑,这是知人。所以君子一切举动,都能世世代代让天下人称道;一切行为,都能世世代代让天下人仿效;一切言论都能世世代代作为天下人的法则。远离了它就会感到十分渴望,靠近了它也永远不会厌倦。《诗经》上说:'在那里没有嫌恶,在这里没有厌倦,几乎日夜不懈怠,永远保持好声誉。'君子没有不这样做而能早有声誉于天下的。"

仲尼祖述①尧舜,宪章文武②,上律天时,下袭水土③。辟如天地之无不持载,无不覆帱④。辟如四时之错行⑤,如日月之代⑥明。万物并育而不相害,道并行而不相悖,小德川流,大德敦化,此天地之所以为大也。

【注释】①祖:拜为始祖。述:遵循。②宪章:法则。文武:指周文王、周武王。③律：取法。袭：因顺、适应。水土：指地理。④帱（dào）：覆盖。⑤错行：循环运行。⑥代：交替。

【译文】仲尼远承尧舜的传统，近取文武的法则，上取法于天时，下因循着地理。好比伟大的天地，没有什么装载不下，没有什么覆盖不了。又好比四季循环运转，日月交替照耀，万物一齐生长发育，互不妨害；各种规律一同运行，互不违背。小德好像条条河水，奔流不息；大德敦厚化育之功，永无穷尽。这就是天地之所以伟大的缘故。

唯天下至圣为能聪明睿知，足以有临①也；宽裕温柔，足以有容也；发强刚毅，足以有执②也；齐③庄中正，足以有敬也；文理④密察，足以有别也。溥博渊泉⑤，而时出之。溥博如天，渊泉如渊。见而民莫不敬，言而民莫不信，行而民莫不说⑥。是以声名洋溢乎中国，施及蛮貊⑦，舟车所至，人力所通，天之所覆，地之所载，日月所照，霜露所队⑧，凡有血气者，莫不尊亲，故曰配天。

【注释】①临：居高临下，引申为身居高位。②执：主持，决断。③齐：通"斋"。齐庄：恭敬庄重。④文理：文章条理。⑤溥博：周遍广阔。渊泉：深渊。这里比喻圣人的道德深沉而有根本。⑥说：通"悦"。⑦蛮貊（mò）：指蛮夷戎狄等边远地区。⑧队：通"坠"。

【译文】只有天下最圣明的人，才能做到聪明智慧，足以君临天下；宽广充裕，温和柔顺，足以容纳一切；奋发坚强，刚毅果断,足以决断天下大事;恭敬庄重,中和公正,足以令人敬畏;文章条理,精细明察,足以辨别是非。他的德行周遍而广阔,深沉而有根本,好像深潭一样。他一出现,民众没有不表示敬意的;他一说话,民众没有不相信的;他一行动,民众没有不喜悦的。所以他的美好名声充满了整个中国,并传播到四方边远民族。凡是车船所能到达的,人力所能通行的,天所覆盖,地所承受,日月所照耀,霜露所坠落的一切地方,凡是一切有生命血气的人,无不尊敬他、亲近他。所以说圣人的德性是与天相配的。

唯天下至诚,为能经伦天下之大经①,立天下之大本,知天地之化育,夫焉有所倚②?肫肫③其仁,渊渊④其渊,浩浩其天。苟不固聪明圣知,达天德者,其孰能知之?

【注释】①经伦:规划。大经:大纲。②倚:依赖。③肫(zhūn)肫:诚恳的样子。④渊渊:深沉的样子。

【译文】只有天下最真诚的人,才能规划天下的大纲领,确立天下的大根本,知道天地的化育,哪里还有什么偏倚?其仁爱是多么诚恳,其深沉像渊水一样,其浩荡像天空一样。如果不是本来就聪明智慧、道德通天的人,谁能理解他呢?

《诗》曰:"衣锦尚䌹①。"恶其文之著②也,故君子之道,暗然而日章;小人之道,的然③而日亡。君子之道,淡而不厌,简而文,温而理。知远之近,知风之自④,知微之显,可与入德矣。《诗》云:"潜虽伏矣,亦孔之昭⑤。"故君子内省不疚,无恶于志。君子之所不可及者,其唯人之所不见乎。《诗》云:"相在尔室,尚不愧于屋漏⑥。"

【注释】①见《诗·卫风·硕人》,今所见《毛诗》作"衣锦褧衣"。衣(yì):穿衣。锦:锦缎制成的华美衣服。尚:通"上",这里指罩上外衣。䌹(jiǒng):即襌衣,单层无里的外衣。②文:文采。著:显眼。③的然:鲜明的样子。④自:由来。⑤见《诗·小雅·正月》。孔:很。昭:鲜明。⑥见《诗·大雅·抑》。相:察看。屋漏:房屋里的西北角。此处实指掌屋漏之神。

【译文】《诗经》上说:"锦袍穿在内,外面罩单衣。"这就是厌恶华美的文采过于显露。所以君子的道德深远而日益彰明,小人的道德浅近而日益消亡。君子的道德恬淡而不使人厌倦,简朴而内含文采,温和而条理分明,由近而知远,由末而知本,由显而知微,可以进入圣人的道德境界了。《诗经》上说:"鱼儿潜伏在水中,也能看得很分明。"所以君子自我反省而无愧疚,没有什么可以损害心志。君子所不可企及的,大概就是在没人看见的时候一样能严格要求自己吧。《诗经》上说:"看你独自在屋里,也能光明无愧于神明。"

故君子不动而敬,不言而信。《诗》曰:"奏假无言,时靡有争①。"是故君子不赏而民劝,不怒而民威于鈇钺②。《诗》曰:"不显维德,百辟其刑之③。"是故君子笃恭而天下平。《诗》云:"予怀明德,不大声以色④。"子曰:"声色之于以化民,末也。"《诗》曰:"德輶如毛⑤。"毛犹有伦⑥。"上天之载,无声无臭⑦",至矣!

【注释】①见《诗·商颂·烈祖》。假:大。奏假:指祭祀时演奏大乐。靡:无。②威:通"畏"。鈇钺:铡刀和大斧,这里指刑具。③见《诗·周颂·烈文》。不:通"丕",大。显:显耀。辟:君。百辟:指众多诸侯国君。刑:效法。④见《诗·大雅·皇矣》。大声以色:发出严厉的声音,摆出严肃的面孔。⑤见《诗·大雅·烝民》。輶:轻。⑥伦:类。⑦见《诗·大雅·文王》。载:通"栽",谓生物。臭(xiù):气味。

【译文】所以君子尚未动作,就已怀着敬意;尚未说话,就已存有诚信。《诗经》上说:"奏起大乐不说话,此时更无喧争声。"所以君子不必行赏,民众就已经受到鼓励;不必发怒,民众对他的敬畏就已经超过了对刑戮的畏惧。《诗经》上说:"多么光辉的德行,四方诸侯来效法。"所以君子只要笃实恭敬而天下太平。《诗经》上说:"我归向有明德的人,他从不靠声色吓唬人。"孔子说:"依靠严厉的声色来教化民众,那是下等的方法。"《诗经》上说:"用德教民轻易得如同举羽毛。"这里的德还可以用羽毛来比拟,"上天生化万物,没有声音和气味",这才是德的最高境界呢!

表记第三十二

【题解】本篇名之为"表记",郑玄云:"以其记君子之德见于仪表。"内容依次为:君子行为的根本、仁与义的相互关系、仁的要素、虞夏商周的政教得失、事君之道、言行待人之道及卜筮等八项。吴曾祺评注:"此篇体例与《坊记》相似,《坊记》多示人以所当戒,故以坊为名;此篇示人以所当法,故以表为名。篇中言仁处多,程子称表记为近道,盖宋世儒者亦多尊信是篇。"

子言之:"归乎!君子隐而显,不矜而庄,不厉而威,不言而信。"

子曰:"君子不失足于人,不失色于人,不失口于人,是故君子貌足畏也,色足惮也,言足信也。《甫刑》曰:'敬忌,而罔有择言在躬。①'"

子曰:"裼袭②之不相因也,欲民之毋相渎③也。"

子曰:"祭极敬,不继之以乐;朝极辨,不继之以倦。"

子曰:"君子慎以辟祸,笃以不掩,恭以远耻。"

子曰:"君子庄敬日强,安肆④日偷。君子不以一日使其躬僝⑤焉，如不终日。"

子曰："齐戒以事鬼神，择日月以见君，恐民之不敬也。"

子曰："狎侮，死焉而不畏也。"

子曰："无辞不相接也，无礼不相见也；欲民之毋相亵也。《易》曰：'初筮告，再三渎，渎则不告。'"

【注释】①引自《尚书吕刑》篇。忌：戒惧。择：挑剔。罔：无，没有。②裼袭：古代礼服之制：袒外衣而露裼衣，且不尽覆其裘，谓之裼；不裼，谓之袭。③渎：轻慢，对人不恭敬。④安肆：安乐放纵。⑤僝（chǎn）：苟且，不严肃。

【译文】孔子说："回去吧！虽然君子们隐居林泉，但声名显著，用不着故作矜持也能自然端庄，用不着故作严厉也能令人生畏，用不着开口说话也能让人们相信。"

孔子说："君子的行为，不会让别人觉得不够检点，一言一行，不会让人觉得轻浮，言语不会让人觉得不合适。所以君子的外表让人心生敬畏，面色让人感到畏惧，君子说的话令人信服。《甫刑》上说：'外表恭敬，内心戒慎，要使本身没有说出来被人挑剔的言语。'"

孔子说："行礼时，有时以露出裼衣为敬，有时以掩好上服不露出裼衣为敬，不要效法，目的就是请百姓不要互相亵渎。"

孔子说："祭礼为的就是尽量表达内心的敬意，虽也允许饮酒，却不能以欢快而告终；国家政事要求尽力做到最好，而不能劳神费力而草草了事。"

孔子说："君子谨言慎行躲避灾祸，用宽厚的道德来使自己不受窘，用谦恭的态度待人而使自己远离耻辱。"

孔子说："君子越是端庄恭敬，道德就会越来越显著；越是耽于安乐，放肆不检点，就越会苟且放荡。君子一天也不愿意让别人瞧不起自己的行为举止，就像小人无礼般而终日惶恐不安。"

孔子说："斋戒以后才能敬事鬼神，选个好日子然后晋见国君，这般慎重行事，就是害怕人们会对此失去恭敬之心。"

孔子说："在上位的人不自知检点而轻狎侮慢，那样，虽以死来恐吓下人，他们也不会畏惧遵从。"

孔子说："朝聘聚会时，双方肯定会在言语上进行沟通，备好见面的礼物以通情意，如果没有言语沟通，互相不会进行交接；没有见面的礼物，互相用不看见面。这样做是为了让百姓不忽视礼数而对对方失敬。《易经》上说：'第一次占卜，神灵会告诉你是吉凶；如果你不相信，又再一次又一次的占签就会亵渎神灵，亵渎了神灵，它就不告诉你吉凶了。'"

子言之："仁者，天下之表也；义者，天下之制也；报者，天下之利也。"

子曰："以德报德，则民有所劝；以怨报怨，则民有所惩。《诗》曰：'无言不雠，无德不报①。'《太甲》曰：'民非后无能胥以宁；后非民无以辟四方②。'"

子曰："以德报怨，则宽身之仁也；以怨报德，则刑戮之民也。"

子曰:"无欲而好仁者,无畏而恶不仁者,天下一人而已矣。是故君子议道自己,而置法③以民。"

子曰:"仁有三,与仁同功而异情。与仁同功,其仁未可知也;与仁同过,然后其仁可知也。仁者安仁,知者利仁,畏罪者强仁。仁者右也,道者左也。仁者人也,道者义也。厚于仁者薄于义,亲而不尊;厚于义者薄于仁,尊而不亲。道有至,义有考。至道以王,义道以霸,考道以为无失。"

【注释】①引自《诗经·大雅·抑》。雠:报答。②后:君主。议道:议论大道;探讨治国之道。③置法:立法;执法。

【译文】孔子说:"仁是整个天下的仪表;义是裁决天下事物的制度;礼尚往来是天下之利。"

孔子说:"用恩德去回报别人对自己的恩德,百姓就会互相劝勉而友好相处;以怨恨回报别人对自己的怨恨,百姓就会双方得到惩罚而两败俱伤。《诗经》上说:'所有的言语都会有回音,所有的恩德都会有回报。'《尚书·太甲》篇说:'百姓没有了国君,就得不到安宁;国君没有了百姓,也无法开疆辟土,君临四方。'"

孔子说:"用恩德回报别人对自己的怨恨,这是求宽身息祸的人;用怨恨回报别人对自己的恩德,这是应该受到法律制裁的人。"

孔子说:"没有私欲而喜好仁德的人,无畏惧而厌恶不仁的人,这样的人少之又少。所以君子在议论道理时,要自己先实行,制定法律时则要依据民情。"

孔子说:"仁在实行的时候有三种情况,虽然三者都能达到仁的效果,出发点却不一样。效果也不尽相同,而仅仅从效果上看,是看不出属于哪种仁的。行仁遇到挫折时,就可以分辨属于哪种仁了。真正的仁人,不管身处在怎样的情况都安于行仁;有智慧的人,看到利益才去行仁;害怕受罚的人,是不得已才勉强行仁。仁就如同右手,道如同左手。仁,体现在爱人这方面,道,体现在义理这一方面。仁方面做的多,义方面做的少,结果是赢得了大家对你的亲近而没有赢得大家对你的尊敬;义方面做得多,仁方面做得少,其果就是赢得了大家的尊敬而没有赢得大家的亲近。道有仁义兼行的至道,有只行义而不行仁的义道,有采用一部分仁义而行之的考道。行至道可以称王,行义道可以称霸天下,行考道可以避免过失。"

子言之:"仁有数,义有长短小大。中心憯怛①,爱人之仁也;率法而强之,资仁者也。《诗》云:'丰水有芑,武王岂不仕?诒厥孙谋,以燕翼子,武王烝哉!'②数世之仁也。国风曰:'我今不阅,皇恤我后。'③终身之仁也。"

【注释】①憯(cǎn)怛:忧伤,悲痛,伤痛。②引自《诗经·大雅·文王有声》。诒:传给。燕:安。翼:助。烝:圣明。③引自《诗经·邶风·谷风》。阅:容纳。皇:通"遑",空暇。恤:忧。

【译文】孔子说:"仁的数量有多少之分,义也有长短、大小之别。心中对别人的不幸怀有恻隐之心,这是出于天性同情他人的仁;遵守法律而勉强行仁,这是为了达到个人目的而勉强行仁。《诗经》上说:'丰水边上芑菜,武王任重岂不忙?留下治国好策略,庇荫子孙把福享,武王真个是明王!'这是惠及后世子孙的仁。《国风》上说:'现在我自身难保,怎么还可能去为后代着想呢!'这就是随着自身死亡而结束的仁。"

子曰:"仁之为器重,其为道远,举者莫能胜也,行者莫能致也,取数多者仁也;夫勉于仁者不亦难乎?是故君子以义度人,则难为人;以人望人,则贤者可知已矣。"

子曰:"中心安仁者,天下一人而已矣。大雅曰:'德輶如毛,民鲜克举之;我仪图之,惟仲山甫举之,爱莫助之①。'小雅曰:'高山仰止,景行行止②。'"

子曰:"《诗》之好仁如此;乡道而行,中道而废③,忘身之老也,不知年数之不足也,俛焉日有孶孶④,毙而后已。"

【注释】①引自《诗经·大雅·烝民》。輶:轻。仪图:揣想忖度。仲山甫:周宣王的大臣,封樊侯,又称樊仲山甫。②引自《诗经·小雅·车辖》。景行:大路,比喻行为光明正大。③乡:向。废:比喻历尽疲顿,不能复行则停止。④俛:通"勉"。孶孶,同"孜孜",勤勉,努力不懈。

【译文】孔子说:"仁,是非常重的器物,也是非常远的道路。作为器物,无人能将它举起来,作为道路,没有人能够将它走完，我们只能相比较而言，看谁举得重，谁能走得较远，以数量的多少看作仁了。那些努力实行仁的人，不也是很难的吗？如果君子用先王时制定的标准，来作为现在衡量仁的标准，那么就很难有人达到了；如果用今天一般人的标准去要求，就可以知道谁贤能了。"

孔子说："天生乐于行仁的人，非常少。《大雅》上说：'道德，虽然轻如鸿毛，却很少有人能将它举得起来。我揣测，只有仲山甫能够将它举起来，可惜当时人没有能够去帮他。'《小雅》上说：'高山可以进行仰慕，大道则可以让人行走。'"

孔子说："《诗》对仁是这般爱好；在仁的大道上行走，半路时，实在是太累了，才不得已停顿下来，忘掉了本身身体已经衰老，也忘掉了自己余日不多，却仍然孜孜不懈，努力向前，死而后已。"

子曰："仁之难成久矣！人人失其所好，故仁者之过易辞也。"

子曰："恭近礼，俭近仁，信近情，敬让以行，此虽有过，其不甚矣。夫恭寡过，情可信，俭易容也；以此失之者，不亦鲜乎？《诗》曰：'温温恭人，惟德之基①。'"

子曰："仁之难成久矣，惟君子能之。是故君子不以其所能者病人，不以人之所不能者愧人。是故圣人之制行也，不制以己，使民有所劝勉愧耻，以行其言。礼以节之，信以结之，容貌以文之，衣服以移之，朋友以极之，欲民之有壹②也。小雅曰：'不愧于人，不畏于天③。'是故君子服其服，则文以君子之容；有其容，则文以君子之辞；遂其辞，则实以君子之德。是故君子耻服其服而无其容，耻有其容而无其辞，耻有其辞而无其德，耻有其德而无其行。是故君子衰绖④则有哀色；端冕则有敬色；甲胄则有不可辱之色。《诗》云：'惟鹈在梁，不濡其翼；彼记之子，不称其服⑤。'"

【注释】①引自《诗经·大雅·抑》。温温：敬让温柔的样子。②壹：一。③引自《诗经·小雅·何人斯》。④衰绖：指丧服。⑤：引自《诗经·曹风·侯人》。记：本作"其"。

【译文】孔子说："行仁难以有成就，这也是由来已久的！因为人们都失掉了所当爱好的仁；所以仁者有过失也很容易解释的。"

孔子说："恭敬近乎于礼，俭约近乎于仁，诚信近乎于人情，如果以恭敬谦让的态度去做人做事，即使犯了过失，也不会成为大过失。做到了恭敬便会少犯错误，近乎人情便可让人值得信赖，为人俭约就会容易被人接受。这样做人，既使是犯了错误，也是少有的事，不是吗？《诗经》上说：'恭敬、和善地待人与事，是具备高尚品德的基础。'"

孔子说："仁的成功难以达到，由来已久，也只有君子能够达到了。所以君子不因为自己能做到的事而去对别人进行苛责，也不以因为别人没有做到而让人家觉得惭愧。所以圣人在制定标准时，不以自己的标准为标准，而是大多数人为标准，这对一直努力的人有所劝勉，会让那些不思进取的人有觉得有所羞耻，以便一起实行圣人教诲。用礼约束他们,用诚信团结他们,用适当的仪容来文饰他们,用合乎身份的衣服影响他们,用朋友之间的劝勉进行鼓励,这些都是为了让他们专一心为善。《小雅》上说:'做到人前不惭愧,对天地就不畏惧。'因此即使他们穿上了君子服装,也要用君子的仪容进行文饰;有了君子仪容,还要用君子的谈吐进行文饰;谈吐高雅了,还要用君子的道德对自己进行充实。所以真正的君子会因穿上君子服装而没有君子该有的仪容感到羞耻,对于只有君子仪容而没有君子该有的谈吐感到羞耻,对于只有君子谈吐而没有君子该有的道德感到羞耻,对于只有君子道德而没有君子应有的行为感到羞耻。所以君子穿上丧服神色就会悲哀,穿上朝服就会神色恭敬,穿上盔甲神色就会表现得不可侵犯。《诗经》上说:'鹈鸪在河梁上捉鱼,还不至于打湿翅膀。那些德行不好的官员们,他们真不配穿上那身衣裳。'"

子言之:"君子之所谓义者,贵贱皆有事于天下;天子亲耕,粢盛①秬鬯②以事上帝,故诸侯勤以辅事于天子。"

子曰:"下之事上也,虽有庇民之大德,不敢有君民之心,仁之厚也。是故君子恭俭以求役仁,信让以求役礼,不自尚其事,不自尊其身,俭于位而寡于欲,让于贤,卑己而尊人,小心而畏义,求以事君,得之自是,不得自是,以听天命。《诗》云:'莫莫葛藟,施于条枚;凯弟君子,求福不回③。'其舜、禹、文王、周公之谓与?有君民之大德,有事君之小心。《诗》云:'惟此文王,小心翼翼,昭事上帝,聿怀多福,厥德不回,以受方国。④'"

【注释】①粢盛:古代盛在祭器内以供祭祀的谷物。②秬鬯:古代以黑黍和郁金香草酿造的酒,用于祭祀降神及赏赐有功的诸侯。③引自《诗经·大雅·旱麓》。莫莫:茂密的样子。葛藟:均为蔓生植物。施(yì):延。④引自《诗经·大雅·大明》。翼翼:恭敬。昭:昭著。聿:语气词。

【译文】孔子说:"君子口中所谓的义,是说无论身份的高低贵贱,都应该为天下做出自己的贡献;譬如天子,虽然身份尊贵,却也要亲耕藉田,生产出粮食,制造出香酒,用以祭祀神灵,因此诸侯也要勤勉地对天子进行辅佐。"

孔子说:"居下位者事奉辅佐上位者,虽然有庇护百姓的大功德,但是也不敢有主宰百姓的心,这是仁德宽厚。所以君子恭敬俭约而力求做到仁,守信谦让而求做到礼;不夸耀自己做过的事,不自抬自身身价;在地位方面谦逊,而淡泊名利,让于贤人;懂得自身谦卑而又深知推崇别人,小心谨慎地行事,就怕表现出不得当的行为,严格要求自己用这样的态度侍奉国君;得意时遵行此道,失意时同样遵行此道,一切都听凭天命。《诗经》上说:'葛藟一片到处被长满,蔓延缠绕树枝树干。和乐平易好个君子,求福有道不邪不奸'。这说的就是舜、禹、文王、周公!他们既有管理百姓的大德,又有侍奉君主的谨慎和忠心。《诗经》上说:'周文王小心恭敬,心迹昭著,得到了上帝的许多福佑。他品德高尚到几乎完美,天下诸侯都拥戴他。'"

子曰:"先王谥以尊名,节以壹惠,耻名之浮于行也。是故君子不自大其事,不自尚其功,以求处情;过行①弗率,以求处厚;彰人之善而美人之功,以求下贤。是故君子虽自卑,而民敬尊之。"

子曰:"后稷,天下之为烈也,岂一手一足哉!唯欲行之浮于名也,故自谓便人②。"

【注释】①过行:错误的行为。②便人:便习于世事之人。

【译文】孔子说:"先王给死了的大臣赐加一个谥号,是表示对他的一生加以肯定,尽管死者在他的一生中做了很多好事,但在定谥号时,却只节取他一生中最突出的一件为依据,其余的都会忽略不记,这是为了不出现名不符实际的现象。所以,君子不夸大自己做过的事,不对自己的功劳进行吹嘘,就是为了合乎实际;出现过失,不再犯第二次,待人宽厚;对别人的优点进行赞美,对别人的功劳进行表彰,以求贤能者能够居于上位。这样,尽管君子自己谦卑,而百姓却十分尊敬他。"

孔子说:"后稷,是建立了盖世的功业的人,受他恩惠的人岂止是一两个?单单只是因他不想名声超过实际做过的事,所以谦称自己只是一个懂得庄稼的人。"

子言之:"君子之所谓仁者,其难乎!《诗》云:'凯弟君子,民之父母。'凯以强教之,弟以说安之。乐而毋荒,有礼而亲,威庄而安,孝慈而敬。使民有父之尊,有母之亲。

如此而后可以为民父母矣,非至德其孰能如此乎? 今父之亲子也,亲贤而下无能;母之亲子也,贤则亲之,无能则怜之。母,亲而不尊;父,尊而不亲。水之于民也,亲而不尊;火,尊而不亲。土之于民也,亲而不尊;天,尊而不亲。命之于民也,亲而不尊;鬼,尊而不亲。"

【译文】孔子说:"君子所谓的仁,实行起来是相当难的呀!《诗经》上说:'和乐平易的君子,他是百姓的父母。'凯是君子把快乐传递给他人,使人自强不息;弟是以平易安民,让人觉得喜悦。既能让百姓感到快乐而又不荒废正业,彬彬有礼而又能相互亲爱,威严庄重又安宁,孝顺慈爱又恭敬。使百姓有像父亲一样的尊敬,有像母亲一样的亲近。这样才称得上是百姓父母,如果没有至高的德行,怎么能做到这一点呢? 现在的父亲亲近自己的儿子,如果儿子贤能他就亲近,儿子无能他会看不起;母亲亲爱自己的儿子,儿子贤能她就亲近,儿子无能她也会怜惜。所以对母亲是亲近而不尊,父亲是尊敬而不亲近。对百姓来说,水是可以亲近而不可尊敬的,火是尊敬而不可以亲近的。对百姓而言,土地是可以亲近而不可尊,天是可尊而不可亲。对百姓而言,国君的教化政令可亲而不可尊,鬼神可尊而不可亲。"

子曰:"夏道尊命,事鬼敬神而远之,近人而忠焉,先禄而后威,先赏而后罚,亲而不尊;其民之敝:蠢而愚,乔而野[①],朴而不文。殷人尊神,率民以事神,先鬼而后礼,先罚而后赏，尊而不亲；其民之敝：荡而不静，胜而无耻。周人尊礼尚施，事鬼敬神而远之，近人而忠焉，其赏罚用爵列，亲而不尊；其民之敝：利而巧，文而不惭，贼而蔽。"

【注释】①乔：同"骄"，骄傲。野：放肆。

【译文】孔子说："夏人治国是尊重君王的政教，虽然也敬奉鬼神却不把鬼神当作政教内容，接近人情且忠诚，把俸禄放在首位，把威严放在第二位，把赏赐放在首位，把刑罚放在第二位，因此他们推崇的政教亲而不尊；夏朝百姓的弊端是：百姓就变得愚蠢又无知，骄横又粗野，朴陋又缺乏修养。殷朝人尊崇鬼神，君上亲自率领百姓敬奉鬼神，把鬼神放在首位，把礼仪放在第二位，把刑罚放在首位，把赏赐置于第二位，所以他们推崇的政教尊而不亲；商朝百姓的弊端是：百姓内心就变得放荡又不平静，争强好胜又不知羞耻。周朝人尊崇礼法，又推尚施惠，也敬奉鬼神，并不把它当政教的内容，接近人情且忠诚，它们的政令与夏、殷都不同，只以爵位的高低作为标准，所以他们的政教亲而不尊；周朝百姓的弊端是：百姓变得贪利而取巧，花言巧语又大言不惭，互相残害、欺骗。"

子曰："夏道未渎辞，不求备，不大望于民，民未厌其亲；殷人未渎礼，而求备于民；周人强民，未渎神，而赏爵刑罚穷矣。"

子曰："虞夏之道，寡怨于民；殷周之道，不胜其敝。"

子曰:"虞夏之质,殷周之文,至矣。虞夏之文不胜其质;殷周之质不胜其文。"

【译文】孔子说:"夏朝政令清简明白,对百姓不加以苛责,赋税较轻,百姓对君王还是怀有亲近之心的;殷朝人礼法简约,却对百姓征税力求完备;周朝人强迫百姓遵循礼仪,虽没有亵渎鬼神的行为,但在赏赐、进爵、施刑这方面的规定就穷极繁多了。"

孔子说:"虞夏的政令清简,老百姓心中的怨恨就少;殷周政令逐渐繁杂,他的流弊而使百姓受不了了。"

孔子说:"虞夏的质朴,殷周的文饰,都达到了顶点。虽然虞夏也有文饰,但没有胜过它的质朴;虽然殷周也质朴,但没有胜过它的文饰。"

子言之曰:"后世虽有作者,虞帝弗可及也已矣。君天下,生无私,死不厚其子;子民如父母,有憯怛之爱,有忠利之教;亲而尊,安而敬,威而爱,富而有礼,惠而能散;其君子尊仁畏义,耻费轻实,忠而不犯,义而顺,文而静,宽而有辨。《甫刑》曰:'德威惟威,德明惟明。'非虞帝其孰能如此乎?"

【译文】孔子说:"虽然后世有明王,却再也达不到虞舜的鼎盛时期了。虞舜君临天下,活着时没有私心,死了也没有把帝位传给自己儿子；爱民如子，既有出自真心的爱护，也有确实对人民有益的教育；既有母亲之亲，又有父亲之尊，使人安乐而恭敬，他既有威仪又有爱心，使人民生活富足而不失礼貌，施惠于民而没有表现出偏向。他的大臣们也一样尊重仁义，以只说不做为耻，重仁而轻财，尽心尽责地为君上办事，尽君臣之义而又顺从君上，文雅又稳重，宽容有分寸。《甫刑》上说：'道德的威严令人敬畏，道德的光明让人尊重，除了虞舜还有谁能做到这般程度？'"

子言之："事君先资其言，拜自献其身，以成其信。是故君有责于其臣，臣有死于其言。故其受禄不诬，其受罪益寡。"

子曰："事君，大言入①则望大利，小言入则望小利；故君子不以小言受大禄，不以大言受小禄。《易》曰：'不家食，吉。'"

【注释】①入：郑玄谓"人"之误。
【译文】孔子说："臣子侍奉君上，要先将自己要提的建议考虑清楚，再去拜见君上，亲自向君主进言。君主采纳后，臣子要尽全力促使自己的建议得以实现。因此，君上对臣下进行苛责，而臣下也要为实现自己所进的建言而鞠躬尽瘁死而后已；所以，臣下只要无功不受禄，言行相符，因而失职的事也就很少了。"

孔子说："侍奉君主，贡献大的建议被采纳，就可以期待得到重赏；贡献小的建议被采纳，就只能期待得到轻赏了。所以君子不会因小建议被采纳而期待重赏,也不因大建议被采纳而去接受轻赏。《易经》上说:'国君有大量财物,不是只与家人分享,应与贤人分享,这是好的事情。'"

子曰:"事君不下达,不尚辞,非其人弗自。小雅曰:'靖共尔位,正直是与;神之听之,式谷以女①。'"

子曰:"事君远而谏,则谄②也;近而不谏,则尸利也。"

子曰:"迩臣守和,宰正百官,大臣虑四方。"

子曰:"事君欲谏不欲陈。《诗》云:'心乎爱矣,瑕不谓矣,中心藏之,何日忘之③。'"

子曰:"事君难进而易退,则位有序;易进而难退,则乱也。故君子三揖而进,一辞而退,以远乱也。"

子曰:"事君三违而不出竟,则利禄也;人虽曰不要,吾弗信也。"

子曰:"事君慎始而敬终。"

子曰:"事君可贵可贱,可富可贫,可生可杀,而不可使为乱。"

【注释】①引自《诗经·小雅·小明》。靖:安。共:恭。式谷:赐以福禄。②远而谏:谓越级献议。③引自《诗经·小雅·隰桑》。

【译文】孔子说:"侍奉君主,不应为了自己个人的事情而给君上添麻烦,说一些华而不实的话,如果不受到正派人引见就不去谋求进身。《小雅》上说：'应恭谨从事忠于职守，与正直之士交往，亲近贤人；这一切神灵都会听，从而赐你们福泽鸿运。'"

孔子说："侍奉君主，如果地位疏隔而越级进谏，就会有谄媚之嫌；如果是君主身边的大臣，而没有及时向君上进谏，那就是尸位素餐了。"

孔子说："君主身边侍御随从的近臣，应注意调和君主的德行；宰相负责整饬百官，各部大臣负责管理好四方之事。"

孔子说："侍奉君主，对于君主出现的过失可以进谏，但不能四处扩散。《诗经》上说：'心里爱护君子，为什么不说出来？内心深处要劝谏他的主意，哪一天能忘掉呢？'"

孔子说："侍奉君主，如果谨慎提拔，易于辞退，官位就会有序；如果易于提拔，辞退谨慎，官位就会混乱。所以君子去做客，一定要行三次揖让礼以后才随主人一起进门，而离开时告辞一次就可以了，这都是为了不出现混乱。"

孔子说："侍奉君主，如果与君主的意见出现多次不合的，而不肯辞官，那这个人肯定是贪图俸禄金财；既使有人说他没有这方面的想法，我也不相信。"

孔子说："侍奉君上，在开始的时候要谨慎而不随便接受官职；接受了之后就要尽心尽力做到底。"

孔子说："侍奉君主，君主可以令臣下升官、降级，也可以使令臣下富有和贫穷，也可以令臣下活着或赐死，但唯独不可使臣下违礼作乱。"

子曰:"事君,军旅不辟难,朝廷不辞贱;处其位而不履其事则乱也。故君使其臣得志,则慎虑而从之;否,则孰虑而从之。终事而退,臣之厚也。《易》曰:'不事王侯,高尚其事。'"

子曰:"唯天子受命于天,士受命于君。故君命顺则臣有顺命;君命逆则臣有逆命。《诗》曰:'鹊之姜姜,鹑之贲贲;人之无良,我以为君①。'"

【注释】①引自《诗经·鄘风·鹑之奔奔》。姜姜:指剧烈争斗的场面。贲贲:跳行争斗的场面。

【译文】孔子说:"侍奉君主,在军旅之中接受任务时,就应不畏艰险,如果在朝廷正堂之上,就应不要觉得被分配的事务微贱;在其位而不谋其政,朝政那就会乱套了。所以,当国君给臣下分配差使时,臣下认为是自己力所能及的,应该慎重考虑而从命;不是力所能及的,就应经过深思熟虑而从命。差使完成后就辞职退位,这是臣下忠厚之处的表现。《易经》上说:'不是侍奉王侯,而是尊重事业。'"

孔子说:"天子受命于天,臣下受命于天子。因此天子如果顺应天命的话,臣下也会就跟着顺应天命;天子如果违背天命,那臣下也只能跟着违背天命了。《诗经》上说:'大鸟争斗于上,小鸟跟着争斗于下;做人没有好品行,还要让他当国君。'"

子曰:"君子不以辞尽人。故天下有道,则行有枝叶;

天下无道，则辞有枝叶。是故君子于有丧者之侧，不能赙①焉，则不问其所费；于有病者之侧，不能馈焉，则不问其所欲；有客，不能馆，则不问其所舍。故君子之接如水，小人之接如醴；君子淡以成，小人甘以坏。小雅曰：'盗言孔甘，乱是用餤②。'"

【注释】①赙：拿钱财帮助别人办理丧事。②引自《诗经·小雅·巧言》。孔：甚。乱：祸乱。餤（tán）：进。

【译文】孔子说："君子不仅仅根据一个人的言辞去随意评价他人。所以如果是在天下有道的太平盛世，人们更多的是注重实际行动而少说漂亮话；如果是在天下无道的混乱之世，人们就会更注重说漂亮话，而少注重实际行动的。所以君子和有丧事的人在一起，如果不能为他办丧事也不能提供资助，就不要去问他办理丧事需要的费用和需不需要帮忙；和病人在一起，如果无力给予他馈赠，就不要去问他有什么样的需要；有客人远道而来，自家不能留宿客人，就不要去问他在哪里落脚住宿。所以说君子之间的交往，如水一般淡；小人之间的交往，如醴一样浓。虽君子之间的交往淡如水，但能相辅相成；虽然小人之间的交往其甜如醴，但时间长了必然败坏。《小雅》上说：'坏人说话甜腻腻，所以乱子就会产生。'"

子曰："君子不以口誉人，则民作忠。故君子问人之寒，则衣之；问人之饥，则食之；称人之美，则爵之。《国风》曰：'心之忧矣，于我归说。①'"

子曰："口惠而实不至，怨菑②及其身。是故君子与其有诺责也，宁有已怨。《国风》曰：'言笑晏晏，信誓旦旦，不思其反；反是不思，亦已焉哉！③'"

子曰："君子不以色亲人；情疏而貌亲，在小人则穿窬④之盗也与？"

子曰："情欲信，辞欲巧。"

【注释】①引自《诗经·曹风·蜉蝣》。说(shuì)：居住休息。②菑：同"灾"。③引自《诗经·卫风·氓》。晏晏：和悦的样子。旦旦：恳切的样子。反：实践诺言。④窬：从墙上爬过去。

【译文】孔子说："君子不用华而不实的言语恭维他人，百姓中便会形成忠实的风气。所以，君子询问别人是否感到寒冷，就要给人家送衣服穿；询问他人是否感到饥饿，就要给人家送食物吃；称赞别人的优点，就要给他加官进爵。《国风》里面说：'心里担忧他人没有居所，那就与我一道回家去休息吧！'"

孔子说："嘴上已经承诺好处给人家，又不去兑现，这样会为自己带来怨恨和灾祸。所以，君子轻易答应别人的请求做不到而受到指责，宁愿不承诺而受人埋怨。《国风》里面说：'从前你和颜悦色，又是发誓又是赌咒。不想一想那些话的后果，到了后果是相反的，那一切也就都完了。'"

孔子说："君子不用虚情假意去讨好别人；如果感情疏远，而表面上又装作关系非常亲密的样子，拿小人来打比方，不就是与钻墙洞的小偷一样吗？"

孔子说："情理要信实，言辞要美好。"

子言之："昔三代明王，皆事天地之神明，无非卜筮之用，不敢以其私，亵事上帝。是故不犯日月，不违卜筮。卜筮不相袭也。大事有时日；小事无时日，有筮。外事用刚日，内事用柔日。不违龟筮。"

子曰："牲牷①、礼乐、齐盛，是以无害乎鬼神，无怨乎百姓。"

子曰："后稷之祀易富也；其辞恭，其欲俭，其禄及子孙。《诗》曰：'后稷兆祀，庶无罪悔，以迄于今②。'"

子曰："大人之器威敬。天子无筮；诸侯有守筮。天子道以筮；诸侯非其国不以筮。卜宅寝室。天子不卜处大庙。"

子曰："君子敬则用祭器。是以不废日月，不违龟筮，以敬事其君长，是以上不渎于民，下不亵于上。"

【注释】①牷：古代用作祭品的纯色全牲。②引自《诗经·大雅·生民》。兆：四郊祭处。

【译文】孔子说："曾经夏、商、周三代圣明君王，都会去祭祀天地众神，祭祀中的所有活动都取决于卜筮，不敢妄逞个人意愿而亵渎对上苍的祭祀。所以不至于冲犯不吉利的日子，不会违背卜筮的指示。用了龟卜，就不能再用策筮；用了策筮，就不能再用龟卜。大郊禘之祭有固定的日子；小的祭祀则没有，临时用策来决定日期和时辰也是可以的。祭祀天地神祇要选择在刚日，宗庙之祭要选择在柔日。不可以违背卜筮的指示。"

孔子说："由祭祀所用的牲畜、礼乐、粢盛，既不能亵渎鬼神，又不能让百姓心中有怨。"

孔子说："后稷祭祀容易备办；因为他言辞恭敬作风节俭，他把福禄传给了自己的子孙。《诗经》上说：'后稷开创祭祀礼，几乎没有什么缺憾，至今流传好风气。'"

孔子说："天子、诸侯的龟策，威严而又敬重，不能随便乱用。对于征伐出师这一类的大事，天子用卜而不用策。诸侯是有守国之策的。天子出门，走在路上，发生事情则用策，不用卜。如果诸侯不在自己国境之内，禁止用策。诸侯搬家或迁移寝室，用卜。太庙选址，天子不用占卜。"

孔子说："为表示对客人的尊敬，可以用祭器款待客人。所以臣下拜见国君要选一个吉利的好日子，不违背龟策上的指示，以表示对国君的尊敬，所以国君不轻贱百姓，百姓们也不会去冒犯国君。"

缁衣第三十三

【题解】本篇从人的好恶言行出发,论述了治国安民的道理,以及安身立命之道。名为《缁衣》,只是因为文中引用了《缁衣》这首诗而已。王夫之认为:《坊记》《表记》《缁衣》三篇,《表记》,是续《坊记》而作,《缁衣》是续《表记》而作。三者"本末相资,脉络相因,文义相肖,盖共为一书,而杂《中庸》于《坊记》之后,则传者乱之耳"。吴曾祺评注:"缁衣郑诗取以名篇者,以篇中有'好贤如《缁衣》'语。此篇凡二十四节,大抵多明人之好恶,人之所宜好者莫如贤,所恶莫如恶,故引《缁衣》之诗。陆德明引刘瓛语,定为公孙尼子所作。"

子言之曰:"为上易事也,为下易知也,则刑不烦矣。"子曰:"好贤如《缁衣》,恶恶如《巷伯》,则爵不渎而民作愿①,刑不试而民咸服。大雅曰:'仪刑文王,万国作孚②。'"

子曰:"夫民,教之以德,齐之以礼,则民有格心③;教之以政,齐之以刑,则民有遁心。故君民者,子以爱之,则民亲之；信以结之，则民不倍；恭以莅之，则民有孙心④。《甫刑》曰：'苗民匪用命，制以刑，惟作五虐之刑曰法。是以民有恶德，而遂绝其世也。'"

【注释】①《缁衣》：《诗经·郑风》篇名。《巷伯》：《诗经·小雅》篇名。愿：敬谨。②引自《诗经·大雅·文王》。仪刑：效法。③格心：向善、进取之心。④孙心：孙通"逊"，顺从之心。

【译文】孔子说："做君上的对臣下不苛虐，容易侍奉，做臣下对君上没有欺诈之心，君上容易了解臣下的实情。如果这样，刑罚就不会繁多。"孔子说："如果能像那首《缁衣》中说的去尊敬贤人，像《巷伯》中说的去痛恨坏人，官位不会轻易授予，百姓中也会兴起谨厚之风，做到不用刑罚而百姓顺服。《大雅》上说：'如果都效法文王，那么所有的诸侯国中都会兴起诚信之风。'"

孔子说："百姓，如果对他们用道德进行教育，用礼法进行约束，那么他们就会有向善之心；如果用政令对他们进行教化，用刑罚进行约束，那么他们就会有逃避的心理。所以，作为一国之君，应该像爱护自己的子女一样去爱护百姓，百姓自然会对他亲近；用诚实守信去团结百姓，百姓自然不会背叛他；用恭敬的态度去对待百姓，百姓就会产生顺从之心。《甫刑》上说：'苗族人不服从蚩尤的管理，于是蚩尤就制定了刑罚对他们进行制裁，把制定的五种残暴刑罚称之为法。因此百姓品德恶劣，竟至于绝了后嗣。'"

子曰："下之事上也，不从其所令，从其所行。上好是物,下必有甚者矣。故上之所好恶,不可不慎也,是民之表也。"子曰:"禹立三年,百姓以仁遂焉,岂必尽仁?《诗》云:'赫赫师尹,民具尔瞻①。'《甫刑》曰:'一人有庆,兆民赖之。'大雅曰:'成王之孚,下土之式②。'"子曰:"上好仁,则下之为仁争先人。故长民者章志、贞教、尊仁,以子爱百姓;民致行己以说其上矣。《诗》云:'有梏德行,四国顺之③。'"

【注释】①引自《诗经·小雅·节南山》。②引自《诗经·大雅·下武》。③引自《诗经·大雅·抑》。梏:今作"觉",大也,正直。

【译文】孔子说:"臣子侍奉君王,不是只会简单地去听从命令,而是跟随君王的实际行动。君王偏爱某样东西,臣子必定比他更为偏爱。所以,君王的喜好厌恶,不得不格外慎重,因为君王的行为是要给臣子和百姓作表率的。"孔子说:"禹即帝位三年,仁在百姓中就得到推崇,难道是所有百姓都懂得仁吗?这只是禹本人好仁,百姓受他的影响罢了。《诗经》上说:'显赫的尹太师啊,万民都敬仰着您啊!'《甫刑》上说:'如果一国之君拥有美德,天下万民都仰赖他。'《大雅》上说:'成王守信有威望,成为天下人的好榜样。'"孔子说:"君王喜好仁,那么臣子们也会争先恐后地行仁。所以君王应当表明自己好仁的志向,用正道教育民众,推崇仁道,把百姓当作自己的子女去爱护;百姓就会尽力去立身行仁,以迎合君王爱仁的喜好。《诗经》说:'天子有正直的好品德,四方诸侯就会归顺。'"

子曰:"王言如丝,其出如纶①;王言如纶①,其出如綍②。故大人不倡游言。可言也,不可行,君子弗言也;可行也,不可言,君子弗行也。则民言不危行,而行不危言矣。《诗》云:'淑慎尔止,不愆于仪③。'"

子曰:"君子道人以言,而禁人以行。故言必虑其所终,而行必稽其所敝;则民谨于言而慎于行。《诗》云:'慎尔出话,敬尔威仪④。'《大雅》曰:'穆穆文王,於缉熙敬止⑤。'"

【注释】①纶:绶带。②綍(fú):通"绋",绳索。③引自《诗经·大雅·抑》。愆:过失。④引自《诗经·大雅·抑》。⑤引自《诗经·大雅·文王》。於:叹词。缉熙:光明。敬:敬慎。

【译文】孔子说:"君王的原话本来只有丝那么细,可传到百姓耳朵里,就变成有绶带那么粗了;君王的原话本来只有绶带那般细,可传到百姓耳朵里,就变成有绳索那般粗了。所以君长讲出的话不能华而不实。说得到,却做不到的,君王就不要去说。可以做到,却不能示人的,君王还是不要去做。这样,老百姓就会言行合一,言语不会高于行为,行为也不会高于言语,做事便不会违背自己说过的话。《诗经》上说:'谨慎注意你的行为举止,不要超过了礼仪的规定。'"

孔子说:"君子用言行引导人向善,禁止人作恶。所以所说的话,要考虑它的后果,行事要考虑会带来什么样的弊端。这样,老百姓说话做事都会小心谨慎了。《诗经》上说:'说话要谨慎小心,举止要端正身心。'《大雅》上说:'庄重谦恭的文王啊,盛德光明举止又谨慎小心!'"

子曰:"长民者,衣服不贰,从容有常,以齐其民,则民德壹。《诗》云:'彼都人士,狐裘黄黄,其容不改,出言有章,行归于周,万民所望①。'"子曰:"为上可望而知也,为下可述而志也,则君不疑于其臣,而臣不惑于其君矣。《尹吉》曰:'惟尹躬及汤,咸有壹德②。'《诗》云:'淑人君子,其仪不忒③。'"

【注释】①引自《诗经·小雅·都人士》。②《尹吉》:郑玄注:"吉"当为"告","告",古文"诰",字之误也。《尹告》即"伊尹之诰"也。《书序》认为即《咸有一德》。③引自《诗经·曹风·鸤鸠》。

【译文】孔子说:"做君王的人,衣服要有一定的样式,行为举止有一定规范,为百姓树立好的榜样,百姓的道德才会和他一样。《诗经》上说:'那些京都来的人士,狐皮袍子亮黄黄,他们容貌不曾更改,说出话来像文章,行为遵循西周礼义,这正是万民所希望看到的。'"孔子说:"臣子看到君王的表情就知道他内心的想法,臣子会竭尽所能为君王办事,从臣子的言行举止就可以看出他的为人,这样君王不会不放心臣子,而臣子也不会不了解自己的君王。《尹吉》说:'惟伊尹和汤,都有纯一的品德。'《诗经》上说:'善人君子,他们的仪容没有差错。'"

子曰:"有国家者章善瘅①恶,以示民厚,则民情不贰。《诗》云:'靖共尔位,好是正直②。'"

子曰:"上人疑则百姓惑,下难知则君长劳。故君民者,章好以示民俗,慎恶以御民之淫,则民不惑矣。臣仪行,不重辞,不援其所不及,不烦其所不知,则君不劳矣。《诗》云:'上帝板板,下民卒瘅。'③《小雅》曰:'匪其止共,惟王之邛④。'"

【注释】①瘅(dàn):憎恨。②引自《诗经·小雅·小明》。共:通"恭"。③引自《诗经·大雅·板》。板板:乖戾邪僻。④指《诗经·小雅·巧言》。邛(qióng):劳碌。

【译文】孔子说:"作为一个国家的君王,用赏赐表彰善人,用刑罚来惩治恶人。让百姓看到君王所倡导的善恶,只有这样,百姓才会一心为善。《诗经》上说:'安分恭敬地做好你应该做的工作,你所亲近喜好的都是正直人。'"

孔子说:"如果国君好坏不分,百姓会觉得迷惑而不知该怎么做,如果臣子不知怎么做就会让君王劳神费心。所以作为一国之君,表彰善人使百姓有所效法,惩治坏人以儆效尤,这样百姓就明确了应该去怎么做。作为臣子,符合道义的事就要奉行,不让国君去做一些力所不能及的事,不说一些国君不知道的烦事给国君听,这样国君就可以省心了。《诗经》上说:'如果国君好恶无常,百姓都得遭殃。'《小雅》上说:'臣子不忠于他的本职,只是给君主添麻烦。'"

子曰:"政之不行也,教之不成也,爵禄不足劝也,刑罚不足耻也。故上不可以亵刑而轻爵。《康诰》曰:'敬明乃罚。'《甫刑》曰:'播刑之不迪①。'"

子曰:"大臣不亲,百姓不宁,则忠敬不足,而富贵已过也;大臣不治而迩臣比②矣。故大臣不可不敬也,是民之表也;迩臣不可不慎也,是民之道也。君毋以小谋大,毋以远言近,毋以内图外,则大臣不怨,迩臣不疾,而远臣不蔽矣。叶公之顾命③曰:'毋以小谋败大作,毋以嬖御人疾庄后④,毋以嬖御士疾庄士、大夫、卿士。'"

子曰:"大人不亲其所贤,而信其所贱,民是以亲失,而教是以烦。《诗》云:'彼求我则,如不我得;执我仇仇,亦不我力。⑤'《君陈》⑥曰:'未见圣,若己弗克见;既见圣,亦不克由圣。'"

【注释】①迪:道。②比:私下相亲。③叶公之顾命:叶当为"祭"(zhài)事见《逸周书·祭公篇》。顾命:临终遗言。④嬖御人:宠妾。庄后:端庄得体的嫡夫人。⑤引自《诗经·小雅·正月》。⑥《君陈》:《尚书》篇名。

【译文】孔子说:"政令之所以得不到有力推行,教化之所以没能成功,都是因为爵禄不合理还不足以劝人向善,而且因为刑罚不足以让坏人觉得羞耻。所以君王不能随便轻易地去动用刑罚，不可随随便便就给人颁发爵禄。《康诰》上说：'动用刑罚一定要慎重严明。'《甫刑》上说：'施行刑罚要合乎情理。'"

孔子说："大臣之间离心离德，与国君不亲近，政教繁苛，使百姓不得安宁，就会臣子对君王不忠心，君王不去尊敬臣子，而大臣所享受财富官爵已经达到了上限；大臣不尽心尽力地为国君办事，近臣就会私下互相勾结。所以，对大臣不可以不尊敬，因大臣是百姓心中的楷模；选择近臣不可不慎重，因近臣是百姓与国家之间的桥梁。要和大臣商议的事，不要去与小臣商议，要和近臣谈论的事，不要去与远臣谈论，和内臣共同讨论的事，不要去与外臣讨论。只有这样，大臣之间才不会产生怨恨，近臣不会嫉妒，远臣有意见也可以直接反映。祭公的遗嘱说：'不要采纳小臣的主意破坏大臣的作为，不要因宠幸个别姬妾就去厌弃庄重守礼的嫡夫人，不要因喜好个别小臣而厌弃庄重守礼的大臣。'"

孔子说："君王不信任贤人，而信任卑贱的小人；百姓也跟着亲近失德的小人，教令也会因此变得烦乱了。《诗经》上说：'朝廷当初需要我，唯恐得不到。得到以后撂一边，不把重任给我挑。'《君陈》上说：'人们在没见到圣人之道时，自己好像不能见到；等自己见到了圣人之道，却又不能用好圣人之道。'"

子曰："小人①溺于水，君子溺于口，大人溺于民，皆在其所亵也。夫水近于人而溺人，德易狎而难亲也，易以溺人；口费而烦，易出难悔，易以溺人；夫民闭于人，而有鄙心，可敬不可慢，易以溺人。故君子不可以不慎也。《太甲》

曰：'毋越厥命以自覆也；若虞机张，往省括于厥度则释。'《兑命》曰：'惟口起羞，惟甲胄起兵，惟衣裳在笥，惟干戈省厥躬。'《太甲》曰：'天作孽，可违也；自作孽，不可以逭。'《尹吉》曰：'惟尹躬天②，见于西邑③，夏自周④有终，相亦惟终。'"

【注释】①小人：指百姓。君子：指士大夫。大人：指天子诸侯。②天：当是"先"字之误。③西邑：指夏都安邑，位于商都亳之西，故成西邑夏。④周：忠信。

【译文】孔子说："百姓喜欢戏水，就会很容易被水淹死；士大夫喜欢议论他人，就会很容易祸从口出；执政者总是不把百姓当一回事，就会很容易被百姓推翻，原因都是在于对接触多的事物产生了轻慢心态。水与人那么亲近，而人却动不动就被水淹死，就是因为水看上去柔、易接近，而实际却又难于亲近的，所以淹死人；喜欢絮絮叨叨的人，后悔药难吃，所以容易招致祸害；老百姓不懂道理，心怀鄙诈，对他们可要恭敬而不能怠慢，不然就容易引来灾祸。所以君子不得不小心谨慎去行事。《太甲》上说：'不要颠三倒四地胡乱下达政令，自取灭亡；就像虞人，会先进行仔细观察，直到箭头、箭尾、目标三者成一条直线，才会发射。'《兑命》上说：'出言不当会带来羞辱，盔甲用得不当就会引起战争，箱子里的礼服不可随便送人，干戈本是用来讨伐敌人的，使用前要进行反躬自省，不得加害无辜。'《太甲》上说：'来自大自然的灾难，还可以去躲避；自己人为造成的灾祸，则是躲都躲不开。'《尹诰》上说:'我伊尹的先祖是见识到过夏代西邑政治的,夏禹用忠信治民得享天命,辅佐他的臣子也跟着得享天命。'"

子曰:"民以君为心,君以民为体;心庄则体舒,心肃则容敬。心好之,身必安之;君好之,民必欲之。心以体全,亦以体伤;君以民存,亦以民亡。《诗》云:'昔吾有先正,其言明且清,国家以宁,都邑以成,庶民以生①'。'谁能秉国成,不自为正,卒劳百姓②'。《君雅》曰:'夏日暑雨,小民惟曰怨;资冬祁寒,小民亦惟曰怨③。'"

【注释】①前五句为逸诗。②引自《诗经·小雅·节南山》。③《君雅》当作《君牙》。"曰"当作"日"。资:至。

【译文】孔子说:"百姓把君主当作自己的心脏,君主把百姓当作自己的血肉身体;心端正以后身体才会觉得舒适,身体也一定愿意去适应,内心严肃就会容止恭敬。内在安康,身体也会跟着安康;君主的喜好,百姓也会跟着奉迎。内心安好身体健全,如果身体出现问题,内脏也会跟着受到损伤;君主因为百姓拥护而存在,君主也会因百姓的反对而灭亡。《诗经》上说:'从前我们的先君,他下达的教令通达又条理清楚,国家才得以安宁,都邑才得以建成,百姓才得以安居乐业。''当今世上有谁能够将国家大事像这般处理的?不自我修正,却劳役了百姓。'《君雅》上说:'夏天酷热湿闷,老百姓会埋怨天;等冬天严寒来临,老百姓还是会埋怨天。'"

子曰:"下之事上也,身不正,言不信,则义不壹,行无类也。"

子曰:"言有物而行有格①也;是以生则不可夺志,死则不可夺名。故君子多闻,质而守之;多志,质而亲之;精知,略而行之。《君陈》曰:'出入自尔师虞,庶言同②。'《诗》云:'淑人君子,其仪一也③。'"

【注释】①格:规矩。②师:众。虞:谋虑。庶:众。③指《诗经·曹风·鸤鸠》。

【译文】孔子说:"臣下侍奉君上,如果身心不正,不讲信用,那么他的道义也不专一,行为没有常法纲纪。"

孔子说:"讲话有根据,做事有规矩;所以活着的时候没有人能够改变他的志向,死了后也没有人能够剥夺他的好名声。因此君子应该博闻,弄清楚了后就将它铭记在心;多识,在弄清楚了后就学而不厌弃;知识要精深,求其大体而实行之。《君陈》上说:'颁布政令,虚心接受他人建议,充分参考大家的意见,尽量使大家能意见一致。'《诗经》上说:'君子和善人,言行总是一致。'"

子曰:"唯君子能好其正,小人毒其正。故君子之朋友有乡,其恶有方;是故迩者不惑,而远者不疑也。

《诗》云:'君子好仇①。'"

子曰:"轻绝贫贱而重绝富贵,则好贤不坚而恶恶不着也。人虽曰不利,吾不信也。

《诗》云:'朋有攸摄,摄以威仪②。'"

子曰:"私惠③不归德,君子不自留焉。

《诗》云:'人之好我,示我周行④。'"

【注释】①好仇:理想的配偶。仇,今作"逑"。②摄:辅助,佐理。③私惠:私下赠送礼物。④引自《诗经·小雅·鹿鸣》。

【译文】孔子说:"只有君子喜欢那些能对自己进行正言规劝的人,而小人则会对自己正言规劝的人产生仇恨。所以君子的朋友一定是志同道合的,君子厌恶的人也是一定有道理的;因此和君子亲密的人不会产生疑惑,而和君子不亲近的人也不会产生疑惑。

《诗经》上说:'君子喜好结交品行相当的朋友。'"

孔子说:"那些能轻易地因为贫贱就和朋友绝交,而谨慎的对待与富贵朋友的绝交,说明他好贤的意志对坏人的态度都不够坚定和明确。即使别人说他不是为了个人私利,我也不信。

《诗经》上说:'朋友之间应该互相督促勉励,互相督促勉励靠的是礼义威仪。'"

孔子说:"私自用小恩小惠相赠,却又违背道德的人,君子是不会接受留下的。

《诗经》上说:'你若真正待我好,就应当给我指出忠信之道。'"

子曰:"苟有车,必见其轼①;苟有衣,必见其敝;人苟或言之,必闻其声;苟或行之,必见其成。《葛覃》曰:'服之无射②。'"

子曰:"言从而行之,则言不可饰也;行从而言之,则行不可饰也。故君子寡言,而行以成其信,则民不得大其美而小其恶。

《诗》云:'白圭之玷,尚可磨也;斯言之玷,不可为也③。'

《小雅》曰:'允也君子,展也大成。'

《君奭》曰:'昔在上帝,周田观文王之德,其集大命于厥躬④。'"

子曰:"南人有言曰:'人而无恒,不可以为卜筮。'古之遗言与?龟筮犹不能知也,而况于人乎?

《诗》云:'我龟既厌,不我告犹⑤。'

《兑命》曰:'爵无及恶德,民立而正事,纯而祭祀,是为不敬;事烦则乱,事神则难。'

《易》曰:'不恒其德,或承之羞。恒其德侦,妇人吉,夫子凶。'"

【注释】①轼:车上供凭扶的横木。②射(yì):通"斁",厌。③引自《诗经·大雅·抑》。玷：玉上的斑点。④《君奭》：《尚书·周书》篇名。在：通"哉"。⑤引自《诗经·小雅·小旻》。

【译文】孔子说："如果一个人有车子，就会看到他的车前面的扶手；如果一个人有衣服，就会看到他的衣裳穿到破旧；如果一个人说过话，就会听到他的声音；如果一个人做了什么事，就会看到它的后果。《诗经·周南·葛覃》上说：'旧的衣服，是穿不厌的。'"

孔子说："话说了以后就要付诸于行动，所说的话不能是空话；行动以后接着进行思考，所以做事不能只是走过场。因此君子讲究少说多做，借此成就他的信誉，这样老百姓就不会轻易将自己的优点夸大和缺点缩小了。

《诗经》上说：'白玉有污点，尚还可以打磨清除干净；而说出口的话有问题，却是收不回的。'

《诗经·小雅·车攻》上说：'诚实守信的君子，日后必定会有所成就。'

《君奭》上说：'从前，上帝反复观察文王的德行，才把治理天下的重任托付给他啊！'"

孔子说："南方人有这样一句话，'一个变化无常的人，即使是去占卜，卦象上也无法显示出吉凶。'这大概是流传下来的谚语吧！龟筮那么神灵的东西都不能测出这种人的吉凶，何况是人呢？

《诗经》上说：'我的灵龟已经烦了，它不再告诉我吉凶的事。'

《兑命》上说：'爵位不能赏给道德败坏的人，否则百姓以他们为楷模，如果任由他们一味地对神祭祀，是对神灵的大不敬；事烦就乱了典礼，祈求神灵也是得不到福佑的。'

　　《易经》上说：'不长久地保持这样的德行，有时则会蒙受羞辱。又说：长久地保持德行，占问，对于妇人是好事，而对于男子来说却是坏事。'"

奔丧第三十四

【题解】郑玄《目录》云:"名曰《奔丧》者,以其居他国,闻丧奔归之礼。此于《别录》属《丧服之礼》矣,实逸《曲礼》之正篇也。汉兴后得古文,而礼家又贪其说,因合于《礼记》耳。奔丧礼司凶礼也。"此《奔丧》一篇,兼天子、诸侯,然以士为主,故郑下文注云:"未成服者,素委貌。"是士之所服,故知"以士为主"也。

奔丧①之礼:始闻亲丧,以哭答使者,尽哀;问故②,又哭尽哀。遂行,日行百里,不以夜行。唯父母之丧,见星而行,见星而舍。若未得行,则成服而后行。过国至竟,哭,尽哀而止。哭辟市朝。望其国竟哭。

至于家,入门左,升自西阶,殡东,西面坐,哭尽哀,括发,袒,降堂,东即位,西乡哭,成踊,袭,绖于序东③,绞带,反位,拜宾,成踊,送宾,反位;有宾后至者,则拜之、成踊、送宾皆如初。众主人兄弟④皆出门,出门哭止;阖门,相者告就次⑤。于又哭⑥,括发袒成踊;于三哭⑦,犹括发袒成踊。三日⑧成服,拜宾、送宾皆如初。

【注释】①奔丧：在外地赶回去办丧事。②问故：问明亲人死亡的原因。③序：中堂与东西堂的隔墙。序东：指东序东。④众主人兄弟：众主人，指父之庶子，即同母所生之弟，及庶母所生之兄弟。兄弟：指堂兄弟。⑤相者：赞礼的人。次：居丧的倚庐、垩室。⑥又哭：第二天早上的哭泣。⑦三哭：第三天早上的哭泣。奔丧的人一定要哭三次后才成服。⑧三日：奔丧者到家的第四天。因为生者从来日第二天数，所以叫"三日"。

【译文】奔丧的礼节：最初听到父亲或母亲过世的噩耗，只需用哭泣回答使者，尽情地痛哭过后；再向前来报信的使者询问父母过世的详情，听完使者的回答后，接着又尽情痛哭。然后起程，每天行程达一百里之多，白天赶路，夜间不赶路。奔父母之丧，早上在看到星斗时就要起身赶路，晚上到夜满天星斗才停下来休息。如果不能马上动身奔丧，也可以在成服之后再动身。在奔丧途中，经过每一个国家的国境线都要痛哭，直到发泄完心中的悲痛为止。哭的时候要避开集市。从看到自己国家境开始就要一直哭了。

到家门口，从门左边进去，从西阶登堂，走到灵柩东面，面朝西而跪，放声痛哭，直到发泄完心中的悲痛才停止，这时要脱去吉冠，用麻绳束发，袒露左臂；从西阶下堂，在台阶东面就位，面朝西痛哭，同时还要顿足跺脚，然后到东边穿好衣服，戴上麻绖，系上绞带，然后才回到台阶东边主人的位置上，开始拜谢宾客，并跺脚大哭；将宾客送到殡宫门外，又回到主人的位置。如果有宾客来迟了，主人还是要对他们拜谢的，顿足跺脚的痛哭，送客出门，和之前所作的一样。送完宾客以后，主人和其他庶兄弟、堂兄弟都走出殡宫门，停止哭泣，然后阖上殡宫门，赞礼的相就会提醒主人该搬去办理丧事的房屋了。第二天早晨哭灵时，还用麻绳束发，袒露左臂，顿足跺脚的痛哭；第三天早晨哭灵的时候，依然用麻绳束发，袒露左臂，顿足跺脚的痛哭。直到第四天才把丧服整套穿戴齐备，对前来吊唁宾客的拜谢和送客，礼数都和第一天一样。

奔丧者非主人，则主人为之拜宾送宾。奔丧者自齐衰以下，入门左中庭北面哭尽哀，免①麻于序东，即位袒，与主人哭成踊。于又哭、三哭皆免袒，有宾则主人拜宾、送宾。丈夫妇人之待之也，皆如朝夕哭位，无变也。

【注释】①免（wèn）：去掉头饰，用麻布条扎住头发。

【译文】如果奔丧的人并不是主人，那么前来吊唁的宾客主人替他拜谢和送出就好了。如果奔丧的人属于齐衰以下亲属，到达主人家后，从门左边进去，站在院子中央，面向北放声痛哭，直到发泄完心中悲痛，到东序东边脱去吉冠，戴上免，系上麻腰带，站到自己该站的位置上袒露左臂，跟着主人一起顿足跺脚的痛哭。第二天、第三天早晨哭灵时，其打扮、礼数都和第一天一样，有前来吊唁的宾客，由主人替他拜宾、送宾。主人、主妇对于前来奔丧的人，都是站在朝夕哭的位置上等待，不会因奔丧者的前来而改变。

奔母之丧，西面哭尽哀，括发，袒，降堂，东即位，西乡哭，成踊，袭免绖于序东，拜宾、送宾，皆如奔父之礼，于又哭，不括发。

妇人奔丧，升自东阶，殡东，西面坐，哭尽哀；东髽①，即位，与主人拾踊。

奔丧者不及殡②，先之墓，北面坐，哭尽哀。主人③之待之也，即位于墓左，妇人墓右，成踊，尽哀，括发，东即主人位，绖绞带，哭成踊，拜宾，反位，成踊。相者告事毕。遂冠归，入门左，北面哭尽哀，括发，袒，成踊，东即位，拜宾，成踊。宾出，主人拜送；有宾后至者，则拜之，成踊；送宾如初。众主人兄弟皆出门，出门哭止，相者告就次。于又哭，括发，成踊；于三哭，犹括发成踊。三日成服，于五哭④，相者告事毕。为母所以异于父者，壹括发，其余免以终事，他如奔父之礼。

【注释】①东髽(zhuā)：郑玄以为是髽于东序，与不是奔丧者髽于东房不同。②不及殡：奔丧者没能在死者葬前赶回家。③主人：指在家主办丧事者。④五哭：成服的第二日哭泣。

【译文】嫡子奔母丧，同样从门的左边进去，从西阶登堂，到灵柩东面，面朝西跪地放声痛哭，表达内心的衰伤之情，然后脱吉冠，用麻绳束发，袒露左臂，从西阶下堂，在台阶东面站立，面朝西顿足跺脚的痛哭，然后戴上免，系上麻带，对前来吊唁的宾客，嫡子的拜宾、送宾礼都和奔父丧时相同，只是在第二天哭灵时就不再用麻绳束发，可以改为戴免。

妇人奔丧，从堂东侧阶上堂，到灵柩东边，面朝西跪下后，放声大哭，表达内心的衰伤之情；然后再走到自己的哭位，到东序与主人轮流顿足跺脚痛哭。

如果为父亲奔丧的人没有在停殡待葬期间及时赶到家，那就要先去墓地，面朝北跪地痛哭，表达内心的衰伤之情。代他主持丧事的人接待他的礼数是：在墓的左边就位，妇人则在墓的右边就位。奔丧者顿足跺脚痛哭，表达内心的衰伤之情，用麻绳束发；然后到墓东边的主人位子上戴麻绖，系绞带，顿足跺脚痛哭，对前来吊唁的宾客进行拜谢，回到原位，顿足跺脚的痛哭。这时候赞礼的相宣布哭墓结束。于是奔丧者戴上帽子，回家，从门左边进去，面向北，放声痛哭，表达内心的衰伤之情，然后用麻绳束发，袒露左臂，顿足跺脚的痛哭，再到台阶的东面就位，拜谢宾客，顿足跺脚的痛哭。宾客退出，主人拜送到门外；有吊唁来晚了的宾客，主人仍然用和开始时一样的礼数拜谢宾客。这时，主人的庶兄弟、堂兄弟都全部退出殡宫的门，出了门不用哭了，赞礼的相就提醒主人该去办理丧事的房间了。第二天早晨哭灵时，用麻绳束发，顿足跺脚的痛哭；第三天也是一样。整套的丧服第四天才穿戴齐备，第五天早晨哭灵的时候，赞礼的相会宣告殡宫要做的事已经做完了。如果为母亲奔丧的人没有在停殡待葬期间及时赶到家，只有从墓地刚回家里时用麻绳束发一次，其他时候戴免就可以了，除此之外，其他礼数和奔父之丧相同。

齐衰以下不及殡，先之墓，西面哭尽哀，免麻于东方，即位，与主人哭，成踊，袭。有宾，则主人拜宾、送宾；宾有后至者，拜之如初。相者告事毕。遂冠归，入门左，北面哭尽哀，免，袒，成踊，东即位，拜宾，成踊。宾出，主人拜送。于又哭，免袒成踊。于三哭，犹免袒成踊。三日成服，于五哭，相者告事毕。

【译文】奔齐衰以下亲属之丧，如果在停殡待葬期间无法及时赶回，就先到墓地，面朝西痛哭，直到发泄完心中的悲伤，在墓的东面脱去吉冠，戴上免，系上麻带，然后和主人一起顿足跺脚的痛哭，穿好衣服后。如果有宾客前来吊唁，由主人拜宾、送宾；如果前来吊唁的宾客有迟到的，拜宾、送宾都由主人来做，和之前一样。赞礼的相宣告哭墓完毕。于是奔丧者戴上帽子，到家门口，从门的左边进去，面朝北而哭，直到发泄完内心悲痛；然后戴上免，袒露左臂，顿足跺脚的痛哭，然后在台阶之东就位，主人对他行拜宾之礼，奔丧者则顿足跺脚的痛哭。前来吊唁的宾客出来，主人拜谢送到门外。第二天哭灵时，头戴免，袒露左臂，顿足跺脚的痛哭；第三天与此相同，直到第四天才把丧服穿戴齐备，第五天哭灵后，赞礼的相就告诉说奔丧礼结束。

闻丧不得奔丧[1]，哭尽哀；问故，又哭尽哀。乃为位[2]，括发，袒，成踊，袭，绖，绞，带，即位，拜宾，反位成踊[3]。宾出，主人拜送于门外，反位；若有宾后至者，拜之成踊，送宾如初。于又哭，括发袒成踊，于三哭，犹括发袒成踊，三日成服，于五哭，拜宾送宾如初。

若除丧而后归，则之墓，哭，成踊，东括发袒绖，拜宾，成踊，送宾反位，又哭尽哀，遂除，于家不哭。主人之待之也，无变于服④，与之哭，不踊。自齐衰以下，所以异者，免麻。

【注释】①闻丧不得奔丧：指受君命外出有事，未完事之前不得奔丧。②为位：因不能立即奔丧，在外面也按照亲疏关系排列哭位。主人的位置在东阶下西面。③拜宾，反位成踊：拜宾时不站在哭位上，所以拜后返位哭踊。④主人：原先在家主持丧事的人。无变于服：在家的人已经除丧服，穿吉服，不必换成丧服。

【译文】听到父母的去世噩耗而又不能前往奔丧的孝子，这样的情况下奔丧者礼节是：放声痛哭，直到发泄完内心悲伤；再向前来报信的使者询问父母过世的详情，听完使者的回答后，接着又尽情痛哭。然后设灵堂、哭位，用麻绳束发，袒露左臂，顿足跺脚痛哭，穿好衣服，戴上麻绖，系上绞带，在台阶下的主人位上，对前来吊唁的宾客进行拜谢，拜谢后回原位，顿足跺脚痛哭。宾客退出，主人拜送到门外，再返回原位；如果有宾客吊唁时来迟了，主人和之前一样表示拜谢，顿足跺脚痛哭，送客出门。第二天哭灵时，用麻绳束发，袒露左臂，跺脚痛哭，第三天与此相同。直到第四天才把丧服穿戴齐备，第五天哭灵时，拜宾、送宾的礼数都与第一天相同。

奔丧者如果在家人已经除去丧服之后才归家，先去墓地上，痛哭顿足跺脚，然后到墓东边主人的位子上，用麻绳束发，袒露左臂，戴上麻绖，再对前来吊唁的宾客进行拜谢，回原位继续顿足跺脚痛哭，送宾出门，然后回原位，又痛哭到尽哀为止，就可以除去孝服了，回家后也不用再哭了。在家代为主持丧事的人接待奔丧者时，不用脱下吉服改穿孝服，可以陪着奔丧者一起哭泣，但不用顿足跺脚。齐衰以下的亲属在家人除去丧服之后才归家的，奔丧的礼数和以上基本相同；不同的是在墓地上只需要头戴免，系上麻带就可以了，而不用麻绳束发和袒露左臂了。

凡为位①，非亲丧，齐衰以下，皆即位哭尽哀，而东免绖，即位，袒，成踊、袭，拜宾，反位，哭成踊，送宾反位。相者告就次②。三日五哭，卒③，主人出送宾；众主人兄弟皆出门，哭止。相者告事毕。成服，拜宾。若所为位家远，则成服而往。

【注释】①凡为位：这里指因私事在外而又不能立即奔丧的齐衰以下亲属，在所居客馆依亲疏关系排列哭泣。②次：在寝门外搭的庐舍，供临时守丧用。③三日，五哭卒：三日之内哭五次就停止哭泣。

【译文】凡是在外地排列遥哭的位置，不是父母的丧事，若是齐衰以下的丧事，都要站在哭位上，痛哭到尽哀为止，然后走到东序脱吉冠，就位后袒露左臂，顿足跺脚痛哭，穿好衣服，对前来吊唁的宾客进行拜谢，然后返回原位，又顿足跺脚痛哭，送走来宾,返原位,负责赞礼的相就提醒居丧的人该去守丧的庐舍去了。三天之内哭够五次,就可以不用哭了,主人送宾客出门;各位庶兄弟、堂兄弟都出门,并停止哭泣。赞礼的相宣告礼毕。第四天穿戴齐备丧服,如果还有前来吊唁的宾客,则拜谢之。如果设立哭位之家离自己住处遥远,则在成服之后前往就好。

齐衰,望乡而哭;大功,望门而哭;小功,至门而哭;缌麻,即位而哭。哭父之党①于庙,母妻之党于寝,师于庙门外,朋友于寝门外,所识于野张帷。凡为位不奠。哭天子九,诸侯②七,卿大夫五,士三。大夫哭诸侯,不敢拜宾③。诸臣在他国,为位而哭,不敢拜宾。与诸侯为兄弟④,亦为位而哭。凡为位者壹袒。

所识者吊,先哭于家而后之墓,皆为之成踊,从主人北面而踊。

凡丧,父在父为主⑤;父没,兄弟同居,各主其丧。亲同,长者主之;不同,亲者主之。闻远兄弟⑥之丧,既除丧而后闻丧,免袒成踊,拜宾则尚左手⑦。无服而为位者,唯嫂叔及妇人降而无服者麻⑧。凡奔丧,有大夫至,袒,拜之,成踊而后袭;于士,袭而后拜之。

【注释】①父之党:指同姓而无丧服关系的人。②诸侯:指以前的君主。③不敢拜宾:因大夫不能做诸侯的丧主,所以不拜宾。④与诸侯为兄弟:指诸侯在异国的兄弟。⑤父在父为主:父亲是一家之长,如果儿子的妻或孙子死，仍是父作丧主。⑥远兄弟：指远房的兄弟，丧服关系在小功以下。⑦尚左手：拜时左手包在右手之外，为吉拜。⑧妇人降而无服者：指出嫁了的族姑姊妹。麻：指在吊丧的衣服上加麻绖。

【译文】奔丧者与死者是齐衰之亲，在望见家乡时就要开始一直哭了；大功之亲，就在望见家门时开始哭；小功之亲，走到家门口时开始哭；缌麻之亲，就位以后才不绝声的哭就可以了。同姓无服的族人过世了，到祖庙里哭一次就好；母亲或妻子的族人过世，在寝居哭他一次；老师过世了，在庙门外哭他一次；朋友过世了，在寝室门外哭他一次；曾经礼相往来的人过世了，在野外张开帷帐，在里面哭他一次。凡是因各种原因不能亲自前往奔丧的，在国外设位而哭的，都不必致奠。臣下收到国君的丧讯，不能前往奔丧的，要设位而哭，规定是：天子要哭九天，诸侯要哭七天，卿大夫要哭五天，士人要哭三天。大夫在别国设位哭其旧君，如果有宾客来吊，自己也不能以主人身份自居而表示拜谢。出使他国的臣子，在他国设位哭自己国君，如果有宾客来吊唁，自己同样也不能以主人身份自居表示拜谢。诸侯在异国的兄弟，也只能在本国为诸侯设位遥哭，如果有宾客前来吊唁，自己也不能以主人自居而表示拜谢。凡在国外为位而哭的，在闻丧的当天袒露左臂一次就可以了，以后都不必了。

如果死者身前的好友从外地前来吊唁，到时已经下葬，要先到逝者家中哭祭，再到墓地去哭，不论是家中还是墓地哭，哭时都要顿足踩脚，而且都要是跟着主人，面向北与主人交替顿足踩脚。

凡是家中办理丧事，父亲健在的，就应该由父亲作丧主；父亲去世，兄弟尚未分家的，自己妻子儿女的丧事也是各自主持。如果关系都是和逝者一般亲，就由当中的年长者主持丧事；如果大家和逝者的关系不尽相同，就由与逝者最亲近的人主持丧事。远房兄弟的死讯，在除丧之后才听到，其礼节是头戴免，袒露左臂，顿足跺脚痛哭，对前来吊唁的宾客进行拜谢时采用吉拜的方式，左手放在右手上面。没有丧服关系却要站在排定的位置上哭泣的，就是嫂子与小叔这种关系，或本来有服却因出嫁降为无服的族姑、族姊妹之间，将吊服上的葛绖换成麻绖。凡是奔丧行礼时，有大夫前来吊唁，作为主人都应该袒露左臂，对他行拜谢之礼，顿足跺脚痛哭，然后穿上衣服；如士前来吊唁，穿上衣服后再行拜谢礼。

问丧第三十五

【题解】郑玄说:"名曰《问丧》者,以其善问居丧之礼所由也。"本篇前半部分记述居丧哭泣的礼节,后半部分以问答形式解释了袒、免、挂杖的意义,义在阐明"丧礼主哀""悲哀在中故形变于外"的道理。吴曾祺评注:"此篇设问以明居丧之礼,故以《问丧》名。通篇分作二段,前一段五节,总论孝子居丧悲哀痛疾之意;后一段四节,列问丧礼敛袒免杖之义。皆人子所当深考也。"

亲始死,鸡斯①徒跣,扱上衽②,交手哭。恻怛之心,痛疾之意,伤肾干肝焦肺③,水浆不入口,三日不举火,故邻里为之糜粥以饮食之。夫悲哀在中,故形变于外也,痛疾在心,故口不甘味、身不安美也。

【注释】①鸡斯:当作笄纚(xǐ),音同而误。笄:固定发髻的簪子。纚:包住发髻的网巾。②扱上衽:把深衣前幅下摆反束于腰带。③伤肾、干肝、焦肺:郑玄说举三脏而包其余,实指五脏。

【译文】父亲或母亲刚去世,孝子要脱下穿着的吉冠,露出发簪和裹髻的帛,光脚,将深衣前襟下摆披进腰带,双手交替捶胸大哭。当时心情一定是悲痛万分,伤心欲绝,五内如焚,喝不进一滴水,吃不进一粒米,一连三天不生火,所以左右邻里只能熬些糜粥给他吃喝。因内心无限悲痛难忍,所以面色憔悴,因为痛不欲生,所以食不知味,根本不会去在乎外表端庄之类的。

三日而敛,在床曰尸,在棺曰柩,动尸举柩,哭踊无数。恻怛之心,痛疾之意,悲哀志懑气盛,故袒而踊之,所以动体安心下气也。妇人不宜袒,故发①胸,击心,爵踊②,殷殷田田③,如坏墙④然,悲哀痛疾之至也。故曰:"辟⑤踊哭泣,哀以送之。送形而往,迎精而反也。"

【注释】①发:敞开。②爵:即"雀"。雀踊:像麻雀那样双脚一齐跳。③殷殷田田:象声词。④坏:当作"坯"字,形近而误。坯墙:筑墙。古代把泥土填在夹板之间,夯实而成墙,所以筑墙有声音。这里用来比喻捬心顿足的声音。⑤辟:通"擗",捬心。

【译文】死后三天大敛,死人被放在床上为尸,装进棺材为柩,每次移动尸体,抬起灵柩,孝子都要跺脚痛哭。悲痛万分,伤心欲绝,悲哀之情使得满心烦闷,火气很大,所以孝子袒露左臂,跺脚痛哭,以此来使肢体活动、心绪安定,发泄火气。妇人不宜袒露左臂,所以敞开外衣前襟,双手捶胸,双脚一齐跺地,声音乒乒乓乓,就如筑墙一般,这些形态都是因为内心极度悲伤所致的。所以古书上说:"捶胸顿足,痛哭流涕都是痛不欲生表现啊!

这是在用无比悲伤的心情与死者告别。把死者的遗体送到墓地埋葬,把他的灵魂接回来加以安顿。"

其往送也,望望然、汲汲然①如有追而弗及也;其反哭也,皇皇然②若有求而弗得也。故其往送也如慕,其反也如疑。

求而无所得之也,入门而弗见也,上堂又弗见也,入室又弗见也。亡矣丧矣!不可复见已矣!故哭泣辟踊,尽哀而止矣。心怅焉怆焉、惚焉忾焉,心绝志悲而已矣。祭之宗庙,以鬼飨之,徼幸复反也。

成圹而归,不敢入处室,居于倚庐,哀亲之在外也;寝苦枕块,哀亲之在土也。故哭泣无时,服勤③三年,思慕之心,孝子之志也,人情之实也。

【注释】①望望然:瞻望的样子。汲汲然:急促的样子。②皇皇然:惶恐不安的样子。③勤:忧心劳思。

【译文】孝子在前往墓地送葬时,眼睛瞻望前方,显得特别焦急就像在追赶去世的亲人,却又怎么也追赶不上的样子;下葬完回来时孝子要哭着回来,且神情彷徨,就像还有心事没有了结的样子。因此孝子在去送葬路上,如小孩子思念父母一样哭泣不止,在回来的路上,又担心亲人的灵魂不能随着自己回来而在那里迟疑不前。

一路寻求没有找到,回到家中,推开门也见不到亲人的身影，上堂再看，还是没有；进到亲人住室再看，还是见不到亲人的身影。由此看来，亲人是真的不在世了，离开了，再也无法相见了！于是大声哭泣，捶胸跺脚，把心中的悲伤尽情发泄。内心无限的惆怅，无限的悲伤，无限的恍惚，无限的感慨，惟有心中绝望、意志悲痛罢了。除此以外，只能在宗庙里进行祭祀，把亲人当鬼神来祭飨，也只是希望他们的灵魂能有幸回来吧。

孝子把亲人埋好后返回家中，不敢进自己的寝室居住，而是搬到之前办丧事的房间里住，是因为只要顾及去世的亲人还在荒郊野外游荡；睡在草苫上，用土块当枕头，因为去世的亲人身埋黄土之中。想到这些就伤心的哭了，没有规定时限，服丧三年，忧心劳思，日夜思慕，这是孝子们内心的真实想法，也是人类情感的真实流露。

或问曰："死三日而后敛者，何也？"曰：孝子亲死，悲哀志懑，故匍匐而哭之，若将复生然，安可得夺而敛之也。故曰，三日而后敛者，以俟其生也；三日而不生，亦不生矣。孝子之心亦益衰矣；家室之计，衣服之具，亦可以成矣；亲戚之远者，亦可以至矣。是故圣人为之断决，以三日为之礼制也。

【译文】有人会问："人死后三天才入敛，为什么呢？"回答是：孝子在亲人刚刚过世时，心中哀痛，难以接受，所以会趴在尸体上痛哭，就像这样能令他们生还一般，怎么可以不顾及孝子内心的悲痛而马上入敛呢?所以说,三天后入敛,是为了等待死者重新活过来;三天还没有重新活过来,那就是说不会再活过来了。孝子内心的期盼开始动摇了;而在这三天之内,有关治办丧事的筹划,入敛衣物的准备,也都准备好了;远方的亲戚,也都能赶到了。所以圣人考虑到这些因素才做出决断,把人死后三天才入敛作为礼制定了下来。

或问曰:"冠者不肉袒,何也?"曰:"冠,至尊也,不居肉袒之体也,故为之免以代之也。然则秃者不免,伛者不袒,跛者不踊,非不悲也,身有锢疾①,不可以备礼也。故曰:丧礼唯哀为主矣。女子哭泣悲哀,击胸伤心;男子哭泣悲哀,稽颡触地无容②,哀之至也。"

或问曰:"免者以何为也?"曰:"不冠者之所服也。《礼》曰:'童子不缌,唯当室缌。'缌者其免也,当室③则免而杖矣。"

或问曰:"杖者何也?"曰:"竹、桐一也。故为父苴杖,苴杖,竹也;为母削杖,削杖,桐也。"

【注释】①锢疾:锢通痼。经久不可治愈的病。②无容:指袒衣露臂,不顾体容。③当室:指童子的父母已去世,由他主持家计。

【译文】有人会问:"戴冠时不能袒露左臂,又是什么道理呢?"回答是:冠属于最为尊贵的东西,一个人赤膀露肉时戴冠是对冠的亵渎,所以用免代替冠。但是秃子就不用戴免,驼背的人不用袒露左臂,瘸子哭时不用顿足跺脚,并不是表示他们不伤心难过,而是他们身患疾病,这些礼节没办法完成。所以说,丧礼以悲哀为主。女子悲哀哭泣,伤心的捶胸;男子哭泣,叩头触地,不注意仪容,这些都是悲伤到极点的行为。

有人会问:"为什么未成年的男子也要戴免呢?"回答说:"免是还没有加冠的男子所戴的东西。《仪礼》上说:'童子不为族人中有缌麻之亲的人服缌,只有直系血亲的童子才为族人服缌。'童子当室,要为有练麻之亲的族人服缌,服缌就要戴免,有的还要拄丧杖。"

有人会问:"丧杖是用什么做的呢?"回答说:"有的是用竹子做的,有的是用桐木做的。不管是用什么做的,用法都是一样。为父亲用拄杖,杖用竹子做成;为母亲拄杖,削杖是用桐木削成的。"

或问曰:"杖者以何为也?"曰:"孝子丧亲,哭泣无数,服勤三年,身病体羸,以杖扶病也。则父在不敢杖矣,尊者在故也;堂上不杖,辟尊者之处也;堂上不趋,示不遽也。此孝子之志也,人情之实也,礼义之经也,非从天降也,非从地出也,人情而已矣。"

【译文】有人会问:"为什么孝子在居丧期间要拄丧杖呢?"回答说:孝子因为没有了父母,哭得太多,忧劳勤苦服丧三年,身体变差,体质变弱,所以用丧杖来支撑病体。如果父亲还在世,就不能为母亲拄丧杖,是尊者尚健在的缘故;孝子在堂上也不能拄丧杖,堂上是尊者在的地方,需要避让。孝子在堂上不可以快步走,要显得从容不迫,不然就会勾起父亲的伤心。这些都是孝子的一颗诚心,是人们情感的真实流露,是合乎情理的常规,不是从天而降的,也不是从土里随便冒出来的,只是人情本生就如此罢了!

服问第三十六

【题解】服问是指有关丧服的事。本篇一共分为三个部分：第一部分阐明从服的等级，第二部分阐明有服而遇到丧事所变易的相关事宜，第三部分阐明天子公卿大夫及公门丧服之法。郑玄《目录》云："名曰《服问》者，以其善问，以知有服而遭丧所变易之节。此于《别录》属《丧服》也。"

《传》①曰："有从轻而重，公子之妻为其皇姑②。有从重而轻，为妻之父母③。有从无服而有服，公子之妻为公子之外兄弟④。有从有服而无服，公子为其妻之父母。"

《传》曰："母出，则为继母之党服；母死，则为其母之党服。为其母之党服，则不为继母之党服。"

【注释】①《传》：指《礼记·大传》。"从轻而重"、"从重而轻"、"从无服而有服"、"从有服而无服"是《大传》中关于"从服"的规定。②公子：国君庶妻及妾的儿子。皇姑：古代妇人对丈夫去世母亲的称呼。此处指庶子的生母，国君的庶妻。因为庶子之母不是国君正夫人，所以庶子不能为其生母穿正式丧服服丧,所服极轻,而庶子之妻要按照婆母的礼仪服齐衰重服。③为妻之父母:妻为她的父母服丧一年,而她丈夫只要服三个月,因为他是由于妻的关系才服丧的。④公子之外兄弟:此"兄弟"泛指小功以下之亲,"外兄弟"指母党之外亲。故郑玄注云:"谓为公子之外祖父母、从母,缌麻。"一般为生母之父母及姨母服小功。庶子之母非正夫人,故庶子为生母之亲属无服。但庶子之妻从服,仍服缌麻。传曰:"小功以下为兄弟。"郑玄注:"兄弟,犹言族亲也。"非同姓故曰外兄弟。

【译文】《大传》篇在谈到从服时这样记载说:"有原来是服轻丧而变成穿重丧的,如天子的庶子为生母服丧仅头戴练冠,穿小功布丧服,下葬后就可以除去,而庶子的妻子却要为庶子生母服齐衰。有的本来要服重丧而变成了服轻丧,如妻为其自己双亲服齐衰是重服,而丈夫为岳父母服缌麻,是属于轻服。有些是自己可以不为死者穿孝服而却为死者穿孝服,如国君的庶子可以不为外祖父母服丧,而庶子之妻又要为外祖父母服丧。有的是原本是要穿孝服的而变成不用穿孝服了,如国君的庶子为其岳父母,按常理女婿应为岳父母服缌麻三月,但因为他的尊贵身份,就从有服变成无服了。"

书上又说:"如果母亲被休弃,继母娘家人过世儿子也要服丧;母亲过世,就为母亲娘家人服丧。凡是已经为母亲娘家人服过丧的,则可以不再为继母娘家人服丧了。"

三年之丧,既练矣,有期之丧,既葬矣,则带其故葛带①,绖期之绖,服其功衰。有大功之丧,亦如之。小功,无变②也。

【注释】①带:指腰带。丧服重的用麻腰带,轻的用葛腰带。三年之丧,到小祥以后,改麻带为葛带。②无变:小功丧服轻,所以不变服。

【译文】三年之丧过了小祥之祭后,又碰上了期亲之丧,且这位期亲也已经下葬了,这时,孝子腰间系上轻丧服时所用的葛带,头上戴葛绖,所穿孝服是较轻的功衰。如果是大功之丧,也依此照办。如果是小功之丧,那就不用改了。

麻之有本①者,变三年之葛②。既练,遇麻断本者③,于免,绖之;既免,去绖。每可以绖必绖;既绖,则去之。

小功不易丧之练冠,如免,则绖其缌小功之绖,因其初葛带。缌之麻,不变小功之葛;小功之麻,不变大功之葛。以有本为税④。

【注释】①本:麻的根部。大功以上的丧服,用带根的麻拧成腰带。②三年之葛:三年之丧至小祥后改服轻服,麻带变成葛带,这种葛带称为三年之葛。③麻断本者:去掉根部的麻拧成的腰带,此指小功以下丧服。④税:变易。

【译文】斩衰之丧下葬后,麻带换成了葛带,这时又遇上大功以上之丧,为表示哀悼,就要把葛带重新换成麻带。三年之丧小祥以后遇上小功之丧,就要加戴小功的首绖;小功之丧敛殡完,就可以不用戴了。小功以下之丧,当敛殡时,凡需要戴绖的就一定要戴绖;不需要戴的直接去掉。

三年之丧小祥以后如果遇到小功之丧,不改练冠,如果需要为小功、缌麻之丧戴免，那就加戴小功、缌麻的首绖，腰间仍系葛带。二丧相连，换丧服，改轻保重为原则。所以，当小功之丧到了以葛换麻时，虽遇上缌麻之丧，也不能把小功的葛改为缌麻的麻；同理，大功之丧以葛换麻时，即使遇上小功之丧，也不能把大功的葛改为小功的麻。只有大功之麻才可以改为斩衰、齐衰之葛。

殇①长、中，变三年之葛，终殇之月算②，而反三年之葛。是非重麻，为其无卒哭之税。下殇则否。

【注释】①殇：年未满二十而死为殇。十九至十六为长殇，十五至十二为中殇，十一至八为下殇。②月算：即服丧的月数。

【译文】服斩衰之丧期间遇上了长殇、中殇之丧，虽然前丧已经可以将麻换为葛了，但这里却要改服后丧的麻带，等后丧的丧服结束，再换成前丧的葛带。这并不代表后丧的麻带就比前丧的葛带重，是因为殇服礼数简单，在卒哭后没有易麻为葛的规定。如果遇上的是下殇之丧，就用不着这样做了。

君为天子三年，夫人如外宗①之为君也。世子不为天子服。君所主：夫人妻、大子、适妇。大夫之适②子为君、夫人、大子如士服。

君之母非夫人，则群臣无服。唯近臣及仆骖乘③从服，唯君所服服也。公为卿大夫锡衰④以居，出亦如之。当事则弁绖。大夫相为，亦然。为其妻，往则服之，出则否。

凡见人无免⑤绖，虽朝于君，无免绖。唯公门有税齐衰⑥。《传》⑦曰："君子不夺人之丧，亦不可夺丧也。"《传》⑧曰："罪多而刑五，丧多而服五，上附下附⑨列也。"

【注释】①外宗：宗妇，诸侯兄弟之妻。②適：通"嫡"。③仆：御车的人。骖乘：即车右，负责保卫乘车安全的人。④锡衰：最轻的丧服。⑤免：除去。⑥唯公门有税齐衰：指进入公门时，服不杖齐衰丧服的人要去掉衰，而不去绖。大功以下丧服，衰绖都去掉。税：与免同。⑦此引《杂记下》语。⑧此是旧《传》。⑨上附下附：这是说罪或丧服虽有多种，但可以向上靠或向下靠，只分成五等。

【译文】国君为天子服丧三年，国君的夫人比照外宗要为国君和天子都服齐衰。国君的嫡子，可以不用为天子服丧。国君为其夫人、嫡子、嫡子之妻主持丧事。大夫的嫡子为国君、国君夫人、太子穿的丧服和士人为国君、国君夫人、太子所穿的丧服相同。

如果国君的母亲是妾，不是正妻，群臣不用为之服丧。只有国君的近臣、驾车的仆人以及车右与国君一起为死者服丧，国君穿的丧服和这些人一样。国君为卿大夫服丧穿锡衰，不管宫中还是宫外都一样。如果需要前往卿大夫家进行吊唁，要在皮弁上加上麻绖。大夫之间互相服丧，也是同样的礼数。为大夫之妻服丧，吊唁时穿锡衰就可以了，去别的地方就脱掉。

在居丧期间外出，不可除掉首绖，即使是去朝见国君，也不能除掉。只有去公门办事，才可以脱掉首绖。古书上说："君子不可强迫他人抛开内心的丧亲之痛，也不可忘掉自己的丧亲之痛。"古书上还说："罪刑种类再多刑罚也只有五等，丧服关系的种类虽然分有很多，但丧服只有五等，要重时以上为依据，要轻时以下为依据，各自按照自己的等级。"

间传第三十七

【题解】本篇内容分为两部分：一部分从容貌、声音、言语、饮食、居处、衣服、变除等方面写服丧者的悲哀；一部分是有关易服、兼服的记述。服丧总的原则是所穿丧服要与应有的容貌、哭声、言语等相称，否则就是失礼。郑《目录》云："名曰《间传》者，以其记丧服之间轻重所宜。此于《别录》属《丧服》。"

斩衰何以服苴①？苴，恶貌也，所以首②其内而见诸外也。斩衰貌若苴，齐衰貌若枲③，大功貌若止④，小功、缌麻容貌可也，此哀之发于容体者也。

斩衰之哭，若往而不反；齐衰之哭，若往而反；大功之哭，三曲而偯⑤；小功缌麻，哀容可也。此哀之发于声音者也。

斩衰，唯而不对；齐衰，对而不言；大功，言而不议；小功缌麻，议而不及乐。此哀之发于言语者也。

【注释】①苴：结籽的麻，颜色苍黑。斩衰用苴绖、苴带。②首：

本。③枲(xǐ)：不结籽的麻，其皮较光滑，颜色较浅。④止：拘止。指脸色不为喜乐所动。⑤依(yǐ)：拖长声音哭。

【译文】为什么要用苴麻做斩衰丧服的首绖和腰带呢？苴麻为黛黑色，不好看，所以用它来表达出服丧之人内心的悲哀。穿斩衰丧服的人，脸色深黑，和苴麻一样；穿齐衰丧服的人，脸色浅黑，和枲麻一样；穿大功丧服的人，神情呆板；穿小功、缌麻丧服的人，神情和平常差不多，这就是哀伤在脸色、神情上的不同表现。

穿斩衰丧服者的哭声，那是悲痛欲绝的痛哭上气不接下气的；穿齐衰丧服者的哭声，内心虽也悲痛不已，却还是能顺利换气的；穿大功丧服者的哭声，听起来悲悲泣泣，尾声从容；穿小功、缌麻丧服者，只要做出很伤心的样子就可以了。这是哭声上的差别。

斩衰之丧，和别人交流只发出"唯唯"的声音，而不回答别人的问话；齐衰之丧，只回答他人的问话，不能主动向人提问；大功之丧，可以主动问人，但不可以发表个人观点；小功、缌麻之丧，允许发表个人观点，但禁止谈笑风生。这是悲在言语方面表现的差别。

斩衰，三日不食；齐衰，二日不食；大功，三不食；小功缌麻，再不食；士与敛焉，则壹不食。故父母之丧，既殡食粥，朝一溢①米，莫②一溢米；齐衰之丧，疏食水饮，不食菜果；大功之丧，不食醯酱；小功缌麻，不饮醴酒。此哀之发于饮食者也。

父母之丧,既虞卒哭,疏食水饮,不食菜果;期而小祥,食菜果;又期而大祥,有醯酱;中月而禫③,禫而饮醴酒。始饮酒者先饮醴酒。始食肉者先食干肉。

【注释】①溢:容量单位,二十四分之一升为溢。②莫通"暮"。③中月:郑玄说是隔一个月。禫(dàn):最后一丧祭,禫祭后一切恢复正常。

【译文】穿斩衰丧服的人,前三天不能吃任何东西;穿齐衰丧服的人,前两天不能吃任何东西;穿大功丧服的人,第一天三餐不吃任何东西;穿小功、缌麻丧服的人,两顿不吃任何东西就可以了;如果是请去帮忙小敛的士人,也要一餐不进食。所以父母过世后,出殡以后,只喝稀粥,早上一溢米,晚上一溢米;而齐衰之丧出殡以后,便可以进食一些粗米饭和喝水了,但禁止食用蔬菜瓜果;大功之丧在出殡以后,虽允许吃蔬菜瓜果,但还不能吃醋酱一类的调料;小功、缌麻之丧在出殡以后,虽然允许吃醋酱一类的调料,但还不能喝甜酒。这是服丧不同而在饮食上的差别。

为父母服丧,在虞祭、卒哭后,才可以吃粗米饭和喝水,但还不能吃蔬菜瓜果;满一周年举行小祥之祭后,就可以吃蔬菜瓜果;满两周年举行大祥之祭后,就可以吃醋酱一类的调料;大祥间隔一个月举行禫祭,禫祭之后就可以喝甜酒。可以饮酒后,要先饮甜酒,再饮其他酒品。可以吃肉后,要先吃干肉,再吃其他肉类。

父母之丧，居倚庐，寝苫枕块，不说绖带；齐衰之丧，居垩室，苄翦不纳①；大功之丧，寝有席，小功缌麻，床可也。此哀之发于居处者也。

父母之丧，既虞卒哭，柱楣翦屏②，苄翦不纳；期而小祥，居垩室，寝有席；又期而大祥，居复寝；中月而禫，禫而床。

【注释】①苄（xià）：一种可以编席的蒲草。苄翦不纳：把蒲席的边缘剪齐，而不反摺为边。②翦屏：剪齐倚庐门两边的茅草。

【译文】在为父母服丧期间，住在倚靠东墙而建的茅草房里，床安在草苫上，用土块当枕头，睡觉时也不能脱下丧服；在齐衰之丧期间，住在土坯房子里，床安在剪齐了边却没有扎缘的蒲席上；为大功亲属服丧期间，睡可以睡在席子上；为小功、缌麻亲属服丧期间，就可以和以往一样睡在床上的。这是服丧不同而在居住条件方面的不同。

在为父母服丧期间，在虞祭、卒哭以后，可以把搭建丧时用的柱子支起来，可以对遮盖丧时的房子草苫稍加修剪，可以换成剪齐了边却还没有扎缘的蒲席；满一周年举行小祥之祭后，就可以搬去父母之前住的房子，并能使用席子；满两周年举行大祥之祭后，可以搬回自己的寝室；禫祭后就可以恢复以前的生活了。

斩衰三升①，齐衰四升、五升、六升，大功七升、八升、九升,小功十升、十一升、十二升,缌麻十五升去其半②,有事③其缕、无事其布曰缌。此哀之发于衣服者也。

斩衰三升,既虞卒哭,受以成布④六升、冠七升;为母疏衰四升,受以成布七升、冠八升。去麻服葛,葛带三重⑤。期而小祥,练冠縓缘,要绖不除,男子除乎首,妇人除乎带。男子何为除乎首也?妇人何为除乎带也?男子重首,妇人重带。除服者先重者,易服⑥者易轻者。又期而大祥,素缟麻衣⑦。中月而禫,禫而纤⑧,无所不佩。

【注释】①升:八十根经线称为一升。布幅宽度为定数,升数越多,布越精细。②十五升去其半:经线用十五升布的经线,但抽去一半,只有七升半,所以缌布较稀疏。③事:指加工练治。④受:从重服顺次递减为轻服。卒哭以后,用初丧的冠布为衣裳,冠布加一升。成布:六升以上才有布的样子,所以称六升以上的布为成布。⑤葛带三重:单股为一重,合成双股为二重,再合成四股为三重。⑥易服:改换丧服。指先已有丧服未除,又遭新丧,需根据具体情况改换丧服。⑦麻衣:十五升麻布深衣。⑧纤:纤冠,用黑经白纬的布制成。

【译文】斩衰丧服用三升布,齐衰丧服可以做四升布的,五升布的,也可以做六升布的,大功丧服用布,七升、八升、九升的都可以,小功丧服用布,有十升、十一升、十二升的;缌麻丧服的用布,经线缕数是十五升布的一半,线缕加工后,捶洗时不再加灰,这就叫作缌布。这是服丧不同而丧服上表现的差别。

斩衰丧服的用布是三升,在虞祭、卒哭以后,受服用的布是六升,丧冠用的布是七升;为母亲穿的孝服用布是四升,在虞祭、卒哭以后，受服所用布是七升，丧冠用布是八升。虞祭、卒哭之后，男子要把之前的麻腰带换成葛腰带，葛腰带是用四股线拧制，似三重而成的。满一周年小祥之祭后，可以改戴练冠，中衣换成练衣，且领子上是带有浅红色的镶边，男子葛腰带还不可以除掉。男子除丧是从头开始除，妇人除丧是从腰带开始除的。为什么要男子要从头开始除呢？妇人又要先从腰带开始除呢？因为在男子的丧服中首经是最为重要，而妇人的丧服中腰带是最为重要。除丧时，从最重要的部位开始，正服为重丧，需要改变丧服时，就从轻丧的部分开始改变。两周年大祥之祭后，孝子头戴白冠身穿麻衣。隔一个月举行禫祭，禫祭以后就可以戴用黑经白纬布所制的那种冠了，也可以配带装饰了。

易服者何为易轻者也？斩衰之丧，既虞卒哭，遭齐衰之丧，轻者包，重者特①。既练，遭大功之丧，麻葛重②。齐衰之丧，既虞卒哭，遭大功之丧，麻葛兼服之③。斩衰之葛，与齐衰之麻同④；齐衰之葛，与大功之麻同；大功之葛，与小功之麻同；小功之葛，与缌之麻同，麻同则兼服之。兼服之服重者，则易轻者也。

【注释】①特：独立。②麻葛重：斩衰既练，男子只有葛腰带，妇人只有葛首经，这叫作单。如又遇大功丧服，男子须头上戴大功麻经，腰中去掉原来的葛带而系大功麻带；妇人须腰系大功麻带，头戴大功麻经而去掉原来的葛经，这叫麻重。等到大功丧事举行了虞祭和卒哭祭以后，男子腰中仍系原来的葛带,头戴大功葛绖,妇人头戴原来的葛绖,腰系大功的葛带,这叫葛重。③麻葛兼服之:齐衰卒哭之后,男女都服葛绖葛带,如又遇大功丧服,男子腰带改成大功麻带,首绖不变,妇人首绖改成大功麻绖,腰带不变,所以有麻有葛。④同:指葛与麻的粗细同。

【译文】正处于服重丧期间,又遇上服轻丧,为了服轻丧变重丧的丧服就称之为易服,为什么要改变重丧较轻的部分呢?如果正处于服斩衰期间,在虞祭、卒哭以后,又遇上了齐衰之丧,这时,男子就要戴上齐衰之丧的麻腰带和斩衰的葛腰带;妇人要戴上齐衰麻首绖和斩衰的葛首绖;而男子重要部分是首,保留斩衰首绖不变;妇人重要部分是在腰,就保留斩衰的腰带不变。如果在斩衰之丧的一周年以后又恰逢大功之丧,在大功之丧卒哭前,不论男女,统一戴麻首绖和麻腰带,这称之为重麻;在大功之丧卒哭以后,不论男女,统一改成葛首绖和葛腰带,称之为重葛。如果在服齐衰之丧,在虞祭、卒哭之后遇上大功之丧,男子用麻腰带换下前丧的葛腰带,头上的葛首绖不变。这叫麻与葛一起服丧了。斩衰丧服在卒哭之后将麻绖改成葛绖,葛绖的粗细与齐衰丧服卒哭前麻绖相同;齐衰丧服在卒哭之后将麻绖改成葛绖,葛绖的粗细与大功丧服卒哭前麻绖相同;大功丧服在卒哭之后将麻绖改成葛绖,其葛绖的粗细与小功丧服卒哭前麻绖相同;小功丧服在卒哭之后麻绖改成葛绖,葛绖的粗细与练麻丧服卒哭前麻绖相同。既然都有相同,那就前丧后丧一起服。麻葛兼服时遵循的原则为:前丧的重要部分葛不变,后丧次要部分改为麻。

三年问第三十八

【题解】郑玄《目录》云:"名曰《三年问》者,善其问以知丧服年月所由。此于《别录》属《丧服》。"古代双亲去世,子女守孝三年。因为是以三年之丧的问答为主,所以以《三年问》为名。守丧时间的长短,不是随随便便制定的,而是以血缘关系的远近,哀痛程度的深浅为原则的。吴曾祺评注:"此篇论居父母之丧,以三年为期之义。夫三年之丧,达乎天子。孔子亦云:'天下通丧',此又何疑?然而人或病其久,以宰我之贤,亲受业圣人之门,犹以礼乐崩坏为虑,则其下者更不待言。读此方悟先王制服之意,盖必如是而心始安,初非强人以所难也。"

三年之丧何也?曰:称情①而立文,因以饰群②,别亲疏贵贱之节,而弗可损益也。故曰:无易之道也。创巨者其日久,痛甚者其愈迟。三年者,称情而立文,所以为至痛极也。斩衰苴杖,居倚庐,食粥,寝苫枕块,所以为至痛饰也。三年之丧,二十五月而毕;哀痛未尽,思慕未忘,然而服以是断之者,岂不送死有已,复生有节也哉?

凡生天地之间者，有血气之属必有知，有知之属莫不知爱其类；今是大鸟兽，则失丧其群匹，越月逾时焉，则必反巡，过其故乡，翔回焉，鸣号焉，蹢躅焉，踟蹰焉，然后乃能去之；小者至于燕雀，犹有啁噍③之顷焉，然后乃能去之；故有血气之属者，莫知于人，故人于其亲也，至死不穷。将由夫患④邪淫之人与，则彼朝死而夕忘之，然而从之，则是曾鸟兽之不若也，夫焉能相与群居而不乱乎？将由夫修饰之君子与，则三年之丧，二十五月而毕，若驷之过隙，然而遂之，则是无穷也。故先王焉为之立中制节，壹⑤使足以成文理，则释⑥之矣。

【注释】①称情：与哀情相合。②群：指所有亲戚。③啁噍：小鸟鸣叫的声音。④患：据王引之《经义述闻》，当作"愚陋"。⑤壹：全、都的意思。⑥释：指除丧服。

【译文】守丧三年的根据是什么呢？答案是：这是根据情感上哀痛程度制定的礼文，由此表明亲属之间的关系，区分亲疏关系身份贵贱的界限，不可随意增减的。所以说：这是不能进行更改的原则。所受创伤越是深重，恢复的时间就越长；越是悲痛，内心平复的时间就越慢。守丧三年的规定，就是根据人们内心哀痛程度的深浅而制定的礼文，用以表示亲人过世后无以言愈的悲痛。身穿斩衰，手拄拐杖，住倚庐，喝稀粥，睡草席，用土块做枕头，以上种种，都是无限悲痛的表现。三年守丧期限，实际上二十五个月就可以了；孝子的哀痛虽然还没有结束，仍然存在对父母的思念，但守丧的期限到此为止，因为对死者的怀念是有限的、活着的人也要正常生活吧？

一切天地之间的生物，凡是有血有肉的就必定有情感，凡是有情感的生物，都是知道如何爱护自己同类的；就拿大的鸟兽来说吧，如果自己的同伴丧失，一月过后，一个季度过去后，还会拐回来看一看，经过他曾经居住的巢穴时，一定会在此处盘旋、号叫、徘徊良久，才恋恋不舍地离去；像燕子、麻雀一类的小鸟，在丧失同类的情况下，也要叽叽喳喳地哀鸣一段时间，才会依依恋恋不舍地离去；而所有有血有肉的生物中，人是最富有情感的，所以，人对于亲人，是到死也不会忘怀的。如果任由着那些愚蠢无知和邪恶纵逸的人去办，他们的亲人早上死了，晚上就会忘掉伤痛，如果放任不管，岂不是连鸟兽都不如的人了，如何让大家在一起和平共处而不致于发生混乱呢？如果让讲究礼仪的君子去办，则三年的丧期，二十五个月就宣告结束，时间也会过得很快，如果不能成全他们的心意，哀痛将永远留在他们心里。所以先王选择为贤人与小人制定了一个折中的礼节，使大家都觉得合情合理，然后除去丧服。

然则何以至期也？曰：至亲①以期断。是何也？曰：天地则已易矣，四时则已变矣，其在天地之中者，莫不更始焉，以是象之也。

然则何以三年也？曰：加隆焉尔也，焉使倍之，故再期也。由九月以下②何也？曰：焉使弗及也。

故三年以为隆,缌小功以为杀③,期九月以为间。上取象于天,下取法于地,中取则于人,人之所以群居和壹之理尽矣。故三年之丧,人道之至文④者也,夫是之谓至隆。是百王之所同,古今之所壹也,未有知其所由来者也。孔子曰:"子生三年,然后免于父母之怀;夫三年之丧,天下之达丧也⑤。"

【注释】①至亲:最亲近但不尊贵的亲人。这里指兄弟之间、夫为妻、父为庶子都服整一年的丧服。②九月以下:指大功、小功、缌麻的丧期有九月、五月、三月。③杀(shài):减轻。④文:完美。⑤见《论语·阳货》篇。

【译文】一年的丧期制定又是什么根据呢?答案是:为一些在血缘上属至亲而地位不是特别尊贵的亲属某服丧一年就应除服。这又是什么道理?回答是:天地也运转了一周,四季变化循环一次,天地之间,万象无不更新,所以才制定一年的丧服来效法它。

为什么有的丧期又是三年呢?回答是:这是为了显得更加隆重,才使丧期延长一倍,所以两个周年才除去丧服。而丧期少于九个月又是什么道理呢?那是因为有的亲属关系不到至亲,那么要服的丧期也就用不到一年。

所有五服之中,三年斩衰是最为隆重的丧服,缌麻三月、小功五月是最轻的丧服,齐衰一年和大功九个月是在最重与最轻二者之间。这种规定,上则取法于天,下则取法于地,中间则取法于人情,这就是人们为什么之所以能够和谐一致的生活在一起。所以守丧三年是人情感丰富的一种礼仪,这种最为隆重的礼仪。是历代天子都不得不共同遵循的,古往今来从来没有人违背,也不知道到底实行了多少年。孔子说:"孩子生下来三年后才能离开父母的怀抱;所以,父母去世,子女为他们服丧三年,也就是普天之下能通行的丧礼了。"

深衣第三十九

【题解】郑玄云:"以其记深衣之制也,名曰《深衣》者,谓连衣裳而纯之以采也。有表则谓之中衣,以素纯则曰长衣也。'"吴曾祺评注:"此非朝祭之服,然古人于此,亦必有一定制度,不似后人可以意为之也。通篇状物之工,在秦汉文字中,不可多得,当与《周官·考工记》并读。"

古者深衣,盖有制①度,以应规、矩、绳、权、衡。短毋见肤②,长毋被土。续衽,钩边③。要缝半下;袼④之高下,可以运肘;袂之长短,反诎之及肘。带,下毋厌髀⑤,上毋厌胁⑥,当无骨者。

【注释】①深衣:古代的一种服制。深衣的衣和裳相连,如后来的长袍,因被体深邃,故谓之深衣。深衣是古诸侯、大夫、士平时在家穿的衣服。制:十有二幅以应十有二月。②肤:指小腿的皮肤。③续衽:裳两旁的布,谓之衽。续,属连之。将衽连在裳两旁,使深衣之裳上狭下宽。钩:约束;边:指裳在腰部的两旁。钩边:言深衣腰部要收小,即所谓"要缝半下",腰宽是下摆的一半。④袼(gè):袖与上衣在腋下的接缝。今谓之挂肩。⑤厌（yā）：掩盖。髀（bì）：股部。⑥胁：肋骨。

【译文】古时候的深衣，都有一定的制度，与圆规、曲尺、墨绳、称垂、衡杆相应合。短不能露出脚背，长不至于覆住地面。裳的两旁都有宽大的余幅作衽，穿着时前后两衽交叠。深衣腰围的宽度，腰缝部分的宽度是裳下边的一半；衣袖当腋下部分的宽度，方便运转胳肘。袖子的长短，从袖口反折上来正好可达肘的部位。束带的部分，往下不要压住大腿骨，向上不要压住肋骨，要束在大腿骨的上方、肋骨下方的无骨部位。

制：十有二幅，以应十有二月。袂圜以应规；曲袷①如矩以应方；负绳及踝②以应直；下齐③如权衡以应平。故规者，行举手④以为容；负绳抱方者，以直其政，方其义也。故《易》曰："坤，六二之动⑤，直以方也。"下齐如权衡者，以安志而平心也。五法⑥已施，故圣人服之。故规矩取其无私，绳取其直，权衡取其平，故先王贵之。故可以为文，可以为武，可以摈相，可以治军旅，完且弗费⑦，善衣⑧之次也。

【注释】①袷（jié）：交叠于胸前的衣领。②负绳：背缝。踝（huái）：脚后跟。③齐（zī）：缝边。④行举手：指揖让，属于宾主相见时的礼节。⑤坤：《周易》的卦名。六二：指坤卦的第二阴爻。坤卦由六阴爻构成。"二"表示从下数第二爻，"六"表示阴。动：指按自然之性，广生万物。⑥五法：指规、矩、绳、权、衡等五个方面的标准。⑦完：坚牢、结实。弗费：指深衣用白布制作，不需绣各种花纹图案。⑧善衣：指朝、祭之服。

【译文】深衣裁制方式：上衣、下裳用布各六幅，共十二幅，象征一年中的十二个月。圆形袖口，象征圆规；方形的交领像矩，象征品行方正；背缝像墨线一样的从后直到脚后跟，象征品行正直；裳的下缉像秤杆和秤锤，象征公平。袖口之所以象征圆规，为了举手抬足都合乎礼法；背缝像墨线与领口像曲尺，是表示为政要正直、品行要端正。正如《易经》坤卦的"象传"所说：坤卦六二爻的变动表现出方直之义。裳的下摆齐平，如同秤锤和秤杆，是要使人意志安宁、心气平和。规、矩、绳、权、衡这五种法度都施用于深衣，因此圣人都会穿着它。取"规、矩"象征符合道义而无私之义、取"绳"象征正直之义、取"权、衡"象征公平之义，古代的贤王很重视深衣的教化作用。所以深衣可以作为文官、武将、礼官、军师的服装，服制完善、结实又不铺张浪费，是仅次于朝服和祭服以外最好的衣服。

具父母、大[1]父母，衣纯以缋[2]；具父母，衣纯以青。如孤子，衣纯以素。纯袂、缘[3]、纯边，广各寸半[4]。

【注释】①大：读为"太"。②纯：镶边。缋：画有五彩花纹的布帛。③缘：读为"緆（xì）"，裳的下缘。④广各寸半：表里共三寸。

【译文】如果父母及祖父母都健在，深衣就要用带有五彩花纹的布镶边；只有父母健在，穿的深衣用青布来镶边就可以了。如果父亲死了而母亲还在，用白布镶边。深衣袖口、下摆裳边的镶边，都是一寸半宽。

投壶第四十

【题解】郑玄《目录》云:"名曰《投壶》者,以其记主人与客燕饮,讲论才艺之礼。此于《别录》属吉礼,亦实《曲礼》之正篇。"是《投壶》与射为类,此於五礼皆属嘉礼也。或云:"宜属宾礼。"

投壶①之礼,主人奉②矢,司射奉中③,使人执壶。主人请曰:"某有枉矢哨④壶,请以乐宾。"宾曰:"子有旨酒嘉肴,某既赐矣,又重以乐,敢辞。"主人曰:"枉矢哨壶,不足辞也,敢固以请。"宾曰:"某既赐矣,又重以乐,敢固辞。"主人曰:"枉矢哨壶,不足辞也,敢固以请⑤。"宾曰:"某固辞不得命,敢不敬从?"宾再拜受,主人般还,曰:"辟。"主人阼阶上拜送,宾般还,曰:"辟⑥。"已拜,受矢,进即两楹间⑦,退反位⑧,揖宾就筵。

【注释】①投壶:古代燕饮之后的一种娱乐游戏。②奉:同"捧"。③司射:本是主持射礼的,投壶属于射一类的事,所以司射亦主持投壶之礼。中：器物名，刻木作伏着的兕鹿等形状，背上立圆圈，用以盛算筹。④枉：曲而不直。哨：不正的样子。此处皆为主人的谦辞。⑤固以请："固"衍文。《大戴礼记·投壶》无"固"字。⑥般还（xuán）：同"盘旋"。原地转身，表示不敢受礼。辟：同"避"，避礼是要阻止对方行礼。⑦两楹间：堂上两庭柱之中。⑧反位：回到阼阶的位置。

【译文】投壶礼的做法是：当宴席进行到一定阶段，主人站在台阶上，手捧着矢，司射站在西阶上，手捧着中，主人又派一个下人捧着壶，站在西阶靠近宾客的地方。主人发出邀请说："我有歪歪扭扭的矢和歪嘴歪脖的壶，希望用此来娱乐大家。"宾客会回答道："您已经用美酒嘉肴款待了，我们已经很是感谢了，现在您又用娱乐来招待我们，真让人不敢当。"主人又说："只是歪歪扭扭的矢和歪嘴歪脖的壶，您不用这样客气地推辞，还请各位宾客赏脸答应。"宾客又说："承蒙您用美酒嘉肴盛情款待，现在又用娱乐招待大家，坚决不敢当。"主人再邀请说："歪歪扭扭的矢和歪嘴歪脖的壶，让您这样地客气地推辞实在是不值得，恳请您一定赏脸答应。"宾客最后说："我一而再，再而三的推辞，而您还是不答应，那我就只能敬听尊命了。"然后宾客行再拜之礼，接过主人手里的矢，当宾客施礼，主人则立刻退后转身，口中说道："不敢当，不敢当。"主人在台阶上行拜送礼时，宾客也急忙转身，口中说："不敢当，不敢当。"宾主施礼完毕后，宾客接过主人手里的矢，主人接过赞礼者手中的矢，走到两楹间，将要进行投壶的地方进行察看，再退回的原位，对宾客作揖，请宾客就座。

司射进度壶，间以二矢半①，反位，设中，东面，执八算兴。

请宾曰:"顺投②为入。比投不释③,胜饮不胜者。正爵④既行,请为胜者立马⑤,一马从二马⑥,三马既立,请庆多马⑦。"请主人亦如之。

命弦者曰:"请奏《狸首》⑧,间若一。"大师曰:"诺。"

【注释】①二矢半:投壶有于室中举行的,也有在堂上、庭中举行的。举行的地点不同,矢的长度也不同。所以下文说:"室中五扶,堂上七扶,庭中九扶。"一扶为四寸,则用于堂上之箭长二尺八寸,壶距主宾之席均为七尺。王念孙认为"间以二矢半"为衍文,因下文亦有"壶去席二矢半"。②顺投:箭有头尾,箭头进入壶中为顺投。③比投:投壶之法,宾主一人一次交替进行,如不等对方投,接连不断地投称比投。比:频。不释:不放筹码,即不计分。④正爵:正礼之爵,即指"胜饮不胜者"的罚酒。⑤马:即计算胜一方的码子。或说,马系刻木作马之形。⑥一马从二马:据《释文》无此五字,今不入译文。⑦请庆多马:如一方得到三马就算得胜,酌酒庆贺,这是庆爵。⑧《狸首》:歌曲名,今已失传。

【译文】司射从仆从手中接过壶,上堂到宾客和主人席前丈量放壶的位置,放好后,退回原位,再将中放好,在中里插八只筹码,面向东方,手执八只筹码站起。

司射向宾客说明投壶的规则说:"只有箭头一端投入壶中才算投进。主人与宾客一人一支交替地投,如果一方连续投,投进了也不算数,赢了的人斟一杯罚酒让输了的人来饮。饮过罚酒后,输的为赢的人放一个得胜的筹码,哪一方先得到三个胜的筹码,另一方就要饮一杯酒以示庆贺。"主人也是同样的规则。

司射命令鼓瑟的乐工:"比赛时,请奏《狸首》这支伴奏曲,演奏的速度要始终如一。"乐队的领队说:"是。"

左右①告矢具,请拾②投。有入者,则司射坐而释一算焉。宾党于右,主党于左。

卒投,司射执算③曰:"左右卒投,请数。"二算为纯,一纯以取,一算为奇④。遂以奇算告曰:"某贤于某若干纯。"奇则曰奇,钧则曰左右钧。

命酌⑤曰:"请行觞。"酌者曰:"诺。"当饮者皆跪奉觞,曰:"赐灌。"胜者跪曰:"敬养。"

【注释】①左右:投壶时主人一方坐在司射的左边,宾客一方坐在司射的右面。此左右即指主人和宾客两方。向左右告的是司射。②拾:更,交替。③执算:拿起剩余的一个算筹。④奇(jī):零数,单数。⑤命酌:命者为司射,酌者为胜利一方的子弟。

【译文】司射向宾主报告已经准备好矢,可以开始投矢了。如果有一方将矢投进壶里,司射就跪坐下为哪一方记上一分。投壶时,计算宾客得分的算筹放在司射的右边,计算主人得分的算筹放在司射的左边。

结束后,司射拿着手中剩余的筹码宣布:"双方投壶结束,现在开始计算分数。"计算的方法是:两个算筹称为一纯,一次拿一纯,只有一个算筹称为奇。计结果出来后,司射报告说:"某一方的超过另一方多少多少纯。"如果结果中出现奇数,也要把奇数结果报告,如果双方分数相等,就说不分胜负。

司射对赢家那方的子弟说:"请为输家斟罚酒。"赢家的子弟说:"是。"斟好罚酒后,输家一方要跪下捧着酒杯说:"承蒙赐饮。"赢家的一方也跪下来说:"请以此酒为养。"

正爵既行,请立马。马各直其算①。一马从二马②,以庆。庆礼曰:"三马既备,请庆多马。"宾主皆曰:"诺。"正爵既行,请彻马。

【注释】①马各直其算:将马放在原来计算得分的算筹的前面。②一马从二马:按投壶的规则,轮番三次为一计算单位,如三次都得分,连获三马,就可获得庆贺。如一方胜两次得二马,另一方胜一次得一马,就将胜一次的一方并给获二马的一方,凑足三马来庆贺。

【译文】行过罚酒礼后,为赢的一方立下一马。哪一方赢就把马立在哪一方算筹的前面。三马为赢。如果出现一方得一马,另一方得了二马,则得一马的一方要将自己的一马并入另一方的二马,并要为对方的得胜进行庆礼。司射又说:"最后的结果出来了,请大家为赢家庆贺。"宾主双方都说:"好的。"喝过以示庆贺的酒,司射就让人把刚才立的马撤掉。

算多少视其坐①。筹②,室中五扶③,堂上七扶,庭中九扶。算,长尺二寸。壶,颈修七寸,腹修五寸,口径二寸半;

容斗五升。壶中实小豆焉,为其矢之跃而出也。壶去席二矢半。矢以柘若棘④,毋去其皮。鲁令弟子辞曰:"毋幠⑤,毋敖,毋偝⑥立,毋逾言;偝立逾言,有常爵。"薛令弟子辞曰:"毋幠,毋敖,毋偝立,毋逾言;若是者浮⑦。"

【注释】①视其坐:根据坐席上的人数。参加投壶的,每人四根箭,同时也有四个算筹。②筹:这里指箭。③扶:四指宽称一扶,一指相当于古尺一寸,一扶四寸。④柘(zhè):木名,亦名黄桑。棘:木名,即酸枣树。⑤幠(hū):怠慢。⑥偝(bèi):不正面向着,背向着。⑦浮:郑玄云,"或作匏,或作符",罚酒。

【译文】筹码多少的准备,根据参加比赛人数的多少来决定。矢的长度,如果在室内投,就用两尺长的,在堂上投壶,用两尺八寸长的,在庭中投壶,用三尺六寸长。筹码长度为一尺二寸。投壶用的壶,颈长七寸,腹长五寸,口径是二寸半;容积是一斗五升。壶中盛有小豆,用来防止已经投进的矢重新跳出。放壶的地方,离坐席两矢半。投壶用的矢,用柘木或棘木制成,不剥掉木皮。

投壶时,鲁国司射警告站在堂下宾主双方的子弟:"不能喧哗,不可傲慢,禁止背转身站立,不得远距离交谈;如有违反,必按规矩罚酒!"薛国司射则警告宾主双方子弟是这样说的:"不得喧哗,不可傲慢,禁止背转身而立,不得远距离交谈;凡有上述行为的,罚酒无赦!"

鼓: 〇 □ ① 〇 〇 □ □ 〇 〇 □ 半;

○□○○○□□○□○——鲁鼓。

○□○○○□□○○○□○○○□□○半；○□○○○□□○——薛鼓。

取半以下为投壶礼，尽用之为射礼。司射、庭长②，及冠士③立者，皆属宾党；乐人及使者④、童子，皆属主党。

鲁鼓：○　□　○　○　□　□　○　○　半；○□○□○○○□□○；

薛鼓：○□○○○□○□○○○□○○○□半；○□○○○□□○。

【注释】①鼓○□：○是击鼙的鼓点，□是击鼓的鼓点。②庭长：又名司正，宴会时站在盛酒器的旁边，监察饮酒者是否不按礼仪。③冠士：来观看投壶的成年人。④使者：受主人遣使的服务人员，如执壶的、设筵的。

【译文】击鼓的节奏：○□○○□□○□○○□半；○□○○○□□○○。这是鲁国击鼓的节奏。

击鼓的节奏：○□○○○□□○○○□○○○□□○半；○□○○○□□○。这是薛国击鼓的节奏。

这是鲁国投壶时敲击鼓擎的击鼓乐谱。这是薛国击鼓的乐谱。"半"字以下的乐谱用于投壶礼，全部乐谱则用于射礼。

司射、庭长以及观礼的成年人，都算宾客一方参加投壶；奏乐的人、仆人以及小孩子，都算作主人一方参加投壶。

鲁国另一击鼓的节奏：○□○○□□○○半；

○□○○□○○○○□○□○；薛国另一击鼓的节奏：○□○○○○□○□○□○○○□○□○○□○半；○□○□○○○○□○。

儒行第四十一

【题解】本篇主要写鲁哀公与孔子的对话,记述君子的行为和德行。《儒行》从各个方面描述了一个真正儒者的行为是什么样子的,这是中国古代知识分子的理想行为准则,是儒者的典范,也是对君子最完整、最确切的表述。郑玄《目录》云:"名曰《儒行》者,以其记有道德者所行也。儒之言优也,柔也。能安人、能服人。又儒者,濡也,以先王之道能濡其身。此于《别录》属《通论》。"又云:"《儒行》之作,盖孔子自卫初反鲁之时也。"

鲁哀公问于孔子曰:"夫子之服,其儒服与?"孔子对曰:"丘少居鲁,衣逢掖①之衣;长居宋,冠章甫②之冠。丘闻之也:君子之学也博,其服也乡;丘不知儒服。"

哀公曰:"敢问儒行。"孔子对曰:"遽数之不能终其物③,悉数之乃留④,更仆未可终也。"

【注释】①逢掖:袖子从肘到腋下特别宽大。或以为即深衣。②章甫:冠名,本殷代遗制。③遽:急。物:事。④留:久。

【译文】鲁哀公问孔子道:"先生穿的衣服,是儒者特有的衣服吧?"孔子回答说:"我小时候在鲁国长大,穿着鲁国袖子很大的衣服,长大后又居住在宋国,宋国就要戴章甫冠。我听说:君子学问要广博,衣服要入乡随俗;而我不知道您所说的儒服是什么。"

哀公又问:"请问儒者该具有哪些品行?"孔子回答说:"仓促匆忙的叙说,短时间内难以说得全面,全部详尽的说完,恐怕让仆人们疲累到换班时间也讲不完。"

哀公命席。孔子侍曰:"儒有席上之珍①以待聘,夙夜强学以待问,怀忠信以待举,力行以待取,其自立有如此者。"

【注释】①席上之珍:古代祭祀时陈设国宝于祭席之上。珍,指贵重的国宝。

【译文】哀公于是命人设席。孔子陪侍而坐,说:"儒者就如同筵席上的宝玉,等待着诸侯的聘用;时刻的努力学习,等待着别人的询问;心怀忠信,等待别人的举荐;身体力行,等待别人的录取。儒者们修身自立都是这样的。"

儒有衣冠中①,动作慎;其大让如慢,小让如伪;大则如威②,小则如愧;其难进而易退也,粥粥③若无能也。其容貌有如此者。

【注释】①中:正。②威:畏惧。③粥粥:卑谦貌。一本作"鬻鬻"。

【译文】儒者的服饰适中,做事谨慎;遇到大利而辞让就显得傲慢,临小利而谦让就显得虚伪;做大事审慎,如同有所畏惧,做小事恭谨就像心怀惭愧;他们不会躁进而却懂得谦退,柔弱谦卑的样子,好像是无能之辈。儒者的容貌就是这样的。

儒有居处齐难①,其坐起恭敬;言必先信,行必中正;道涂②不争险易之利,冬夏不争阴阳之和③;爱其死以有待也,养其身以有为也。其备豫④有如此者。

【注释】①齐(zhāi)难:庄重、恐惧。②涂:通"途",道路。③阴阳之和:冬温、夏凉是阴阳之和处。④备豫:准备。

【译文】儒者的日常生活相当严谨小心,其一站一坐都十分恭敬;说话以诚信为本,做事讲究公正;不会因路的好走难走这样的小事去与人争吵,冬天不与人争有阳光可以照射得到的地方,夏天不与人争有树荫的地方;这样做就是为了爱惜生命以等待时机,养精畜锐以备将来有所作为。儒者就是这样有所准备。

儒有不宝金玉,而忠信以为宝;不祈土地,立义以为土地①;不祈多积②,多文以为富。难得而易禄③也,易禄而难畜也。非时不见,不亦难得乎?非义不合,不亦难畜乎?先劳④而后禄,不亦易禄乎?其近人有如此者。

【注释】①立义以为土地：以义自居。②积：积聚财物。郑玄云，"积"或为"货"。③难得：指儒者非政治清明则不仕。易禄：轻视高官厚禄。④劳：事。

【译文】在儒者的心中，金玉并不有多宝贵，忠诚守信才是宝贵的；他们不祈求拥有多少土地，在他们看来，而是把建立道义当作土地；他们不祈求多积财富，而是觉得多掌握知识便就是财富。请他们做官很困难，因为他们不在乎官位的高低和俸禄的多少；因为他们不在乎这些，即使他们做了官也很难长期的留住。不是合适的时候，他们就选择隐居不仕难道这还不是难于得到吗？即使命令他们出仕，不合乎道义的事情他们不会合作，就辞官不干了，难道这还不是很难长期留住吗？他们首先谈做事而后再谈俸禄，这难道不是不在乎俸禄的表现吗？儒者的待人接物就是这样的。

儒有委之以货财，淹①之以乐好，见利不亏其义；劫②之以众，沮③之以兵，见死不更其守；鸷虫攫搏不程勇④者，引重鼎不程其力；往者不悔，来者不豫；过言不再，流言不极⑤；不断其威，不习⑥其谋。其特立有如此者。

【注释】①淹：犹言腐蚀。②劫：威胁。③沮(jǔ)：恐怖。④鸷虫：猛禽猛兽。不程勇者：王引之《经义述闻》以为当作"不程其勇"，与下"不程其力"句式同。程：衡量。⑤极：穷极，即穷根问底。⑥习：常，反复。

【译文】有的儒者,即使你送很多的金银财宝给他,即使你用美声和玩乐引诱他,他也做不到见利而忘义;即便众人对他进行威胁,用武器恐吓他,他宁愿选择死也不会改变自己的操守;遭到鸷鸟猛兽攻击,奋不顾身和它们进行搏斗,也不考虑自己的武勇成不成功;牵引重鼎,尽力而为,不考虑个人的体力够不够;错过好的机会不追悔,好机会到来也不欢欣;说错的话便不再说,听到流言,不屑于刨根问底;不段保持自身的威严,不去专研权术谋略。儒者立身独特就是这样的。

儒有可亲而不可劫也,可近而不可迫①也,可杀而不可辱也。其居处不淫②,其饮食不溽③;其过失可微辨而不可面数也。其刚毅有如此者。

儒有忠信以为甲胄④,礼义以为干橹⑤;戴仁而行,抱义⑥而处,虽有暴政,不更其所。其自立有如此者。

【注释】①迫:威逼。②淫:倾邪,不正。③溽(rù):欲,恣意讲究滋味。④甲胄:铠甲头盔,都是护身防御的装备。⑤干橹(lǔ):小盾牌和大盾牌,亦是战争中的防护装备。⑥戴仁、抱义:以仁义行事。

【译文】儒者可以加以亲近而不可以加以威胁;可以亲近而不可以强迫;宁可杀头也不能羞辱。所以儒者的住所不讲究奢华,儒者的饮食不讲究丰盛;儒者有了过失后可以进行委婉地批评而不可以当面严厉责备。儒者的刚毅就是这样的。

儒者把忠信当做盔甲,把礼义当做盾牌;一切行事都时刻谨守着仁义，即使受到暴政的迫害，也不会改变自己的操守。儒者在操守上的自立就是这样的。

儒有一亩之宫①，环堵②之室，筚门圭窬③，蓬户瓮牖④；易衣而出，并日而食，上答之不敢以疑，上不答⑤不敢以谄。其仕有如此者。

儒有今人与居，古人与稽⑥；今世行之，后世以为楷；适弗逢世，上弗援⑦，下弗推⑧，谗谄之民有比党而危之者，身可危也，而志不可夺也，虽危起居，竟信⑨其志，犹将不忘百姓之病也。其忧思有如此者。

【注释】①宫：墙垣。②堵：墙长宽的单位。一堵或说四丈，或说五丈。③筚（bì）门：用竹枝树枝编成的门。圭窬（dòu）：门旁小户，上锐下方，形如圭。"窬"通"窦"。④瓮牖：用破瓮口作窗。⑤答：国君采纳建议答应运用。⑥稽：合。⑦援：援引、提拔。⑧推：推举。⑨起居：犹言一举一动。信：通"伸"。

【译文】儒者的住所不一定很好，一亩地的宅院，住着周围一丈见方的房间，四面的墙只有一堵是高高的，在墙上打个圭形小洞就成了进出的门，门也是用荆条和竹枝编织的，或者用蓬草编成，把破瓮嵌进墙里就是窗户；全家也只有一套比较体面的衣服，谁有事出门就谁穿；两天才吃一天的粮食；受到上司的赏识或重用，他就竭忠尽智而不敢怀有二心；没有受到上司的赏识和重用，他不敢谄媚来博取欢心。儒者的做官态度就是这样的。

虽然儒者与当代的人居住在一起,但他的意趣却和古代君子相合;他如今所做的事,后世将被奉为楷模;正巧生不逢时,上边没人援引,下边没人推荐,进谗言献谄媚的人又结党而要危害他,身体可以遭害的而志操不可动摇;即使危及他的起居,最终他还要伸展自己的志向,仍将念念不忘老百姓的疾苦。儒者的忧虑思念就是这样的。

儒有博学而不穷,笃①行而不倦;幽居②而不淫,上通③而不困;礼之以和为贵,忠信之美,优游④之法,举贤而容众,毁方而瓦合⑤。其宽裕有如此者。

儒有内称不辟⑥亲,外举不辟怨,程⑦功积事,推贤而进达之,不望其报;君得其志,苟利国家,不求富贵。其举贤援能有如此者。

【注释】①笃:纯。②幽居:独处。③上通:仕于君上。④优游:柔和的人。⑤瓦合:作瓦,初成圆形,剖而为四则呈方,四瓦合又成圆。⑥称:推举。辟:通"避"。⑦程:较量,考核。

【译文】儒者学识广博而学无止境,专意实行而不感到厌倦;隐居独处的时候不淫邪放纵,通达于上的时候不为政务所困窘;遵循以礼待人而又以和为贵的原则,具有忠信的美德,优柔从容的风度;仰慕贤能而又包容众人,有时可以削损自己方正的棱角而依随众人,有如房瓦之叠合。儒者的宽容大度就是这样的。

儒者在向朝廷举荐贤能人才时,只考虑被推举的人是否有真才实学，而不管他是自己的亲属还是仇人，只有在充分衡量了被推举人累积的功绩后，才会向朝廷举荐并使他得到任用，这并不是想对方回报自己；只要国君可以因此顺心如意，造福国家就可以了，也不是希望得到什么赏赐。儒者推举贤能就是这样的。

儒有闻善以相告也，见善以相示也；爵位相先①也，患难相死也；久相待也，远相致也。其任举有如此者。

儒有澡身而浴德②，陈言而伏，静而正之，上弗知也，粗而翘③之，又不急为也；不临深④而为高，不加少而为多；世治不轻⑤，世乱不沮⑥；同弗与，异弗非也。其特立独行有如此者。

【注释】①相先：互相谦让。②澡身：犹言洁身。浴德：沐浴于德，即以道德自律。③粗：微。翘：启发。④深：喻地位低下的人。⑤不轻：不以贤者众多而轻视自己。⑥不沮：不废弃己志，即不放弃个人的理想。

【译文】儒者之间听到好事就会互相告知，见到善行就互相指示；爵位有了空缺就互相推先，遇到灾祸就考虑自己献身；朋友久久不得志，自己就等待朋友也不出来做官，如果朋友是在远方别国不得志，也要设法把他招来一起出仕。儒者的对待举荐朋友有就是这样的。

儒者洁身自好，重视道德修养，陈述自己的建议而听从君王的命令，安静不躁而谨守正道；自己的建言没有得到国君的重视，就委婉地加以提醒，不操之过急；不在地位低的人面前夸耀自身的高大，不在功劳少的人面前夸耀自己功高；遇到盛世，不自惭形秽；遇到乱世，也不放弃心中信念。与自己政见相同的人，不与他营私结党；与自己政见不同的人，也不对他进行诽谤诋毁。儒者的特立独行就是这样的。

儒有上不臣天子，下不事诸侯；慎静而尚宽，强毅以与人，博学以知服；近文章砥厉廉隅①；虽分国如锱铢②，不臣不仕。其规为有如此者。

儒有合志同方③，营道同术；并立则乐，相下不厌；久不相见，闻流言不信；其行本方立义，同而进，不同而退。其交友有如此者。

温良者，仁之本也；敬慎者，仁之地也；宽裕者，仁之作也；孙④接者，仁之能也；礼节者，仁之貌也；言谈者，仁之文也；歌乐者，仁之和也，分散者，仁之施也；儒皆兼此而有之，犹且不敢言仁也。其尊让有如此者。

儒有不陨获⑤于贫贱，不充诎⑥于富贵，不慁⑦君王，不累长上⑧，不闵⑨有司，故曰儒。今众人之命儒也妄，常以儒相诟病⑩。

【注释】①砥（dǐ）厉：磨刀石，精为砥、粗为砺。"厉"通"砺"，引申为磨砺。廉隅：棱角，指人行为方正。②锱铢：旧制锱为一两的四分之一，铢为一两的二十四分之一。③方：法则。④孙：通"逊"。⑤陨获：困迫失志的样子。⑥充诎：充，盈满；诎，失节。⑦慁（hùn）：辱。⑧累：干系。长上:卿大夫。⑨闵:病,患害。⑩诟病:耻辱。

【译文】有的儒者,他上不向天子称臣,下不侍奉诸侯;性情恬静而崇尚宽和,性格强毅而又善于交流,学问渊博而又能服膺胜于自己的;读圣贤以磨练自己的品行和气节;就算把整个国家分给他,他也视若锱铢,不为动心,不会称臣做官。儒者的行为方正就是这样的。

有的儒者,与朋友志同道合,作学问的风格也一样;不管是谁取得成就都会为对方欢喜,相互有了差距也不嫌弃;很久不相见,听到有关对方的流言蜚语,也不会相信;把友谊建立在方正、道义上,做到这一点才能做朋友,违背这一点就保持距离。儒者的交朋友就是这样的。

温厚善良是仁的根本;恭敬谨慎是仁的本质;心胸宽广是仁的传播;谦逊待人是仁的功能;礼节是仁的外貌;言谈是仁的文采;唱歌跳舞是仁的和谐;财富是仁的施行;儒者具备了以上种种美德,都不敢说自己做到了仁。儒者的重视谦让就是这样的。

儒者不会因为贫贱而丧失志向,不因富贵而变得骄奢改变操守,不因为国君的侮辱、卿大夫的掣肘、官员们的刁难而失常变道,这才叫作儒。现在很多人对儒的理解不正确,所以常常被当作笑话来讲。

孔子至舍,哀公馆之,闻此言也,言加信,行加义:"终没吾世,不敢以儒为戏。"

【译文】孔子从卫国回到鲁国,鲁哀公到公馆接见了他,听了孔子的一翻话,更加相信儒者,对儒者也更加看重,并且说:"我这一生,再也不敢拿儒者开玩笑了。"

大学第四十二

【题解】《大学》先明确提出博学的宗旨是"明明德、亲民、止于至善",还提出格物、致知、诚意、正心、修身、齐家、治国、平天下八大步骤。从实用主义角度,对现代人如何做人、做事、立业等均有深刻的启迪意义。《大学》言语简约,内涵深刻,对古代社会发展影响深远。郑玄《目录》云:"名曰《大学》者,以其记博学,可以为政也。此于《别录》属《通论》。"此《大学》之篇,论学成之事,能治其国,章明其德于天下,却本明德所由,先从诚意为始。

大学①之道,在明明德②,在亲民③,在止于④至善。

知止而后有定,定而后能静,静而后能安,安而后能虑,虑而后能得。

物有本末,事有终始,知所先后,则近道矣。

【注释】①大学:据郑玄说,大学,指博学,谓自个人修身、齐家,逐渐扩大到治国平天下的道理。②前一个"明"字用作动词。明德:光辉的品德。明明德:使光辉的品德更加显明。③亲民:教化民众,使人去恶从善、恢复明德。程子曰:"亲,当作新。"新民:使民众的生活改革更新。④止于：处在。

【译文】大学的宗旨在于彰显自身的光明之德，在于亲近爱护百姓，在于使自身的修养品德达到至善的境界。知道需要达到至善的境界然后才能确定自己的志向，只有在确定自身志向以后，才能心静不乱，心静后才能神思安稳，神思安稳考虑事情才能周全，考虑事情周详后才能使自己做到最为完美。

万物都有其本末，所有事情都有它的开始和终结。清楚应该先做什么，后做什么的基本程序，这才接近于大学的基本宗旨了。

古之欲明明德于天下者，先治其国；欲治其国者，先齐①其家；欲齐其家者，先修其身；欲修其身者，先正其心；欲正其心者，先诚其意；欲诚其意者，先致其知②，致知在格物③。

物格而后知至，知至而后意诚，意诚而后心正，心正而后身修，身修而后家齐，家齐而后国治，国治而后天下平。自天子以至于庶人，壹是④皆以修身为本。其本乱而末治者否矣，其所厚者⑤薄，而其所薄者⑥厚，未之有也！此谓知本，此谓知之至也。

【注释】①齐：整，整治。②知：谓知善恶吉凶之所终始也。③格：来。物：犹事。其知于善深则来善物，其知于恶深则来恶物，言事缘人所好来也。④壹是：一律。⑤所厚者：指"本"。⑥所薄者：指"末"。

【译文】古代想把好的品德对天下人进行推广的人，首先要把自己的国家治理好；想要把自己的国家治理好，先要将自己的家族管理好；想要把自己的家族管理好，又要先将自身的品德修养好；想要把自身的品德修养好，先要端正内心；想要端正内心，先要使意念真诚；想要使意念真诚，就要先招致自己的良知；招致良知，在于格除物欲。

物欲格除而后良知到来，良知到来而后意念真诚，意念真诚而后心态端正，心态端正而后才能修养好自身，修养好自身而后才能把家族管理好，管理得好家庭而后才能把国家治理好，国家治理好而后天下太平。上到天子，下到平民百姓，一律都应该把修养自身作为根本。根本得不到解决而要解决枝末的问题，是不可能的。该用力厚的用力薄，而该用力薄的却用力厚，要想将明德之功泽及天下，没有这样的道理。这叫作知道根本，这叫作知的极致。

所谓诚其意者，毋自欺也，如恶恶臭[1]，如好好色[2]，此之谓自谦[3]，故君子必慎其独也！小人闲居为不善，无所不至，见君子而后厌然[4]，掩[5]其不善，而著其善。人之视己，如见其肺肝然，则何益矣！此谓诚于中，形于外，故君子必慎其独也。曾子曰："十目所视，十手所指，其严[6]乎！"富润[7]屋，德润身，心广体胖[8]，故君子必诚其意。

【注释】①恶恶臭：厌恶臭恶的气味。前一个"恶"用作动词。臭(xiù)：气味。②好好色：喜爱美色。前一个"好"音(hào)，动词。③谦：通"慊(qiè)"，快乐、满足。④厌然：掩饰躲藏的样子。⑤掩

(yǎn)：覆，掩盖。⑥严：严峻，令人敬畏。⑦润：滋润，修饰。⑧胖（pán）：安然舒畅的样子。

【译文】所谓的意念真诚，就是不要自欺欺人，就像是人们讨厌恶劣难闻的气味，喜好看到漂亮的女子那样自然流露，这些都称之为自足，所以君子在自己独处时一定要谨慎小心。小人在独处时会什么坏事都做得出来，而在见到君子后又遮遮掩掩，以掩盖他所做过的坏事，把做过的好事拿出来炫耀。而在别人眼里，早就看到了他的五脏六腑般看清了他真实面目，这能有什么好处呢！这就叫内心的真实想法，在行动上已经表露出来了，因此君子在独处时要特别的谨慎小心。曾子说过："被很多双眼睛看着，很多双手指着，是一件多么让人害怕的事情啊！"财富可以修饰屋舍，道德可以润养身心，心胸宽广的人身体自然舒适，因此君子一定要意念真诚。

《诗》云："瞻彼淇澳①，菉竹猗猗②。有斐③君子，如切如磋，如琢如磨④。瑟兮僴兮⑤，赫兮喧兮⑥。有斐君子，终不可諠兮⑦！""如切如磋"者，道学也；"如琢如磨"者，自修也；"瑟兮諠兮"者，恂栗⑧也；"赫兮喧兮"者，威仪也；"有斐君子，终不可諠兮"者，道盛德至善，民之不能忘也。

《诗》云："於戏！前王不忘⑨。"君子贤其贤而亲其亲，小人乐其乐而利其利，此以没世不忘也。

【注释】①淇：水名。澳(yù)：弯曲的河岸。②菉竹：绿竹。猗猗：

茂盛的样子。③斐：富有文采的样子。④切、磋、琢、磨：原指古代雕琢制造骨器和玉器的方法，这里用来比喻研究学问、修养品德。⑤瑟兮僩（xiàn）兮：庄重威严的样子。⑥赫兮喧兮：显赫盛大的样子。⑦諠：忘记。诗见《卫风·淇澳》。⑧恂（xún）栗：恭敬戒惧的样子。⑨见《诗·周颂·烈文》。於（wū）戏（hū）：感叹词。

【译文】《诗经》上说："看那弯弯的淇水岸边，嫩竹郁郁葱葱。有位风度高雅的君子，好像经过反复打磨过的象牙，和精心雕琢过的美玉。庄严且又威武，显赫而又坦荡。风度高雅的君子，教人始终难忘。""如切如磋"指君子的研究学问的严谨态度；"如琢如磨"是指君子的品行修养；"瑟兮僩兮"是指君子内心的恭敬戒惧；"赫兮喧兮"是指君子威严的外表。"有斐君子，终不可諠兮"，是指君子的品德高尚接近完美，老百姓对他难以忘怀。

《诗经》上又说："呜呼！先王真叫人难忘啊。"君子赞美先王任用贤人而亲睦九族，小人享受先王带来的安乐和利益，因此，先王即使不在了人们还在怀念他的恩德。

《康诰》曰："克①明德。"《大甲》曰："顾諟②天之明命。"《帝典》③曰："克明峻德。"皆自明也。

汤之盘铭④曰："苟日新，日日新，又日新。"《康诰》曰："作新民。"《诗》曰："周虽旧邦，其命惟新。⑤"是故君子无所不用其极⑥。

【注释】①《康诰》：《尚书·周书》篇名，传为周公所作。克：能够。②《大甲》:《尚书·商书》篇名。"大"读为"太"。諟(shì):审察。③帝典:即《尚书·虞书》中的《尧典》。④汤:商汤。盘:沐浴用的大盆。铭:铭文。⑤见《诗·大雅·文王》。⑥极:尽。用其极:用尽全力。

【译文】《康诰》上说:"文王能彰明德性。"《大甲》上说:"你应当顾念上天赋于你的德性。"《尧典》上说:"帝尧能够彰显高尚的德性。"说的是人要彰明自己的德性。

商汤的浴盆上面的铭文说:"如果能够一日更新自己,就应该保持天天更新,更新了以后还要再更新。"《康诰》上说:"激励民众自新。"《诗经》上说:"姬周原来属于殷商诸侯国,但是它秉承天命,万象更新。"因此君子在更新上,没有一处不竭尽全力。

《诗》云:"邦畿千里,惟民所止①。"《诗》云:"缗蛮黄鸟,止于丘隅②。"子曰:"于止,知其所止,可以人而不如鸟乎?"

《诗》云:"穆穆文王,于缉熙敬止③!"为人君,止于仁;为人臣,止于敬;为人子,止于孝;为人父,止于慈;与国人交,止于信。

【注释】①见《诗·商颂·玄鸟》。邦畿:指国都附近地区。②见《诗·小雅·绵蛮》。缗(mín)蛮:今本《毛诗》作"绵蛮",鸟鸣声。丘隅:《毛诗》作"丘阿",山陵。③见《诗·大雅·文王》。穆穆:深远的样子。於(wū):语气词。缉熙:光明的样子。止:原为语气词,这里断章取义,作"所止"之"止"解。

【译文】《诗经》上说:"国都附近千里的土地,但都是百姓的居所。"《诗经》上又说:"小小黄鸟声声叫,停在山丘一角。"孔子说:"鸟儿都知道它的止息的地方,难道人还比不上鸟吗?"

《诗经》上说:"端庄恭敬的文王啊,光明而又恭敬他所处之位。"做国君的要处于仁爱的境界,作臣子的要处于恭敬的境界,做儿女的要处于孝顺的境界,做父母的要处于仁慈的境界,和民众来往要处于诚信的境界。

子曰:"听讼,吾犹人[1]也,必也使无讼乎!"无情者不得尽其辞[2],大畏[3]民志。此谓知本。

【注释】[1]听讼:审理诉讼案件。犹人:和别人一样。[2]情:犹实。辞:巧辩的虚辞。[3]畏:用作动词,使人畏惧服从。

【译文】孔子说:"审理诉讼,我和其他人差不多;如果非要说有不同的话,那就是我想从根本上不发生诉讼。"要让无理闹事的一方不能以狡辩取胜,使民众发自内心的产生敬畏。这才叫作知道了事情的根本。

所谓修身在正其心者:身有所忿懥[1],则不得其正;有所恐惧,则不得其正;有所好乐,则不得其正;有所忧患,则不得其正。心不在焉,视而不见,听而不闻,食而不知其味。此谓修身在正其心。

所谓齐其家在修其身者:人之其所亲爱而辟[2]焉,之其所贱恶而辟焉,之其所畏敬而辟焉,之其所哀矜[3]而辟焉,之其所敖惰[4]而辟焉。故好而知其恶,恶而知其美者,天下鲜矣！故谚有之曰："人莫知其子之恶，莫知其苗之硕⑤。"此谓身不修不可以齐其家。

【注释】①身：指内心。忿(zhì)：怒貌。忿懥：愤怒。②辟：偏向。③哀矜(jīn)：同情。④敖惰：傲视、怠慢。⑤硕：硕大，茂盛。

【译文】所谓要让自己的品德得到更好的修养首先是要端正自己的内心：如果我们自身有愤怒所在，那么我们内心不能端正；有恐惧所在，那么我们内心不能端正；有自己的爱好偏向，那么我们内心不能端正；有所忧患，那么我们内心不能端正。当你对一件事情心不在焉的时候，内心就会对此视而不见，同样也会听而不闻，这就算吃东西也没有味道。这就是说自身的品德要想修养好必须先要端正自己的内心。

所谓管理好家族的首先条件是要把自身的修养做好：因为人们看事情的态度总是带有浓重的自我色彩，对自己所喜爱的人有所偏袒，对自己讨厌的人会有所偏于厌恶，对自己敬畏的人会偏于敬畏，对自己所同情的人会有所偏于袒护，对自己所轻视的人会有所偏于怠慢。因此，喜欢一个人时能清楚他的缺点，讨厌一个人时而看到他的优点，这类人在世间微乎其微。所以谚语说得好："由于偏颇，人们看不到自己儿子身上的毛病，不认为自己家田里的庄稼足够好。"这就说明个人的修养不好就没办法管理好家族。

所谓治国必先齐其家者，其家不可教而能教人者，无之。故君子不出家而成教于国：孝者，所以事君也；弟者，所以事长也；慈者，所以使众也。《康诰》曰："如保赤子①。"，心诚求之，虽不中不远矣。未有学养子而后嫁者也！一家仁，一国兴仁；一家让，一国兴让；一人贪戾，一国作乱。其机②如此。此谓一言偾③事，一人定国。尧、舜率天下以仁，而民从之；桀、纣率天下以暴，而民从之。其所令反其所好，而民不从。是故君子有诸己而后求诸人，无诸己而后非诸人。所藏乎身不恕④，而能喻诸人者，未之有也。故治国在齐其家。《诗》云："桃之夭夭，其叶蓁蓁；之子于归，宜其家人⑤。"宜其家人，而后可以教国人。《诗》云："宜兄宜弟⑥。"宜兄宜弟，而后可以教国人。《诗》云："其仪不忒，正是四国⑦。"其为父子兄弟足法，而后民法之也。此谓治国在齐其家。

【注释】①赤子：婴儿。②机：引发事端的关键。③偾（fèn）：覆败。④恕：推己及人谓之恕。⑤夭夭：美好的样子。蓁（zhēn）蓁：茂盛的样子。之子：这个女子。归：出嫁。见《诗·周南·桃夭》。⑥见《诗·小雅·蓼萧》。⑦见《诗·曹风·鸤鸠》。仪：仪容举止。忒（tè）：差错。

【译文】所以一个人要想治理好国家，首先是要管理好自己的家族，一个连自己家族事务都处事不好的人就能管理好别人的事的，还从没有过。因此，君子不出家门而可以向全国人民实行教化：家庭中的"孝"，是侍奉君主的原则；家庭中的"悌"，是侍奉官长的原则；家庭中的"慈"，是爱护百姓的原则。《康诰》上说:"爱护百姓就像爱护婴儿那样。"只要诚心诚意去做,就算不能做到完美,但也不会相差太远。没有先学会了抚养子女之后再出嫁的。国君的家族仁爱和睦,整个国家也会跟着仁爱和睦;国君的家族懂得谦让,整个国家也会懂得谦让;国君贪暴,全国百姓就会作乱。事情的关键就是如此。这就是一句话可以坏了国家大事,一个人也可以安邦定国。古代的尧和舜都给天下百姓做出了仁爱的表率,天下的百姓也都跟着一起仁爱;夏桀和纣王为君残暴,百姓也跟着一起残暴作乱。如果君主言行不一致,说一套做一套,百姓就不会服从管治。所以君子只有自己做到了才有资格要求别人也做到,自己没有这方面的缺点才有资格批评别人。自己身上连仁爱的影子都看不到,却要求别人处处做到仁爱,这是不可能的事。所以说,治理国家的前提就是管理好家族。《诗经》上说:"桃花儿多么美啊,枝叶多么茂盛。这个姑娘要出嫁,一定会使全家和顺。"只有让家族和顺,才能教育国人。《诗经》上说:"兄弟相处和睦"只有兄弟能够和睦相处,才能教育国人。《诗经》上说:"言行如一不走样,才是四方各国的好榜样。"国君只有自己是个好的父亲、好的儿子、好的哥哥、好的弟弟,给全国大臣百姓树立了好榜样,百姓们才会效法他。这就是说治理好国家的首要条件是先管理好家族。

所谓平天下在治其国者:上老老而民兴孝,上长长而民兴弟,上恤孤而民不倍①,是以君子有絜矩之道②也。

所恶于上,毋以使下;所恶于下,毋以事上;所恶于前,毋以先后；所恶于后，毋以从前；所恶于右，毋以交于左；所恶于左，毋以交于右。此之谓絜矩之道。

《诗》云："乐只君子，民之父母③。"民之所好好之，民之所恶恶之，此之谓民之父母。《诗》云："节彼南山，维石岩岩。赫赫师尹，民具尔瞻④。"有国者不可以不慎，辟则为天下僇⑤矣。《诗》云："殷之未丧师，克配上帝。仪监于殷，峻命不易⑥。"道得众则得国，失众则失国。

【注释】①倍：通"背"。②絜（xié）：度量、衡量。絜矩之道：用同样的尺度来衡量自己、衡量别人的方法。③见《诗·小雅·南山有台》。只：语气词。④见《诗·小雅·节南山》。节：高耸的样子。岩岩：岩石高峻的样子。赫赫：显赫的样子。师尹：指周王朝的太师尹氏。⑤辟：偏邪。僇（lù）：通"戮"，刑杀。⑥见《诗·大雅·文王》。师：众，众人。仪：宜。监：借鉴。峻命：大命，指天命。

【译文】所以使天下太平的前提是先治理好自己的国家，只有国君尊敬老人，百姓就会跟着尊敬老人，孝顺成风；只有国君尊重长者，百姓也会跟着尊重长者，兴起敬重尊长的风气；国君体恤孤幼，百姓就不会遗弃孤幼。所以君子有规范人的行为的作用。

厌恶上级的行为，就不要用这种行为对待下级；厌恶于下级的行为，就不要用这样的行为来对待上级；厌恶之前的人的行为，就不要用这样的行为对待之后遇到的人；厌恶之后人的行为，就不要用这种行为对待之前的人；厌恶自己右边人的行为，就不要用这种行为对待自己左边的人；厌恶自己左边人的行为，就不要用这种行为对待自己右边人。这就叫衡量自己和别人的方法。

《诗经》上说:"能够与民同乐的君子,就是民众的父母。"老百姓喜欢的自己也去喜欢,老百姓讨厌的自己也去讨厌,这就叫作民之父母。《诗经》上说:"巍峨的南山啊,山石叠嶂。显赫的尹太师啊,百姓把你瞻仰。"统治国家的人言行不得不谨慎,问题处理有所偏差就会引发百姓动乱。《诗经》上说:"殷商没有丧失民心时,能够与上天相配。我们应该以殷商灭亡为史鉴,承受天命不容易。"就是说:得民心者得天下,失民心的人失天下。

是故君子先慎乎德。有德此有人,有人此有土,有土此有财,有财此有用。德者本也,财者末也,外本内末①,争民施夺。是故财聚则民散,财散则民聚。是故言悖②而出者,亦悖而入;货悖而入者,亦悖而出。

《康诰》曰:"惟命不于常!"道善则得之,不善则失之矣。

《楚书》③曰:"楚国无以为宝,惟善以为宝。"

舅犯④曰:"亡人无以为宝,仁亲以为宝。"

【注释】①外:疏远,轻视。内:亲近,重视。②悖:背逆。③《楚书》:可能是楚国的史书,今已不存。④舅犯:春秋时晋文公重耳的舅舅,姓狐名偃,字子犯,曾随重耳在外流亡十九年。

【译文】所以君子应该好好修养自己的德行。有了好的德行就会有民众信服,有了民众才会有土地,有了土地才会有财富,有了财富才会有国家的用度。德行是根本，财富是末节，轻视根本而重视末节，就会出现争民利、夺民财的现象。因此说，国君贪敛财富，百姓就会背离而叛逃；国君广布施财富，百姓就会络绎聚来。所以，国君说悖理的话，耳朵也就会听到百姓悖理的话；国君的财产由悖理途径得来的，也就会悖理地失去。

《康诰》上说："老天爷并不会一直保佑某一个人。"就是说，拥有好的德行就会得到它，没有好的德行就会失去它。

《楚书》上说："楚国没有什么东西可以当做宝贝，只有把德行当做宝贝。"

舅犯说："流亡者没有什么可以当做珍宝的，只有把仁爱作为珍宝。"

《秦誓》曰："若有一个①臣，断断兮②，无他技②，其心休休③焉，其如有容焉。人之有技，若己有之；人之彦圣④，其心好之，不啻⑤若自其口出，寔⑥能容之。以能保我子孙黎民，尚亦有利哉！人之有技，媢嫉⑦以恶之；人之彦圣，而违之俾⑧不通。实不能容，以不能保我子孙黎民，亦曰殆哉！"唯仁人放流之，迸⑨诸四夷，不与同中国，此谓唯仁人为能爱人，能恶人。

【注释】①个：《尚书·秦誓》作"介"。②断断兮：诚恳专一的样子。技：才能。③休休：宽容的样子。④彦：美士。圣：通明。⑤不啻（chì）：不只。⑥寔：是。⑦媢（mào）嫉：嫉妒。⑧违：这里是压抑的意思。俾：使。⑨迸：读为"屏"，古字通用。迸，犹逐。

【译文】《秦誓》上面说："如果有一位这样的大臣，他诚恳又老实，却身无所长，品德高尚，心地坦荡，能够容人容物。他人有了本领，就像他自己也有了一般；别人的才能、美德，他都能发自内心的赞美，不仅是口头上说说而已，还真心实意的任用和推荐他们。他这么做，就能使我们的子孙、百姓得到保护，对国家也有利。如果发现别人有了什么本领，他就嫉妒厌恶；别人的才能、美德，就从中作梗不让国君知道，没有胸襟而不向国君进行举荐。因而使我们的子孙、百姓得不到保护，对国家也危险啊。"只有仁德的国君会将这些嫉贤妒能的人流放，把他们驱逐到外族之地，不与他们同居国中。这就是说，只有仁德的人才懂得重用什么样的人，远离什么样的人。

见贤而不能举，举而不能先，命①也；见不善而不能退，退而不能远，过也。好人之所恶，恶人之所好，是谓拂②人之性，菑必逮③夫身。是故君子有大道，必忠信以得之，骄泰以失之。

【注释】①命：郑注读为"慢"，轻慢。程子读作"怠"，怠慢。②拂：违逆。③逮：及。

【译文】遇到贤达的人而不举荐，举荐后不重用，这是怠慢；遇到坏人不进行斥退，斥退后又不把他流放远方，这是过错。喜欢百姓所讨厌的，讨厌百姓所喜欢的，叫作违背人性，结果会是灾祸临头。因此做君子有一条大原则,必须恪守忠信才能得到它,骄奢放纵就会失去它。

生财有大道。生之者众,食之者寡,为之者疾,用之者舒,则财恒足矣。仁者以财发身,不仁者以身发财。未有上好仁而下不好义者也,未有好义其事不终者也,未有府库财非其财者也。孟献子①曰:"畜马乘,不察于鸡豚②;伐冰之家③,不畜牛羊;百乘之家④,不畜聚敛之臣。与其有聚敛之臣,宁有盗臣。"此谓国不以利为利,以义为利也。长国家而务财用者,必自小人矣。彼⑤为善之,小人之使为国家,菑害并至。虽有善者,亦无如之何矣! 此谓国不以利为利,以义为利也。

【注释】①孟献子:即仲孙蔑,春秋时鲁国大夫。②畜马乘:指刚升为大夫的士。不察于鸡豚:不养鸡和猪以牟利。③伐冰之家:指有资格在祭祀时使用冰块的卿大夫家。④百乘之家:指有采地的卿大夫。⑤彼:这里指国君。

【译文】增加财富有大原则,生产的人多,消费的人少,创造迅速,开支缓慢,财富才可以保持充足。仁德的人用财富来修养自身,不仁德的人不惜丧身来获取财富。没有听说过国君爱好仁爱而臣下却不爱道义的,也没有听说过臣下爱好道义而做不成事情的,没有府库中的财物不是属于自己的。孟献子说:"有车马的人家,就没有必要计较养鸡养猪这种小的得失了;在祭祀时有资格用冰块的豪门贵族的人家,就没有必要计较养牛养羊的小利益了;拥有上百辆马车的人家,就不要去养一个敛财的部下。与其养一个敛财的部下,还不如去养活一个盗窃主人财物的部下。"这就是说,国家不可以牟利为利,而应该把道义当作利。当了国君的人还一心想着收敛财富,一定是身边小人的诱导。国君想要施行仁政,却让小人来治理国家,那就会有灾祸发生了。到那时,即使有贤能的臣子,也是无能为力的了!因此,国家不可以牟利为利,而应该把道义当作利。

冠义第四十三

【题解】古代男子到了二十岁要举行隆重的加冠典礼，表示该男子已经成人，可以承担成年人所应有的职责，所以男子二十岁称为弱冠之年。本篇全文一篇是论冠礼的重要性，一篇是记叙士冠礼中某些具体礼节的含义。吴曾祺评注："自此以下六篇，皆与《仪礼》文互见，惟《仪礼》谓之礼，此则以义名，盖必义明而后礼可得而考也。朱子谓《仪礼》为经，《礼记》为传，即指此数篇而言。"

凡人之所以为人者，礼义也。礼义之始，在于正容体、齐颜色、顺辞令。容体正，颜色齐，辞令顺，而后礼义备。以正君臣、亲父子、和长幼。君臣正，父子亲，长幼和，而后礼义立。故冠而后服备，服备而后容体正、颜色齐、辞令顺。故曰：冠者，礼之始也。是故古者圣王重冠。

【译文】人之所以被称之为人，就在于人是懂得礼义的。礼义最基本的要求就是：体态端正、表情庄敬、言辞谦顺作起。体态端正、表情庄敬、言辞谦顺这些后才算具备基本的礼义。用礼义使君臣各安其位、父子相亲、长幼兄弟和睦。君臣各安其位,父子相亲,长幼和睦,才算已经确立了礼义。所以,男子只有在二十岁举行过冠礼,戴上标志成人的冠帽后才称得上服装齐备,服装齐备后才能做到真正意义上的体态端正、表情庄敬、言辞谦顺。因此说冠礼是礼的开始。所以古时候圣王才特别重视冠礼。

古者冠礼,筮日,筮宾,所以敬冠事。敬冠事所以重礼,重礼所以为国本也。

故冠于阼①,以著代也;醮于客位②,三加③弥尊,加有成也;已冠而字④之,成人之道也。见于母,母拜之;见于兄弟,兄弟拜之;成人而与为礼也。玄冠、玄端奠挚⑤于君,遂以挚见于乡大夫⑥、乡先生,以成人见也。

成人之者,将责成人礼焉也。责成人礼焉者,将责为人子、为人弟、为人臣、为人少者之礼行焉。将责四者之行于人,其礼可不重与?

【注释】①阼:堂前东面的台阶,是主人升降的台阶。②醮:一方献酒,另一方不需回敬的仪式。客位:在堂上户牖之间。③三加:行冠礼时,先加缁布冠,再加皮弁,第三加爵弁。④字:古礼,小孩由父亲取一个幼名,到行冠礼时由宾取一个"字"。⑤玄冠、玄端:黑色的冠、上衣和裳,次于朝服,为士之礼服。挚:通贽,见面礼。士用雉,雉即野鸡。⑥乡大夫:据王引之《经义述闻》应作"卿大夫"。乡先生:乡中年老而德高望重的人。

【译文】古代人举行冠礼的日子，都要先请人通过占卜选定吉日和可以为子弟加冠的宾，这是为了表示对仪式的重视；对加冠仪式的重视也说明了人们对礼的重视；重视礼法也就是国家的根本了。

在主人阼阶上加冠表明他身负将来要继承父亲当家人的责任；又要让他在客位上敬酒，表明他已经正式成人；三次加冠，一次比一次加冠尊贵，这是激励他在成人后立志向上；行过冠礼后，称呼成冠的人称字而不再称他的名，说明他已经成年了。加冠后拜见母亲的时候，母亲要答拜；去见兄弟，兄弟同样也要进行回拜：因为他已经是成年人，是应该对他回礼的。戴上黑色布冠，穿上朝服，拿上礼物去拜见国君，先把礼物放到地上，表示不敢；接着又拿着礼物去拜见卿大夫和乡先生，表明自己已经是成人的身份。

既然已经是成人身份了，那就要以成人的礼数对他进行要求了。所谓成人的礼数和要求，也就是将要求他如何做一个合格的儿子，合格的弟弟，合格的臣子，合格的后辈。要求他具备这四个方面的德行，冠礼怎么能不重要呢？

故孝弟忠顺之行立，而后可以为人；可以为人，而后可以治人也。故圣王重礼。故曰：冠者，礼之始也，嘉事之重者也。是故古者重冠；重冠故行之于庙；行之于庙者，所以尊重事；尊重事而不敢擅重事；不敢擅重事，所以自卑而尊先祖也。

【译文】一个人只有做到对父母孝顺、对兄长友爱、对天子和国家忠诚,对长辈恭顺,才能被称为是真正的人;成为了真正的人,才可以管理别人。所以圣王特别的重视礼。所以说:冠礼是成人礼的一个开始,冠礼是嘉礼中重要的一项。因此古人重视冠礼;因为重视,所以冠礼的仪式要在宗庙之内举行;在宗庙内举行,就显得尊重重大的事;由于尊重重大的事,所以不得擅自进行处理;因为不敢擅自处理,所以在宗庙内举行,以表示自己身份的卑微和对先祖的尊重。

昏义第四十四

【题解】郑玄云:"《昏义》者,以其记娶妻之义,内教之所由成也。"古代婚礼礼仪包括纳采、问名、纳吉、纳征、请期、亲迎六礼。本篇主要是阐述婚礼的意义,首先阐明婚礼的重要性,其次阐明新妇服侍舅姑的意义,最后讲妇女品德教育。吴曾祺评注:"昏为嘉礼之一,正家之道,必始乎此,故圣王重之。谓之昏者,嫁娶之礼,以昏为期也。"

昏礼者,将合二姓之好,上以事宗庙,而下以继后世也。故君子重之。是以昏礼纳采、问名、纳吉、纳征、请期,皆主人筵几于庙,而拜迎于门外,入,揖让而升,听命于庙①,所以敬慎重正昏礼也。

【注释】①听命于庙:女家父母先祭告宗庙,然后出门迎接男家派来的人,在庙堂西楹间听受使者转达男家的话语。

【译文】婚礼,是一种将两姓相结合的男女关系,到宗庙祭祀上告祖宗,下到传宗接代礼仪,为此,很受君子重视。所以在婚礼纳采、问名、纳吉、纳征、请期的过程中，每当男方请的使者到来时，女方家长都铺设筵几在庙里，再到门外拜迎使者，宾客与主人相互揖让升阶登堂，在庙堂上倾听使者传达对方家里的意思，这样做，是表示对婚礼的敬慎和重视。

父亲醮^①子，而命之迎，男先于女也。子承命以迎，主人筵几于庙，而拜迎于门外。壻执雁^②入，揖让升堂，再拜奠雁，盖亲受之于父母也。降出，御妇车，而壻授绥，御轮三周。先俟于门外，妇至，壻揖妇以入，共牢而食^③，合卺而酳^④，所以合体同尊卑以亲之也。

【注释】①醮（jiào）：酌而无酬酢叫醮。②雁：鹅。作为见面礼。③共牢而食：夫妇共用一牲牢。④合卺（jǐn）而酳（yìn）：合卺，婚礼中夫妇饮交杯酒。把瓠分成两个瓢叫作卺，新婚夫妇各拿一瓢来饮酒。酳：用酒漱口。⑤合体：指"合卺而酳"。同尊卑：指"共牢而食"。

【译文】父亲向儿子敬酒，并令他去迎亲，男方地位高于女方。儿子奉父命前去迎娶，女方家长在庙里铺筵设几，需要到庙门外拜迎女壻。女壻提着大雁进庙门，宾主揖让升阶登堂，女壻把雁放在地上，行拜稽首礼，这代表女壻把新妇从女方父母手里接过来。然后，新妇跟随夫壻下堂出门，壻亲自驾驶新妇乘坐的车，又挽扶新妇登车，待新妇所乘座车出大门后，壻再回到自己的车上作为引导，到自家大门后转三圈。索动绳转在外等候，新妇的车到达后，夫壻向妇作揖，领她一起进门，进入新房后夫壻与新妇同食牲肉,再各执一瓢饮酒,从此以后夫妻一体,相亲相爱,不分尊卑。

敬慎重正而后亲之,礼之大体,而所以成男女之别,而立夫妇之义也。男女有别,而后夫妇有义;夫妇有义,而后父子有亲;父子有亲,而后君臣有正。故曰:昏礼者,礼之本也。

【译文】以谨慎郑重的婚礼仪式结合而后成为夫妻,相亲相爱是制定婚礼的总体原则,确立男女之间的区别,确立夫倡妇随的夫妻关系。因为男女之间的差别,才会有夫妇之间的道义;正因为夫妇之间有道义,才会有父子相亲;父子相亲后,君臣才能各正其位。因此说:婚礼才是所有礼的根本。

夫礼始于冠,本于昏,重于丧祭,尊于朝聘,和于射乡——此礼之大体也。

夙兴,妇沐浴以俟见;质①明,赞见妇于舅姑②,妇执笄、枣、栗、段脩③以见,赞醴妇④,妇祭脯醢,祭醴,成妇礼也。舅姑入室,妇以特豚馈,明妇顺也。厥明,舅姑共飨妇以一献之礼⑤,奠酬⑥。舅姑先降自西阶,妇降自阼阶,以著代也。

【注释】①质：天明时。②赞：助。这里是协助新妇行礼的意思。舅姑：古时已婚妇女称公婆为舅姑。③笲（fán）：盛物的竹器。段脩：用香料腌制而成的干肉。其中枣、栗是见公公的礼物，段脩是见婆婆的礼物。④赞醴妇：赞，助舅姑行礼者。赞者代替舅姑酌醴敬新妇。因舅姑尊，不便自己敬酒，而请赞者代替。⑤一献之礼：饮酒之礼，主人献宾，宾酢主人，主人又酌自饮毕，更爵以酬宾，宾奠而不饮，至此为一献。而飨妇之礼，舅献而姑酌，所以说："共飨妇以一献之礼。"⑥奠酬：妇酢舅，舅于阼阶上受酢饮毕，乃酬，妇受而奠于荐左，正礼完毕。

【译文】冠礼是所有礼的开始，婚礼是所有礼的根本，丧礼、祭礼在所有礼中最为隆重，朝礼、聘礼最能体现尊敬，射礼、乡饮酒礼体现和睦，这些都是礼的基本情况。

新婚第二天，新妇早起沐浴后，为拜见公公婆婆做准备；天大亮后，赞礼的人会教导新妇拜见公婆，新妇手捧有盛枣子、果子和肉干的竹器，行进见之礼，赞礼的人代公婆向新妇赐甜酒，新妇首先以脯醢祭拜祖先，然后再以甜酒祭拜祖先，行完这些礼以后，作为新妇的礼节才算完成。公婆进入室内，新妇做一只煮熟的小猪请公婆吃，以示新妇已经开始尽孝养的责任了。第二天，公婆一起用一献之礼慰劳新妇，而新妇不能再饮婆婆献给自己的酒。等到公婆从西阶下堂后，新妇才能从东阶下堂，表示新妇已经有了代替婆婆打理家中事物的资格。

成妇礼，明妇顺，又申之以著代，所以重责妇顺焉也。妇顺者，顺于舅姑，和于室人；而后当于夫，以成丝麻布帛之事，以审守委积盖藏。是故妇顺备而后内和理；内和理而后家可长久也;故圣王重之。

【译文】完成妇礼,明白了妇顺,新妇便有了代替婆婆主持家中事务的资格,这些都是强调新妇要顺从长辈。顺从,第一是要孝顺公公和婆婆,要与家里其他女性和睦共处;之后是对丈夫和顺,最后是完成妇女都要做的女工,对家中财产的保管。所以新妇具备了妇顺,家庭才能和睦安宁,家庭和睦安宁了才能长久,因此贤明的君主都很重视妇顺。

是以古者妇人先嫁三月,祖庙未毁①,教于公宫②,祖庙既毁,教于宗室③,教以妇德、妇言、妇容、妇功。教成祭之,牲用鱼,芼之以蘋藻④,所以成妇顺也。

【注释】①祖庙未毁:说明尚在五服之内,还没有别成支族。②官:宗子的庙。③宗室:支子的庙。④芼:做羹的菜。蘋:形状像葵菜,生在浅水中,也叫田字草。藻:菱菜。蘋、藻都是阴柔之物。

【译文】因此,古时候的女子在出嫁前三个月,如果该女子与天子是没有出五服的亲属,就在皇家祖庙接受婚前礼仪培训,出了五服,就要在宗子的家里接受培训,由女师教妇德、妇言、妇容、妇功。教成后,要举行向祖先祭告的仪式,祭时用鱼作俎实,用蘋、藻两种水草作羹菜,这些都是属于阴性一类的祭品,也是为了表示已经完成妇顺品德的学习。

古者天子后立六宫、三夫人、九嫔、二十七世妇、八十一御妻，以听天下之内治，以明章妇顺；故天下①内和而家理。天子立六官、三公、九卿、二十七大夫、八十一元士，以听天下之外治，以明章天下之男教；故外和而国治。故曰：天子听男教，后听女顺；天子理阳道，后治阴德；天子听外治，后听内职。教顺成俗，外内和顺，国家理治，此之谓盛德。

【注释】①"天下"二字疑应提在上句。这二句据下文句式，其原文当作"以明章天下之妇顺，故内和而家理"。

【译文】古代皇后设有六宫，妇官设有三夫人、九嫔、二十七世妇、八十一御妻，以掌管天下女子的的教育，以表明女子顺从的品德，因此家庭和睦安定。天子设立六官，男官有三公、九卿、二十七大夫、八十一元士，管理国家政事，以寓意男子该有的教化；因此国家才能安定，政事才能和谐。所以说：天子管理男子教化的教育，王后管理妇女顺从的教育；天子治理国家政务，王后治理内宫妇女事务；天子审察政务，王后审察内务。男子教化与女子妇顺形成风俗，内外一致，国和家都能做到安定和谐，这样才能称之为盛德。

是故男教不修，阳事不得，適见①于天，日为之食；妇顺不修，阴事不得，適见于天，月为之食。是故日食则天子素服而修六官之职，荡天下之阳事；月食则后素服而修六宫之职，荡天下之阴事。故天子与后，犹日之与月、阴之与阳，相须而后成者也。天子修男教，父道也；后修女顺，母道也。故曰：天子之与后，犹父之与母也。故为天王服斩衰，服父之义也；为后服资②衰，服母之义也。

【注释】①適（zhé）：通"谪"，谴责。见（xiàn）：出现。②资：当作"齐（zī）"，声之误。

【译文】因此，如果对男子教化的工作没有做好，国家政事上就会出现失误，上天看到了，就会出现日食，以示惩罚；如果女子顺从教育不到位，妇女在处理家事上就会出现问题，上天知道后为以示惩处，会出现月食。因此，当出现日食这种天象的时候，天子会穿上白色衣服，以示自己知错并会进行反省，改进六官事务，改正政事中所犯下的错误；而出现月食这种天象的时候，王后也会穿上白色衣服进行反省，改进后宫内部事务，对所犯下错误进行改正。所以，天子与王后，就像天上的太阳和月亮，阴阳之间，是相辅相成不可缺一的重要关系。天子管理男子教化，属父辈；王后掌管女顺，属母辈。因此：天子与王后，就像是百姓的父母。所以，天子驾崩后，诸侯和臣子们都要服斩衰，和儿女给父亲服斩衰是一样的道理；王后殁了，诸侯臣子们要服齐衰，和儿女为母亲服齐衰是道理相同。

乡饮酒义第四十五

【题解】郑玄云:"《乡饮酒义》者,以其记乡大夫饮宾于庠序之礼,尊贤养老之义也。《别录》属《吉礼》。"吴曾祺评注:"乡饮酒之礼,孔疏定为四事:一为三年宾兴贤能,一为乡大夫饮国中贤者,一为州长习射饮酒,一为党正蜡祭饮酒。"

乡饮酒之义:主人拜迎宾于庠门之外,入,三揖而后至阶,三让而后升,所以致尊让也。盥洗扬觯①,所以致洁也。拜至,拜洗,拜受,拜送,拜既,所以致敬也。尊让洁敬也者,君子之所以相接也。君子尊让则不争,洁敬则不慢,不慢不争,则远于斗辨矣;不斗辨则无暴乱之祸矣,斯君子之②所以免于人祸也,故圣人制之以道。

【注释】①觯(zhì):酒器。献酢用爵,酬用觯。②之:据阮氏《校勘记》补。

【译文】乡饮酒礼的过程是:主人到乡学门外亲自接迎宾客,宾主进门,主人对宾客行再拜礼,到堂阶前之前,主客要先后行三次作揖礼,然后来到堂阶,主宾之间还要互相谦让三次然后升堂,表示出彼此的尊敬和谦让。先洗手后洗酒杯,是为了表示清洁。主人对宾客进行拜迎,宾客跟着主人拜洗酒杯,宾客拜谢并接受主人的敬酒,主人拜送,宾客向主人拜谢干杯,都是对对方敬意的一种表示。尊重、谦让、洁净、恭敬,君子就应当如上交往。君子之间互相尊敬谦让就不会竞争,洁净恭敬就不会怠慢,没有怠慢没有竞争,就远离了争斗这一类事情了;远离了争斗,就避免了暴乱的灾祸了,这就是君子为什么能够避免掉灾祸,正因为如此圣人才制订了乡饮酒礼。

乡人、士、君子①,尊于房中之间,宾主共之也②。尊有玄酒③,贵其质也。羞出自东房,主人共之也。洗当东荣④,主人之所以自洁,而以事宾也。

宾主,象天地也;介僎,象阴阳也⑤;三宾,⑥象三光也;让之三也,象月之三日而成魄⑦也;四面之坐,象四时也⑧。

天地严凝之气,始于西南,而盛于西北,此天地之尊严气也,此天地之义气也。天地温厚之气,始于东北,而盛于东南,此天地之盛德气也,此天地之仁气也。主人者尊宾,故坐宾于西北,而坐介于西南以辅宾。宾者,接人以义者也,故坐于西北。主人者,接人以德厚者也,故坐于东南。而坐僎于东北,以辅主人也。仁义接,宾主有事,俎豆⑨

有数曰圣，圣立而将之以敬曰礼，礼以体长幼曰德。德也者，得于身也。故曰：古之学术道者，将以得身也。是故圣人务焉。

【注释】①乡人：乡大夫。士：州长、里正。君子：卿、大夫。②宾主共之也：设酒樽于东房之西，室户之东，在宾主之间，表示宾主共有此酒。③玄酒：水。用水当酒，所以称"玄酒"。④洗：盥洗器。荣：屋檐之角。⑤介：陪客。僎（zūn）：通"遵"，是邀请来观礼的曾做过卿大夫的乡绅。介、僎辅助宾主行礼，就像阴阳辅助天地化育万物，因此说"介僎象阴阳"。⑥三宾：是指介、僎以及宾客。⑦成魄：月朔三天之后，月光开始恢复光明，就像彼此推让三次才接受一样。⑧孔颖达疏说："主人东南，象夏始；宾西北，象冬始；僎东北，象春始；介西南，象秋始。"⑨俎豆：俎，盛牲之器；豆：盛肴之器。

【译文】乡大夫、士、卿大夫等举行乡饮酒礼时，东房门与室门之间放酒壶，以供宾客与主人共同享用。其中一只壶装清水，尊称为玄酒，由此来表示对玄酒品质的看重。从东房端出菜肴，东方属于主人的位子，表示菜肴是由主人提供的。在屋檐东边备下主人自己洗手洗脸的用具，也拿来敬事宾客。

宾客和主人，象征的是天和地；介与僎，象征的是阴和阳；众宾之长三人，象征的是日月星辰，彼此之间谦让行礼三次后才升堂，表示月朔后三日重见光明，主人、宾、介、僎四面对坐，由此来象征四季。

天地间的寒冷之气，起源于西南方向，到西北方向逐渐变得强盛，这象征天地之间尊严之气，也是天地之间的义气。天地温厚之气，源于东北方向，到东南方向逐渐变得强盛，这属于天地之间的盛德之气，也是属于天地之间的仁气。主人为了尊敬宾客，特意将宾客的席位安排在西北方向，将介的席位安排在西南方向，以方便照看宾客。宾客是待人接物方面的特点是义，因此席位被安排在西北方。主人的特点是仁义宽厚，因此席位安排在东南方向。将僎的席位安排在东北方向，方便帮主人的忙。仁义之间彼此连接，宾客和主人都能达到各自的目的，客人用的俎豆都能一清二楚，称之为圣明，在圣明的基础上再加上敬重，称之为礼，把礼作为标准，人人能身体力行，称之为德。德就是这种身体力行的所得。所以说：古时候学道艺的人，就是指在身体力行上的所得。圣人也正是为了这个目的实行的。

祭荐，祭酒，敬礼也。哜①肺，尝礼也。啐②酒，成礼③也。于席末④，言是席之正，非专为饮食也，为行礼也，此所以贵礼而贱财也。卒觯，致实⑤于西阶上，言是席之上，非专为饮食也，此先礼而后财之义也。先礼而后财，则民作敬让而不争矣。

【注释】①哜（jì）：尝，只到齿。②啐（cuì）：尝，只入口。③"哜"、"啐"都是尝礼，而啐说"成"，是因为酒是行礼之主，所以成献酢的礼。④席末：席西头。祭荐、祭酒都在席中，是表示敬事礼；啐酒在席末，是表示轻物。⑤致：尽。实：指杯中的酒。致实：也是干杯。

【译文】宾客取主人进献的酒食祭饮食神，是敬重主人的礼仪。宾客尝肺，是宾客尝用主人进献美食的礼仪。尝酒，是宾客成就主人献酒的礼仪。宾客坐在席位末端尝酒，表示设席的真正目的，并不是为了简单的吃喝，而是行礼，表现的也是自己重视礼节而轻视财物。宾客在西阶干杯，同样也是为了表明这席自己并不只是为简单的吃喝，这是表示重视礼仪轻视财的意义。若是每个人都能做到重视礼轻视财，百姓会兴起尊敬与谦让的风气，不会发生争斗事件了。

乡饮酒之礼：六十者坐，五十者立侍，以听政役，所以明尊长也。六十者三豆，七十者四豆，八十者五豆，九十者六豆，所以明养老也。民知尊长养老，而后乃能入孝弟。民入孝弟，出尊长养老，而后成教，成教而后国可安也。君子之所谓孝者，非家至而日见之也；合诸乡射，教之乡饮酒之礼，而孝弟之行立矣。

孔子曰："吾观于乡，而知王道之易易也。"

【译文】乡饮酒的礼仪：六十岁及以上的人坐着，五十岁及以上的人需要站着侍候，听候差遣，这是对年长者表示尊敬。六十岁桌上三个菜，七十岁桌上四个菜，八十岁桌上五个菜，九十岁桌上六个菜，用以表示对老者的奉养。百姓只有懂得如何去尊敬奉养老人，在家里才知道如何孝顺父母、尊敬兄长。只有在家中懂得孝顺父母、尊敬兄长，出门才懂得尊敬长辈、奉养老人，然后才能形成教化，形成教化后国家才能安定。君子所称的孝子，并不是到人家里去宣传,也不是每天都见面教导;乡射礼举行时会把人们召集到一起,将乡饮酒礼给他们演示一遍,就能培养出他们孝顺父母、尊敬兄弟的风气。

孔子说:"我观看过乡饮酒礼后,就知道推行王者的教化非常容易。"

主人亲速①宾及介,而众宾自从之。至于门外,主人拜宾及介,而众宾自入②;贵贱之义别矣。三揖至于阶,三让以宾升③,拜至、献、酬、辞让之节繁。及介,省④矣。至于众宾升受,坐祭,立饮。不酢而降;隆杀之义别矣。

【注释】①速:敦请。②自入:揖而不拜。③以宾升:主人引导宾升阶。④省:指主人与介之间礼节省减,不拜洗,不啐肺,不啐酒,不告旨,不举酬。

【译文】主人会在乡饮酒礼开始前亲自邀请正宾和介,至于其他宾客,他们自然会跟随前往。到主人门外,主人分别向正宾和介行拜礼,其他宾客,主人只是作一个揖直接请他们进来就可以了;身份的尊贵与否,一眼就看得出来。主人与正宾彼此行三次揖礼才会来到堂阶前,主人与正宾彼此谦让三次再到堂,行至到堂前后,主人需要拜谢正宾,入席后,主人还要斟酒敬献正宾,宾又要回敬主人,相互之间再献再回敬彼此辞让,礼节繁复。至于对介的招待,礼数自然就可以少多了。其他宾客,只是在升阶接受敬酒,坐祭,站着喝酒。喝完酒不用回敬主人就可以直接下堂了；其中的贵贱差别，从这里就可以看出来。

工入，升歌三终①，主人献之；笙入②三终，主人献之；间歌三终③，合乐三终④，工告乐备，遂出。一人扬觯⑤，乃立司正⑥焉，知其能和乐而不流也。

宾酬主人，主人酬介，介酬众宾，少长以齿，终于沃洗者焉。知其能弟长而无遗矣。

降说屦，⑦升坐，修爵无数⑧。饮酒之节，朝不废朝，莫不废夕⑨。宾出，主人拜送，节文终遂焉。知其能安燕而不乱也。

【注释】①工：乐正。升歌三终：唱三首诗歌。指《鹿鸣》、《四牡》、《皇皇者华》。②笙入：笙奏《南陔》《白华》《华黍》。③间歌：歌唱和演奏交替进行。堂上唱《鱼丽》，堂下吹《由庚》，为一终；堂上唱《南有嘉鱼》，堂下吹《崇丘》，为二终；堂上唱《南山有台》，堂下吹《由仪》，为三终。④合乐：堂上堂下配合演奏，堂上唱《关雎》，堂下吹《鹊巢》相配合；堂上唱《葛覃》，堂下吹《采蘩》相配合；堂上唱《卷耳》，堂下就吹《采蘋》相配合。⑤一人扬觯：主人家管事的对宾举杯，表示开始行旅酬。⑥司正：饮酒时监礼的人。⑦说屦：说（tuō），通"脱"。先均立而行礼，至此乃均脱屦坐于席，开始无算爵。⑧修爵无数：行爵无数，即无算爵。⑨朝：早朝。夕：晚治事曰夕。

【译文】主人请的演奏乐队进来后，首先由演奏队员演唱完三首歌曲，主人再向演奏队员敬酒；吹笙的队员进来吹奏三首乐曲，吹奏完三曲，主人向吹笙的人敬酒；然后堂上鼓瑟演绎一首歌，堂下吹笙的人便要演奏一支曲，相互交替吹奏完三首后；再堂上的歌、瑟与堂下的笙、磬一齐合奏，各自演奏完三曲后，乐队领队就会对众人说："演奏完毕。"然后下堂站在西阶之东，面朝北站立。这时主人以示宴饮马上正式开始，其中一人任命为司正，主要负责监督观察饮酒失仪的人。由此可知，乡饮酒礼是既能让人大玩得轻松愉快而又不致于疏忽礼节。

宴饮开始，宾客首先自饮一杯然后斟酒敬主人饮，主人也先自饮一杯然后斟酒献介饮，介同样先自饮一杯然后斟酒劝各位宾客饮，以上这些都是按年龄大小来的，一直到侍候宾主盥洗的人为止。由此得知，乡饮酒礼能够使大家无论年龄大小都被恩泽不会有所遗漏。

然后，大家下堂脱鞋，重新升堂入座。酒菜上桌后，就开始相互劝酒，直到大家尽兴为止。饮酒时间规定是以早上不误早朝、晚上不耽误办事为原则。乡饮酒礼结束后，来宾告辞，主人送到门外，从始至终，礼节不会出现纰漏。因此，乡饮酒礼是能够让大家都玩得开心又井然有序。

贵贱明，隆杀辨，和乐而不流，弟长而无遗，安燕而不乱，此五行①者，足以正身安国矣。彼国安而天下安。故曰："吾观于乡，而知王道之易易也。"

【注释】①五行：此五行。即总结上文五事。

【译文】来宾中身份高低贵贱分明后，招待规格高低就清楚了，整个宴饮和睦高兴而又不失礼，不论年纪大小都被恩泽不会有所遗漏，玩得开心而又秩序井然，做到以上五点，就绝对能让自己行得端坐得正，国家安定。而国家安定了，整个天下自然也安定了。因此孔子说："我参观完乡饮酒礼后，认为王者教化的推行非常容易。"

乡饮酒之义：立宾以象天，立主以象地，设介僎以象日月，立三宾以象三光。古之制礼也，经之以天地，纪之以日月，参之以三光，政教之本也。

亨狗于东方^①，祖阳气之发于东方也。洗之在阼，其水在洗东，祖天地之左海^②也。尊有玄酒，教民不忘本也。

【注释】①亨（pēng）：同"烹"，烹饪。东方：堂的东北。②左海：即东海。

【译文】乡饮酒礼象征的意义是：设立的正宾象征天，设立主人象征地，设立介和僎以象征日月，设立三宾象征三光。古人在制定礼制时，是以天地为根本，日月为原则，三光为辅佐，由此构成政教基础。

乡饮酒礼祭礼要用的狗，要在正堂的东面进行烹煮，意思是说阳气源于东。洗放在台阶东南面，水放在洗的东面，意思是说效法海是在天地的东面。酒樽里装着玄酒，以示百姓不可忘本。

宾必南乡。东方者春，春之为言蠢^①也，产万物者圣也。南方者夏，夏之为言假②也，养之、长之、假之，仁也。西方者秋，秋之为言愁③也，愁之以时察④，守义者也。北方者冬，冬之为言中⑤也，中者藏也。是以天子之立也，左圣乡仁，右义偝⑥藏也。介必东乡，介宾主也。主人必居东方，东方者春，春之为言蠢也，产万物者也；主人者造之，产万物者也。月者三日则成魄，三月则成时，是以礼有三让，建国必立三卿。三宾者⑦，政教之本，礼之大参也。

【注释】①蠢：活动生长的样子。②假：大的意思。③愁（jiū）：通"揫"，收敛。④察：肃杀的意思。⑤中：疑为"终"字的误写。《说文》说："冬，古文终。"《汉书·律历志》及《白虎通》也都说："冬，终也。"⑥偝（bèi）：同"背"，依靠。⑦或说"三宾者"下当有阙文。

【译文】正宾面朝南落坐。按礼来说，东方属于春的位置，春，又有天地万物萌芽生长的意思，东方养育万物，是圣也是生。南方属于夏的位置，夏是代表大的意思，孕养方物，而使他快快长大、强盛，是仁。西方是属于秋的位置，秋是代表收敛的意思，以节令进行杀戮或收敛，是守义。北方属于是冬的位置，冬是终了的意思，终了又含有收藏的意思。所以天子在站立时，左边傍着圣，面朝南对着仁，右边傍着义，背朝北而依着藏。介是要面向东坐的，因为他是在宾主之间沟通传递作用的。主人必须要坐在东方，东方属于春的位置，因为春含有天地万物萌芽生长的意思，东方养育万物，而招待宾客的一切饮食都是由主人提供的。因为月朔后三日，月亮被遮掩部分慢慢恢复光明，三个月为一季，这才有了宾客和主人互相谦让三次之礼,国家建立必定会设立三个卿位。乡饮酒礼设立三位宾长,这是政教的根本,也是礼制的重要依据。

射义第四十六

【题解】郑玄《目录》云:"名曰《射义》者,以其记燕射、大射之礼,观德行取于士之义。此于《别录》属《吉事》。"吴曾祺评注:"古者重射,自诸侯以下,莫不有事于此。而观德一语,尤为重射本意,故此篇于发端,即以德行为言。以下分言赏罚之用及引孔子射于矍相之圃速宾之言,亦莫不以德为重,后世则专以勇力取重,与此篇所言之旨稍不合矣。"

古者诸侯之射也,必先行燕礼①;卿、大夫、士之射也,必先行乡饮酒之礼②。故燕礼者,所以明君臣之义也;乡饮酒之礼者,所以明长幼之序也。故射者,进退周还③必中礼,内志正,外体直,然后持弓矢审固;持弓矢审固,然后可以言中,此可以观德行矣。

【注释】①燕礼:国君慰问臣下,与群臣燕饮之礼。行礼时臣于堂下再拜稽首,升阶后拜,君答拜。表示臣向君致意,君亦施恩惠于臣下。所以本文有"明君臣之义"的说法。②乡饮酒礼:古代规定每三年,诸侯的乡大夫向国君举荐贤能的人，在送行的饮宴上，把这些贤士当作宾客，称为乡饮酒礼。行乡饮酒礼时以年龄大小定尊卑，如六十岁的可以坐，五十岁的只能立。所以本文有"明长幼之序"的说法。③还：通"旋"。

【译文】古代诸侯在举行射礼之前，一定要先举行燕礼才可以举行射礼；如果卿、大夫、士人要举行射礼，则一定要在射礼前举行乡饮酒之礼。举行燕礼的目的，是为了明确君臣之间的位置；而举行乡饮酒之礼的目的，则是为了明确兄弟长幼之间的排顺。因此对于射箭的人来说，不管是前进还是后退，左旋或是右转，做的动作都要符合礼仪。内心端正，外在身体端正，然后才可以拉紧弓箭瞄准猎物；将弓箭拉紧瞄准以后，才会有射中猎物的可能，所以说，从一个人射箭的姿势是可以看出他有关内在的德行和修为的。

其节①：天子以《驺虞》②为节；诸侯以《狸首》③为节；卿大夫以《采蘋》为节；士以《采蘩》④为节。《驺虞》者，乐官备⑤也；《狸首》者，乐会时⑥也；《采蘋》者，乐循法⑦也；《采蘩》者，乐不失职⑧也。是故天子以备官为节；诸侯以时会天子为节；卿大夫以循法为节；士以不失职为节。故明乎其节之志，以不失其事，则功成而德行立，德行立则无暴乱之祸矣。功成则国安。故曰：射者，所以观盛德也。

是故古者天子以射选诸侯、卿、大夫、士。射者，男子之事⑨也，因而饰之以礼乐也。故事之尽礼乐，而可数⑩为，以立德行者，莫若射，故圣王务焉。

【注释】①节：歌曲休止之处为一节。②驺虞：《诗经·召南》篇名。③《狸首》：歌词已失传。④《采蘋》、《采蘩》：《诗经·召南》篇名。⑤乐官备：《驺虞》有"一发五豝"的诗句，言一箭猎获五只猪，比喻得贤人多，各种职位的官员都齐备。⑥乐会时：赞美诸侯朝会天子不失时节。因《狸首》诗已佚，无法知道如何赞美。郑玄以为下文的"小大莫处，御于君所"，即《狸首》诗句。⑦乐循法：《采蘋》有"于以采蘋，南涧之滨"。以沿着溪涧采蘋，比喻遵循法度，成就君上的事。⑧乐不失职：《采蘩》有"被之僮僮，夙夜在公"。被即髲髢，一种祭服的头饰，诗意言，头戴髲髢，态度竦敬严肃，早晚都在办事，勤于职守。⑨男子之事：古代生男孩，陈弧于门左，表明射箭是男子的基本功。⑩数（shuò）：屡次。

【译文】射箭时的节奏是：天子射箭时，用《驺虞》作为发矢节奏；诸侯射箭时，用《狸首》作为发矢节奏；卿大夫射箭时，用《采蘋》作为发矢节奏；士人射箭时，用《采蘩》作为发矢节奏。《驺虞》这首诗，是歌颂百官齐备；《狸首》这首诗，是对诸侯按时朝王进贡的赞美；《采蘋》这首诗，是对卿大夫遵循法度提出的颂扬；《采蘩》这首诗，是对恪尽职守的人提出的赞美。所以歌颂百官齐备的曲子在天子射箭时作节拍；赞美按时朝王进贡的曲子在诸侯射箭时作为节拍；赞美遵循法度的曲子在卿大夫射箭时为节拍；赞美恪尽职守的曲子在士射箭的时候作为节拍。清楚了各个阶层射箭时用的不同歌曲的含义后，就能根据歌曲的不同做好各自相应的工作，才能成就功业和树立德行。一旦树立良好的德行，就不会有出现杀人越货、为非作歹的祸乱之事。成就功业，国家则也跟着安定了。因此，我们可以通过射箭这件事看出一个人拥有怎样的德行。

所以古时候助祭的诸侯、卿大夫、士人，参加的资格都是天子依据射箭比赛选拔出来的。而射箭，是男人的事，所以用礼乐来作为修饰。如果要在所有的事情当中，找出一件既有礼乐修饰，又可以通过这件事考量一个人的德行，还可以经常进行的，除了射箭找不出其它了，所以贤明的君王尽力于射箭。

是故古者天子之制，诸侯岁献，贡士①于天子，天子试之于射宫。其容体比于礼，其节比于乐，而中多者，得与于祭②。其容体不比于礼，其节不比于乐，而中少者，不得与于祭。数与于祭而君有庆；数不与于祭而君有让。数有庆而益地；数有让而削地。故曰：射者，射为诸侯也。是以诸侯君臣尽志于射，以习礼乐。夫君臣习礼乐而以流亡者，未之有也。

【注释】①岁献贡士：郑玄说"岁献"是指诸侯每年向天子进奉有关治国之事的文书及贡献物品。"贡士"，每三年向天子推举贤士，大国三人，次国二人，小国一人。②与于祭：参加天子的祭祀。

【译文】所以古代的天子在射箭方面做出规定：诸侯每年必须要向天子报告国计、敬献方物，并且要向天子推荐杰出人才，他们的箭术会在射宫被天子考核。整个人的仪容体态端庄、射箭节奏跟上乐曲的节拍，射中得多的，才有参加天子祭祀的资格。与之相反的，仪容体态不合乎礼的规定，射箭节奏不合乐曲节拍的,射中得又少的,就不能参加天子祭祀。参加祭祀的次数越多,得到的奖励就会越多;同样的,参加祭祀的次数少了,就会得到责罚。次数多的得到的奖励是增加他的封地;次数少的受到的责罚就是削减他的封地。因此:射箭比赛关系到诸侯的荣誉和领地的多少。所以诸侯君臣都尽心于射,用以演习礼乐。诸侯君臣如此尽心的演习礼乐,最后被流放、灭国的,倒还没有听说过。

故《诗》①曰:"曾孙侯氏,四正②具举;大夫君子,凡以庶士,小大莫处,御于君所,以燕以射,则燕则誉。"言君臣相与尽志于射,以习礼乐,则安则誉也。是以天子制之,而诸侯务焉。此天子之所以养诸侯,而兵不用,诸侯自为正之具也。

【注释】①诗:郑玄认为即诸侯射节的《狸首》诗,后世学者或以为是另一首逸诗。②四正:举行燕礼时,四次正爵举杯献酒,即向宾、向公、向卿、向大夫等人献酒。

【译文】因此《诗经》上规定说:"宗室身份的诸侯,在燕礼举行完四度正爵献酒过后,品行高尚的君子、大夫、庶子和士,不管官职大还是官职小,都必须要赶到天子所在的地方去侍候,参加燕礼,也参加射礼,同时也获得好的名誉。"就是说,无论是君王还是诸侯臣子都对射箭、和射箭时的礼仪都极尽用心,国家也因此获得安宁和声誉。因此天子制定了射礼,诸侯也乐意认真实行。这就是为什么天子能不用武力就够令诸侯顺从自己的管辖，同时也使诸侯很好的进行自我管理的原因。

孔子射于矍相之圃①，盖观者如堵墙。射至于司马②，使子路执弓矢，出延射曰："贲③军之将，亡国之大夫，与为人后者不入，其余皆入。"盖去者半，入者半。又使公罔之裘、序点④，扬觯⑤而语，公罔之裘扬觯而语曰："幼壮孝弟，耆耋好礼，不从流俗，修身以俟死者不⑥？在此位也。"盖去者半，处者半。序点又扬觯而语曰："好学不倦，好礼不变，旄期⑦称道不乱者不？在此位也。"盖麾⑧有存者。

【注释】①矍（jué）相：地名。圃：春夏种菜蔬，秋冬打场用的空旷地方。②射至于司马：射前行乡饮酒礼，在饮酒时，作司仪的人称司正，到将射时司正转称司马。③贲（fèn）：大败。④公罔之裘：人名。"公罔"为姓，"裘"为名，"之"是语助词。序点：人名。"序"，姓，"点"，名。⑤觯（zhì）：酒器，用木制成。⑥不：同"否"，这里是问有没有这样的人。⑦旄期：旄，通耄。年龄八十、九十的称耄；百岁的称期颐。⑧麾：义同"仅"。

【译文】孔子在矍相的园圃中学习射箭，观看的人们像围墙一样，特别的多。乡射主持由司正改为司马，孔子让子路手持弓箭出来邀请比射的人，说："败军之将，丧失国土的大夫，求做别人子嗣的人，一律不允许入场比射，其他的人都可以进入园圃。"听到这话人走了有一半，进入园圃的有一半。孔子又让公罔之裘还有序点分别举起酒杯在场上发表讲话。公罔之裘举杯道："少年青壮年时孝顺父母的,友爱兄弟的,老年还遵循礼法,不随流俗,修身养德一直到死都不会改变的有这样的人吗?请留在这个地方。"这番话之后,又走掉了一半。序点随后举杯说:"爱好学习从来不曾厌倦,爱好礼法从来没有改变过,活到老还言行不乱的人,就请留下来吧。"最后只有几个人留了下来。

射之为言者绎①也,或曰舍②也。绎者,各绎己之志也。故心平体正,持弓矢审固;持弓矢审固,则射中矣。故曰:为人父者,以为父鹄③;为人子者,以为子鹄;为人君者,以为君鹄;为人臣者,以为臣鹄。故射者各射己之鹄。故天子之大射谓之射侯;射侯者,射为诸侯也。射中则得为诸侯,射不中则不得为诸侯。

【注释】①绎(yì):抒发。②舍:住处。喻矢之着于鹄。③鹄:箭靶中心部位。

【译文】射,可以理解为寻绎的意思,或者理解为释放的意思。而寻绎,就是寻找自己远大的志向。如果在射箭的时候,射箭的人心平气和,身体端正,弓矢就会拉得紧、瞄得准;拉紧、瞄准之后,自然会射中猎物。所以说:做父亲的人,应该把目标当作是作为父亲,理所应当为达到的目的去瞄准;做儿子的人,就应该把目标当作是作为儿子,理所应当为达到的目的去瞄准;做国君的人,就应该把目标当作是作为国君,理所应当为达到的目的去瞄准;作臣子的人,就应该把目标当作是作为臣子,理所应当达到的目的去瞄准。也是说，每个人瞄准的都是各自心中应该达到的目标。因此天子的大射称之为"射侯"。所谓的"射侯"，也就是向诸侯需要达到的目标射去。只有射中了目标的才配当诸侯；射不中目标的也就不配当诸侯了。

天子将祭，必先习射于泽①。泽者，所以择士②也。已射于泽，而后射于射宫。射中者得与于祭，不中者不得与于祭。不得与于祭者有让，削以地；得与于祭者有庆，益以地。进爵绌地是也。

故男子生，桑弧蓬矢六③，以射天地四方。天地四方者，男子之所有事也。故必先有志于其所有事，然后敢用谷也。饭食之谓也。

【注释】①泽：宫名。②士：诸侯所派朝见之诸臣及所推荐的士。③桑弧蓬矢：桑木做的弓和用蓬草做的箭。其礼，于男婴出生后三天，由人背负婴儿进行。

【译文】天子在准备祭祀之前，必须在泽宫对射箭进行练习。泽宫，就是选择参加祭祀诸侯资格的地方。泽宫射完了以后，再到射宫里去射。射中的才有资格参加祭祀；没有射中的便没有机会参加祭祀。没有机会参加的要受到谴责，并被削减封地；那些有资格参加祭祀的则会受到褒奖，并增加封地。受褒奖的诸侯晋升爵位，受到谴责的诸侯削减封地。

因此男子出生后，会请射人用桑木做的弓射出六只蓬梗箭，射天、射地及东南西北四个方向。天地及四方,是男子发展事业的地方,因此必须先使孩子有志于他所要发展事业的地方,才敢享用谷物,这就类似于先干活后吃饭。

射者,仁之道也。射求正诸己,己正然后发,发而不中,则不怨胜己者,反求诸己而已矣。孔子曰:"君子无所争,必也射乎!揖让而升,下而饮,其争也君子。"

孔子曰:"射者何以射?何以听?循声而发,发而不失正鹄①者,其唯贤者乎!若夫不肖之人,则彼将安能以中?"《诗》云:"发彼有的,以祈尔爵②。"祈,求也;求中以辞爵也。酒者,所以养老也,所以养病也;求中以辞爵者,辞养也。

【注释】①正(zhēng)鹄:鹄是箭靶,"正"是鹄的中间部分。②引诗见《诗经·小雅·宾之初筵》。

【译文】射箭比赛这个事,其中蕴含着求仁之道。射箭时要做到心态平和,身端体正,心态和姿势都好了之后再射,即使没有射中,不能抱怨胜过自己的人,而应该进行自我反省。孔子说:"做为一个堂堂君子,没什么有必要争的,非说有,也就射箭这件事值得争一争!双方会客客气气的行礼揖让后升堂射箭,比赛结束后下堂一同饮酒,君子在这其中一争高下,也不会失去风度。"

孔子说:"射箭的人如何让射箭与音乐完美结合?按乐声的节奏发射,还能射中的,也许仅有真正的君子才做得到吧!不肖之人，他怎么可能射得中呢？"《诗经》上说："射箭时心中会默默祈求，以祈使你饮酒。"祈，祈求也，求射中而辞酒不饮。酒，是用来颐养老人的，是用来颐养病人的，求射中而辞酒不饮，就是辞让颐养之礼。

燕义第四十七

【题解】郑《目录》云："名曰《燕义》者，以其记君臣燕饮之礼，上下相尊之义。此于《别录》属《吉事》。"侯官吴曾祺评注："古者君臣之谊甚亲，圣人惧其亵也，故为礼以治之。使夫联之以情者，未尝不严之以分，此上下所以能相安也。自秦汉以后，仪节严重，堂陛之上，如接天神，其能行此者希矣。又按，此篇所云皆诸侯之礼而不及天子意者，天子之礼当自为篇，而今佚之矣。"

古者周天子之官，有庶子官①。庶子官职诸侯、卿、大夫、士之庶子之卒②，掌其戒令，与其教治，别其等，正其位。国有大事③，则率国子而致于大子，唯所用之。若有甲兵之事，则授之以车甲，合其卒伍④，置其有司⑤，以军法治之，司马⑥弗正。凡国之政事，国子存游卒，使之修德学道，春合诸学⑦，秋合诸射，以考其艺而进退之⑧。

【注释】①庶子官：职官名。庶子官掌诸侯、卿、大夫、士之子的教养及禁令。此庶子官与《周礼·夏官》之"诸子"同。庶、诸，均为众多之意。诸侯、卿、大夫、士之嫡子、庶子众多,故名其官曰庶子官。此庶子非嫡子、庶子之庶子,句中"庶子之卒"之庶子,即国子、诸子、众子、亦非嫡庶之庶。②卒(cuì):通"萃"。聚集之意,犹今言部队。③大事:指祭祀、征伐及会同之事。④卒伍:古代军队的编制,百人为卒,五人为伍。⑤有司:官吏,此处指将帅。⑥司马:官名,掌管军政和军赋等。⑦学:大学。⑧此段与《周礼·夏官·诸子》文相同。

【译文】古代的周天子设立了多种官职,其中就有一种称之为庶子官。庶子官主要管理诸侯、卿、大夫、士人这类官员的儿子们组成的部队,负责对他们进行教导和训治,辨认他们不同资质等级,为将来确定他们的朝位提供依据。如果国家有大事发生,就率领他们到太子处报到,只听从太子的调遣。如国家遇到兵变打仗的事,就会给他们兵车和盔甲,编入军队,按之前不同的资质设立不同官职,依照军队的规定进行管理,他们直属太子调配,司马是没有权利对他们进行指挥和管理的。国家如果遇到徭役之类的事,他们可以免除,要另外把这些贵族子弟讲行单独安排,修养他们的品德,学习道艺,他们春季被聚集在大学,秋季被聚集在射宫,对他们的成绩进行察考,用以依据来决定晋升还是离去。

诸侯燕礼①之义:君立阼阶②之东南,南乡,尔③卿大夫,皆少进,定位④也;君席阼阶之上,居主位也;君独升立席上,西面特立,莫敢適⑤之义也。设宾主,饮酒之礼也;使宰夫为献主⑥,臣莫敢与君亢礼也;不以公卿为宾,而以大夫为宾,为疑⑦也,明嫌之义也;宾入中庭,君降一等而揖之,礼之也。

【注释】①燕礼:此指国君宴请本国卿大夫之礼。②阼阶:东阶。堂前有东西两阶,主人升降自东阶,宾升降自西阶。③乡:通"向"。尔:通"迩",靠近。④定位:指卿西面,大夫北面。⑤適(dí):通"敌",匹敌。⑥宰夫:掌膳食之官。献主:酒宴的主人。使宰夫为献主,这是因为臣不敢与君行对等的礼节。⑦疑:嫌疑。公卿的地位本来就很尊贵,如果再加上做宾客的地位,那么他们就像与国君同尊了。为了避嫌疑,让地位较卑的大夫做宾客。

【译文】诸侯举行燕礼的过程:天子站立在台阶的东南方,首先面朝南方对众卿作揖,这个时候卿稍微往北方向前进,面朝西站立,天子再对大夫作揖请他到近前,同样的,大夫也稍微向北前进一点,面朝北站立,这样做就是为了确定群臣站立的位置;天子席位是设立在台阶之上的,这就表示主位才是天子的席位;天子单独升堂要站立在自己的席位上,而且要面朝西方独立,也就是没有人敢与他并肩而立的意思。君臣关系如果按宾主关系安排座次,这是按饮酒致欢的礼数设定的;天子命宰相代表自己向其他下属敬酒,没有人敢于天子行相等的礼数;不把公卿当成宾客,而把大夫当成宾客,因为公卿身份本身就特别尊贵,如果现在再把他当成宾客招待,就有了与天子一争高下的嫌疑了,这样做也是有避嫌的成份在里面;臣下做为宾客进入庭中,天子往下走一级台阶行拱手相迎的礼,这是把对方当做宾客相待的礼。

君举旅①于宾,及君所赐爵②,皆降,再拜稽首,升成拜,明臣礼也;君答拜之,礼无不答,明君上之礼也。臣下竭力尽能以立功于国,君必报之以爵禄,故臣下皆务竭力尽能以立功,是以国安而君宁。礼无不答,言上之不虚取于下也。上必明正道以道民,民道之而有功,然后取其什一③,故上用足而下不匮也;是以上下和亲而不相怨也。和宁,礼之用也;此君臣上下之大义也。故曰:燕礼者,所以明君臣之义也。

【注释】①举旅:指行旅酬;众宾依次序,举爵相互酬饮。②赐爵:指国君向众臣赐爵劝饮。③什一:古代赋税法,即十分税一法。

【译文】宴饮时,天子最先向宾客举杯劝酒,而饮天子特别赐赏的宾客,都要离开坐位下堂向天子行再拜稽首的大礼,天子会表示出谦让,于是宾客和臣下再次升堂再拜稽首,如此再三才算完成拜礼,这是作为一个臣下应尽的礼数;天子会再拜作答礼,没有不答拜的,这是作为一个贤明的天子对臣子应有的礼数。一个一心一意用自己能力为国家立功的臣子,天子一定要回报给他爵位和丰厚的俸禄,只有这样,臣民下属才会心甘情愿的竭尽全力去为国家尽忠职守,如此国家才能安定,天子才能安心。礼无不答,是说,作为一个贤明的天子,自己是不会让臣子白白地效力。天子必须用正确的渠道对百姓加以引导和帮助,百姓在正确的引导下而有所收获,国家在百姓有所收获的情况下抽取十分之一作为赋税,其结果是国库充余,百姓安居乐业;这样子君臣和睦臣民亲密，不存在互相怨恨。而这些安乐祥和也恰恰体现出礼的作用；这就是所说的君臣上下的大义。因此，燕礼，能表明君臣大义的礼制。

席：小卿次上卿，大夫次小卿，士、庶子以次就位于下①。献君，君举旅行酬；而后献卿，卿举旅行酬；而后献大夫，大夫举旅行酬；而后献士，士举旅行酬；而后献庶子。俎豆、牲体、荐羞②，皆有等差，所以明贵贱也。

【注释】①按照燕礼，国君的坐席在阼阶上面，宾席在户牖之间，上卿在宾席之东，小卿在宾之西，大夫在小卿之西，士、庶子无席，在阼阶下面。小卿：即上大夫。庶子：卿、大夫、士之子。②俎豆：俎，载牲体之具；豆：盛荐羞之器。这里泛指饮食之具。荐羞：指肴馔。

【译文】燕礼在席位上是这样安排的：宾席之东的是上卿席位，宾席之西的是小卿席位，席位次于上卿；小卿之西是大夫的席位，席位又次于小卿；士人和庶子，是没有资格在宴席之上设置席位的，只能在台阶下依次而立。饮酒时，宰相代表天子作为主人，首先向天子敬酒；天子饮过之后，再举杯向在座的臣下宾客劝酒；这之后宰相再向卿献酒，卿饮过酒后，又举杯向其他人劝酒；在这之后宰相又向大夫献酒；大夫饮过之后，再向在座的人举杯劝酒；再然后宰相给士人献酒，士人饮过之后，举杯劝酒给在座的人；最后，才向庶子献酒。席前所陈列的菜品也是有差别的：天子和宾客席前，俎肉、脯醢、庶羞都有；卿大夫席前，有脯酿、庶羞、少了俎肉；士以下，仅仅有脯醢而已。席位上的尊卑，献酒的先后顺序，肴撰种类的多少，这些都是用来表明身份高低贵贱有别的。

聘义第四十八

【题解】《聘义》解释《仪礼·聘礼》中某些仪节的设置原意，进而说明聘礼所以使诸侯之间交相聘问、轻财重礼的作用。郑玄《目录》云："名曰《聘义》者，以其记诸侯之国交相聘问之礼，重礼轻财之义也。此于《别录》属《吉事》。"吴曾祺评注："三代之世，天下之大，分为数百国，先王惧其势易离而难合，迨夫争端一启，而土崩瓦解之祸，将由是起。故为之设交际之礼，比年一小聘，三年一大聘。嗣君即位，然后亲相朝，所以联属其情者，其道甚备，而后'能使天下为一家，中国为一人'者，胥是道也。朝礼今亡，惟聘礼存。"

聘礼，上公七介①，侯、伯五介，子、男三介，所以明贵贱也。介绍②而传命，君子于其所尊弗敢质，敬之至也。三让而后传命，三让而后入庙门，三揖而后至阶，三让而后升，所以致尊让也。

【注释】①介：助宾行礼的人。②绍：承接。
【译文】诸侯国之间遣卿大夫互相友好访问之礼：爵位是

上公的诸侯，随从七个介；爵位是侯伯的诸侯，随从五个介；爵位是子男的诸侯，随从三个介，为的就是表明自己身份的贵贱。通过介依次传达聘君的命令，因为君子对他所尊敬的人一种最高的敬意，不得有任何怠慢的表示。聘宾需要辞让三次，才传达聘君的问候，谦让了三次以后随摈者进入庙门，进门了以后，主君之间再互相行三次揖礼，再来到堂阶前，再互相谦让三次，才能让主君率先登阶，聘宾才能跟着登阶，这都是为了表示本人最为尊敬谦让的礼仪。

君使士迎于竟，大夫郊劳，君亲拜迎于大门之内而庙受，北面拜贶，拜君命之辱，所以致敬①也。敬让也者，君子之所以相接也。故诸侯相接以敬让，则不相侵陵。

【注释】①从下文来看，这一句中的"敬"字下面可能脱掉一个"让"字，《大戴礼·朝事》篇作"所以致敬让也"。

【译文】聘宾到达对方国境内以后，主君派士迎接，又派大夫到郊外迎接并慰问，为了表示对对方的尊敬与重视，主君需要亲自将对方拜迎到大门之内，然后在太庙中接受来方聘宾转达聘君的朝拜，并听他转述聘君派他来访的意图，主君面朝北拜谢来方的厚礼，同时也拜谢聘君派遣使者的光临。尊敬谦让，这是互相交往时君子应有的态度。所以，诸侯之间互相尊敬谦让，就不会发生互相侵略欺凌的事情了。

卿为上摈①，大夫为承摈，士为绍摈。君亲礼宾，宾私面，私觌②，致饔饩③，还圭璋④，贿、赠、飧、食、燕⑤，所以明宾客⑥君臣之义也。

【注释】①摈：通"傧"。助主国国君行礼者。分上摈、承摈、绍摈三级。②私觌(dí)：以个人的身份去拜见主国的君主。③致饔饩(xì)：宰杀过的牲叫饔，活的牲叫饩。主国供给来聘使者之牲牢、刍米。④还圭璋：使者将去时，主国之君使卿还聘君的圭及聘夫人的璋。⑤飧、食、燕：飧礼食礼在朝，燕礼在寝，一食再飧，燕没有定数。⑥宾客：似应作"宾主"，《大戴礼·朝事》篇作"宾主"。

【译文】卿大夫为上摈，大夫作为承摈，士人作为绍摈。主君亲自用醴酒酬谢聘宾，聘宾又以自己个人名义拜访主国的卿大夫、士大夫等，同样以个人名义拜见主国国君；在聘宾访问期间，主君要派人带着饔饩前往聘宾住的住所表示慰问，退还聘宾作为信物献上的圭璋，在聘宾归国前，主国的卿大夫向聘宾的聘君赠送礼物，聘宾来访期间，主君要举行一次食礼和两次飧用，至于燕礼的次数则没有进行明确规定，以上都是宾主、君臣之间应有礼数的表示。

故天子制诸侯，比年小聘，三年大聘，相厉①以礼。使者聘而误，主君弗亲飧食也。所以愧厉之也。诸侯相厉以礼，则外不相侵，内不相陵。此天子之所以养诸侯，兵不用而诸侯自为正之具也。

【注释】①厉:通"励",勉励。

【译文】因此,天子设立诸侯制度,每年互相派大夫小聘问,每三年就派出卿大夫相互之间隆重的聘问,用礼品互彼此勉励。如果使者来聘时在礼节上出现失误,主国国君就不会亲自为使者举行飨礼和食礼了,让来使自己感到羞愧并勉励。诸侯之间如果都能够遵守礼制,并用礼互相勉励,那么就不会有对外互相侵犯,对内互相欺凌的事情发生了。这就是天子令诸侯臣服而不必使用武力解决问题,让诸侯进行自我管理的方法。

以圭璋聘,重礼也;已聘而还圭璋,此轻财而重礼之义也。诸侯相厉以轻财重礼,则民作让矣。主国待客,出入三积①,饩客于舍,五牢②之具陈于内,米三十车,禾三十车,刍薪倍禾,皆陈于外,乘③禽日五双,群介皆有饩牢,壹食再飨,燕与时赐无数,所以厚重礼也。古之用财者不能均如此,然而用财如此其厚者,言尽之于礼也。尽之于礼,则内君臣不相陵,而外不相侵。故天子制之,而诸侯务焉尔。

【注释】①积:指刍米之类,供给宾在路上食用的。出入三积:入境与出境都致送三次。②五牢:饪一、腥牲各二。③乘:一对。

【译文】圭璋是很罕见贵重的珍宝,用这样的稀世珍宝作为行聘的礼物,可以说已经相当重视了。聘宾未归国时,主国将已经拿到手的圭璋,这样的重礼重新归还给聘宾,为的就是显示出不重视财物而重视礼仪交情的诚心。如果诸侯之间都能以轻财重礼互相勉励，那么百姓之间也会跟着效仿谦让了。主国对使者进行招待，是在自己国家境内进行的，期间还需要馈赠粮草和其他物品各三次，主君要派人馈送饔饩到给聘宾安排的宿馆门内，将五牢等食具陈放在宿馆内，米三十车，禾三十车，刍草六十车，薪柴六十车，都需放置在使者宿馆门外。除此之外，每天还要提供鸡鸭鹅之类的家禽五对，还要向与使者一起来的随从馈送要物，来访期间，主君要为来访的使者举行正式的食礼一次、正式的飨礼两次，燕礼和当时季节新物的馈赠，则没有做出数目上的明确规定，以上这些，都显示出古人对礼这方面的高度重视。古人在使用财物方面，并不会都如此这般的讲究，然而在聘礼方面却需要如此大费周章，显示出礼在这方面是受到高度重视的。如果每个人都对礼表现出高度的重视，那么对内就不存在君臣相互欺骗利用，对外国家与国家之间也不会出现相互侵略。这就是天子特地制定聘礼制度，诸侯也不反对且乐意推行的原因。

聘射之礼，至大礼也。质明而始行事，日几中而后礼成，非强有力者弗能行也。故强有力者，将以行礼也。酒清①，人渴而不敢饮也；肉干，人饥而不敢食也；日莫人倦，齐庄正齐，而不敢解惰。以成礼节，以正君臣，以亲父子，以和长幼。此众人之所难，而君子行之，故谓之有行；有行之谓有义，有义之谓勇敢。故所贵于勇敢者，贵其能以立义也；所贵于立义者，贵其有行也；所贵于有行者，贵其行礼也。故所贵于勇敢者，贵其敢行礼义也。故勇敢强有力者，天下无事，则用之于礼义；天下有事，则用之于战胜。用之于战胜则无敌，用之于礼义则顺治；外无敌，内顺治，此之谓盛德。故圣王之贵勇敢、强有力如此也。勇敢、强有力而不用之于礼义战胜，而用之于争斗，则谓之乱人。刑罚行于国，所诛者乱人也。如此则民顺治而国安也。

【注释】①清：冷。

【译文】所有的礼中，最为重要的就是聘礼和射礼。一般在天刚亮时开始举行，接近中午时才结束，如果不是身强体健的人是坚持不下去的。因此，只有身强体健的人才能参与这类重要的大礼。酒凉了，虽然感到万分口渴也不敢喝一滴；肉快要晾干了，即使饥肠辘辘也不敢吃一口；天黑了，即使人已经感到疲倦不堪了，却必须还要保持端庄的神态，队伍的整齐，不得有丝毫懈怠和差错。直到所有礼节的完成，目的就是为了使君臣之间摆正自己的位子，父子之间相互亲近，兄弟和睦。以上这些普通人是很难做到的，只有君子才能做得到，因此人们说君子是品行好的人；有行就是有义，有义就是勇敢。这般说来，勇敢是难能可贵的，勇敢可贵在他能够立义；立义之所以变得可贵，就贵在他有行；而有行之所以可贵，就在于他能遵循礼的规定。这就是人们看重一个人身上勇敢的同时，也看重了这个人敢于实行礼义这一点。那些既勇敢又坚强还有力的人，在天下太平国家安定时，就会把这些优点用在实行礼义方面；在天下大乱或国家动荡时，他就把勇敢坚强有力用到战胜敌人身上。用在战胜敌人身上时，就会所向无敌,用在礼义方面就会国家太平,百姓安康;对外能做到没有敌人,对内能做到顺应统治,这被称之为盛德。这也是贤明君主如此看重勇敢坚强有力的人的重要原因。如果君主把一个勇敢坚强有力的人,不放在实行礼义和克敌制胜的位置上,而是为了个人私利让他去争强好胜,就会被称之为乱人。国家为此专门设定了这类刑罚,目的也就是为了处罚这类乱人。只有这样,百姓才会听从管治,国家也才能得以安定。

子贡问于孔子曰:"敢问君子贵玉而贱碈[①]者何也?为玉之寡而碈之多与?"孔子曰:"非为碈之多故贱之也、玉之寡故贵之也。夫昔者君子比德于玉焉:温润而泽,仁也;缜密以栗,知也;廉而不刿,义也;垂之如队,礼也;叩之,其声清越以长,其终诎然,乐也;瑕不掩瑜、瑜不掩瑕,忠也;孚尹[②]旁达,信也;气如白虹,天也;精神见于山川,地也;圭璋特达,德也。天下莫不贵者,道也。《诗》云:'言念君子,温其如玉[③]。'故君子贵之也。"

【注释】①碈:同"珉",像玉一样的美石。②孚:通"浮"。尹:竹上的青色。③以上二句出自《诗经·秦风·小戎》。

【译文】子贡向孔子请教:"为什么君子都把玉看得很重而把美石忽略掉呢?仅仅是因为玉稀少而美石很多的原因吗?"孔子回答说:"美石被轻视,并不是因为它的数量多;玉被人看重,也不仅仅是因为它稀少。以前的人,喜欢用玉来形容一个人的品德：玉温厚又润泽，就像是仁；坚实又缜密，就像是智；有棱角却不会对人造成伤害，就像是义；玉佩垂而下坠，就像是礼；轻轻一叩，就能发出清脆悠扬的声音，最后又会戛然而止，和动人的音乐差不多；不因为一方面的优点而掩盖其他方面的缺点，也不会因一方面的缺点就将其他方面的优点掩盖住，譬如说一个人的忠诚；耿直忠心，言而有信；有宝玉的地方，气如白虹，好像是能与天息息相通；出产宝玉的地方，必定是山川秀丽草木丰美，好像是与地息息相通一样；圭璋作为玉中的珍宝，在朝聘的众多礼物中单独使用，玉所代表的美德起了很大作用。普天之下没有人能忽视掉玉的美德，就像普天之下人人都看重道那样。《诗经》上说：'谦谦君子啊，他像玉那样温文尔雅。'这就是君子看重玉的原因。"

丧服四制第四十九

【题解】本文主要论述丧服制度,认为丧服应符合仁、义、礼、智四种德行。这是汉儒受阴阳五行学说的影响,用五常来和丧服相配。从这里我们可以看出古代对丧葬礼仪的重视。郑玄《目录》云:"名曰《丧服四制》者,以其记丧服之制,取于仁、义、礼、知也。此于《别录》旧说属《丧服》。"吴曾祺评注:"仁、义、礼、智,人性之大宗,丧服之制,兼此四者,人道尊矣,凡礼之所尊为人道焉,故记者以此终篇。"

凡礼之大体,体天地,法四时,则阴阳,顺人情,故谓之礼。訾①之者是不知礼之所由生也。

夫礼,吉凶异道,不得相干,取之阴阳也。丧有四制②,变而从宜,取之四时③也。有恩有理,有节有权,取之人情也。恩者仁也,理者义也,节者礼也,权者知也。仁义礼知,人道具矣。

【注释】①訾(zǐ):诋毁,非议。②丧有四制:指丧服原则,即下文的恩制、理制、节制、权制。③取之四时：指一年、九月、三月的丧期，是取法四时的变化。

【译文】礼制制定总的原则是，取法于天地，效法于四时，顺乎于阴阳，体乎于人情，人们把本着这样原则去制定的称之为礼。那些对礼存有不敬、蔑视之心的人，根本就不知道真正意义上的礼是怎样制定出来的。

礼分为吉礼和凶礼，两者之间做法存在很大区别，需要分别对待处理，也就是所说的取法于阴阳。丧服有四条基本规定，根据当时具体情况的不同而采取其中某一条规定，也就是我们所说的取法于四时。这四条规则中，有的是属于恩情上的，有的属于理智，有的只单纯的属于原则性，有的属于因时制宜的灵活性，都是根据人情制定的。恩情上的东西，这是属于仁的表现；理智上的东西，是属于义的表现；原则性的东西，是属于礼的表现；而因时制宜灵活性的东西，则是属于智的表现。仁义礼智这四方面都具备了，那么也就具备了做人的基本品德了。

其恩厚者其服重，故为父斩衰三年，以恩制者也。门内之治①恩掩义，门外之治②义断恩。资于事父以事君，而敬同。贵贵尊尊，义之大者也。故为君亦斩衰三年，以义制者也。

【注释】①门内之治：指有血缘关系的亲属服丧的原则。②门外之治：指社会关系，主要是君臣间服丧。

【译文】对恩德厚重的人，丧服就要重，如果父亲去世的话，就要守丧三年，这就是我们所说的以恩情为依据一条原则。我们把为有血缘关系的人去服丧，恩情掩盖了道义，而为没有血缘关系的人服丧，道义重于感情。我们用侍奉父亲的态度去侍奉国君，恭敬心是相同的。尊重高贵者，敬重尊长者，是义理中最重要的。因此，君王、诸侯、卿大夫去世，作为臣子和家臣要守丧三年，这是以理智为依据的一条原则。

三日而食，三月而沐，期而练，毁①不灭性，不以死伤生也。丧不过三年，苴衰不补，坟墓不培，祥之日，鼓素琴②，告民有终也，以节制者也。资于事父以事母，而爱同。天无二日，土无二主，国无二君，家无二尊，以一治之也。故父在，为母齐衰期者，见无二尊也。

【注释】①毁：因哀伤而形体憔悴。②素琴：没有漆饰的琴。

【译文】父母去世后丧期期间，过了三天后可以喝粥，三个月以后可以洗头，一周年以后可以改戴练冠，因为父母死后会特别悲伤，身体也会变得非常虚弱，但还不至于危及到性命，这样的礼制是为了体现出，生者不会因死者的离去而放弃继续生存下去，不要生命的道理。礼制中最长的丧期不会超过三年，斩衰期间丧服破了也不能缝补，不再给坟头添土，一直要到了大祥祭日这天才可以弹奏素琴，这些都是为了告诉人们，人的哀伤是有限度的，这也是表示有节制。用照顾父亲一样的态度来照顾母亲，对两人的敬爱程度相同。但是天上没有两个太阳，地上也没有两个天子，国家不能同时有两个君王,一个家里也不能同时有两个人当家作主,这都是以一人来治理。因此,父亲健在的时候母亲去世,那就只能降一级服齐衰,丧期为一年,为的就是体现一家没有二主这个道理。

杖者何也?爵也。三日授子杖,五日授大夫杖,七日授士杖。或曰担主,或曰辅病①。妇人、童子不杖,不能病也。百官备,百物具,不言而事行者,扶而起,言而后事行者,杖而起。身自执事而后行者,面垢而已。秃者不髽②,伛者不袒,跛者不踊,老病不止酒肉。凡此八者,以权制者也。

【注释】①爵、担主、辅病,是丧服用杖的三种作用:君死,授子、大夫、士杖,是表明他们是有爵位的人;丧主用杖是表明主人身份的;众子用杖是让他们扶持病体的。担:假借,即借杖表明身份。②髽:古人遭遇丧事时梳的一种发髻,用麻束发。

【译文】服丧的人拄着丧杖是什么意思?其实拄着丧杖的服丧者都是有爵位的。君王离世,丧杖第三天授给世子,第五天授给大夫,第七天授给士。那么,那些没有爵位的人也拄着丧杖又是为什么呢?也有可能他是嫡子,需要担任丧主,丧主要主持丧礼。而那些又没有爵位又不是嫡子的人也拄着丧杖前来又是为什么呢?也有可能,虽然他们不是嫡子女,却因为父母的离去而太过哀伤,造成了身体不适,需要拄杖扶持病弱的身体。妇女和年少的男孩子用不着拄杖,他们年龄还小,还不能深切的体会到人间的哀痛,是不会生病的。办丧事时,需要的各位执事,需要的各种物品都一应齐备,丧主不用操心就能把丧事办好,丧主的哀痛就会变得最为沉重,伤心到需要别人帮忙搀扶才能站起。而稍微可以稍少一些哀伤的,是办理丧事的所有事情、物品都要等丧主去安排,丧主的哀痛又可以减轻些,会伤痛到自己拄着丧杖站起来。再少一些哀伤的,就是办理丧事的所有事都需要丧主亲自动手才能办理,丧主的哀痛就没那么重了,蓬头垢面的样子就够了。在此期间,秃头妇女不用露出发髻,驼背的人不用袒衣露体,瘸腿的人不用顿足跳起的哭泣,年纪大和身体不适的人不用禁止喝酒吃肉。以上八件事,都是可以进行灵活运用的。

  始死,三日不怠①,三月不解,期悲哀,三年忧,恩之杀也。圣人因杀以制节,此丧之所以三年。贤者不得过,不肖者不得不及。此丧之中庸也,王者之所常行也。

  《书》曰:"高宗谅闇,三年不言②。"善之也。王者莫不行此礼,何以独善之也?曰:高宗者武丁,武丁者,殷之贤王也,继世即位,而慈良于丧。当此之时,殷衰而复兴,礼废而复起,故善之。善之,故载之书中而高之,故谓之高宗。三年之丧,君不言。《书》云:"高宗谅闇,三年不言。"此之谓也。然而曰"言不文③"者,谓臣下也。

  【注释】①"三日不怠"以下,已见《杂记下》。②谅闇:守丧住的倚庐。不言:不过问政事。③言不文:引自《孝经·丧亲章》。文:文饰。

  【译文】亲人刚过世的头三天,天天哭泣不止,去世的头三个月仍时时哭奠,去世的一年里,心中很悲哀,亲人去世三年之内,仍然忧愁苦闷,但随着时间的推移,丧失亲人的悲伤会慢慢的淡去。圣人就是根据悲伤可以随着时间慢慢淡去的规则来制定礼的,这就是为什么会要规定成三年的丧期。不管子女多么的孝顺,也不能超过这个期限,而不管子女多么的不孝顺也不得不遵守。丧礼中的折衷之处也体现在这里,历代以来,连君王也不得不遵照执行。

《尚书》上有过记载:"殷高宗居庐守丧,三年来从不谈论国事。"这是对他的赞扬。历代以来只要是君王,没有不遵循此礼的,为什么偏偏只赞扬殷高宗呢?有人说是:殷高宗就是武丁,而武丁称得上是殷代的一位贤王,自他即位后一心一意地居庐为父守丧。而他在位期间,殷代由衰败变强,礼仪制度重新被重视起来,所以才要赞扬他。因为赞扬他,所以才特地在《尚书》中记载这件事并且加以高度赞扬,也因此后人称他为"高宗"。三年服丧,天子不下令。《尚书》上记载的:"殷高宗居庐守丧,不用下令诸候就把事情办了,不用谈论国事。"就是这个意思。然而却又有说"孝子在居丧期间,说话可以不用讲究修辞",我们应该清楚,"言不文"这里指的是对臣下的要求,并非天子。

礼:斩衰之丧,唯而不对;齐衰之丧,对而不言;大功之丧,言而不议;缌小功之丧,议而不及乐①。

父母之丧,衰、冠、绳缨②,菅屦③,三日而食粥,三月而沐,期十三月而练冠,三年而祥。比终兹三节④者,仁者可以观其爱焉，知者可以观其理焉，强者可以观其志焉。礼以治之，义以正之。孝子、弟弟、贞妇皆可得而察焉。

【注释】①这一句已见《间传》。②冠绳缨：丧礼戴的冠用绳子做帽带，系在颔下，而平常的冠用布条做帽带。③菅屦：用菅草编起来的鞋。④比：达到。这里可解释成做到。三节：三日食粥、三月而沐为一节，期十三月而练冠为一节，三年而祥为一节。

【译文】依据礼的规定，如果是斩衰这样的重丧，居丧的人在和他人交谈或交流时，只可以发出"唯唯"恭敬声音，连和他人进行交流甚至连回答都不可以；齐衰之丧，可以回答别人对你的问话，但不允许自己主动问人；大功之丧，允许主动问人，但禁止表自己的看法，或对事物进行议论；如果是缌麻、小功这样的轻丧，可以允许发表个人观点，参与讨论，但禁止有说有笑。

为父母服丧，孝子应该身穿粗麻孝服，头戴孝帽，用麻绳编成帽带，脚穿草鞋，直到三天过后才允许喝稀粥，三个月以后才可以洗头洗澡，等到十三个月满一周年才可以换上练冠，直到三年以后，过了大祥之祭才可以恢复以往的生活。等过了这三个阶段以后，如果是仁者，就可以在服丧期间看出他内心的仁爱；如果是智者，就可以在他服丧期间看出他处事时的理性；如果是强者，就可以在服丧期间看出他坚定的意志力。治理丧事用礼，匡正丧事用义。是不是真正的孝子，是不是真正的敬重兄长护爱弟弟，是不是真正的贞洁烈妇，都可以通过礼进行验证。

谦德国学文库丛书

(已出书目)

弟子规·感应篇·十善业道经	诗经
三字经·百家姓·千字文·德育启蒙	史记
	汉书
千家诗	后汉书
幼学琼林	三国志
龙文鞭影	道德经
女四书	庄子
了凡四训	世说新语
孝经·女孝经	墨子
增广贤文	荀子
格言联璧	韩非子
大学·中庸	鬼谷子
论语	山海经
孟子	孙子兵法·三十六计
周易	素书·黄帝阴符经
礼记	近思录
左传	传习录
尚书	洗冤集录

颜氏家训	智囊全集
列子	酉阳杂俎
心经·金刚经	商君书
六祖坛经	读书录
茶经·续茶经	战国策
唐诗三百首	吕氏春秋
宋词三百首	淮南子
元曲三百首	营造法式
小窗幽记	韩诗外传
菜根谭	长短经
围炉夜话	虞初新志
呻吟语	迪吉录
人间词话	浮生六记
古文观止	文心雕龙
黄帝内经	幽梦影
五种遗规	东京梦华录
一梦漫言	阅微草堂笔记
楚辞	说苑
说文解字	竹窗随笔
资治通鉴